D1332971

027319
THE HENLEY COLLEGE LIBRARY

MONET

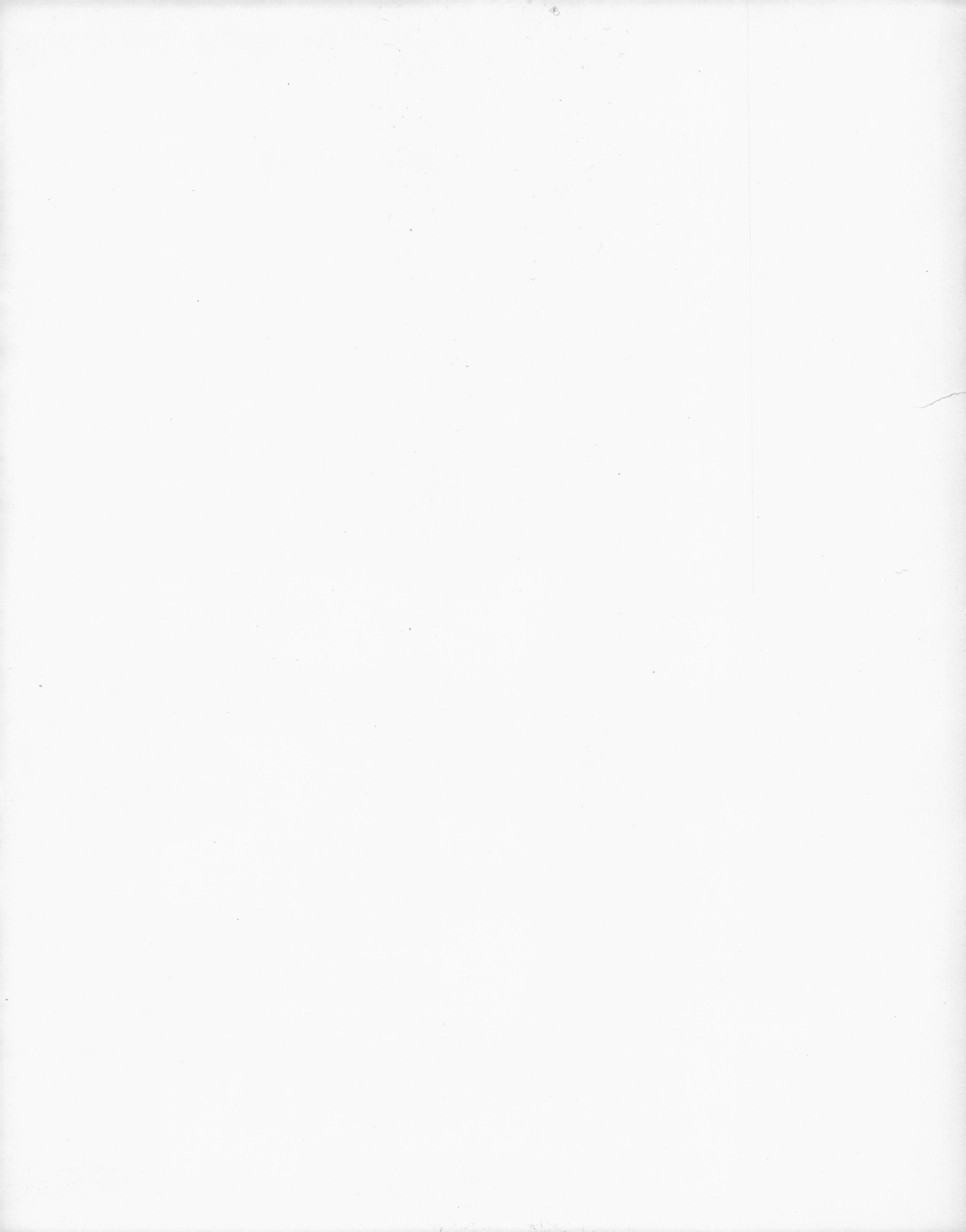

MONET

Texte original de Sandro Sproccati

Adaptation française de Marie-Christine Gamberini

GRÜND

GARANTIE DE L'ÉDITEUR

Pour vous parvenir à son plus juste prix, cet ouvrage a fait l'objet d'un gros tirage. Malgré tous les soins apportés à sa fabrication, il est malheureusement possible qu'il comporte un défaut d'impression ou de façonnage. Dans ce cas, ce livre vous sera échangé sans frais.
Veuillez à cet effet le rapporter au libraire qui vous l'a vendu ou nous écrire à l'adresse ci-dessous en nous précisant la nature du défaut constaté. Dans l'un ou l'autre cas, il sera immédiatement fait droit à votre réclamation.
Librairie Gründ - 60, rue Mazarine - 75006 Paris

Adaptation française de **Marie-Christine Gamberini**

Texte original de **Sandro Sproccati**

Première édition française 1992 par Librairie Gründ, Paris

ISBN : 2-7000-2064-2
Dépôt légal : août 1992
Édition originale 1992 par Arnoldo Mondadori Spa, Milano
sous le titre original *Monet*

Photocomposition : Compo 2000, Saint-Lô
Imprimé en Italie

SOMMAIRE

PRÉFACE

Le troisième œil

Constatant que c'était la peinture artificiellement figée de ceux qui se croyaient réalistes qui n'était pas vraie, dans un premier temps Claude Monet, avec tous les peintres qui allaient constituer la mouvance impressionniste, sortit de son atelier pour aller en plein air courir après le vent, peindre la fuite des nuages et des vagues. Puis, insatisfait de tenter de capter l'éphémère, de saisir un mouvement qui s'enfuit à l'infini, Monet, de même que les peintres de la Renaissance avaient imaginé la chambre obscure pour recomposer la réalité selon leur désir, se trouva aussi, avec et par la surface de l'eau, un instrument d'optique à la mesure de son ambition de maîtriser, par et dans la peinture, l'écoulement du temps. Ce fut l'eau des rivières et des étangs qui lui permit d'y regarder la nature à l'envers pour ne plus être détourné par le sujet, à l'envers et morcelée par le frémissement de la surface du miroir sous l'action du vent. Quand la surface de l'eau ride et se trouble et que le reflet qui s'y prend s'agite et se balance, le rythme binaire du clapot décompose et recompose sans cesse les deux grilles de lecture dont chacune détient la moitié de la même image inversée. Ce n'est plus du mouvement qui s'enfuit à l'infini, finalement figé mais non saisi dans une image vaine, c'est la palpitation du devenir, c'est de la durée pure, libérée de l'anecdote, piégée dans le rythme à deux temps de sa traduction plastique, dans le va-et-vient des touches de couleurs alternées. Ainsi Claude Monet parvient-il, à distance du motif littéral, à faire vivre et perdurer sur une même peinture son propre état d'âme du moment avec l'état d'âme de l'instant qui passe.

Le présent ouvrage inédit sur Claude Monet est composé de trois parties, chacune comportant des subdivisions : la première, essentielle, est un essai très personnel d'analyse phénoménologique du regard impressionniste sur la réalité extérieure, la deuxième est une biographie détaillée de la vie de Monet, la troisième une analyse de l'œuvre, chronologique et surtout structurelle, ce qui en renouvelle l'approche. L'appareil documentaire de ce livre est donc précis, abondant et original. Le choix des reproductions nombreuses recouvre bien toutes les périodes de la création de Claude Monet. Certains détails en gros plans judicieusement choisis, nous révèlent soudain ce qu'on n'avait pas su distinguer auparavant.

Mais attention ! ce livre n'est pas qu'un livre d'images commenté. Contrairement à ce que sont habituellement les ouvrages de ce genre, ce livre est d'abord un texte, que viennent ensuite éclairer les reproductions produites à l'appui. Le texte de Sandro Sproccati n'est pas un commentaire, plus ou moins descriptif, plus ou moins inspiré, des peintures de Monet. On y lira une rare analyse du rapport de Monet au monde visuel, au monde des apparences, du rapport du regard de Monet à la réalité extérieure, du regard de Monet qui est la cause dont les peintures sont la conséquence. Comme pour Vinci, la peinture pour Monet est « una cosa mentale ». Pour lui, l'œuvre n'est pas subie, comme une inspiration irrésistible, elle est voulue avant que d'être agie. Lorsque, à partir de 1890 environ, Monet n'a presque plus peint que par séries, les meules, les peupliers, les cathédrales, le bassin de Giverny enfin, revenant infatigablement pendant des mois sur le même motif, et le peignant chaque fois différemment parce qu'il n'est jamais deux fois le même dans le même moment, il fait clairement comprendre que, pour lui, ce motif n'est plus le sujet (ou l'objet) de la peinture, puisqu'il n'a plus d'identité stable, permanente, mais que c'est désormais la peinture en soi, dont le motif n'est plus que le support, le prétexte, qui est devenue son propre objet. L'objet de la peinture est devenu l'acte de peindre lui-même, non plus seulement dans l'espace de la toile, mais à chaque fois renouvelé dans « la dimension du temps », pour reprendre la belle formule de Sandro Sproccati, cette dimension du temps où se dissolvent dans le changement incessant de la lumière, les apparences de la réalité. L'acte de peindre pour Monet, dépasse largement les limites du domaine relatif de l'esthétique, pour aborder la question ontologique fondamentale du degré de crédibilité des apparences, du degré de réalité de la réalité. Ce peu de réalité de la réalité, Monet le pressent, autour de 1870, en ce que, pour reprendre encore une formule de Sandro Sproccati : « il n'existe pas de réalisme en dehors d'un système de conventions. » Au cours des années, la peinture de Monet s'est de plus en plus identifiée, non à un miroir qui copie la réalité, mais à la surface d'un étang, dont Sandro Sproccati dit joliment que : « Sa surface reflète : elle porte donc en elle le souvenir du monde extérieur. » La peinture de Monet ne préserve de la réalité qu'un souvenir, qui n'est plutôt que souvenir d'un instant à jamais enfui, d'une lumière à jamais éteinte, et qui de plus est, comme au travers de la « camera oscura » de la Renaissance, inversé. C'est par tout ce qu'elle refuse de montrer que la peinture de Monet donne à voir, présageant la déclaration de Paul Klee : « L'art ne rend pas le visible, il rend visible », qui d'ailleurs précisait sa position par rapport à la réalité dans une formule qui s'applique rétrospectivement et superbement à Monet : « Être abstrait avec des souvenirs. »

Il ne semble pourtant pas que Monet ait jamais laissé entendre que la réalité n'aurait été pour lui qu'une illusion des sens. Dans un premier temps, il a voulu faire ressentir que la réalité était en perpétuel devenir, mouvement et changement. Son attention a ensuite été attirée sur le fait que ce qui crée en premier lieu la réalité visible, c'est la lumière et que la lumière doit donc être le premier objet de la peinture. Par voie de conséquence, en accord avec la déclaration de Constable : « Je n'ai jamais rien vu de laid », il a démontré que tout ce qu'éclaire la lumière est susceptible des mêmes enchantements, qu'il n'est pas besoin de représentations grandioses quand le moindre fragment de la réalité la plus humble, le plus modeste nymphéa, est apte à recevoir et réfléchir le soleil tout entier. Plutôt que d'avoir été infidèle à la réalité, Monet n'aurait-il pas au contraire restitué dans les fuites de son devenir une réalité qui ne cesse de s'être à elle-même infidèle ?

On connait le jugement de Cézanne sur Monet : « Ce n'est qu'un œil », jugement qu'il croyait généreusement tempérer par : « mais quel œil ! » En fait, Cézanne, innocemment bardé de la certitude de sa propre « petite sensation », petite sensation qui le menait à « faire du Poussin sur nature » et sur laquelle devait, peu après sa mort, se fonder le cubisme, ne s'apercevait pas que l'œil de Monet voyait encore plus loin que le sien, et qu'à partir du regard de Monet, et déjà de son vivant, allait commencer de se développer au long du siècle l'immense aventure de l'art abstrait. Cézanne percevait bien que le cas de Monet était quelque chose qui concernait l'œil, mais il se trompait d'œil. L'immense révolution qu'initiait le regard de Monet sur le monde, résultait de ce qu'il le regardait désormais avec son troisième œil, celui du front, tandis qu'il clignait des deux autres, pour mieux voir ce qu'il y a derrière les apparences.

JACQUES BUSSE
Avril 1992

La capitale du XIXe siècle

De 1840 à 1926, la vie de Monet recouvre plus de quatre-vingt-cinq ans d'histoire européenne. La longévité de cet homme et sa puissance créatrice ont fait de sa peinture une transition idéale entre les dernières manifestations du romantisme et les mouvements d'avant-garde du XXe siècle. Il ne s'agit pas là d'une simple coïncidence chronologique : dès 1865 au moins, Monet s'élève au rang de figure emblématique, sinon de tout l'art moderne, au moins de son principal courant : celui qui passe par la crise du réalisme à travers les « excès » impressionnistes, puis par une reconversion de l'impressionnisme lui-même dans la nouvelle sensibilité abstraite du XXe siècle.

Vers 1840, année de naissance du peintre, l'atmosphère artistique de la capitale reste profondément marquée par l'influence des théories esthétiques de Jacques Louis David, disparu depuis quinze ans à peine, et de Jean Auguste Dominique Ingres, qui mourra vingt-sept ans plus tard. L'homogénéité de ce climat stylistique, devenu à peu près improductif et dont l'extrême maturité commence à frôler la sclérose, n'est troublée que par la présence explosive d'Eugène Delacroix, le plus grand des romantiques français, et par la lente ascension d'une nouvelle école dite « naturaliste ». Il est donc logique que le premier professeur du jeune Monet, au collège et à l'école municipale du Havre, soit un disciple de David, Jacques-François Ochard, qui ne saura intéresser son élève que par ses incontestables qualités d'exécution technique. Pour le reste, il est clair que ni la manière épique de David, naguère « chroniqueur » de la révolution jacobine et des exploits de Napoléon Bonaparte, ni le style « léché » et presque sculptural, empreint de perfection formelle glacée, des œuvres d'Ingres, ne pouvaient subjuguer un homme comme Monet, épris de liberté et animé par une secrète flamme de génie qui n'attendait que le moment propice, les « bonnes » stimulations, pour s'attiser en un puissant incendie.

Ce n'est toutefois pas uniquement grâce à cette flamme, et à son plein épanouissement au fil des décennies, que le contexte artistique aura tant changé au terme de la carrière de Monet — en 1925 — et que « faire de l'art » aura pris un sens sans commune mesure avec sa valeur passée... Le mérite n'en revient exclusivement ni à Monet ni à aucun autre peintre de ses contemporains — Cézanne ou Van Gogh, par exemple — et l'on ne saurait, non plus, l'attribuer à une quelconque « conjuration » d'artistes, à un concours d'intentions et d'œuvres humaines. Car ce changement est manifestement trop profond pour avoir résulté de l'action de simples individus, fussent-ils rassemblés en une équipe. Il s'agit plutôt d'un phénomène radical lié à une époque, d'une sorte de grand bouleversement qui ébranle tout l'Occident moderne, à tous les niveaux. Il faut y voir l'affirmation définitive du système économique capitaliste, avec la crise des structures monarchiques et autoritaires, religieuses, sacrées et symboliques, que cela implique ; l'accélération du « progrès » technologique et des processus d'élaboration idéologique visant à le justifier, à en rendre tolérables les effets négatifs ; le déplacement du principe d'autorité du « souverain » (en tant qu'être concret et particulier) sur l'argent (en tant que motif abstrait et impersonnel) et, enfin, le transfert de *valeur* de la « propriété » (immobilière et transmissible par héritage) à la « marchandise » (indéfiniment interchangeable).

Les solutions proposées par les *avant-gardes historiques* — la production littéraire et artistique du début du XXe siècle, du cubisme de Braque et de Picasso aux romans de James Joyce et de Céline en passant par les *ready-made* de Marcel Duchamp et les compositions géométriques de Mondrian — prennent précisément de l'importance à partir de cette nouvelle dimension de l'agir poétique et créatif, qui englobe l'inépuisable urgence de la nouveauté, la méfiance à l'égard du langage traditionnel, de ses facultés mimétiques et descriptives, le refus d'assigner à l'œuvre d'art un rôle d'apologie du pouvoir (religieux ou politique), et qui envisage par conséquent l'art comme une critique de la société, voire un pur geste de révolte. Monet assistera ainsi pendant la dernière partie de son existence à un jaillissement continuel d'événements « fondamentaux », une incessante succession de « révolutions » esthétiques et de retentissantes surenchères de la

◆ *Jacques Louis* David, Portrait de Madame Récamier, *1800 ; huile sur toile ; 170 × 240 cm ; musée du Louvre, Paris. La mode néo-classique qui imprègne la culture littéraire et artistique du début du XIXe siècle est bien représentée par ce tableau, devenu le paradigme de quantité d'autres compositions de l'époque. Monet « rencontre » le style de David grâce à M. Ochard, son professeur de dessin au collège, mais le rejette presque aussitôt.*

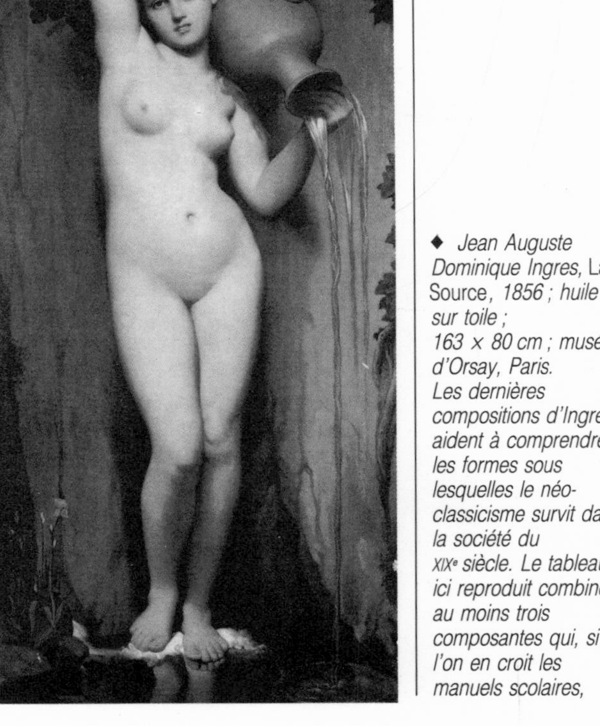

◆ *Jean Auguste* Dominique Ingres, La Source, *1856 ; huile sur toile ; 163 × 80 cm ; musée d'Orsay, Paris. Les dernières compositions d'Ingres aident à comprendre les formes sous lesquelles le néo-classicisme survit dans la société du XIXe siècle. Le tableau ici reproduit combine au moins trois composantes qui, si l'on en croit les manuels scolaires, devraient s'exclure mutuellement : une inspiration néo-classique, devenue, sous le règne de Napoléon III, la marque obligatoire de l'art académique ; un certain romantisme, léger, mythologique et exotique, dont Ingres était un spécialiste ; et enfin une teinture un peu frivole d'interprétation symbolique du contenu narratif, déjà presque « à la Gustave Moreau ».*

part des divers « mouvements » artistiques qui naissent, s'imposent, puis sont à leur tour rapidement dépassés. Mais c'est au début de sa carrière, peu après le milieu du XIXe siècle, que se sont créées les prémisses de cette (future) agitation. C'est alors qu'a commencé à mûrir la conception qui fait de l'art une investigation autour d'un destin à des fins d'activité créatrice et le définit donc comme une recherche de sa propre signification, de ses propres limites, de son propre espace vital, à une époque où la fonction historique de l'artiste est remise en question par des perspectives socio-économiques nouvelles et problématiques.

Monet sera un des témoins les plus lucides de cette « mutation génétique » déterminée par l'avènement du capitalisme : il y prendra personnellement part, souvent impliqué en tant qu'homme et en tant qu'artiste. Et même si l'évolution de son travail n'en tient compte que partiellement, de façon pour ainsi dire « indirecte », l'existence d'un lien intrinsèque, profond, souterrain presque, entre la peinture impressionniste et la nouvelle société industrielle reste un fait incontournable. Lorsque se tient à Paris, en 1855, la première Exposition Universelle, Monet vit au Havre depuis dix ans. Il n'a passé dans la capitale que ses cinq premières années, jusqu'en 1845, et n'y retournera, pour compléter ses études de peinture, qu'en 1859. Mais l'atmosphère parisienne de cette époque décisive se diffuse rapidement dans toute la France, alimentant les expériences artistiques des novateurs du moment — Courbet, Millet, Corot, Daubigny... — et de leurs cadets : Manet, Pissarro et Degas. Ces expériences ont toutes en commun le refus ostensible de ces thèmes religieux et politiques qui avaient joué un rôle important dans la peinture romantique et, plus encore, dans l'art néoclassique.

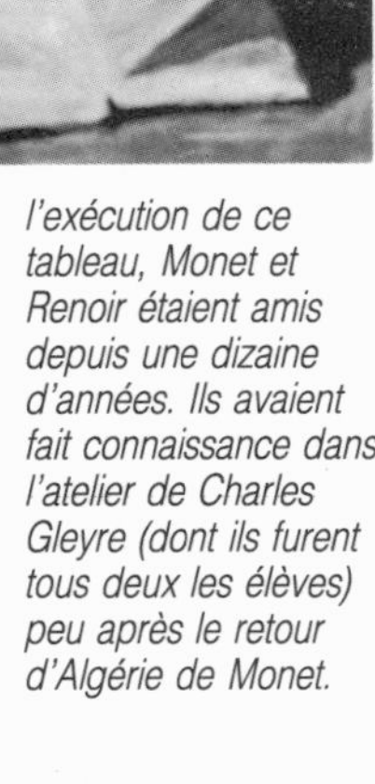

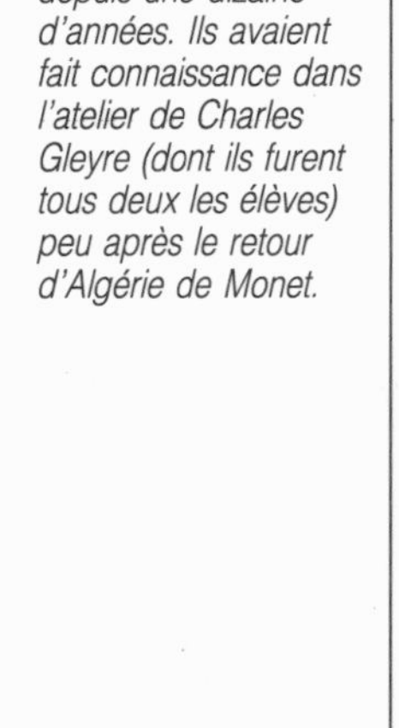

◆ Pierre Auguste Renoir, Portrait de Claude Monet (ci-dessus), 1872 ; huile sur toile ; 60 x 48 cm ; collection particulière (Mr and Mrs Paul Mellon, Upperville, Virginie). Au moment de l'exécution de ce tableau, Monet et Renoir étaient amis depuis une dizaine d'années. Ils avaient fait connaissance dans l'atelier de Charles Gleyre (dont ils furent tous deux les élèves) peu après le retour d'Algérie de Monet.

On pourrait dire que jamais l'artiste n'a eu autant soif de nature : certes, depuis Masaccio, tout l'art occidental est, par bien des aspects, un peu « naturaliste », mais dans cette France du Second Empire, le paysage semble en quelque sorte devenu le seul sujet digne d'être traité. Les romantiques les plus modernes (Delacroix, Corot) et les plus courageux des pionniers le cultivent avec amour et acharnement. Gustave Courbet, le chef de file des réalistes, en vient à appréhender la nature et, surtout, la matière, comme des métaphores globales de l'âme humaine ; Jean-François Millet retrouve dans les valeurs authentiques de la vie paysanne, faite de sentiments et de gestes simples, spontanés, la poésie d'une peinture de type « religieux », désormais impossible ; même les planches satiriques d'Honoré Daumier, aussi étrangères soient-elles à cette fuite vers la campagne, font montre d'une confiance renouvelée quant au pouvoir descriptif de l'élément pictural par rapport au donné naturel.

Que s'est-il donc passé ? Nous voici face au refus de l'urbanisation menaçante et, plus généralement, du renouvellement des structures économiques que connaissent les pays les plus « évolués ». L'esthétique du naturalisme est en somme *aussi* le produit d'une réaction aux transformations imposées par l'industrialisation. Mais elle est en même temps le produit direct de ces transformations et, plus précisément, des idéologies qui s'y rattachent : le progrès des sciences positives (tant humaines qu'exactes), les théories démocratiques et matérialistes, l'avancée des études sociales et ethnologiques... c'est tout cela qui fonde la conviction que le signe pictural peut produire de la vérité. Songez, à ce propos, à la fonction que vient remplir après 1850 une invention « scientifique » comme la photographie, si intrinsèquement liée à l'idée de restitution optique de l'objet matériel. À travers les formes codifiées de la représentation perspective, le tableau doit, lui aussi, « saisir le réel » pour le restituer intact, bien qu'émotionnellement renforcé, à la réflexion positive de l'observateur.

J'ai évoqué l'Exposition Universelle de 1855. Le poète et critique Charles Baudelaire est peut-être celui qui en a le mieux compris l'importance, notamment quant au changement de condition de l'objet d'art. Selon Walter Benjamin, il s'est rendu compte le premier, et de la façon la plus riche de conséquences, que la bourgeoisie était sur le point de retirer sa commission au poète. Baudelaire peut en effet observer un curieux phénomène : dans les pavillons de l'immense foire que constitue « l'expo », les œuvres d'art n'ont, au-delà de toute apparence, pas plus de valeur que les autres objets exhibés. Elles sont aussi produites pour le marché (ou carrément conçues de manière à engendrer leur propre marché). L'artiste se trouve confronté à la fin d'un privilège séculaire : l'assurance de son utilité pour le pouvoir constitué. Il ne peut plus produire « sur commande » : son œuvre n'est plus requise *avant* d'être réalisée. Son travail consiste au contraire à créer des objets (les œuvres) exclusivement issus de sa volonté souveraine d'agir, et qui ne seront intégrés que plus tard, dans un deuxième temps, au circuit de la marchandise, en quête d'acquéreurs. C'est la naissance du « marché de l'art », dont les *Salons* parisiens sont les premières incarnations complètes.

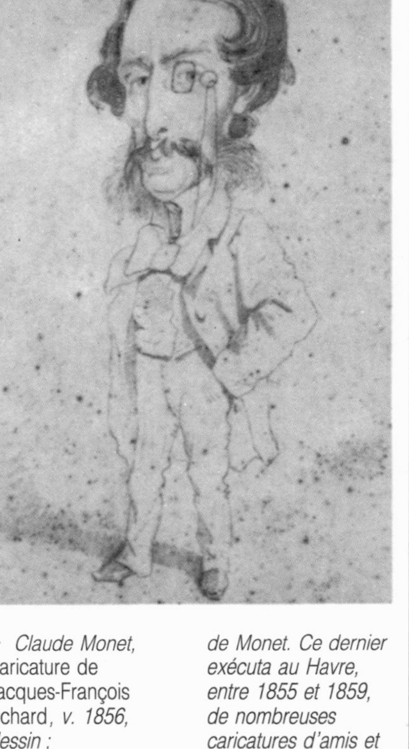

◆ Claude Monet, Caricature de Jacques-François Ochard, v. 1856, dessin ; 31,5 x 24,7 cm ; Art Institute, Chicago. Ochard fut le premier professeur de peinture de Monet. Ce dernier exécuta au Havre, entre 1855 et 1859, de nombreuses caricatures d'amis et de connaissances qu'il parvint presque toujours à vendre à bon prix.

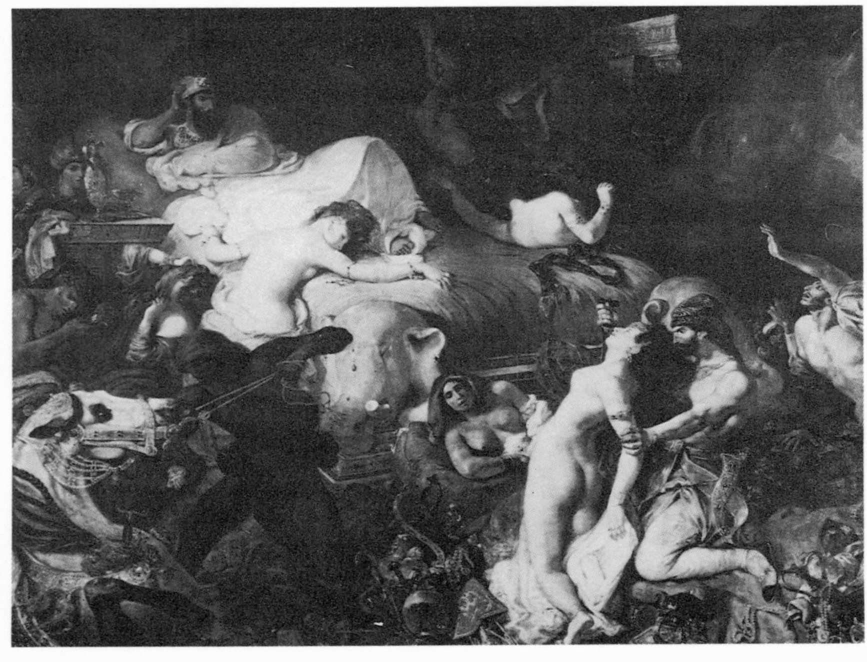

◆ Eugène Delacroix, La Mort de Sardanapale (ci-contre), 1827 ; huile sur toile ; 395 x 495 cm ; musée du Louvre, Paris. Cette célèbre toile est une des œuvres les plus représentatives de l'esthétique néo-baroque de Delacroix — version particulière du romantisme un peu « morbide » et pétrie de motifs littéraires décadents, d'où l'adoration que lui vouèrent Baudelaire et les jeunes peintres qui, comme Monet, se formèrent à la fin des années 1850.

Baudelaire est un critique fort attentif. Dans ses comptes-rendus des Salons de 1845, 1846 et 1859, il insiste sur la condition de l'artiste dans la société moderne et en tire, en 1863, un concept esthétique nouveau : « Le beau est fait d'un élément éternel, invariable, dont la quantité est excessivement difficile à déterminer, et d'un élément relatif, circonstanciel, qui sera, si l'on veut, tour à tour ou tout ensemble, l'époque, la mode, la morale, la passion. » Cette « relativité » du beau, sa vérité occasionnelle et contingente, vient de ce qu'il n'est pas le fruit d'une nécessité extérieure, socialement fondée, mais de la volonté de l'artiste. De sorte que — ajoute Baudelaire — « le beau est toujours bizarre ».

Dans cette nouvelle civilisation industrielle et capitaliste, il faut que la marchandise soit montrée, exposée : ce n'est qu'ainsi qu'elle sera achetée et prendra de la valeur. En effet, pour pouvoir réellement correspondre à une certaine quantité d'argent, des formes éhontées d'affirmation de soi lui sont nécessaires, qui lui permettent notamment de prendre un sens social précis par la création d'un besoin, d'une demande : ce seront la vitrine, le marché, la publicité. Cet aspect de la question — que Benjamin a défini par la formule « marchandise comme fétiche » — concerne aussi l'art, marchandise entre toutes. Impossible de comprendre le délicat passage des manifestations du *sublime romantique* aux images *laïques et mondaines* de la peinture impressionniste sans avoir bien à l'esprit ces données historiques.

◆ Camille Corot, Ville d'Avray, l'étang, la maison Cabassud *(ci-dessus), 1834-1840 ; huile sur toile ; 28 x 40 cm ; musée du Louvre, Paris. De toute la période finale du romantisme, l'art de Corot constitue la préfiguration la plus claire des procédés du futur « impressionnisme modéré » de Sisley, Bazille, Pissarro et (en partie) Monet à ses débuts.*

Lorsque des artistes comme Cézanne, Degas ou Monet commencent à assimiler la peinture à une étude approfondie du « sujet » (en tant que combinaison de matière, lumière et atmosphère) dans ses rapports optiques avec les formes du tableau, ils bénéficient de la possibilité de choisir leur voie (les motifs à peindre, les techniques à employer) jour après jour, en restant absolument libres de tout conditionnement externe. Le commanditaire ayant disparu, l'artiste n'est plus tenu de représenter des sujets nobles ou « importants ». Ainsi Cézanne peut-il peindre à satiété, jusqu'à en extraire les valeurs de composition les plus cachées, un banal paysage des environs d'Aix-en-Provence — la montagne Sainte-Victoire — devenu par la suite « épique », certes, mais seulement grâce au peintre.

Le climat qui prépare l'impressionnisme en France est donc marqué, en proportions égales, par la fuite des « réalistes » vers la campagne et par la nouvelle dimension urbaine du marché artistique, des salons, des exposi-

◆ Gustave Courbet, Le Vieux Pont *(ci-dessous), v. 1850 ; huile sur toile ; 60 x 73 cm ; musée des Beaux-Arts, Alger.*

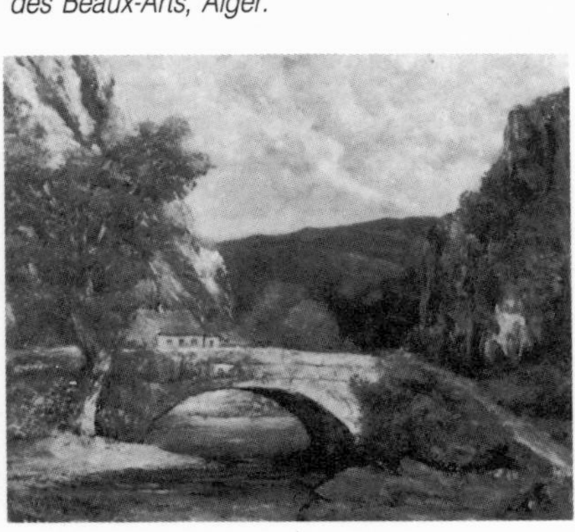

UNE INTERPRÉTATION DE DELACROIX

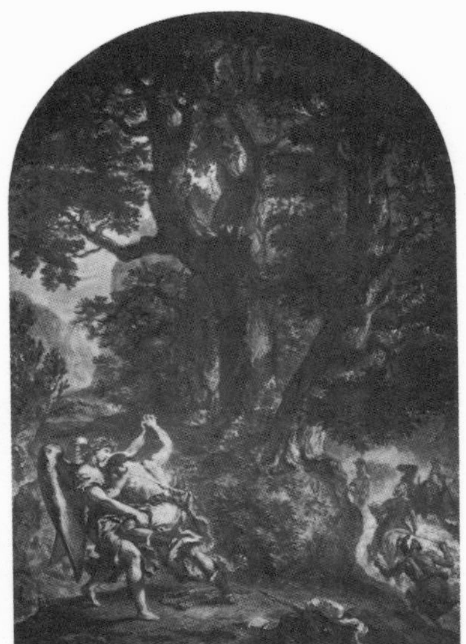
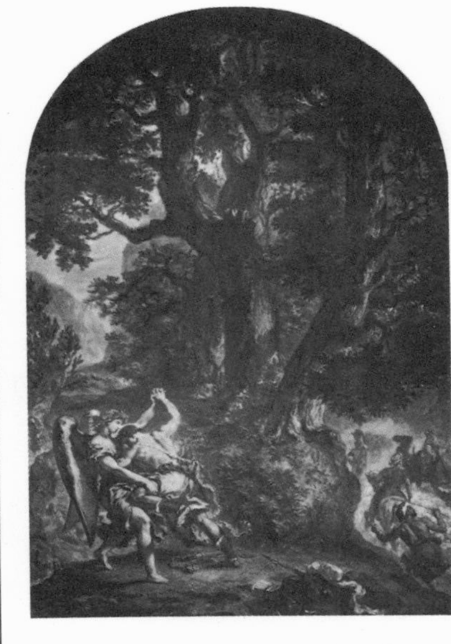

◆ *Eugène Delacroix,* La Lutte de Jacob avec l'Ange, *1849-1861 ; peinture murale à l'huile ; 715 x 485 cm ; Saint-Sulpice, Paris. C'est en l'église Saint-Sulpice que Charles Baudelaire avait été baptisé, en juin 1821.*

Un des nombreux mérites du peintre romantique Eugène Delacroix (1798-1863) est d'avoir inspiré à Baudelaire quelques-unes des plus brillantes intuitions critiques de tout le XIXe siècle. C'est notamment en observant certaines toiles de Delacroix à l'Exposition Universelle de 1855 que Baudelaire conçoit la possibilité d'un art « moderne affranchi de l'imitation du naturel, c'est-à-dire dégagé de tout lien avec ce qui n'appartient pas au système du langage pictural : « D'abord — écrit-il — il faut remarquer (...) que, vu à une distance trop grande pour analyser ou même comprendre le sujet, un tableau de Delacroix a déjà produit sur l'âme une impression riche, heureuse ou mélancolique. On dirait que cette peinture, comme les sorciers et les magnétiseurs, projette sa pensée à distance. Ce singulier phénomène tient à la puissance du coloriste, à l'accord parfait des tons, et à l'harmonie (préétablie dans le cerveau du peintre) entre la couleur et le sujet. Il semble que cette couleur, qu'on me pardonne ces subterfuges de langage pour exprimer des idées fort délicates, pense par elle-même, indépendamment des objets qu'elle habille. Puis ces admirables accords de sa couleur font souvent rêver d'harmonie et de mélodie, et l'impression qu'on emporte de ses tableaux est souvent quasi musicale. »

Baudelaire affirme donc que la compréhension du « thème » n'est pas indispensable à la lecture de l'œuvre, que le savoir-faire de l'artiste, son habileté à manier les lois et techniques de la peinture (accord des tons, puissance et harmonie des couleurs, impressions de mélodie, etc.) suffisent pour donner à l'œuvre sa cohérence interne, sa perfection structurelle. Le tableau peut alors « projeter sa pensée à distance »... *Sa pensée !* En d'autres termes, sa valeur de mécanisme autonome, se suffisant à lui-même : indépendamment des objets que la couleur « habille ».

Baudelaire rappelait d'ailleurs, quelques années plus tôt, que « la bonne manière de savoir si un tableau est mélodieux est de le regarder d'assez loin pour n'en comprendre ni le sujet ni les lignes. S'il est mélodieux, il a déjà un sens, et il a déjà pris sa place dans le répertoire des souvenirs. » Or pouvoir apprécier un tableau bien qu'on soit (ou d'autant plus qu'on est) dans l'impossibilité d'en distinguer le sujet à cause d'une distance excessive suppose une conception de la jouissance esthétique analogue à celle que viendront imposer les œuvres de maturité de Monet ; celles-ci demandent en effet à être observées non plus d'un seul point de vue, comme les peintures de la Renaissance, mais en se rapprochant et en s'éloignant, afin que l'image se détruise et se recrée, alternativement, sous l'œil stupéfait d'un spectateur mobile. À la lumière de cette expérience, typique, par exemple, des *Nymphéas*, le passage où Baudelaire (toujours à propos de Delacroix, dans le *Salon de 1846*) dit qu'un « tableau est une machine dont tous les systèmes sont intelligibles pour un œil exercé ; où tout a sa raison d'être, si le tableau est bon ; où un ton est toujours destiné à en faire valoir un autre ; où une faute occasionnelle de dessin est quelquefois nécessaire pour ne pas sacrifier quelque chose de plus important » acquiert un sens supplémentaire : celui d'un préambule à la sensibilité impressionniste, d'une proclamation de convergence implicite entre Delacroix et Monet — indépendamment de la poétique déjà pleinement « abstraite » que cette affirmation masque où dévoile.

◆ *Nadar,* Portrait de Charles Baudelaire *(à gauche), v. 1863 ; photographie. Voici une des plus belles images qui nous soient parvenues du grand poète, et une des œuvres photographiques les plus réussies de Nadar. Baudelaire y est saisi dans une classique expression d'ennui mélancolique (« spleen »), vraisemblablement liée aux intenses souffrances qui marquèrent les dernières années de sa vie.*

◆ *Jean-François Millet,* Des Glaneuses *(ci-dessous), 1857 ; huile sur toile ; 83,5 x 111 cm ; musée d'Orsay, Paris. Comme dans* L'Angelus *et* Le Semeur, *on voit ici réalisé, par le biais d'un emploi savant et original de l'élément lumineux, cet idéal de représentation « épique » de la vie et du travail des champs que Millet plaçait au centre de son réalisme social.*

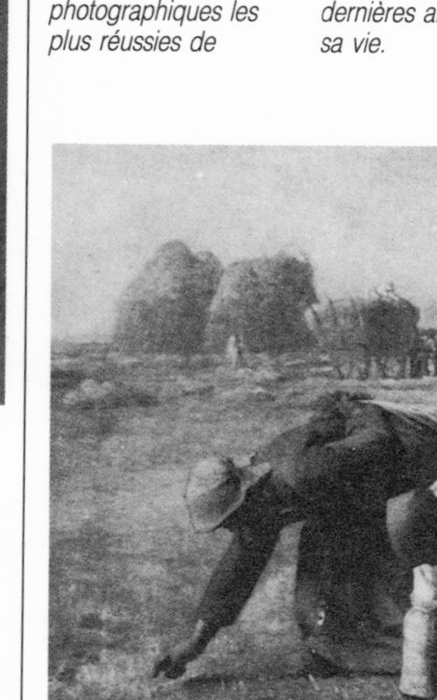

tions. Or toutes deux résultent de la perte par l'art de son rôle séculaire. Les fondements mêmes du naturalisme du XIXe siècle, y compris dans sa version littéraire incarnée par les frères Goncourt, soulignent du reste l'ambiguïté du rapport qui lie étroitement la vie dynamique des métropoles à un sentiment d'amour nostalgique pour le monde vierge de la nature. L'aura presque magique qui se dégage de la *forêt urbaine* de la capitale est ainsi magistralement « dépeinte » dans un fragment du *Journal* des Goncourt : « Retour à pied de la rue d'Amsterdam à Auteuil à travers la foule. Un ciel mauve, où les lueurs des illuminations mettent comme le reflet d'un immense incendie, un bruissement de pas faisant l'effet de l'écoulement de grandes eaux, la foule toute noire, de ce noir un peu papier brûlé, un peu roux, qui est le caractère des foules modernes (...) la place de la Concorde : une apothéose de lumière blanche au milieu de laquelle l'obélisque apparaît avec la couleur rosée d'un sorbet au champagne, la tour Eiffel faisait l'effet d'un phare laissé sur la terre par une génération disparue, une génération de dix coudées. »

Pendant les années où la peinture de Monet s'autonomise et acquiert lentement du prestige, entre 1855 et 1870, Paris connaît la période de labeur physique et spirituel la plus intense de toute son histoire : la ville se convulse sous l'effet des grands projets d'architecture et d'urbanisme de Napoléon III, tout en lançant vers l'extérieur des pseudopodes qui phagocytent les bois et les forêts alentour. Ces ramifications « contaminent » aussi les beaux et mélancoliques villages chantés par Gérard de Nerval, le dernier des poètes romantiques, le premier des modernes... L'idée de foule, âme véritable de la grande ville contemporaine, constitue un des « lieux communs » psychologiques les plus significatifs de l'époque : les masses se révèlent, impressionnantes, dans toute leur immensité aveugle dès que le baron Haussmann éventre, sur l'ordre de l'empereur, le vieux cœur de Paris pour y ouvrir de longues trouées de lumière et de joyeuse animation. Les *boulevards*, ces tout nouveaux canaux d'écoulement d'une marée humaine irrésistible et de plus en plus impétueuse, supposent une philosophie de la connaissance différente, d'autres moyens techniques, une capacité descriptive — y compris picturale — restructurée.

C'est sans doute vers Baudelaire qu'il faut se tourner pour comprendre à quel point les masses citadines deviennent centrales dans l'évolution du langage créateur. Il emprunte à l'Américain Edgar Allan Poe l'idée que l'individu d'aujourd'hui est un « homme de la foule », qui vit en permanence dans une enivrante proximité avec des millions d'autres êtres aussi anonymes que lui, mais qui découvre dans cette masse et cette indifférence, cette sorte d'anesthésie et cette unidimensionnalité, sa condition anthropologique et culturelle véritable. Dans l'essai *Le Peintre de la vie moderne*, publié en 1863, Baudelaire émet l'hypothèse que l'art est la faculté de saisir (de « voir ») la réalité au moment de sa manifestation quotidienne et immanente — une faculté, pour ainsi dire, « impressionniste ». Il s'en prend sévèrement à la manie académique de se référer à des modèles antiques pour analyser des sujets contemporains et proclame l'urgence d'une peinture qui comprenne et exalte « l'éternelle beauté et l'étonnante harmonie de la vie dans les capitales, harmonie si providentiellement maintenue dans le tumulte de la liberté humaine ».

Dans cette perspective, la mode, qui sera si chère aux artistes de la fin du siècle, devient l'enveloppe de la beauté moderne et représente cet élément fugitif, transitoire, intimement caduc, sans lequel ne saurait exister aucune qualité esthétique. Les Goncourt nous le confirment eux aussi lorsqu'en présentant les objectifs de leur célèbre *Journal*, ils précisent qu'ils ont « *portraituré*, ces hommes, ces femmes, dans leurs ressemblances du jour et de l'heure (...) les remontrant plus tard sous des aspects différents et selon qu'ils changeaient et se modifiaient, désirant ne point imiter les faiseurs de mémoires qui présentent leurs figures historiques peintes en bloc et d'une seule pièce ou peintes avec des couleurs refroidies par l'éloignement ». Les Goncourt se situent donc face à l'existence avec un regard qui trahit une *mentalité impressionniste*, « ambitieux, en un mot, de représenter l'ondoyante humanité dans sa *vérité momentanée* (...) par ce je ne sais quoi qui donne l'intensité de la vie — par la notation enfin d'un peu de cette fièvre qui est le propre de l'existence capiteuse de Paris. »

◆ *Constantin Guys,* La Pelouse (les courses), *détail (en bas), v. 1860 ; dessin ; musée Carnavalet, Paris. Né en Hollande en 1805, Guys, qui vécut à Londres puis à Paris, inspira à Baudelaire son essai de 1863,* Le Peintre de la vie moderne. *En effet, son œuvre, qui ne présente pourtant pas un intérêt exceptionnel pour l'histoire de l'art, dépeint merveilleusement bien les différents aspects de la vie mondaine européenne vers le milieu du XIXe siècle.*

PASSAGES ET BOULEVARDS

◆ *Claude Monet,* Le Boulevard des Capucines, *1873 ; huile sur toile ; 80 × 60 cm ; Nelson-Atkins Museum of Art, Kansas City. C'est une des deux toiles que Monet a consacrées à cette élégante artère parisienne, la montrant chaque fois très animée, grouillante de monde.*

La vie spirituelle d'une grande ville se reflète toujours dans sa présence « physique » particulière : dans son visage architectural et dans son plan, mais aussi dans ses plaies obscures, dans les recoins mystérieux de son immense revêtement de pierre. Là, souvent, se dégage, de chaque anfractuosité, du moindre petit détail, la quintessence d'une culture révolue et bien définie, historiquement sans pareille. C'est le cas du Berlin prénazi des films de Fritz Lang, ou du Prague de Kafka, que les symbolistes tchèques comparaient à une prostituée langoureusement blottie aux pieds du Château. C'est aussi le cas du Londres de Poe, sinistre et presque grotesque parodie de la future société de masse.

Parmi les éléments urbains totalement caractéristiques de Paris, le *passage* et le *boulevard*, incarnations de deux conceptions opposées de la voirie au XIXe siècle, peuvent chacun résumer une époque et une civilisation. L'origine des passages — de 1825 à 1850 — est liée à l'expansion de l'industrie textile. Ces galeries, petites mais élégantes, protégées par des grilles ou de grandes portes, abritaient des boutiques de confection et de tissus, souvent « associées » entre elles pour supporter les frais de décor et d'entretien et pour offrir au client, dans un lieu accueillant et circonscrit, le plus vaste choix possible. Il s'agissait, en somme, d'une ébauche des futurs « grands magasins », et il est juste de voir dans leur apparition un des signes les plus manifestes de la mutation économique qui s'opère pendant la première phase du capitalisme moderne. La beauté architecturale de ces passages, joyaux d'art éclectique romantique, n'apparaît malheureusement plus que sur quelques rares photographies. À leur époque, on les exaltait dans les guides touristiques comme une « récente invention du luxe industriel », « des couloirs au plafond vitré, aux entablements de marbre, qui courent à travers des blocs entiers d'immeubles » et forment « une ville, un monde en miniature ». (cité in BENJAMIN).

Les longs boulevards aérés du centre de Paris furent en revanche ouverts sous Napoléon III, empereur des Français de 1852 à 1870, au prix de saignées sans précédent dans le cœur médiéval de la ville. Il est clair qu'au-delà des motivations esthétiques et sociologiques (ces boulevards constituaient un lieu de parade idéal pour la nouvelle bourgeoisie française), ils furent imposés pour des raisons d'ordre public, et plus précisément afin d'empêcher les insurrections populaires de profiter du dédale des antiques ruelles. Le baron Eugène Haussmann, préfet de la Seine de 1853 à 1869, en traça donc les plans, conciliant une volonté d'emphase architecturale (l'inévitable *grandeur* de la capitale) avec des motifs de stricte opportunité politique. Pourtant, le boulevard Bonne-Nouvelle, le boulevard des Capucines (que Monet nous montre bourré de monde, de couleurs et de lumière dans un célèbre tableau de 1873), le boulevard des Italiens, dont Proust raconte les « nuits » dans la première partie de la *Recherche (Un amour de Swann)*, le boulevard Saint-Michel, le boulevard Montparnasse et toutes les autres grandes artères grouillantes de vie subiront paradoxalement dès 1871 l'affront des barricades, servant ainsi de théâtre non seulement aux cérémonies mondaines de la plus fastueuse des métropoles européennes, mais aussi aux épisodes les plus dramatiques et cruciaux de l'histoire de France, jusqu'à l'invasion hitlérienne de 1940 et aux événements de mai soixante-huit.

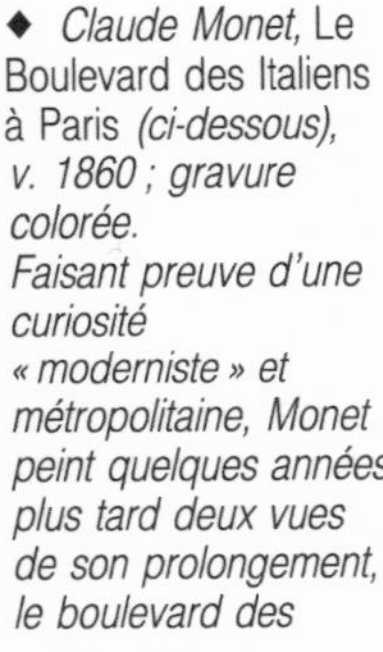

◆ *Deux photographies du* Passage Colbert *(ci-contre et au milieu), v. 1850 ; Bibliothèque historique de la Ville de Paris. La reproduction du haut montre l'entrée de la rue Vivienne, celle du bas une vue de l'intérieur du passage principal. Cette dernière image donne une idée de la façon dont les marchandises étaient exposées dans les vitrines, autour desquelles des ornementations architecturales formaient des cadres prestigieux. Cependant, contrairement aux galeries ultérieures, de style éclectique, le « passage » de la première moitié du XIXe siècle conserve en général aussi une vocation de quartier résidentiel. Tantôt élégant et aristocratique, tantôt résolument populaire, il reproduit comme en un microcosme la vie et l'organisation de la cité. C'est à ce titre — d'une description pittoresque mais sociologiquement pertinente — qu'il est souvent évoqué dans les romans de l'époque.*

◆ *Claude Monet,* Le Boulevard des Italiens à Paris *(ci-dessous), v. 1860 ; gravure colorée. Faisant preuve d'une curiosité « moderniste » et métropolitaine, Monet peint quelques années plus tard deux vues de son prolongement, le boulevard des Capucines (1873), mais contrairement à ce qui se passe pour cette gravure, la rue y est observée d'en haut, offrant un panorama bien plus étendu. Le peintre avait en effet placé son chevalet près d'une fenêtre de l'atelier de Nadar.*

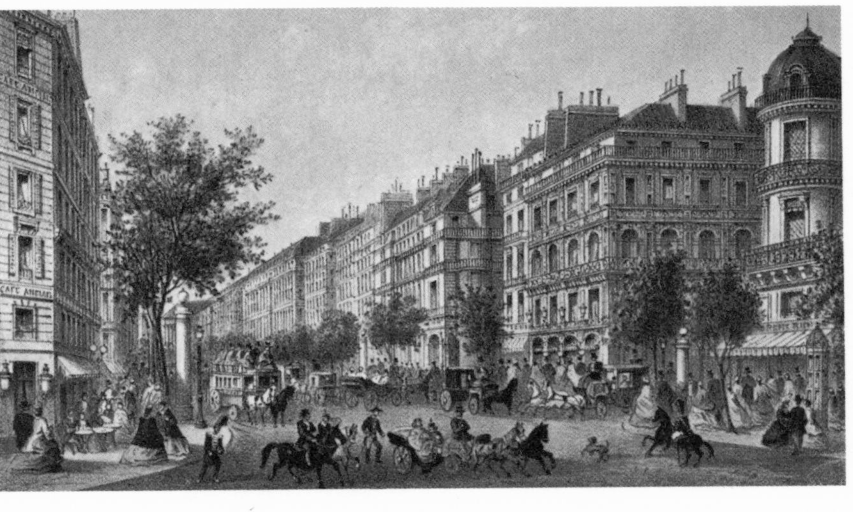

La peinture de la vie moderne

Le lien, évoqué au chapitre précédent, entre la nouvelle dimension sociale urbaine et la fuite vers la nature passe, au début de la seconde moitié du XIXe siècle, par quelques notables difficultés conceptuelles. La première concerne les rôles contradictoires joués par la photographie. Le fait que son principal inventeur, Louis Jacques Mandé Daguerre, ait été un peintre de « panoramas », ces décors de spectacles imitant les vues naturelles, confirme qu'elle a, dès le début, entretenu des relations étroites avec l'art réaliste. Quinze ans après son invention, à l'Exposition Universelle de 1855, on fait à la photographie l'honneur de lui consacrer, pour la première fois, une exposition spéciale, grâce notamment à la surprenante qualité technique

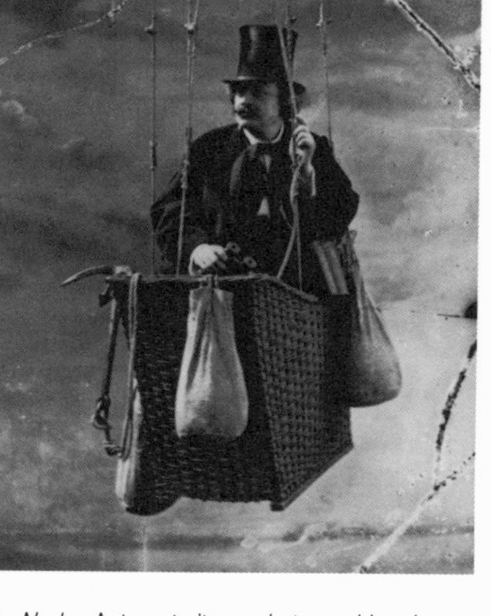

◆ Nadar, Autoportrait à bord de la montgolfière (ci-dessus), 1860 ; photomontage. Bien que réalisée en atelier par trucage, cette image se réfère à un événement réel : l'exécution, à partir de 1858, d'une série de photographies du centre de Paris du haut d'un ballon. Cette entreprise témoigne du climat enthousiaste de positivisme technologique qui gagne alors la recherche esthétique.

qu'ont su lui faire atteindre des hommes comme Carjat et Nadar. Ce dernier a ouvert en 1854 un florissant atelier de portrait photographique et réalisera bientôt, en 1858, son projet le plus fantastique : des vues aériennes de Paris prises du panier d'une montgolfière.

Cette mirobolante invention d'un appareil qui grave l'empreinte du réel sur un support bidimensionnel (suivant un procédé de projection géométrique analogue à celui de la perspective en peinture mais cette fois, enfin, totalement « scientifique ») semble balayer tous les obstacles s'opposant à l'omniscience perceptive. Voilà qui va accroître considérablement la confiance sur laquelle l'esthétique naturaliste se fonde. Ce n'est pas un hasard si les frères Goncourt notent en 1856 : « Le réalisme naît et éclate alors que le daguerréotype et la photographie démontrent combien l'art diffère du vrai ». Notez cependant la subtile ambiguïté contenue dans cette affirmation, et dans l'ensemble des rapports entre art et photographie. La peinture « diffère du vrai », les nouvelles images que l'on peut obtenir avec la chambre noire sont là pour le prouver. Mais, dans ce cas, pourquoi l'art devrait-il entrer en compétition avec un outil qui, du point de vue de l'*apparence de vérité*, a déjà gagné d'emblée ? Est-il vraiment sûr que l'authenticité réside dans le facteur optico-mécanique ? Au fond, le grand art du passé cherchait moins à reproduire le monde qu'à l'interpréter...

Les choses se compliquent encore lorsqu'on s'aperçoit que, pour sa part, la photographie s'épuise d'entrée de jeu en une sorte de rivalité avec la peinture, notamment lorsqu'elle tente de s'affranchir de son cadre technique pour se proclamer libre événement créatif et en vient à rechercher des résultats pseudo-impressionnistes. Pendant la seconde moitié du XIXe siècle en effet, une espèce de tendance hérétique (dite *flouiste*), dont la principale caractéristique est de « salir » délibérément l'image en brouillant ses contours, s'élève contre la conception réaliste courante de la photographie. Notons au passage que les brumes « flouistes » s'apparentent dans une certaine mesure aux vapeurs matinales des œuvres de Claude Monet postérieures à 1870.

Ce n'est toutefois pas à cause de son potentiel « artistique », mais bien parce qu'elle est excessivement proche des aspects les plus exaspérés du réalisme, que Baudelaire, en bon romantique, combat la pratique photographique dans ses théories esthétiques. Son œuvre peut d'ailleurs se lire comme une longue attaque, sans cesse renouvelée, contre l'idéologie du positivisme scientifique et les conceptions artistiques qui en découlent.

Cela dit, la photographie ne représente qu'un des aspects du besoin d'élargissement de la fonction visuelle qui marque profondément toute la période qui nous intéresse. Ce besoin, psychologiquement compréhensible dans le contexte culturel de l'époque, engendre un deuxième faisceau problématique important, qui associe les rutilants panoramas de carton peints par Daguerre aux sombres forêts de Courbet, les mannequins des vitrines des grands boulevards aux personnages agrestes de Millet, les photographies aériennes de Nadar aux grandes marines sauvages de Jongkind... bref, en schématisant, l'allégresse chaotique de la grande ville, insatiable et curieuse jusqu'au voyeurisme, et le charme crépusculaire d'une nature encore secrète, encore accessible, encore proche.

La cohérence du « retour à la nature » de nombreux artistes du XIXe se fonde sur cette double incidence, positive et négative, de l'évolution historique sur les attitudes esthétiques, puisque la révolution économique en cours autorise, d'un côté, une confiance nouvelle en la réalité et les outils propres à la connaître, mais s'apprête, d'un autre côté, à aliéner de plus en plus l'homme de ses origines naturelles. L'exemple le plus significatif de ce phénomène est représenté par l'école de Barbizon, dont les « petits » maîtres (Troyon, Millet, Daubigny, Rousseau et, en partie, Corot) ont été les premiers à affirmer la nécessité de peindre en plein air. Ils ne travaillent pas de mémoire, sur un sujet vu puis recréé en atelier, mais vont « sur le motif », au cœur même du paysage, pour en saisir, séance tenante, la profonde réalité. C'est comme s'il devenait impossible de reproduire la nature « de tête », comme si le développement de la sensibilité moderne interdisait désormais à la psyché humaine de vivre la condition terrestre dans sa globalité. Un « savoir » de plus en plus mathématique et classificatoire laisse de côté le référent naturel, dans son apparition authentique et *immémoriale*. L'artiste s'attaque de front au problème : c'est donc l'expérience directe, partielle, précaire, et non plus la méthode systématique des sciences exactes, qui oriente son travail. Mais dans ce petit « vice de forme » qui amène à privilégier l'occasion sur la

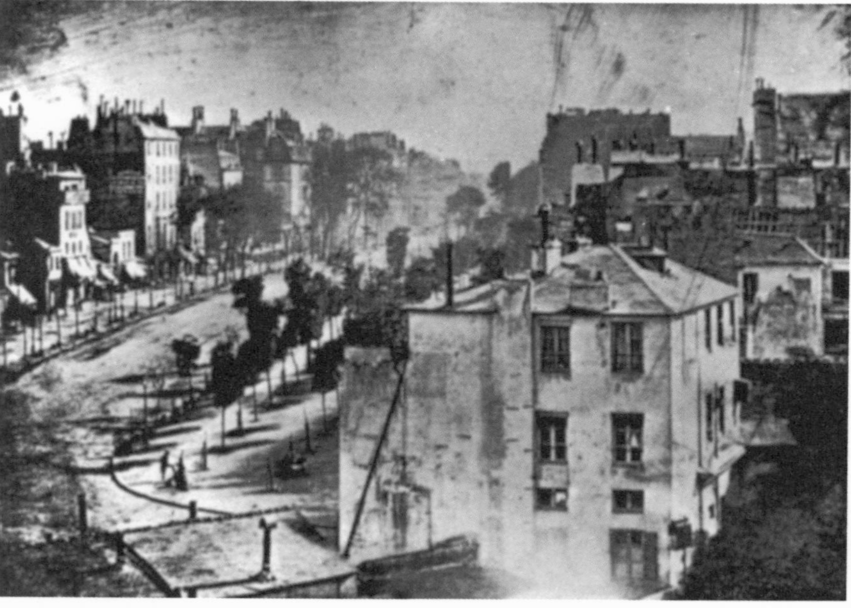

◆ Louis Jacques Mandé Daguerre, Le Boulevard du Temple (à droite), 1838-1839 ; daguerréotype ; Bayerisches Nationalmuseum, Munich. Les recherches de Joseph Nicéphore Niépce, qui débutent dès la fin du XVIIIe siècle, aboutissent en 1826 en un premier résultat concret : des « héliographies ». Vers 1829, Daguerre prend contact avec Niépce et, en 1837, en perfectionnant la méthode de ce dernier, il aboutit au « daguerréotype », dont la naissance est officiellement annoncée en 1839.

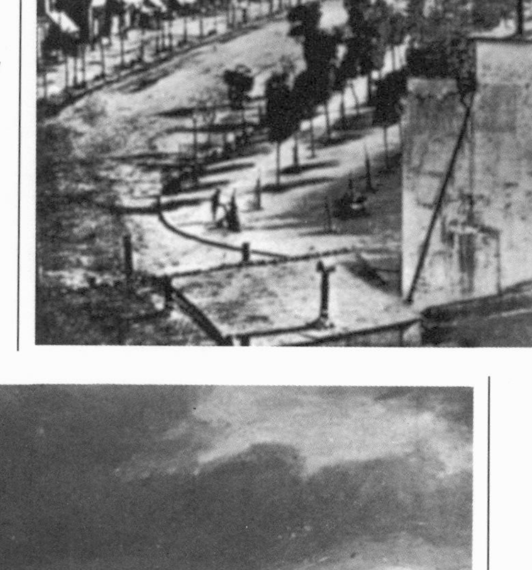

◆ Louis Jacques Mandé Daguerre, Vue de Montmartre (ci-contre), v. 1830 ; tempera sur papier ; musée Carnavalet, Paris. Ce panorama fut probablement réalisé à l'aide d'une chambre noire.

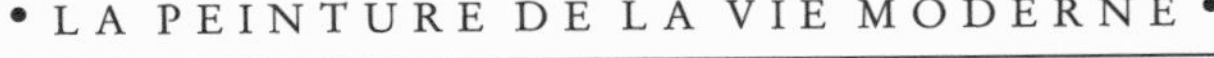

◆ *Eugène Boudin,* Plage de Trouville *(détail), v. 1863 ; huile sur toile ; The Phillips Collection, Washington. L'abaissement réaliste du point de vue, qui fait prédominer l'élément céleste, permet à Boudin d'obtenir des images très lumineuses, reposant sur un rythme horizontal original et ingénieux, dont la qualité technique et le charme exercèrent une grande influence sur le jeune Monet.*

méthode — la fugace émotion suscitée (en plein air) par le paysage sur la méditation linguistique (dans l'atelier) qui le redéfinit — l'évolution « irréaliste » ultérieure de l'art est contenue en germe. Car un soupçon fatal s'y trouve déjà inclus : l'idée que la vérité dont devrait s'approcher la peinture ne réside pas vraiment dans la nature en soi, mais tout au plus dans les conditions provisoires, éphémères, de sa manifestation *ici et maintenant* devant l'œil grand ouvert qui la scrute.

Tel est le doute qui sous-tend la première phase de l'impressionnisme, celle de la décennie 1860-1870. Pour les peintres les plus jeunes, être « fidèles à la réalité » commence alors à signifier : beaucoup moins adhérer au monde tel qu'il est — ou tel qu'on suppose qu'il est — qu'à se faire les témoins scrupuleux des revêtements dont le réel s'affuble sous le regard de l'observateur. Il ne s'agit nullement d'une subtilité dialectique. La caractéristique essentielle qui différencie leur peinture de celle de toutes les générations précédentes est la valeur centrale qu'ils accordent au regard. Pour les réalistes, par exemple, il existe une *objectivité* extérieure à l'individu, un « univers indiscutable » auquel l'œil humain peut uniquement s'adapter. Or, pour les impressionnistes, les seuls éléments sûrs et objectifs sont les sensations que l'œil enregistre de la réalité. La nature éphémère des « impressions » ne constitue donc pas une limite à dépasser, mais la forme même de l'existence du monde. Voilà qui éclaire également le sens de la mémorable définition de Cézanne : « Monet n'est qu'un œil ». Une bonne partie de la critique l'a malheureusement comprise comme une condamnation sans appel d'un peintre exclusivement capable d'« enregistrer » passivement les phénomènes extérieurs, or avec son « Monet n'est qu'un œil, mais quel œil ! », Cézanne entendait avant tout souligner l'élément distinctif de la représentation impressionniste, qui se manifeste pleinement chez son interprète le plus unanimement reconnu : l'attribution d'une responsabilité nouvelle au mécanisme de la vision, au « principe du regard ».

Eugène Boudin affirma un jour, à un âge déjà avancé, que son principal mérite avait été, dans les années 1857-1858, d'avoir orienté Monet vers la peinture en plein air. Il l'avait rencontré au Havre où Monet, encore adolescent, multipliait les caricatures. Derrière ces dessins naïfs et enfantins, Boudin, de quinze ans son aîné, pressent des aptitudes techniques extraordinaires. Il prend volontiers l'habitude d'emmener son jeune ami pendant ses séances de travail, le long de la Seine ou au bord de la mer, pour lui montrer comment l'art doit recueillir la magie momentanée de la lumière dans sa manifestation. Selon Boudin en effet : « Tout ce qui est peint directement et sur place a toujours une force, une puissance, une vivacité de touche qu'on ne retrouve plus dans l'atelier » et il faut « montrer un entêtement extrême à rester dans l'impression primitive, qui est la bonne » (cité in REWALD).

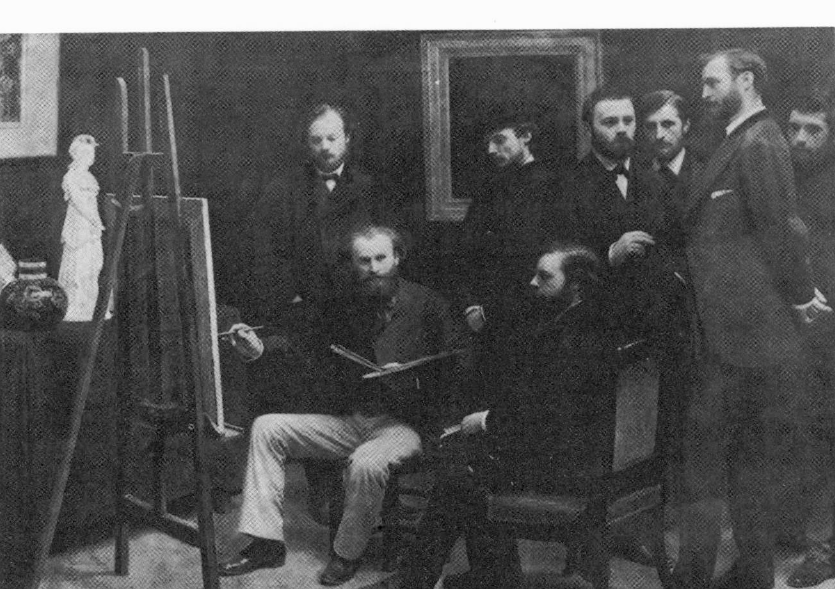

◆ *Henri Fantin-Latour,* L'Atelier des Batignolles *(ci-dessus), 1870 ; huile sur toile ; 204 x 273,5 cm ; musée d'Orsay, Paris. Tableau biographique et commémoratif, comme beaucoup des œuvres les plus connues de Fantin-Latour, il fut exécuté peu après la déclaration de guerre à l'Allemagne, en hommage à Manet et au groupe des impressionnistes. De gauche à droite ; Scholderer, Manet (devant le chevalet), Renoir, Astruc (assis), Zola, Maître, Bazille et (à moitié caché) Monet.*

Avant 1857, Monet ignore tout du plein-air, mais une fois que Boudin lui en aura indiqué l'importance, il ne l'abandonnera plus. Le paysage peint en extérieur devient pour lui *le* problème fondamental. Plus que son « thème par excellence », je dirais qu'il constitue la dimension dans laquelle s'exprime et s'exalte toute la singularité de sa recherche. Les essais de ces premières années restent de simples expériences et n'ont pratiquement aucune valeur en tant qu'œuvres autonomes, mais quand Monet se rend à Paris en 1859 et s'inscrit à l'académie Suisse, il sait parfaitement, grâce à Boudin, ce qu'il cherche. Il peut ainsi tirer rapidement ce dont il a besoin de tous ceux qu'il rencontre dans la capitale. Ses lettres à Boudin de 1859 et 1860 en témoignent : la pertinence critique avec laquelle il y parle des Salons est frappante.

Au Salon de 1859, Monet s'intéresse au travail des naturalistes les plus habiles, mais s'enthousiasme surtout pour Delacroix. Il se lie d'amitié avec Camille Pissarro à l'académie Suisse, formant ainsi, sans le savoir, le premier noyau du futur groupe impressionniste. Pissarro l'introduit dans les milieux artistiques, et c'est la rencontre avec Courbet, qui vient parfois encore à l'académie Suisse ; la lecture des essais de Baudelaire ; les incursions dans la brasserie des Martyrs et la première entrevue avec Duranty, qui soutiendra plus tard Monet et ses amis d'avant-garde. Malgré ces découvertes parisiennes, Monet restera encore quelque temps un paysagiste au sens strict. Lorsqu'il peint auprès de Boudin et de Jongkind, il pense et agit comme ses voisins de chevalet. Ce n'est que vers la moitié de la décennie qu'il commence à comprendre que la grande ville constitue aussi une forme de « paysage » — au même titre que l'embouchure de la Seine ou les jardins

◆ *Paul Gavarni,* Portrait d'Edmond et Jules de Goncourt ; *lithographie. Les frères Goncourt furent deux des représentants les plus typiques de l'esthétique du réalisme en littérature. Leur sincère passion pour le « vrai social » ne les empêcha toutefois pas de mener une existence raffinée et un peu snob, entre des collections d'objets précieux et d'élégants cénacles intellectuels et mondains du Paris du Second Empire.*

normands — et que le plein-air, loin de se limiter à être l'instrument indispensable pour donner voix aux forêts romantiques ou aux prairies sauvages, permet de saisir « au vol » la saveur enivrante de la ville, son agitation, sa foule, ses grands édifices, ses ruelles animées, ses magasins aux couleurs éclatantes... Il convient de souligner qu'au-delà des mutations de langage manifestes qui différencient son œuvre de celles des initiateurs du plein-air, le jeune Monet s'écarte quelque peu, par le choix de ses thèmes aussi, des aspirations botaniques des peintres de Barbizon. C'est ainsi qu'après 1865, il se garde bien de négliger les possibilités offertes par le « panorama » de Paris. Son œil se fait quasiment photographique ; il erre fébrilement dans les rues de la cité, se penche aux fenêtres des immeubles, s'arrête sur les places et le long de la Seine (*Saint-Germain-l'Auxerrois* et *Le Quai du Louvre*, tous deux de 1866), scrute les jardins où les mondanités battent leur plein (*Le Jardin de l'Infante*), embrasse du regard les terrasses où se déroulent les incomparables rites de la mode et du savoir-vivre (*Terrasse à Sainte-Adresse*). Et que dire, ensuite, de ses options « modernistes » des années soixante-dix, du moment, par exemple, où il se mettra à traiter la *Gare Saint-Lazare* — avec ses vapeurs, son tohu-bohu, son atmosphère enfumée — comme un prodige de la nature, sublime et enchanteur ?

◆ *Johan Barthold Jongkind,* Plage à Sainte-Adresse *(en haut), 1863 ; aquarelle ; 30 × 57 cm ; musée d'Orsay, Paris. De 1864 à 1867, Monet proposera de nombreuses et célèbres vues du même endroit. L'exécution en plein air crée par ailleurs un rapport assez étroit entre cette œuvre et celles de Monet bien que, chez Jongkind, la dette à l'égard des paysagistes hollandais du XVIIe siècle soit plus flagrante.*

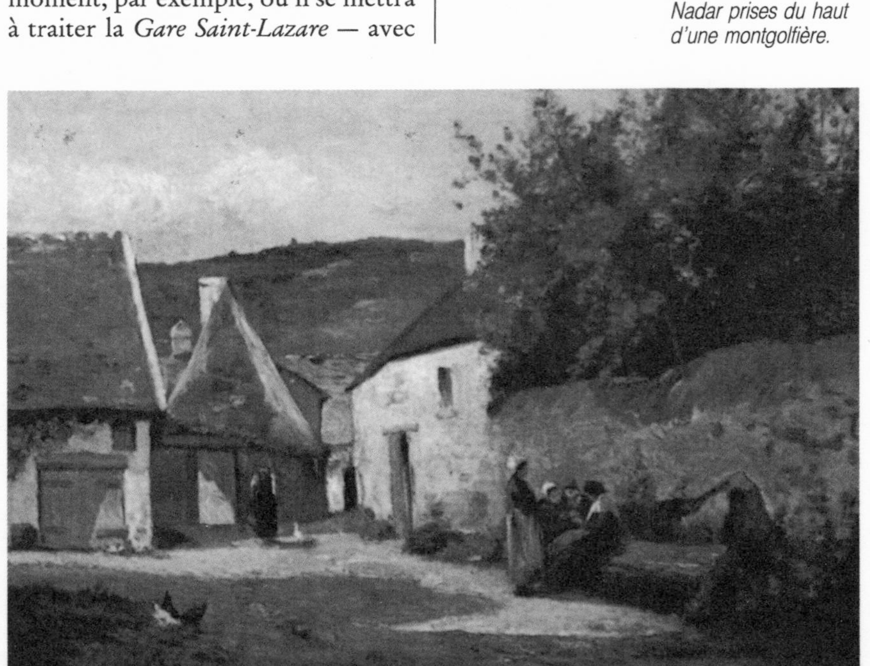

◆ *Camille Pissarro,* Coin de village *(ci-dessous), 1863 ; huile sur bois ; 40 × 52 cm ; collection particulière, Londres. Voici un autre exemple important de la phase initiale de l'impressionnisme. On y perçoit une tendance à construire le tableau à partir de volumes solides et de surfaces nettes, presque creusées par la lumière solaire, suivant, par conséquent, une grammaire picturale qui préfigure les futures inventions de Cézanne.*

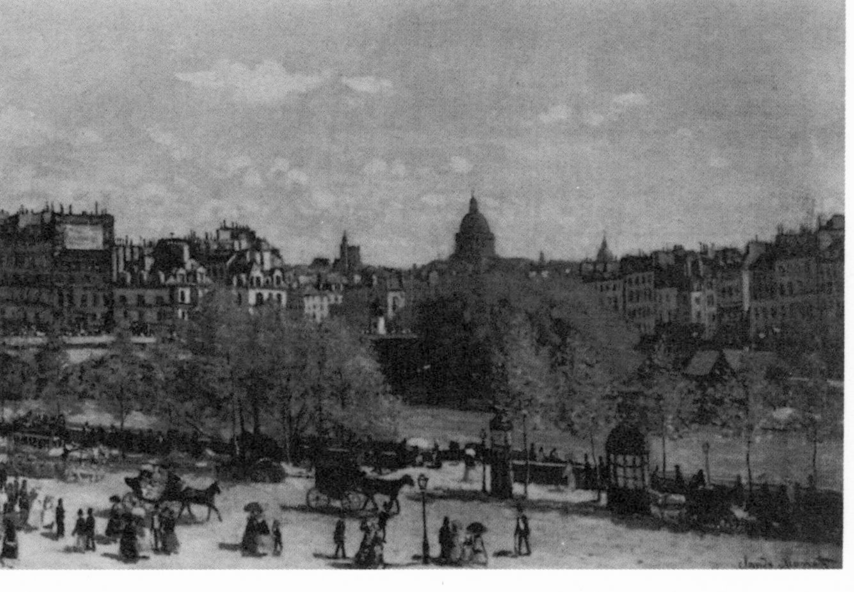

◆ *Claude Monet,* Le Quai du Louvre *(ci-contre), 1866 ; huile sur toile ; 65 × 92 cm ; Gemeentemuseum, La Haye. Cette précieuse vue panoramique du quartier latin (peinte du haut de la colonnade du Louvre) se nourrit d'une idéologie du paysage qui transforme la grande ville en « nature » pour mieux en exalter la vitalité. Dans les tableaux urbains de Monet, le regard est presque toujours aérien, comme dans les célèbres photos de Nadar prises du haut d'une montgolfière.*

En somme, plus encore que Constantin Guys, qui a inspiré à Baudelaire son célèbre essai de 1863, Monet sera le vrai « peintre de la vie moderne ». C'est très probablement une série de petites causes concomitantes qui l'ont amené à cette clairvoyance et cette force de conviction qui feront de lui le principal point de repère de l'impressionnisme. Son service militaire en Algérie, par exemple, lui permet d'accroître sa confiance, déjà grande, en la valeur primordiale de l'élément lumineux. Par une stupéfiante profusion de couleurs et d'émerveillements perceptifs, d'infinies modifications d'éclairage, d'euphoriques étourdissements du regard, cette expérience africaine le conforte dans son projet d'un art visant la reproduction de cette « substance » immédiate et changeante qui se dissimule derrière le masque — l'apparence — d'une réalité toujours identique à elle-même. C'est pour ainsi dire la phase « clé » de la formation de Monet. Pendant la période où s'opère, habituellement, le développement intellectuel le plus délicat d'un jeune homme — entre 18 et 23 ans — il traverse des étapes et subit des influences d'une portée inestimable. Après son séjour à Alger, c'est la fréquentation de Johan Barthold Jongkind, dont les marines diaphanes s'associent à celles de Boudin pour l'orienter vers une conception aérienne, presque immatérielle, du phénomène visuel, apte à renouveler brillamment la sensibilité d'un Van Goyen ou d'un Ruysdael, deux grands paysagistes hollandais du XVIIe siècle. Puis c'est la découverte de ses futurs compagnons de route et les débuts du groupe impressionniste (à Pissarro se joignent, dès 1862, Sisley, Renoir et Bazille). Enfin, c'est la rencontre — cruciale pour toute une génération — avec le style d'Édouard Manet, qui devient célèbre à cette époque. En effet, c'est en 1863 que Manet expose au Salon des Refusés son *Déjeuner sur l'herbe*, au grand scandale de toute une société de bien-pensants et de bigots.

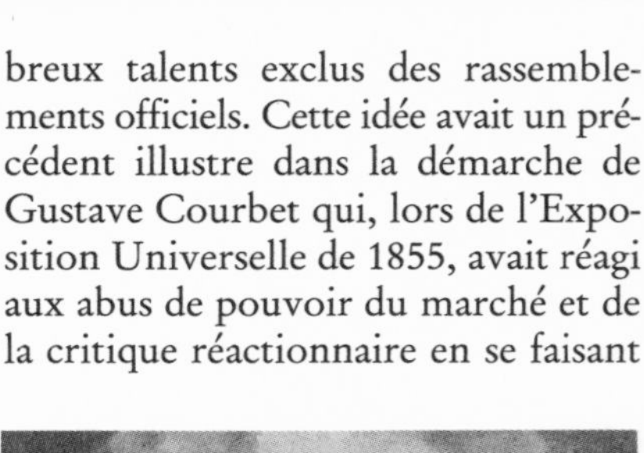

Le Salon des Refusés, brillante trouvaille de Napoléon III, avait été créé pour répondre aux doléances des nombreux talents exclus des rassemblements officiels. Cette idée avait un précédent illustre dans la démarche de Gustave Courbet qui, lors de l'Exposition Universelle de 1855, avait réagi aux abus de pouvoir du marché et de la critique réactionnaire en se faisant

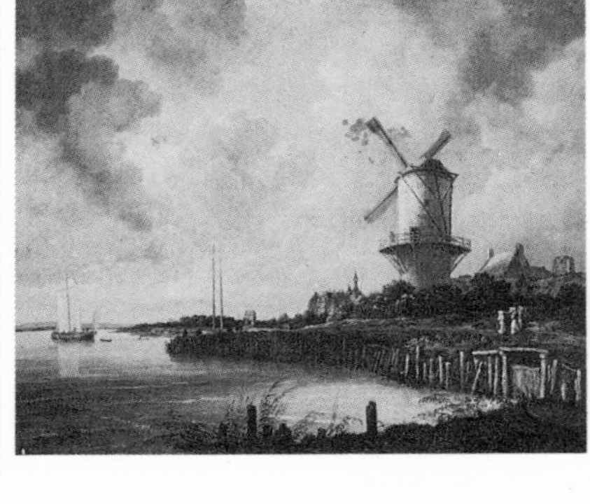

◆ *Jacob Van Ruysdael,* Le Moulin de Wijk, *seconde moitié du XVIIe siècle ; huile sur toile ; 83 × 101 cm ; Rijksmuseum, Amsterdam. Tonaliste et pourtant nette jusqu'à la froideur, la peinture de Van Ruysdael est alimentée par un besoin de certitudes optiques tirées de l'étude de la lumière et de l'atmosphère. C'est pourquoi Monet s'y intéressa, vers 1860.*

bâtir un pavillon personnel, presque clandestin, pour montrer librement le fruit de son travail.

De fait, le problème pratique le plus urgent des artistes de l'époque est la nécessité de contourner la censure académique. Les peintres d'avant-garde se connaissent tous et s'entraident. Monet fait ainsi savoir qu'il apprécie l'amitié de Courbet, bien au-delà du fait que sa propre œuvre en condamne, implicitement, les méthodes et les résultats. Et Courbet, en échange, lui témoigne beaucoup d'affection, ce qui ne l'empêchera pas de se révéler incapable de comprendre toute l'importance d'une des tentatives les plus hardies de son jeune confrère : le *Déjeuner sur l'herbe* de 1865.

Impressions du matin

De 1863 à 1865, deux tableaux qui constituent des jalons essentiels du développement de l'art moderne voient le jour en France. Tous deux portent le même titre — *Le Déjeuner sur l'herbe* — et ont en commun, outre la similitude de leurs thèmes et la quasi homonymie de leurs auteurs, une caractéristique non négligeable : celle de pouvoir sanctionner, chacun à sa manière, les débuts de l'impressionnisme. Il s'agit pourtant, à vrai dire, de tableaux assez dissemblables, issus de logiques fort éloignées l'une de l'autre, et dont les rapports relèvent somme toute davantage de l'apparence que du fond. La comparaison entre ces deux *Déjeuners sur l'herbe* révèle en effet davantage de points d'opposition que de rapprochement. À bien y regarder, le sujet non plus n'est pas exactement le même... En observant attentivement, une différence pour le moins significative apparaît : en 1865, Claude Monet interprète ce thème dans un état d'esprit laïque et libre, le traitant comme n'importe lequel des moments typiques de la vie moderne, tandis que son aîné Édouard Manet a préféré, deux ans plus tôt, se compliquer la tâche avec une série d'éléments idéologiques — en apparence « symbo-

◆ *Claude Monet,* Le Déjeuner sur l'herbe *(ci-dessous), 1865-1866 ; huile sur toile ; 130 × 181 cm ; musée Pouchkine, Moscou.* *C'est une réplique, ou peut-être une ébauche, d'un plus grand tableau inachevé dont il ne reste que des fragments.*

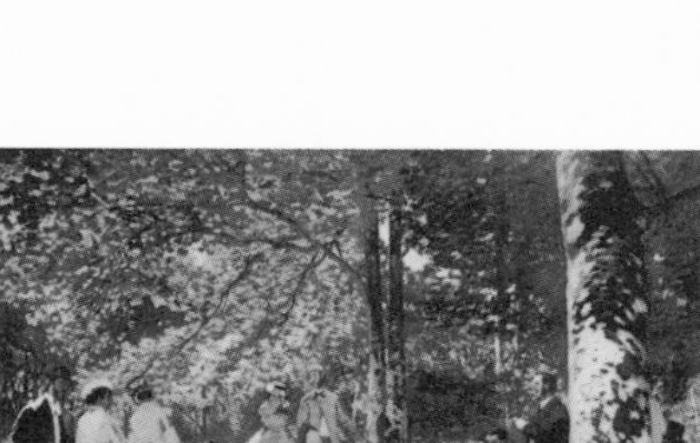

◆ *Édouard Manet,* Le Déjeuner sur l'herbe *(en bas), 1863 ; huile sur toile ; 208 × 264 cm ; musée d'Orsay, Paris. Exposé au Salon des Refusés de la même année.*

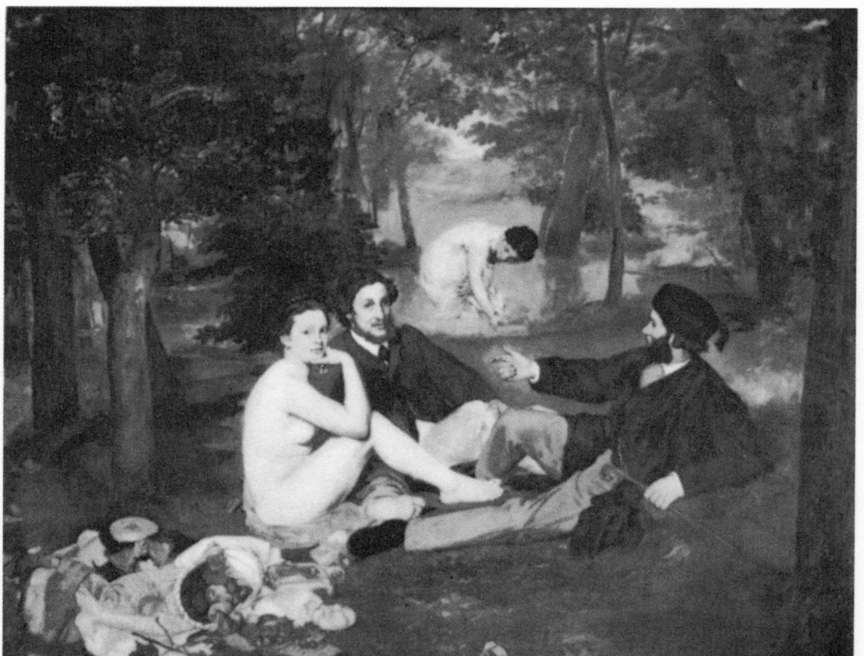

L'ESTHÉTIQUE DU RÉALISME

◆ *Giorgio Vasari,* La Toile de Parrhasios, *1548 ; fresque ; maison Vasari, Arezzo.*

Pour cerner avec une précision suffisante le champ d'intervention du réalisme du XIXe siècle, il faut tenir compte des objectifs politiques et de la valeur d'usage social que faire de l'art implique pour cette tendance. C'est dans cette seule optique qu'elle constitue un « mouvement » et non une simple convergence occasionnelle d'intérêts. Autrement dit, ce n'est qu'ainsi qu'on peut distinguer nettement sa poétique des formes de réalisme précédentes et donc de toute autre proposition fondée sur une conception « mimétique » du langage. L'idéologie de la *mimesis* — la conviction que le signe pictural (ou sculptural) peut être élaboré en privilégiant le rapport entre image et réalité — s'affirme pendant la Renaissance italienne. Elle trouve toutefois son origine dans la culture grecque, comme en témoignent les œuvres et les sources documentaires, même si c'est la statuaire romaine qui produira ensuite la première version achevée d'art imitatif. La célèbre anecdote de Zeuxis et Parrhasios, qui fournit une confirmation des préceptes antiques et un témoignage par l'absurde sur la « valeur morale » de l'imitation, mérite d'être rapportée ici. Pline raconte dans son *Histoire naturelle* que ces peintres grecs décidèrent un jour d'établir lequel d'entre eux était le meilleur. Zeuxis montra à Parrhasios un tableau représentant une grappe de raisin qui était si parfaite que les oiseaux venaient voleter tout autour. Puis il demande à Parrhasios de lui faire voir son œuvre, en ôtant le rideau qui la recouvrait. Ce faisant, Zeuxis venait de perdre, car le drap était simplement peint. Or, admit-il, il est plus facile de leurrer des animaux qu'un collègue ! On raconte également que Zeuxis, devant faire un portrait d'Hélène, choisit les cinq plus jolies filles de la ville et prit pour modèle ce qu'il y avait de mieux en chacune d'elle... En toute rigueur, il s'agissait cette fois d'un parti pris déjà peu réaliste, plus proche du platonisme, qui pousse la peinture à choisir pour objet de la *mimesis* non plus le monde réel, mais les idées divines et incorruptibles dont il ne serait que le pâle reflet. En fait, le « lieu commun » qui veut que l'art relève de l'imitation s'appuie sur quelques postulats qui n'ont rien d'évident. Il tient aussi pour acquis que l'image de la réalité imprimée sur la rétine coïncide parfaitement avec notre perception globale du réel ; que le rapport entre sujet voyant et objet vu est statique et non dynamique (œil fixe devant un modèle immobile) ; et aussi le concept de « ressemblance » va de soi et bénéficie d'un fondement scientifique — que le contour des choses est donc une entité traduisible (sans trop de problèmes) en figure plane sur un support bidimensionnel. À ces prémisses censées légitimer les prétentions descriptives et narratives de la peinture, le réalisme du XIXe siècle ajoute la conviction d'une coïncidence absolue entre *vérité* et *morale*. C'est dans cet esprit que Daumier recourt au dessin satirique pour dénoncer les manœuvres réactionnaires du régime de Louis-Philippe, sous lequel s'opère cette rupture historique entre les artistes et la classe dominante qui sous-tend les choix politiques du mouvement réaliste et sa vocation à défendre la vaste multitude des déshérités. Ainsi, tandis que les toiles paysannes de Millet font l'apologie du travail humain, Courbet s'érige en champion de toutes les révolutions, ce que d'ailleurs il paiera cher. C'est notamment à cause de ces aspects « socialistes », perçus comme inhérents au mouvement, que le critique Jules Antoine Castagnary proposera, en 1863, le terme de *naturalisme* (par opposition au *réalisme*) pour indiquer la possibilité d'un art consacré au « vrai naturel » sans être pour autant impliqué dans la lutte des classes.

liques » — qui brouillent avec une opiniâtreté singulière le sens de la représentation. Le célèbre trio du premier plan surprend ainsi par le rapprochement, incongru et mystérieux, entre une jeune femme complètement nue et deux hommes en habit de ville, qui s'entretiennent avec elle. C'est précisément à cette absurdité iconographique — dont les critiques ont souvent tenté, en vain, de percer la signification — que cette œuvre doit sa fortune historique. Il va de soi qu'un nu féminin, aussi provoquant soit-il, n'aurait jamais suffi à émouvoir un public largement affranchi par une longue familiarité avec les multiples « Vénus impudiques » de l'art antique. Mais le fait d'avoir situé ce nu à côté d'habits modernes et, de surcroît, dans le contexte familier d'un pique-nique, constituait une violente attaque contre la morale de l'époque.

L'audace de Manet ne s'arrête d'ailleurs pas là. Elle remet bien d'autres choses en question... Si la vision qu'il propose est éminemment subversive, c'est qu'elle mêle deux réalités qui devaient, pour l'esthétique du XIXe siècle, rester rigoureusement distinctes : la dimension mythique du musée et celle, actuelle, de la vie quotidienne. Avec sa référence explicite au *Concert champêtre* du Titien (que les Parisiens pouvaient contempler au Louvre), l'iconographie du *Déjeuner* de Manet viole toutes les règles de la bienséance et du bon goût artistique, se gaussant de l'intangibilité de la peinture de la Renaissance et entraînant le réalisme de Courbet bien au-delà de son terrain habituel, jusqu'au cœur de la culture institutionnelle. Elle ose même s'introduire dans le temple sacré du classicisme, dont l'évocation est renforcée par la présence « grecque » de la femme qui, dans le fond, sort de l'eau.

Contrairement à Monet, Manet fréquente assidûment les musées. Il apprécie la peinture des classiques italiens et espagnols, du Titien à Vélasquez et à Goya. Son rôle historique réside dans cette synthèse d'un goût quelque peu archaïsant et d'une technique résolument moderne. En d'autres termes, il n'a rien d'un « naturaliste » car ses tableaux — jusqu'en 1865 en tout cas — privilégient des sujets d'origine traditionnelle. Il n'en reste pas moins un révolutionnaire, en ce qu'il fait subir à ces sujets la désacralisation de son style alors courbettien, la corrosion d'un langage réaliste. Dans *Le Déjeuner sur l'herbe* (et plus encore dans l'*Olympia*, également de 1863), Manet amplifie même les effets « dissolvants » de la technique de Courbet grâce à un choix assez courageux : celui d'éliminer presque totalement les modulations dans chaque teinte, en abolissant les ombres volumétriques et les ombres portées. Les forts contrastes ainsi produits, dus à l'absence de luminosités intermédiaires, ramènent le tableau à une vaste partition de taches tendant à la monochromie, franchement différenciées entre elles, aux tons très vifs ou très sourds, et qui se succèdent sur un rythme alterné et sériel.

Tel est l'aspect formel le plus intéressant du travail de Manet, la caractéristique qui fera de lui un des peintres les plus aimés et les plus détestés du moment. Le tremplin vers l'impressionnisme qu'offre son travail se limite en réalité à cette abolition du modelé académique. Il suffirait de placer le nu de l'*Olympia* près d'un des innombrables nus féminins d'un champion de l'académisme comme William Bouguereau pour saisir combien la distinction entre avant-garde et conservateurs s'opère alors sur des nuances de langage qui, à nous qui sommes blasés par un siècle de transgressions, semblent subtiles et spécieuses, voire carrément insignifiantes, mais n'en étaient pas moins en mesure de susciter de grands élans d'enthousiasme ou une réprobation féroce de la part du public qui y fut confronté le premier.

L'autre *Déjeuner*, celui de Monet, ne prétend nullement agresser la tradition ou le musée. Il semble plutôt ignorer tranquillement le problème du rapport entre eux et la modernité. Le courage et l'assurance de Monet sur d'autres fronts l'attestent : il mène imperturbablement sa recherche autour des effets contingents de la lumière. Son tableau, conçu pour des dimensions gigantesques, fut réalisé presque entièrement en extérieur à Chailly, lors de vacances avec son ami Frédéric Bazille. Bien que nous n'en connaissions que des fragments, cette œuvre conserve une bonne partie de la puissance picturale qu'elle devait posséder à l'origine : cette terrible faculté de transfiguration qui la rendit inaccessible à ses contemporains, et notamment à Courbet, qui suggéra en toute amitié à son jeune auteur de ne pas lui accorder une importance excessive. Elle opère une analyse aboutie de la capacité que possède la lumière de transformer la substance des objets réels, et donc de l'influence qu'exerce le facteur atmosphérique sur l'acte de perception visuelle. Monet

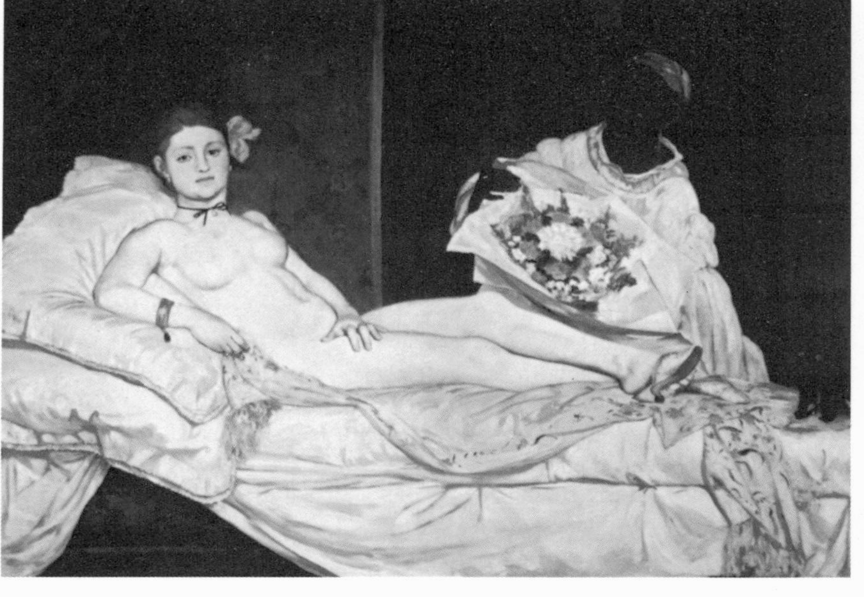

◆ *Édouard Manet,* Olympia *(ci-dessus), 1863 ; huile sur toile ; 130,5 × 190 cm ; musée d'Orsay, Paris. Ce tableau fit scandale lorsqu'il fut exposé pour la première fois, au Salon de 1865. Ce n'est pas l'ostensible impudicité de son thème qui le rendait provocateur, mais bien la modernité de son traitement formel, si peu classique et « léché ». Courbet lui-même fut déconcerté par le style de cette œuvre, qui lui parut aussi négligé que celui d'une carte à jouer.*

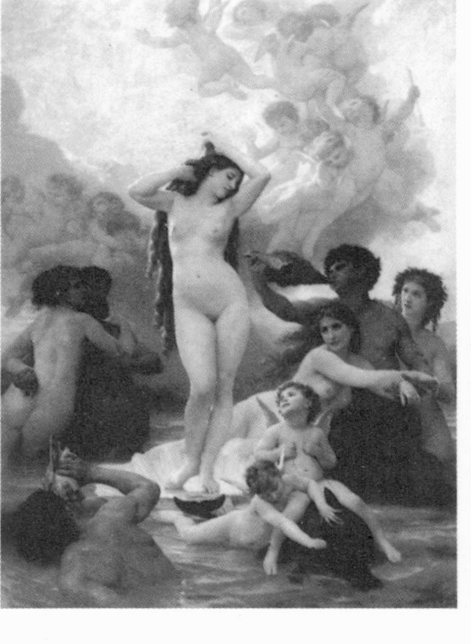

◆ *William Adolphe Bouguereau,* La Naissance de Vénus, *1879 ; huile sur toile ; 300 × 218 cm ; musée d'Orsay, Paris. Voici comment un éminent représentant de l'académisme résoud le problème du nu sans encourir les foudres du public, s'attirant au contraire l'approbation générale. Son interprétation du mythe néo-platonicien ne semble pourtant guère moins lascive et immorale que les toiles de Manet ! Un enrobage de culture « noble » bénéficiant de la caution des maîtres anciens, à commencer par Botticelli, et le tour est joué. Après (entre Raphaël et Corrège), ce n'est plus qu'une question de style...*

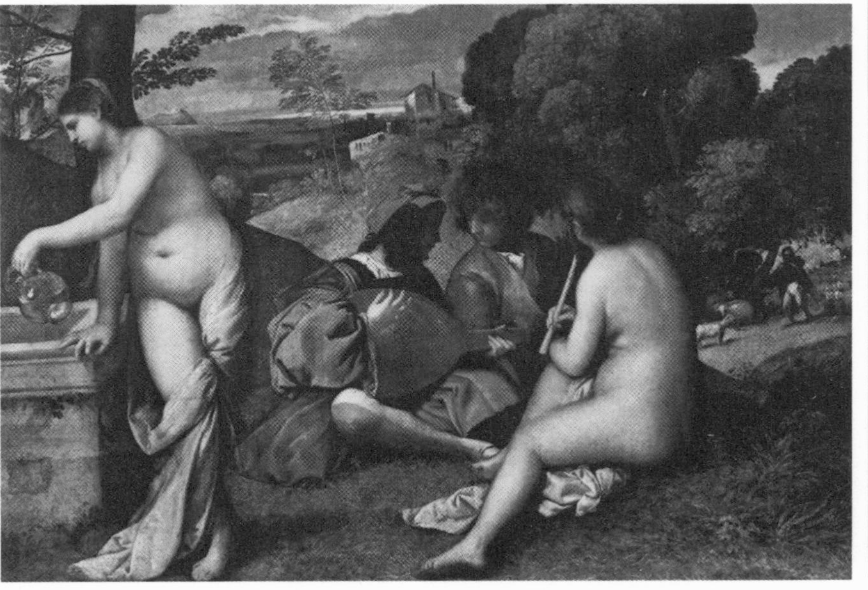

◆ *Le Titien (ou Giorgione),* Le Concert champêtre, *v. 1510 ; huile sur toile ; 110 × 138 cm ; musée du Louvre, Paris. Longtemps considérée comme une œuvre de Giorgione, aujourd'hui majoritairement attribuée au jeune Titien, cette toile du Louvre est une des plus prisées de toute l'histoire de l'art. Rien d'étonnant, dès lors, à ce que Manet, formidable mélangeur de tradition et d'avant-garde, en ait repris l'iconographie pour son* Déjeuner sur l'herbe.

reprend la facture en « symphonie de contrastes » inventée par Manet, mais lui associe un travail d'éclatement, de démembrement de la source lumineuse : le tableau vibre de la présence d'une interminable succession de petites plaques colorées, faisant alterner lumière et ombres, semblables par leur valeur visuelle aux taches monochromes de l'*Olympia*, mais néanmoins dotées d'une flagrante radicalité. L'ensemble forme un vaste tissu imprégné de clarté, presque intensément sonore. La lumière y est, pour la première fois, le véritable sujet du tableau : tout dépend d'elle, tout lui est subordonné. Moins solennel, et apparemment plus insouciant que son prédécesseur, le *Déjeuner* de 1865 joue sur la banalité du thème pour en exploiter les moindres éléments au titre d'une suggestion chromatique et lumineuse : les robes des femmes (la plus éclatante, surtout, au centre du fragment principal), la nappe du repas, les chevelures blondes et brunes, l'herbe, les fleurs, les victuailles... Et surtout l'incroyable feuillage qui surplombe la scène, véritable cascade d'étincelles colorées : une mosaïque, un fourmillement d'instables phénomènes de réfraction et de réflexion de la lumière. Voilà une œuvre fondamentalement étrangère à tout ce qui s'est peint jusqu'alors, et il convient de préciser que c'est seulement après 1868-1870 qu'Édouard Manet embrassera, en une sorte de conversion tardive, le parti de l'analyse phénoménale de la lumière, se rapprochant alors sensiblement de la manière de son presque homonyme rival. Vers 1866, Manet reste tout au plus enclin à se plaindre de cette ressemblance de patronymes qui lui crée, à l'en croire, de graves problèmes d'image de marque, un public déjà réticent à accepter son travail le confondant souvent avec un artiste encore plus incompréhensible que lui (ARCANGELI). Manet affiche en outre, jusqu'à sa propre adhésion à l'impressionnisme, un net mépris pour la pratique du plein-air, arguant que les anciens ne s'en souciaient guère, et qu'elle était donc sans intérêt.

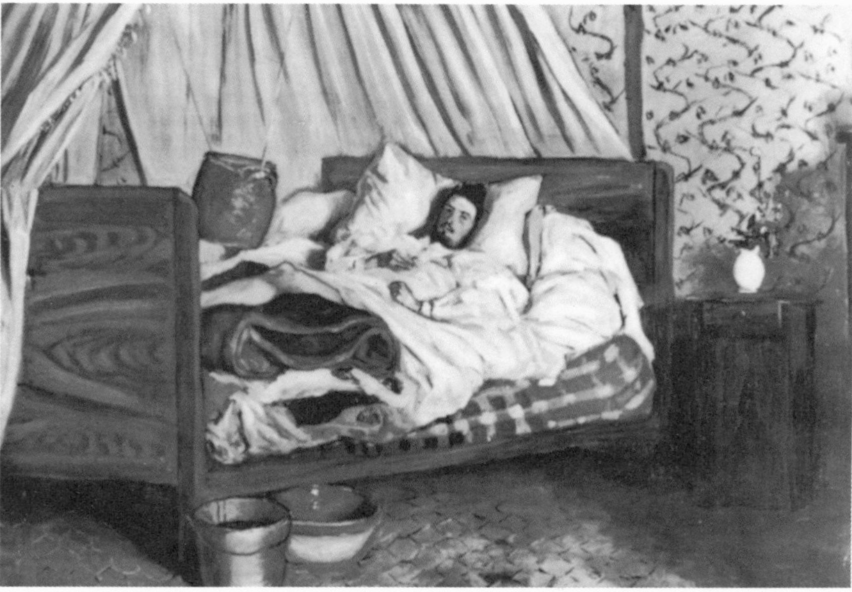

◆ *Frédéric Bazille,* L'Ambulance improvisée *(Monet blessé à l'hôtel du Lion d'Or à Chailly-en-Bière), 1865 ; huile sur toile ; 47 x 62 cm ; musée d'Orsay, Paris.* *Bazille et Monet restèrent très liés pendant toutes les années soixante, jusqu'à la mort tragique du premier, en 1870, sur le front des Ardennes.*

Monet, au contraire, fait du plein-air sa devise. C'est principalement l'étude attentive et prolongée de la lumière naturelle qui lui permet d'arriver à cette invention expressive fondamentale que sont les ombres colorées. On en voit des exemples convaincants dans *Terrasse à Sainte-Adresse* et *Femmes au jardin*, tous deux de 1866. Le second est probablement, en matière d'équilibre et de perfection formelle du moins, son chef-d'œuvre de cette période : il installe un chevalet dans son jardin de Ville-d'Avray avec l'intention de saisir la nature comme pourrait le faire un instantané photographique, à travers la lumière qui l'imprègne et la vivifie. La restitution de cet effet *naturel* produit cependant sur la toile un très haut degré d'*artifice*. Les vibrations de l'atmosphère sont rendues par les remous d'innombrables traits de pinceau étroitement juxtaposés ; le rayonnement estival du soleil sur les frondaisons des arbres, l'inlassable miroitement de la lumière diurne, le reflet de sa fragmentation sur les visages des femmes, sont autant d'éléments mis en relief par une nouvelle technique élaborée tout exprès — un coup de brosse particulier — et, surtout, par le rapport que celle-ci instaure entre l'ombre et la lumière.

Tandis que son regard se fait, pour ainsi dire, photographique, et abolit la composition au sens classique du terme — au profit d'une neutre immédiateté de l'acte perceptif — Monet repense les ombres comme une intensification de la couleur des objets sur lesquels elles se projettent, comme de pures et simples soustractions de luminosité. Une luminosité qui, du reste, se trouve généralement accentuée, paroxystiquement poussée vers le cri de la couleur nette, saturée, résolue : comme dans *Bateaux de pêche en mer*, de 1868, dominé par un vert compact monodique, véritablement superbe. Cela prouve d'ailleurs que chez Monet, le plein-air est bien plus qu'un détail pratique : il s'agit plutôt d'une façon de voir, de concevoir la réalité, modifiant les fondements mêmes de la relation entre sujet et objet, entre l'artiste et la nature.

◆ *Pierre Auguste Renoir,* À la Grenouillère, *(ci-dessus), 1869 ; huile sur toile ; 66 x 86 cm ; Nationalmuseum, Stockholm.*

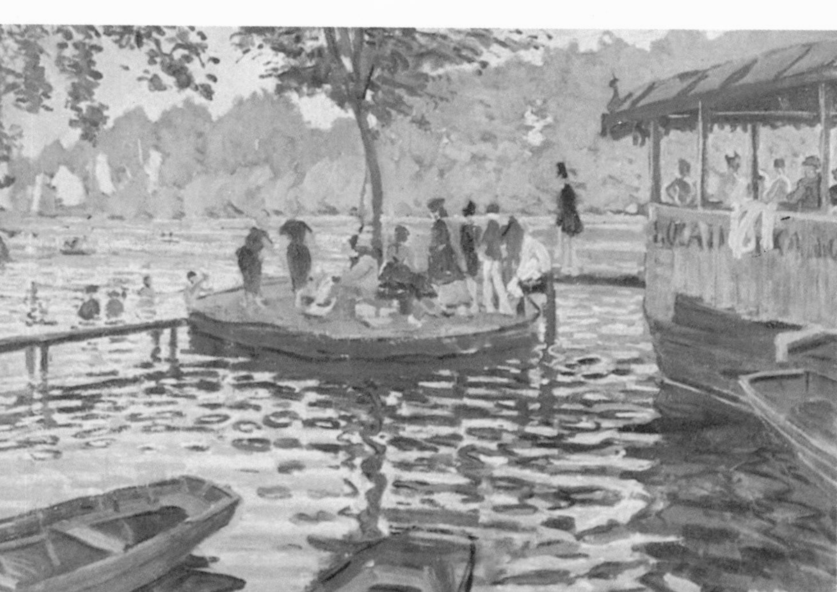

◆ *Claude Monet,* La Grenouillère, *(à gauche), 1869 ; huile sur toile ; 75 x 100 cm ; Metropolitan Museum of Art, New York. Malgré la différence de « focale », ces deux tableaux forment une sorte de pièce « à quatre mains » où la diversité des styles contribue davantage à créer un splendide contrepoint harmonique qu'à souligner de fortes divergences esthétiques entre les deux artistes.*

En 1869, à Saint-Michel, près de Bougival, Monet et Renoir (amis depuis près de six ans déjà) se mettent à peindre côte à côte le même sujet : l'embarcadère de *La Grenouillère*. Cette initiative leur offre la possibilité d'étudier les jeux chromatiques que la lumière du soleil crée à la surface de la Seine et de poser ainsi — au fil d'une étroite collaboration qui est, à la fois, une compétition et une confrontation — les bases d'un plein épanouissement de l'impressionnisme. Mme Rossi Bortolatto juge le travail de Monet plus convaincant que celui de Renoir, lui trouvant « plus de force, plus d'ampleur dans la composition ». Elle y voit même, « par sa technique libre et fluide, sa touche rapide, large, ses contrastes de tons et de couleurs hardis (...) la première œuvre impressionniste » (ROSSI BORTOLATTO).

Mais au-delà des comparaisons et des définitions, ces deux toiles sur la *Grenouillère* témoignent du besoin de fréquentations réciproques, d'alliances culturelles, d'échanges d'expériences, que commencent à éprouver les tenants de la nouvelle peinture. Pendant ces années, Bazille, Monet, Renoir et Sisley se voient constamment. Bientôt, Monet retrouvera Pissarro en Angleterre et visitera avec lui les musées londoniens. Cette tendance à se regrouper est caractéristique des représentants de l'impressionnisme, même si nulle proclamation, nul projet commun, nul manifeste signé par tous ne vient corroborer l'hypothèse qu'il se soit bien agi d'un « groupe ». La route qui mène aux avant-gardes du XXe siècle est encore longue... Mais la nécessité d'expériences collectives qui se fait sentir chez ces jeunes intellectuels fait d'eux, à plus d'un titre, les précurseurs des artistes d'avant-garde qui leur succèderont.

Pour en revenir à *La Grenouillère*, notons que jamais motif ne fut si bien choisi. Compte tenu du moment historique où se situe cette œuvre, les reflets du soleil sur l'eau — son véritable sujet — résument parfaitement l'horizon global de la recherche artistique, car ils exposent avec une grande richesse l'élément qui se trouve désormais au centre de la poétique impressionniste : le problème du rapport entre la lumière, la couleur et le temps de la perception. Comme l'a bien expliqué Lionello Venturi, les reflets de l'eau constituent le « motif » par excellence face à un œil qui ne se soucie plus d'affermir ses illusions mais tente, paupières mi-closes et pupilles dilatées, de se griser dans l'enchante-

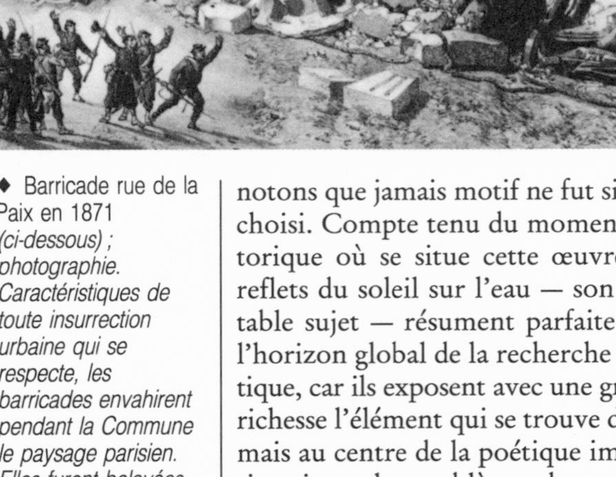

◆ Abattage de la colonne de la place Vendôme le 16 mai 1871 *(ci-dessus) ; gravure, musée Carnavalet, Paris. Érigée par Napoléon Ier pour célébrer la victoire d'Austerlitz, la colonne de la place Vendôme était tout naturellement devenue un des principaux symboles du régime impérial de Napoléon III. Plusieurs intellectuels de gauche, dont Gustave Courbet, prirent part à sa démolition.*

◆ Barricade rue de la Paix en 1871 *(ci-dessous) ; photographie. Caractéristiques de toute insurrection urbaine qui se respecte, les barricades envahirent pendant la Commune le paysage parisien. Elles furent balayées dès que l'armée décida d'intervenir.*

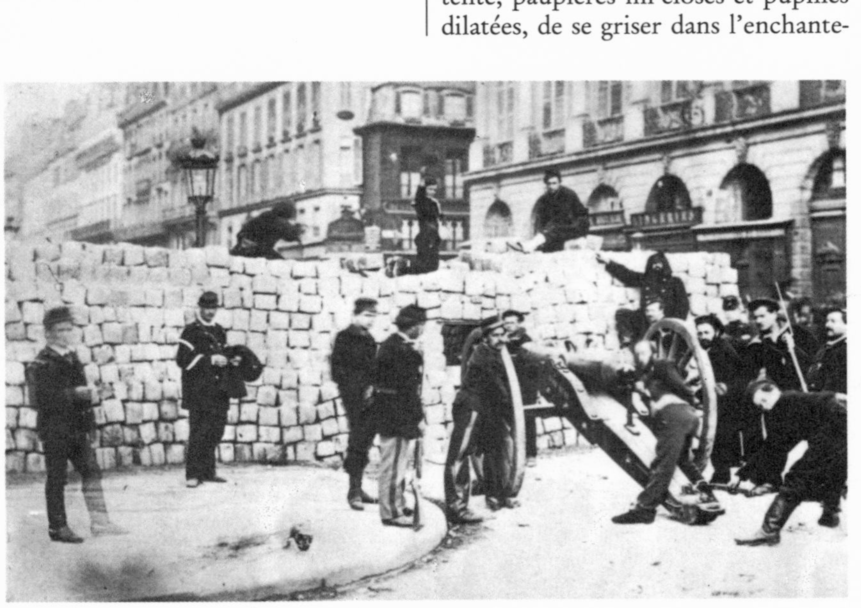

LES ARTISTES ET LA COMMUNE

◆ Proclamation de la Commune insurrectionnelle de Paris à l'Hôtel de Ville le 26 mars 1871 *; gravure ; musée Carnavalet, Paris.*

Les événements tragiques dont la France a été le cadre entre juillet 1870 et juin 1871 laissent une marque profonde, une plaie béante, sur le corps de la nation et signent la fin d'une époque. Avec eux, l'âge du réalisme, lié par plus d'un aspect au régime de Napoléon III, amorce son déclin. Mais c'est aussi toute la France de Grandville et de Daguerre, de Sainte-Beuve et des romantiques, la nation haïe par Baudelaire et idolâtrée par les positivistes, qui se fissure devant les canons allemands pour finir par s'écraser au sol avec la colonne de la place Vendôme, sous le pic des Communards. Pourtant, c'est précisément à ce moment orageux que la poétique impressionniste s'affirme, et c'est aussi pendant la décennie qui commence que germeront les manifestations les plus extrémistes de l'art du XIXe siècle.

Le 19 juillet 1870, Napoléon III déclare la guerre à la Prusse, pour surmonter une crise de prestige personnel plus que pour des raisons valables de politique étrangère. En moins de deux mois, c'est la catastrophe : le 2 septembre, l'armée française est battue à Sedan, l'empereur est fait prisonnier et, le 4, les Parisiens proclament la République. Après la capitulation de Metz (27 octobre), Gambetta, le ministre de l'Intérieur du gouvernement provisoire, propose et obtient la guerre à outrance. C'est le début du siège de Paris, qui ne prendra fin que le 28 janvier 1871. La France doit payer de très lourdes indemnités de guerre. Ces souffrances et cette humiliation favorisent dans la capitale la plus spectaculaire des insurrections populaires depuis celles de 1792-1794 : après le vote du 26 mars, on proclame la *Commune*, à laquelle collaborent des proudhoniens et des socialistes radicaux. Ses instigateurs espèrent que son exemple sera suivi dans les autres villes de France. L'assemblée est élue au suffrage universel et rassemble les deux pouvoirs — législatif et exécutif — sur le modèle de la Convention de Robespierre. Le projet vise une transformation socialiste de l'État et la redistribution des biens. Cependant, cette première expérience communiste de l'histoire occidentale ne dure guère. Après avoir réorganisé les troupes de l'armée régulière, l'ex-chef du gouvernement, Thiers, passe à la contre-attaque. Paris est encerclé pour la deuxième fois : c'est la guerre civile. Le 21 mai, l'armée force les barricades des boulevards extérieurs. La lutte sanglante qui s'ensuit se prolongera pendant plus d'une semaine.

Très vite toutefois, ce drame prend le sens d'une véritable *palingénésie* : la dictature napoléonienne a pris fin ; l'avènement de la Troisième République semble garantir une renaissance de la société, de la culture et des arts. Et au moment où la répression fait rage, un des événements cruciaux de l'histoire littéraire européenne s'accomplit : fin 1871, un jeune garçon de seize ans arrive à Paris, les poches bourrées de manuscrits. Ce sont de merveilleuses et émouvantes poésies, capables presque à elles seules d'assurer la continuité de l'utopie révolutionnaire de la Commune. Pour Arthur Rimbaud, dont la trajectoire créatrice s'achèvera en 1875, la tâche « politique » de sauver l'homme occidental revient en effet à l'art. Et Émile Zola, bien qu'exprimant des sentiments plus modérés, écrit en 1872 : « L'heure est bien choisie pour dire quelques vérités [...] La base fausse sur laquelle on a vécu s'est effritée et l'on cherche un terrain plus ferme pour construire plus solidement. Tous les grands épanouissements artistiques ou littéraires ont eu lieu dans des périodes de maturité complète ou bien après des soulèvements violents. J'avoue l'espoir que de tout ce sang et de toute cette stupidité émergera un grand courant une fois que la République aura pacifié la France » (cité in REWALD).

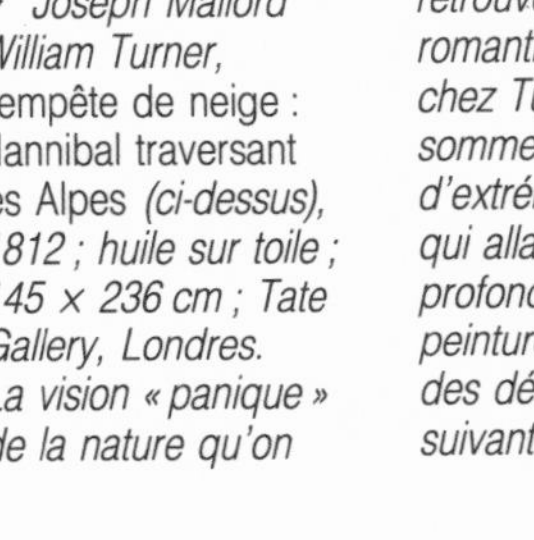
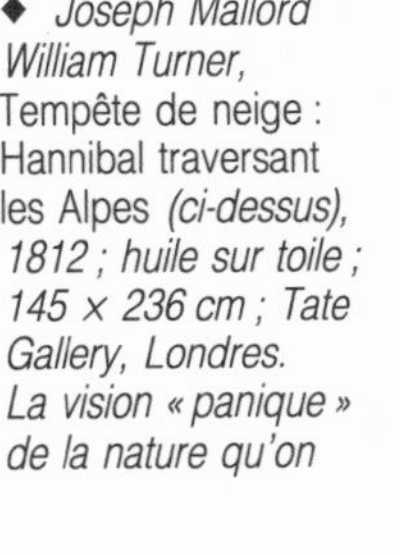
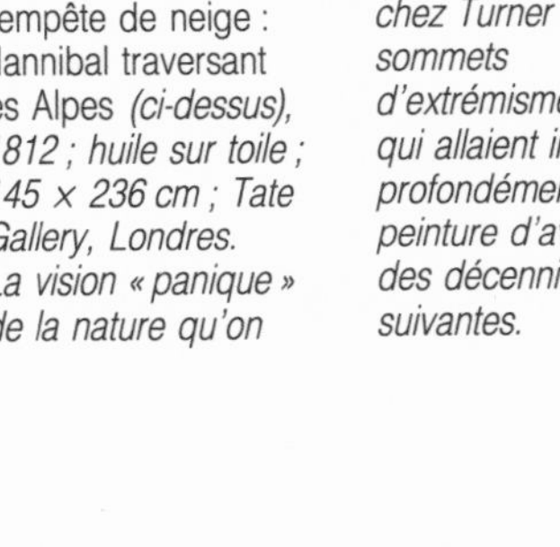

ment de la « danse du réel » : qui accepte, en dernière instance, de perdre ses repères, pourvu que de cueillir l'instant fugace d'une beauté qui ne se laisse enfermer dans aucune prison scientifique. Telle est l'origine de la hardiesse de Monet ! Lui seul peut proposer avec désinvolture des effets « psychédéliques » comme ceux de *La Pie* (1869) ou de l'extraordinaire *Zaan à Zaandam* (1871), qui indique les reflets des toits rouges et du moulin jaune sur les eaux de la rivière hollandaise par de petites touches de couleur pure et isolée — comme seuls les peintres fauves sauront à nouveau le faire, au début du siècle suivant.

Près de trois ans séparent les étincelles de *La Grenouillère* de l'incendie global d'*Impression, soleil levant*. L'écart entre les deux est si grand qu'on a peine à croire que Monet ait pu le franchir. Il ne semble pourtant pas avoir subi, pendant cette période, d'influences renversantes. On peut même affirmer que sa vision de l'art s'est développée toute seule, qu'elle s'est, en substance, nourrie de ses propres hypothèses de départ. Certes, il y a eu la guerre franco-allemande, la chute de Napoléon III, le siège de Paris, la Commune... Tout cela a contribué à mettre irrémédiablement hors jeu l'idéologie du réalisme, en permettant l'éclosion et l'émancipation définitive de poétiques plus récentes ou, mieux, leur glissement vers des issues lyriques et émotionnelles. De fait, c'est une sensibilité résolument lyrique qui sous-tend le célèbre « tableau-manifeste » de 1872. Avec ses tons roses et violets, ses brumes bouchant la perspective, son ciel orangé digne d'Altdorfer ; avec son astre diurne qui ressemble à un bouton rouge d'où du sang coulerait dans l'eau, *Impression, soleil levant* ne peut se comparer à aucune autre œuvre de son temps. Ce n'est pas que Monet soit plus délicat que Sisley, plus poétique que Renoir, plus analytique que Cézanne ou plus insolite que Degas ; simplement, il est plus moderne que tous ces peintres,

◆ *Joseph Mallord William Turner,* Tempête de neige : Hannibal traversant les Alpes *(ci-dessus), 1812 ; huile sur toile ; 145 × 236 cm ; Tate Gallery, Londres. La vision « panique » de la nature qu'on retrouve dans tout l'art romantique a produit chez Turner des sommets d'extrémisme informel qui allaient influencer profondément la peinture d'avant-garde des décennies suivantes.*

davantage orienté vers cette dissolution de l'image qui sera le destin de l'art ultérieur. En 1872, il est plus moderne que Cézanne lui-même, à qui reviendra pourtant bientôt le mérite de jeter les bases du cubisme. L'élan « lyrique » de Monet jaillit d'une méfiance profonde à l'égard de l'univocité de la perception sensorielle ; il correspond à un refus radical de la *raison cartésienne* qui privilégie des formes de relativisme philosophique annonciatrices de la « crise post-moderne ».

Les fondements du rôle joué par Monet résident, comme on l'a dit, dans l'histoire même du peintre, dans sa formation originale : dans l'idée (qu'il a rapidement développée) que l'individu ne fait qu'un avec le monde qui l'entoure et que l'artiste doit donc « se plonger » dans le cosmos et dans ses flux, comme l'avait déjà suggéré Turner. Son séjour à Londres pendant la guerre (1870-1871) permet à Monet de voir les œuvres de cet éminent devancier, aujourd'hui conservées en grand nombre à la Tate Gallery. Le fait est que, si l'on tient à repérer une influence susceptible d'avoir représenté le détonateur de l'explosion qu'a connue la peinture de Monet pendant les années soixante-dix, il faut sans doute citer ce grand maître anglais qui avait réalisé, durant la première moitié du XIXe siècle, des chefs-d'œuvre comme *Tempête de neige : Hannibal traversant les Alpes* (1812), *L'Incendie du Parlement* (1835) ou *Pluie, vapeur et vitesse* (1844). S'y déploie une notion de l'espace qui n'a rien à voir avec le romantisme rhétorique de Géricault ou de Boulanger : un sentiment panique de la nature... une propension à l'éclatement des certitudes visuelles, qui cèdent sous le choc d'insoutenables communions entre l'homme et l'univers.

Monet dépouille ce point de départ de ce qu'il avait de métaphysique, de religieux et, en le laïcisant, il lui restitue sa pertinence dans le cadre de la crise des valeurs du moment. Comparant son œuvre avec celle, sensible-

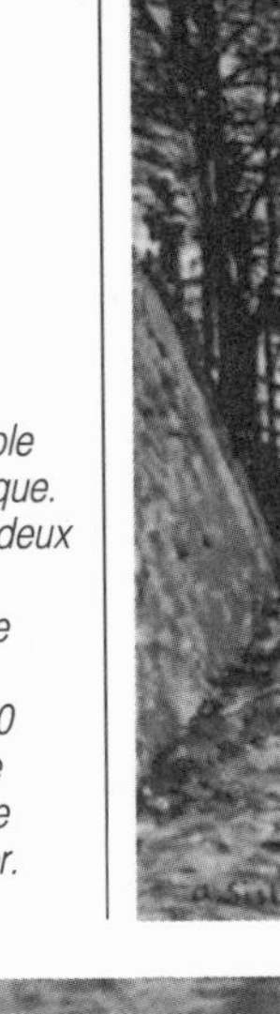
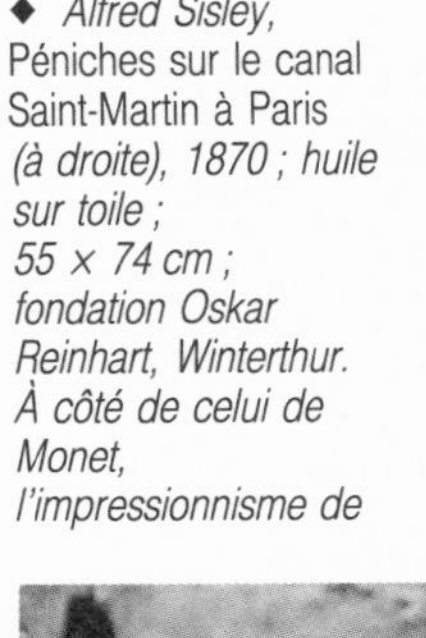

◆ *Alfred Sisley,* Péniches sur le canal Saint-Martin à Paris *(à droite), 1870 ; huile sur toile ; 55 × 74 cm ; fondation Oskar Reinhart, Winterthur. À côté de celui de Monet, l'impressionnisme de Sisley paraît paisible et tendrement lyrique. Les chemins des deux artistes commencèrent, de toute évidence, à diverger vers 1870 justement, lorsque Monet découvrit le langage de Turner.*

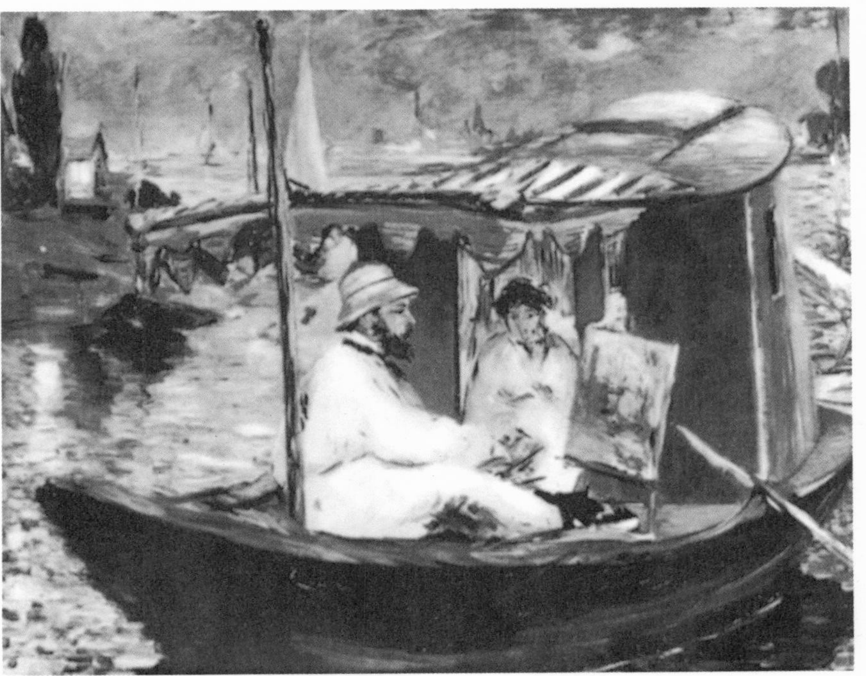

◆ *Édouard Manet,* Claude Monet dans son bateau-atelier à Argenteuil *(à gauche), 1874 ; huile sur toile ; 80 × 98 cm ; Neue Pinakothek, Munich.*

ment plus élégante, de Sisley, F. Arcangeli a pu écrire : « Monet est de ces hommes qui n'ont pas le temps d'être de bon goût, parce qu'ils ont des choses plus importantes à faire. » Monet reprend l'extrémisme de Turner jusque dans ses traits les plus anecdotiques : en 1873, il se fait aménager une petite barque-atelier, sur laquelle il sillonne la Seine, se laissant emporter par le courant et peignant ce qu'il voit sur le fleuve. Turner avait fait exactement de même (il semble toutefois que Monet l'ignorait). Toujours est-il que Monet s'immerge dans le flux du courant, « sombre » au plus profond, au cœur de la nature : son regard se perd, se confond avec ce qu'il voit. Il n'est plus « qu'un œil... mais quel œil ! »

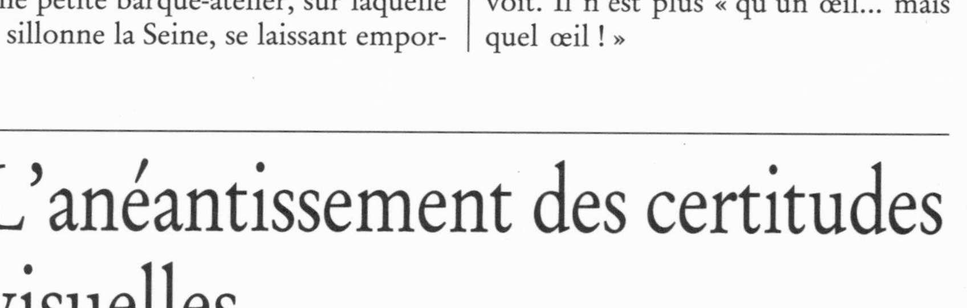

L'anéantissement des certitudes visuelles

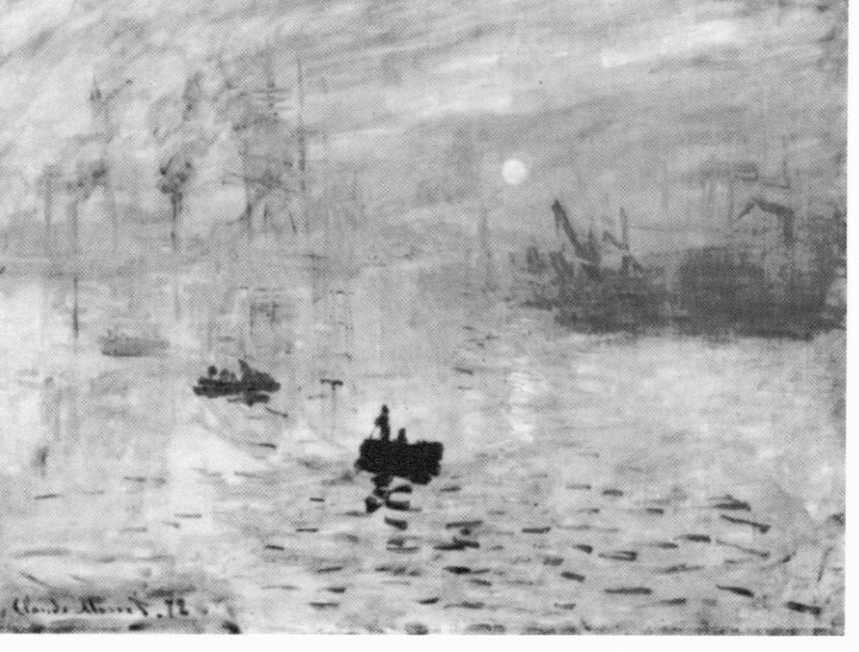

◆ *Claude Monet,* Impression, soleil levant *(ci-dessus), 1872 ; huile sur toile ; 48 × 63 cm ; musée Marmottan, Paris. Ce tableau témoigne d'une première et radicale prise de distance de Monet à l'égard de l'impressionnisme modéré et annonce la voie que l'artiste prendra par la suite.*

◆ *Claude Monet,* Soleil levant, marine *(en haut à droite), 1873 ; huile sur toile ; 49 × 60 cm ; collection particulière, Paris. Assez proche du précédent par son style et sa qualité émotionnelle, il se présente comme un élargissement du concept d'« impression », qui prend pour Monet un sens précis de dissolution et de critique de l'image.*

Au début des années soixante-dix s'accomplit, dans les tableaux de Monet, la disparition définitive de ces « beautés météorologiques » que Baudelaire avait louées chez Boudin dans son *Salon de 1859*. Le dépassement de la première phase de l'impressionnisme coïncide en effet avec une dévalorisation progressive des qualités intrinsèques du sujet, de son aptitude à être « optiquement restitué », pour laisser place à des exigences plus intellectuelles d'élaboration créative de l'image. C'est alors que la peinture de Monet met en lumière deux remarquables innovations techniques. La première consiste en un refus de la prétendue « couleur locale », choix qui, à vrai dire, se rencontre déjà dans quelques œuvres de la fin des années soixante. Jusqu'alors, on tenait pour acquis que chaque objet matériel était en soi doté d'une couleur, qui lui appartenait et pouvait tout au plus subir quelques variations suivant les caractéristiques du milieu environnant. Dans *Au bord de l'eau : Bennecourt* (1868) ou les nombreux portraits de Camille sur la plage de Trouville (1870), mais plus particulièrement dans *Impression, soleil levant* (1872), Monet en vient à déclarer cette « convention » inutile. Chaque chose brille dans, et de, la lumière qu'elle reçoit, des rayons qu'elle reflète ; elle se teinte donc de couleurs qui ne sont jamais les mêmes. Le monde est constitué de flux continus et complexes de vecteurs lumineux : rien ne peut y être isolé ni défini en soi. Il est donc, pour Monet, rigoureusement impossible (et même absurde) de parler d'aspect intrinsèque d'une chose. La seconde innovation — l'abolition totale des lignes de contour — s'y rattache. Il vaudrait d'ailleurs mieux parler d'abolition de l'idée même d'élément graphique, non seulement en tant que dessin précédant la couleur, mais aussi comme véritable frontière entre deux phénomènes, comme possibilité de croire que l'on peut isoler l'objet de son contexte, de l'ensemble confus qui l'englobe... Rewald a noté que, dès l'époque de *La Grenouillère*, « l'étude de l'eau offrait un prétexte à la représentation de masses informes, animées seulement par la richesse des nuances, de grandes surfaces dont la matière encourageait l'emploi de vifs coups de brosse (...) Ce que les peintres officiels auraient considéré comme un manque de fini — le fait de couvrir une toile sans une seule ligne précise, (...) l'animation des surfaces par le seul emploi de particules de couleur de nuances différentes — tout cela devenait pour Monet et Renoir non seulement un moyen pratique de réaliser leurs intentions, mais une inéluctable nécessité pour rendre les vibrations de la lumière et de l'eau, l'impression de l'action et de la vie. »

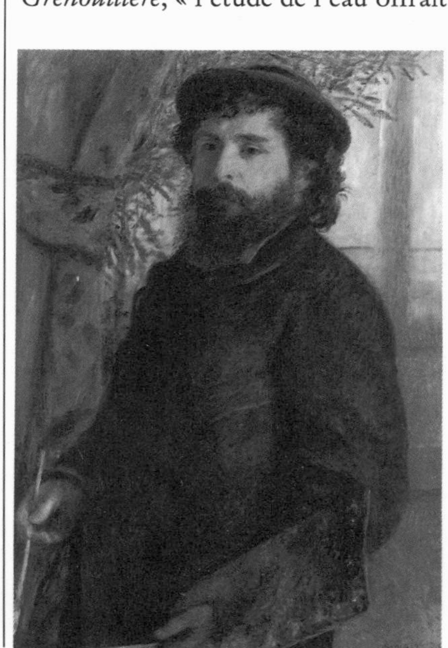

◆ *Pierre Auguste Renoir,* Portrait de Claude Monet, peintre *(ci-contre), 1875 ; huile sur toile ; 85 × 60,5 cm ; musée d'Orsay, Paris.*

Impression, soleil levant accentue cette pratique, la poussant jusqu'à ses conséquences extrêmes. Comment s'étonner de la sidération que provoque, à l'exposition de 1874, cette vue du port du Havre dont le titre attira — comme on sait — la stupide ironie du malveillant critique Louis Leroy, à qui son manque de clairvoyance vaut la notoriété peu flatteuse d'être l'homme qui a, par dérision, baptisé « impressionnistes » les peintres que nous connaissons encore sous ce nom ? Certes, se fier à ses *impressions* était, à l'époque, jugé plutôt inconvenant : cela revenait à s'arrêter au premier stade — le plus facile — de l'exécution de l'œuvre.

À la première exposition de la *Société anonyme des artistes peintres, sculpteurs, graveurs, etc.* inaugurée le 15 avril 1874 boulevard des Capucines, dans les locaux du photographe Nadar, l'apport de Monet est d'une importance capitale. Ses expériences démontrent l'intérêt implicite d'un détachement progressif du langage pictural de son ancrage séculaire dans la réalité extérieure. Selon Michel Butor, la *fugacité* caractéristique des sujets choisis (c'est ainsi qu'il faut entendre chez Monet le concept d'« impression ») équivaut à un net refus de la *stabilité* du modèle, condition indispensable de l'art naturaliste. « Monet, avec son insistance sur ce qui est fugitif, fait exploser l'ancienne fidélité. Son "instantanéisme" exige (...) une puissance de généralisation, d'abstraction extraordinaire (...) ce qu'il cherche ce n'est pas quelque chose qui se peindra bien, mais au contraire, comme il le dira maintes fois dans sa correspondance, quelque chose d'"impossible à peindre" ». De fait, si l'on pouvait isoler certaines parties des tableaux de Monet — sans regarder ni se remémorer d'autres zones qui servent précisément à les rendre lisibles, on se rendrait compte que sa peinture porte déjà en elle, depuis 1872 au moins, les germes de l'abstraction. Dans la fameuse *Impression, soleil levant,* le « cercle rouge dans la partie supérieure est là pour nous dire que la complexe zébrure de la partie inférieure est le soleil, ce dont nous ne pourrions certes pas nous douter si l'on coupait le tableau en deux. La moitié d'en haut est un véritable titre pour l'autre. »

La période d'Argenteuil (1872-1878) constitue peut-être le moment le plus radieux du développement du langage personnel de l'artiste. En 1873, il commence à naviguer sur la Seine avec son bateau-atelier. C'est bien le *principe d'immersion* qui s'impose, avec force, comme pour résumer le sens global de la quête de l'artiste. Il ne lui suffit plus d'observer le fleuve depuis la rive ou du haut d'un pont : il lui semble impossible de le « comprendre » ainsi. Il doit entrer dans l'eau, vivre dans ce courant qui représente pour lui le flux même de l'expérience et de l'art... C'est une plongée en dessous de la surface des choses, un désir de les pénétrer pour en retrouver la chair vive, le parfum, le son, l'indicible saveur. Le rapport du sujet avec le monde transcende son « être vision » pour se faire aussi (et surtout) engagement intellectuel, participation totale, embrassement cognitif profond. Ce n'est, du reste, que mû par de semblables idées que Monet peut atteindre les niveaux de transfiguration qui se manifestent, par exemple, dans *Coucher de soleil sur la Seine* de 1894, où reviennent — à point nommé — les « zébrures » et les effritements de couleur (du jaune au rouge et au violet) qui avaient tant stupéfait le public dans son chef-d'œuvre de 1872.

Tout se passe comme s'il était indispensable au peintre de rapprocher sa pupille et de l'ouvrir, jusqu'à s'aveugler en un contact excessif. On peut aussi vérifier les effets de ce « regard total » dans les différentes versions de *Régates à Argenteuil.* L'eau n'y est plus celle de *La Grenouillère* — si riche d'une lumière qui se trempe, s'imprègne et brille d'un réalisme paradoxal mais convaincu ; elle s'assimile plutôt à une épaisseur matérielle, opaque et intense : couleur substantielle, dure substance du fleuve, du ciel, des arbres qui, tels Narcisse, refusent de se refléter dans le miroir et plongent pour se perdre en lui. Dans ces paysages d'Argenteuil, au moment où Monet devient le maître par excellence de sa génération, sa peinture semble moins extrémiste, moins radicale que quelques années auparavant. Le sommet de liberté poétique et chromatique atteint avec l'*Impression* de 1872 ne reviendra que cinq ans plus tard, dans la série consacrée à la *Gare Saint-Lazare.* Mais la fièvre du regard ne s'apaise pas pour autant. Voyez comme elle peut — ou doit ? — dilater *Le Boulevard des Capucines* (1873) en une étrange et vaste place, étaler sa restitution en perspective comme seul Cézanne commence à la faire au même moment. Le *principe d'immersion* conduit Monet tout près du point où « voir » cesse d'être possible car le sang froid opportun, le détachement nécessaire font défaut. Le flux des événements ne laisse, dans son inexorable devenir, ni le temps ni la place d'une re-prise. L'instantané se brouille, la couleur bout à la surface comme une matière qui ne sait pas se cacher, ne sait pas se feindre autre que ce qu'elle est. Dans l'étonnant *Les Barques, régates à Argenteuil* (1874), on sent cette ébullition de la peinture qui, avant même de nous parler des bateaux, du vent, de l'eau plombée, du ciel nuageux, s'« autoreprésente » et fait valoir ses droits.

L'immersion, disions-nous... En 1876, Monet a envie de peindre le brouillard — élément déjà important

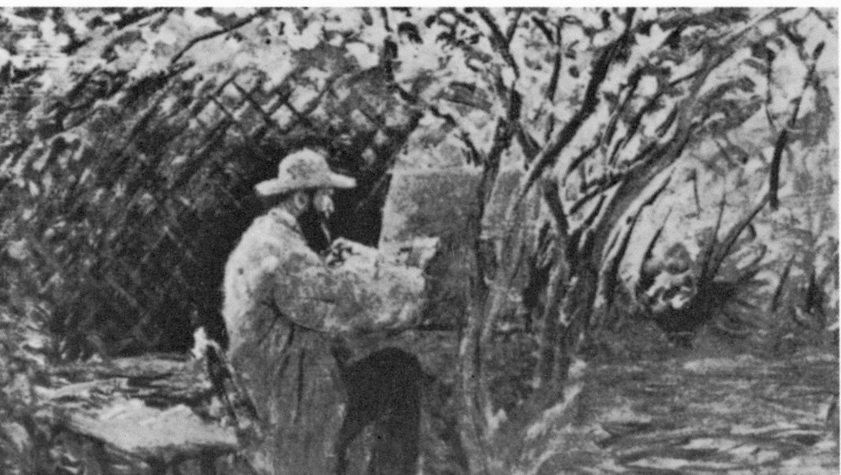

◆ Claude Monet, Manet peignant dans le jardin de Monet à Argenteuil *(en haut),* 1874 ; huile sur toile ; localisation inconnue (anciennement, collection Max Liebermann).

◆ *Édouard Manet,* La famille Monet dans le jardin d'Argenteuil *(ci-dessus),* 1874 ; huile sur toile ; 48 × 95 cm ; Metropolitan Museum of Art, New York. Ces deux œuvres datent de la période où Manet, désormais converti à la nouvelle poétique impressionniste, commence à fréquenter Monet. On sait que, jusqu'en 1870, les rapports entre ces deux artistes n'avaient pas été des plus cordiaux.

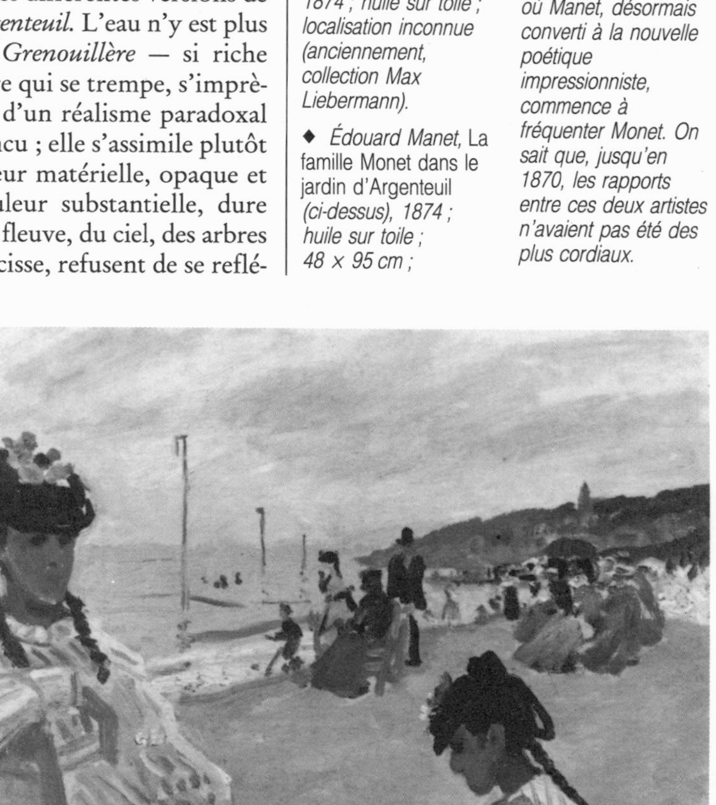

◆ *Claude Monet,* Camille sur la plage de Trouville, *(ci-dessous),* 1870 ; huile sur toile ; 38 × 47 cm ; collection particulière, New York.

◆ Sur la plage à Trouville *(ci-contre),* 1870 ; huile sur toile ; 38 × 46 cm ; musée Marmottan, Paris. Ces portraits font partie d'une série que Monet a consacrée à sa femme Camille lors de vacances en Normandie, en juillet 1870, peu après leur mariage et juste avant le départ du peintre pour l'Angleterre.

au Havre — à Paris. Un critique, un nouveau Leroy, je pense, tente de lui expliquer que le brouillard n'est pas un sujet idéal pour un tableau. Monet en déduit qu'il est en dehors de son temps, en dehors de la mode, en dehors de tout, mais n'abandonne pas pour autant. Il annonce à Renoir qu'il a eu une idée formidable : s'attaquer au problème encore plus « fumeux » de l'antre des machines à vapeur, *La Gare Saint-Lazare*. « Au moment du départ des trains — dit-il — la fumée de la locomotive est si dense qu'on ne distingue presque plus rien. C'est un enchantement, une vraie fantasmagorie » (cité in ROSSI BORTOLATTO). La série qu'il réalise alors est une des merveilles de la décennie et montre toute l'ouverture d'esprit dont il est capable. Le thème est soigneusement choisi pour son côté paradoxal. Il ne s'agit d'ailleurs, au fond, que d'un prétexte, un simple alibi au triomphe de la couleur. On croirait les respirer, ces bouffées de matière, ces brumes primordiales et futuristes, ces céruses et ces flocons de peinture à l'état pur. La lumière tombe du haut de la verrière ; derrière la fumée, on entrevoit le spectre des bâtiments de la gare, les locomotives en marche, les volutes de vapeur qui montent et s'enroulent en ridicules panaches, la confusion qui règne en ce lieu, et la difficulté de le représenter.

Les fantasmagories se succèdent sans interruption : transparences liquides et diaphanes, surfaces vertes et bleues flottant dans le néant de *Vétheuil dans le brouillard* (1879) ; surgissements auroraux, rougeâtres, délicatement oniriques dans *Le Givre* de 1880 ; éblouissements d'une insoutenable clarté dans la série d'œuvres sur *La Débâcle* de 1879-1880. La curiosité, jamais épuisée, de Monet et sa modernité ne sont pratiquement qu'une seule et même chose. Il a l'audace de peindre ce qu'aucun de ses contemporains n'oserait aborder : la fumée, la glace, le brouillard. Ainsi l'objet réel — la ville, la machine à vapeur, les arbres de la campagne, l'eau et même la lumière — éclate-t-il sous les coups, les vibrations d'un pinceau sous l'emprise de sa propre frénésie, son propre courage. Le risque ultime étant de devoir renoncer à la peinture, la déclarer impossible... S'enfoncer dans l'acte perceptif revient, en définitive, à abolir cette distance qui sert à *voir* les choses, c'est-à-dire — suivant le conseil de Monet — à se mettre dans l'impossibilité d'organiser son expérience à partir d'un système de conventions linguistiques. Ces conventions (la perspective des volumes et des contours, le clair-obscur, la couleur locale, les artifices sans fin de la « bonne peinture ») doivent céder le pas à des exigences de pénétration affective authentique, à quelque chose qui anticipe la poétique de l'*Einfühlung*.

◆ *Paul Gauguin,* Vision après le sermon : le combat de Jacob et de l'Ange, *1888 ; huile sur toile ; 73 x 92 cm ; National Gallery of Scotland, Edimbourg. Voici une des œuvres fondatrices du symbolisme en peinture. L'artiste n'y décrit pas ce qu'il « voit », mais plutôt — dans un langage très neuf et d'une simplicité efficace, doté d'accents purement abstraits — l'objet de la vision onirique de paysannes bretonnes (presque un « tableau dans le tableau ») envoûtées par la puissance de leur foi.*

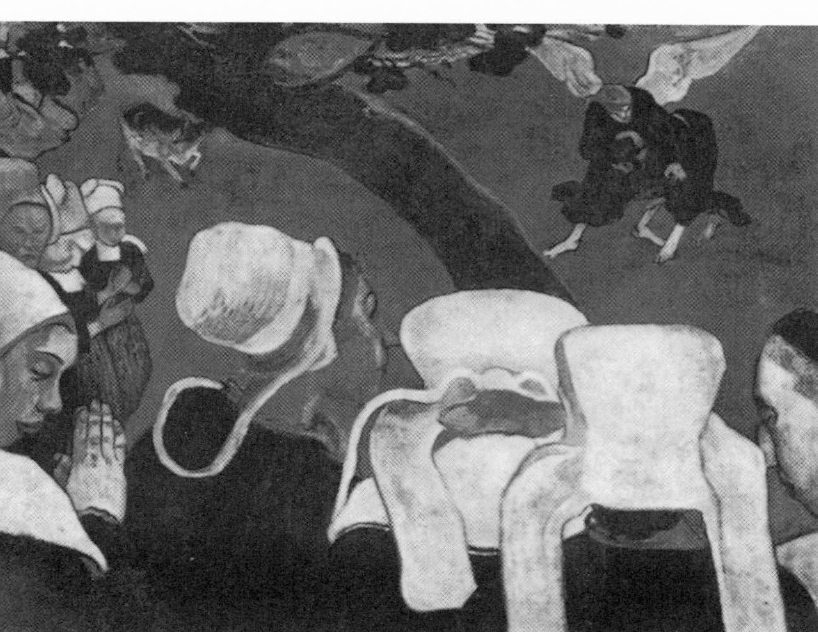

LES THÉORIES SCIENTIFIQUES DE LA COULEUR

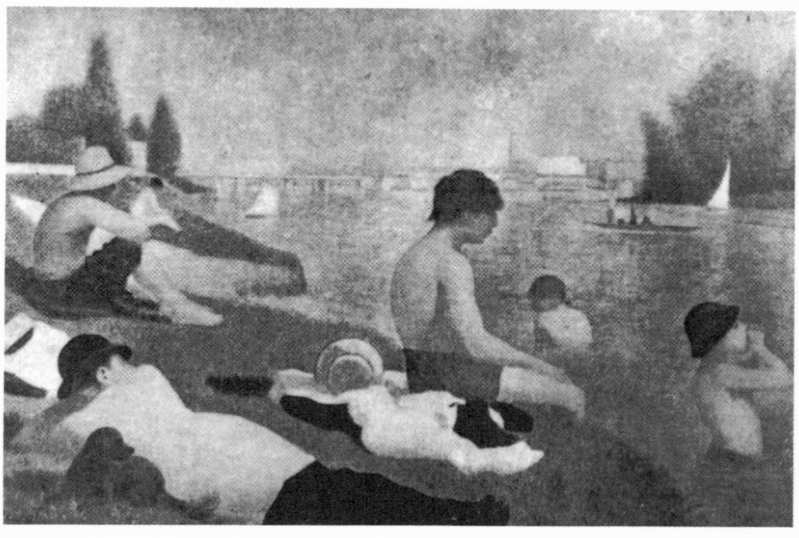

◆ *Georges Seurat,* La Baignade, *1884 ; huile sur toile ; 201 x 300 cm ; National Gallery, Londres. Ce premier chef-d'œuvre abouti de Seurat, refusé par le jury du Salon de 1884, fut exposé la même année au Salon des Indépendants.*

Dans la peinture impressionniste, l'approche du problème de la couleur — son rapport avec la lumière, sa dépendance à l'égard des conditions extérieures d'atmosphère et de visibilité — repose davantage sur le talent émotionnel de l'artiste (mélange de fantaisie, d'intuition et de métier) que sur des études techniques précises. Il ne fait toutefois aucun doute que la subite vague d'intérêt, vers 1880, pour les phénomènes associés à la psychologie de la vision doit beaucoup à la mode picturale qui commençait alors à se répandre. De sorte que si Monet et Sisley, par exemple, vont rarement jusqu'à prévoir les effets lointains que déterminent, dans leurs tableaux, les associations de touches de couleur pure, c'est tout de même des essais de l'impressionnisme que naît l'exigence d'un art plus « exact », plus froidement maîtrisé.

À partir des recherches optiques et physiologiques d'Eugène Chevreul, associées à une relecture positiviste du *Traité des Couleurs* de Goethe, Georges Seurat élabore, à partir de 1882, sa propre méthode de décomposition de l'élément chromatique (le pointillisme), qui tient compte de tous les phénomènes psychiques intervenant au niveau de la perception visuelle. En partant d'esquisses et de croquis faits en extérieur, il utilise divers procédés techniques et scientifiques qui lui permettent d'instaurer des relations absolument nouvelles entre couleur et lumière, entre monde et peinture. Il met notamment à profit la découverte révolutionnaire du « système des contrastes simultanés » qui avait permis à Chevreul d'affirmer : « Mettre une couleur sur une toile, ce n'est pas seulement colorer de cette couleur la partie de la toile sur laquelle le pinceau a été appliqué, c'est encore colorer de la complémentaire de cette même couleur l'espace qui y est contigu. »

Outre les idées de Chevreul, les expériences d'Ogden Rood et de James Clerk Maxwell, parrains spirituels du courant « divisionniste » du « néo-impressionnisme », sont décisives pour la méthode de Seurat. On leur doit, comme l'explique Pissarro, la conviction qu'il est opportun de « substituer un mélange optique à un mélange de pigments (...) car le mélange optique stimule les luminosités et les intensifie bien plus que lorsqu'elles sont constituées de pigments mélangés » (cité in REWALD). L'analyse rigoureuse des moyens d'expression — pas seulement la couleur, mais aussi le graphisme et la composition — ouvre à l'art des horizons nouveaux. Seurat se lie avec Charles Henry qui propose, en 1886, un « cercle chromatique » d'une grande importance pour l'évolution future de l'abstraction. Celui-ci démontre, en particulier, la possibilité de réduire la palette du peintre à quatre couleurs fondamentales (bleu, rouge, jaune, vert) et à leurs tons intermédiaires (violet, orange, jaune-vert, vert-bleu), laissant à l'observateur le soin de créer toutes les autres teintes par la juxtaposition, sur la surface de la toile, de minuscules points de couleurs primaires que l'œil confond et additionne involontairement.

On doit à Butor une intéressante hypothèse sur le rapport entre l'espace de Monet et celui de la perspective classique : « lorsqu'une scénographie précise aura donné à chaque élément sa distance exacte, l'espace représenté deviendra tellement plus puissant que la surface de la toile avec ses irrégularités, son épaisseur réelle ou apparente, que celle-ci sera complètement oubliée. La perception du spectateur s'installera dans une interprétation définitive. Accoudé en quelque sorte à la rambarde qu'est le cadre, il laissera son imagination voguer dans le lointain mis ainsi à sa disposition ; il s'enfuira dans les chemins de Ruysdael, planera sur les Arcadies du Lorrain. Monet va couper court à cette fuite (...) À l'espace vide, vertigineux des Hollandais, Monet oppose un espace plein qui va se déverser sur le spectateur. » De fait, ce que Monet semble vouloir détruire est bien la « scénographie », la juste distance entre l'œil et le monde, pour exalter les qualités physiques de la toile : le support, la pâte de la matière, le grain de la touche.

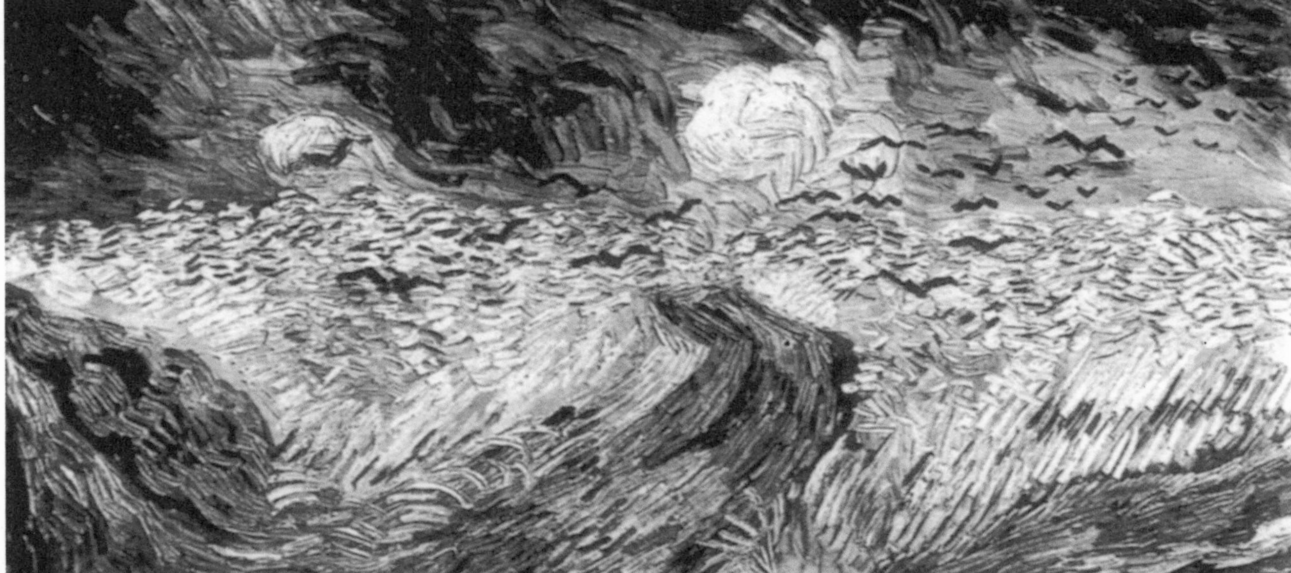

◆ *Vincent Van Gogh,* Champ de blé aux corbeaux *(ci-dessus), 1890 ; huile sur toile ; 50,5 × 100,5 cm ; Rijksmuseum Van Gogh, Amsterdam. L'entrée en scène de Van Gogh, mais aussi celle de Gauguin et Seurat, après 1880, signe une profonde mutation culturelle qui touchera l'impressionnisme.*

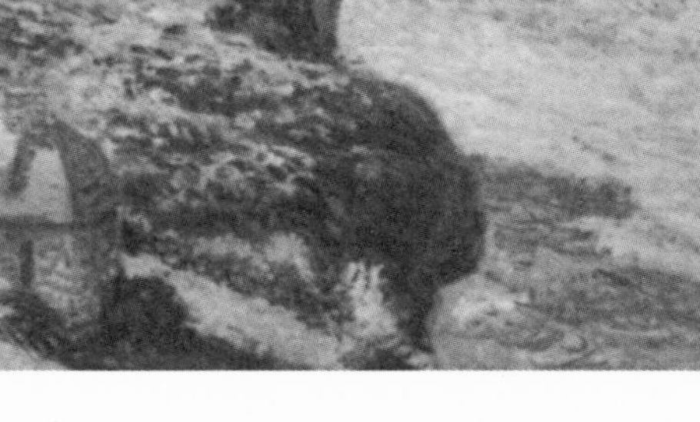

◆ *Claude Monet,* Cabane de Douanier *(ci-dessus), 1882 ; huile sur toile ; 60 × 81 cm ; Museum of Art, Philadelphie.*

Par conséquent, même lors de l'hypothétique virage de 1882-1883 en vertu duquel Monet en viendrait, selon une partie de la critique, à se tourner vers des expériences proches de celles des jeunes Seurat et Van Gogh, on n'assiste en réalité qu'à un léger mouvement de réajustement : les peintures des falaises d'*Étretat* (1883) et de *Belle-Île* (1886) nous montrent, à l'instar du *Printemps* de 1882 et des deux versions de *Femme à l'ombrelle* de 1886, un Monet fidèle à ses choix « laïques » et étranger à toute conception ne serait-ce que partiellement symboliste. Sur ce point, ce que nous avons pu constater de son hostilité au dessin, aux notions de contour linéaire et d'aplats, vaut toujours. Certes, pendant ces décennies, une sensibilité artistique nouvelle, qui s'oppose de front au réalisme, envahit la recherche artistique. Avec Gauguin, Van Gogh et, bientôt, le groupe des Nabis, s'affirme peu à peu l'idée que la peinture doit être une synthèse intellectuelle, idéale, néo-platonicienne de l'univers. Ce n'est pas l'aspect phénoménal du monde qui intéresse ces peintres, mais son caractère de langage chiffré, de produit « symbolique » d'un esprit supérieur. Les instruments susceptibles de rendre intelligible cette langue sublime sont la ligne sinueuse, raffinée, synthétique, la couleur ardente et plate, étalée en vastes plages sur des surfaces nettes et bien délimitées. Or Monet est décidément allergique aux crises mystiques. Ainsi, en 1889, au moment de la consécration « officielle » du symbolisme, alors que Gauguin vient de terminer la *Vision après le Sermon* et travaille au *Christ jaune*, que Van Gogh commence son *Champ de blé aux corbeaux* et qu'Ensor propose sa vision spirituelle de l'*Entrée du Christ à Bruxelles*, à cet instant unique de l'histoire de l'art, Monet prend lui aussi un nouvel essor, l'énième, en entamant la première de ses grandes séries des années quatre-vingt-dix : les *Meules*. Il est très loin des images d'idoles païennes et de prophètes chrétiens, des magies primitives, des talismans ou de la sinistre valeur prémonitoire attachée à telle plante ou tel animal. Il veut simplement traduire en tableaux, en privilégiant les effets de la lumière et les difficultés du regard, l'immobile et absurde effigie conique d'une meule d'un champ. Mais quelle force, une fois de plus, dans cet œil si peu stable ! Les blés de Van Gogh sont le fruit d'une vision intérieure, difficile et incohérente car jaillie d'un déchirement existentiel, d'une profonde souffrance, d'une sorte de géniale folie. Les gerbiers de Monet (surtout ceux de 1890-1891) sont des monuments à la virtuosité linguistique de leur auteur : ils exaltent la vertu de la couleur, la puissance créatrice de la lumière et la vigueur de l'œil qui leur confère un sens.

C'est un nouveau sommet de l'acti-

◆ *Paul Cézanne,* La Montagne Sainte-Victoire vue de Bibémus *près d'Aix-en-Provence (à droite), 1898 ; huile sur toile ; 66 × 82 cm ; Museum of Art, Baltimore. Parmi les issues les plus intéressantes de l'impressionnisme — à travers lesquelles, cependant, le mouvement se « renie » lui-même — on trouve les dernières œuvres de Paul Cézanne qui ouvre, comme on sait, résolument la voie à l'avant-garde cubiste et au XXe siècle. On peut d'ailleurs considérer que Cézanne et Monet sont ceux qui exaltent le mieux la vitalité de la « peinture d'impression » en bouleversant, précisément, sa signification originelle.*

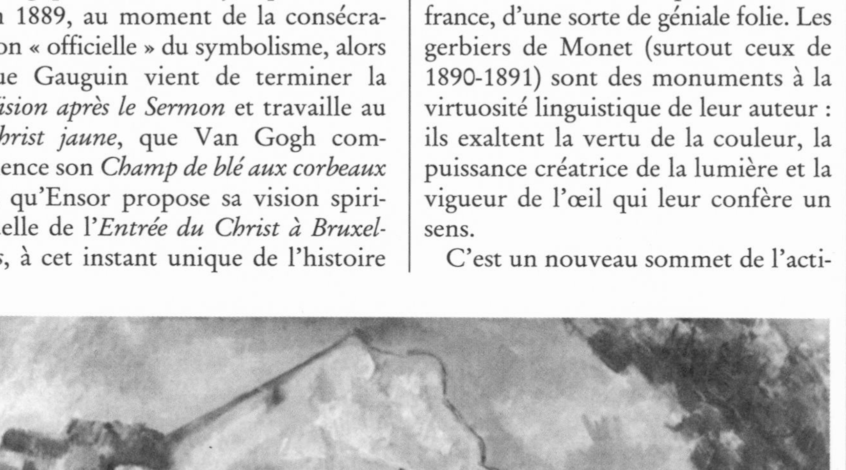

vité de Monet, une de ses phases de réalisations les plus brillantes : *Le Déjeuner sur l'herbe, Femmes au jardin, La Grenouillère, Impression, soleil levant, La Gare Saint-Lazare* et maintenant les *Meules*. On pourrait les classer comme des œuvres de crise, des étapes difficiles dans une carrière qui serait peut-être sans elles plus linéaire, et même par certains côtés plus acceptable, mais dont la valeur d'ensemble s'en trouverait sûrement diminuée. D'ailleurs, Monet se gardera bien désormais, jusqu'à la fin de sa vie, d'en revenir à des progrès mesurés et de tranquilles réflexions. On dirait que l'obsession du sujet s'est emparée de lui. Il l'étudie, le dissèque presque. Il le reproduit aux différentes heures de la journée, aux différentes saisons de l'année, dans de multiples conditions de lumière et d'atmosphère, allant — geste incroyable — jusqu'à inscrire directement dans le titre les données techniques de chaque descente sur les lieux. Été, soleil couchant. Hiver, à l'aube. Soleil couchant, effet de neige. Effet de neige, temps gris. Fin d'après-midi d'automne. Fin de l'été, le matin...

D'art de l'espace, la peinture s'est faite dimension du temps. Les tableaux de *Meules* demandent à être vus en série ; ils supposent, en quelque sorte, une « jouissance multiple », réintégrant ainsi l'élément temporel dans la syntaxe purement spatiale de la peinture. Aux variations de temps fait écho une diversité de résultats formels sans précédents. Observez, par exemple, ce qui se passe dans la bande horizontale — indice probable d'une lointaine colline — qui occupe la partie médiane des toiles : elle est tour à tour bleue, bleuâtre, verte, brune, plombée, jaune, rosée, argentée, cendrée, et ainsi de suite. Et le ciel qui la surplombe peut, de son côté, être nacré, indigo, rouge-orange-violet, jaune et vert, jaune et rose, bleu intense... Même en faisant abstraction de l'image de la meule et de son ombre, même en évitant de se confronter au problème épineux de son incessante métamorphose — problème que Monet, lui, n'élude pas — il reste une formidable évidence, le jeu de surfaces rectangulaires que les deux bandes superposées nous proposent : en combinaisons infinies d'une « danse des couleurs » merveilleusement épurée. À ce jeu, le spectateur ne peut répondre que par autant de réactions émotionnelles et esthétiques.

◆ *Paul Cézanne,* La Maison du pendu, Auvers-sur-Oise, *1873-1874 ; huile sur toile ; 55 x 66 cm ; musée d'Orsay, Paris. Présenté à la célèbre exposition de 1874, ce paysage rural est un des essais les plus convaincants de la période impressionniste de Cézanne. Rappelons que Pissarro dut intercéder en sa faveur pour éviter la censure préventive de ses collègues moins courageux.*

L'IMPRESSIONNISME ET LA CRITIQUE

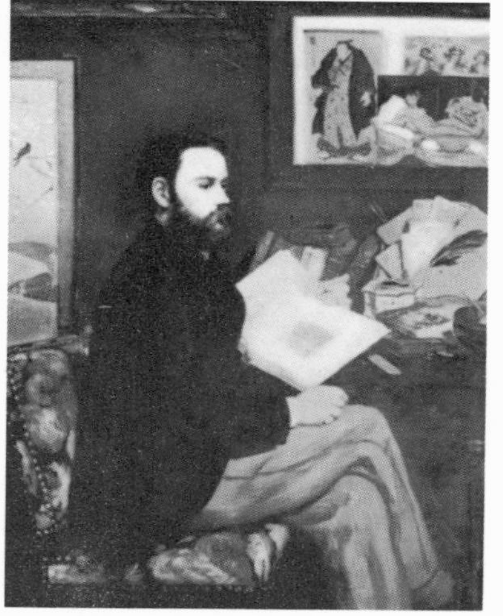

◆ *Édouard Manet,* Émile Zola, *1868 ; huile sur toile ; 146 x 114 cm ; musée d'Orsay, Paris. On y note la présence d'une estampe japonaise et d'une reproduction de l'*Olympia *de Manet, un peu au-dessus de l'étagère de livres et du tas de paperasses.*

L'influence de la réflexion critique sur les poétiques de l'impressionnisme est double. On trouve d'une part, à côté de la formation rapide d'une conscience théorique chez les artistes, un soutien offert par quelques spécialistes de l'art et littérateurs prestigieux comme Émile Zola, Jules Antoine Castagnary, Edmond Duranty, Joris-Karl Huysmans. On constate d'autre part, pendant la même période, une « stimulation involontaire » exercée par les critiques négatives sur des hommes psychologiquement portés à se sentir rejetés et qui se veulent étrangers aux compromis de la bourgeoisie bien-pensante. On peut en effet considérer que les impressionnistes — en cela déjà proches des futurs mouvements d'avant-garde du XXe siècle — bâtissent moins leur identité collective autour de l'idée classique d'« école » — en tant que mode de transmission de choix techniques et expressifs — que, précisément, sur l'indépendance de chacun vis-à-vis des écoles, des traditions et des règles généralement admises.

Il faut toutefois tenir compte de l'évolution rapide à laquelle le mouvement doit faire face, sur une période relativement brève. Il semble au début assez naturel à tous les critiques « progressistes » de défendre avec acharnement ceux qui, de leur point de vue, ne font que prolonger l'esthétique du réalisme. Peu après 1870 cependant, il devient flagrant que l'impressionnisme s'est détaché de ces tendances qui l'ont fait naître, et les mêmes critiques, s'ils restent bienveillants, commencent néanmoins à tempérer leurs enthousiasmes et à moins applaudir inconditionnellement.

Des œuvres comme *Impression, soleil levant* de Monet, *La Maison du pendu* de Cézanne, *Les Moissonneurs* de Renoir, toutes présentées lors de l'exposition de 1874, sont si insolites et audacieuses qu'elles déroutent jusqu'aux observateurs les plus avertis. Ainsi, Castagnary ne peut s'empêcher de prendre ses distances : « Le concept commun qui les réunit en un groupe (...) est la détermination de ne pas chercher une exécution égale, mais de se satisfaire d'un certain aspect général. Une fois que l'impression est saisie, ils déclarent que leur rôle est terminé (...) Quelle est la valeur de cette nouveauté ? Est-ce qu'elle constitue une véritable révolution ? Non, parce que le principe et, dans une large mesure, les formes de l'art restent inchangés. » (cité in REWALD). Bref, il ne s'agit que d'une « manière ». Castagnary ne s'abaisse toutefois pas au niveau d'abjection de l'article de Louis Leroy : « Lorsqu'elle a une main à peindre [Berthe Morisot], elle donne autant de coups de brosse en long qu'il y a de doigts, et l'affaire est faite. Les niais qui cherchent la petite bête dans une main n'entendent rien à l'art impressif, et le grand Manet les chasserait de sa république [...] *Impression, soleil levant* [...] le papier peint à l'état embryonnaire est encore plus fait que cette marine-là ! » (*ibid*).

Face à des écrits aussi injurieux, il y a, pour réconforter les peintres, la compréhension que leur témoignent de véritables hommes de lettres : outre Zola, porte-drapeau de l'avant-garde artistique depuis 1866, il faut citer Huysmans qui nous a laissé quelques remarques d'une modernité surprenante. Pour lui, l'impressionnisme offrait « un mépris pour les conventions adoptées il y a des siècles afin de reproduire tel ou tel effet de couleur ; le travail à l'extérieur et la recherche de vraies tonalités ; le mouvement de la vie ; de grands coups de pinceaux ; les ombres faites avec des couleurs complémentaires ; une préoccupation de l'ensemble rendu par de simples moyens » (*ibid*).

◆ *Pierre Auguste Renoir,* Les Moissonneurs *(ci-dessous), 1873 ; huile sur toile ; 60 × 74 cm ; collection particulière, Zurich. Ce tableau fut lui aussi montré pour la première fois lors de l'exposition des impressionnistes dans l'ancien atelier de Nadar, boulevard des Capucines.*

Forme et informe : le bassin aux nymphéas

La recherche de Monet se précise — dans son analyse du langage chromatique surtout — avec les autres *cycles* de la période 1890-1910. Pendant ces vingt années, le sujet pictural, obsessionnellement exploré, acquiert une fonction à première vue ambiguë, contradictoire, qui en révèle d'autant mieux le caractère de prétexte, voire de fausse piste, que l'artiste s'obstine à le maintenir au centre de son travail. Lorsqu'on étudie les toiles de *Peupliers* ou les *Cathédrales*, par exemple, on a beaucoup de mal (au début en tout cas) à saisir ce que l'artiste voulait accomplir en s'acharnant de la sorte sur des motifs si longuement fréquentés, ce qui le poussait à négliger tout le reste pour se concentrer sur leurs infinies variations, inépuisables à ses yeux. En effet, l'observateur se trouve dans l'impossibilité de décider du rôle et de la valeur de la « réalité représentée » qui semble, somme toute, rester étrangère au sens profond de la recherche du peintre.

Car là réside le paradoxe : l'insistance avec laquelle Monet se rend, deux ou trois ans durant, sur un même lieu, son entêtement à ne rien vouloir peindre d'autre, dévoile que c'est moins le sujet en soi qui compte que le fait de pouvoir le peindre à l'infini. Le simple intérêt du thème ne saurait en effet justifier une telle opiniâtreté... Cette « itération » continuelle (qui semble un défi au bon sens) permet de soupçonner qu'en réalité l'artiste, loin d'être attiré par *cette vue-là* plutôt que par *une autre*, ne reste fidèle à cette vue que parce qu'elle se prête, fût-ce pour des raisons d'ordre purement pratique, à une répétition, un prolongement en série. Une configuration commence à se dessiner, une « loi » que, pour plus de commodité, nous pourrions appeler *le motif de la variation*. Pour que cette variation puisse se manifester — pour qu'elle puisse logiquement exister — la donnée de départ doit être l'uniformité, la constance. Pour mettre en évidence l'incidence des diverses conditions physiques et psychologiques sur l'aspect final de l'œuvre, pour faire clairement ressortir leur *contribution à la création*, il faut pouvoir instaurer une comparaison, regrouper de nombreuses vues d'un même paysage, d'un même édifice, d'un même cours d'eau. Non pas pour reproduire ce paysage, cet édifice ou ce cours d'eau jusqu'à l'écœurement, mais pour bien montrer qu'il n'existe jamais deux visions identiques, ou même simplement semblables. Peindre chaque fois le même sujet revient à souligner la différence entre les résultats chaque fois obtenus, et donc à prouver que *le tableau n'est pas le sujet*.

À un premier niveau, toute approche de la réalité phénoménale englobe la spécificité, la particularité liée à une lecture donnée : l'œil transmet au cerveau une *impression*, qui dépend autant des conditions extérieures (lumière et atmosphère) que de l'état d'esprit intérieur de celui qui regarde. L'émotion suscitée par l'acte de voir est en elle-même absolument singulière, et *doit* se déposer dans l'image comme ce qui la rend unique et fait qu'elle ne se répètera pas.

À un niveau supérieur, il y a la capacité que possède la couleur de se présenter comme une force autonome, destinée à transgresser le prétexte thématique dont elle procède. Dans ce cas, le problème — comme le dira aussi Matisse — est de faire valoir les différences, de les souligner. Le processus auquel les cycles de Monet nous initient consiste en une mise en lumière de la *différence* entre peinture et réalité... Certes pas à partir des lois rigoureuses qu'adopteront les tenants de l'abstraction (Mondrian, Malevitch et, dans une moindre mesure, Kan-

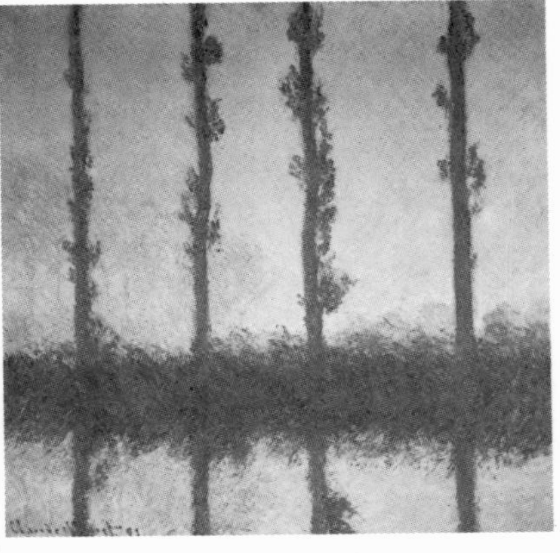

◆ *Claude Monet,* Quatre peupliers, *(en haut), 1891 ; huile sur toile ; 82 × 81,5 cm ; Metropolitan Museum, New York.*

◆ *Piet Mondrian,* Près du Gein au clair de lune *(ci-dessus), 1902 ou 1908 ; huile sur toile ; 79 × 92,5 cm ; Gemeentemuseum, La Haye. En comparant ces deux tableaux, on remarque la modernité de Monet. Son image est au moins aussi « construite » (rythmée, solide, régulière) que celle de Mondrian ; constatation encore plus surprenante si l'on réfléchit à la valeur couramment attribuée à l'abstraction chez Monet — comprise comme exclusivement informelle et antigéométrique. Ce n'est pas que l'étude de la série des* Peupliers *puisse conduire à une révision d'ensemble du rôle joué par ce peintre dans l'histoire de l'art, mais elle inciterait au moins à la prudence ceux qui l'estiment dépourvu de qualités constructives et de clarté d'analyse. La ressemblance entre ces deux compositions (notez l'effet de réflection identique qui les divise suivant des proportions analogues) permet en outre d'avancer l'hypothèse d'une influence de l'artiste plus âgé sur le plus jeune.*

◆ *Nadar,* Portrait de Monet vers soixante ans *(ci-contre), 1898 ; photographie. Ce portrait fut probablement exécuté à Giverny, à l'époque où le peintre entamait sa première série de nymphéas, consacrée à des vues du « pont japonais ». Il figure en effet dans un supplément du journal* Le Gaulois *publié à l'occasion d'une exposition de l'artiste à la galerie Georges Petit, en été 1898.*

dinsky), mais avec autant d'insistance. Comme je le rappelais quelques pages plus haut, les débuts de Monet se placent sous l'enseigne d'un besoin accru de « réalisme », mais l'aboutissement de ce besoin coïncide, de manière assez surprenante, avec une fuite du monde réel et un premier pas vers l'art abstrait.

Les deux niveaux précédemment indiqués se confondent dans la célèbre série sur la *Cathédrale de Rouen* (1892-1894) où à chaque moment chronologico-météorologique correspond une restitution visuelle particulière. Comme déjà dans le *Déjeuner* de 1865, l'artiste tente « d'appliquer la syntaxe de l'esquisse à des dimensions monumentales » (GORDON-FORGE) : il est à la recherche d'un équilibre aussi parfait que possible entre l'acte perceptif et la réponse formelle. Concrètement, l'objet constitue une surface d'événements picturaux : il est « façade », au sens propre du terme. La façade de la cathédrale, donc — avec ses jeux de vides et de pleins, d'ombre et de lumière, avec son épaisseur réelle et ses connotations intrinsèques de surface esthétique, dominée (sur le plan de la réalité aussi) par des valeurs « picturales » — se prête idéalement à l'analyse dissolvante, à la critique à la fois féroce et enthousiaste, que veut mener Monet sur les éléments de fond de la représentation. Dans cette série, la désagrégation de la matière et de la touche apparaît plus clairement qu'ailleurs. En se rapprochant de chaque toile, on sent le « mur » qu'elle dresse, Michel Butor a observé que ce mur, cet enduit opaque et originellement inexpressif, semble même se refuser à sa qualité d'événement pictural, à sa nature chromatique. Puis, à « une certaine distance reviendra l'impression de *peinture*, un peu plus loin, ou un peu plus tard, la matière de la surface générale de la façade, l'aspect creusé et hérissé (...) et c'est de cette matière-ci que vont émaner toutes sortes de matières imaginaires, que va ruisseler l'or, jaillir l'argent, tomber le ciel. » Le refus de l'espace perspectif permet donc la mise en branle du flux de matière et constitue un acte radicalement « antiréaliste ». Cet acte renvoie d'ailleurs au bonheur éprouvé par Monet en 1877, au milieu des fumées de la *Gare Saint-Lazare* : « On ne distingue presque plus rien, c'est un enchantement, une vraie fantasmagorie. » Et il nous renvoie à l'idée d'*immersion*, de plongée — d'un œil qui se noie dans le « fleuve » de matière du tableau.

Cet œil halluciné, cette pupille insatiable (Cézanne avait vu juste : Monet est un œil) a enfin trouvé sa dimension existentielle et poétique absolue : il est en lutte contre le monde visible, lieu d'une possibilité — celle de la représentation et donc du tableau — constamment reniée. L'immersion est l'autre face de la *variation*, de cette exigence qui donne naissance aux *cycles picturaux*. Car répéter en variant est aussi une façon de produire un rapprochement supplémentaire, une descente en profondeur.

Monet cherche des motifs adaptés à cette immersion, qui lui permettent d'abolir la distance entre individu voyant et objet vu. Mais, en fait, il est moins en quête de sujets que d'états psychiques, de moments magiques, d'instants de grâce. Et il en trouve de formidables à Londres, peu après le début du siècle. En 1904, il expose trente-sept *Vues de la Tamise* dans la galerie de Durand-Ruel. « J'aime tant Londres — déclare-t-il — mais (...) que l'hiver. (...) Sans le brouillard, Londres ne serait pas une belle ville. C'est ce brouillard qui lui donne son ampleur magnifique. Ses blocs réguliers et massifs deviennent grandioses dans ce manteau mystérieux » (cité in ROSSI

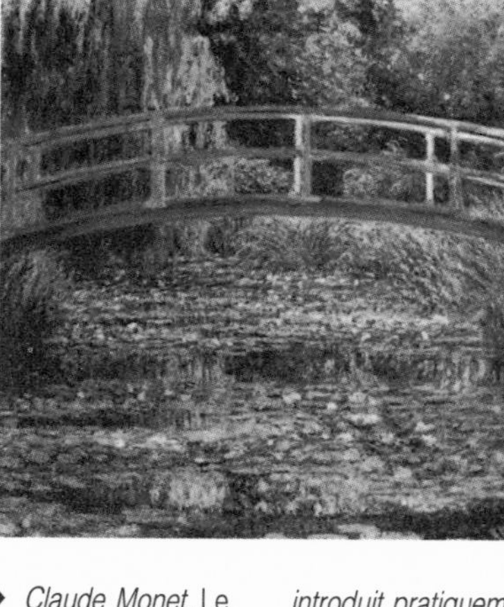

◆ *Claude Monet,* Le Bassin aux nymphéas : le pont japonais *(ci-dessus), 1899 ; huile sur toile ; 89 x 92 cm ; National Gallery, Londres. Un des éléments les plus caractéristiques du jardin de Monet à Giverny est ce pont dit « japonais » qui traverse le bassin aux nymphéas. Outre un certain nombre de toiles isolées, l'artiste réalisa deux grandes séries de tableaux montrant cette passerelle. La première, dont cette œuvre fait partie, introduit pratiquement le motif de l'étang, que Monet n'avait encore jamais abordé de manière systématique. La deuxième, de 1922-1924, est une des dernières — et des plus audacieuses — entreprises de l'artiste. Il s'est efforcé d'y créer un langage d'une modernité déconcertante, fondé sur la « libre » prolifération des teintes et des touches autour d'un spectre d'image, attaqué par la fureur corrosive du geste pictural.*

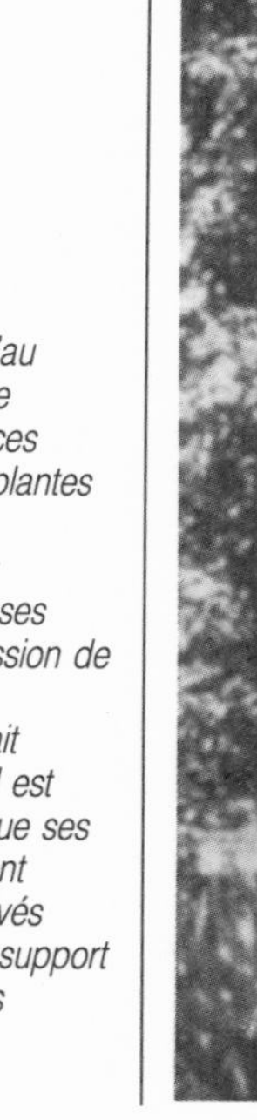

◆ *Monet près du pont japonais (à gauche) ; photographie vraisemblablement prise en automne 1922.*

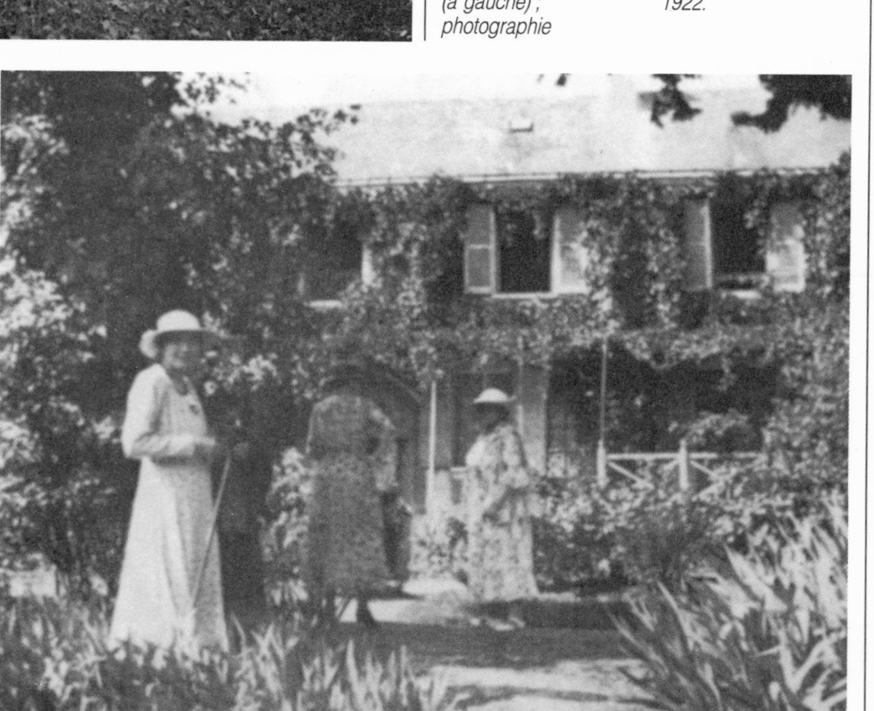

◆ *Visiteurs dans le jardin de Monet à Giverny (à gauche), photographie des années vingt. Monet acheta la maison et la propriété de Giverny en 1890, après avoir séjourné à plusieurs reprises, depuis 1883, dans ce village au bord de la Seine. Ce n'est que pendant la dernière décennie du XIXe siècle que germa en lui le projet des nymphéas et du bassin où les semer. Et ce n'est qu'au début du siècle nouveau que ces merveilleuses plantes aquatiques commencent à apparaître sur ses toiles. Si la passion de Monet pour le jardinage ne fait aucun doute, il est aussi certain que ses nymphéas furent avant tout cultivés pour servir de support à des créations picturales.*

◆ *Monet dans son atelier de Giverny (ci-dessus), photographie de 1920 environ. On peut reconnaître sur les murs quelques tableaux exécutés à des époques différentes. Il semble que Monet — peu enclin à utiliser son atelier pour peindre, puisqu'il jugeait indispensable de réaliser ses toiles « sur le motif » — ait conçu celui-ci comme un petit musée autobiographique, un lieu où se retirer pour réfléchir sur le chemin parcouru et où se « relire » pour ne jamais perdre de vue le sens de sa recherche.*

BORTOLATTO). C'est une fois de plus le brouillard — comme la fumée, la vapeur — qui fournit le *je ne sais quoi* poétique indispensable. Monet a besoin d'obstacles, de barrières pour entraver cet acte fondamental qui précède la peinture, pour transformer le « voir » en opération malaisée et complexe.

Dans les *Vues de la Tamise* comme dans les *Cathédrales*, la surface peinte se fait masse compacte, dense muraille de touches lourdes, de coups de spatule, de concrétions de matière. Pourtant, l'effet qui en résulte oscille entre une dénonciation du tableau en tant qu'objet concret, surface impossible à percer, refus de l'espace, et l'éclatante magie d'une couleur qui jaillit de la moindre anfractuosité, se gonflant de vérité descriptive : le soleil entre les brumes d'un ciel couvert, les miroitements incessants de l'air, le surgissement violacé des édifices du Parlement — affleurant, comme au sortir d'un plongeon, des eaux du fleuve également incendiées par le reflet de la lumière de l'astre diurne. Le critique Octave Mirbeau a évoqué les tableaux de cette exposition de 1904 en des termes somptueux : « le drame multiple, infiniment, changeant et nuancé, sombre ou féerique, angoissant, délicieux, fleuri, terrible, des reflets sur les eaux de la Tamise ; du cauchemar, du rêve, du mystère, de l'incendie, de la fournaise, du chaos, des jardins flottants, de l'invisible, de l'irréel » (*ibid.*). La frénésie de Monet, son violent désir d'être toujours « sur le motif », l'ont amené à beaucoup voyager au fil des ans. Crucialité du lieu ! Et quelque chose de plus que la logique du plein-air. Monet applique sa vie durant une méthode infaillible : il achève en atelier pendant la mauvaise saison les toiles préparées dehors en été. Il passe en outre son existence à se déplacer d'un endroit à l'autre : Paris et l'Ile-de-France — la forêt de Fontainebleau, Argenteuil, Bougival, Chatou, Vétheuil ; toutes les boucles de la Seine jusqu'au Havre ; puis la Normandie - Trouville, Honfleur, Étretat, Varengeville, Pourville, Rouen — et Belle-Île en Bretagne ; et aussi Londres (en 1870 et après 1900) et la Hollande...

En 1908, Monet est à Venise. Cette ville italienne le fascine : elle semble bâtie tout exprès pour capter son attention de « poète de la lumière ». Il y exécute la série des *Venise*, dont beaucoup sont consacrés au palais Ducal : « L'artiste qui a conçu ce palais — déclare Monet — fut le premier impressionniste. Il l'a laissé flotter sur l'eau, surgir de l'eau et resplendir dans

◆ *Monet et son biographe Gustave Geffroy (ci-dessous), photographie de 1920 environ. Le journaliste et critique d'art Gustave Geffroy fut un excellent ami de Monet. Il le rencontra pour la première fois en 1886, après avoir écrit plusieurs articles sur sa peinture. Les deux hommes continuèrent ensuite à se fréquenter au gré de rencontres périodiques, de brefs voyages en commun et de séjours répétés de Geffroy à Giverny.*

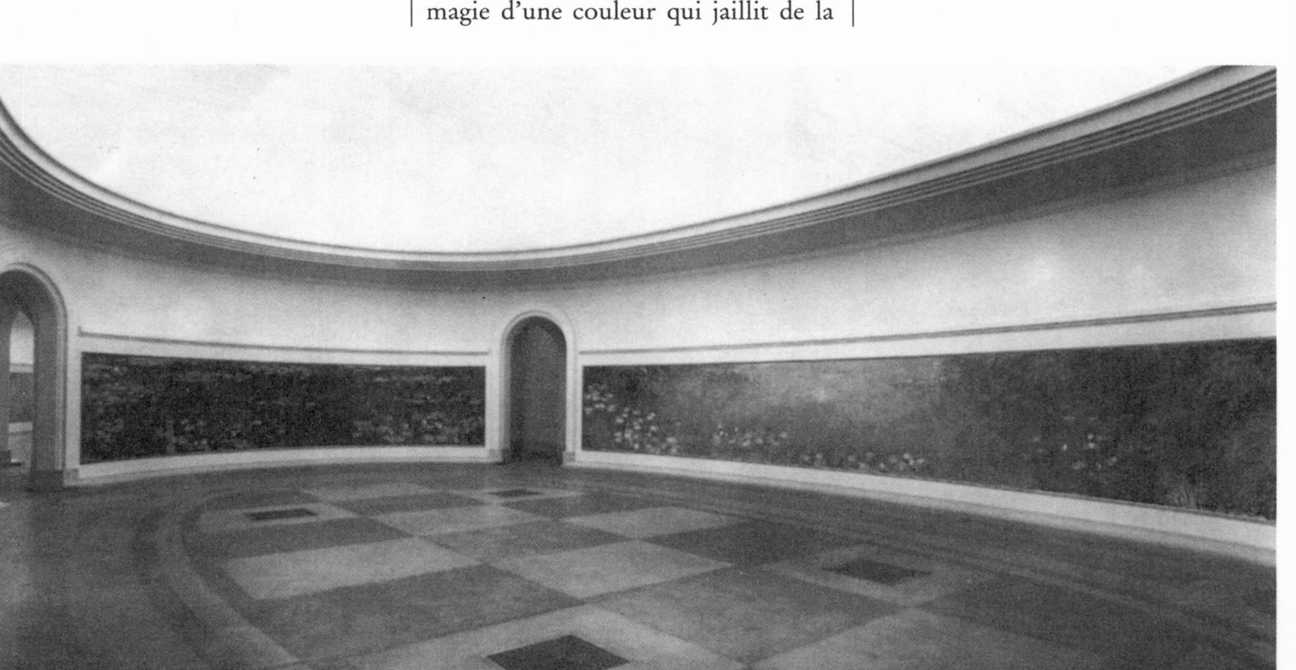

◆ *Claude Monet,* Le Matin *et* Reflets verts *(en bas), 1914-1926 ; huile sur toile ; musée de l'Orangerie, Paris. Cette photo montre une partie de la première des deux salles de l'Orangerie. L'installation de ces grandes toiles dans le pavillon fut surveillée par le peintre lui-même, qui reçut de l'État français, en échange de son don, un soutien logistique important.*

l'air de Venise comme le peintre impressionniste laisse resplendir ses coups de pinceau sur la toile pour donner l'impression de l'atmosphère. Quand j'ai peint ce tableau, c'est l'atmosphère de Venise que j'ai voulu peindre. Le palais qui figure dans ma composition n'a été qu'un prétexte à représenter l'atmosphère. D'ailleurs, Venise est plongée dans cette atmosphère. Elle nage dans cette atmosphère. Venise, c'est l'impressionnisme en pierre » (cité in ROSSI BORTOLATTO). Ce joyau de la lagune possède tout ce que Monet peut désirer : l'eau, et le jeu voulu (valorisé par l'architecture) entre cette eau et la lumière. En novembre, peu avant son retour en France, le peintre y découvre aussi le brouillard. Venise « nage », elle « est plongée »... Concrétisant les concepts les plus cruciaux de son art, elle constitue pour lui un lieu unique, extraordinaire. Mais comme je l'ai souligné plus haut, le *lieu* est aussi une affaire « mentale ». Il s'agit pour Monet de parvenir à une union idéale entre le modèle et les exigences internes du tableau, entre ce que la peinture réclame, de par sa nature intime, et le motif contingent (mais non fortuit) duquel s'inspirer. Ainsi décide-t-il dès 1890, en grand secret, de se créer son modèle par excellence, son lieu ad hoc : il achète la petite propriété de Giverny, non loin de Paris, y fait creuser un bassin et y sèmera bientôt des nymphéas. Monet est décidément un personnage imprévisible. Que penser d'un homme qui erre constamment d'un village à l'autre, d'une région à l'autre, d'un pays à l'autre, en quête d'on ne sait trop quel merveilleux effet de nature ou quelle stupéfaction urbaine, mais qui sait aussi travailler pendant trente ans autour du même bassin, peignant inlassablement les

◆ *Paul Cézanne,* Compotier, verre et pommes *(ci-dessous), v. 1880 ; huile sur toile ; 47 x 56 cm ; collection particulière, Paris.*
La période « constructive » de Cézanne commence vers 1880 ; il abandonne alors définitivement les procédés impressionnistes. Cette toile appartint un certain temps à Gauguin, qui la reproduisit presque intégralement dans un tableau de 1890, le Portrait de Marie Lagadu, *de l'Art Institute de Chicago. Ce dernier constitue par ses options stylistiques aussi une sorte de délicat hommage au maître provençal.*

◆ *Georges Braque,* Chemin à l'Estaque *(en bas), 1908 ; huile sur toile ; 60 x 50 cm ; Museum of Modern Art, New York.*
Les leçons de Cézanne ont trouvé un écho immédiat dans l'œuvre de Braque, plus encore que chez Picasso, encore attaché, vers 1907-1908, à des éléments stylistiques expressionnistes et primitivistes. C'est en effet la fréquentation de l'œuvre du « grand vieillard » d'Aix, à l'occasion notamment de la rétrospective de 1907, qui permit à Braque de se libérer de son héritage fauve et d'amorcer l'analyse cubiste de l'espace pictural.

LES BAIGNEUSES DE CÉZANNE

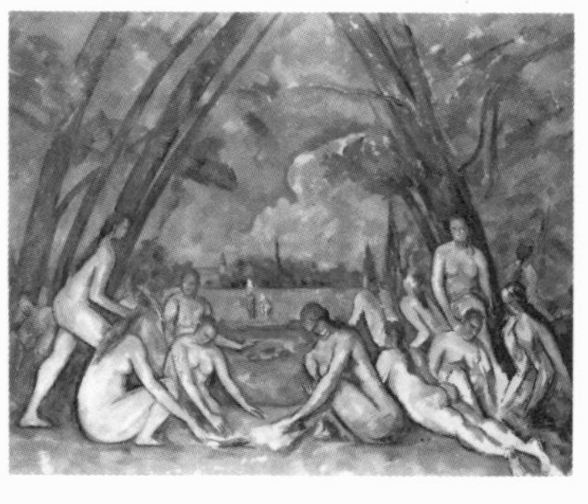

◆ *Paul Cézanne,* Grandes baigneuses, *1899-1906 ; huile sur toile ; 208 x 249 cm ; Museum of Art, Philadelphie. Emblématiquement situé entre la fin du XIXe siècle et le début du XXe, ce chef-d'"œuvre place au premier plan l'exigence de nouvelles modalités d'expression et d'une conception révolutionnaire de la peinture.*

On a coutume de voir dans l'œuvre de Cézanne une face d'une médaille dont l'autre serait l'œuvre de Monet. De fait, les rôles qu'ont joués ces « pères fondateurs de l'avant-garde » — nés tous deux dix ans avant la moitié du XIXe siècle et tous deux associés au mouvement impressionniste — se complètent mutuellement et, à plus d'un égard, convergent heureusement, bien qu'ils représentent deux *moments* distincts du parcours artistique moderne. Schématiquement, tandis que Monet propose d'envisager la peinture comme une identification globale du regard avec l'objet vu (avec ses structures logiques et perceptives), Cézanne semble attiré par le problème du rapport entre « image » et « connaissance rationnelle », et donc plus enclin à une *reconstruction* (du monde) dans le cadre des paramètres linguistiques du tableau. Cette reconstruction finit inévitablement par situer au premier plan non plus l'objet visible, mais la méthode qui l'isole, le système de la peinture.

C'est pourquoi il faut, dans l'absolu, considérer la voie indiquée par Cézanne comme une des plus complexes. Peintre difficile, problématique, Cézanne n'est pas seulement indigeste pour le grand public mais aussi pour quantité de célèbres innovateurs (ou novateurs présumés). Songez que même ses « compagnons de route » impressionnistes eurent, pour la plupart, des réticences, entre 1870 et 1880, à exposer avec lui, de peur que son travail ne déconsidère tout le groupe ! C'est un des mérites de Pissarro d'avoir pressenti d'emblée la valeur de Cézanne et de l'avoir aidé de son mieux. En 1874, pour la fameuse première exposition des impressionnistes, « Pissarro invita Cézanne, mais semble avoir eu assez de mal à faire accepter la participation de ce dernier ; certains craignaient que le public ne fût trop choqué par ses œuvres. Mais Pissarro (..) soutenu par Monet, plaida la cause de Cézanne avec une conviction telle que son ami fût accepté en dépit du peu d'enthousiasme manifesté, paraît-il, par Degas » (REWALD).

Monet soutient donc Cézanne... preuve parmi tant d'autres de la compréhension mutuelle que ces deux peintres surent se témoigner. Il est, du reste, assez significatif que Cézanne se soit, tout comme Monet, acharné pendant des années à décortiquer quelques motifs obsédants : la *Montagne Sainte-Victoire*, par exemple, à partir de 1880, ou les *Baigneuses*, pendant plus de trente ans. Ce dernier thème devient fondamental dans la dernière partie de la trajectoire (ascendante) de l'artiste. Entre le début du siècle et la date de sa mort (1906), ses grandes compositions de femmes nues entre des arbres atteignent en effet une maturité incroyable, offrant autant d'exemples d'un art « cubiste » subtil, mais déjà évolué. Les *Baigneuses* sont en somme à Cézanne ce que les *Nymphéas* sont à Monet.

Mais si les chefs-d'œuvres de l'Orangerie et du musée Marmottan durent attendre la fin de la deuxième guerre mondiale pour être enfin compris, les superbes toiles vertes et brunes de Cézanne passent aussitôt dans le langage courant : dès la rétrospective de 1907, qui fait entrer le maître d'Aix-en-Provence dans l'histoire et permet aux jeunes révolutionnaires du moment de s'en emparer. Cette même année 1907, Picasso se met à peindre, tout près d'Aix, d'autres jeunes provençales nues, *Les Demoiselles d'Avignon* et bientôt, en 1908, Braque ira travailler à l'Estaque, un des lieux préférés du vieux Cézanne, comme pour rendre hommage au premier inspirateur de ses visions géométriques — à celui qui soutenait qu'il faut « traiter la nature par le cylindre, la sphère, le cône ».

mêmes éléments botaniques et aquatiques, cultivant sur ses toiles le même éternel jardin de fleurs ? Les *Nymphéas* sont ce miracle ; l'incroyable résultat d'une constance de plusieurs décennies, chez un artiste dont le travail serait — autrement — l'inconstance faite peinture. Mais ils sont aussi le prodige d'une représentation qui, à une échelle gigantesque, se confond avec son modèle jusqu'à le transformer — et jusqu'à transformer la réalité — en peinture. Plus encore que le sujet des grandes œuvres qui le « dépeignent », le bassin aux nymphéas est déjà en lui-même un tableau stupéfiant, une œuvre d'art, un panneau décoratif, une sorte de bouillon de culture de couleur et de matière lumineuse ! Monet l'invente à partir de zéro, peu à peu, avec un soin extrême. Il fertilise, sème, nettoie. Il a compris que pour exécuter une série de toiles pleinement conformes à ses vœux, il doit d'abord leur créer un « modèle », le façonner et le construire comme un tableau ancien. Lorsque René Gimpel et Georges Bernheim se rendent à Giverny pour visiter l'atelier de Monet, ils découvrent l'existence d'« une douzaine de toiles, toutes longues d'environ deux mètres et hautes d'un mètre vingt posées à terre, en cercle, l'une à côté de l'autre, un panorama fait d'eau et de nymphéas, de lumière et de ciel. Dans cet infini, l'eau et le ciel n'ont ni commencement ni fin. Nous semblons assister à une des premières heures de la naissance du monde. » Leur étonnement est bien compréhensible : un artiste vieillissant, appartenant à une génération qui s'est affirmée un demi-siècle plus tôt, un impressionniste, un de ceux que Picasso a depuis longtemps relégués au placard comme des créateurs dépassés et étrangers à la modernité, refait soudain irruption parmi les tenants d'une peinture nouvelle, distançant presque ses camarades plus jeunes en se présentant comme un exemple significatif d'un possible refus de l'idée de cadre formel. Peut-être est-il excessif de voir en Monet un précurseur de la sensibilité de l'après-guerre, comme le fait F. Arcangeli, qui a cherché en lui le chaînon manquant entre le romantisme de Turner et l'Action Painting de Pollock. Mais il n'est certainement pas faux d'interpréter les dernières œuvres de ce peintre comme la sanction d'une irréparable rupture, d'un sommet déchirant, proche du drame existentiel. « La nature n'est plus contemplée, maintenant ; on dirait que Monet s'est jeté en son sein, d'où pullulent des brumes, des reflets, des spectres, et qu'il en interroge le secret, comme de l'intérieur. Respectez le drame, fût-il malheureux, de cet œil qui se trouble et tremble pour scruter plus à fond » (ARCANGELI).

Voici donc Monet définitivement sorti de la pratique de la contemplation visuelle, de l'emploi du langage pictural comme miroir de la réalité. Les *Nymphéas* restent, dans une certaine mesure, la représentation d'une surface aquatique, mais l'élément nouveau — par rapport aux reflets sur la Seine, la Manche, la Tamise ou la Zaan — est que cette étendue d'eau présumée ne renvoie plus rien. Elle n'est ni miroir ni reflet. Ses premiers témoins l'ont bien perçu ! Leur lapsus est flagrant : ils parlent de lumière et de ciel, mais dans les *Nymphéas*, le ciel n'apparaît jamais et la seule lumière est celle que la couleur libère de manière autonome. Il ne s'agit pas d'une lumière représentée, mais d'une lumière picturale : pas d'un signifié, mais d'un signifiant.

Le point de vue est choisi de manière à supprimer l'horizon : l'étang couvre toute la toile, essaie d'obliger l'observateur à s'enfoncer dans sa masse liquide et bariolée. La couleur émerge de cette masse en bouffées, en cailloux, en constellations. Le plan de la réalité vue peut globalement s'identifier au plan de l'œuvre : tous deux se déploient devant le regard en une « paroi chromatique ». L'étang se redresse, se fait rideau, puis se fléchit et s'incurve, jusqu'à tenter un assaut de tous les côtés à la fois. La courbure concave de leurs supports trahit, en effet, cette ambition des *Nymphéas* de l'Orangerie d'absorber le spectateur, de le conduire au cœur de leur humide existence, dans les replis grouillants du bassin de Giverny. Ils nous invitent à une immersion plus complète, plus persuasive — il y a tant de choses dans ce saut dans le vide ! Il y a la liberté de la peinture et la violence de la nature, il y a le soleil, le ciel, la brume, la lumière, l'air chaud et lourd de l'été, le givre et le dégel ; il y a la syntaxe des couleurs et la germination de la matière. Et il y a, enfin, le désespoir de Monet à l'approche de sa mort : « la nuit je suis obsédé par ce que je cherche à faire. Je me lève le matin rompu de fatigue. L'aube me rend du courage, mais mon anxiété revient dès que je mets les pieds dans l'atelier. Que c'est difficile de peindre... c'est une vraie torture. L'automne dernier j'ai brûlé six toiles avec les feuilles mortes de mon jardin. C'est assez pour vous faire perdre tout espoir. Cependant, je ne voudrais pas mourir sans avoir dit tout ce que j'ai à dire ; ou au moins tenté de le dire. Et mes jours sont comptés... » (cité in ROSSI BORTOLATTO).

◆ *Jules Romain,* La Chute des géants *(ci-dessus) ; 1532-1534 ; fresque ; palais du Te, Mantoue. La maniériste salle des Géants constitue le premier exemple d'un « art environnemental », c'est-à-dire de l'expérience d'une fiction qui tente d'impliquer le spectateur en le phagocytant dans son propre espace. L'effondrement de la cité sacrilège s'y déploie sur les quatre murs et la voûte de la salle, sans la moindre interruption, provoquant chez l'observateur une identification psychologique extraordinaire.*

◆ *Le bassin aux nymphéas et le pont japonais dans le jardin de Giverny (ci-contre) ; photographie.*

◆ *Claude Monet,* Nymphéas, soleil couchant, *v. 1907 ; huile sur toile ; collection particulière. La comparaison entre le « modèle » et l'usage qu'en fait Monet dans sa peinture est très éclairante quant à la tension poétique qui renforce son investigation expressive : une sorte de défi permanent à l'outil et à ses contradictions.*

LE TRAVAIL

« Tous mes efforts sont simplement dirigés vers la réalisation du plus grand nombre possible d'images intimement liées à des réalités inconnues. »

CLAUDE MONET

Biographie

Claude Monet naît à Paris, rue Laffitte, le 14 novembre 1840. Dès 1845, ses parents s'installent au Havre où son père s'associe avec un beau-frère épicier en gros. Monet passera là toute son adolescence. Jusque vers 1855, il suit au collège du Havre les cours de dessin de Jacques-François Ochard, un élève de David. À quinze ans, il s'amuse à exécuter des caricatures et des portraits de personnes de son entourage, et se met rapidement à les vendre. En 1856, il rencontre Eugène Boudin, premier peintre à avoir exercé sur lui une influence notable en l'orientant vers cette pratique du plein-air qui deviendra pour Monet la clé de voûte du naturalisme moderne.

En 1857, Monet perd sa mère. L'année suivante, il perfectionne son style auprès de Boudin. En 1858 et 1859, son père — qui s'est résigné à sa vocation — demande à la municipalité du Havre une bourse pour que son fils puisse aller poursuivre ses études de peintre à Paris. Le rejet de cette demande n'empêche pas le jeune garçon de partir pour la capitale. Il s'inscrit à l'Académie suisse, un atelier « libre » qu'ont aussi fréquenté Courbet et Delacroix. Il ne s'agit pas tant d'une académie au sens habituel du terme que d'une association de peintres pour la « copie d'après nature », un lieu où un jeune artiste peu fortuné peut trouver des modèles vivants et être stimulé dans son travail. Monet y fait la connaissance de Camille Pissarro et, par son intermédiaire, du groupe de la brasserie des Martyrs. On pouvait alors rencontrer dans ce célèbre établissement les différents représentants du mouvement réaliste et, parfois, des critiques et des hommes de lettres comme Baudelaire et Duranty.

Les lettres que Monet envoie à Boudin témoignent d'une sûreté de jugement précoce : il y évoque le Salon de 1859 et divers membres de l'école de Barbizon, dont Troyon et Daubigny. En 1860, Monet peint quelques paysages à Champigny-sur-Marne et publie pour la dernière fois une caricature, dans *Diogène*. Début 1861, il est tiré au sort pour le service militaire et choisit de s'enrôler dans les chasseurs d'Afrique.

En Algérie, les couleurs et les lumières du Sud exercent sur lui une impression profonde. Une maladie le ramène au Havre dès 1862. Il y passe l'été à peindre dehors, avec Boudin, et rencontre au bord de la mer Johan Barthold Jongkind, avec qui il noue une amitié durable. Sa famille décide de payer la somme nécessaire au rachat des années de service militaire qu'il lui reste à faire et, avant la fin de l'année, Monet retourne à Paris. Il se met à fréquenter l'atelier du néo-classique Charles Gleyre et s'y fait deux camarades : Frédéric Bazille et Auguste Renoir. Il admire beaucoup les œuvres de Delacroix, qu'il considère comme son maître spirituel. À Pâques, il convainc ses nouveaux amis d'aller peindre en plein air, en forêt de Fontainebleau.

En 1863, le petit groupe des futurs impressionnistes s'enthousiasme pour *Le Déjeuner sur l'herbe* qu'Édouard Manet expose au Salon des Refusés. Monet et Bazille continuent cependant à vénérer Delacroix, et seraient allés jusqu'à l'espionner de la fenêtre d'une maison de la rue Furstenberg, contiguë à l'atelier où travaillait le vieux peintre. Pendant l'été 1864, Monet est à Honfleur avec Boudin et Jongkind. L'automne venu, il se fâche avec son père, qui menace de lui couper les vivres. Dans une de ses lettres à Bazille, Monet écrit : « Ici, mon cher, c'est adorable, et je découvre tous les jours des choses toujours plus belles. C'est à en devenir fou, tellement j'ai envie de tout faire, la tête m'en pète ! » En octobre, par l'intermédiaire de Bazille, il tente de vendre trois tableaux au collectionneur Bruyas de Montpellier. En 1865, il expose pour la première fois au Salon, où il obtient un certain succès. *L'Embouchure de la Seine à Honfleur* ravit le critique Paul Mantz, qui en parle dans la *Gazette des Beaux-Arts*. Monet va passer l'été à Chailly, en forêt de Fontainebleau, à l'hôtel du Lion d'Or. L'énigmatique tableau de Manet l'y pousse à entreprendre une grande toile intitulée *Le Déjeuner sur l'herbe*, pour laquelle posent Bazille et peut-être la future compagne de Monet, Camille Doncieux. La visite spontanée de Courbet, que la notoriété précoce du jeune homme intrigue, aura toutefois des effets plutôt négatifs : il critique sévèrement les études de *Déjeuner* et en démoralise l'auteur, qu'il semble avoir incité à abandonner cette œuvre. Ce *Déjeuner sur l'herbe* constituait pourtant le projet artistique le plus génialement novateur de l'époque. Plus tard, Monet laissera le propriétaire de son logement — à qui il ne pouvait payer son loyer — garder en gage cette toile, restée inachevée, et il ne la récupérera que très abîmée. À l'automne, Monet rencontre Whistler, un peintre américain qui a longtemps vécu en Angleterre.

En 1866, Camille pose pour un portrait, *La Femme à la robe verte*, qui doit beaucoup au style de Courbet. Le tableau, accepté au Salon, obtient une mention élogieuse dans *L'Événement*, sous la plume d'Émile Zola. Le célèbre *Femmes au jardin* date également de cette année, de même qu'un paysage parisien, *Saint-Germain-l'Auxerrois*, peint du haut de la colonnade du Louvre, et deux autres œuvres importantes : *Le Jardin de l'Infante* et *Le Quai du Louvre*. Dans ces toiles, les échos d'une organisation spatiale à la Corot se fondent avec des suggestions issues des nouveautés du « regard photographique » (c'est à cette période que remontent les instantanés de Nadar pris du haut d'un ballon). En automne, après avoir lacéré deux cents toiles pour les soustraire à ses créanciers, il rejoint sa famille en Normandie et peint la *Terrasse à Sainte-Adresse*. 1867 est l'année de naissance de Jean, fils de Claude et Camille. Monet expose au Salon de 1868 *Navires sortant des jetées du Havre*, qui lui vaut de nouvelles louanges de Zola. Il quitte ensuite Paris avec Camille et le petit Jean. En juin, harcelé par ses créanciers, il fait une tentative de suicide, puis se réfugie au Havre auprès du négociant et collectionneur Gaudibert, qui lui achète plusieurs œuvres. Après un bref séjour à Étretat, il loue en 1869, grâce aux subsides de Gaudibert, une maison à Saint-Michel, près de Bougival, et peint au côté de Renoir, qui loge dans un hameau voisin, le même sujet fluvial : *La Grenouillière*.

Le 26 juin 1870, Monet épouse Camille. Courbet est un de leurs témoins. Les jeunes époux s'en vont ensuite à Trouville, mais la guerre franco-allemande éclate le 19 juillet. Pour échapper à ses obligations militaires, Monet se réfugie à Londres, où il découvre la peinture de William Turner. Il y retrouve Daubigny et Pissarro, avec qui il se promène au bord de la Tamise et à Hyde Park. Pissarro raconte : « Nous visitions aussi les musées. Les aquarelles et les tableaux de Turner et de Constable, les toiles de Old Crome, ont certainement eu une influence sur nous. » Monet fait la connaissance de Paul Durand-Ruel, qui a ouvert une galerie d'art dans New Bond Street et sera le premier marchand des impressionnistes.

Il quitte l'Angleterre fin mai 1871, après avoir appris la mort de son père, et passe par la Hollande (série de tableaux de Zaandam). De retour à

Paris en automne, il apprend que Bazille est mort au combat et rend visite à Courbet, incarcéré à la suite des événements de la Commune. Édouard Manet l'aide ensuite à trouver sa première maison d'Argenteuil. En 1872, il peint au Havre *Impression, soleil levant*. Il rencontre Gustave Caillebotte, artiste dilettante et riche collectionneur, qui l'aidera financièrement (Caillebotte fut un des plus grands mécènes français de la fin du XIXe siècle). Il s'aménage à Argenteuil, en 1873, un bateau-atelier pour peindre sur le fleuve, comme l'avait fait Turner. Le 15 avril 1874, dans les anciens Salons de Nadar, Cézanne, Degas, Monet, Pissarro, Berthe Morisot, Sisley, Renoir et quelques autres exposent ensemble. Cette manifestation, organisée par la société anonyme des artistes peintres, sculpteurs et graveurs, a été conçue pour déjouer l'officialisme académique des Salons, mais s'attire les moqueries et l'incompréhension du public. De 1875 à 1878, Monet travaille surtout à Argenteuil. Il y étudie les lois des couleurs complémentaires et approfondit les possibilités techniques du rapport entre couleur et lumière en peinture. Sa série, brève mais fondamentale, de la *Gare Saint-Lazare* date de 1877. L'été de la même année, reçu dans le château de Montgeron par un banquier qui lui achètera plusieurs toiles, Ernest Hoschedé, Monet tombe amoureux de la femme de ce dernier, Alice.

En 1878, il doit quitter Argenteuil pour échapper, une fois de plus, à ses créanciers. Il élit domicile à Paris, où Camille met au monde leur deuxième enfant, Michel. Hoschedé a fait faillite et, en automne, sa famille déménage avec celle de Monet à Vétheuil. Un curieux ménage à quatre s'instaure.

Le 5 septembre 1879, à trente-deux ans à peine, Camille meurt à l'issue d'une longue maladie. L'hiver suivant est extrêmement rigoureux. Vétheuil est bloqué par la neige, la Seine se transforme en patinoire. Vers la fin de l'année cependant, une brusque remontée de température provoque la débâcle, bruyant spectacle des blocs de glace charriés par le fleuve en crue, que Monet immortalise dans plusieurs tableaux.

Il expose au Salon pour la dernière fois en 1880 et, l'année suivante, il retourne peindre sur la côte normande. Fin 1881, il s'installe à Poissy avec Alice Hoschedé et leurs enfants respectifs (huit en tout).

En 1883, il travaille au Havre et à Étretat. Il inaugure fin février une exposition personnelle de cinquante toiles chez Durand-Ruel, boulevard de la Madeleine, puis quitte Poissy pour Giverny, toujours près de la Seine. Il s'y installe dans une petite maison de campagne et apprend la mort de Manet, survenue le 30 avril. Giverny se révèle bientôt un paradis naturel d'une grande beauté et une inépuisable source de sujets de tableaux. À la fin de l'année, Monet effectue avec Renoir un voyage en Ligurie. Il y retourne seul et rentre à Giverny en avril 1884 avec 50 toiles peintes à Bordighera, dont près de la moitié sont des esquisses et des études inachevées. En mars 1885, il travaille à la décoration de l'appartement de Durand-Ruel. En mai, il expose à la galerie Petit dans le cadre de la quatrième édition de l'Exposition Internationale. En octobre, Guy de Maupassant, qu'il reçoit, se déclare enchanté par ses œuvres.

Après un court voyage en Hollande pour peindre les champs de tulipes, Monet rencontre, en septembre 1886, le journaliste Gustave Geffroy, qui sera son premier biographe et publiera un long article sur sa maison de Giverny, y soulignant l'existence d'un véritable petit musée. On trouve en effet chez Monet des œuvres de Degas, Manet, Jongkind, Boudin, Signac, Pissarro, Sisley, Corot, Cézanne, Vuillard, Delacroix, Fantin-Latour, Renoir, et les murs de sa salle à manger sont entièrement recouverts d'estampes japonaises.

En 1889, Monet entame, avec les *Meules*, les célèbres séries de ses trente dernières années, qui réorganisent son art autour de l'expressivité de la tache et de la matière chromatique, introduisant une sorte de « peinture d'action » avant la lettre. En été, il lance une souscription pour acheter l'*Olympia* à la veuve de Manet et en faire don au Louvre. Il acquiert en 1890 la maison et la petite propriété de Giverny, et fait creuser le bassin où il sèmera ses nymphéas. Il reprend le motif de la Seine gelée. Ernest Hoschedé meurt en mars 1891, ce qui permettra bientôt à Monet de régulariser sa situation avec Alice. En décembre, il retourne peindre à Londres. Il trouve ensuite à Rouen une pièce dont les fenêtres donnent sur la façade de la cathédrale : après force doutes et remaniements, le cycle de la *Cathédrale de Rouen* sera achevé en 1894.

Début 1895, Monet est en Norvège, dans les environs d'Oslo. Il peint des fjords et d'autres paysages nordiques dans un style qui rappelle celui des années soixante-dix. En juin, il séjourne brièvement dans les Pyrénées.

Entre 1896 et 1900, l'État fait pour la première fois l'acquisition de quelques-unes de ses œuvres, ainsi que de toiles d'autres impressionnistes. Monet commence à l'automne 1899 la série des *Vues de la Tamise*, peintes du Savoy Hotel de Londres où il se rendra trois années durant, toujours pour étudier les mêmes motifs. En 1903, son ami Pissarro meurt à Paris. Sisley s'est lui aussi éteint, en 1899.

Après une maladie qui occasionne une baisse notable de sa vue, Monet part à Venise, en 1908. Il est l'hôte d'une Américaine, Mrs Curtis, et peint de nombreuses vues célèbres. Entre-temps, il avance aussi sur son « cycle secret », celui des *Nymphéas* du bassin de Giverny. Il perd en 1911 sa deuxième femme et, peu après, son fils aîné, Jean. Seule la veuve de ce dernier, Blanche Hoschedé (doublement belle-fille de Monet) assiste le vieux peintre dans la solitude des années de guerre. Suivant le conseil de Clémenceau, il fait construire à Giverny un nouveau grand hangar-atelier, dans lequel il met en chantier les immenses panneaux des *Nymphéas* de l'Orangerie. Sa vue continue de baisser.

Renoir meurt en 1919. Monet ne voit presque plus rien, mais refuse l'intervention chirurgicale. Il offre à l'État français douze toiles de 1914-1918, destinées à un pavillon du jardin du futur musée Rodin. Malgré l'appui du premier ministre Clémenceau, le projet n'aboutira pas et les toiles iront à l'Orangerie des Tuileries. Pendant toute l'année 1921, Monet collabore avec un architecte au nécessaire réaménagement de ce pavillon du XIXe siècle.

Début 1922, Monet, pratiquement aveugle, s'obstine cependant à peindre dehors, terrifié à l'idée de devoir s'arrêter. De fait, en septembre, il s'aperçoit qu'il ne peut plus travailler. Il accepte en 1923 de faire opérer son œil le plus touché, ce qui lui permet de recouvrer partiellement la vue. De 1924 à 1925, il continue à peindre ses grands panneaux muraux dans un isolement complet, presque désespéré. Le 25 juin 1926, il va voir un spécialiste. Une lettre de sa belle-fille Blanche à Clémenceau parle de tumeur à l'œil. Divers soins lui sont prodigués pendant l'automne pour retarder les progrès du mal et, le 6 décembre 1926, l'artiste meurt à Giverny.

La peinture et l'atmosphère

Si l'on excepte ses tout premiers essais graphiques — les caricatures qu'il réalise, adolescent, de 1856 à 1858, et divers exercices plus ou moins scolaires — on peut considérer que le travail de Monet se présente d'emblée comme une révision « luministe » du réalisme à la Courbet, ou que sa spécificité consiste en une accentuation et une appropriation progressives de conceptions en tout état de cause naturalistes. Sa première période semble faire référence — plus encore qu'à Daumier — à Corot, Courbet et aux « petits maîtres » de l'école de Barbizon : Daubigny, Troyon, Théodore Rousseau. Or ce qui distingue le jeune Monet de tous ces peintres, c'est la recherche manifeste d'une luminosité particulière de l'image, d'une clarté pour ainsi dire « métaphysique » de l'acte perceptif. Cette quête le préserve du risque de rester un simple épigone tout en lui permettant de partager, dans un premier temps du moins, la culture globale des peintres de la génération précédente.

Il importe également de souligner l'absence presque totale d'étude de l'antique chez un artiste dont la vocation fait, certes, du renouvellement stylistique un acte fondamental, mais qui n'en appartient pas moins à une époque où n'être pas passé par cet apprentissage constitue une exception quasiment unique. Monet déteste les « classiques », dédaigne les musées, ignore les grands maîtres de la Renaissance. Pendant les années qu'il passe à Paris (en 1859-1860, puis après 1862), à l'âge auquel tous ses collègues s'appliquent laborieusement à des copies de Raphaël, du Titien, de Michel-Ange ou de Van Dyck et Vélasquez, il évite soigneusement de mettre les pieds au Louvre (sauf quand un ami l'y traîne pour quelque brève et « inutile » expédition). Son intérêt pour le passé ne dépasse pas le cadre du réalisme bourgeois de la Hollande du XVIIe siècle : Jacob Van Ruysdael, Jan Van Goyen, Adriaen Van de Velde... La trace de leur « manière » est d'ailleurs perceptible dans des œuvres comme *Trophée de Chasse,* de 1862, ou *Coin d'atelier,* de 1861, qui sont aussi très liées au climat français du milieu du siècle. Dans ces toiles, les tonalités déjà sombres de la peinture réaliste (songez à la gravité tellurique de Gustave Courbet) se teintent de reflets clairs, brillants, conformément à la tendance qui sera la sienne pendant les années suivantes. Une certaine attention accordée aux problèmes de l'harmonie et de l'équilibre de la composition achève de démarquer ces travaux d'une esthétique de la fidélité absolue aux données « rétiniennes ».

C'est toutefois avec *Cour de ferme en Normandie* (1863-1864) qu'on assiste à l'éclosion véritable d'une nouvelle personnalité artistique, à l'incontestable naissance d'un génie de la peinture. John Rewald écrit, à propos de cette période, que Jongkind « exerça sans doute sur Monet une influence (...) décisive. Au contraire de Boudin, il ne peignait pas en plein air, mais les études et les aquarelles qu'il faisait dehors, ses vifs coups de brosse et le sentiment profond qu'il avait de la couleur lui permettaient de rester fidèle à ses observations et de les reproduire dans toute leur fraîcheur. » (REWALD).

Plus encore que l'influence de Jongkind, on peut cependant retrouver dans *Cour de ferme en Normandie* celle des paysages flamands, dont Monet reprend les horizons ouverts avec courage et détermination. Pour F. Arcangeli, le ciel est le véritable sujet de l'image, un ciel « inouï de puissance lumineuse » qui, « vraiment, n'avait jamais été peint auparavant ». C'est là que se manifeste pleinement l'option radicale du plein-air que Monet a adoptée depuis 1857 au moins, c'est-à-dire depuis que Boudin lui en a indiqué l'importance. Et c'est l'atmosphère qui s'empare, irrésistiblement, du centre de la toile. Contrairement aux peintres du Louvre, Monet s'est choisi pour modèle la nature, avec ses modifications de lumière et d'atmosphère, ses miroitements et ses lueurs magnétiques.

Ses principales toiles de 1864 sont toutes empreintes de cette volonté de faire de la lumière diurne le personnage clé du tableau. Il suffit de regarder les deux superbes marines intitulées *La Pointe de la Hève* et *Le Phare de l'hospice* pour s'en convaincre. La seconde fut très probablement réalisée en compagnie de Jongkind, qui a peint un motif analogue. *Le Chantier de petits navires, près de Honfleur,* de cette même année 1864, montre bien aussi cette prééminence du ciel et de la lumière du jour sur tout autre « sujet ». Monet y emploie une touche compacte, en empâtements, qui anticipe parfois presque sur le style de Van Gogh (dans la tache jaune du tronc d'arbre central par exemple) et parvient à épaissir et concentrer la lourde brillance du ciel gris, de la mer plombée. C'est à Monet que revient le mérite d'avoir révélé la splendeur du rayon lumineux là où les artistes précédents estimaient, par mauvais temps, ne pouvoir en rendre que l'absence. C'est notamment le cas dans *Bord de la mer à Sainte-Adresse,* de 1864, et dans *L'Embouchure de la Seine à Honfleur,* de 1865, deux autres magnifiques paysages marins, ou encore dans les différentes versions des clairières de la forêt de Fontainebleau : *Le Pavé de Chailly* — surnom de la route de Chailly à Fontainebleau — de 1864, *Un Chêne au Bas-Bréau (le Bodmer)* (1865) et surtout le très beau *Pavé de Chailly* (parfois intitulé à tort *La Route du Bas-Bréau*) de 1865.

Ces paysages champêtres, ou plutôt forestiers, jouent un rôle important dans l'histoire de la peinture impressionniste. Tout d'abord parce qu'ils témoignent du passage des jeunes peintres de l'atelier de Gleyre (Monet, Renoir, Bazille, Sisley) du côté de Barbizon, passage qui fait de Fontainebleau la première étape du long parcours de l'impressionnisme. Ensuite parce qu'ils préparent le chef-d'œuvre de 1865 de Monet : *Le Déjeuner sur l'herbe.* Il n'en reste aujourd'hui que deux parties techniquement inachevées de 418 × 150 cm (fragment de gauche) et 248 × 217 cm (fragment central), actuellement conservées au musée d'Orsay. Il en existe également deux petites répliques, ou peut-être ébauches : *Le Déjeuner sur l'herbe* du musée Pouchkine de Moscou (qui donne un aperçu schématique de l'ensemble du tableau en une version de 130 × 181 cm) et *Les Promeneurs* de la National Gallery of Art de Washington (collection Ailsa Mellon Bruce, 93 × 69 cm). L'œuvre principale, qui ne fut jamais terminée et fut très vite démembrée, devait mesurer quatre bons mètres de haut sur six mètres de large. Il semble que la plupart des personnages aient eu pour modèles Frédéric Bazille et Camille Doncieux, la future épouse de Monet. On dit toutefois que Gustave Courbet (le principal responsable du triste sort de ce tableau, pour avoir en son temps dissuadé Monet de l'achever) aurait posé pour la figure d'homme assis du fragment central. L'aspect le plus remarquable de ce *Déjeuner sur l'herbe* réside dans la symphonie chromatique créée par la lumière, qui tombe en se pulvérisant entre les feuilles des arbres. Du point de vue formel, cela correspond à un éclatement de la touche qui reprend et conclut les expériences entamées avec *Le Pavé de Chailly*.

Ce tableau représente une des étapes essentielles de l'art moderne. Pour J. Leymarie, c'est « le manifeste de Monet » et Seitz y voit à bon droit un « développement de la thématique figurative des réalistes » qui se traduit par « un enrichissement des recherches formelles » (cité in ROSSI BORTOLATTO). Quant à F. Arcangeli, il l'évoque en ces termes : « Rien de plus émouvant, à l'exposition de Paris (de 1952), que le grand fragment central du *Déjeuner sur l'herbe* : la lumière arrive un peu froide (comme l'est le soleil d'Ile-de-France), mais violente, venant heurter les objets en claquements presque sonores, les marquer de grandes taches ; les ombres s'imbibent de gris-bleu, de vert olive ; la palette est intense et restreinte, avec peu de tons perçants : noir, bleu, vert, quelques bruns, quelques marrons » (ARCANGELI). Enfin, c'est à propos de cette œuvre que Monet écrivit à Bazille : « Je ne pense plus qu'à mon tableau, et si je savais le manquer, je crois que je deviendrais fou ».

Nous devons à 1866 les premiers « paysages urbains » importants de l'artiste : *Le Quai du Louvre, Le Jardin de l'Infante* et *Saint-Germain-l'Auxerrois.* Pour Rewald, ce dernier aurait d'ailleurs été peint en 1867, bien qu'il porte la date de l'année précédente. Autre tableau digne d'intérêt, le portrait de *Camille à la robe verte,* qui a quelque chose d'espagnol et (pour une fois !) de classique, ce qui ne l'empêcha pas de s'attirer les foudres des bien-pensants de l'époque. Seul Zola, dans ses articles sur le Salon, se répandit en chaleureux éloges. Mais le principal aboutissement de cette année 1866 (que d'aucuns attribuent toutefois à l'année suivante) est certainement le très célèbre *Femmes au jardin*, entièrement peint en extérieur à Ville-d'Avray (seules quelques touches furent rajoutées en atelier à Honfleur) et pour lequel Camille servit, une fois de plus, de modèle à tous les personnages féminins. Comment s'étonner que ce tableau — acheté par Bazille en janvier 1867, alors que Monet traversait de graves difficultés financières — ait été refusé par le jury du Salon ? Il s'agit en effet d'une œuvre révolutionnaire, tant du point de vue microstructurel (touche, couleur, lumière) que de celui des macrostructures de la composition. Bien que sa gamme de tons apparaisse encore assez liée au style tellurique et dramatique du naturalisme de Boudin et des peintres de Barbizon (sans parler de Courbet), une nette émancipation de ces modèles se manifeste déjà à travers l'introduction d'« ombres colorées ». F. Arcangeli a en outre fait remarquer que la structure « à pivot » de *Femmes au jardin* (axée sur l'arbre autour duquel tournent les personnages) attaque de façon significative l'espace perspectif classique, dont la solidité se trouve encore ébranlée par la disposition des couleurs en taches et par la suppression du noir en tant qu'ombre. Nous voici donc au premier refus — fût-il partiel — de la Perspective de la Renaissance par l'art moderne : Monet y parvient en poussant à ses ultimes conséquences l'idée d'une peinture entièrement « solaire » où la lumière imprègne chaque objet, le dissolvant presque, le transformant en apparence, en élément provisoire. F. Arcangeli affirme que c'est en regardant *Femmes au jardin,* exposé dans une vitrine de la rue Auber, qu'Édouard Manet s'efforça de dénigrer le plein-air en faisant observer que les anciens maîtres ne savaient même pas de quoi il s'agissait (ARCANGELI). Voilà bien une démonstration *a contrario* de l'absolue modernité de cette œuvre et de sa valeur révolutionnaire. Rewald soutient toutefois que ce tableau, après avoir été acheté par Bazille, passa aussi dans la collection de Manet (REWALD), mais cette information ne semble confirmée par aucune autre source.

Terrasse à Sainte-Adresse, que l'on peut aujourd'hui admirer au Metropolitan Museum de New York, date également de 1866. Son heureuse organisation spatiale et chromatique — avec son horizon déroulé comme un décor de théâtre, ponctué d'embarcations lointaines et de colonnes de fumée, son premier plan baigné de soleil et ses personnages, ses objets ultra-colorés, situés un peu en-dessous du regard de l'artiste — fait peut-être de cette vue radieuse d'un lieu de villégiature à la mode une image encore plus originale (et donc injustement moins connue) que *Femmes au jardin.* On a en tout cas vite fait d'y reconnaître une des manifestations les plus typiques de la nouvelle sensibilité picturale de l'époque, qui s'achemine désormais vers un inexorable triomphe de la culture impressionniste.

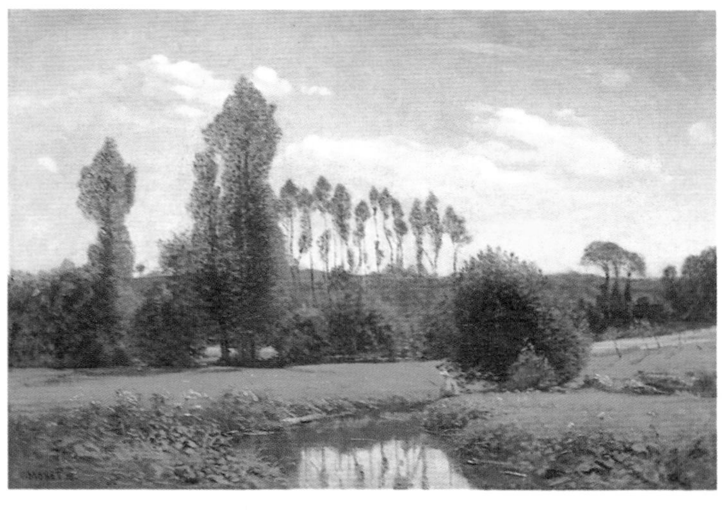

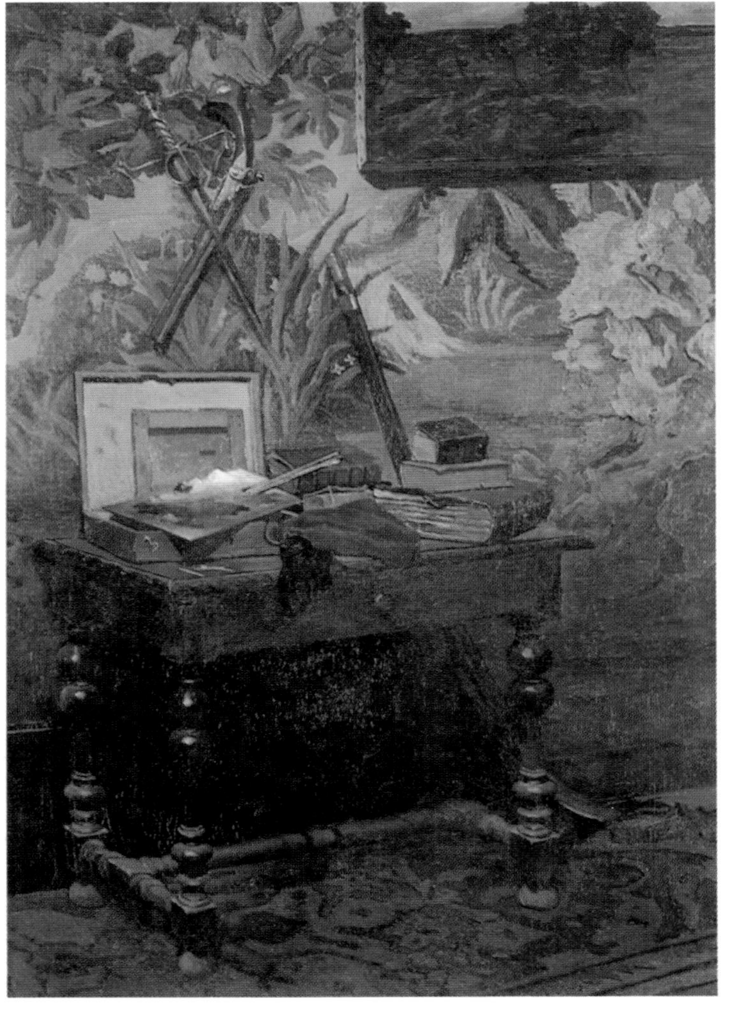

◆ Vue prise à Rouelles *(en haut)*, *environs du Havre, 1858 ; huile sur toile ; 46 × 65 cm ; collection particulière, Japon.*

◆ Coin d'atelier *(en bas), Paris, 1861 ; huile sur toile ; 182 × 127 cm ; musée d'Orsay, Paris.*

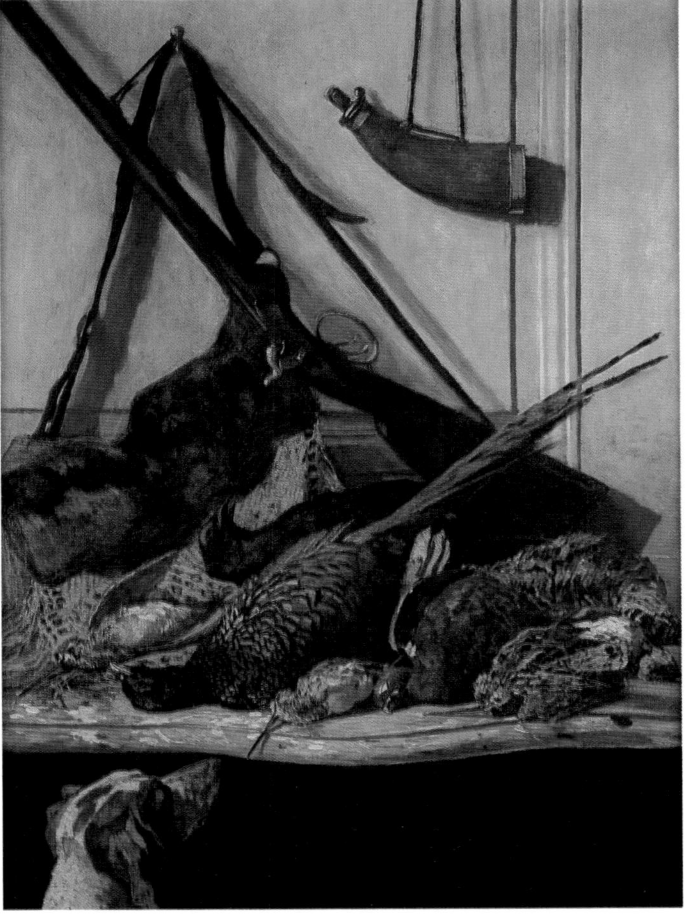

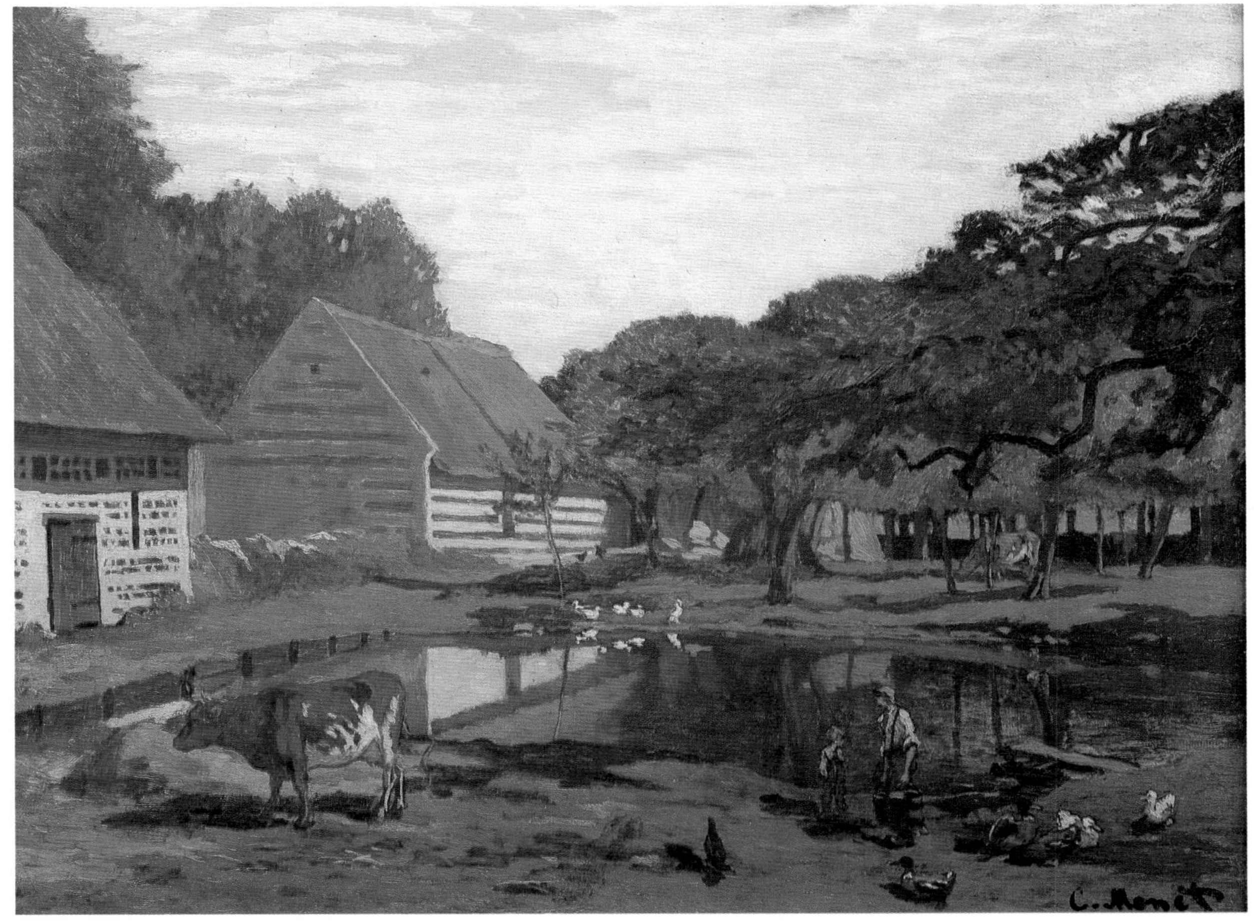

◆ Trophée de chasse *(en haut).* *Le Havre (?), 1862 ; huile sur toile ; 104 x 75 cm ; signé et daté ; musée d'Orsay, Paris.*

◆ Cour de ferme en Normandie *(en bas), environs du Havre, fin 1863 ou 1864 ; huile sur toile ; 65 x 80 cm ; signé ; musée d'Orsay, Paris.*

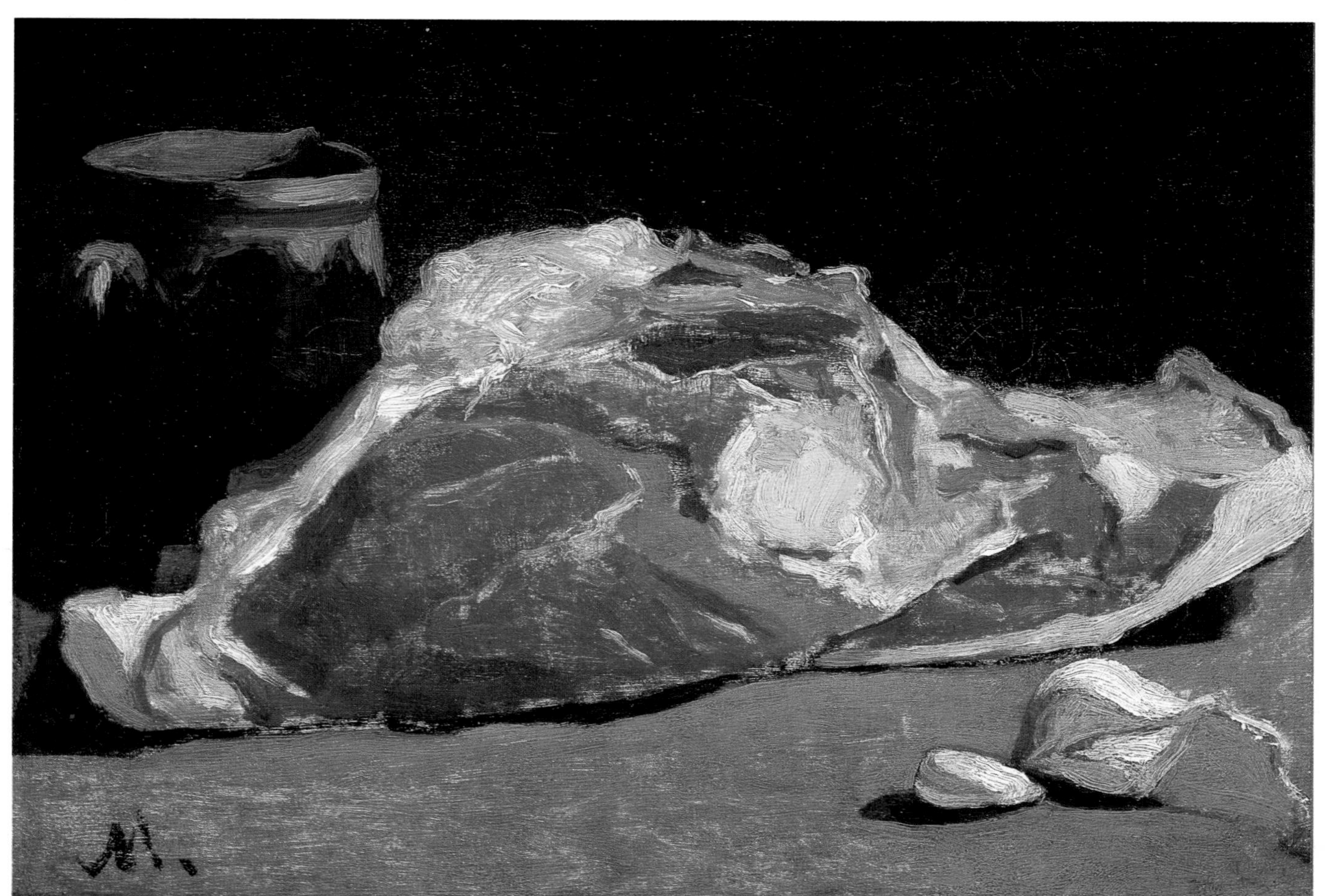

◆ Nature morte : le quartier de viande, *Paris (?), v. 1864 ; huile sur toile ; 24 x 32 cm ; signé ; musée d'Orsay, Paris.*

Cette œuvre trahit un besoin de construction rigoureuse de l'image, problème fondamental de tout le réalisme inspiré de Courbet.

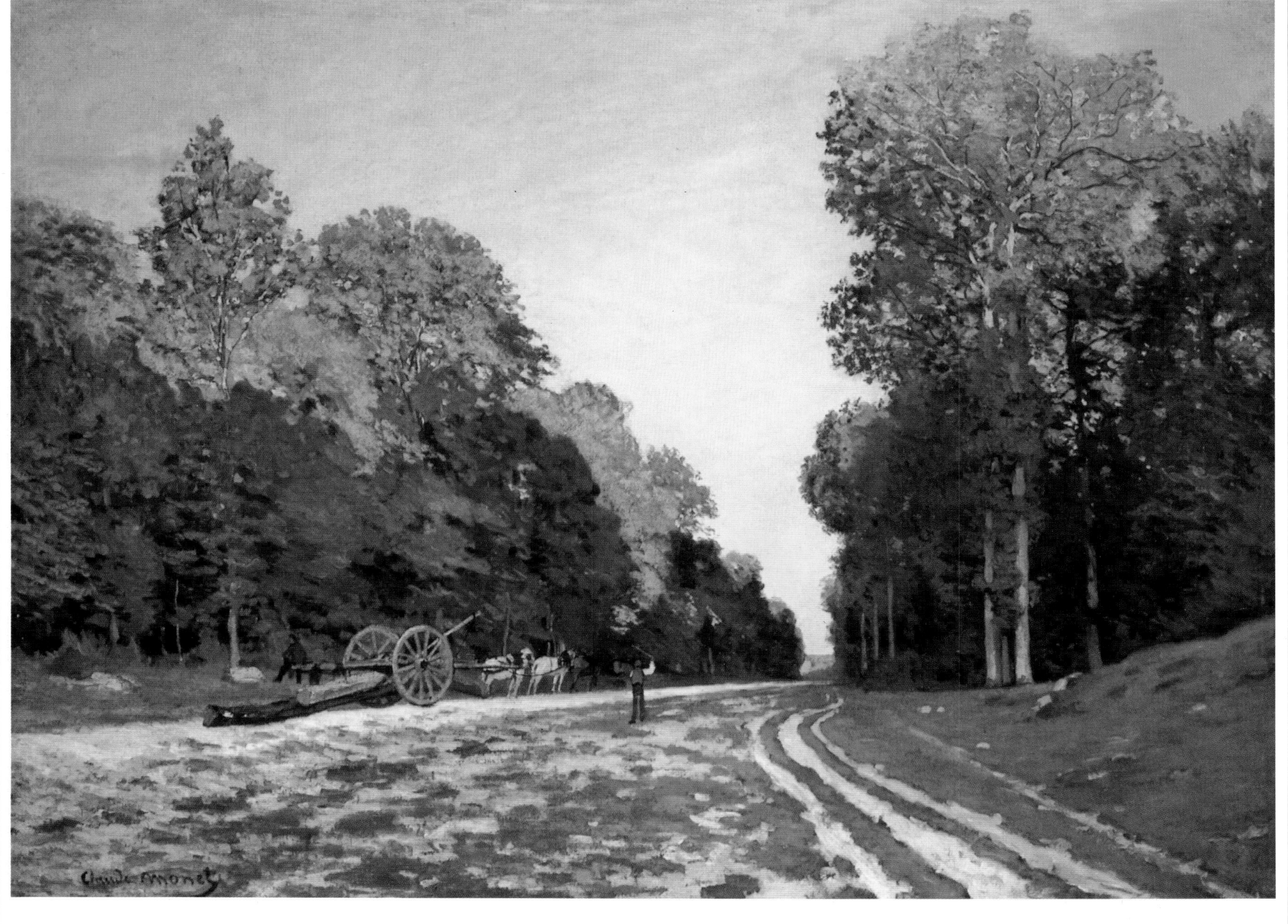

◆ Le Pavé de Chailly, *route de Chailly à Fontainebleau, forêt de Fontainebleau, 1864 ; huile sur toile ; 98 × 130 cm ; signé ; collection particulière. Il s'agit de la première des trois variantes réalisées par Monet sur le thème de la « route dans la forêt », assez semblables entre elles bien que peintes à des intervalles de temps relativement longs.*

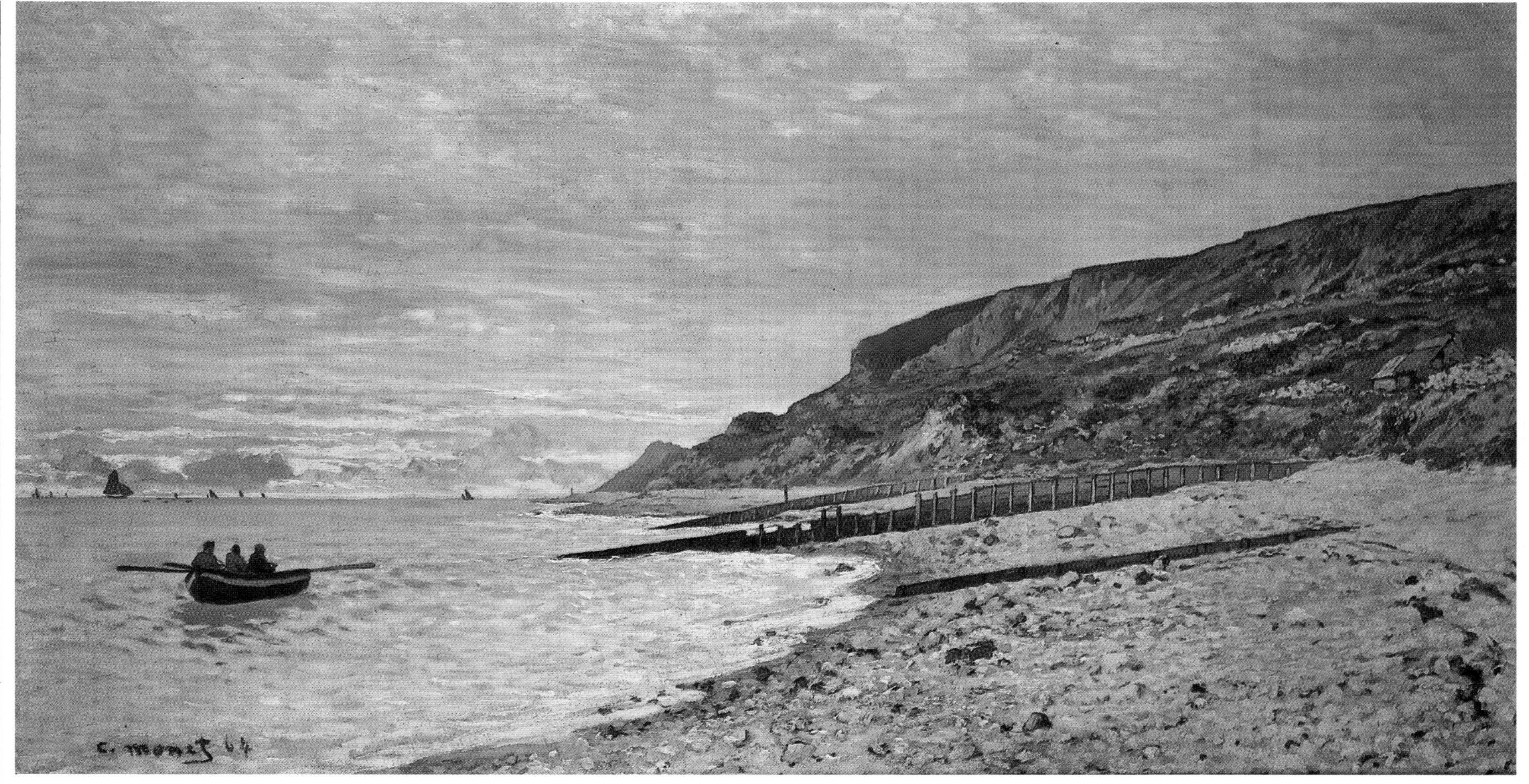

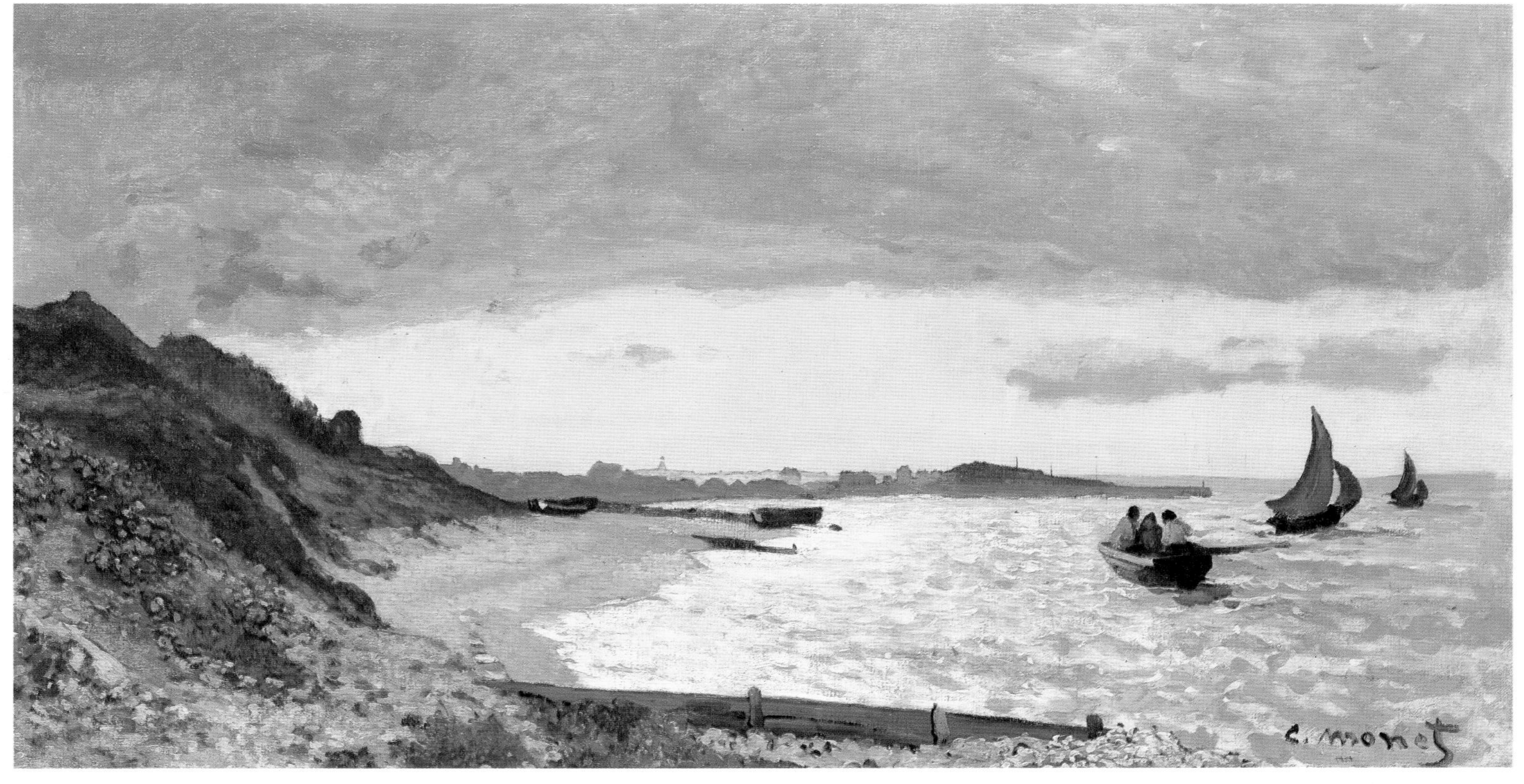

◆ La Pointe de la Hève *(en haut), Sainte-Adresse près du Havre, été 1864 ; huile sur toile ; 41 x 74 cm ; signé et daté ; collection particulière.*

◆ Bord de la mer à Sainte-Adresse *(en bas), Sainte-Adresse près du Havre, été 1864 ; huile sur toile ; 40 x 73 cm ; signé ; Institute of Arts, Minneapolis.*

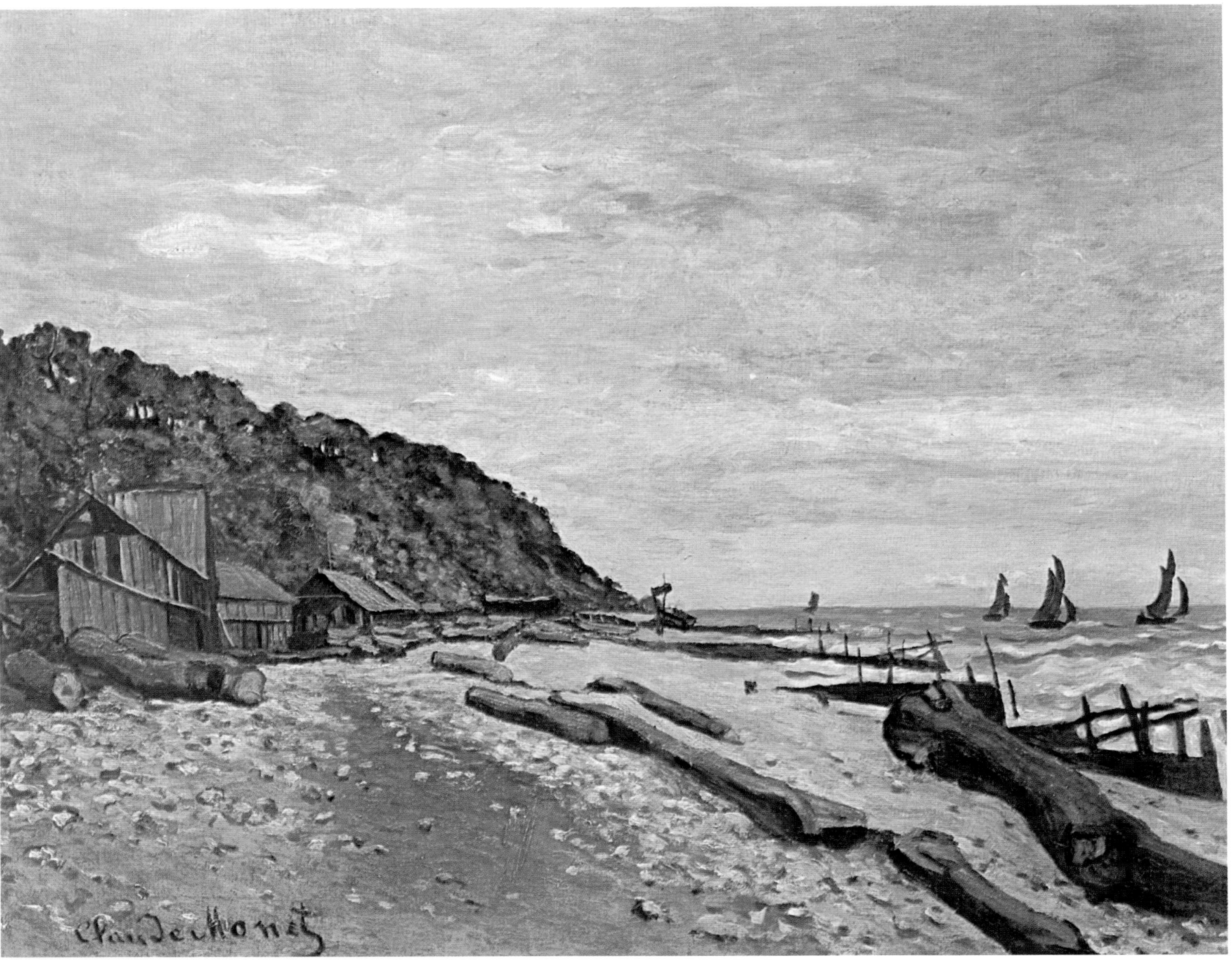

◆ Le Chantier de petits navires près de Honfleur, *Honfleur, été 1864 ; huile sur toile ; 57 x 81 cm ; signé ; collection particulière.*

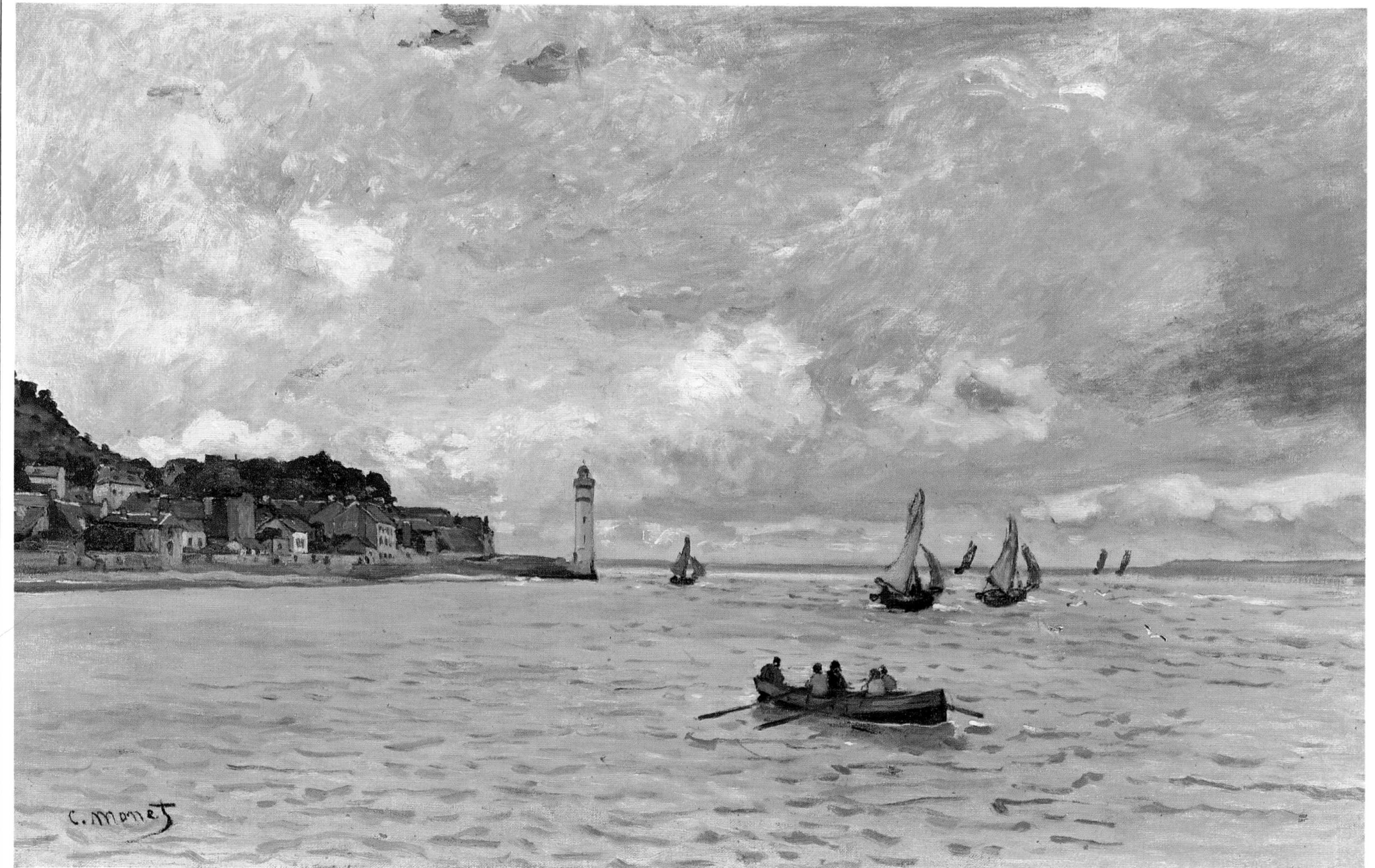

◆ Le Phare de l'hospice, *Honfleur, été 1864 ; huile sur toile ; 54 × 81 cm ; signé ; Kunsthaus, Zurich. Située sur la rive opposée du vaste estuaire de la Seine, la petite Honfleur forme un gracieux contrepoint aux austères installations portuaires et industrielles du Havre, que Monet a aussi peint dans de célèbres tableaux.*

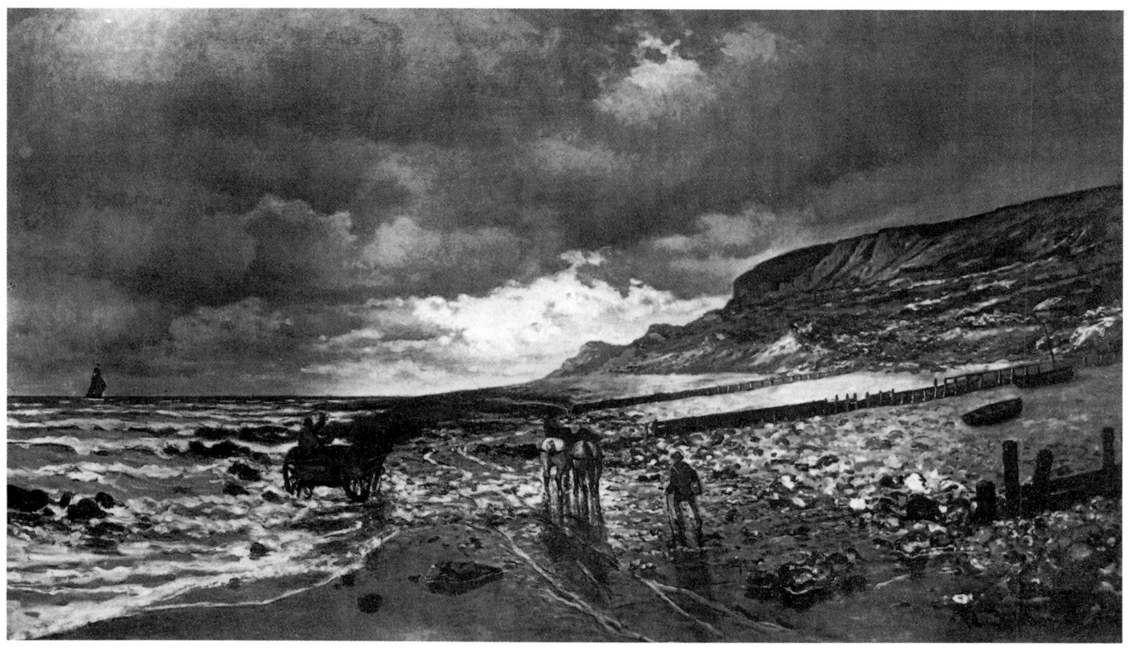

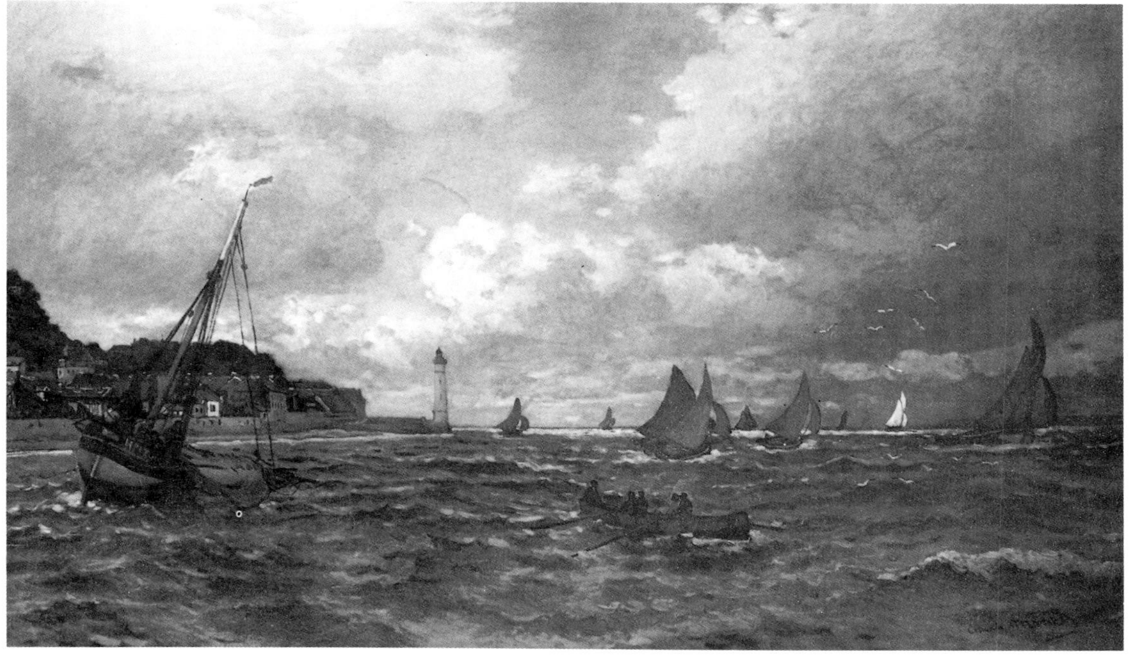

◆ La Pointe de la Hève à marée basse *(en haut), Sainte-Adresse près du Havre, 1865 ; huile sur toile ; 90 x 150 cm ; signé et daté ; Kimbell Art Museum, Fort Worth, Texas.*

◆ L'Embouchure de la Seine à Honfleur *(en bas), Honfleur, été 1864 ou printemps 1865 ; huile sur toile ; 90 x 150 cm ; signé et daté (1865) ; The Norton Simon Foundation, Pasadena, Californie.*

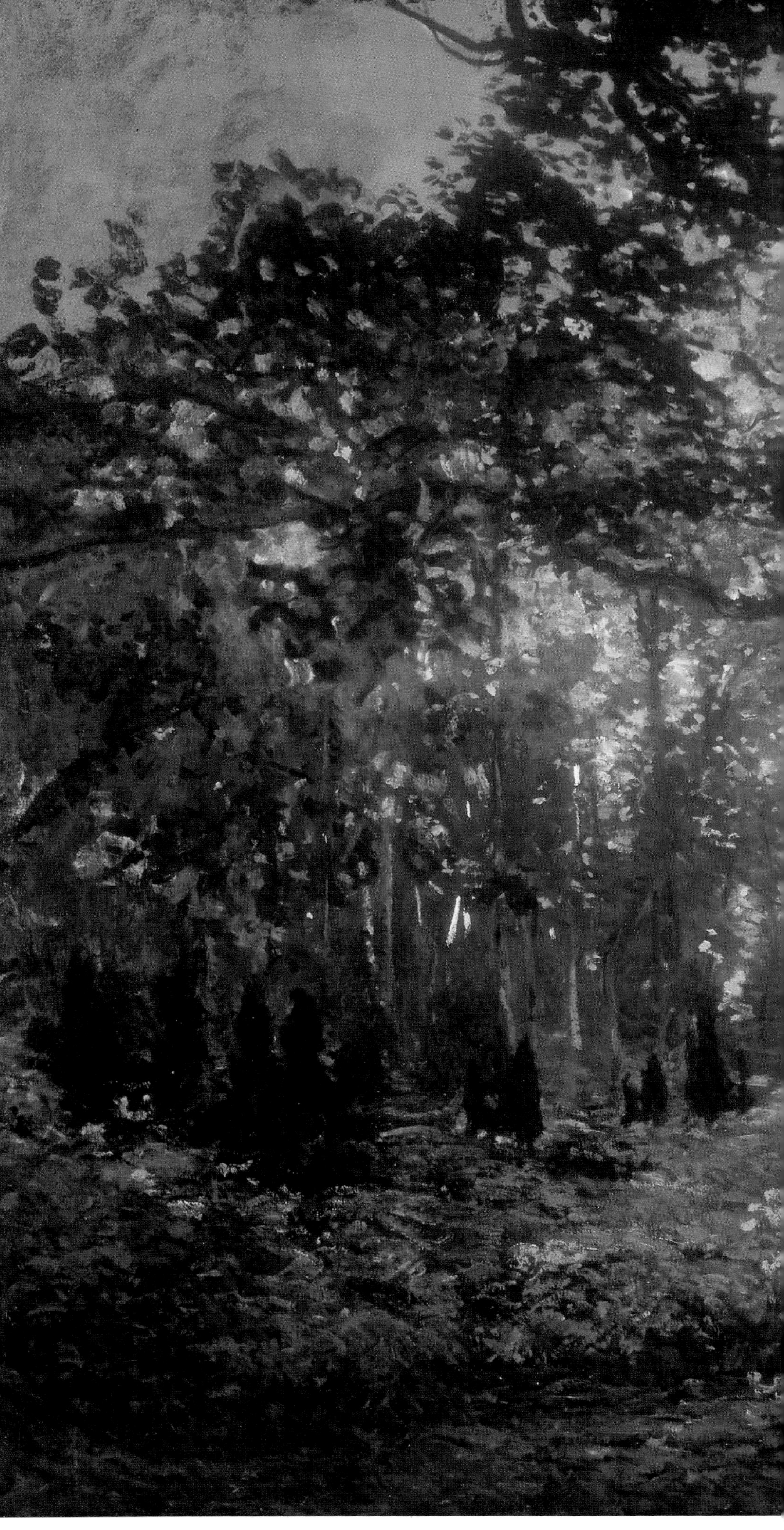

◆ Un Chêne au Bas-Bréau (Le Bodmer), *forêt de Fontainebleau, environs de Barbizon, été 1865 ; huile sur toile ; 97 × 130 cm ; signé ; Metropolitan Museum of Art, New York.*
Voilà un sujet assez insolite pour Monet, dont la sensibilité « impressionniste » préfère habituellement les grands espaces ouverts, les fuites perspectives entre des rideaux d'arbres (comme celles qu'offrent les routes en forêt) et les ciels lumineux des clairières, du bord de mer ou même de la ville, vue du haut de l'observatoire « aérien » d'un balcon ou d'une terrasse.

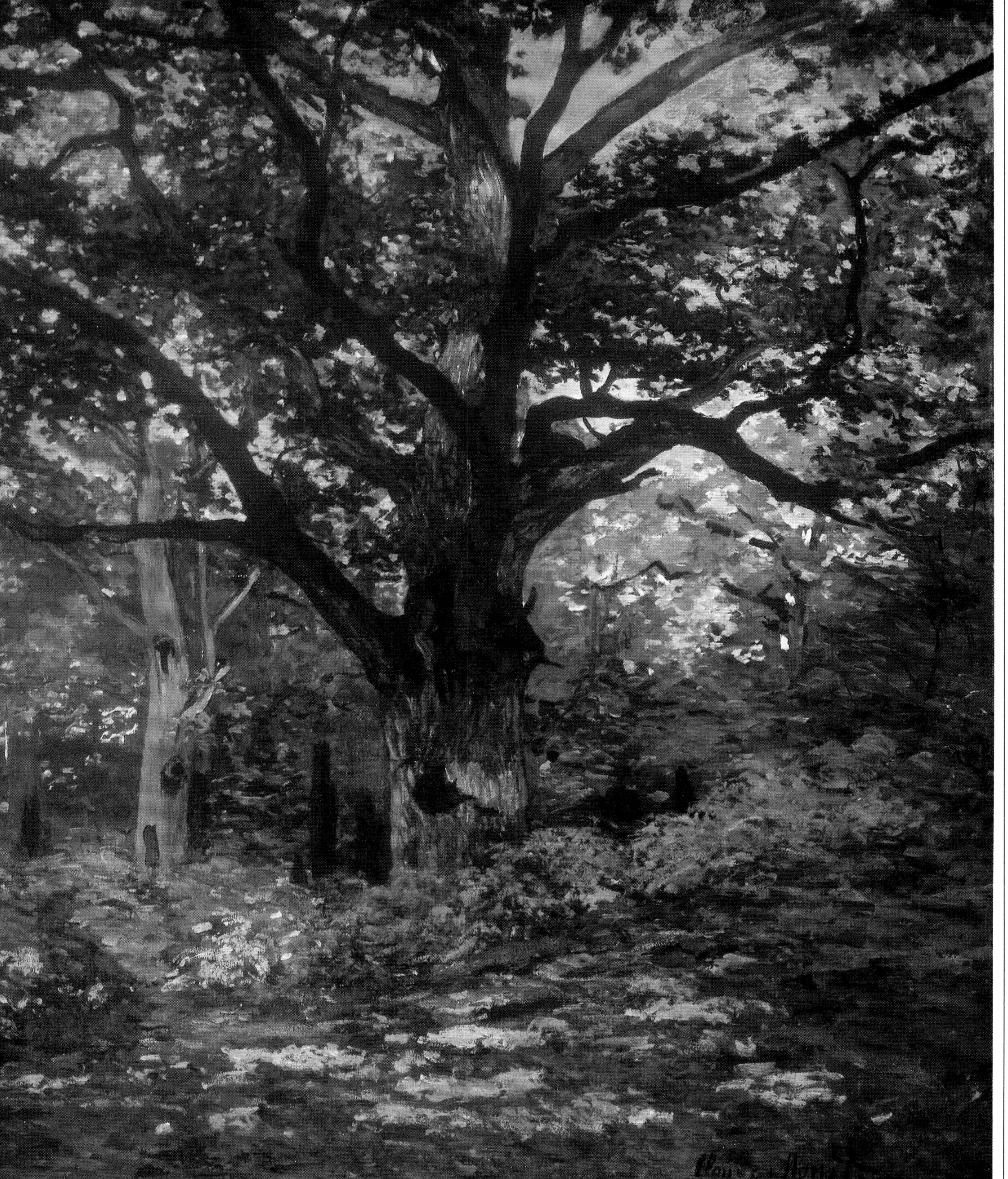

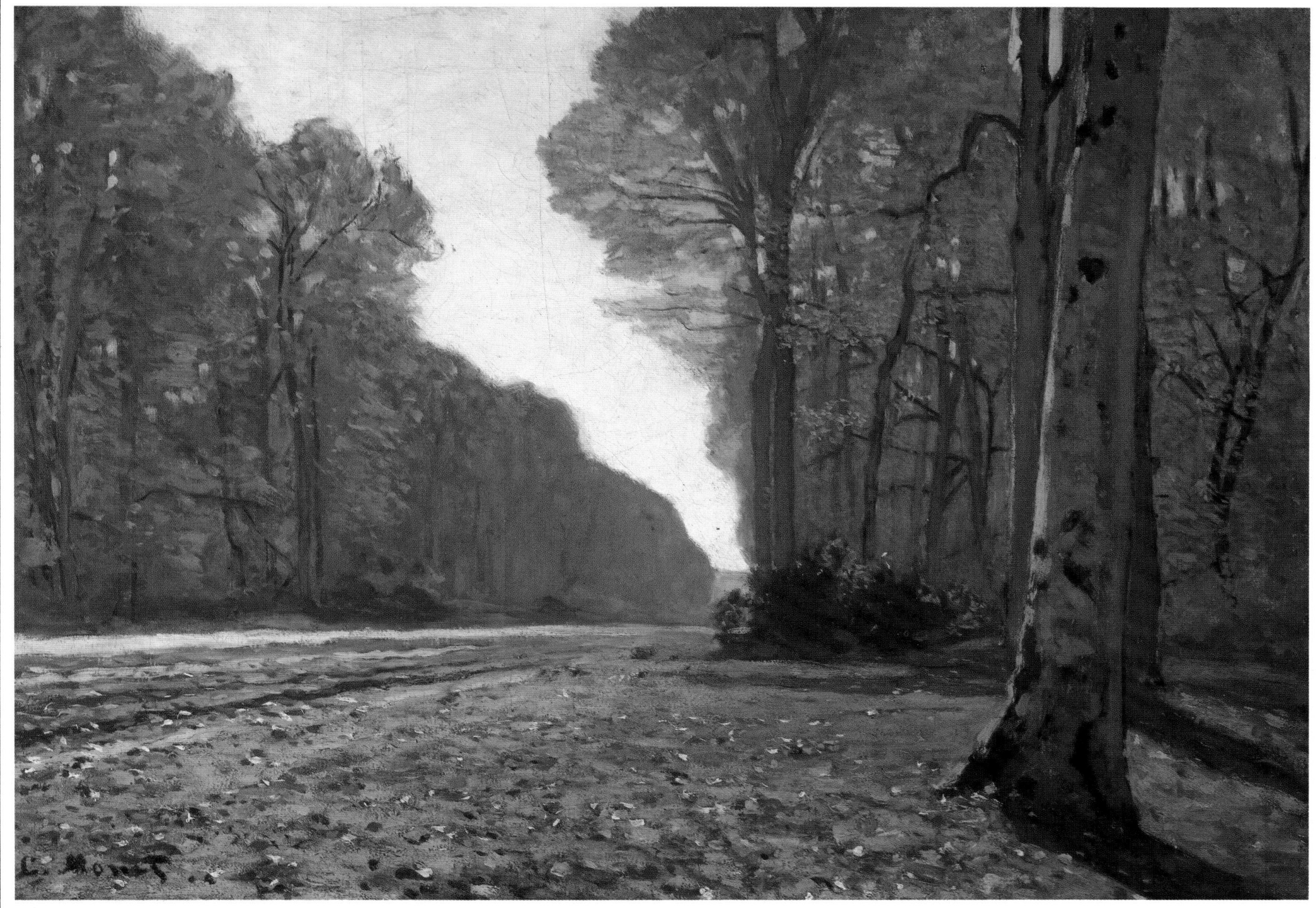

◆ Le Pavé de Chailly *(intitulé à tort :* La Route du Bas-Bréau*), forêt de Fontainebleau, été 1865 ; huile sur toile ; 43 × 59 cm ; signé ; musée d'Orsay, Paris.*

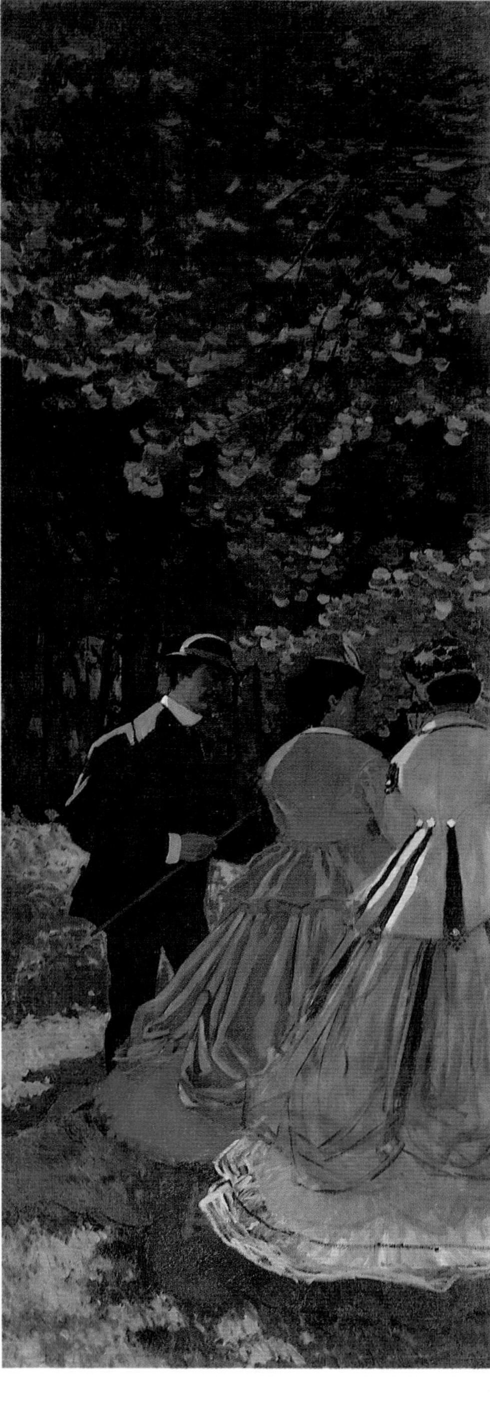

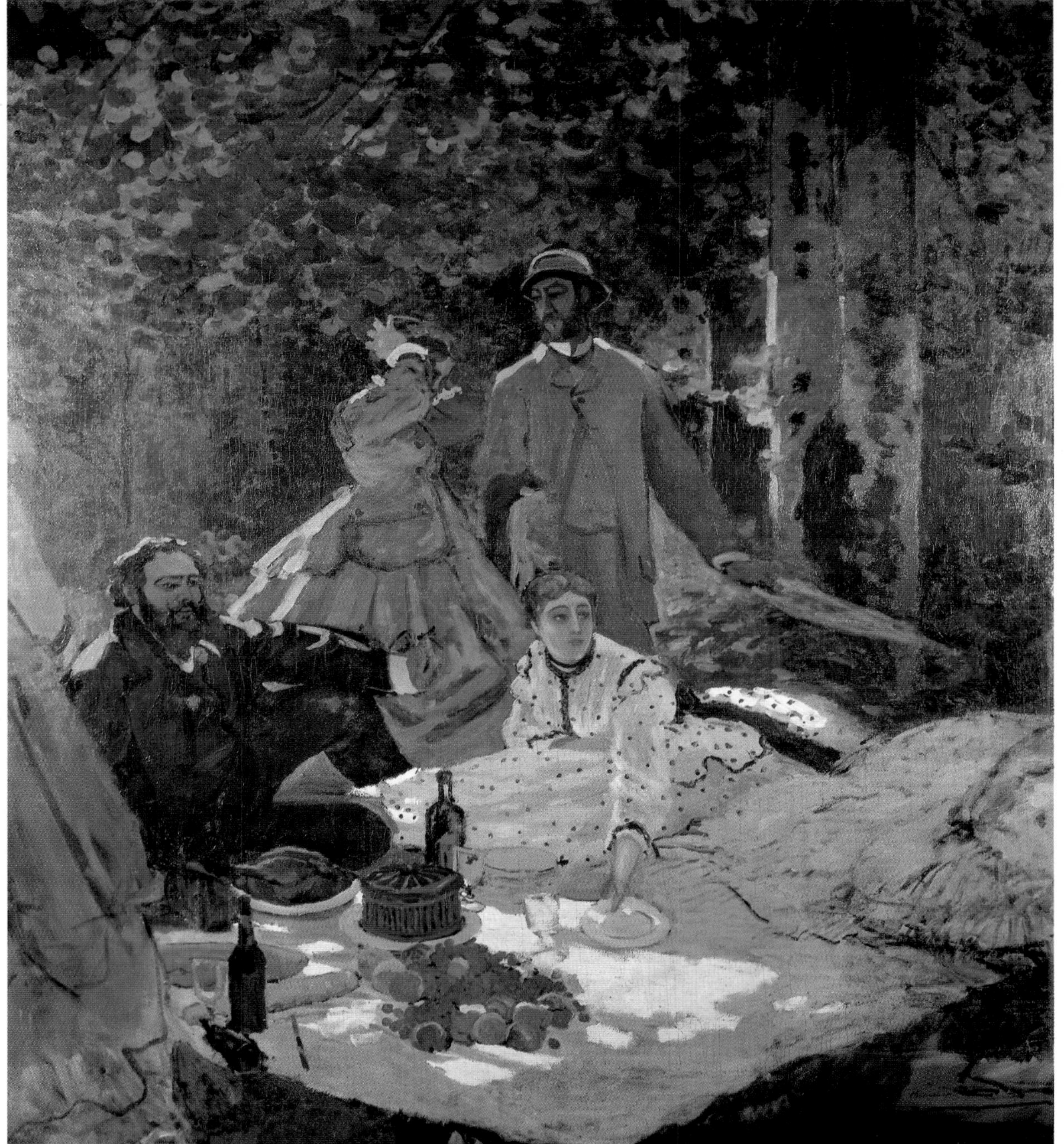

◆ Le Déjeuner sur l'herbe *(deux fragments), forêt de Fontainebleau, été 1865 ; huile sur toile ; respectivement 418 x 150 cm ; (fragment de gauche) et 248 x 217 cm (fragment du milieu ; signé) ; tous deux conservés au musée d'Orsay, à Paris.*

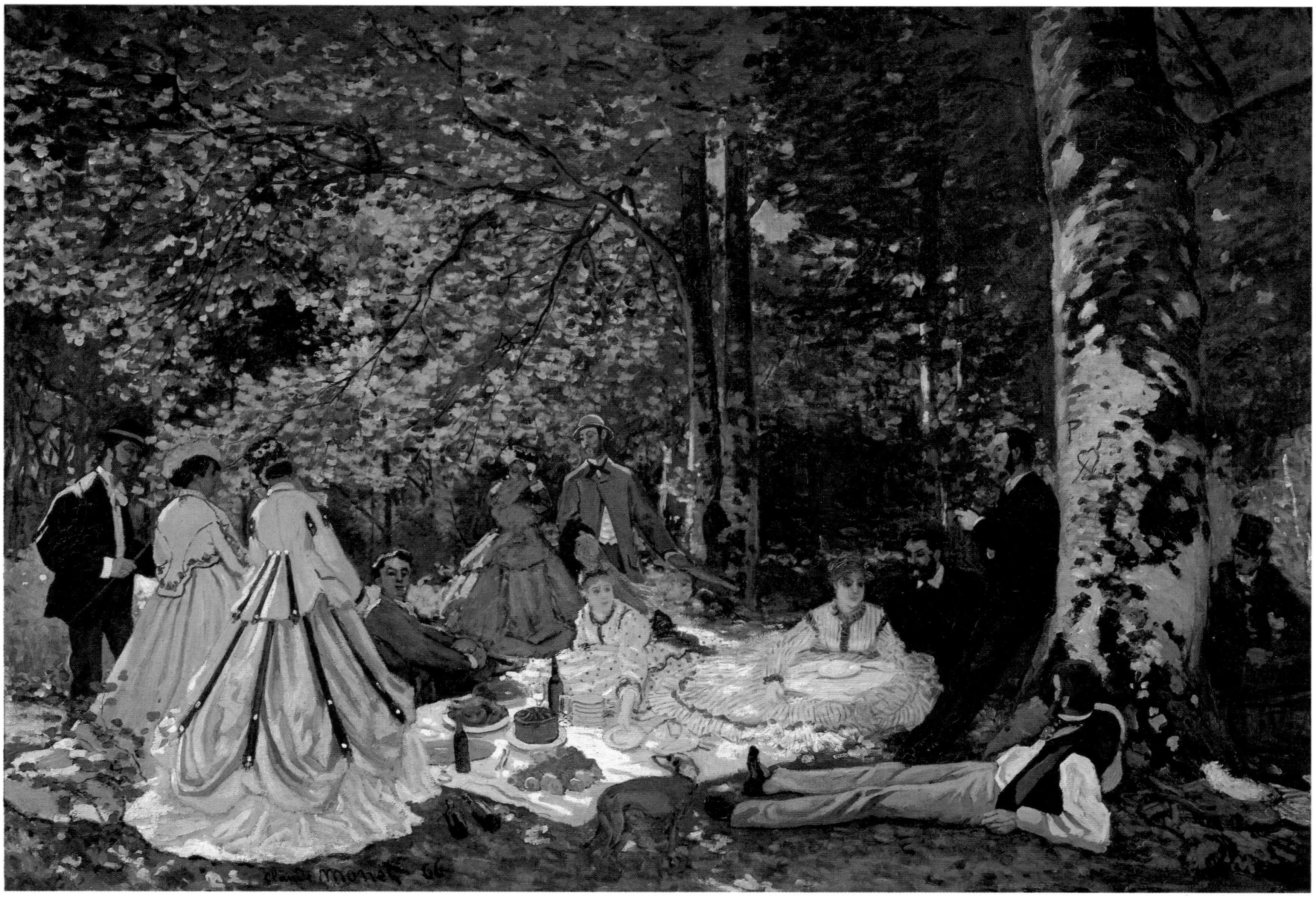

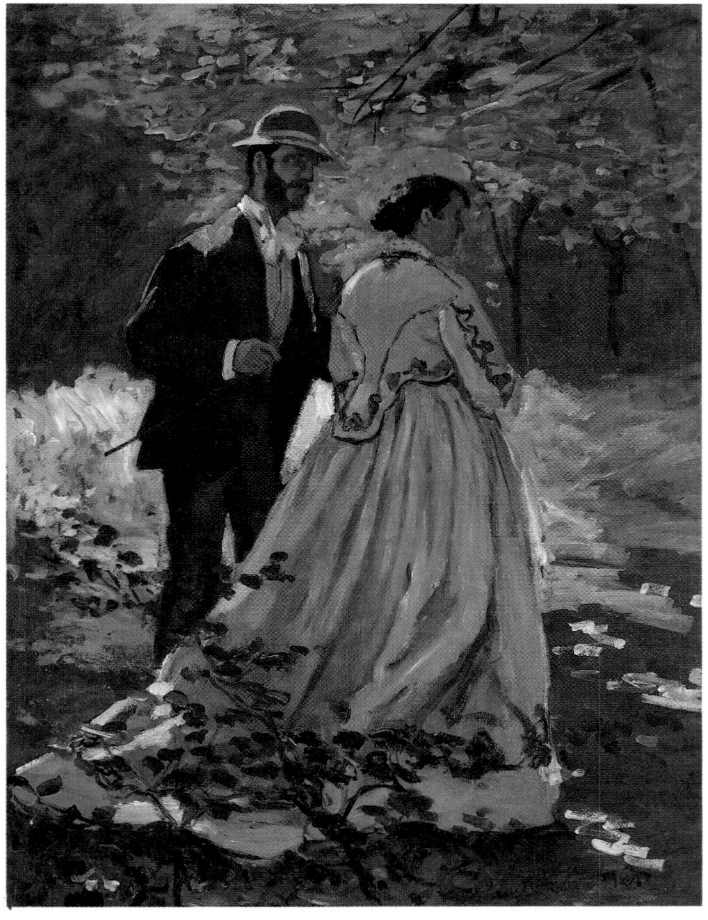

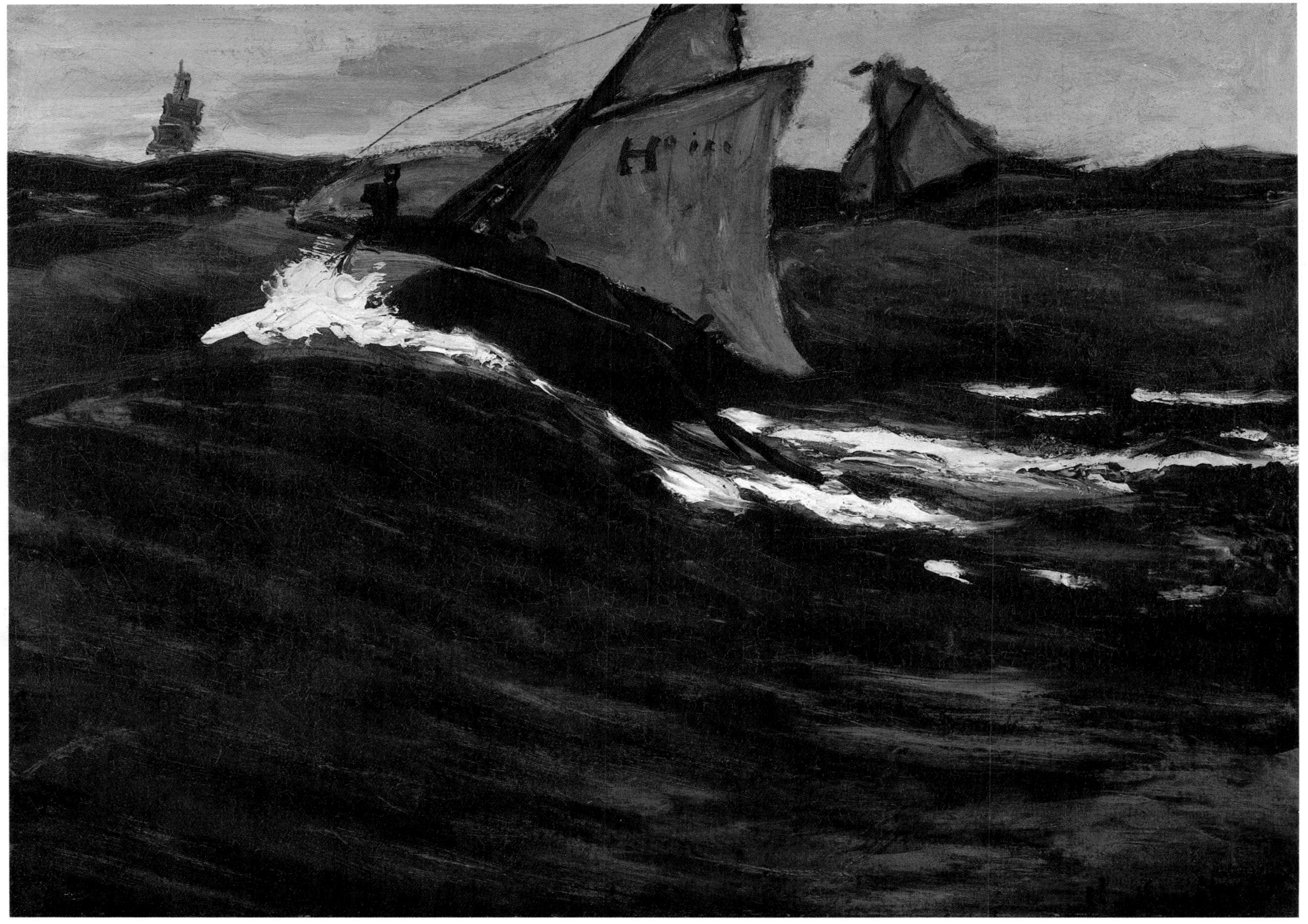

◆ Le déjeuner sur l'herbe *(page ci-contre en haut), forêt de Fontainebleau (?), 1865-1866 ; huile sur toile ; 130 × 181 cm ; signé et daté (1866) ; musée Pouchkine, Moscou. Certainement commencé en 1865, bien que daté de l'année suivante, il pourrait avoir constitué un exercice préparatoire pour l'œuvre illustrée p. 49, mais il s'agit plus probablement d'une réplique en format réduit, peut-être exécutée en atelier à Paris.*

◆ Les Promeneurs *(page ci-contre en bas), forêt de Fontainebleau, été 1865 ; huile sur toile ; 93 × 69 cm ; National Gallery of Art, Washington. Étude préparatoire pour l'œuvre reproduite p. 49.*

◆ La Vague verte, *Trouville (?), automne 1865 ; huile sur toile ; 48 × 64 cm ; signé et daté ; Metropolitan Museum of Art, New York.*

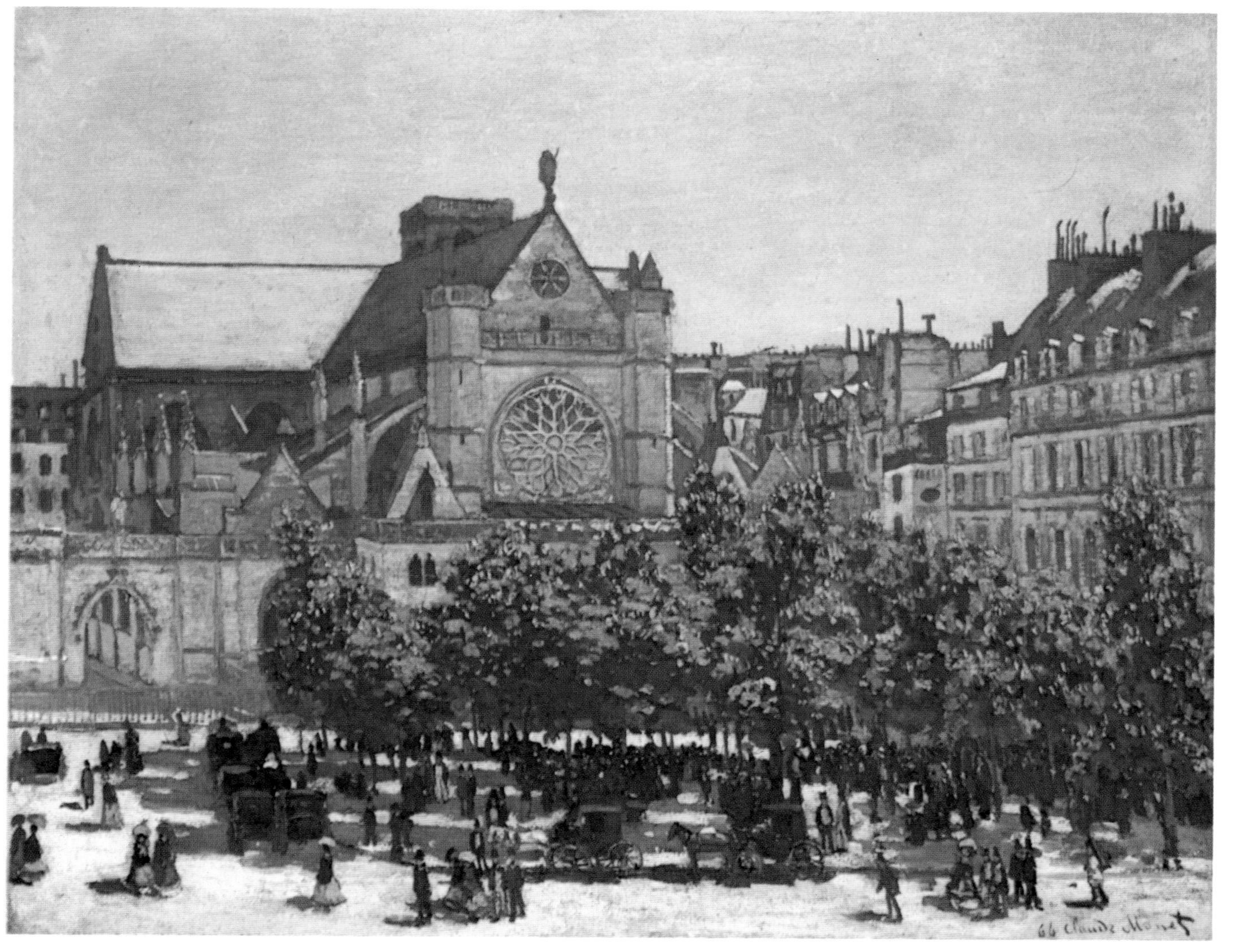

◆ Saint-Germain-l'Auxerrois, *Paris, printemps 1866 ; huile sur toile ; 81 × 100 cm ; signé et daté (1866) ; Neue Nationalgalerie, Berlin. Parfois attribué à 1867, de même que les deux suivants.*

◆ Le Jardin de l'Infante *(page ci-contre), Paris, printemps 1866 ; huile sur toile ; 91 × 62 cm ; signé ; Allen Memorial Art Museum, Oberlin, Ohio. Peint de la Colonnade du Louvre.*

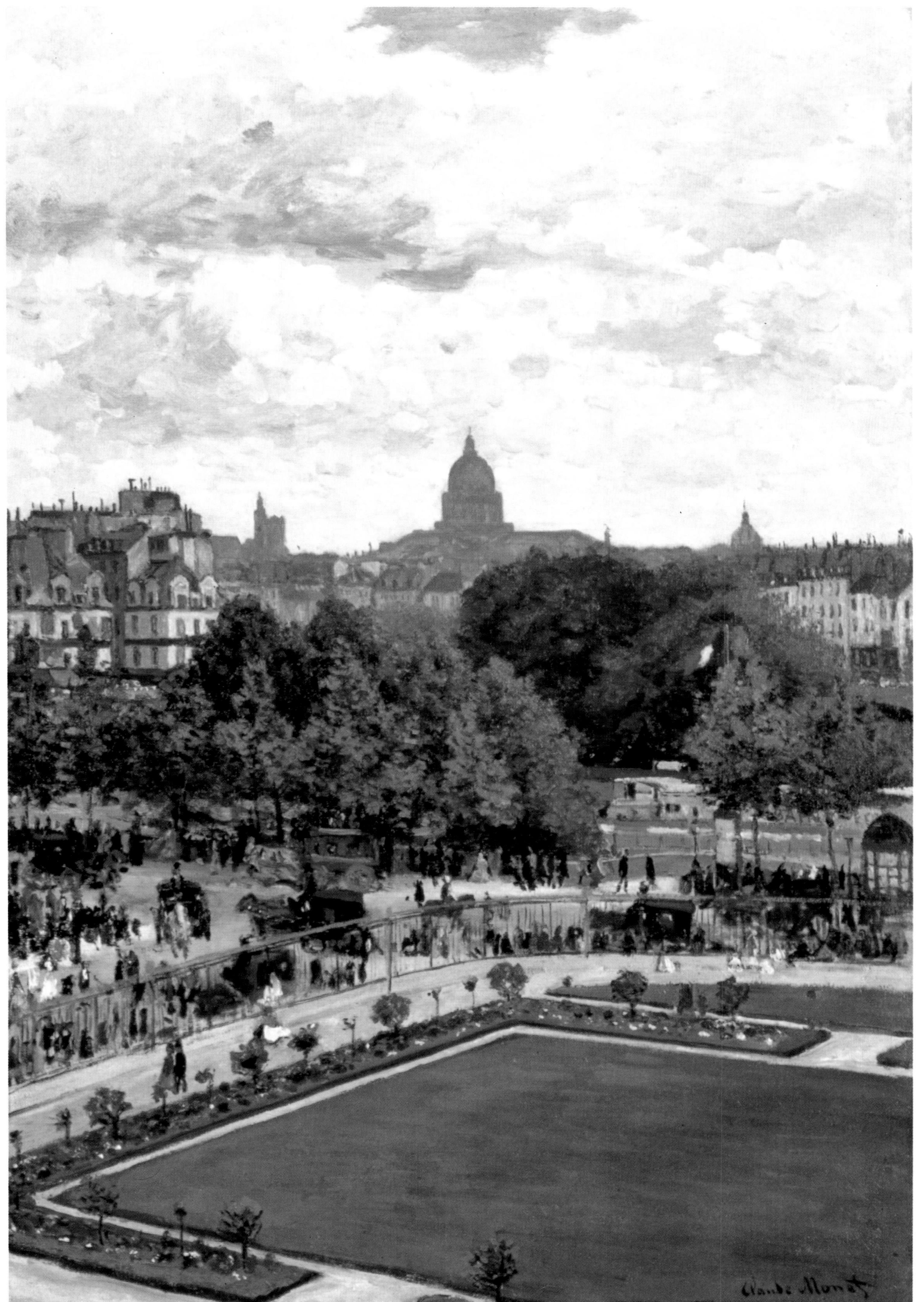
Claude Monet

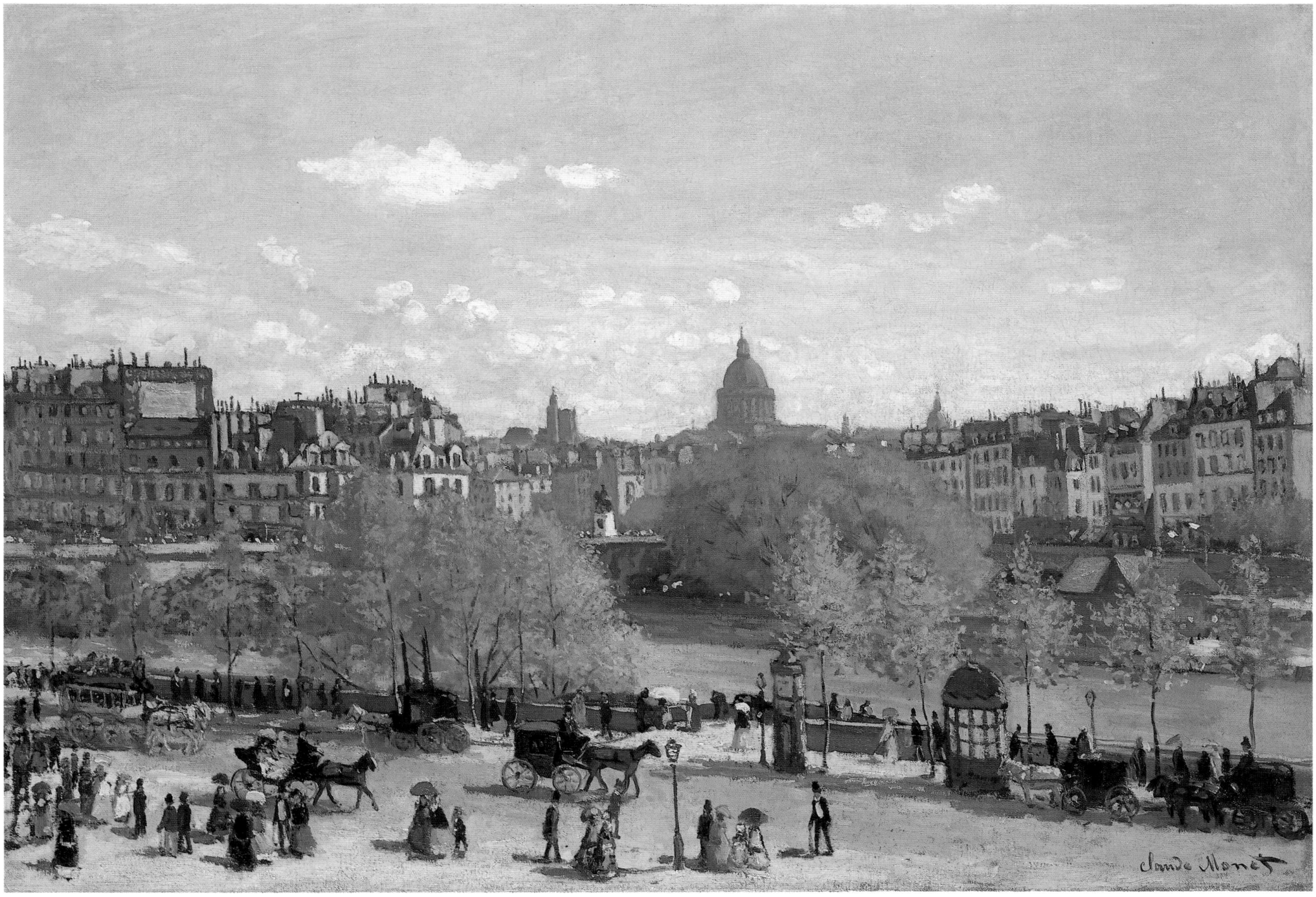

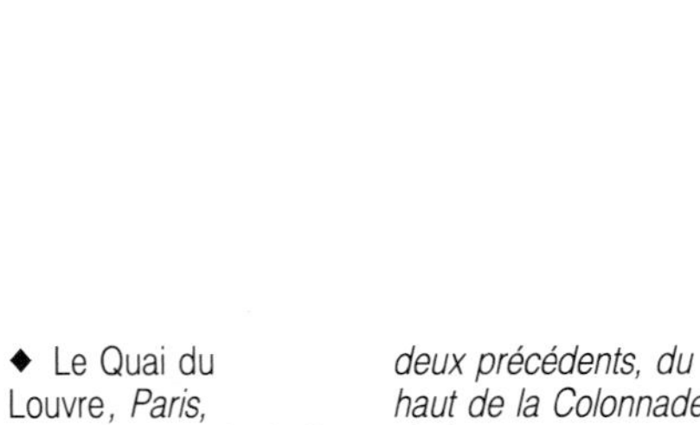

◆ Le Quai du Louvre, *Paris, printemps 1866 ; huile sur toile ; 65 x 92 cm ; signé ; Gemeentemuseum, La Haye. Peint, comme les deux précédents, du haut de la Colonnade du Louvre.*

◆ Camille *ou* La Femme à la robe verte *(page ci-contre), Paris (?), printemps 1866 ; huile sur toile ; 228 x 149 cm ; signé et daté ; Kunsthalle, Brême.*

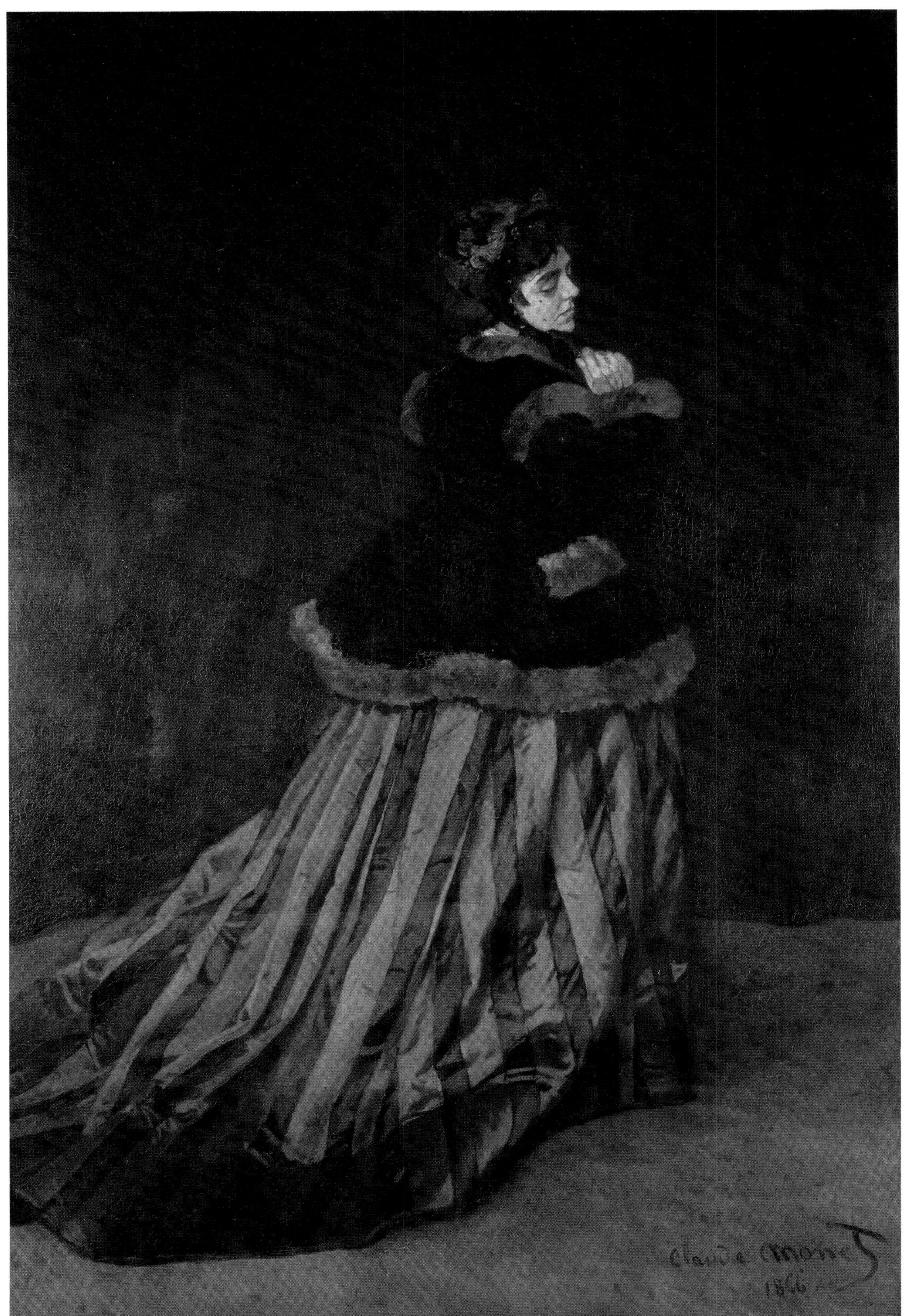
Claude Monet
1866

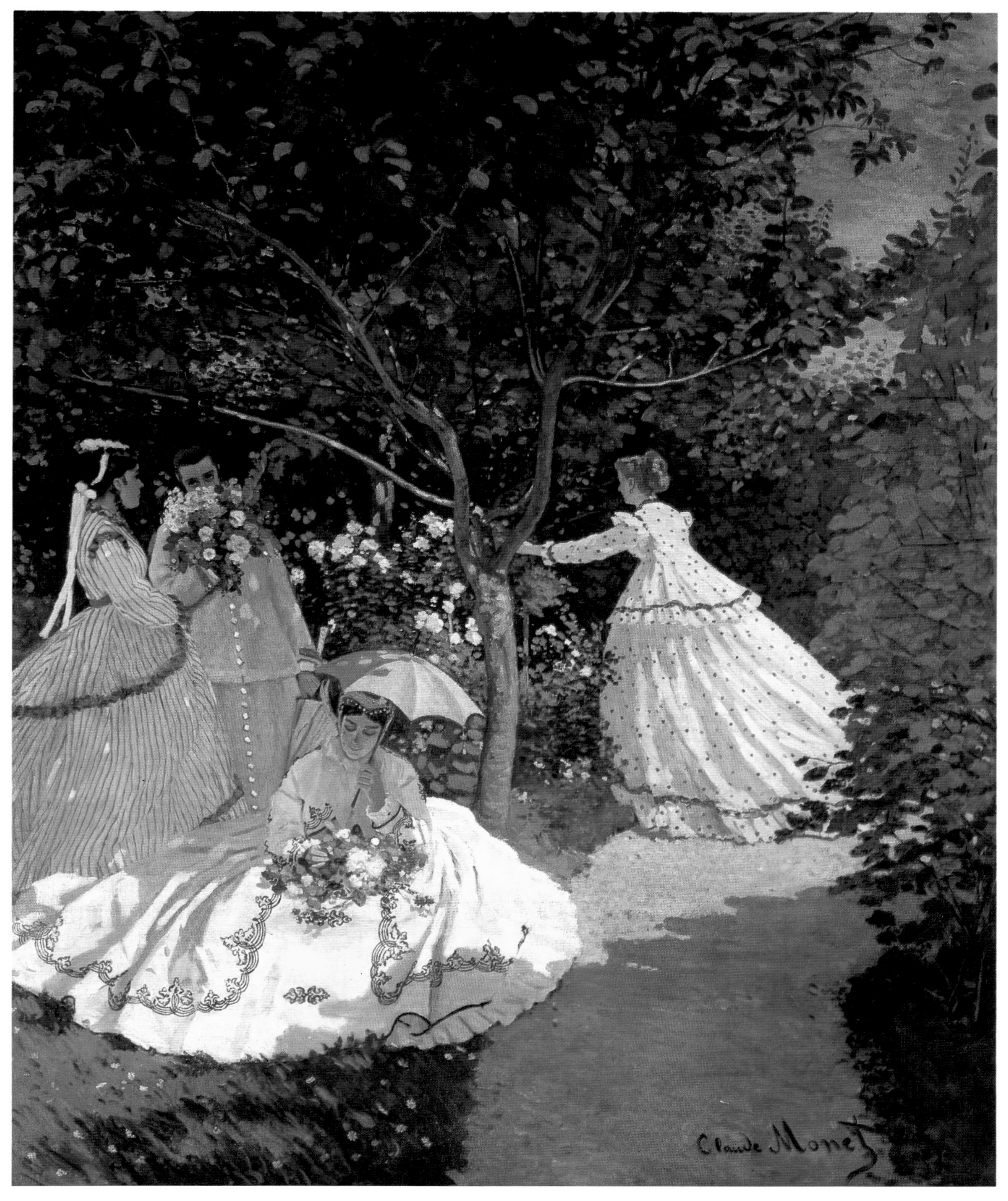

◆ Femmes au jardin, *Ville-d'Avray, 1866-1867 ; huile sur toile ; 255 × 205 cm ; signé ; musée d'Orsay, Paris. Certains auteurs pensent que cette œuvre fut terminée l'année suivante, mais le fait que Bazille l'ait achetée à Monet en janvier 1867 semble exclure cette possibilité.*

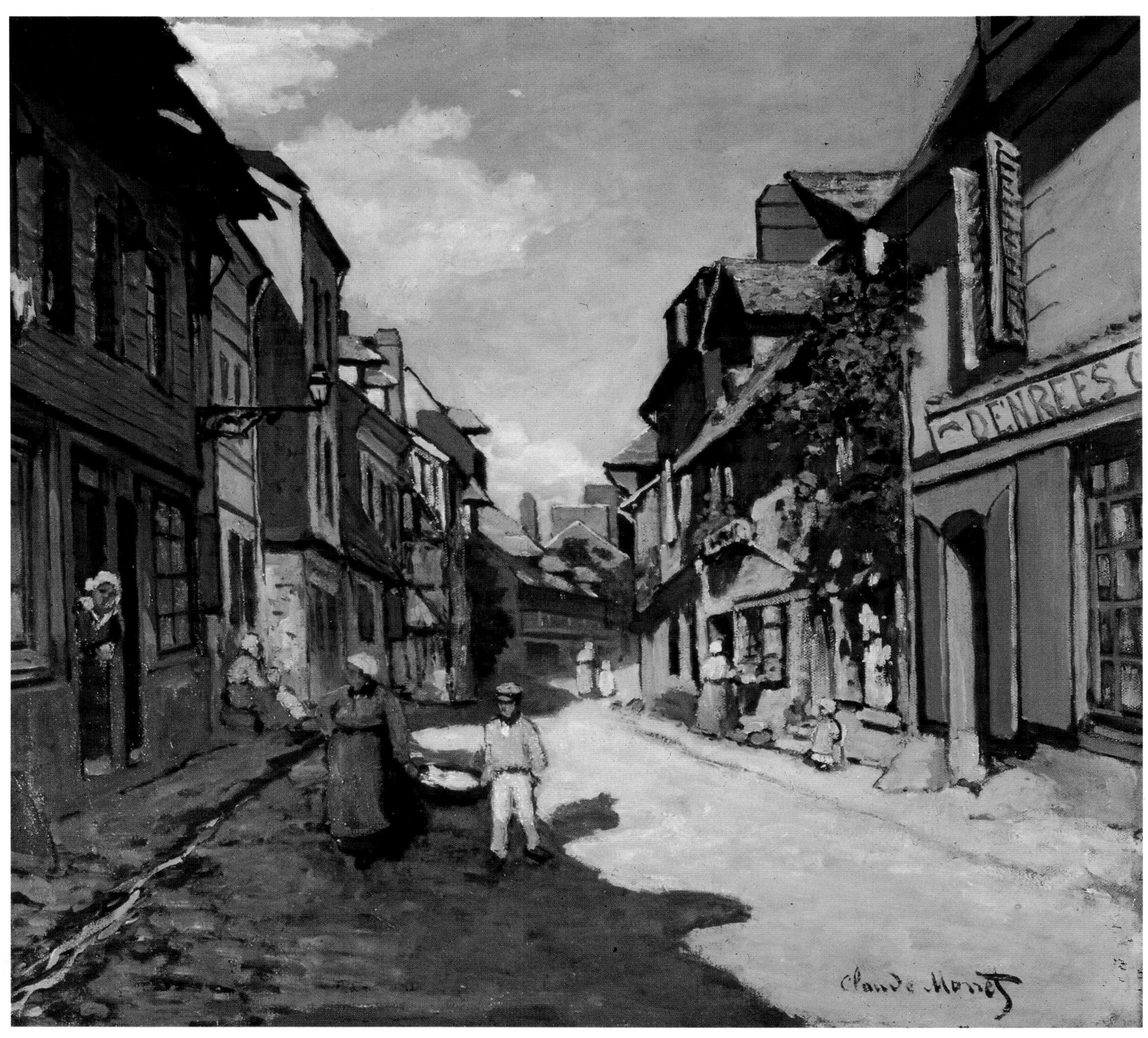

◆ La Rue de la Bavolle à Honfleur, *1866 ; huile sur toile ; 58 x 63 cm ; signé ; Städtische Kunsthalle, Mannheim. Œuvre parfois attribuée à 1867 ou 1864.*

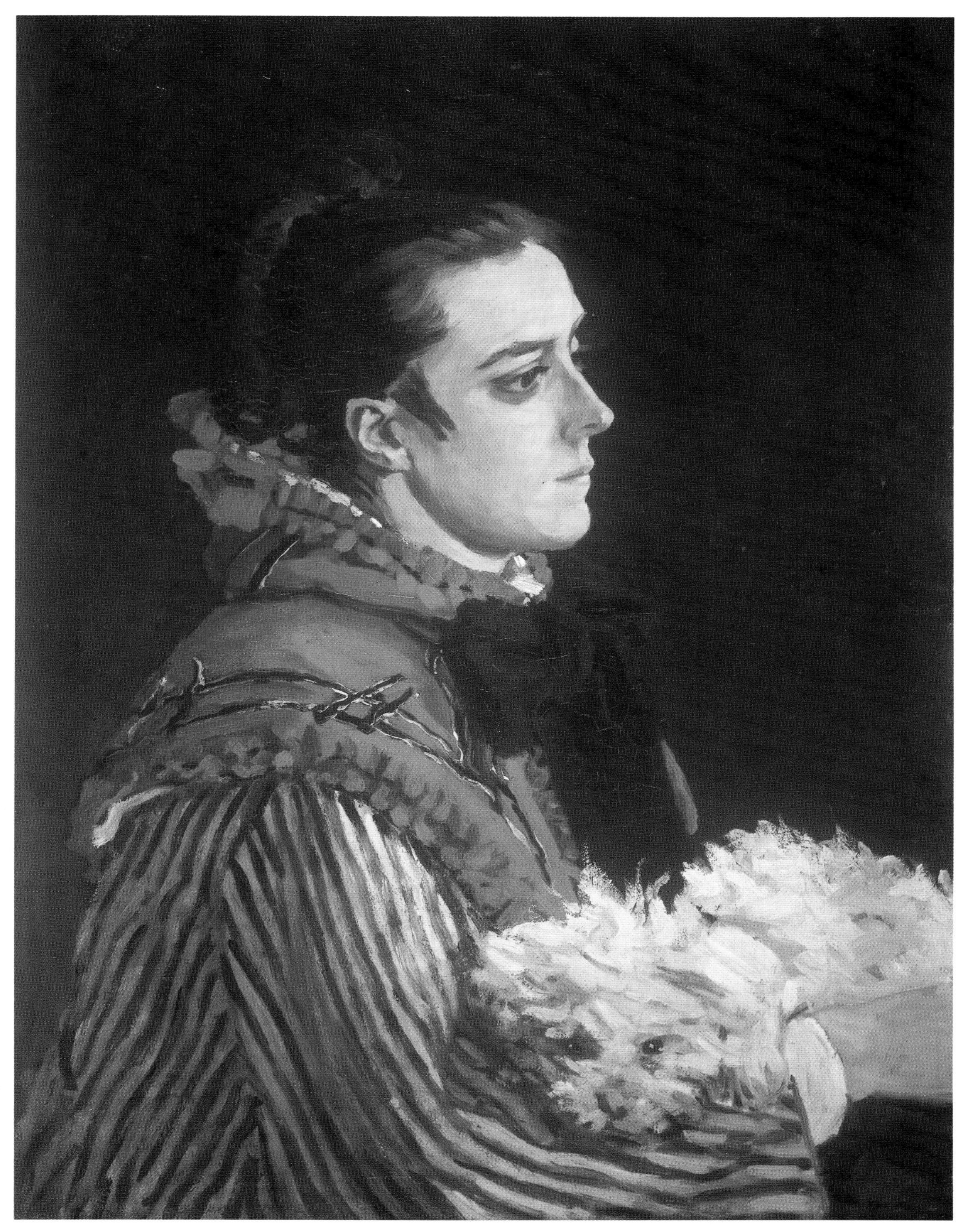

◆ Camille au petit chien, *Ville-d'Avray (?), 1866 ; huile sur toile ; 73 x 54 cm ; signé et daté ; Kunsthaus, Zurich.*

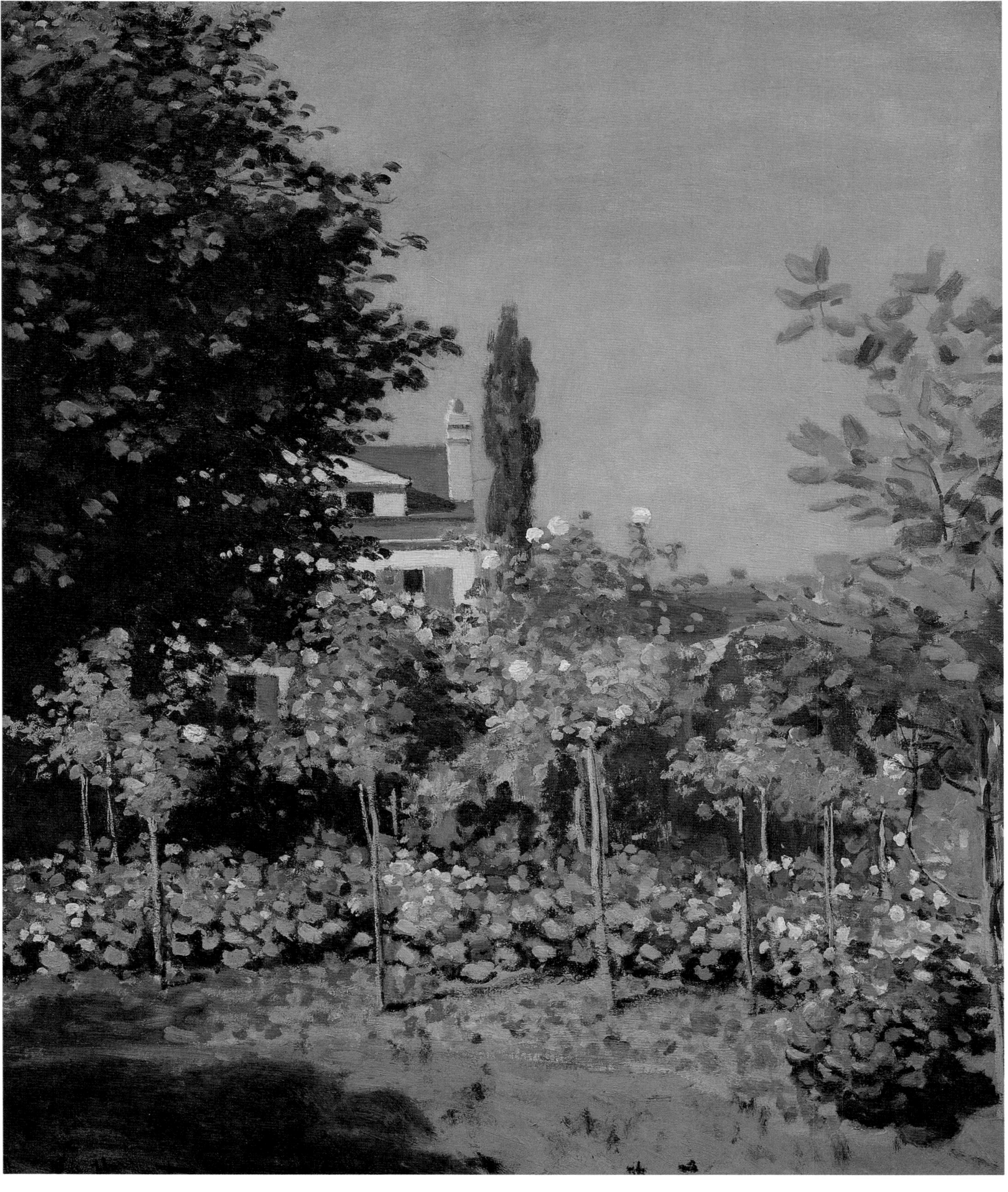

◆ Jardin en fleurs, *Sainte-Adresse près du Havre, automne* *1866 ; huile sur toile ; 65 × 54 cm ; signé ; musée d'Orsay, Paris.*

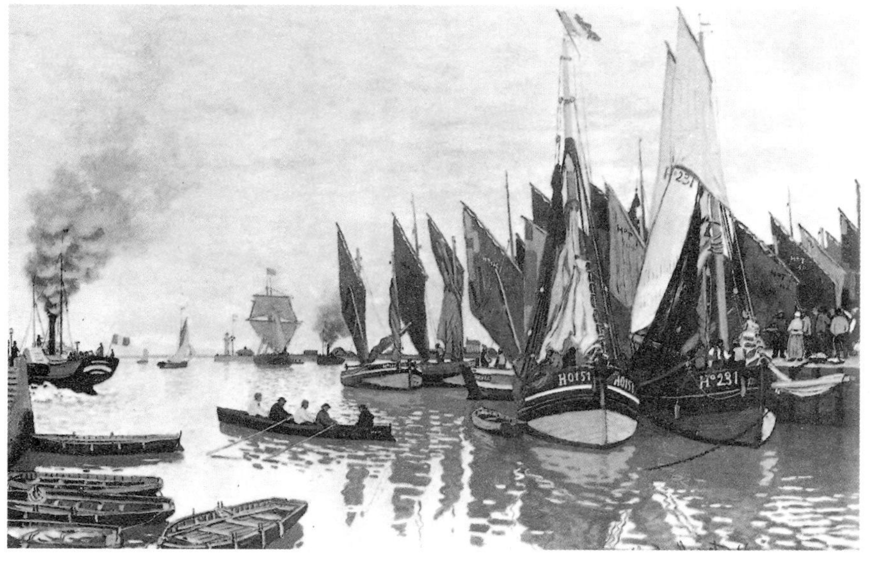

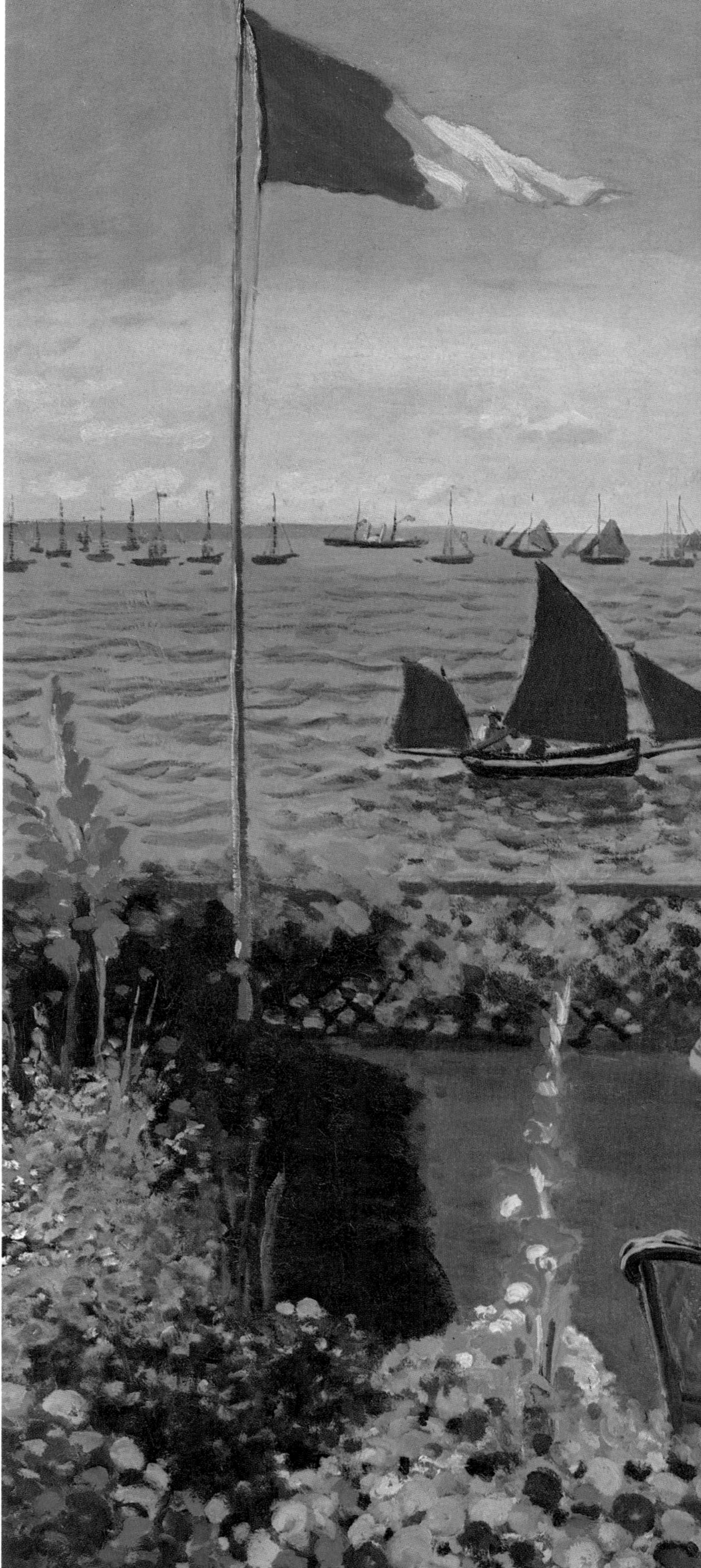

◆ Le Port de Honfleur *(ci-dessus)*, *Honfleur, automne 1866 ; huile sur toile ; 148 x 226 cm ; signé et daté ; anciennement dans une collection particulière à Berlin ; probablement détruit pendant la deuxième guerre mondiale.*

◆ Terrasse à Sainte-Adresse *(ci-contre)*, *Sainte-Adresse près du Havre, automne 1866 ; huile sur toile ; 98 x 130 cm ; signé ; Metropolitan Museum of Art, New York. Son splendide effet lumineux, ses couleurs scintillantes et sa touche vibrante font de cette toile une sorte de « manifeste » de l'impressionnisme. Une partie de la critique se fonde d'ailleurs sur ces caractéristiques pour la dater du séjour suivant de Monet à Sainte-Adresse, en été 1867.*

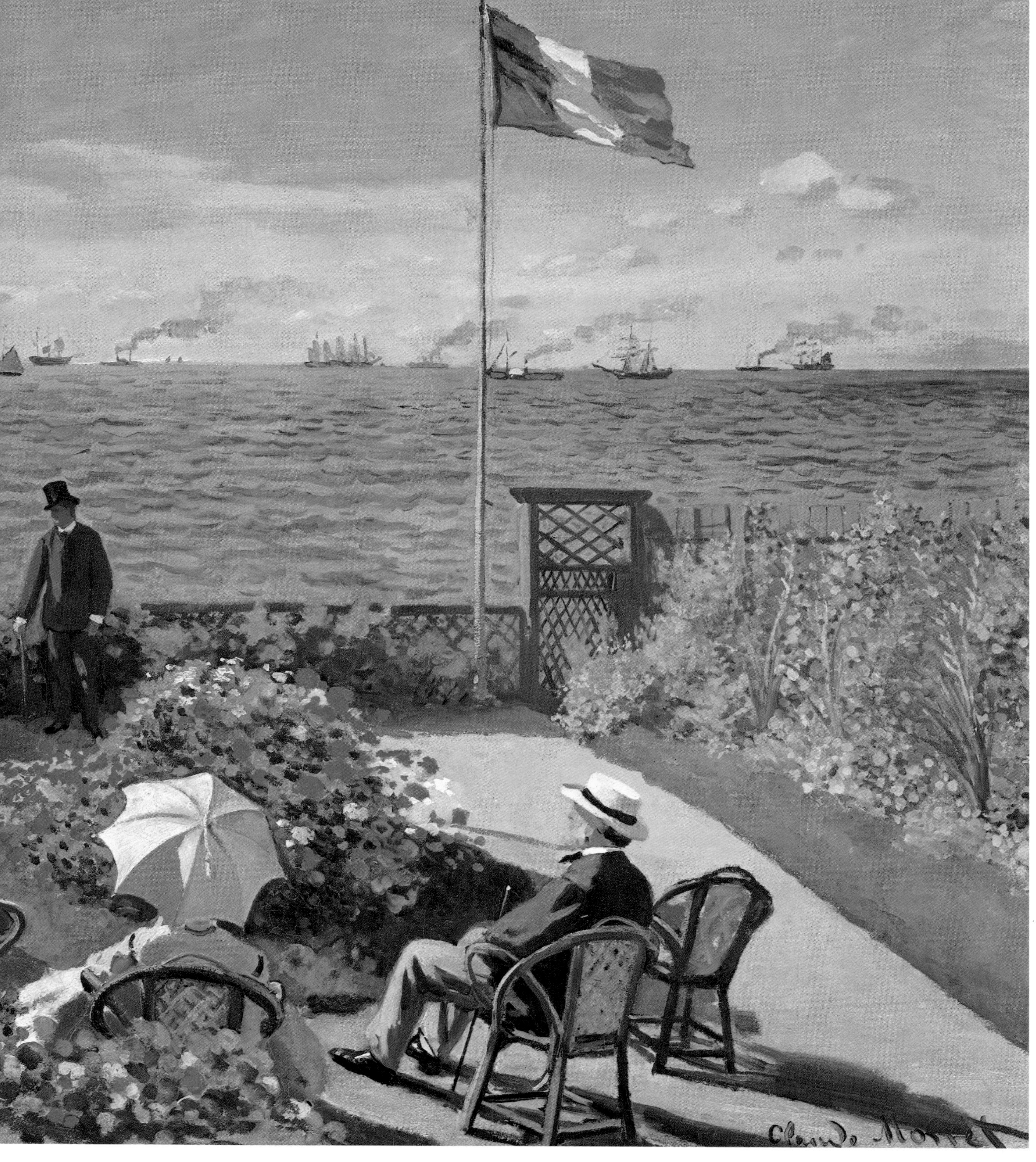
Claude Monet

La construction du tableau

Entre la fin des années 1860 et le début des années 1870, le travail de Monet mûrit rapidement pour s'orienter vers le parti pris strictement impressionniste qui caractérisera ses œuvres jusqu'en 1880 au moins. Sa technique évolue, en cela, parallèlement à celle d'autres jeunes peintres — Renoir, Sisley, Pissarro, Cézanne — avec certains desquels (Renoir, notamment) il engage une véritable collaboration, une sorte de pacte opérationnel fondé sur les avantages de l'exploitation réciproque des découvertes et inventions de chacun. Il convient toutefois de rappeler qu'à ces dates, les pratiques novatrices de Monet, comme celles de Renoir, restent essentiellement empiriques : leur propos peut encore se ramener à une exaspération de cette poétique de la *mimesis* dont tous deux sont partis. On a vu qu'il s'agissait d'une volonté de dépasser les possibilités d'expression de l'art réaliste sans abandonner pour autant le champ d'intervention de ce dernier, et c'est de manière assez confuse (ou, du moins, encore peu consciente) que les responsables de la future « révolution impressionniste » sont, en réalité, en train de miner de l'intérieur les postulats du réalisme pictural. C'est précisément l'exigence d'une relecture « radicale » des leçons de Courbet, associée à l'adoption de nouveautés linguistiques empruntées à Manet, qui pousse Monet à se constituer un solide bagage technique en plus d'une vaste culture psychologique ; il élabore ainsi les outils qui lui permettront par la suite de rendre « scientifique » son analyse des effets de la lumière et de se rapprocher, avec une audace rare, des options de *peinture pure* à laquelle cette analyse aboutit inévitablement.

Son parcours n'est pourtant ni facile, ni linéaire. Ce n'est pas un hasard si certains de ses tableaux de 1867 méritent d'être signalés pour la surprenante incertitude de leur style : dans *La Plage de Sainte-Adresse,* de l'Art Institute de Chicago, le portrait du petit *Jean Monet dans son berceau* ou encore *la Charrette, route sous la neige à Honfleur,* du musée d'Orsay, on observe une restitution assez rapide des effets chromatiques obtenue avec des teintes homogènes et des touches compactes, une sorte d'improvisation rappelant les *macchiaioli* italiens — sensibilité sans lien avec les intuitions qui vont bientôt se manifester dans *La Grenouillère* ou dans les toiles du cycle hollandais et incontestable pas en arrière par rapport aux meilleurs essais de 1866 (*Femmes au jardin, Terrasse à Sainte-Adresse*). Ces tableaux semblent en somme étrangers à l'itinéraire principal de l'artiste, ce qui a fait grimacer plus d'un critique. Mais il faut admettre, une fois pour toutes, que toute l'histoire de Monet est ponctuée de brusques inversions de tendance, de « hauts et de bas », de remises en question et d'autocritiques, et parfois même de baisses temporaires de qualité.

C'est de 1868 que date une œuvre qui, malgré sa valeur, n'en témoigne pas moins d'étranges tentations régressives : *Le Déjeuner.* Notons d'abord qu'elle peut se rattacher par au moins deux biais au travail d'Édouard Manet. Premièrement parce qu'elle forme un pendant implicite au *Déjeuner sur l'herbe* de 1865, dont elle semble vouloir reprendre et prolonger le thème : de l'ouvert au fermé, de la forêt à la maison du peintre (mais le propos est aussi idéologique : du plein-air au travail « académique » en atelier...). Or *Le Déjeuner sur l'herbe* de Monet est directement inspiré de la composition homonyme peinte par Manet en 1863. Deuxièmement, il se trouve que Manet s'est également attaqué au sujet du repas à la maison, avec son *Déjeuner dans l'atelier* (1868) des collections nationales de Munich. Le parallélisme est flagrant : deux « déjeuners sur l'herbe » (en 1863 et 1865), et deux « repas dans l'atelier » (tous deux de 1868). Du point de vue du style, enfin, l'œuvre en question est une des plus proches des idées de Manet, avec ses visages blanchis par la lumière, ses ombres nettes, si peu impressionnistes, et sa nappe traitée en un trompe-l'œil qu'on pourrait qualifier de néo-caravagesque. Quelle surprise, dès lors, de trouver la même année un tableau aussi splendidement solaire et authentiquement original que *La Rivière (Au bord de l'eau : Bennecourt)* de l'Art Institute de Chicago ! Selon Michel Butor, cette toile fait partie d'une série de tableaux à structure sémiologique complexe, présentant une sorte de « rébus visuel » en vertu duquel certaines parties de l'image ne sont lisibles que grâce à la présence d'autres, qui leur servent de « légende ». *La Rivière* amorce un jeu de renvois dynamiques entre les objets reflétés dans l'eau (la tête en bas) et ceux que l'on suppose « réels » : leurs deux zones tournent, en quelque sorte, autour d'un axe de symétrie (le regard de la femme assise sur la berge) qui les rend complémentaires et indispensables l'une à l'autre. « À sa droite les maisons ont le toit en haut, à sa gauche le toit en bas. Cette disposition nous oblige à rétablir derrière le feuillage la figure normale des maisons réfléchies, à inscrire sur la surface actuellement brisée de l'eau à droite un reflet des maisons à droite qui en soit le parfait renversement. Toute la toile s'anime en ces dédoublements. » (BUTOR).

En définitive, Monet, dans ses tableaux les plus réussis « va chercher des formes qui nous obligent à une réorganisation perceptive ». Même si, comme je le soulignais, c'est à partir d'une méthode encore empirique, sa peinture instaure une crise dans le rapport entre sujet voyant et objet vu. À ce stade, de 1868 à 1875, ce sont les reflets du soleil sur l'eau qui semblent réaliser cet impératif de la manière la plus immédiate. Leur position « centrale » de sujets picturaux dans le travail d'un habitué des sites fluviaux et maritimes ne découle pas seulement de l'amour de Monet pour la Seine ou la Tamise, la côte normande ou les canaux hollandais ; elle est plutôt, je crois, la cause première de cette passion, son mobile le plus profond.

Les reflets sur l'eau sont le véritable sujet du tableau intitulé *La Grenouillère* que Monet exécute en 1869 à Bougival, où il a loué une maison non loin de chez Renoir. Les deux amis ont donné de ce célèbre café flottant, fréquenté par des essaims multicolores de promeneurs et de pêcheurs, une sorte d'unique et prodigieuse vision : leurs deux œuvres ne forment qu'une seule image, une pièce à quatre mains d'une valeur inestimable, un exceptionnel « travail d'équipe ».

Rewald explique que cette collaboration permet à Renoir et à Monet d'effectuer une révision critique de la majeure partie des règles picturales alors en vigueur : « Ainsi ils pouvaient approfondir leur connaissance du fait que la couleur dite locale était en réalité une pure convention et que chaque objet présente au regard une coloration dérivée de la sienne propre, de ce qui l'entoure et des conditions atmosphériques. » Or il serait naïf d'entendre ce dépassement des règles comme un rapprochement ultérieur de la « vérité » de la nature. Au-delà de ses postulats conscients, ce que vise l'art de Monet est tout au plus la récupération rapide d'une liberté du geste créatif, et donc une émancipation de la couleur et de tous les éléments « formels » de la double entrave de la fidélité à l'objet et de la dépendance à l'égard des conventions indispensables à sa représentation. Car il n'existe pas, et Monet commence déjà à le pressentir, de réalisme en dehors d'un système de conventions.

Je pense, d'ailleurs, que c'est précisément le sentiment du caractère conventionnel du regard « objectif » qui engendre la logique sur laquelle Monet peut s'appuyer pour se dégager de la platitude de l'imitation et bâtir quelques textes visuels audacieux comme *Bateaux de pêche en mer*, de 1868 ou 1869, où la transcription personnelle et l'« interprétation » du fait optique produisent une hallucination coloriste raffinée, ou *Grosse mer à Étretat*, de la même période, qui a quelque chose d'expressionniste et rappelle presque Munch, ou encore *La Pie,* superbe paysage, probablement de 1869 (bien que certains préfèrent l'attribuer à 1872). J'aimerais insister sur le très haut niveau poétique alors atteint par le langage de Monet avec, par exemple, l'enchantement de la vision de soleil et de gel de *La Pie,* l'impression de vitalité magique et cachée qui en émane, contrastant avec le sentiment de grâce immobile et éternelle donné par la campagne enneigée. Il y a là quelque chose de comparable à la beauté ambiguë du sonnet de Mallarmé sur le cygne (1885) :

> Le vierge, le vivace et le bel aujourd'hui
> Va-t-il nous déchirer avec un coup d'aile ivre
> Ce lac dur oublié que hante sous le givre
> Le transparent glacier des vols qui n'ont pas fui !

1870 est l'année des tableaux, plus « terre à terre » et plus « sobres » consacrés à la plage de Trouville : plusieurs portraits de Camille (que Monet vient d'épouser), parfois en compagnie d'une amie, différentes vues du bord de mer et des arbres de la côte. Ces travaux sont surtout intéressants par la multiplicité et la hardiesse de leurs cadrages. Analysés côte à côte, les portraits de Camille trahissent leur caractère fondamental d'études, d'esquisses, de notes presque, en vue d'hypothétiques élaborations ultérieures (que Monet ne réalisera toutefois pas). La justesse de leur approche perspective — il s'agit là encore d'un problème de rapport entre le sujet et l'objet — les place sur le même plan que les expériences de peu ultérieures de Degas, bien qu'elles représentent le contraire absolu du style de ce dernier. En effet, Degas a beau être modernement engagé dans la recherche d'une image d'une puissance expressive inédite, fondée sur les qualités instantanées et anti-classiques du regard photographique, il n'ose jamais renoncer à un certain degré d'académisme, dans le traitement graphique et chromatique comme dans celui des ombres. La voie empruntée par Monet prévoit, à l'inverse, la dissolution progressive du signe et de l'objet et, dès ses œuvres du début des années soixante-dix, son langage se montre enclin à abolir tout principe de décor (artificiel), toute démonstration de bravoure superflue. Après les brumes suggestives de la première vue de *La Tamise et le Parlement*, la série hollandaise de 1871 témoigne, avec *Zaandam*, *La Zaan à Zaandam, Maisons au bord de la Zaan, La Voorzaan, Moulins près de Zaandam,* ..., d'un retour partiel et provisoire à l'exhaustivité formelle. Ces toiles sont celles d'un peintre déjà mûr, disposant d'un prodigieux contrôle de ses moyens techniques, d'une grande capacité — y compris instinctive — de synthèse poétique, d'absence de préjugés et d'une grande conviction. Voyez notamment l'efficacité lyrique et descriptive des rayures de couleur qui représentent le reflet aquatique des édifices et des autres « objets » de *La Zaan à Zaandam*... La réalité devient ici une chose à la fois concrète et mentale : un écran entre l'homme et le ciel, l'entité (la chose) qui nous assure de notre existence, mais n'en reste pas moins le produit d'une « volonté de voir » déterminée, de l'imagination humaine en tant que clé de lecture de l'univers. Cette tendance *constructive* (y compris au sens philosophique du terme !) différencie le travail de Monet de celui, bien plus « léger », de nombre de ses contemporains. À l'exception, bien sûr, de Cézanne, il est le seul du groupe impressionniste à se poser de manière cohérente, dès la période qui nous occupe, le problème de la *consistance* scientifique et psychologique de l'acte perceptif. Et donc à s'interroger sur la valeur de « vérité » de la mécanique de l'œil, de la transmission d'informations de l'œil au cerveau, de la synthèse intellectuelle cérébrale et, enfin, de l'élaboration linguistique (picturale) censée rendre compte de ce processus.

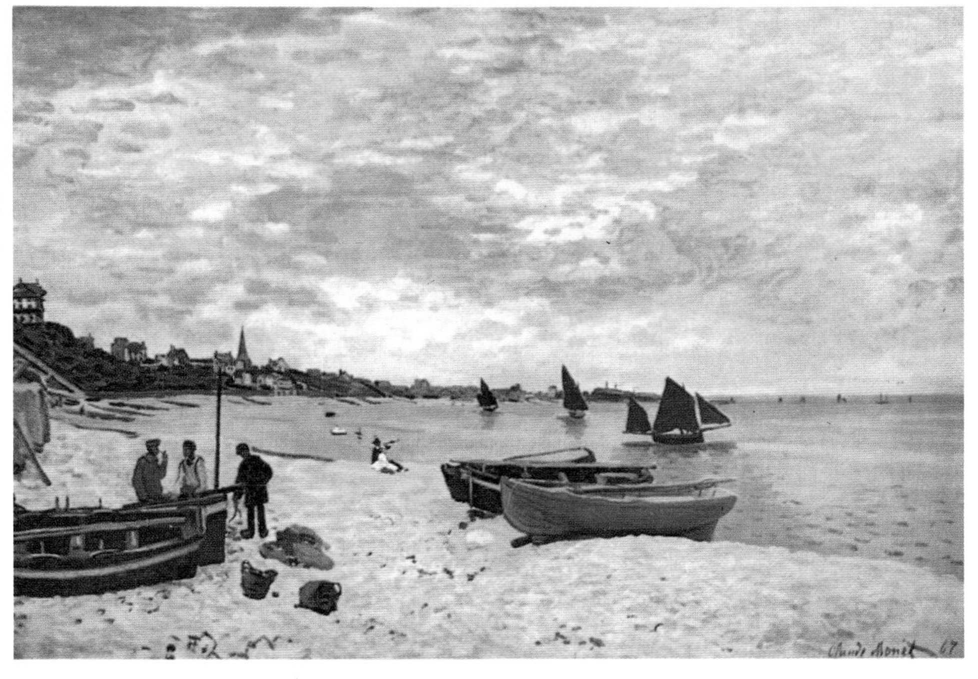

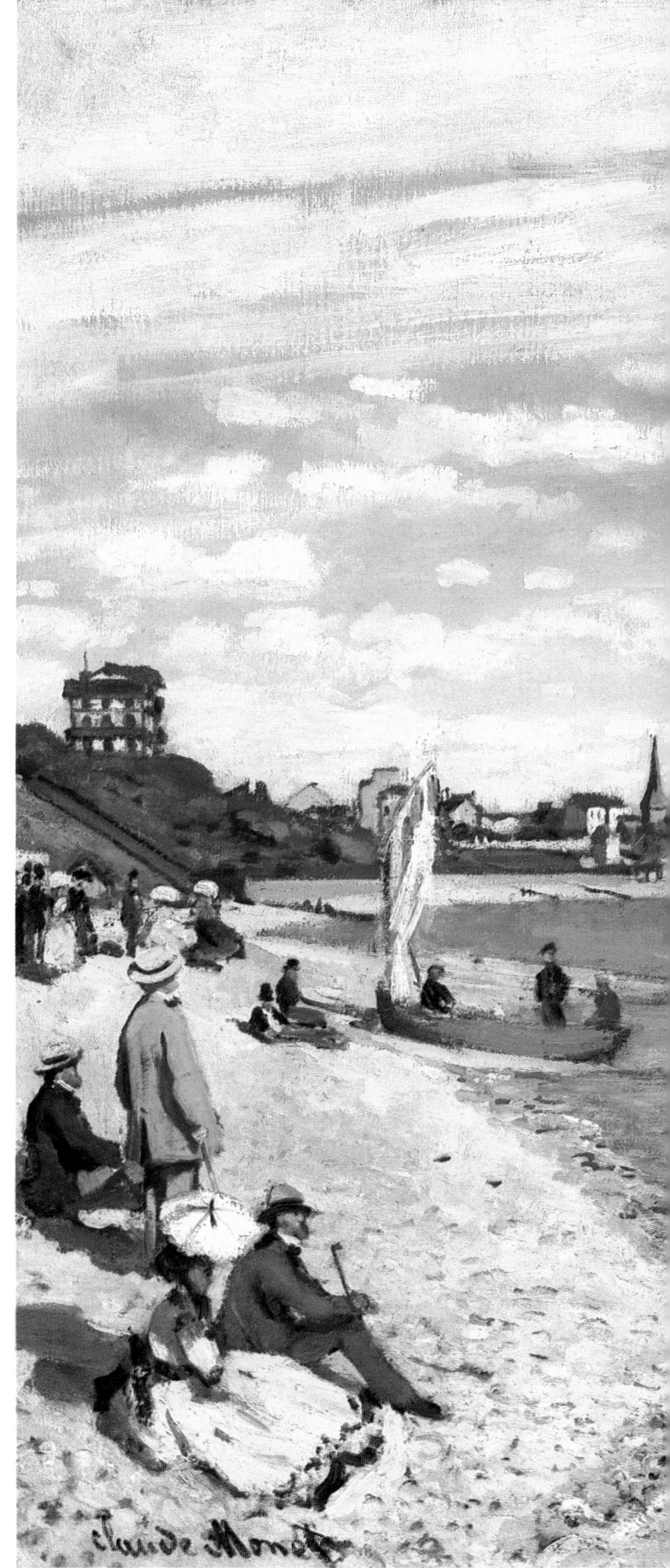

◆ La Plage de Sainte-Adresse *(ci-dessus), Sainte-Adresse près du Havre, juin-juillet 1867 ; huile sur toile ; 93 × 130 cm ; signé et daté ; Art Institute, Chicago.*
Exécuté suivant une technique plus « macchiaiola » qu'impressionniste, c'est un des rares tableaux de Monet dont la tonalité soit mélancolique, vaguement maussade : plus mystérieux que les toiles « solaires » qu'il réalise habituellement à cette époque, ils sont peut-être révélateurs d'un état d'esprit temporairement moins optimiste.

◆ Les Régates à Sainte-Adresse *(ci-contre), Sainte-Adresse près du Havre, juin-juillet 1867 ; huile sur toile ; 75,3 × 100 cm ; signé ; Metropolitan Museum of Art, New York.*

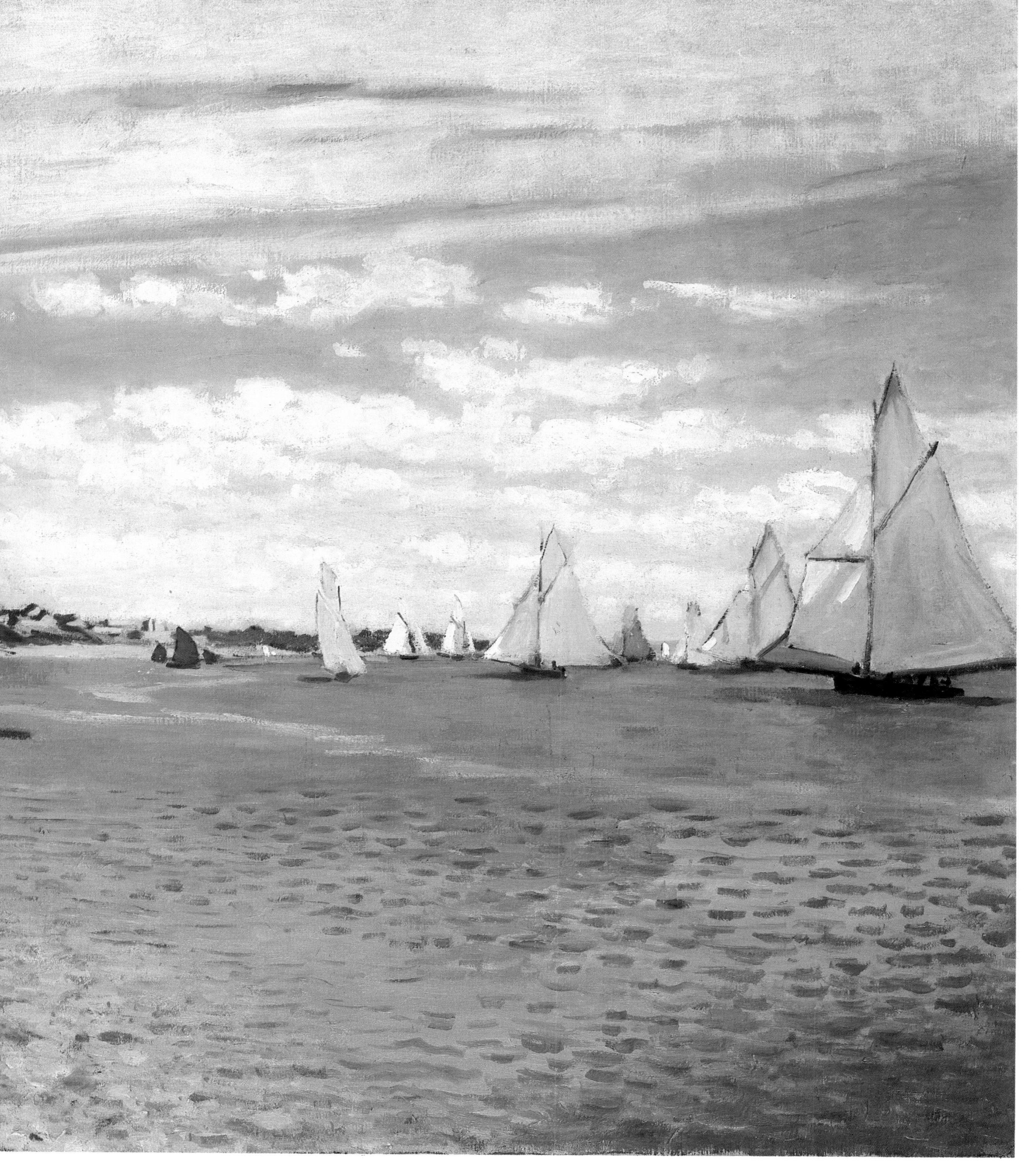

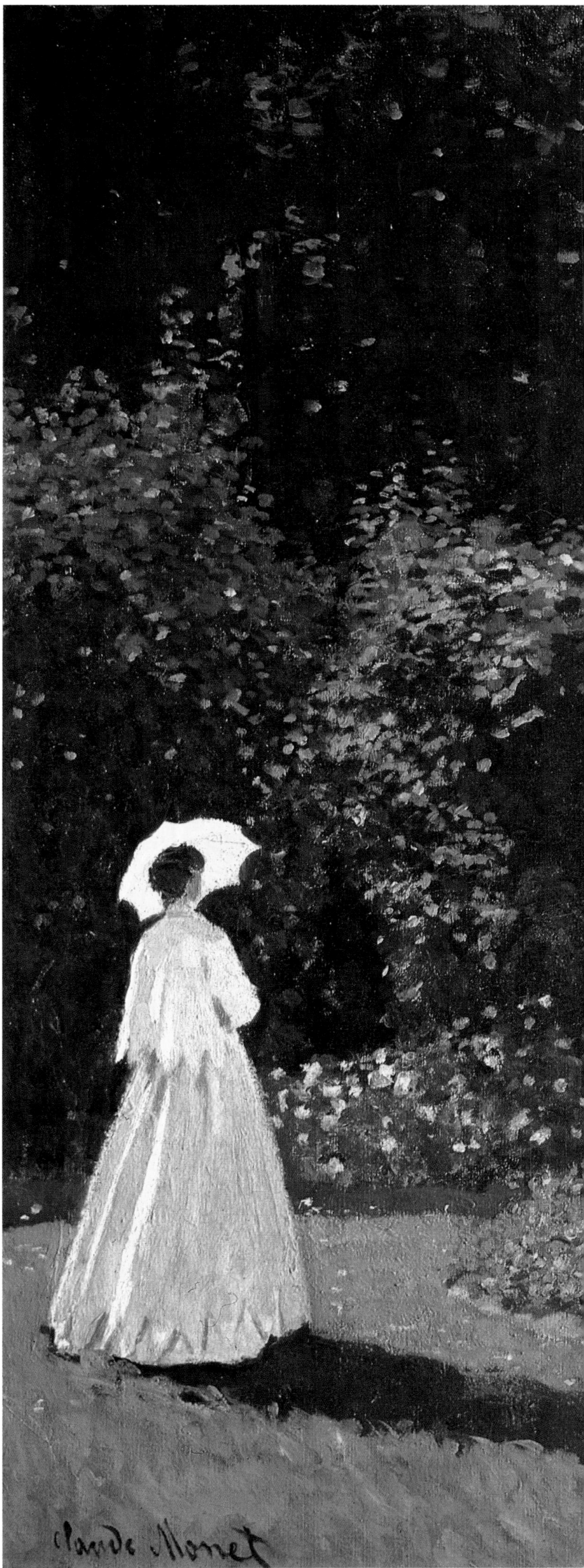

◆ Femme au jardin, *(Jeanne Marguerite Lecadre au jardin) Sainte-Adresse près du Havre, juin-juillet 1867 ; huile sur toile ; 80 × 99 cm ; signé ; musée de l'Ermitage, Saint-Pétersbourg. Dans les tableaux de la seconde moitié des années soixante, le problème de la lumière se conjugue avec un projet de redéfinition du rôle de la nature, considérée comme la principale responsable, dans son instabilité perpétuelle, de l'incertitude même du facteur perceptif.*

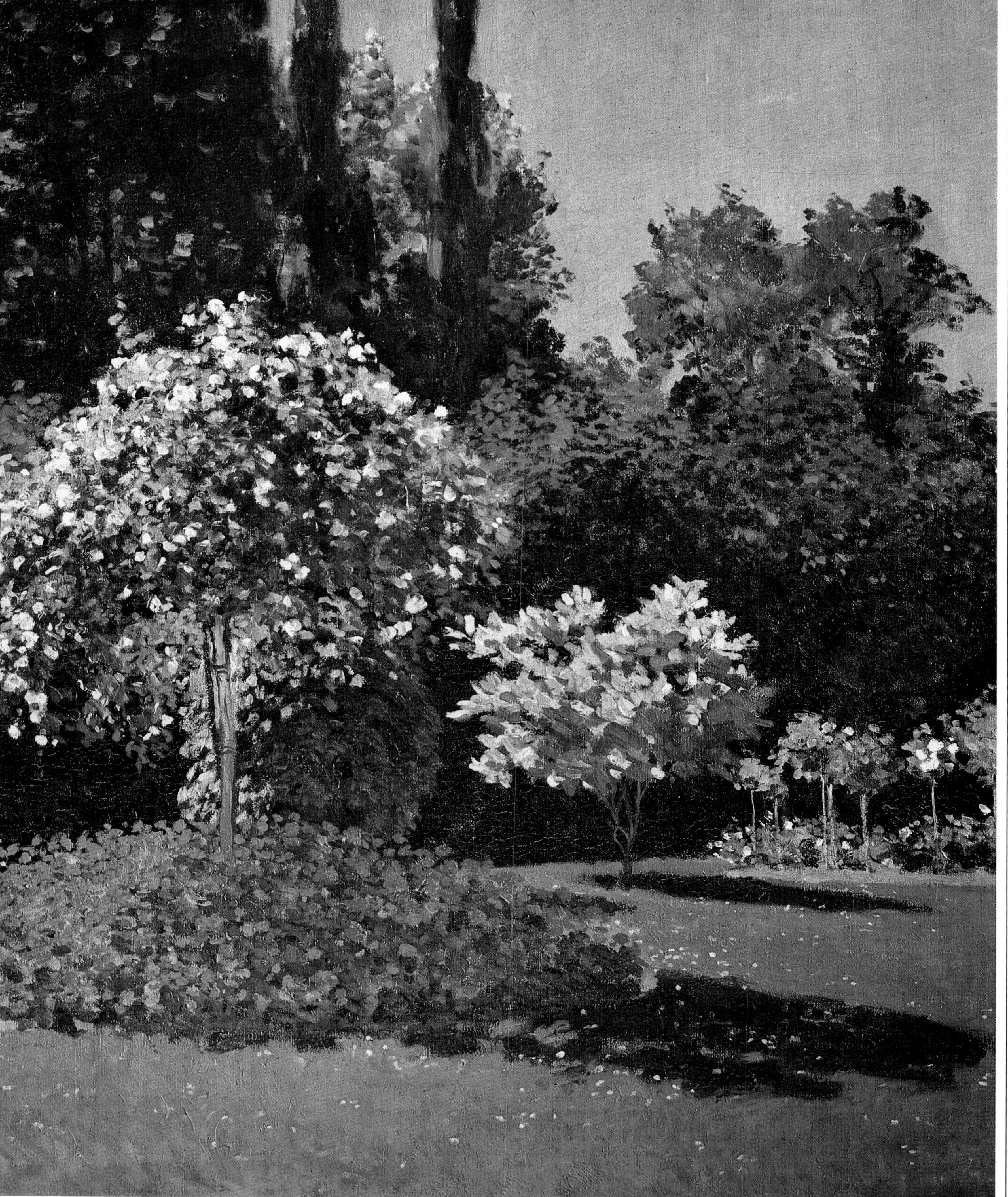

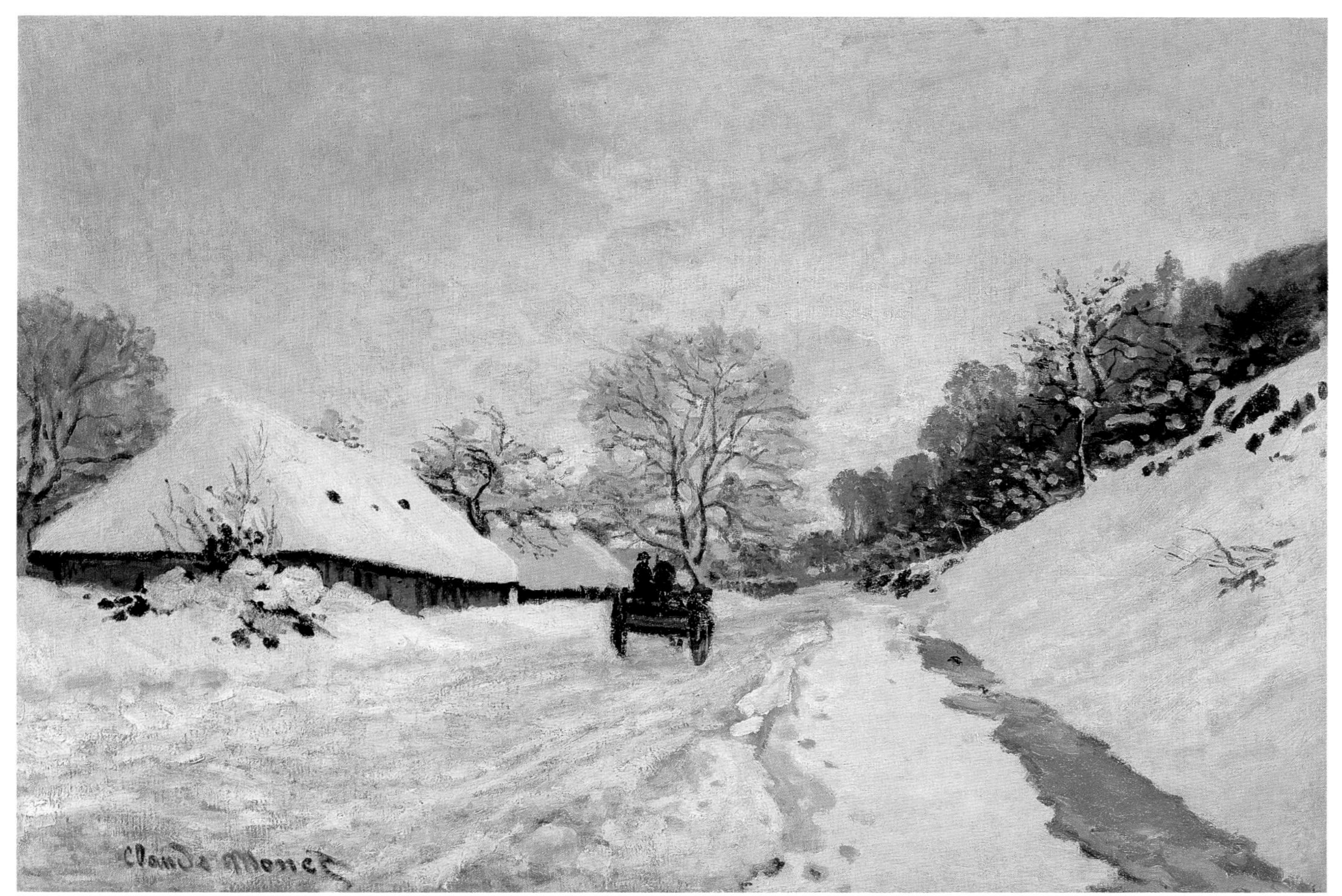

◆ La Charette, route sous la neige à Honfleur, *Honfleur, automne-hiver 1867 (?) ; huile sur toile ; 65 x 92 cm ; signé ; musée d'Orsay, Paris.*

◆ Jean Monet dans son berceau *(page ci-contre), Le Havre, août 1867 ; huile sur toile ; 116 x 89 cm ; National Gallery of Art, Washington.*

69

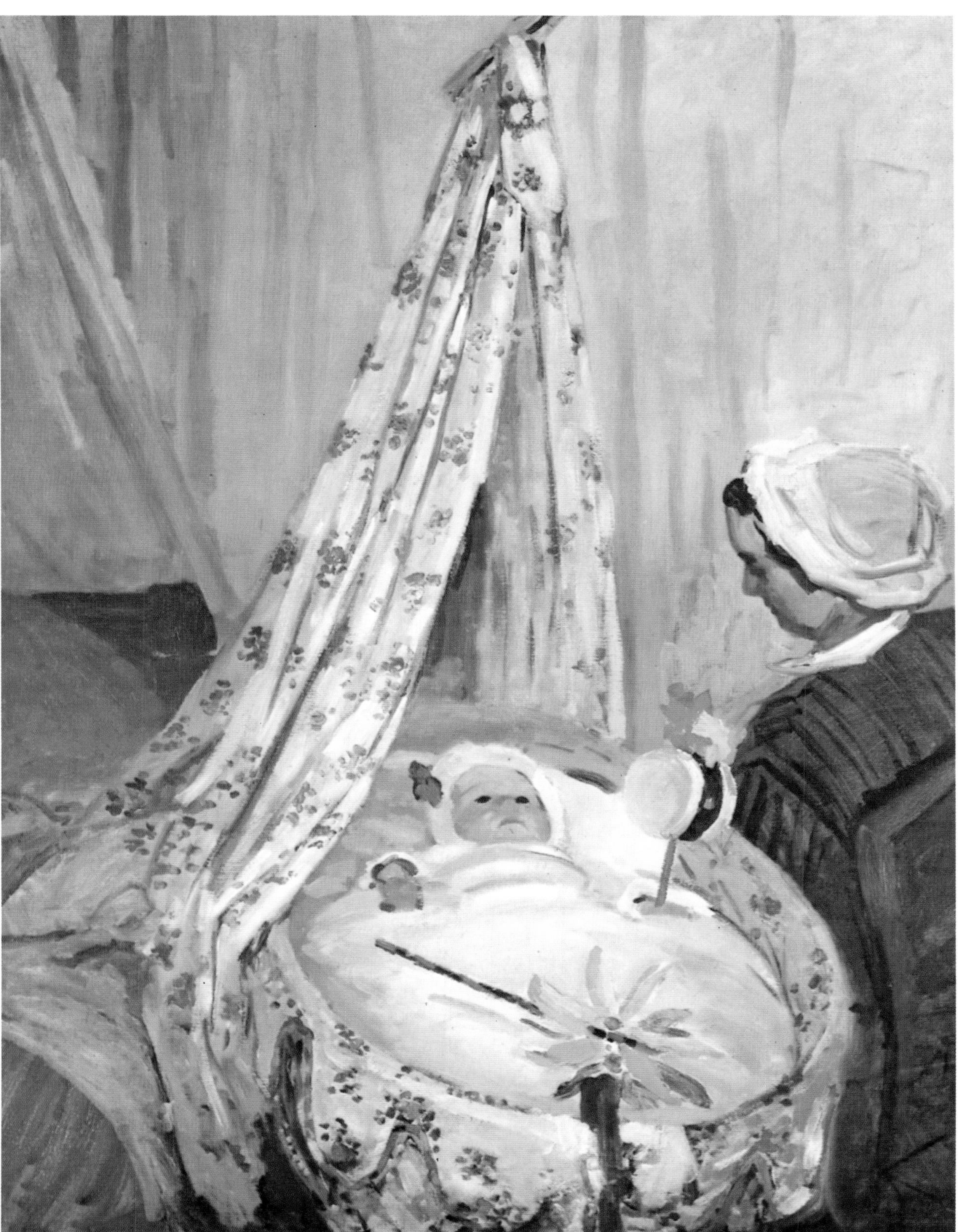

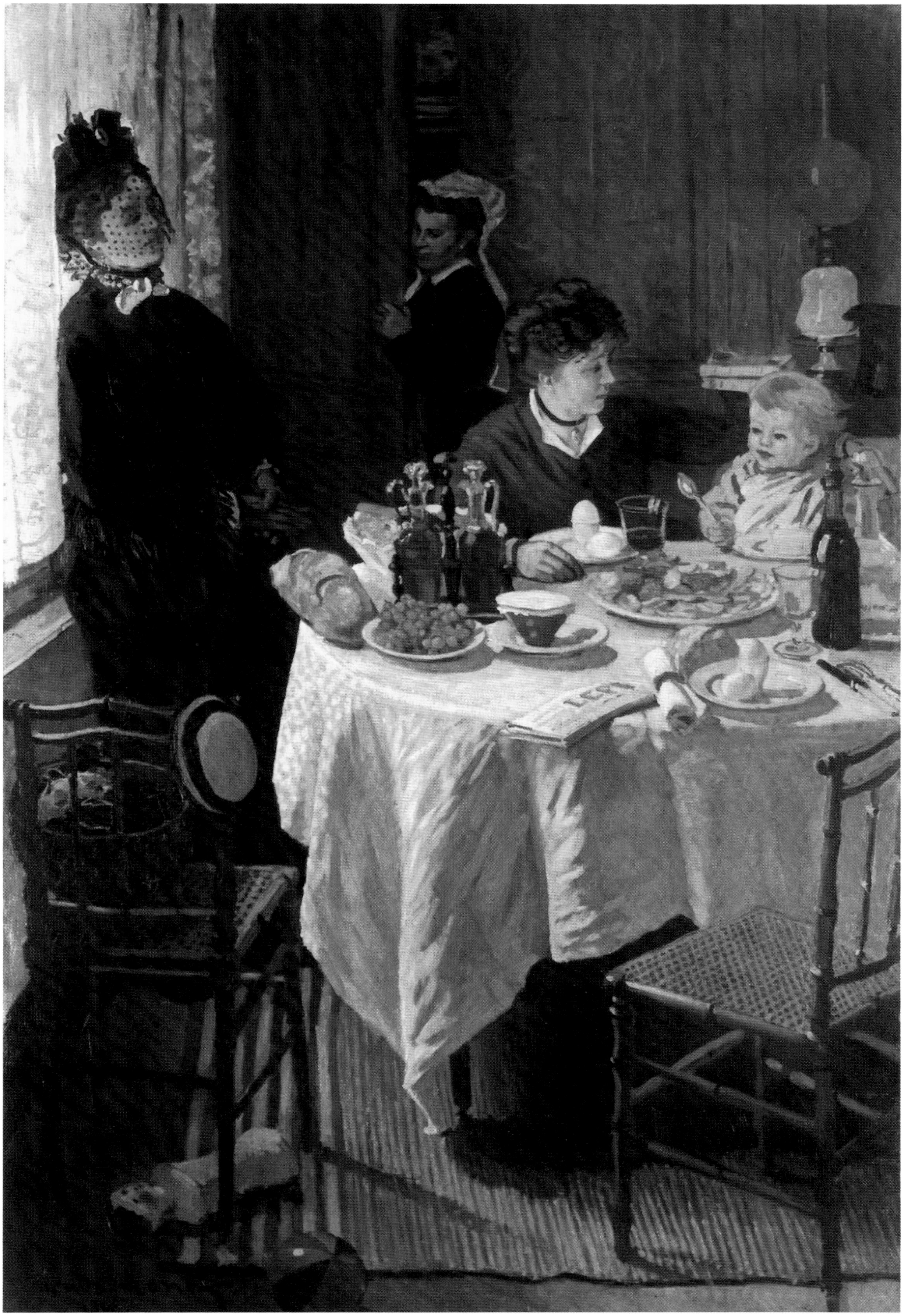

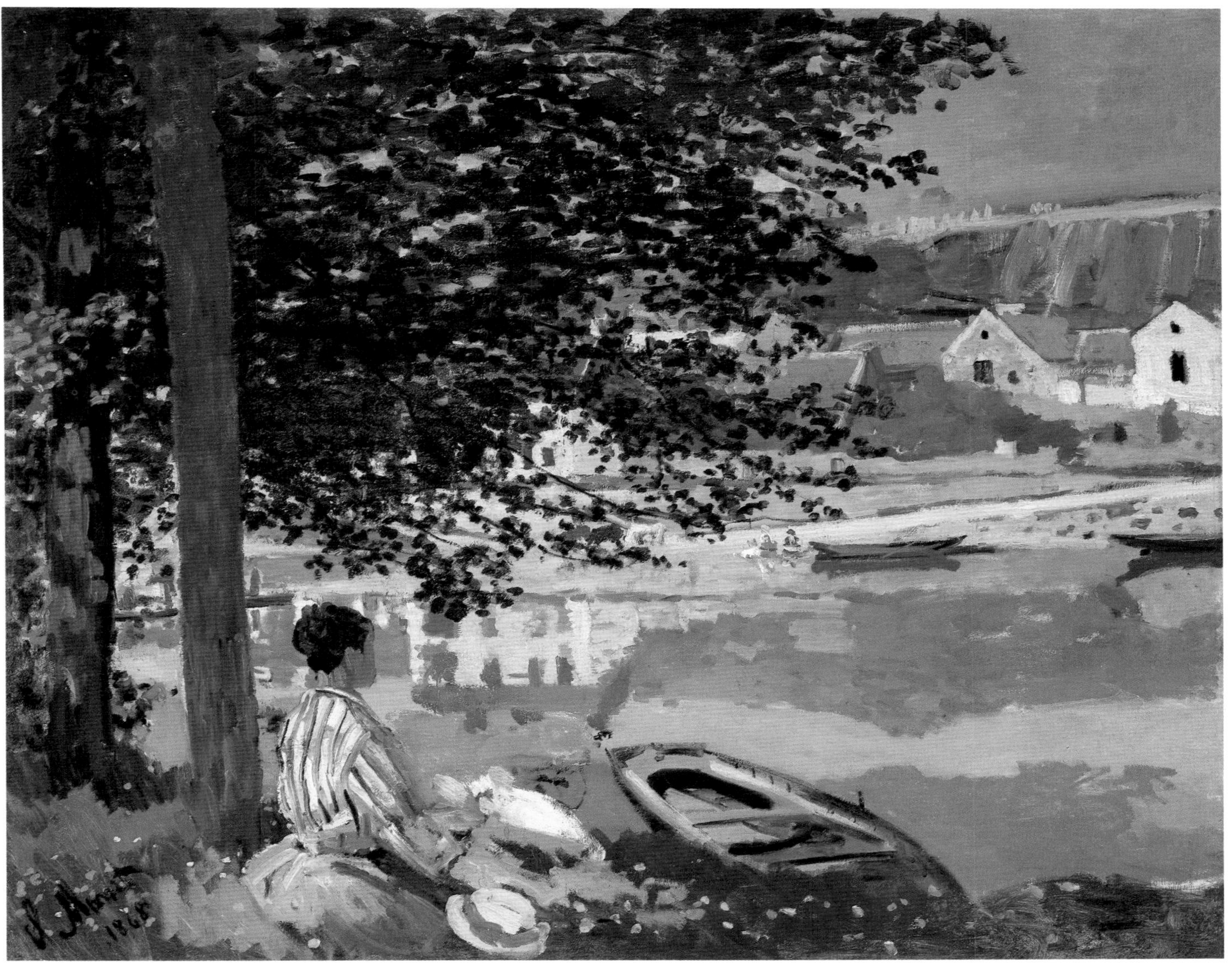

◆ Le Déjeuner *(page ci-contre), Fécamp, 1868 ; huile sur toile ; 191 × 150 cm ; signé et daté ; Städelsches Kunstinstitut, Francfort-sur-le-Main.*

◆ Au bord de l'eau : Bennecourt, *Bennecourt, été 1868 ; huile sur toile ; 81 × 100 cm ; signé et daté ; Art Institute, Chicago.*

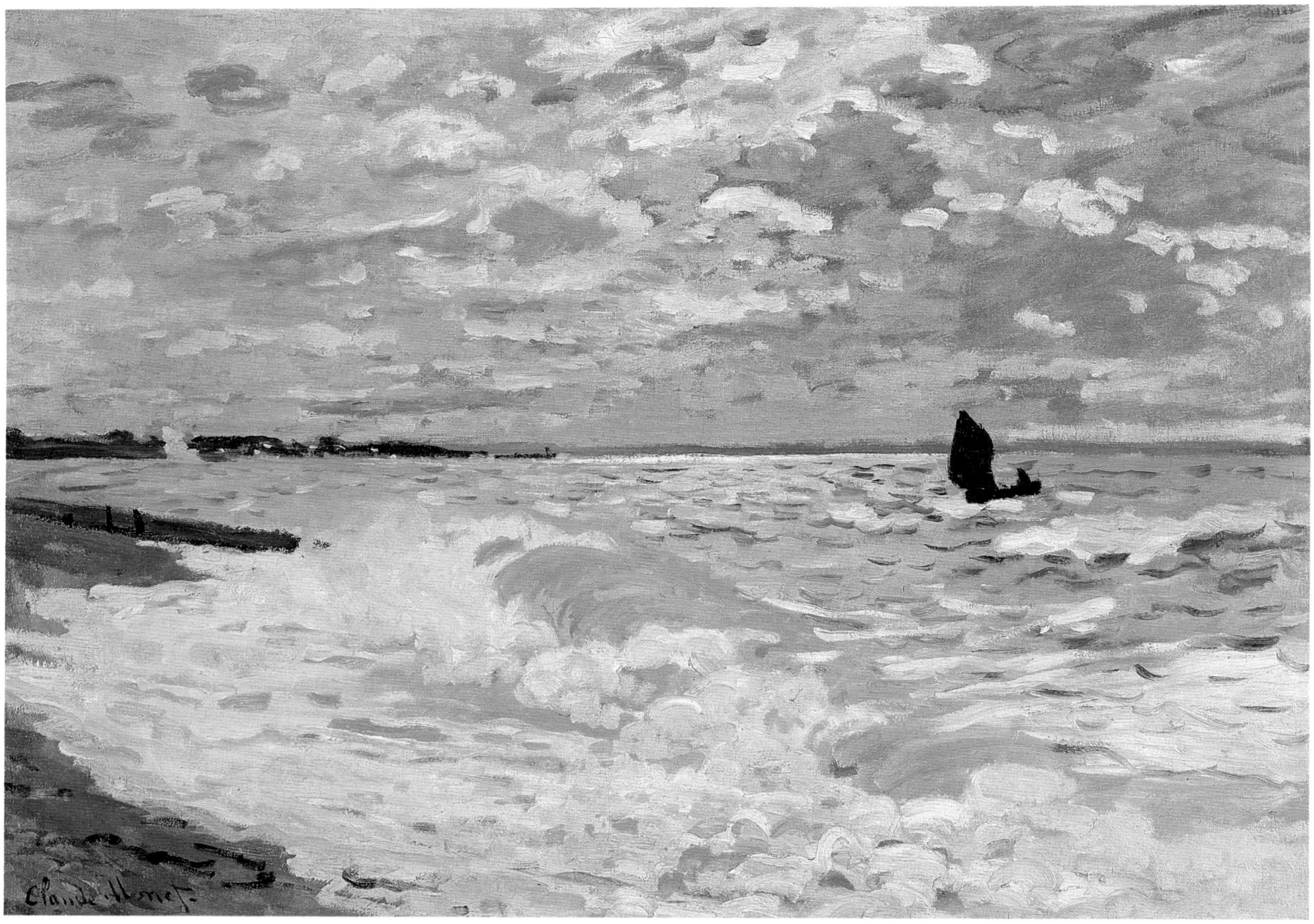

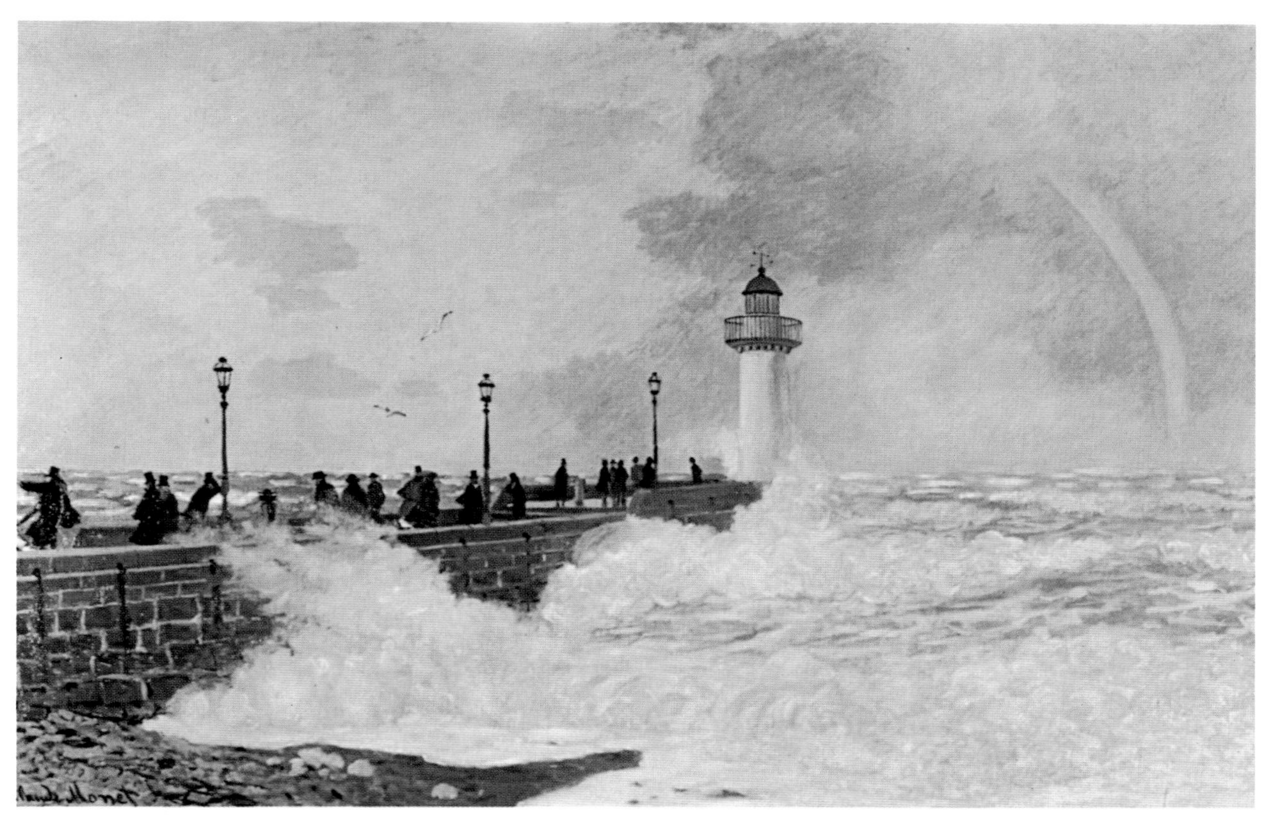

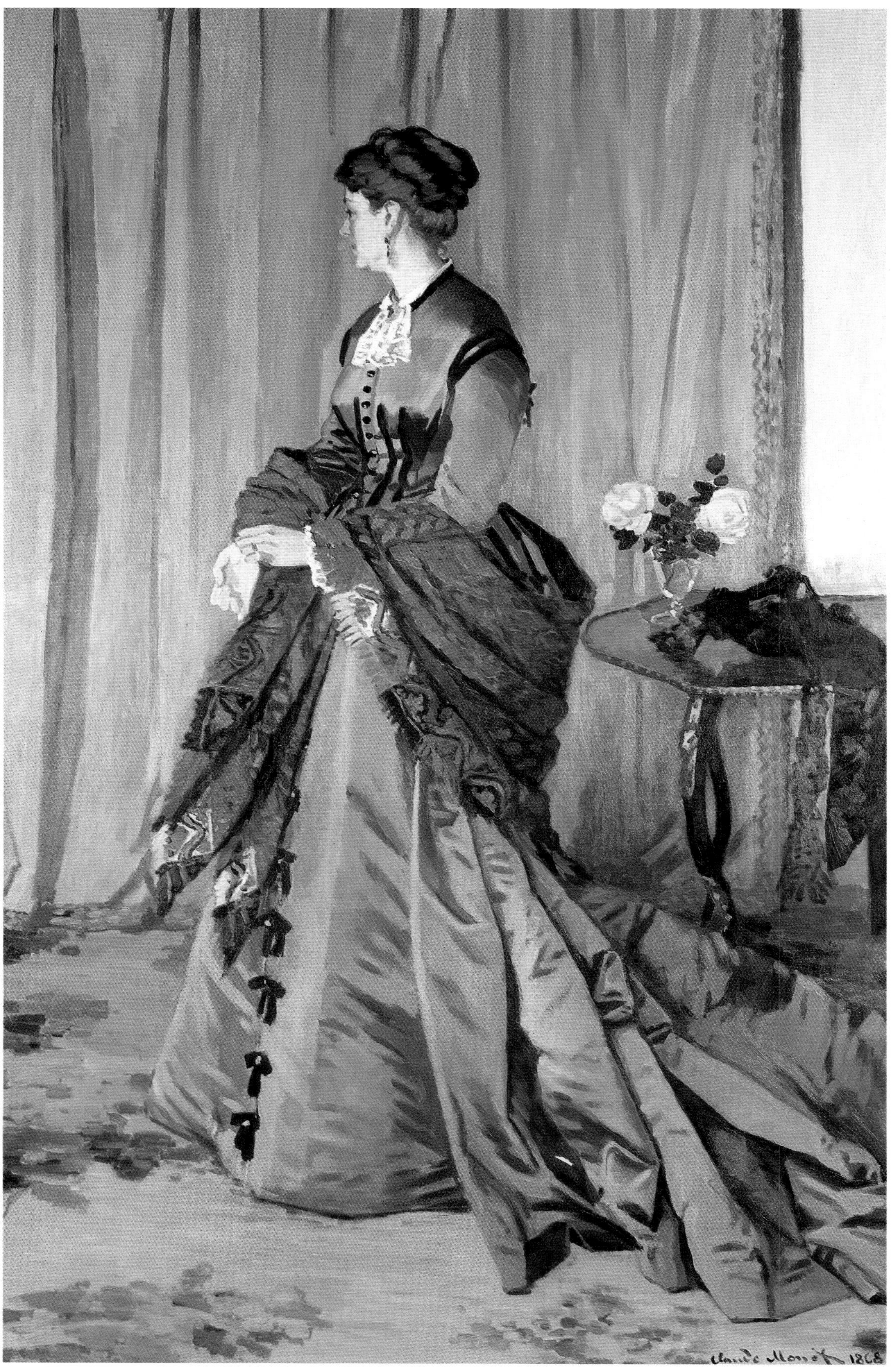

◆ La Mer à Sainte-Adresse *(page ci-contre en haut), Le Havre, été 1868 ; huile sur toile ; 60 x 81,5 cm ; signé ; Carnegie Museum of Art, Pittsburgh.*

◆ La Jetée du Havre *(page ci-contre en bas), Le Havre, été 1868 ; huile sur toile ; 147 x 226 cm ; signé ; collection particulière.*

◆ Portrait de Madame Gaudibert, *Le Havre (?), été 1868 ; huile sur toile ; 216 x 138 cm ; signé et daté ; musée d'Orsay, Paris.*

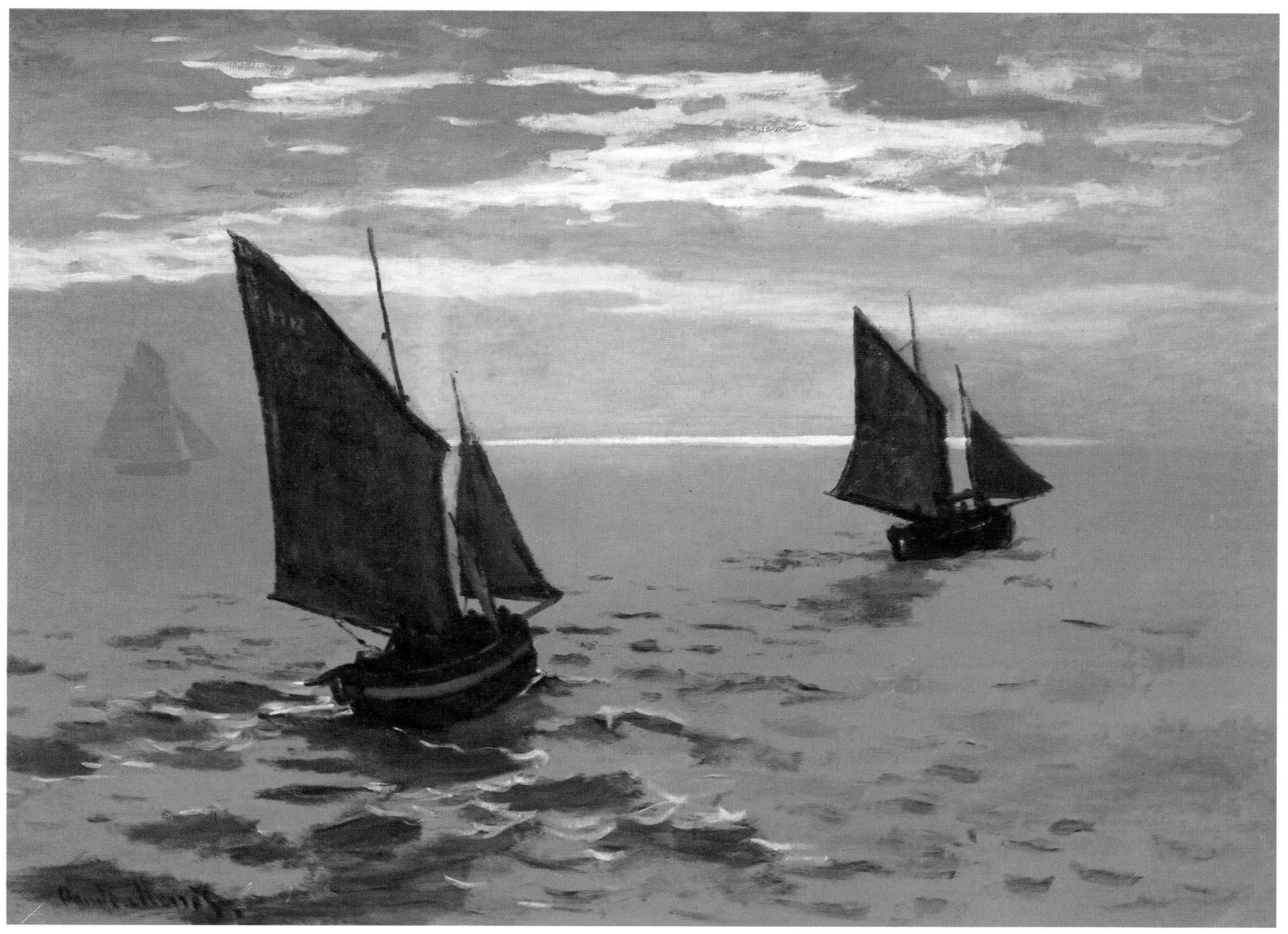

◆ Bateaux de pêche en mer, *Le Havre, 1868 ou 1869 ; huile sur toile ; 96 x 130 cm ; signé ; Hill-Stead Museum, Farmington, Connecticut.*

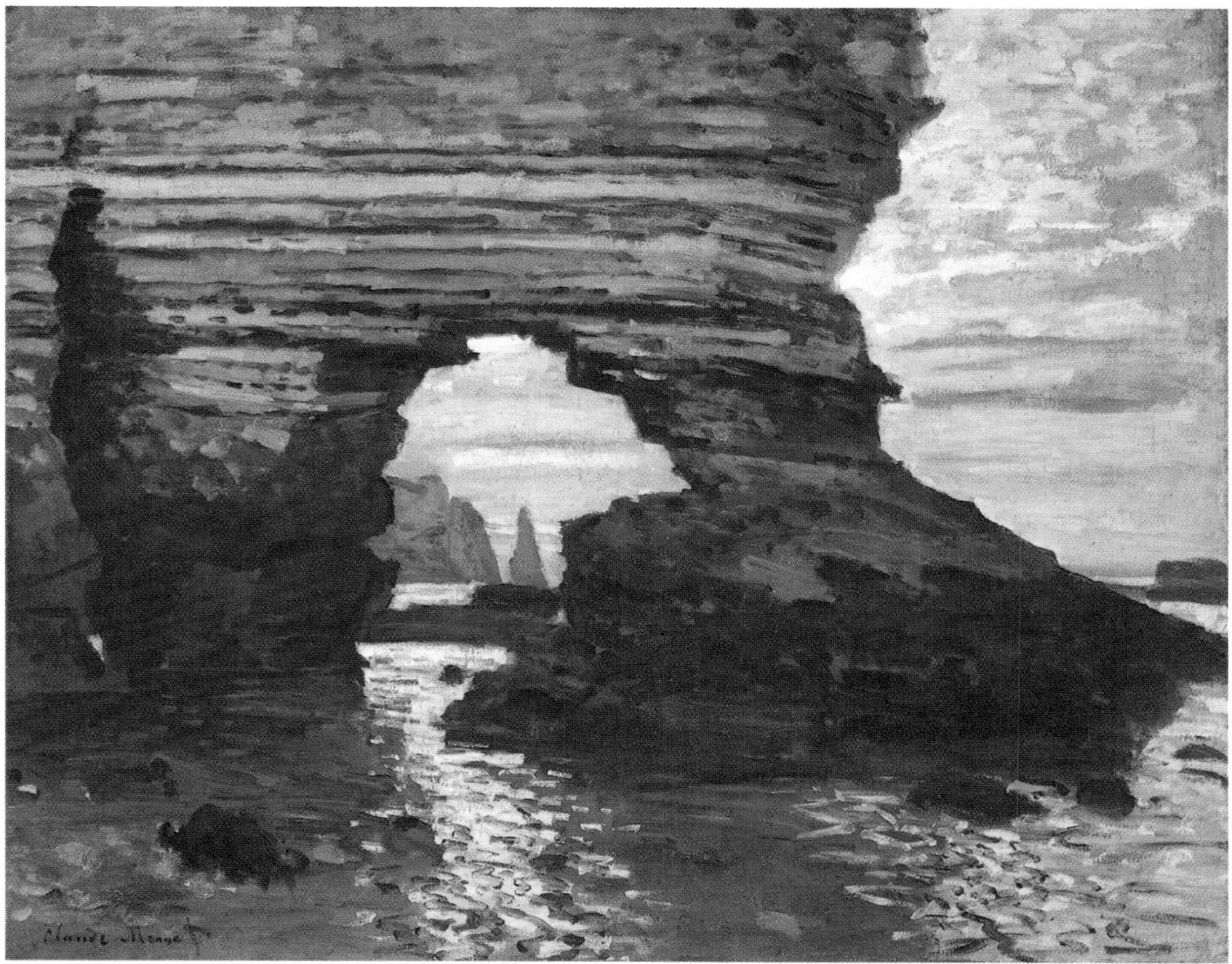

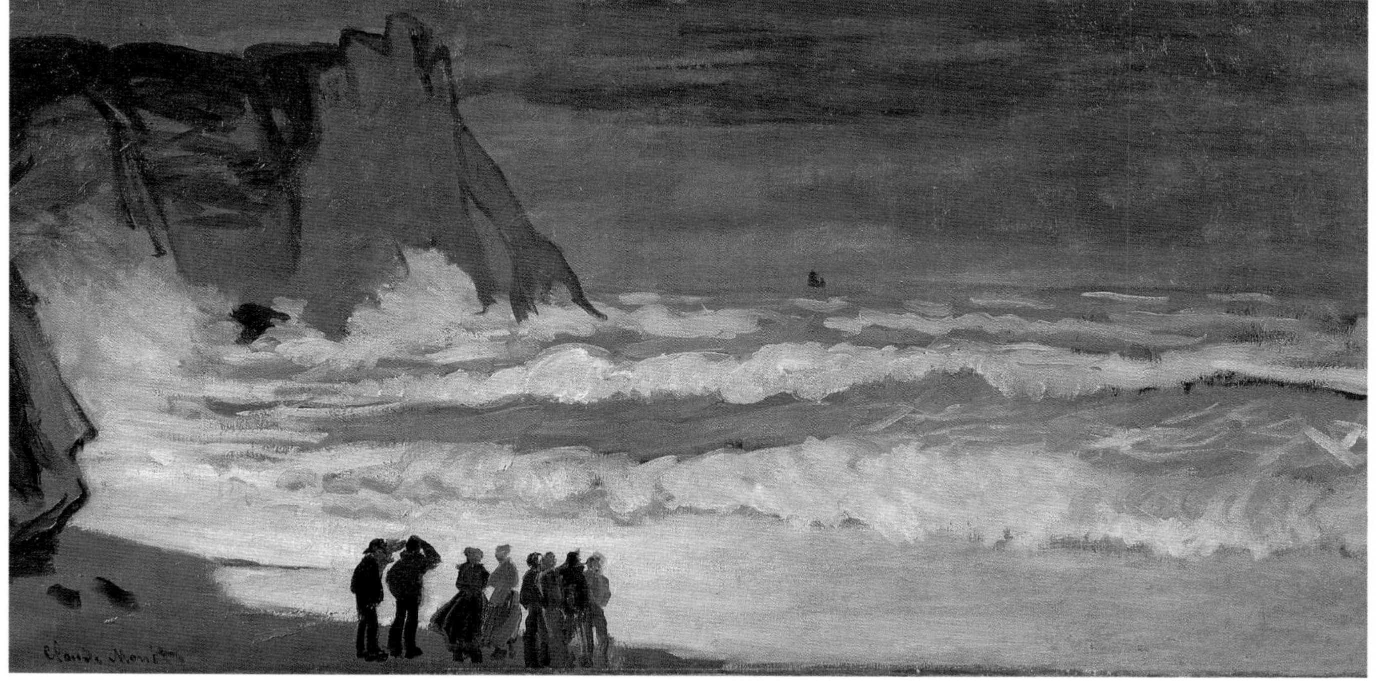

◆ La Porte d'Amont, Étretat *(en haut)*, *Étretat, v. 1868-1869 ; huile sur toile ; 81 x 100 cm ; signé ; Fogg Art Museum, Cambridge, Massachusetts.*

◆ Grosse Mer à Étretat *(en bas)*, *Étretat, v. 1868-1869 ; huile sur toile ; 66 x 130 cm ; signé ; musée d'Orsay, Paris. Par son thème et son rendu expressif, il prélude, comme le tableau précédent, au grand cycle des années quatre-vingts sur les falaises d'Étretat.*

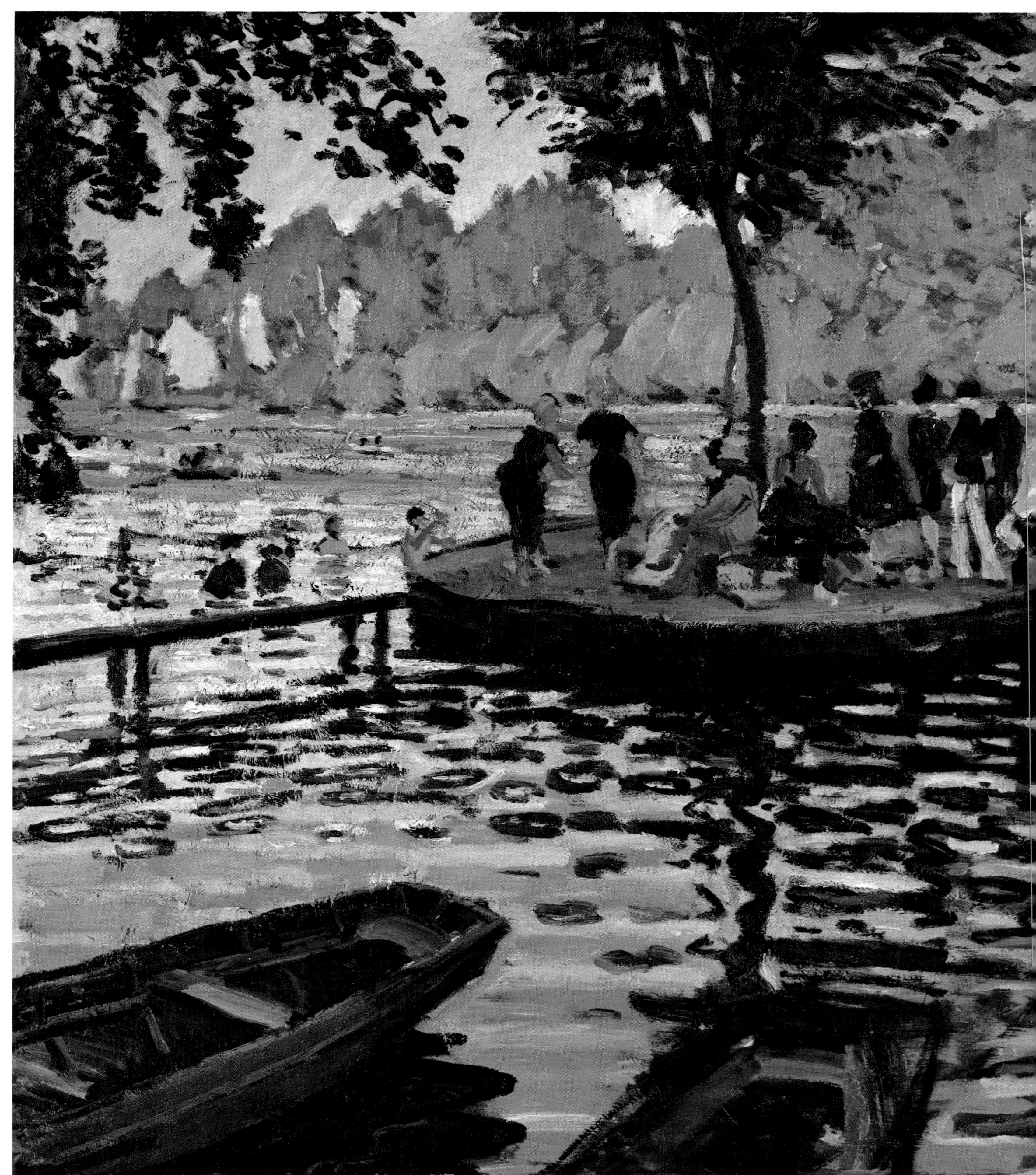

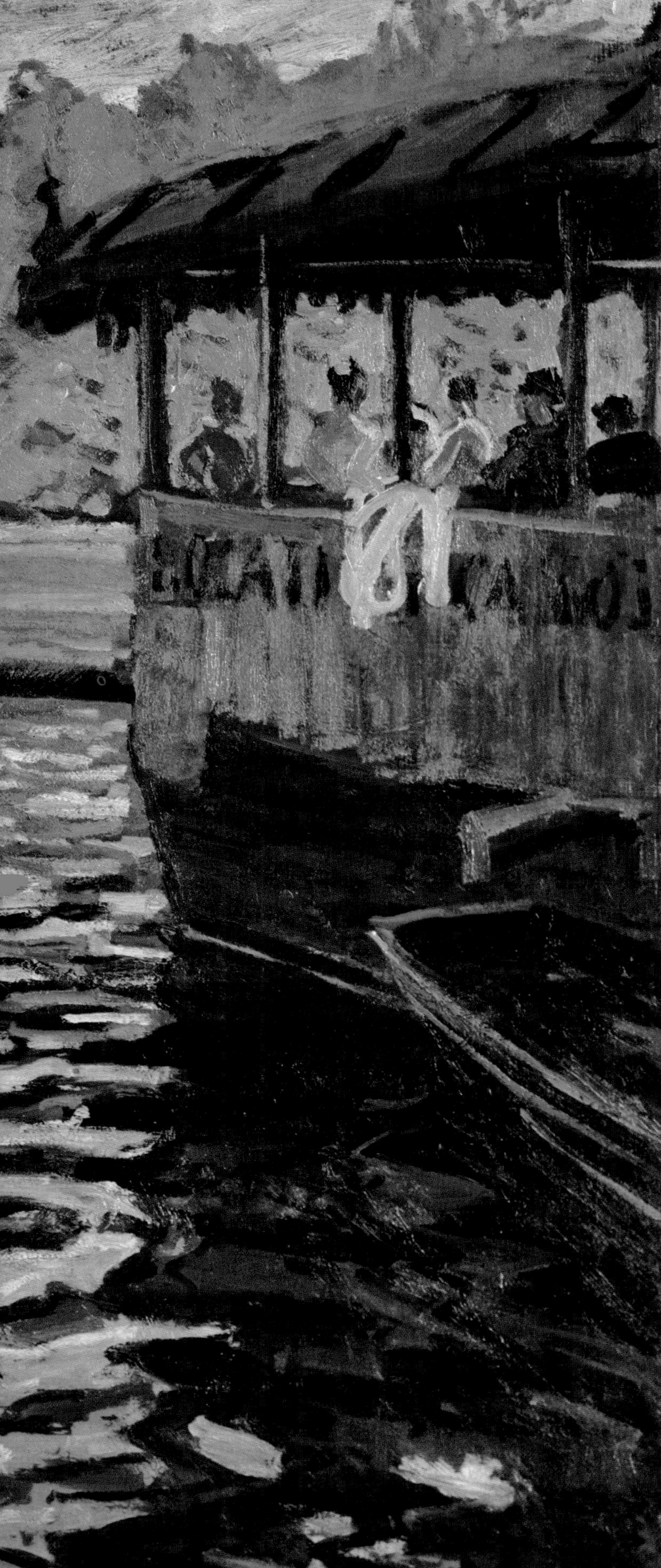

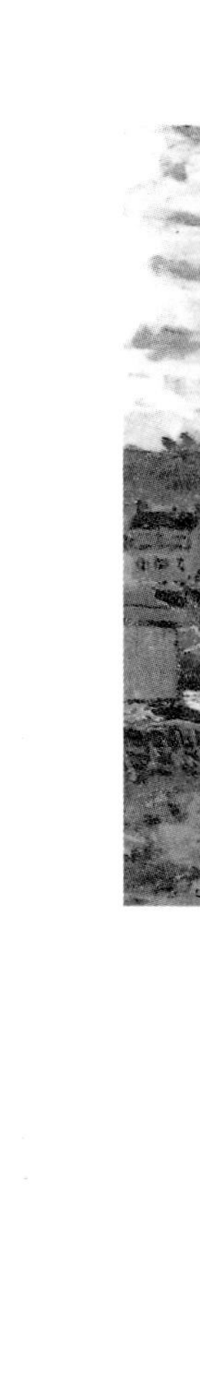

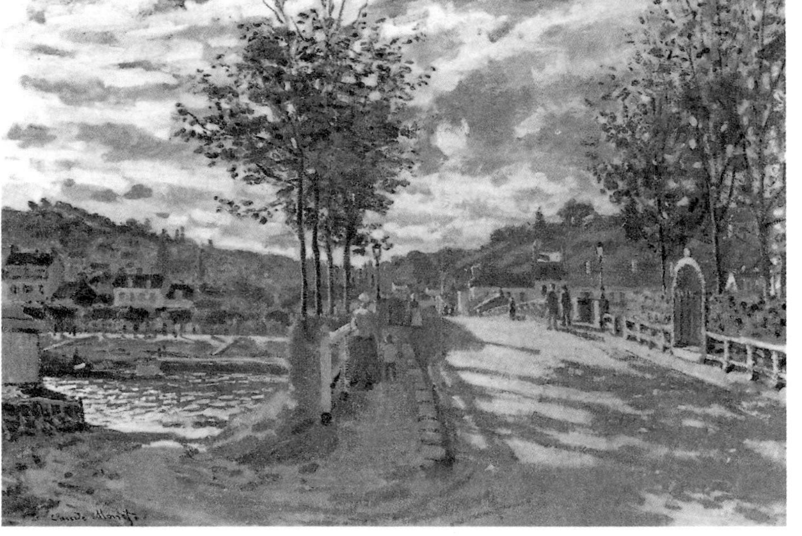

◆ La Grenouillère *(ci-contre), Bougival, été 1869 ; huile sur toile ; 75 × 100 cm ; signé et daté ; Metropolitan Museum of Art, New York. Le paysage fluvial constitue désormais un pur prétexte au traitement du sujet véritable de l'œuvre, les effets de la lumière sur l'eau, que Monet et Renoir placent au centre de leurs tentatives d'élaboration d'un langage impressionniste.*

◆ Le Pont de Bougival *(ci-dessus), Bougival, printemps 1869 ; huile sur toile ; 63 × 91 cm ; signé et daté ; Currier Gallery of Art, Manchester, New Hampshire.*

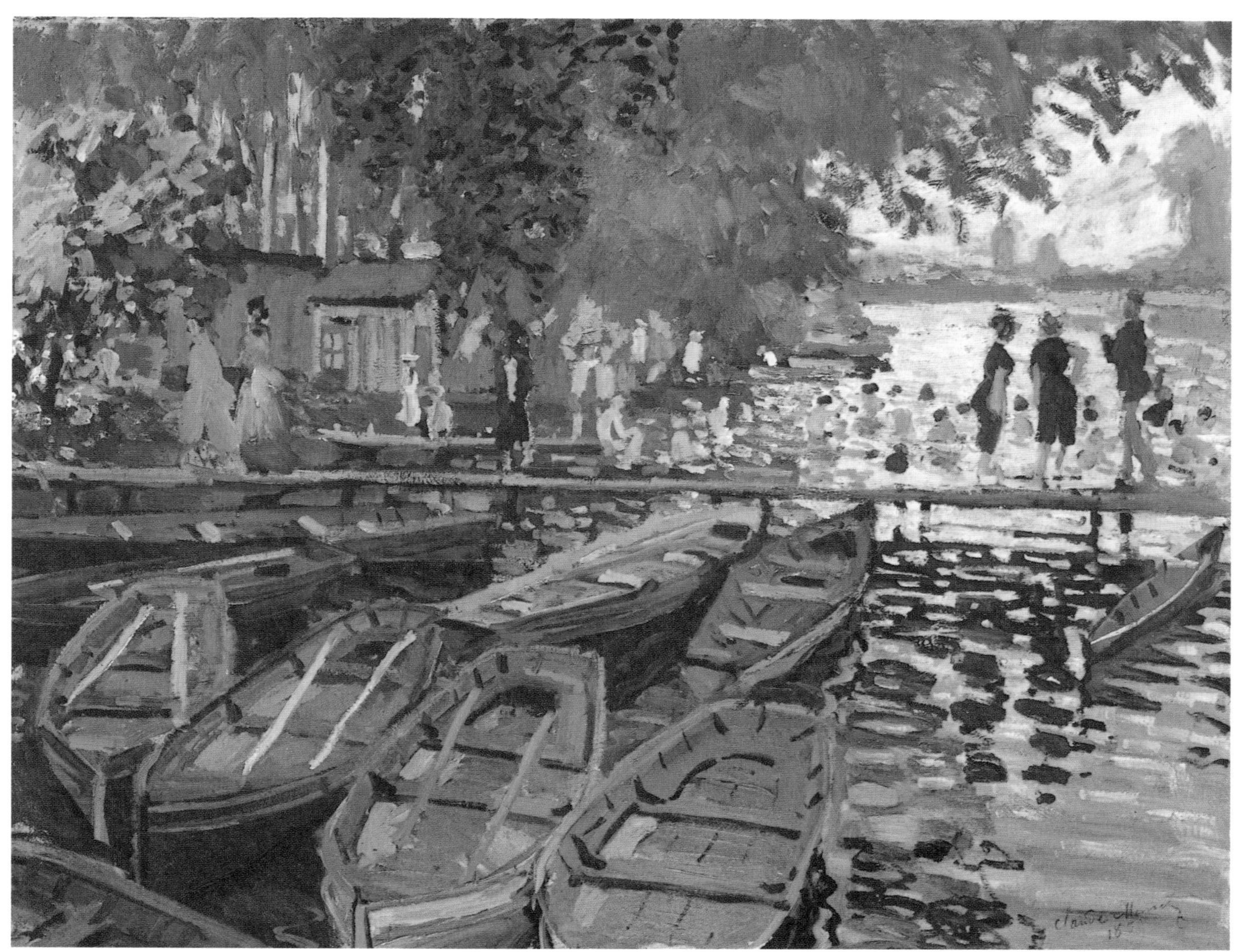

◆ Les Bains de la Grenouillère, *Bougival, été 1869 ; huile sur toile ; 73 x 92 cm ; signé et daté ; National Gallery, Londres.*

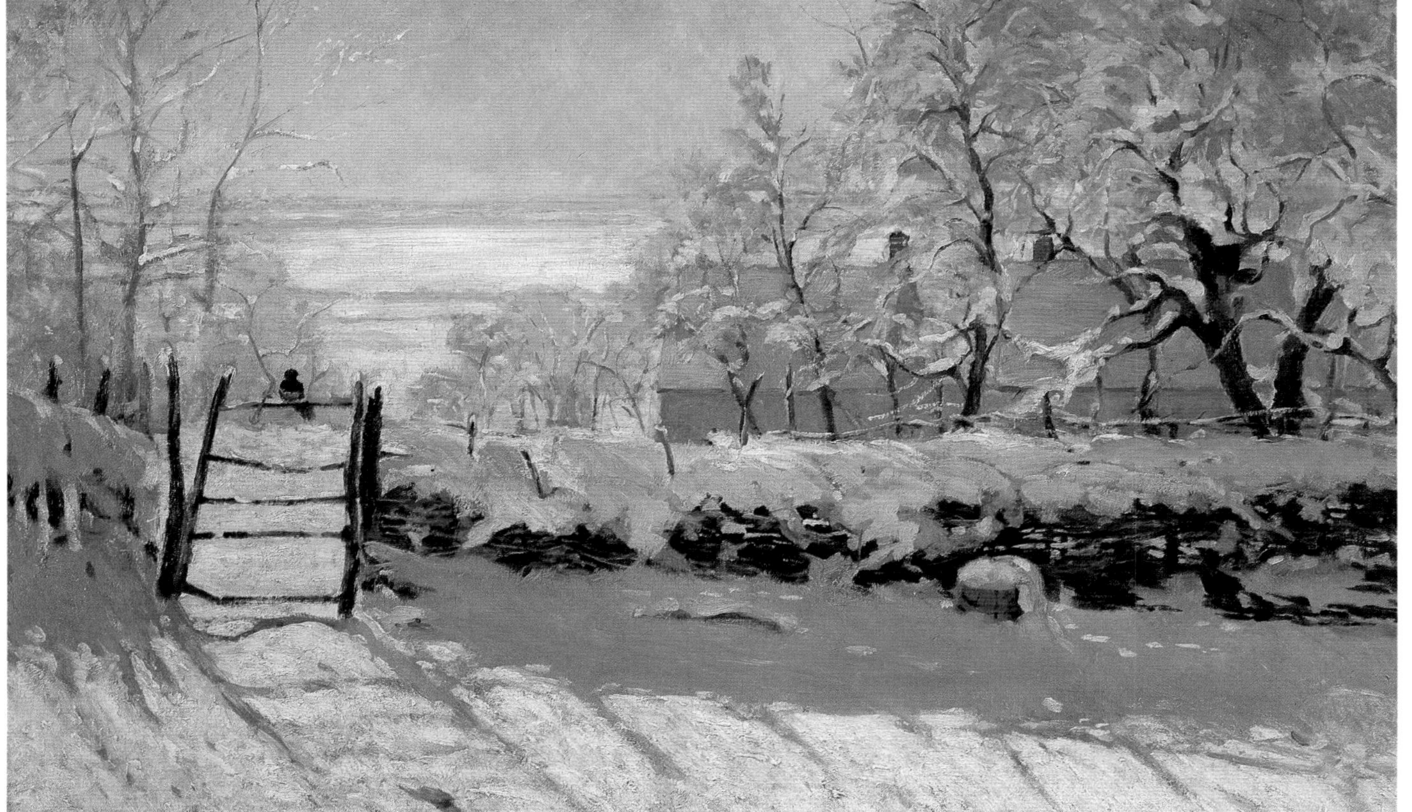

◆ La Pie, *environs d'Étretat, décembre 1869 ; huile sur toile ; 89 x 130 cm ; signé ; musée d'Orsay, Paris.*

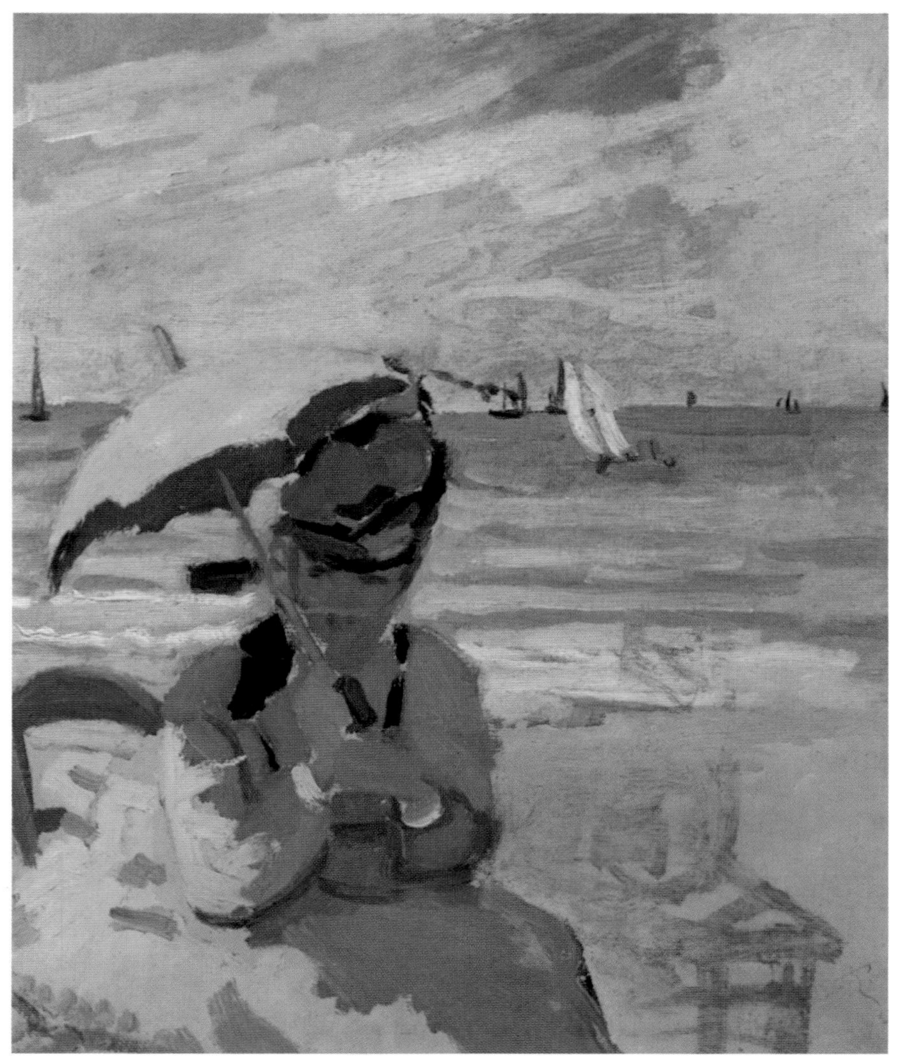

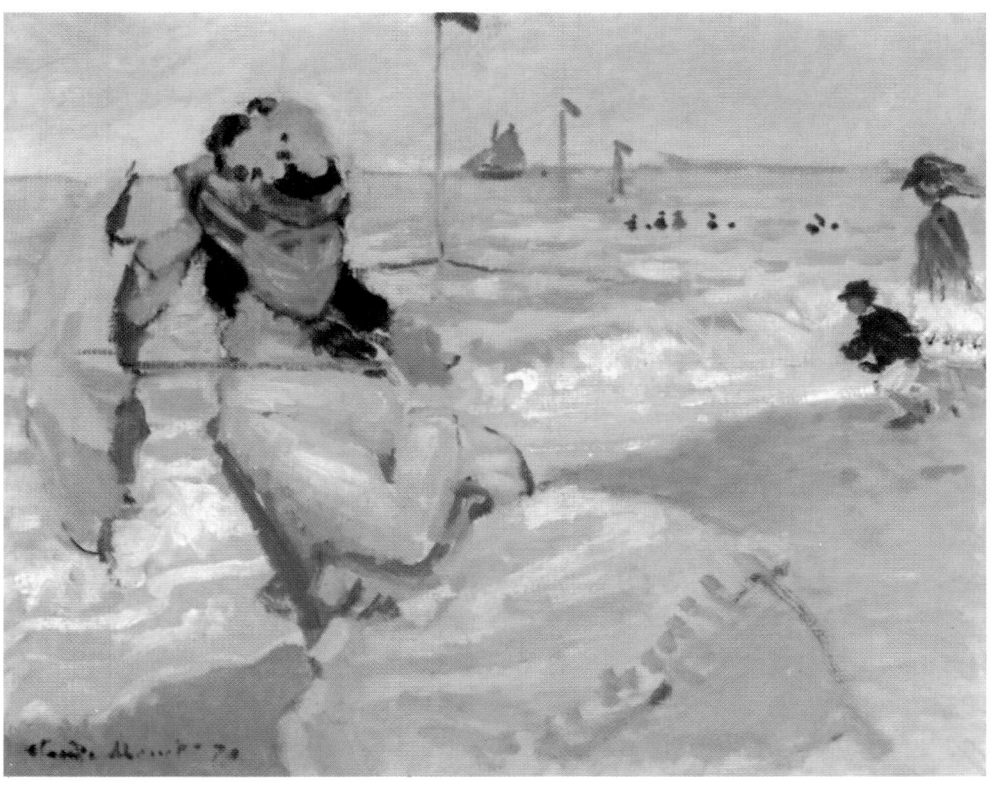

◆ Camille assise sur la plage à Trouville *(en haut), Trouville, juillet 1870 ; huile sur toile ; 45 x 36 cm ; collection particulière.*

◆ Camille sur la plage de Trouville *(en bas), Trouville, juillet 1870 ; huile sur toile ; 38 x 47 cm ; signé et daté ; collection particulière.*

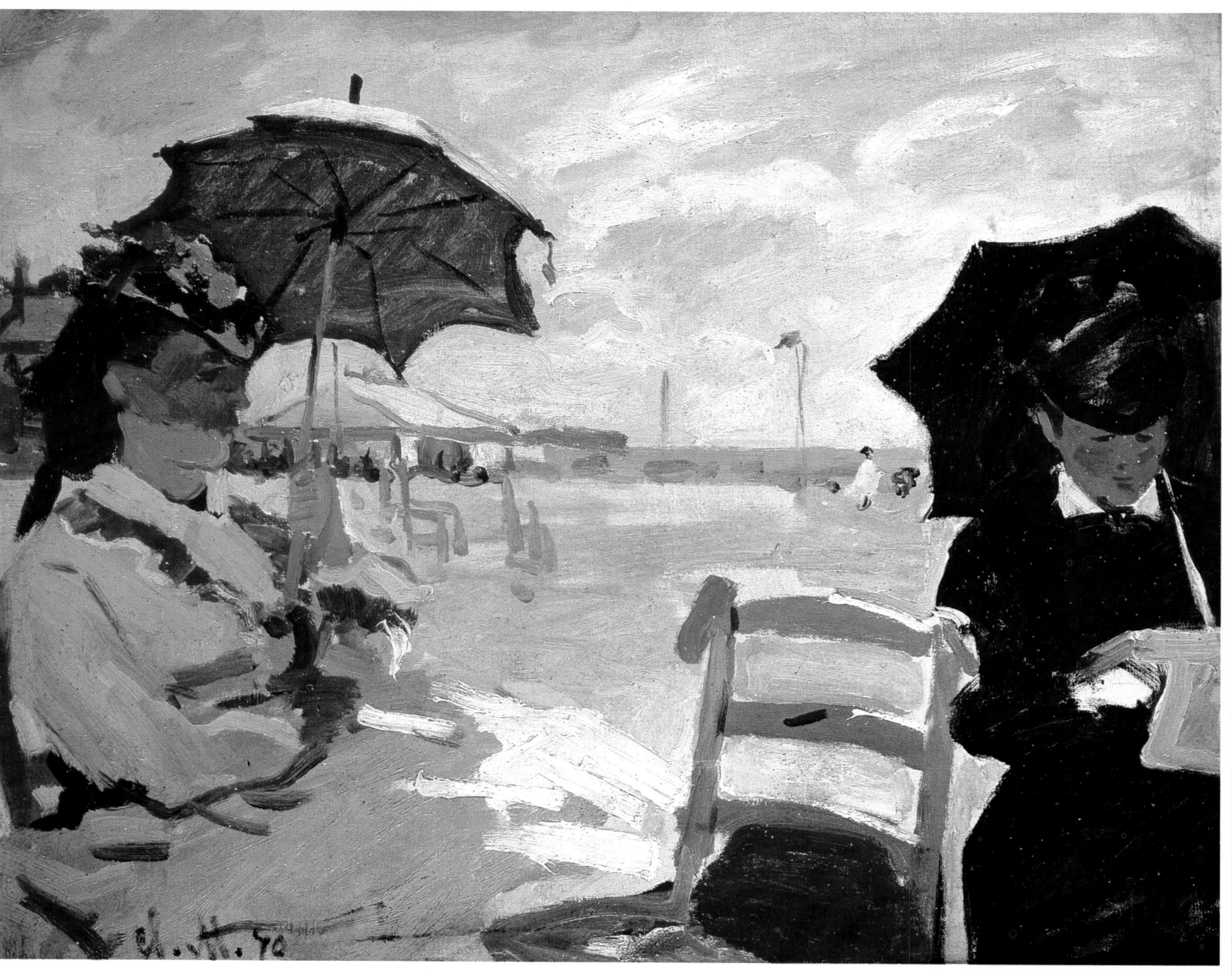

◆ La Plage de Trouville, *Trouville, juillet 1870 ; huile sur toile ; 38 × 46 cm ; signé et daté ; National Gallery, Londres. La femme à gauche est très probablement Camille Doncieux, épouse de Monet depuis quelques jours.*

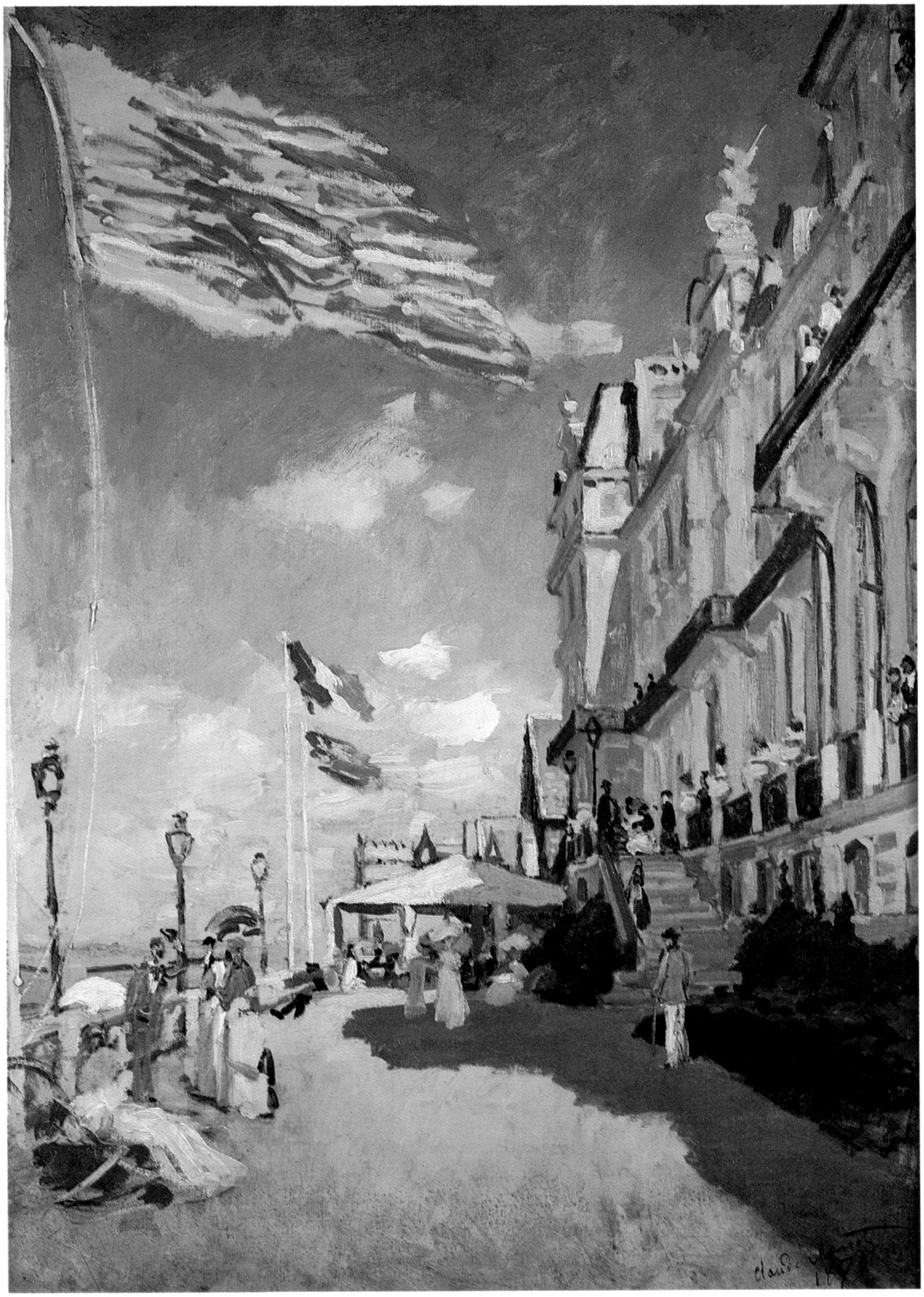

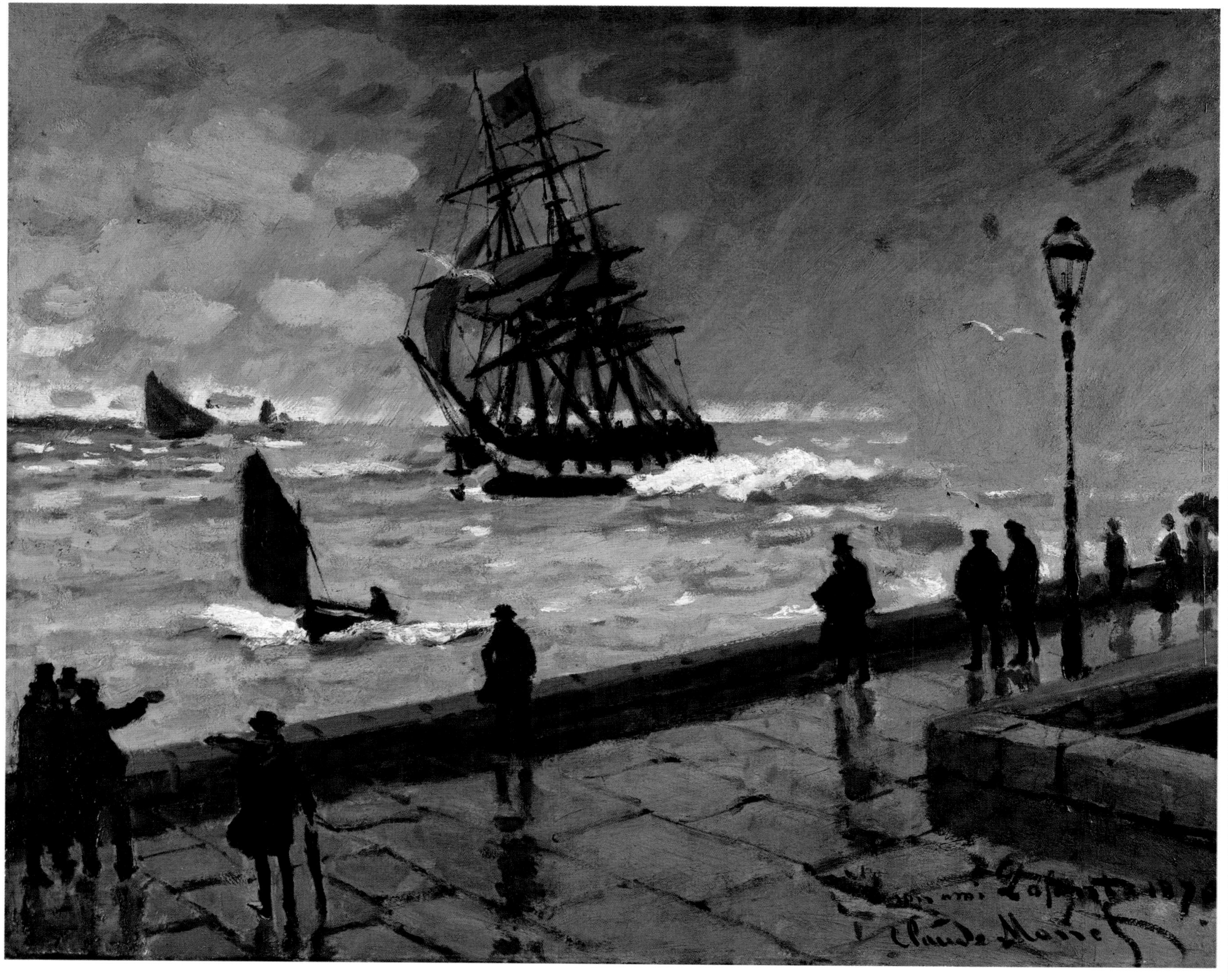

◆ L'Hôtel des Roches Noires à Trouville *(page ci-contre), Trouville, juillet 1870 ; huile sur toile ; 80 x 55 cm ; signé et daté ; musée d'Orsay, Paris.*

◆ La Jetée du Havre par mauvais temps, *Le Havre, été 1870 ; huile sur toile ; 50 x 61 cm ; signé et daté ; collection particulière.*

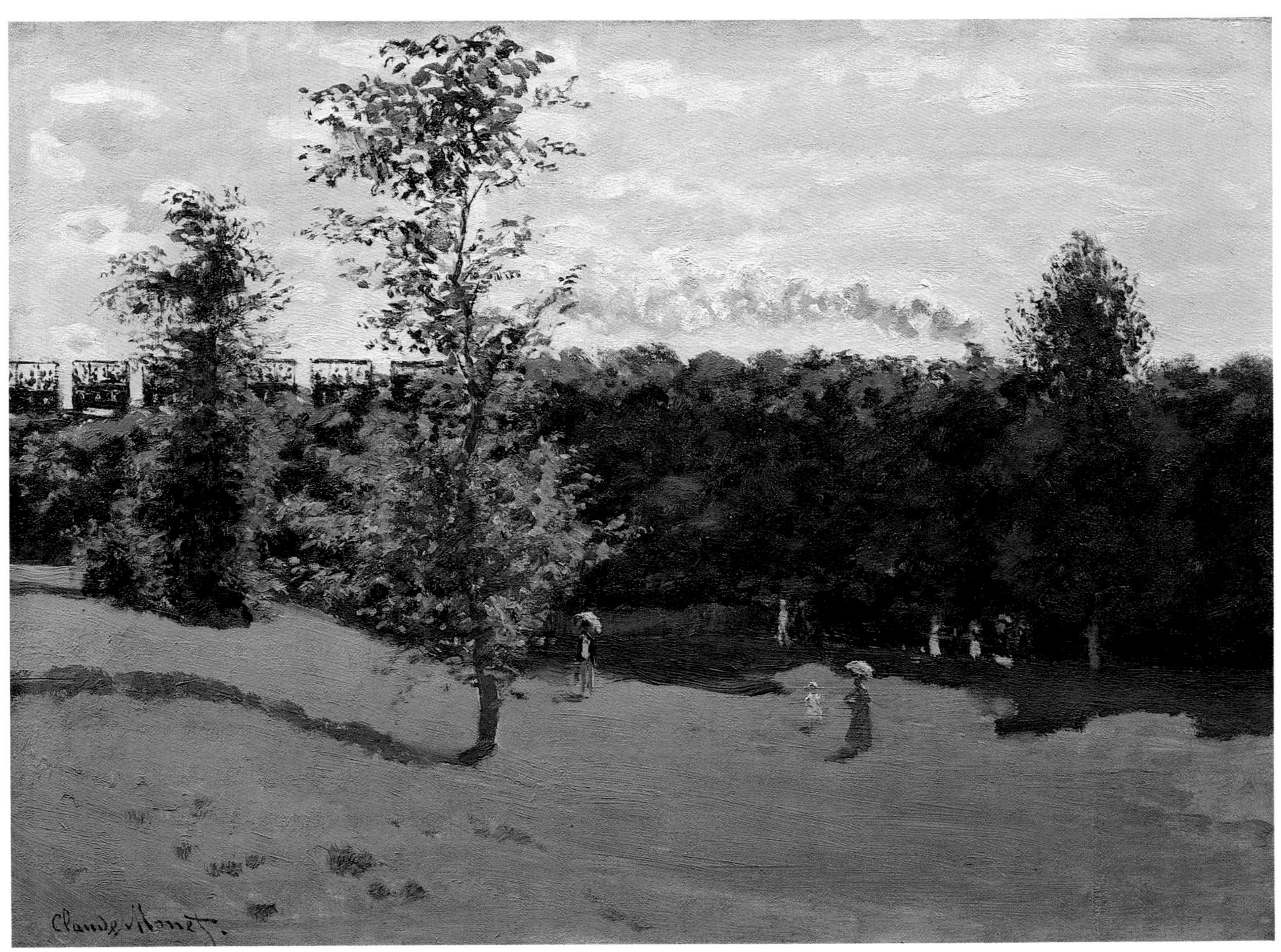

◆ Train dans la campagne, *v. 1870 ; huile sur toile ; 50 × 65 cm ; signé ; musée d'Orsay, Paris.*

Certains auteurs le datent de 1871 ; pour d'autres, il précède le départ de Monet pour l'Angleterre.

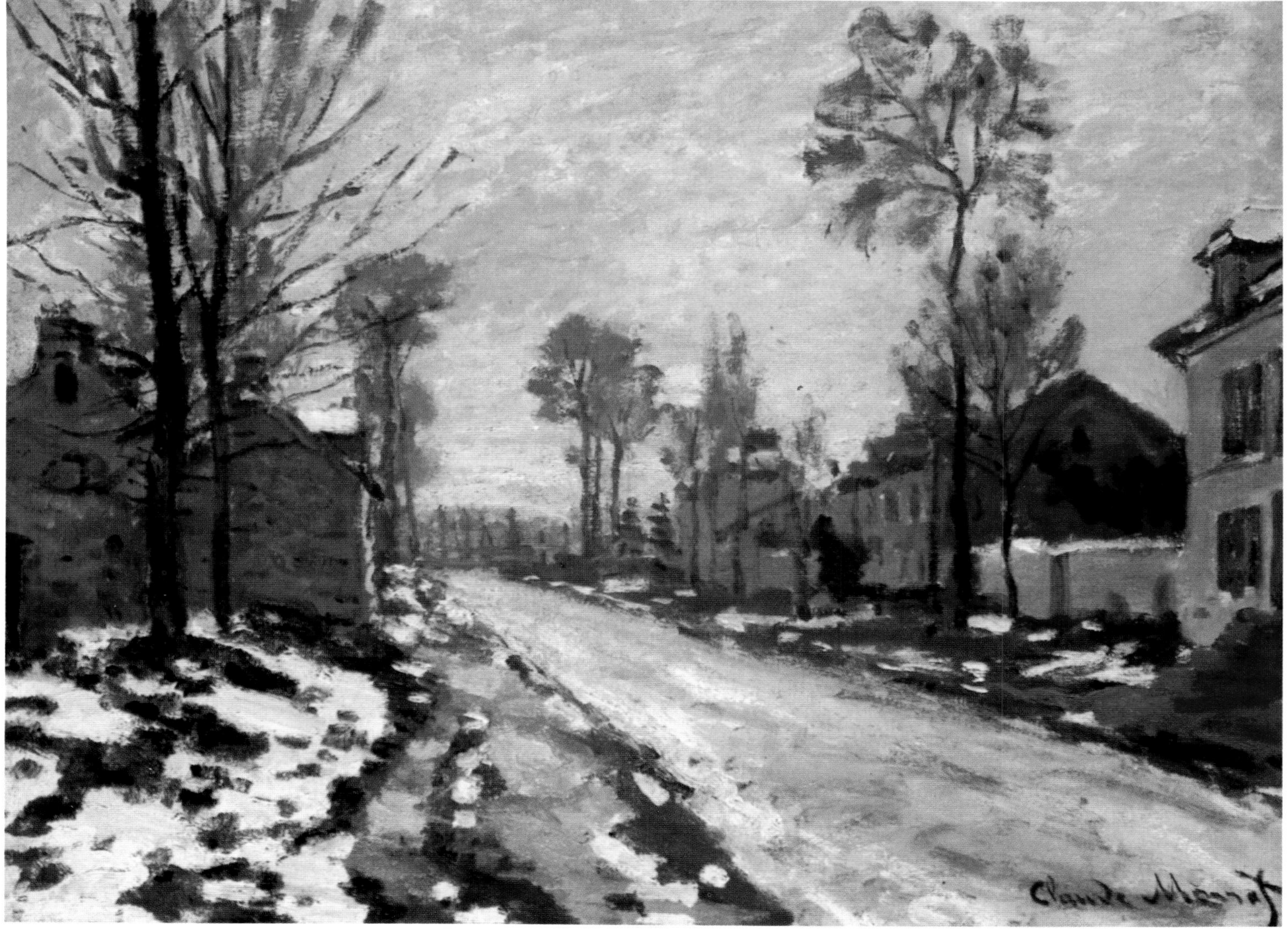

◆ Route à Louveciennes, neige fondante, soleil couchant, *Louveciennes,* *v. 1870 ; huile sur toile ; 40 x 54 cm ; signé ; collection particulière.*

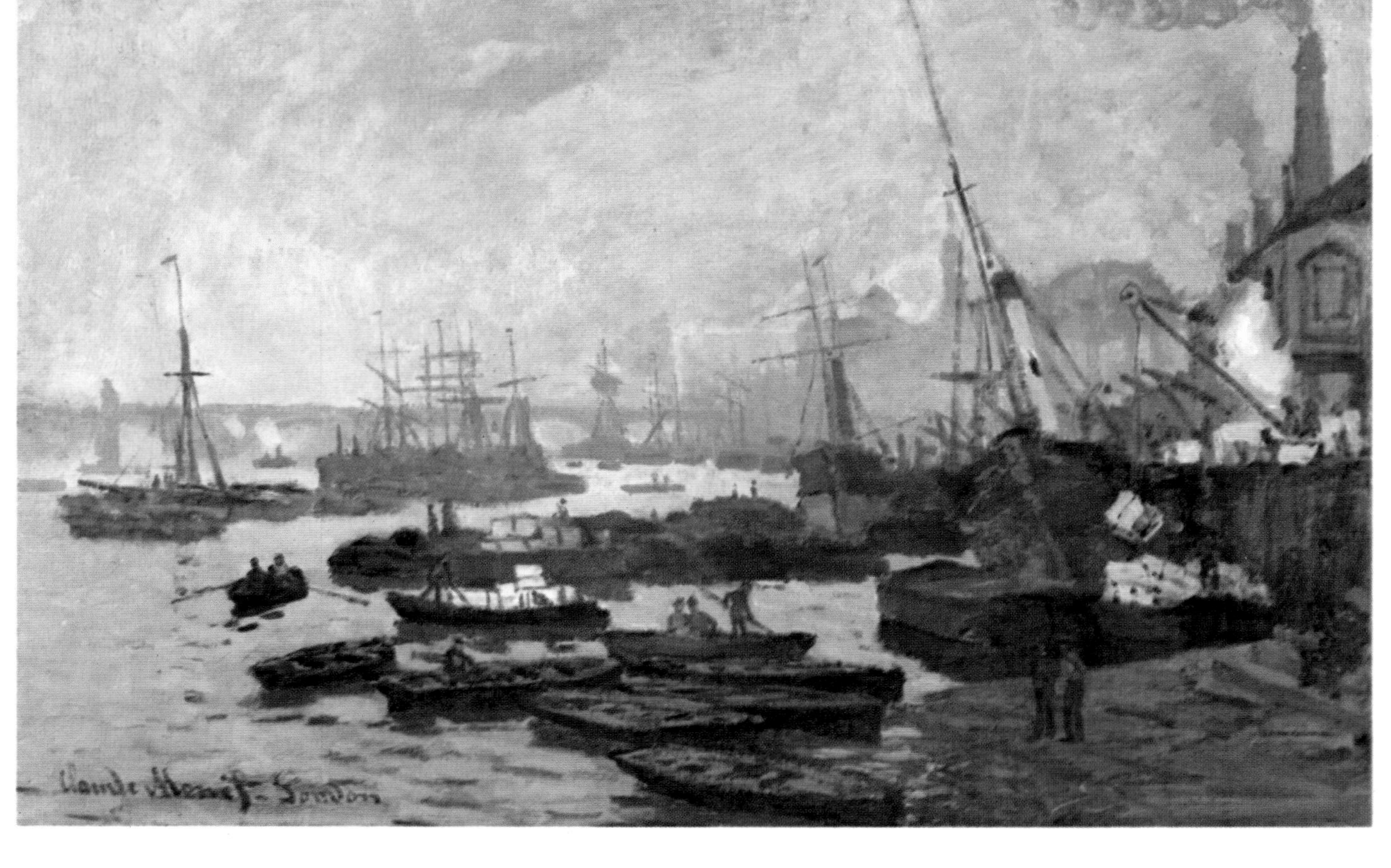

◆ Bateaux dans le bassin de Londres, *Londres, janvier 1871 ; huile sur toile ; 47 × 72 cm ; signé ; collection particulière, Paris.*

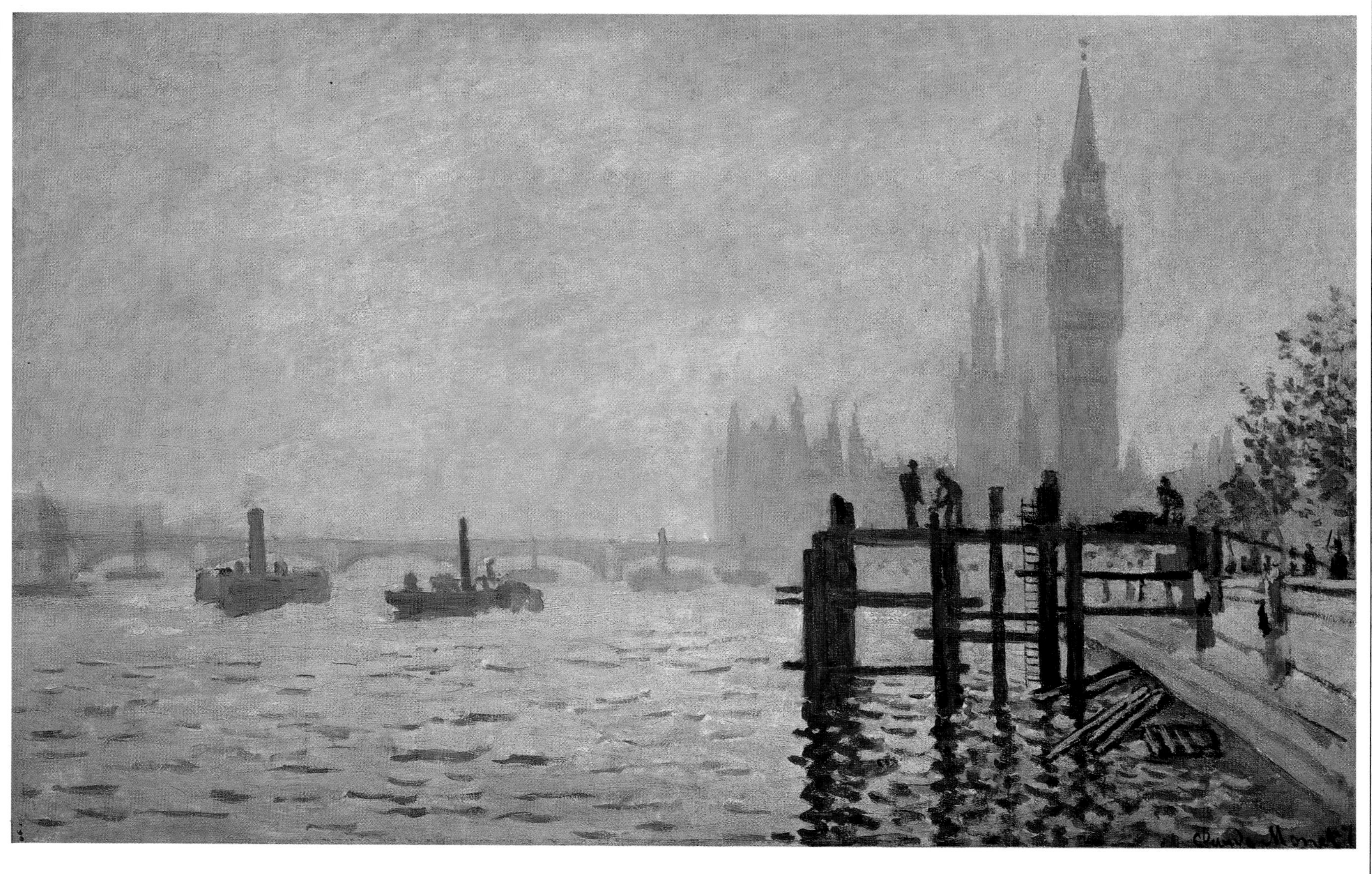

◆ La Tamise et le Parlement (Le Pont de Westminster), *Londres, janvier 1871 ; huile sur toile ; 47 x 73 cm ; signé et daté ; National Gallery, Londres.*

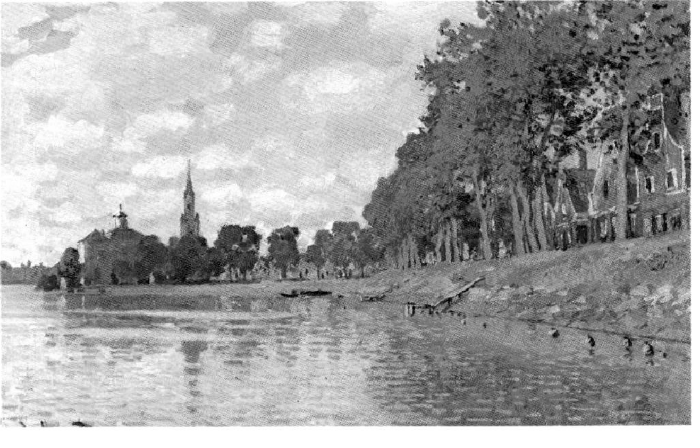

◆ Maisons au bord de la Zaan, à Zaandam *(en haut)*, *printemps 1871 ; huile sur toile ; 41 x 74 cm ; Städelsches Kunstinstitut, Francfort-sur-le Main.*

◆ Zaandam *(en bas)*, *Zaandam, printemps 1871 ; huile sur toile ; 47 x 73 cm ; signé et daté ; musée d'Orsay, Paris.*

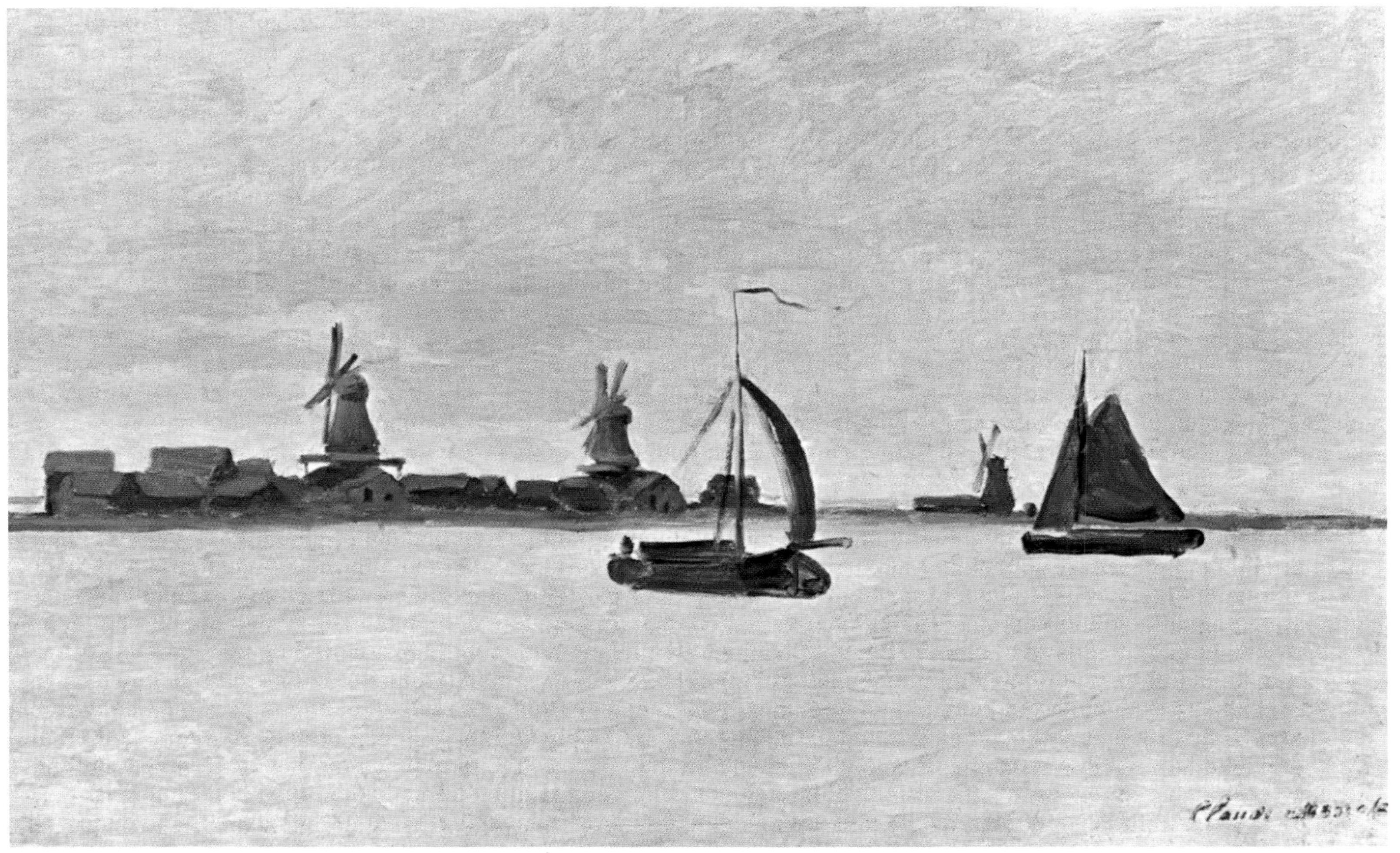

◆ La Voorzaan, *Zaandam, printemps 1871 ; huile sur toile ; 39 × 71 cm ; signé ; collection particulière.*

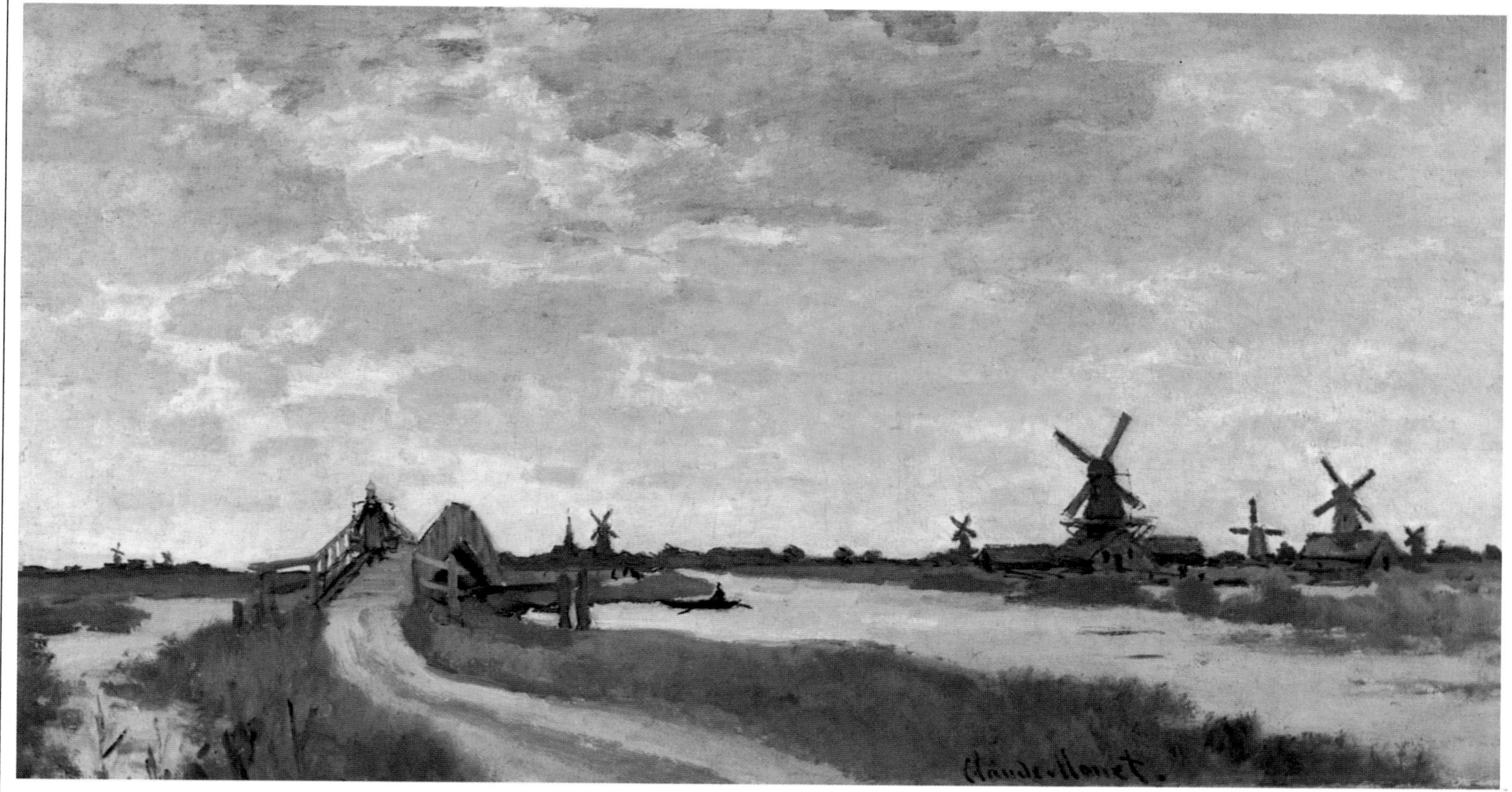

◆ Moulins près de Zaandam, *région de Zaandam, printemps 1871 ; huile sur toile ; 40 x 72 cm; signé ; Walters Art Gallery, Baltimore.*

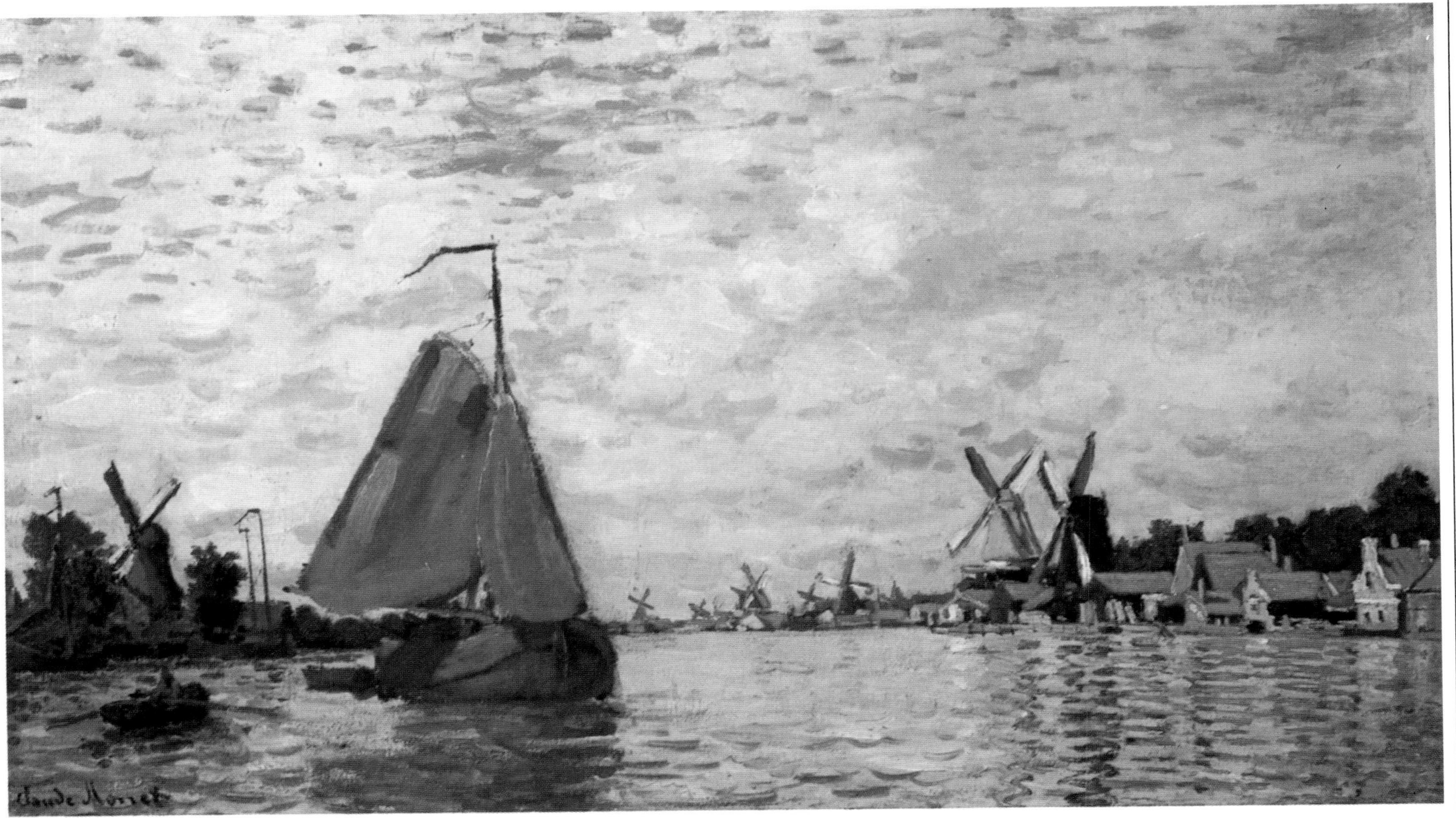

◆ La Zaan à Zaandam, *printemps 1871 ; huile sur toile ; 42 × 73 cm ; signé ; collection particulière.*

La maturité de l'impressionnisme

Un des événements les plus marquants de la vie de Monet va être sa découverte, en 1870, de l'œuvre de William Turner, lors de visites dans les musées londoniens en compagnie de Pissarro. Cette année-là, Monet a au moins deux bonnes raisons de se trouver à Londres : éviter d'avoir à prendre part à la guerre franco-allemande et échapper à la meute de ses créanciers parisiens. Sur ce séjour, nous possédons le témoignage de Pissarro : « Nous visitions aussi les musées. Les aquarelles et les tableaux de Turner et de Constable, les toiles de Old Crome, ont certainement eu une influence sur nous. » Surtout sur Monet, pourrait-on dire : sur un artiste qui allait rénover « l'espace informel » de Turner au point de devenir, de l'avis de plus d'un critique, l'indispensable maillon entre le romantisme anglais et l'art informel de l'immédiat après-guerre.

Ce que Monet repère chez Turner, c'est le modèle d'une légitime *dissolution de la forme* sous l'exubérante impulsion de la couleur, démarche dont il effectue cependant une lecture très personnelle, en lui appliquant les principes chromatiques qu'il a étudiés de 1868 à 1872. Il fallait à Monet la caution d'un précédent illustre et indiscutable comme celui du maître anglo-saxon pour trouver le courage de réaliser un tableau aussi formidablement révolutionnaire (et donc aussi atroce pour ses contemporains) que l'*Impression, soleil levant* de 1872. Selon F. Arcangeli, l'impression s'y définit comme un « concept phénoménologique du monde » ; elle « exprime le rapport avec le vivant qui se modifie chaque jour, chaque heure », et « c'est donc une sorte de flux, dans lequel il est plongé, que le peintre saisit. » Par ailleurs, cette œuvre n'est « pas seulement le très célèbre tableau qui donna son nom à l'impressionnisme, mais aussi un chef-d'œuvre ; d'une audace telle que les réactions inouïes suscitées par la première grande manifestation (...) où il fut exposé restent compréhensibles. Imaginez (...) un soleil rouge orangé, net comme une balle dans une infusion de noisette et de rose, qui jette une poignée de reflets criards sur la rade où de petits bateaux se détachent en vert soutenu ; l'eau est semée de rides vertes. »

En deux ans, l'exemple de Turner a porté ses fruits, même si l'évolution du langage de Monet s'opère principalement suivant une logique interne, sans grands bouleversements ni véritables « révélations » venues de l'extérieur. Sa peinture semble d'ailleurs, pendant cette période, progresser de manière un peu contradictoire, comme en accordéon, se refermant tantôt sur de paisibles visions d'un impressionnisme bucolique, s'ouvrant à d'autres moments à des emportements d'une vigueur novatrice extrême, à des aventures d'avant-garde, de pionnier.

Toujours en 1872, Monet peint *Régates à Argenteuil*, prodige de sobriété et d'harmonie lyrique, « récit solaire » bâti autour du problématique rapport entre couleur et réalité. Toute la période d'Argenteuil possède cette magie : celle d'un style équilibré et intense, fait de superbes épisodes d'adhésion au paysage et de fidélité aux thèmes traités en dépit d'une tension délibérée, du maintien d'une *nécessaire friction* entre sujet et peinture. On peut vraiment dire que Monet atteint là « le summum de la liberté poétique sur le socle de la vérité optique » *(ibid).*

Une certaine confusion a parfois été faite dans le découpage chronologique de cette décennie : le fait qu'*Impression, soleil levant* ne fut montré qu'en 1874, lors de l'exposition dans les anciens studios de Nadar, n'implique nullement que la date apposée par Monet sur la toile à côté de sa signature soit mensongère. Ce décalage entre l'exécution et la présentation au public s'explique, vraisemblablement, par une certaine prudence, ou une incertitude initiale du peintre. Il faut en outre signaler que quantité de livres et catalogues consacrés à l'œuvre de Monet négligent de mentionner une huile sur toile datable de 1873, assez semblable par son thème et son style à *Impression* et conservée dans une collection particulière française. Ce tableau, auquel Gordon et Forge (1984) attribuent le titre *Soleil levant (Marine),* est presque aussi audacieux et intéressant que son frère jumeau — peint au même endroit et dans des conditions atmosphériques analogues — bien qu'il apparaisse plus sombre, moins éclatant et d'un colorisme moins risqué.

Régates à Argenteuil possède, lui aussi, un remarquable « alter ego » de peu ultérieur, *Les Barques, régates à Argenteuil,* du musée d'Orsay (1874). Cette fois cependant, les conditions météorologiques — d'air et de lumière — diffèrent sensiblement. La comparaison entre ces œuvres, toutes deux splendides, est éminemment instructive quant à la manière dont Monet envisage la « vérité optique » de la peinture et le rôle de l'impressionnisme.

Alors que, dans la première version, la vive lumière du jour transforme la toile en un miroir miraculeux, capable d'engendrer d'infinis renvois entre diverses apparences et substances (cristaux, perles, taches rouges, pierres précieuses, zébrures solaires — et donc une heureuse variété de teintes brillantes, enflammées, radieuses), on observe dans la deuxième version une unique touche homogène qui se répète obsessionnellement pour l'eau et pour le ciel, mêlée de brun, de gris et de bleu opaque, avec quelques coups de céruse claire : une matière dense, en somme, une surface dont le caractère compact et l'aspect impénétrable sont les traits dominants.

On peut considérer que, pendant ces années, chaque tableau de Monet propose une solution spécifique au problème de la restitution de l'atmosphère. Au point que, d'une œuvre à l'autre, il est quasiment plus facile de repérer des discordances qu'une cohérence stylistique. Voici donc *Le Déjeuner* (Le jardin de Monet à Argenteuil) de 1873 : la lumière d'été y creuse, dans la zone médiane, une sorte de flaque jaune, un « vide » qui contamine aussi les objets voisins (les vêtements et le chapeau du petit Jean, par exemple), les éclaboussant de clartés démesurées, excessives, comme c'était déjà le cas dans *Femmes au jardin* de 1866. Et voici, en revanche, le stupéfiant *Coucher de soleil sur la Seine* du musée de Philadelphie (1874), toile peu connue mais digne de figurer auprès des plus grandes du siècle, avec son ciel spectaculairement explosif : rouge, jaune, violet... la couleur disposée en éclairs intermittents ! Un des sommets de la peinture européenne. Voici encore *Le Bassin d'Argenteuil* (1872), avec ses alternances horizontales d'ombres et de clarté et ses successions de verts, auxquelles la rangée d'arbres de gauche sert de prétexte, avec sa progression perspective échelonnée — nouvelle version des armes brisées et géométriquement ordonnées sur le sol du panneau de Florence de la *Bataille de San Romano,* de Paolo Uccello (musée des Offices).

Les ciels de Monet sont les plus variés et les plus poétiques, les plus audacieux et les plus convaincants de toute la production impressionniste. J'ai déjà évoqué celui, halluciné, du *Coucher de soleil sur la Seine,* mais celui de la *Prairie à Bezons* (parfois appelé *L'Été*) de la Neue Nationalgalerie de Berlin (1874) est également magnifique : réalisé à partir d'une unique note estompée, se dégradant d'un bleu saturé à un autre plus ténu, avec d'aériennes ombres de brume légère accrochées à une branche bicolore (vert, jaune) qui oscille entre le pré et le champ de foin mûr. La figure féminine noyée dans l'herbe, qui lit ou se promène, est un des sujets récurrents de cette période. On la retrouve dans les célèbres *Coquelicots à Argenteuil* de 1873 ainsi que dans *La Promenade. La Femme à l'ombrelle* (1873 ou 1875), qui montre madame Monet et son fils sur une falaise, anticipe par le sujet, la composition et le style, deux autres toiles de 1886.

On a souvent insisté sur l'usage que Monet aurait fait de la technique de l'« esquisse », l'élevant au rang d'œuvre aboutie et l'élargissant aux dimensions — y compris matérielles — du tableau. Il s'agit, à mon avis, d'une vision simpliste, qui risque d'égarer le lecteur. Il est incontestable que l'esquisse traditionnelle a le plus souvent rempli, en tant que méthode de *prise de notes* picturales, la fonction de véhicule des premières sensations, autrement dit des *impressions* visuelles. Mais l'impressionnisme serait bien peu de choses s'il se bornait à un emploi systématique et amplifié de ce procédé. On note, certes, chez Monet une tendance à supprimer les détails, à estomper le dessin (voire à l'éliminer carrément), à procéder par taches de couleur et à schématiser les relations entre les masses des figures. Cependant, ce qu'on nomme *impression* reste dans ses toiles une phénomène tangible, construit, précis. Par définition, l'esquisse est rapide, or si la peinture de Monet évoque bien des sensations rapides et fugaces, elle n'en est pas moins exécutée avec une recherche pondérée, une lente étude, et les effets souhaités exigent parfois davantage de travail que les représentations « léchées » de type classique. Regardez attentivement des œuvres comme *Le Pont du chemin de fer, Argenteuil* (1874) ou *Bateaux de plaisance à Argenteuil* (1875). Vous y discernerez une exactitude de perception, une conviction « sentimentale » si marquées qu'on en oublie tout aspect provisoire du signe et de la tache, toute superficialité iconographique présumée. La façon dont Monet peint n'a rien de hâtif ni d'ébauché : sa réflexion sur l'image — intériorisée comme « instantanée » mais lentement recréée dans l'atelier d'un très vaste savoir technique et linguistique — est intense et prolongée. Que ses tableaux soient complexes et audacieusement « construits », Michel Butor l'a montré sans équivoque : pas seulement, comme on l'a vu, à propos de *La Rivière* de l'Art Institute de Chicago, mais aussi, par exemple, au sujet de l'étrange portrait de madame Monet en costume japonais (*La Japonaise*, 1875-1876), qui est d'ailleurs à rapprocher de *La Dame aux éventails* d'Édouard Manet.

Monet y réutilise, sans doute, le sujet de Manet, mais le traite d'une manière déviante, en conférant au motif bidimensionnel de l'éventail une valeur très particulière. Le charme de l'éventail vient de ce qu'il constitue une sorte de tableau dans le tableau, un petit coin de « pure picturalité » masqué derrière un objet prétexte. Pour Butor, le renversement opéré — au niveau d'une *rhétorique de la fiction* — entre le visage (supposé « réel ») de Camille et celui (ouvertement « fictif » puisqu'il est peint ou brodé sur le costume) du samouraï qui apparaît, furieux, sur le postérieur de la jeune femme, est aussi étonnant. Il existe, en somme, un premier degré de fiction (immanent à l'œuvre) que Monet dénonce, ironiquement, comme moins persuasif que le second, celui de la fiction *redoublée*. La peinture joue avec l'observateur, mettant en scène l'existence d'une *autre* peinture, plus intérieure, qui est dans ce cas une peinture sur tissu : samouraï sur le costume (et les fesses) de Camille, ou fleurs, paysages et visages de femmes sur les éventails décoratifs au mur. L'« ambiguïté structurale commandée par ces deux visages : le vrai et le faux plus présent que le vrai » (BUTOR) se reflète donc, plus généralement, dans l'ambiguïté linguistique instaurée entre peinture de la réalité et peinture sur l'éventail, entre image du monde et image d'une image ; la seconde étant, de surcroît, une figure qui s'ouvre et se referme, se révèle et disparaît — l'éventail cher aux symbolistes, lieu de l'intermittence, de la pulsation, du provisoire... On est surpris dans ce tableau par l'insolite puissance d'illusion que l'artiste a voulu donner à la représentation — au costume japonais notamment, aussi précieux et palpable qu'un velours de Jan Van Eyck. Mais il ne s'agit là que d'une nouvelle preuve de l'aspect « constructif » de l'art de Monet, qui tend depuis le début à retrouver ce que la peinture doit oublier pour exister : l'épaisseur de la toile. Ainsi, au-delà de la pulsion — parallèle à la surface — entre haut et bas (visage de Camille et visage du samouraï, opposition qu'il faudrait aussi étudier dans une optique psychanalytique), « il y a perpendiculairement une pulsion entre l'épaisseur apparente de la toile et l'épaisseur de son sujet » (BUTOR).

On doit à 1876 un des rares tableaux urbains de Monet : *Les Tuileries*, du musée Marmottan. Cette œuvre, précédée par une esquisse conservée au musée d'Orsay (*Le Jardin des Tuileries*), offre une vue du célèbre jardin du Louvre prise du haut d'une fenêtre de la rue de Rivoli. Il n'est peut-être pas inutile de souligner la récurrence du choix d'un point de vue « aérien » pour les paysages parisiens (comme *Le Quai du Louvre, Le Jardin de l'Infante* et *Saint-Germain-l'Auxerrois*, tous de 1866 et peints de la colonnade du Louvre, ou les deux versions du *Boulevard des Capucines* de 1873). Comme si Monet ne pouvait concevoir l'espace de la cité qu'en tant que lieu ouvert, vu d'en haut, et donc sous forme « panoramique ».

La sensibilité de Monet réclame de vastes étendues naturelles, des tremplins pour le regard, des clairières et des bois comme ceux qu'il peint en 1877 à Montgeron, près du château de ses nouveaux amis, les époux Hoschedé (*L'Étang à Montgeron, Coin de jardin à Montgeron*). Panoramiques, bien que sans surélévation du point de vue, les images de la magnifique série consacrée à la *Gare Saint-Lazare* le sont certainement aussi, à leur manière. Quelques-unes de ces toiles furent commencées fin 1876, après que l'artiste eût obtenu l'autorisation de peindre dans l'enceinte ferroviaire, mais toutes portent la date de 1877. Parmi leurs aspects les plus intéressants (outre le fait qu'elles constituent le premier exemple de grand cycle « à programme » de la production de Monet) on peut citer : une prédilection radicale, et désormais définitive, pour les sujets vagues, fumeux, d'une lecture visuelle difficile et délicats à rendre en peinture — prédilection qui n'a vraiment rien à voir avec un quelconque amour de l'« esquisse » ; la reprise d'une thématique du brouillard, déjà abordée quatre ans plus tôt avec *Impression, soleil levant* et certainement liée à l'étude de l'œuvre de Turner ; puis l'hommage stylistique et idéologique à un des plus célèbres tableaux de ce dernier, *Pluie, vapeur et vitesse* (1844, Londres, National Gallery), qui met aussi en scène un train ; et enfin l'adhésion aux problématiques de la vie moderne, technologiquement transformée par les objets qui nous entourent mais aussi, comme le répéteront plus tard les futuristes, via nos facultés psychiques et perceptives, et donc à travers la relation (devenue dynamique) que nous entretenons avec ces objets.

Chacun de ces aspects est, on le voit, intimement lié aux autres, et il semble quasiment superflu d'insister sur le fait que le langage « impressionniste » de Monet est totalement dénué de la légèreté que d'aucuns lui prêtent. Il naît en effet d'une *impasse de la représentation*, consciente et moderne : de la difficulté d'évoquer un monde qui paraît de moins en moins disposé à se laisser enfermer dans des modèles de connaissance simples et rassurants.

94

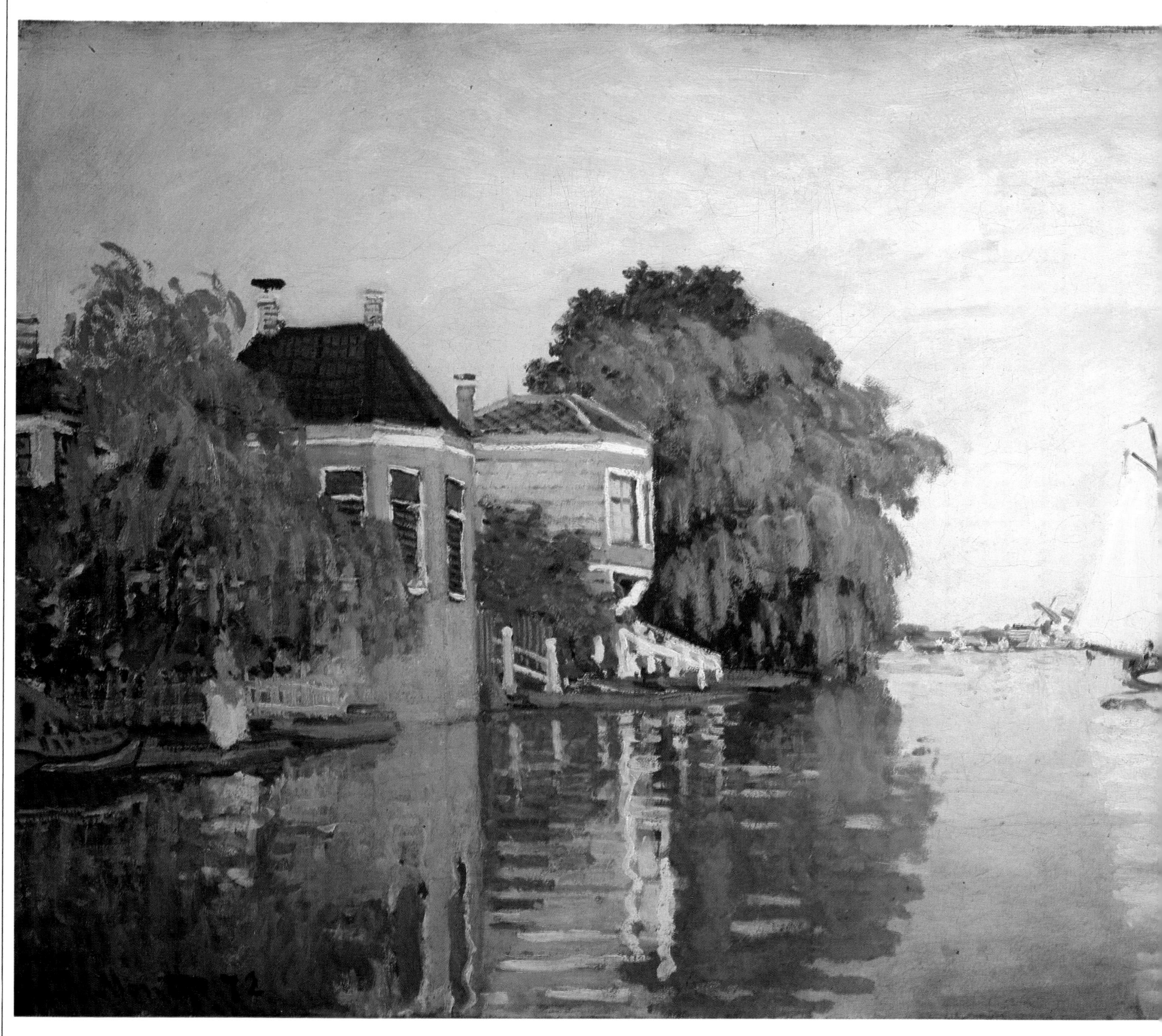

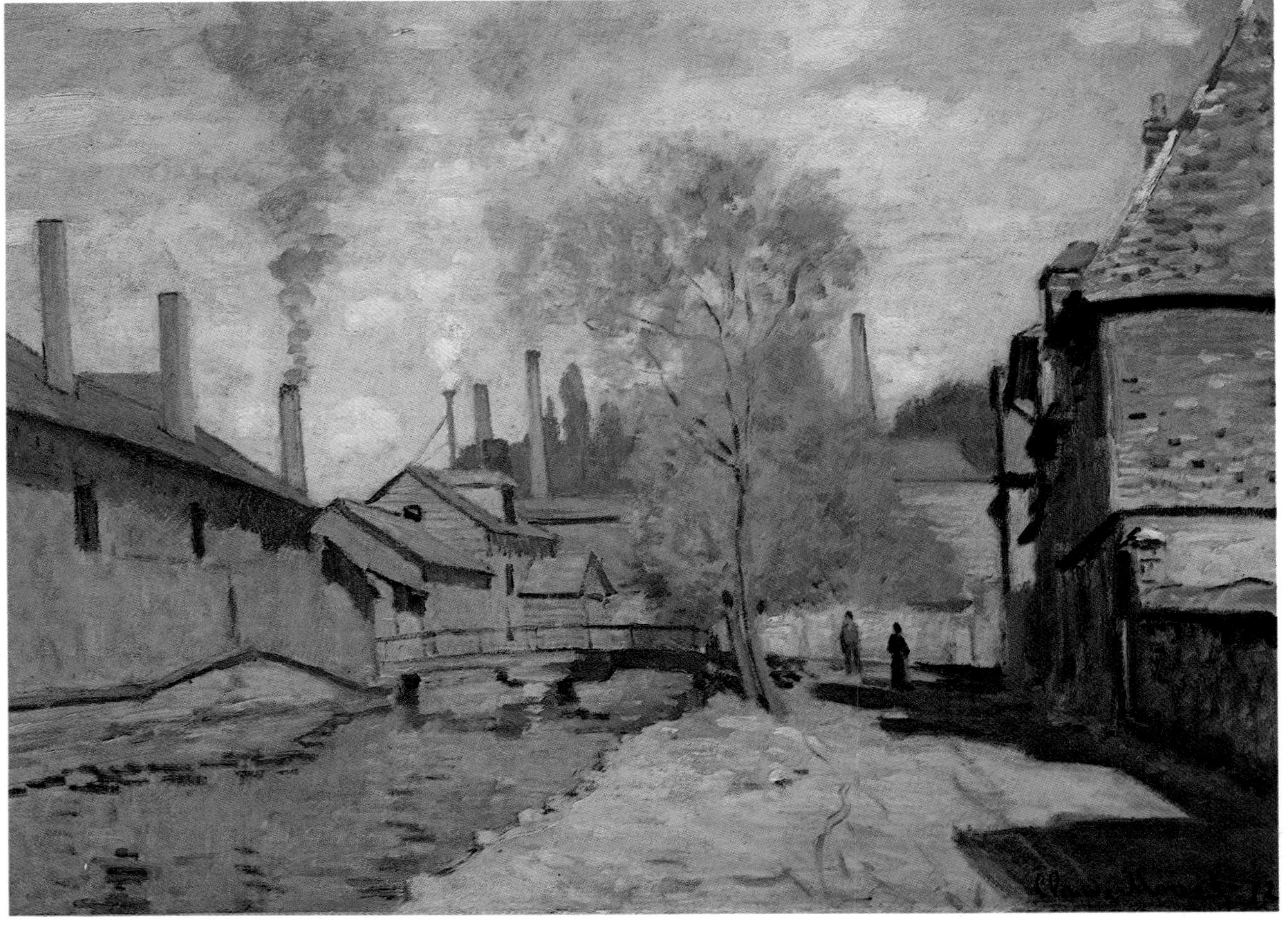

◆ Zaandam *(ci-contre), Zaandam, 1872 ; huile sur toile ; 44 x 66 cm ; signé et daté ; Metropolitan Museum of Art, New York. Avec ses gros coups de brosse tremblotants sur de vastes fonds lumineux, le style est déjà celui de* Régates à Argenteuil *et d'autres superbes toiles du milieu de la décennie. Par ailleurs, ce retour à Zaandam après un premier séjour en 1871 confirme l'importance qu'eut l'expérience hollandaise dans la maturation de Monet.*

◆ Le Ruisseau de Robec *(ci-dessus), Rouen, 1872 ; huile sur toile ; 50 x 65 cm ; signé et daté ; musée d'Orsay, Paris.*

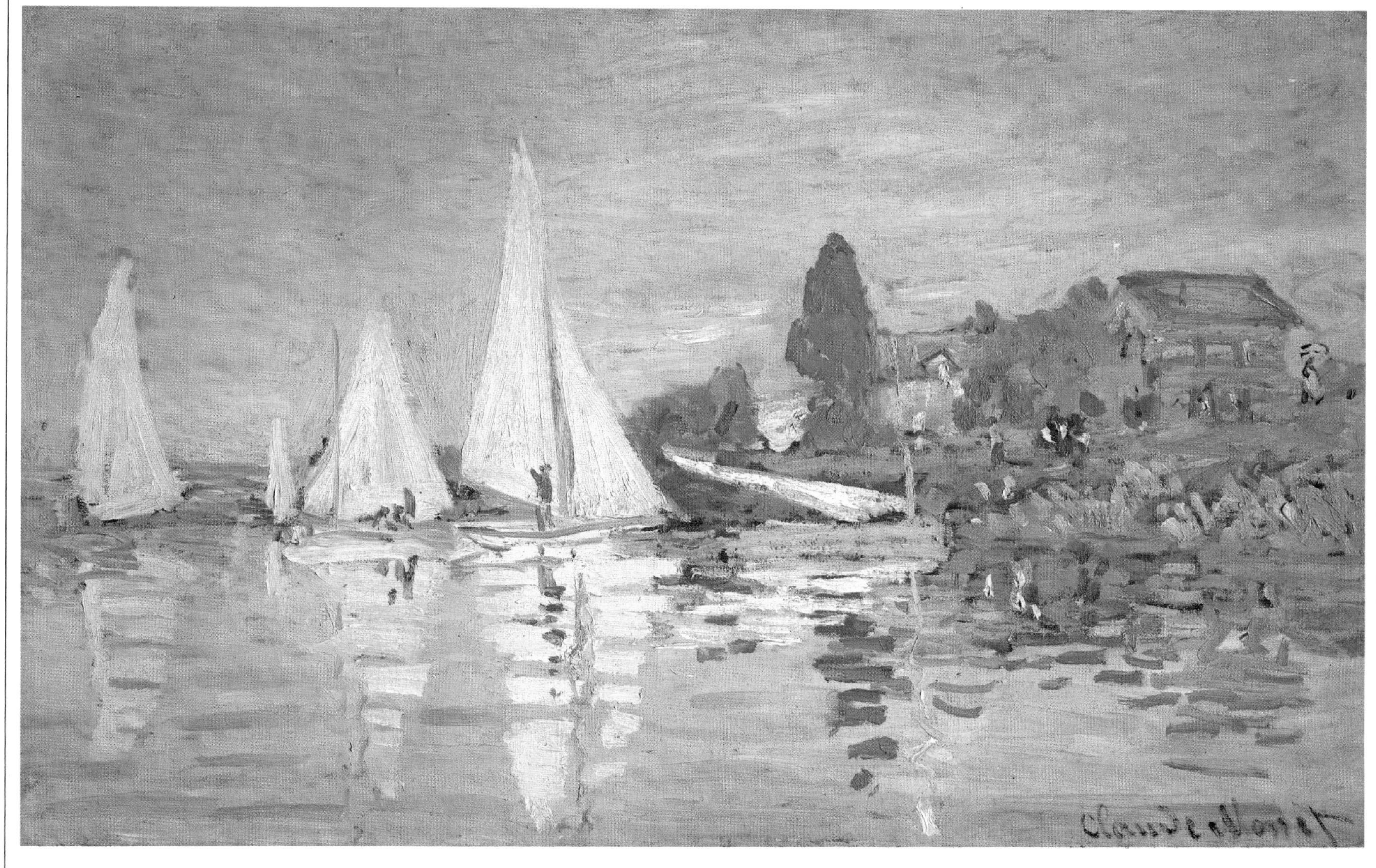

◆ Régates à Argenteuil, *Argenteuil, été 1872 ; huile sur toile ; 48 × 75 cm ; signé ; musée d'Orsay, Paris.*

◆ Madame Monet et une amie au jardin *(page ci-contre en haut), Argenteuil (?), v. 1872 ; huile sur toile ; 51,5 × 66 cm; signé ; collection particulière.*

◆ Les déchargeurs de charbon *(page ci-contre en bas), Paris (?), 1872 ; huile sur toile ; 53 × 64 cm ; signé et daté ; collection particulière, Paris.*

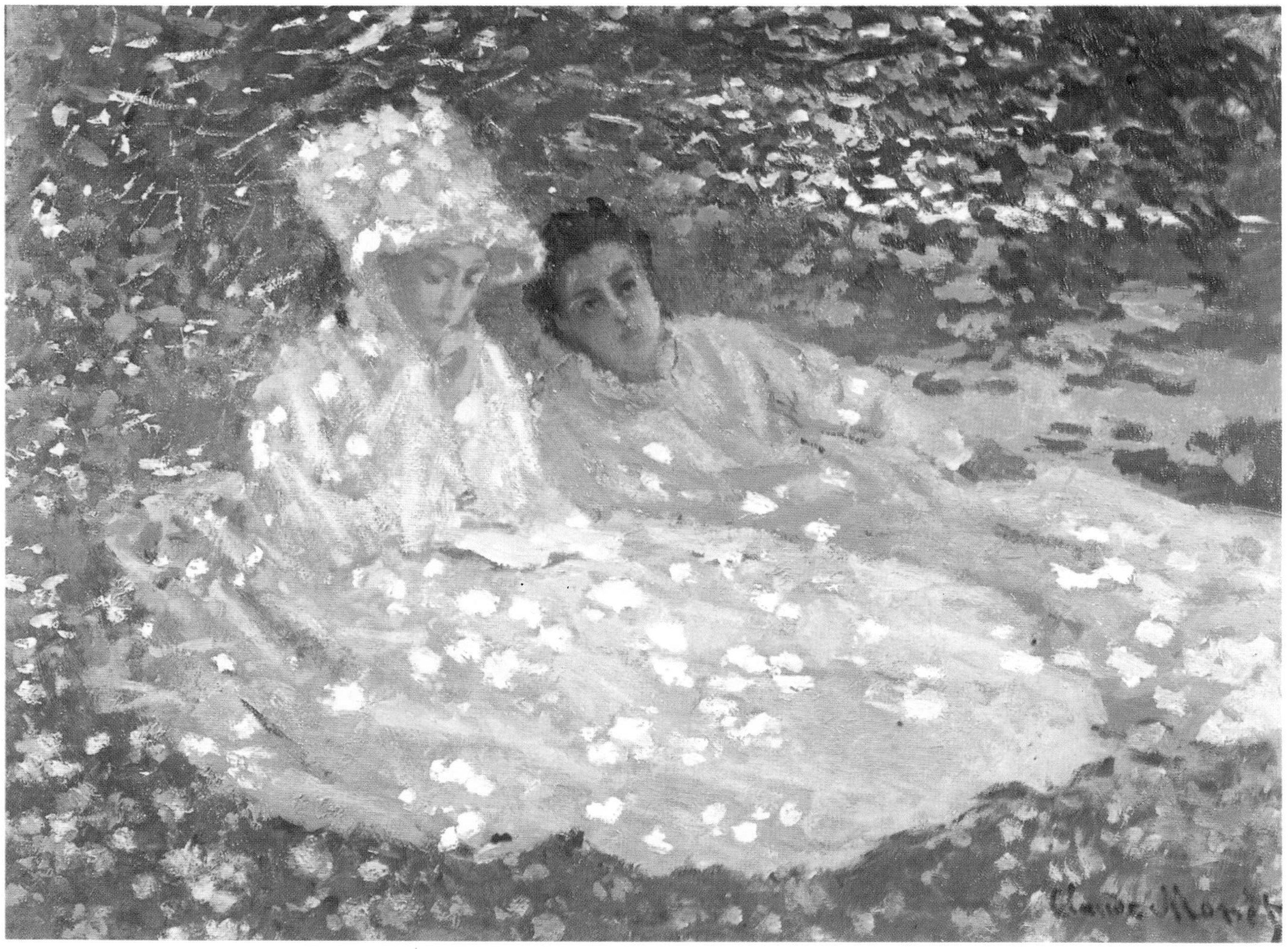

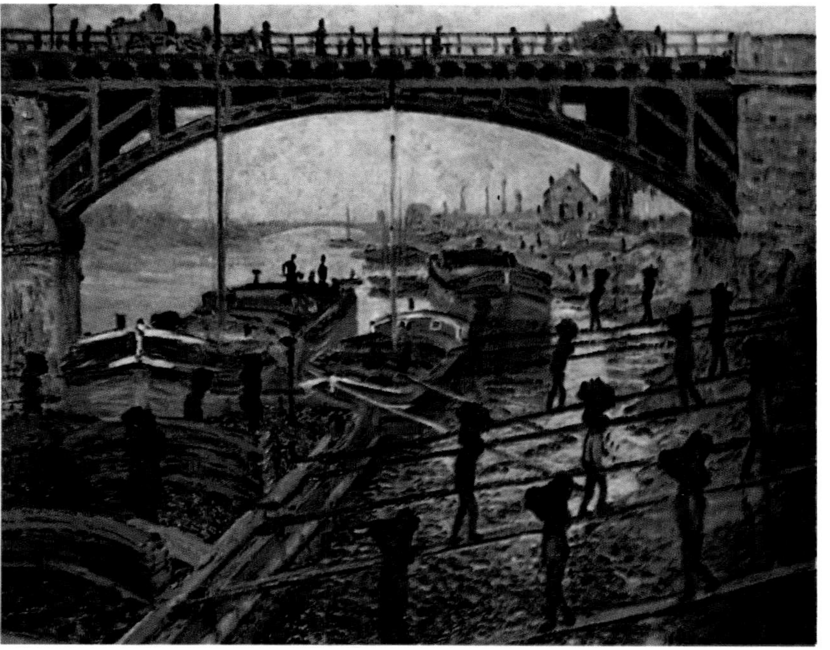

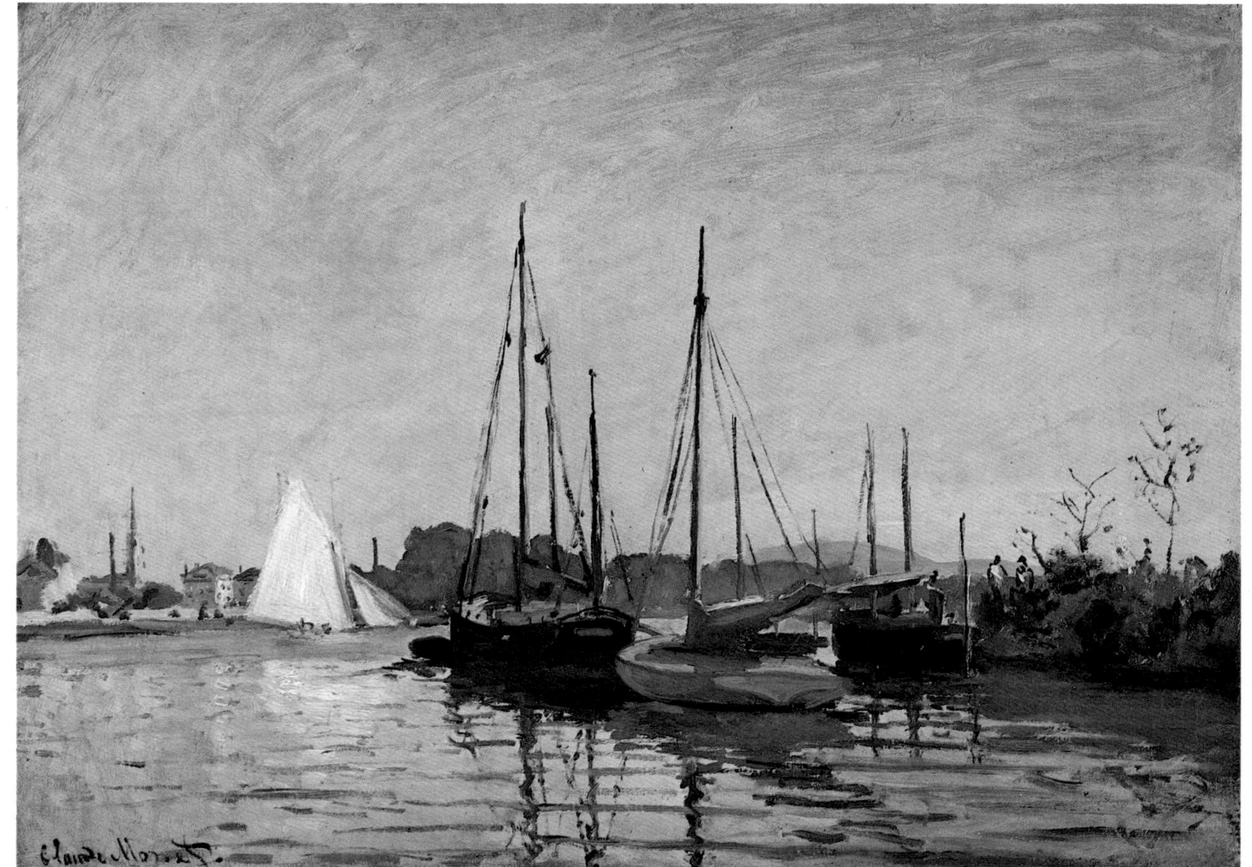

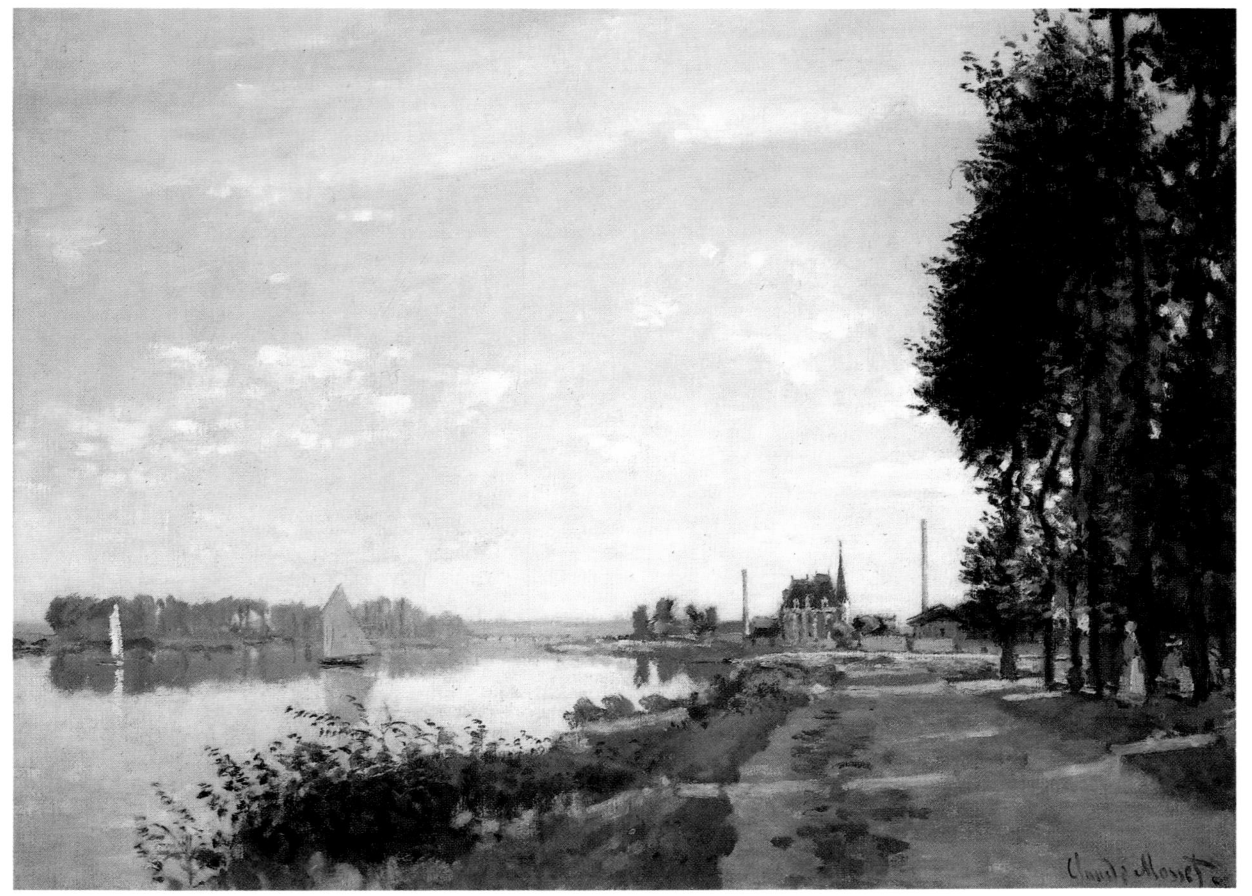

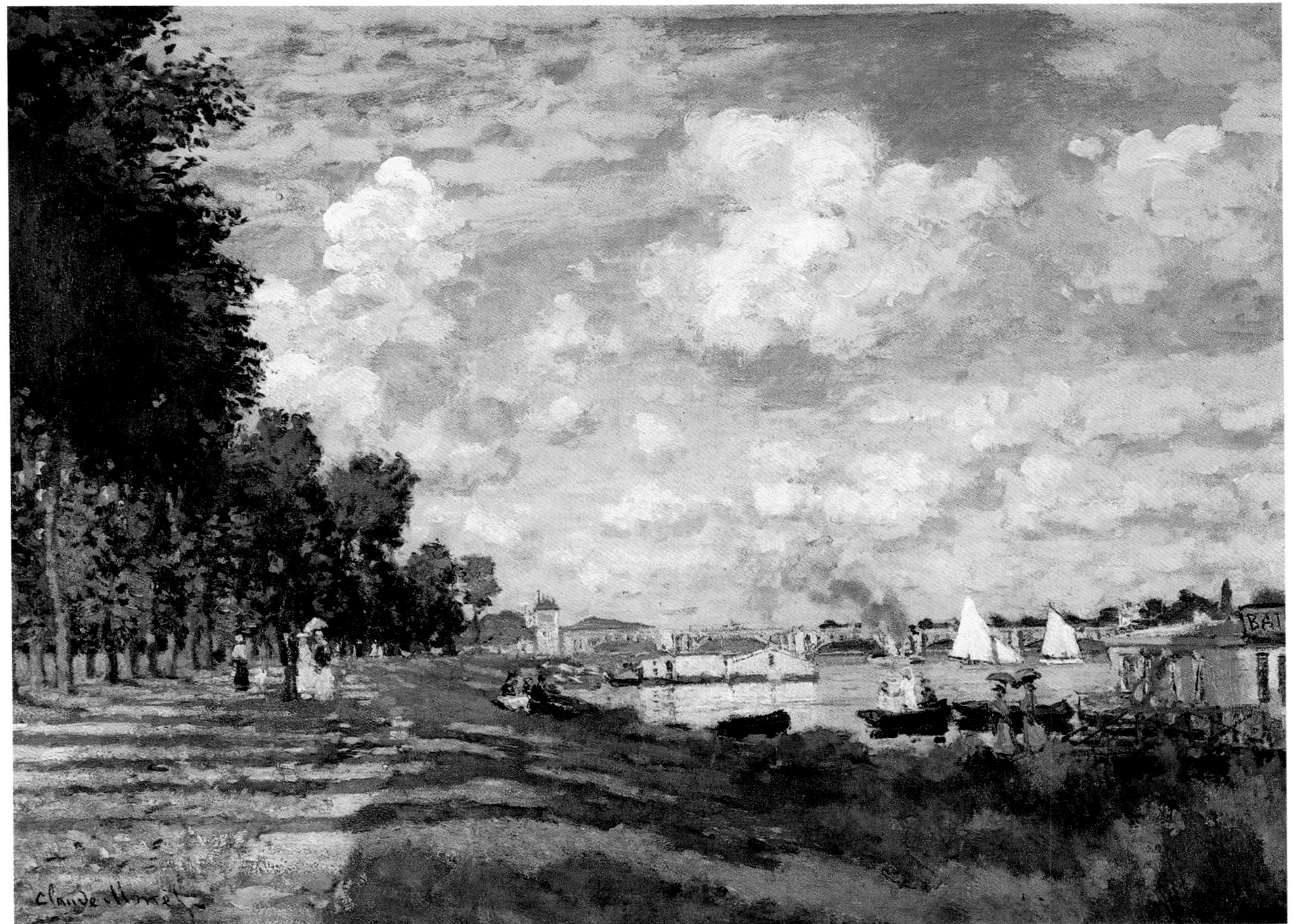

◆ Bateaux de plaisance *(page ci-contre en haut), Argenteuil, v. 1872 ; huile sur toile ; 49 x 65 cm ; signé, musée d'Orsay, Paris.*

◆ La Promenade d'Argenteuil *(page ci-contre en bas), Argenteuil, été 1872 ; huile sur toile ; 50 x 65 cm ; signé ; National Gallery of Art, Washington.*

◆ Le Bassin d'Argenteuil, *Argenteuil, été 1872 (?) ; huile sur toile ; 60 x 80 cm ; signé ; musée d'Orsay, Paris. On y retrouve la même scansion nette entre plans horizontaux et éléments verticaux que dans* La Promenade à Argenteuil *(p. 98 en bas), accentuée tout au plus par une luminosité plus pleine.*

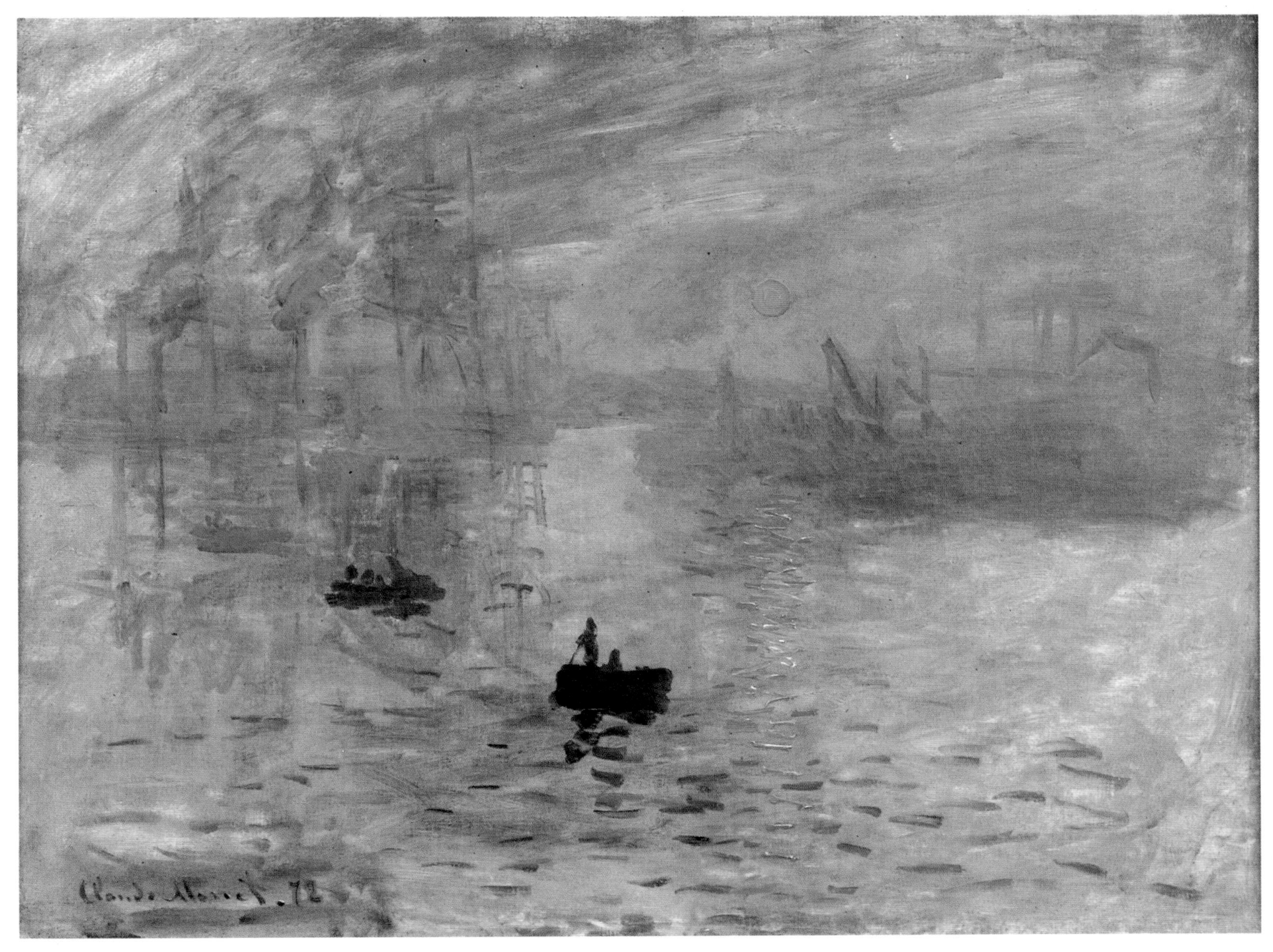

◆ Impression, soleil levant, *Le Havre, 1872 ; huile sur toile ; 48 x 63 cm ; signé et daté ; musée Marmottan, Paris. Malgré la date autographe, certains commentateurs l'attribuent à 1873.*

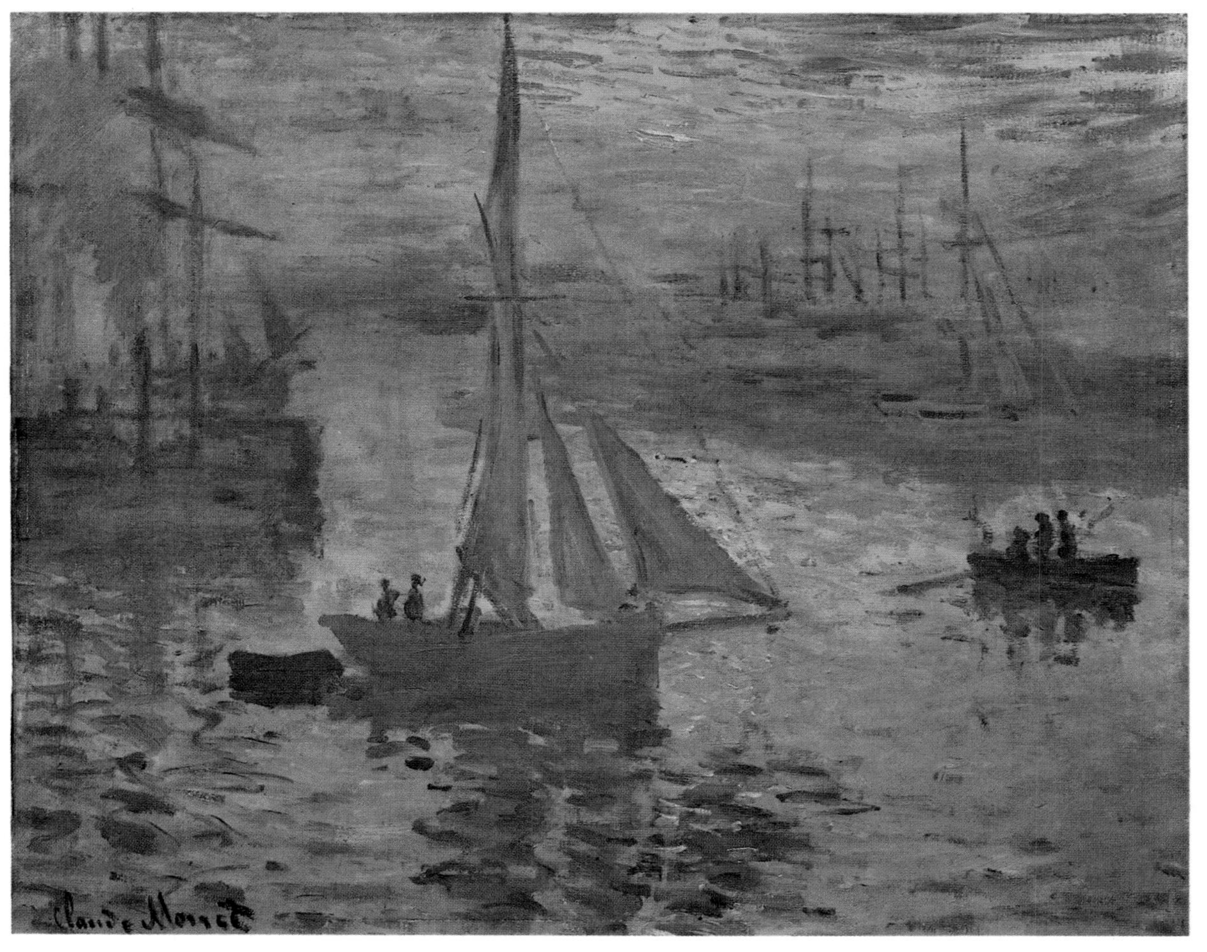

◆ Soleil levant, marine, *Le Havre, 1873 (?) ; huile sur toile ; 49 x 60 cm ; signé ; collection particulière, Paris.*

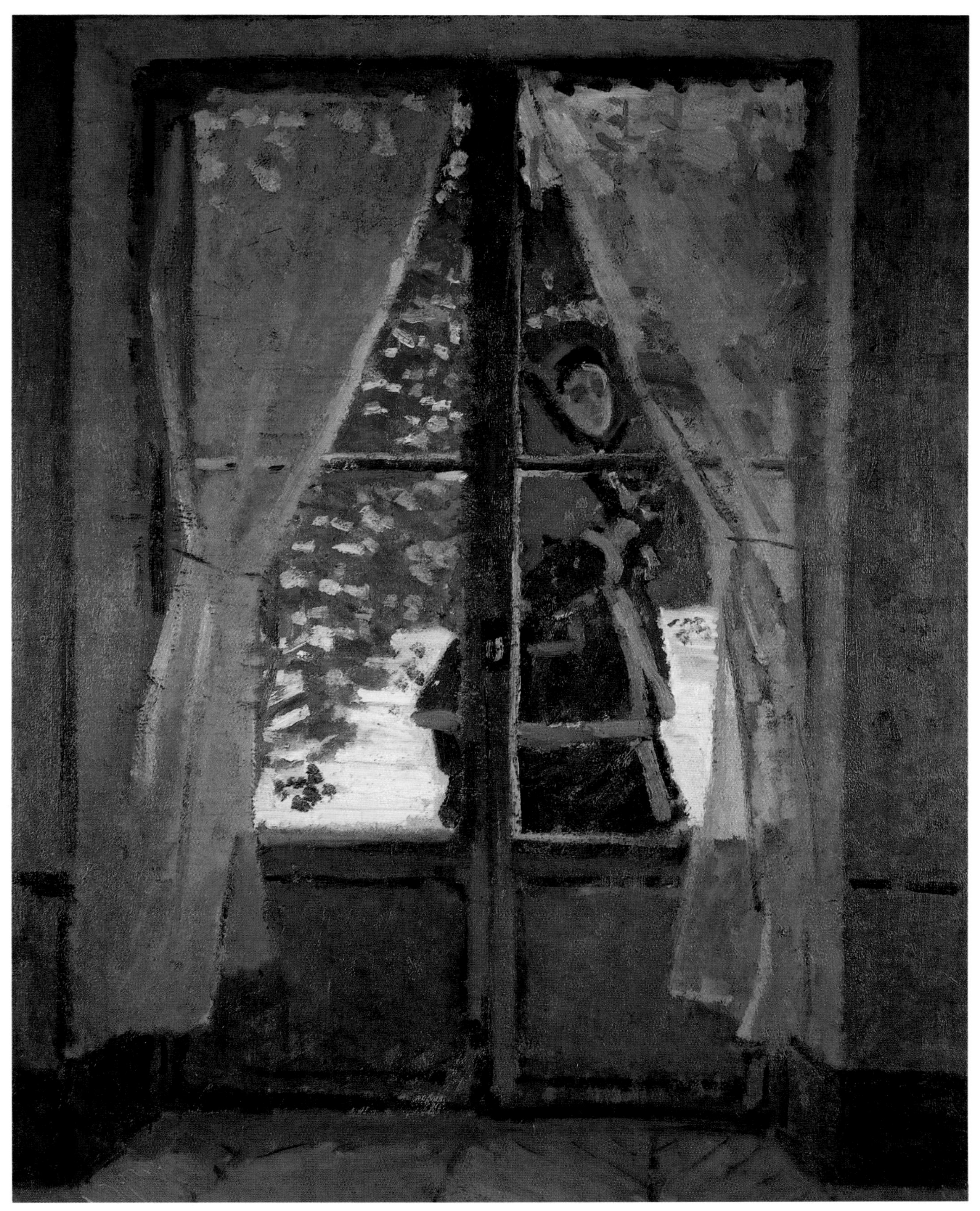

◆ La Capeline rouge. Portrait de Madame Monet, *Argenteuil, 1873 ; huile sur toile ; 100 x 80 cm ; Museum of Art, Cleveland.*

◆ Camille Monet à la fenêtre *(page ci-contre), Argenteuil, juin 1873 ; huile sur toile ; 60 x 49 cm ; signé ; collection particulière.*

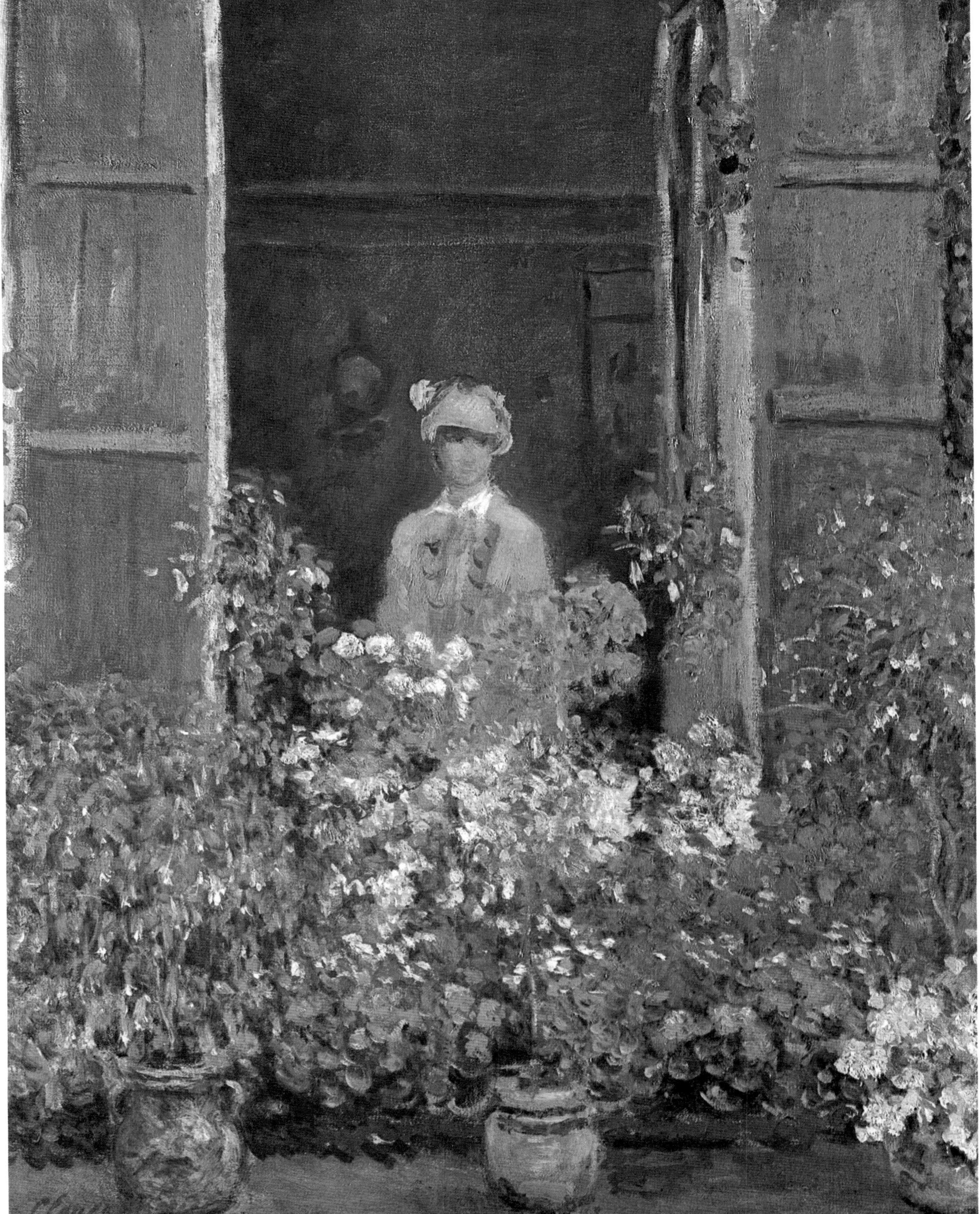

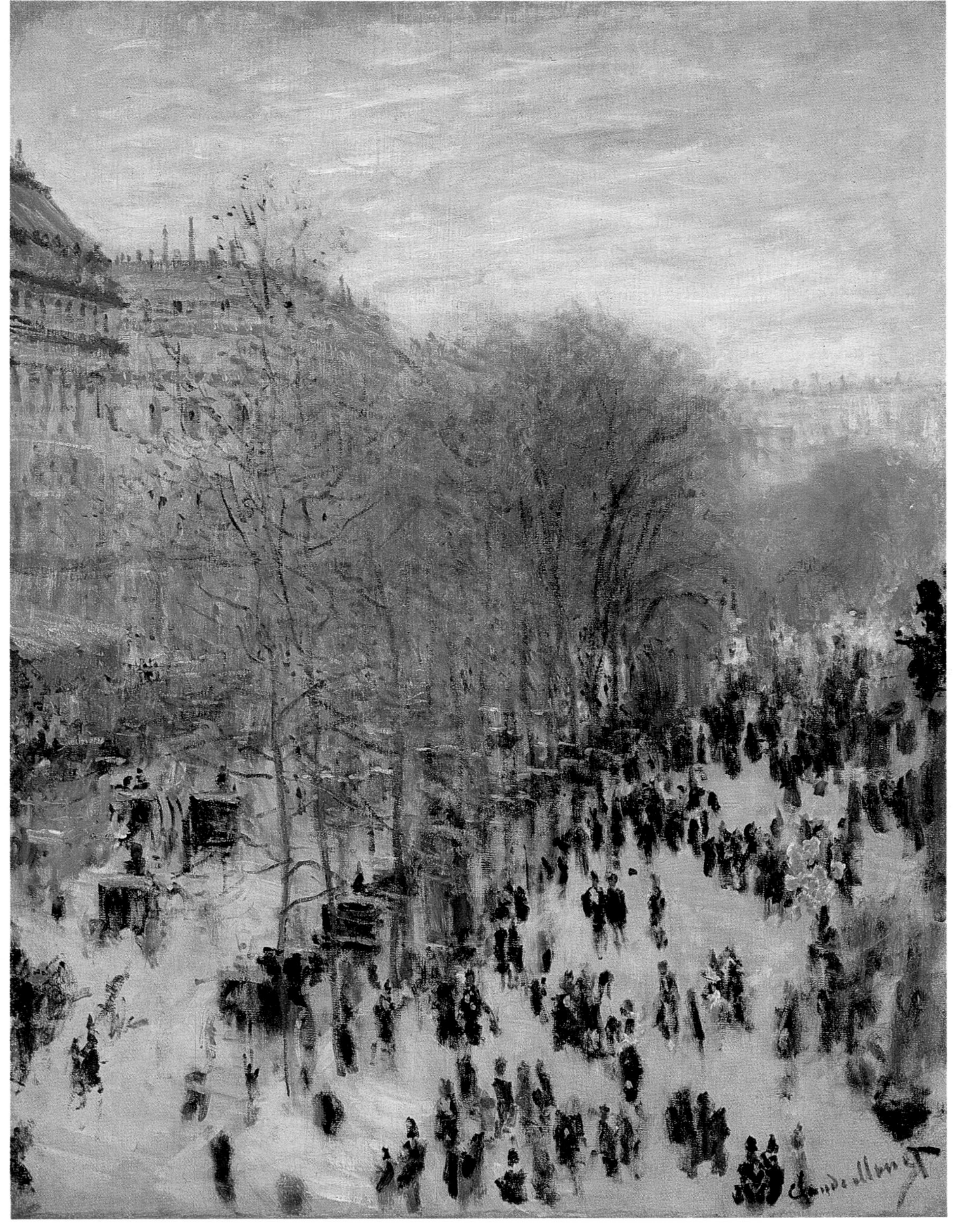

◆ Le Boulevard des Capucines, *Paris, février 1873 ; huile sur toile ; 80 × 60 cm ; signé ; Nelson-Atkins Museum of Art, Kansas City.*

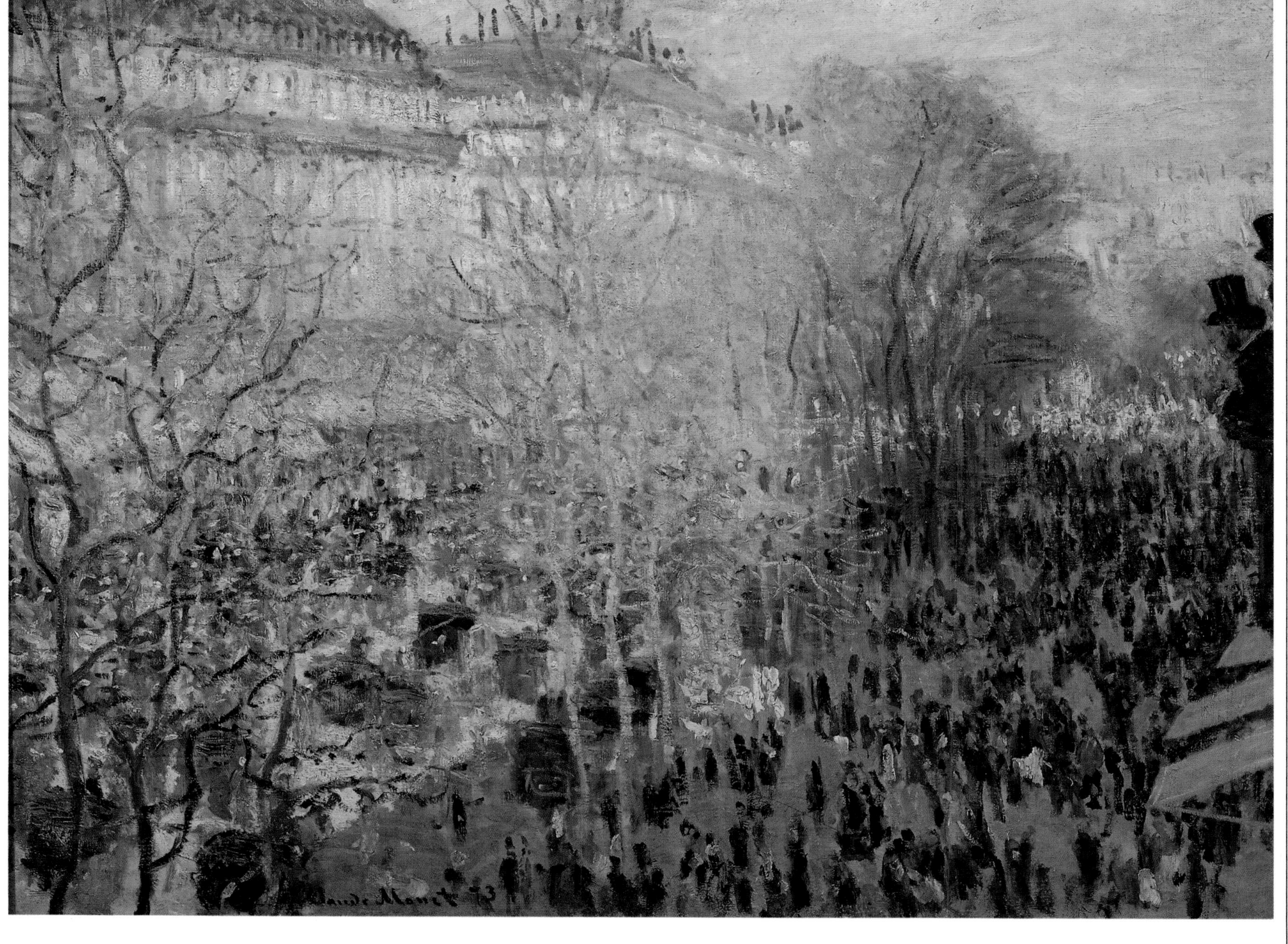

◆ Le Boulevard des Capucines, *Paris, février 1873 ; huile sur toile ; 61 × 80 cm ; signé et daté ; musée Pouchkine, Moscou. Également connu sous le titre* Carnaval au Boulevard des Capucines.

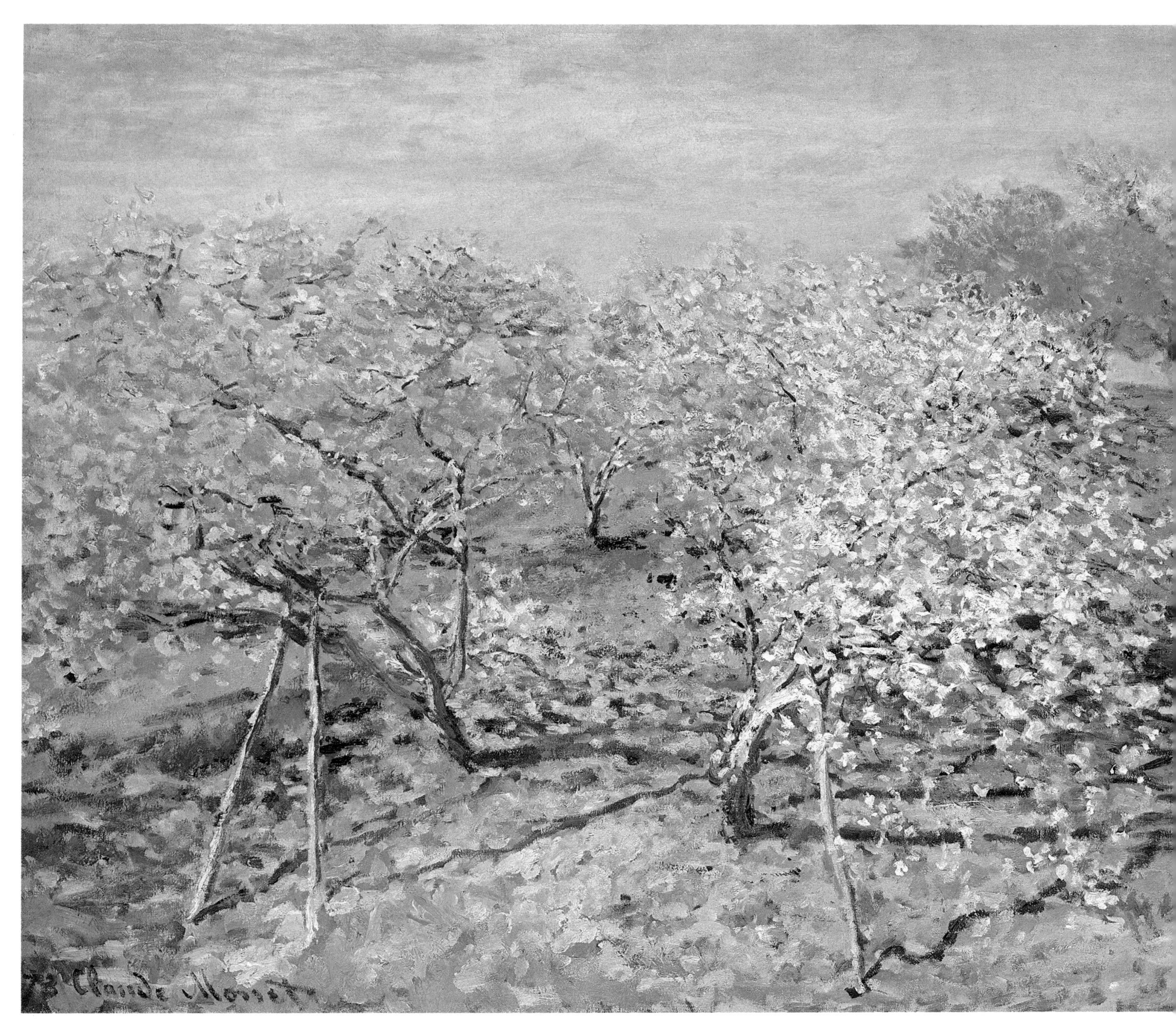
73 Claude Monet

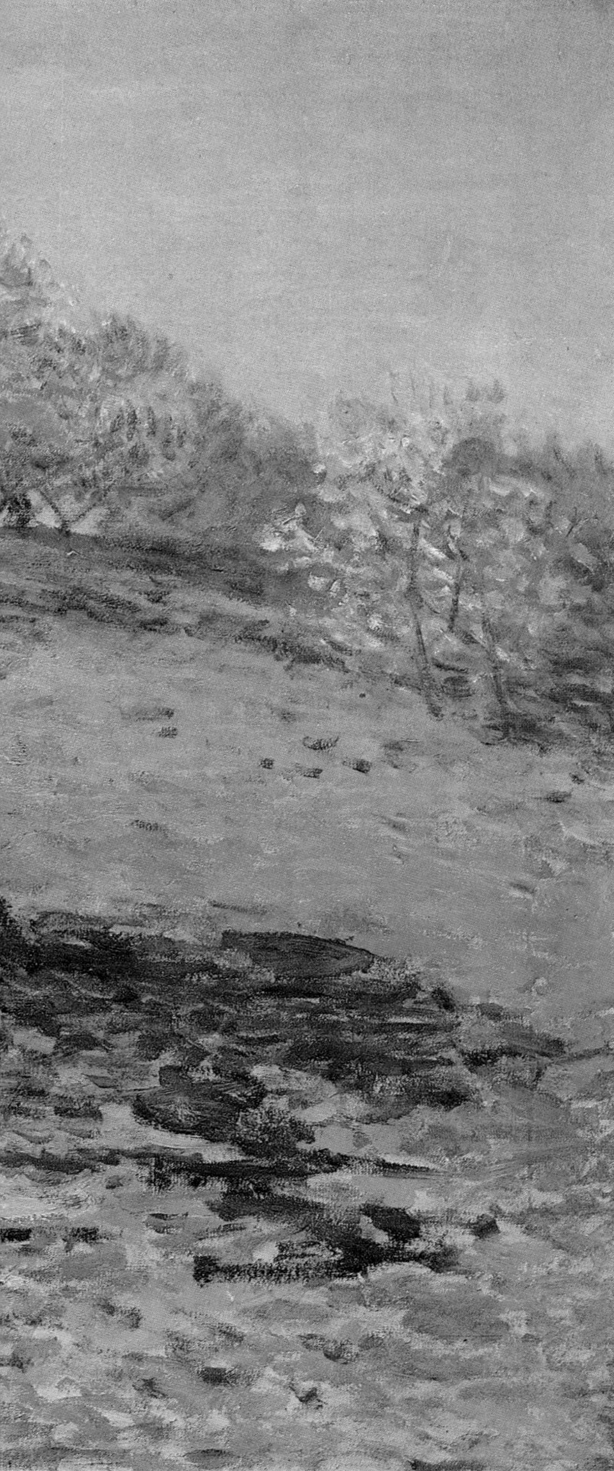

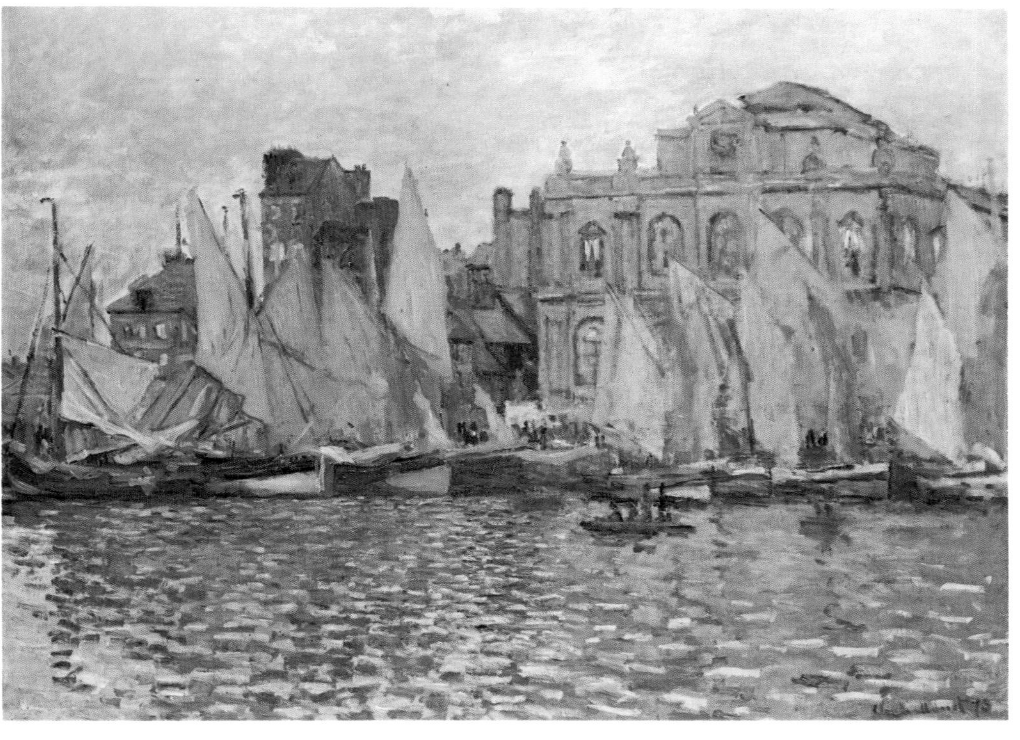

◆ Le Printemps *(ci-contre), environs d'Argenteuil, printemps 1873 ; huile sur toile ; 60 × 100 cm ; signé et daté ; Metropolitan Museum of Art, New York. Ici émerge une façon de voir la nature — ou plutôt d'en transposer l'apparence sur la toile — que Monet développera surtout après 1880, avec des œuvres reposant sur une sorte de « divisionnisme chromatique » empirique et instinctif.*

◆ Le Musée du Havre *(ci-dessus), Le Havre, 1873 ; huile sur toile ; 73,5 × 99 cm ; signé et daté ; collection particulière.*

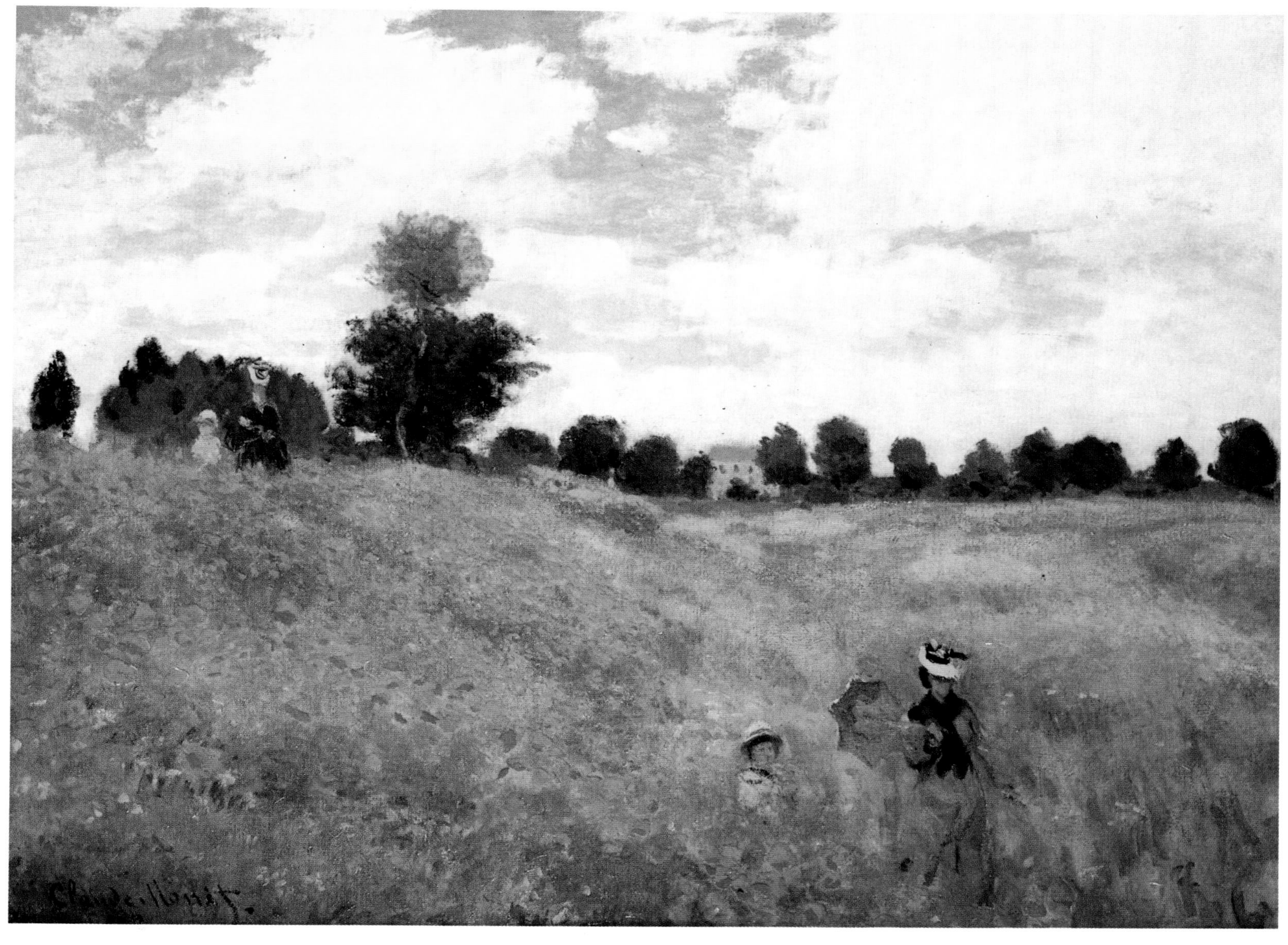

◆ Les Coquelicots à Argenteuil, *Argenteuil, été 1873 ; huile sur toile ; 50 x 65 cm ; signé et daté ; musée d'Orsay, Paris. Au premier plan, Camille Monet et son fils Jean.*

◆ La Promenade. La Femme à l'ombrelle *(page ci-contre), Étretat (?), été 1873 (?) ; huile sur toile ; 100 x 81 cm ; signé et daté ; National Gallery of Art, Washington. Il s'agit de Madame Monet et de son fils.*

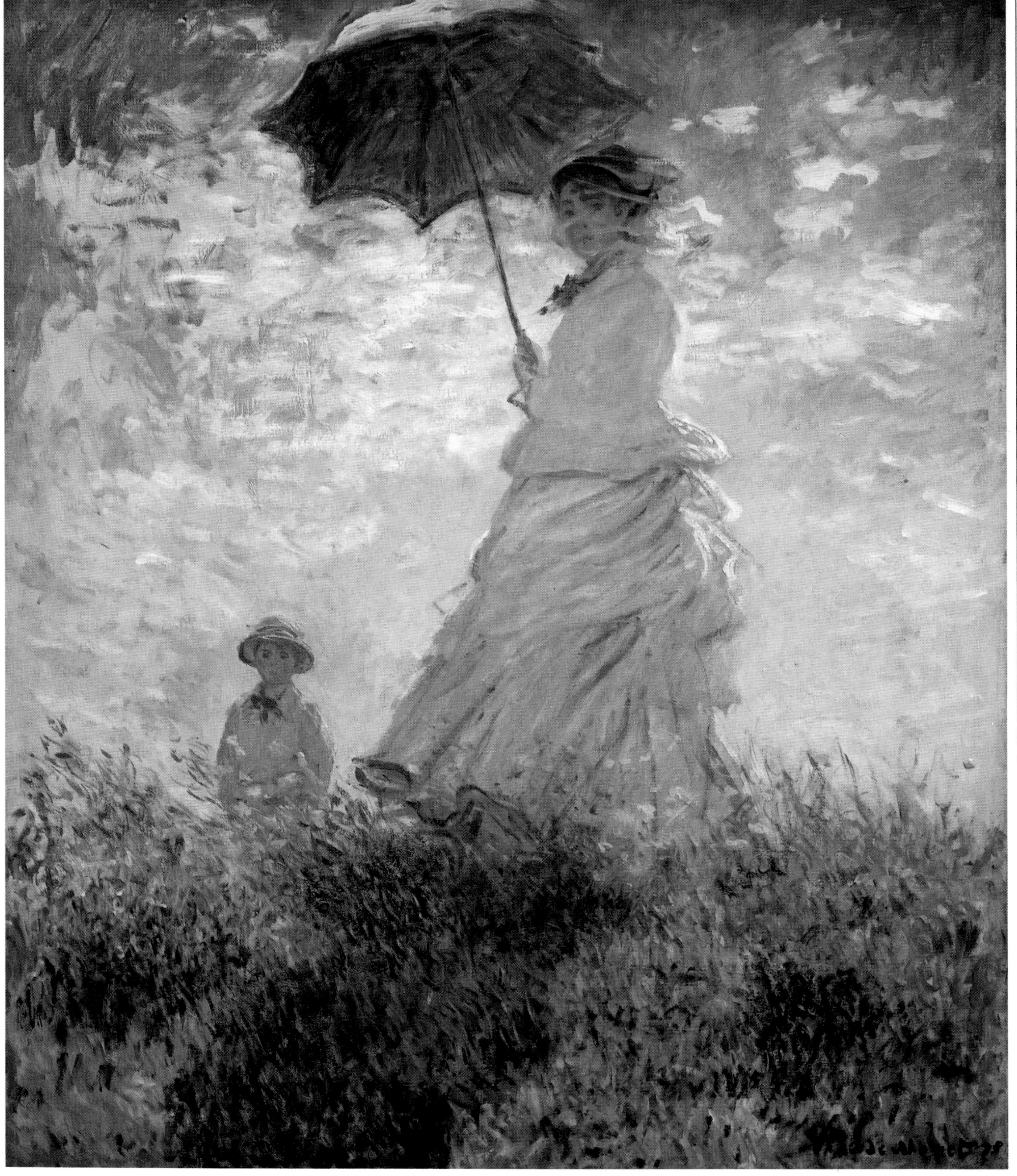

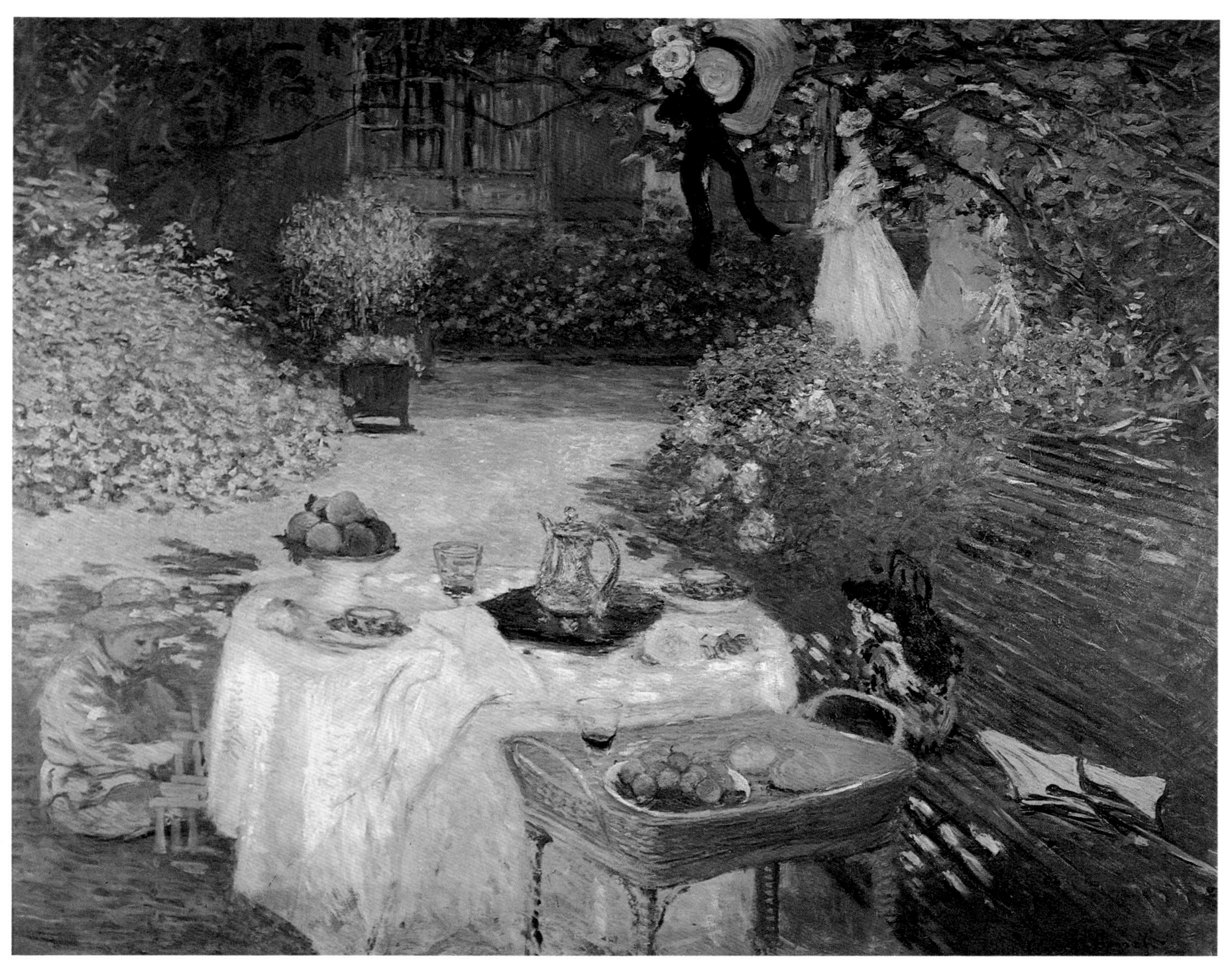

◆ Le Déjeuner, *Argenteuil, été 1873 ; huile sur toile ; 162 x 203 cm ; signé ; musée d'Orsay, Paris.*

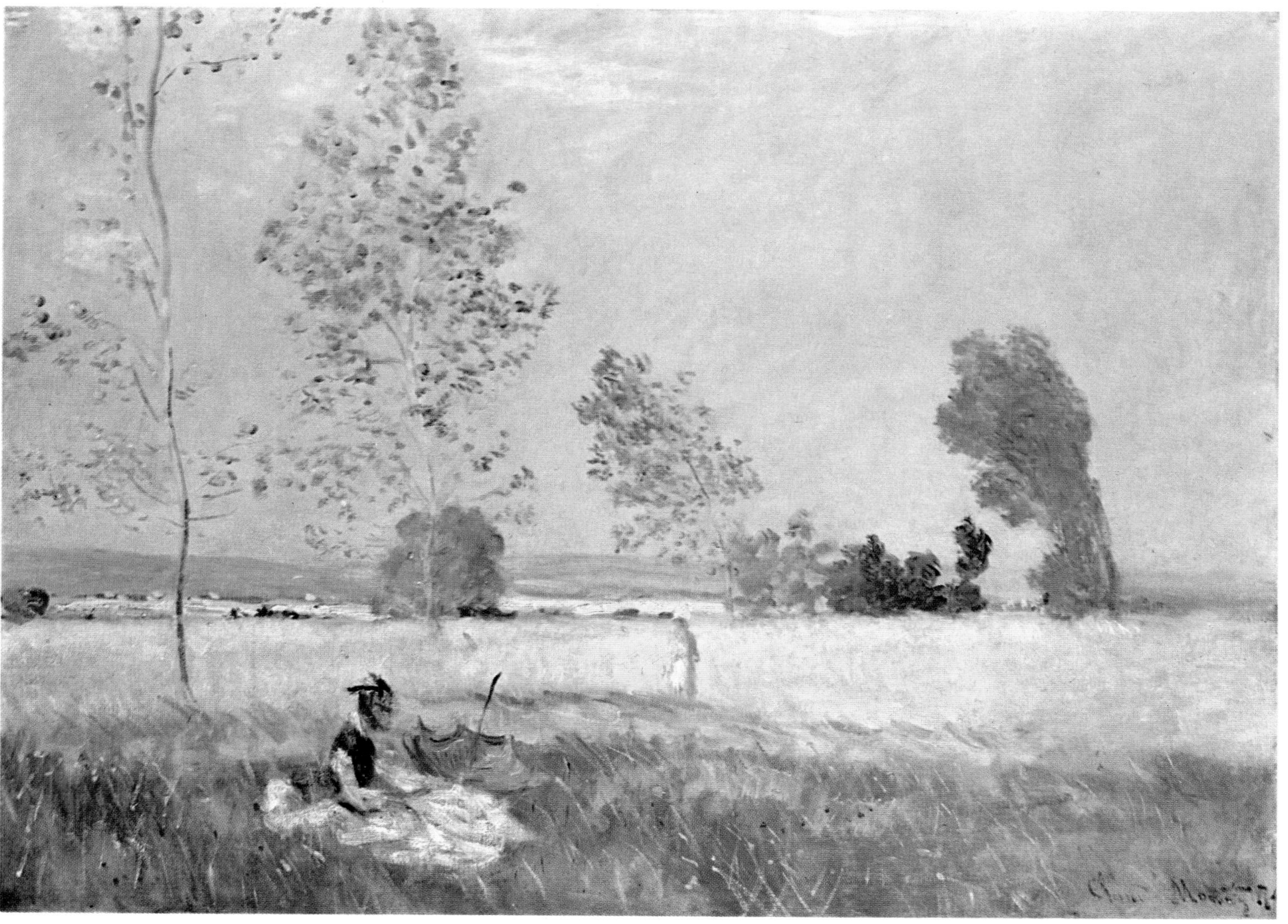

◆ Prairie à Bezons, *environs d'Argenteuil, juin 1874 ; huile sur toile ; 57 × 80 cm ; signé et daté ; Neue Nationalgalerie, Berlin.*

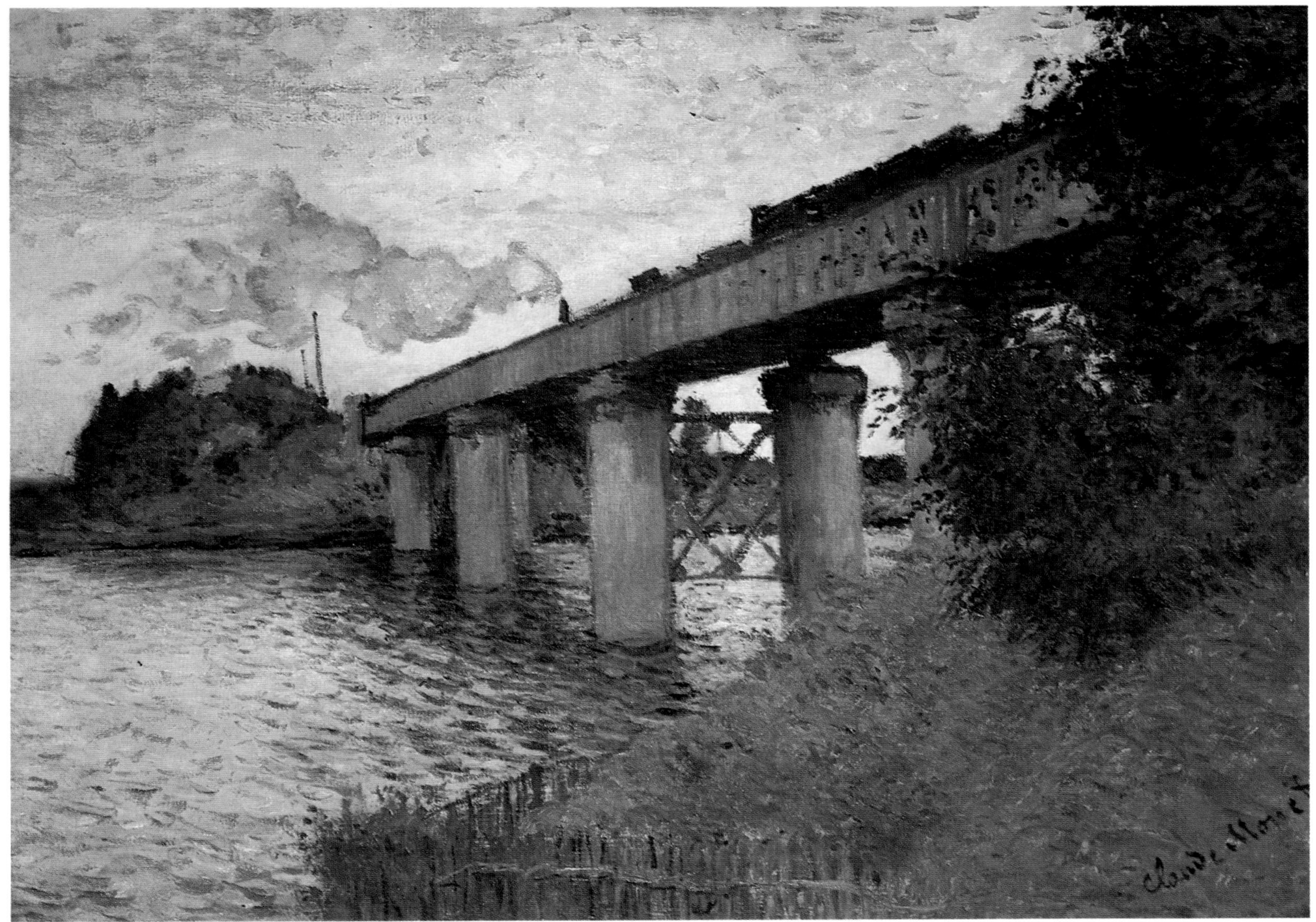

◆ Le Pont du chemin de fer, Argenteuil, *Argenteuil, 1874 ; huile sur toile ; 55 × 72 cm ; signé ; musée d'Orsay, Paris.*

◆ Le Pont d'Argenteuil *(page ci-contre en haut), Argenteuil, 1874 ; huile sur toile ; 60 × 80 cm ; signé et daté ; musée d'Orsay, Paris.*

◆ Les Barques, régates à Argenteuil *(page ci-contre en bas), Argenteuil, été 1874 ; huile sur toile ; 60 × 100 cm ; signé ; musée d'Orsay, Paris.*

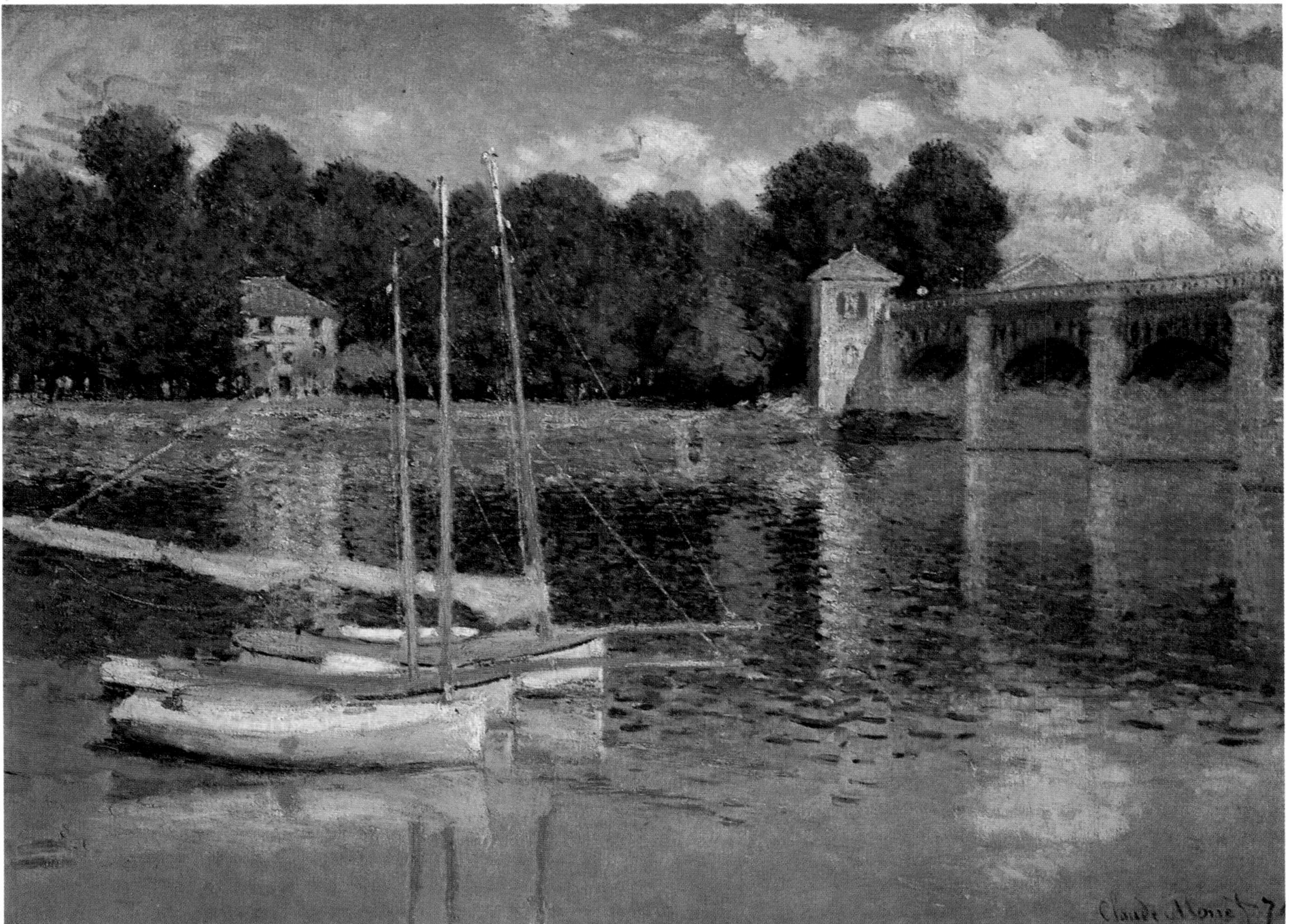

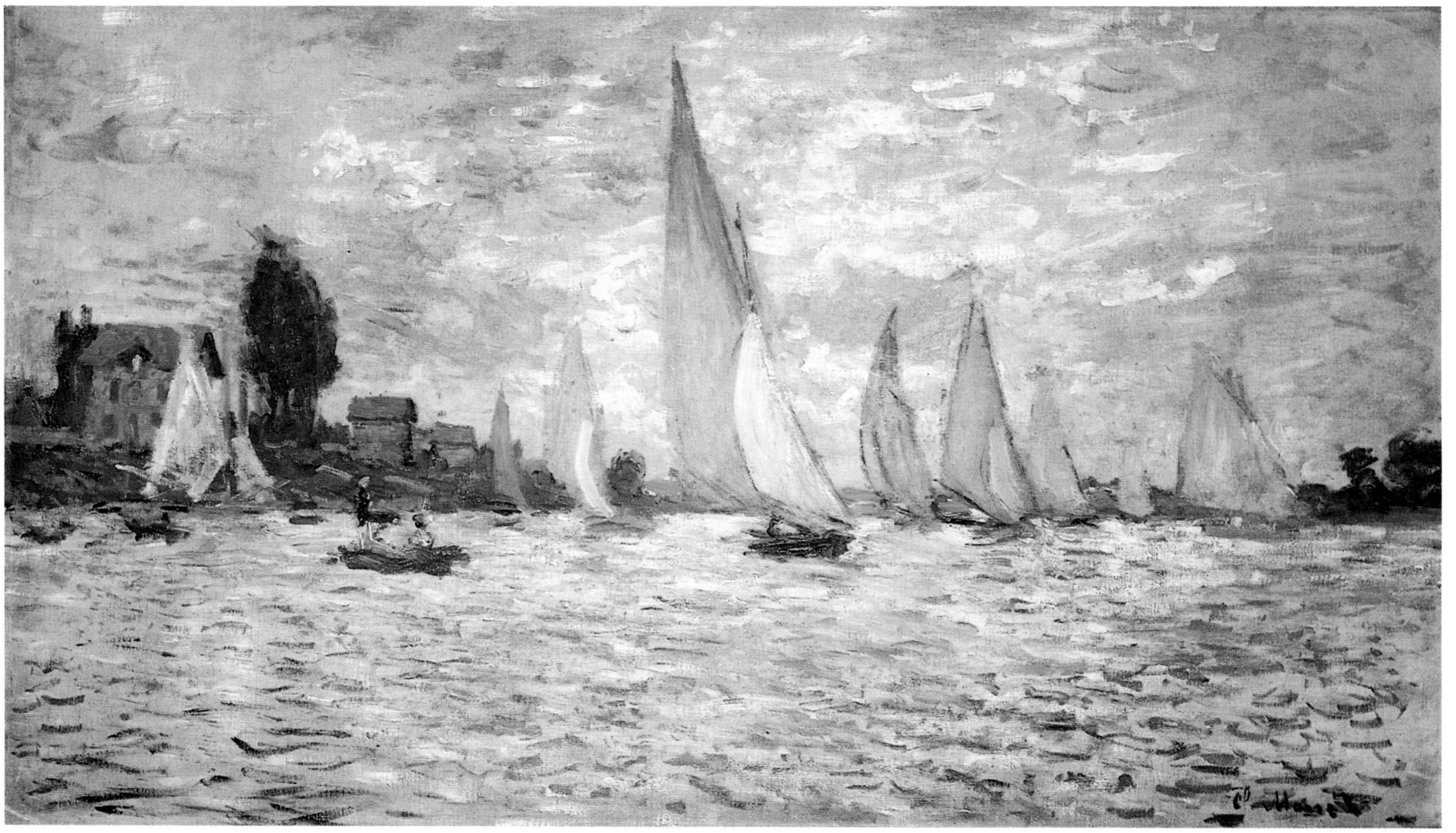

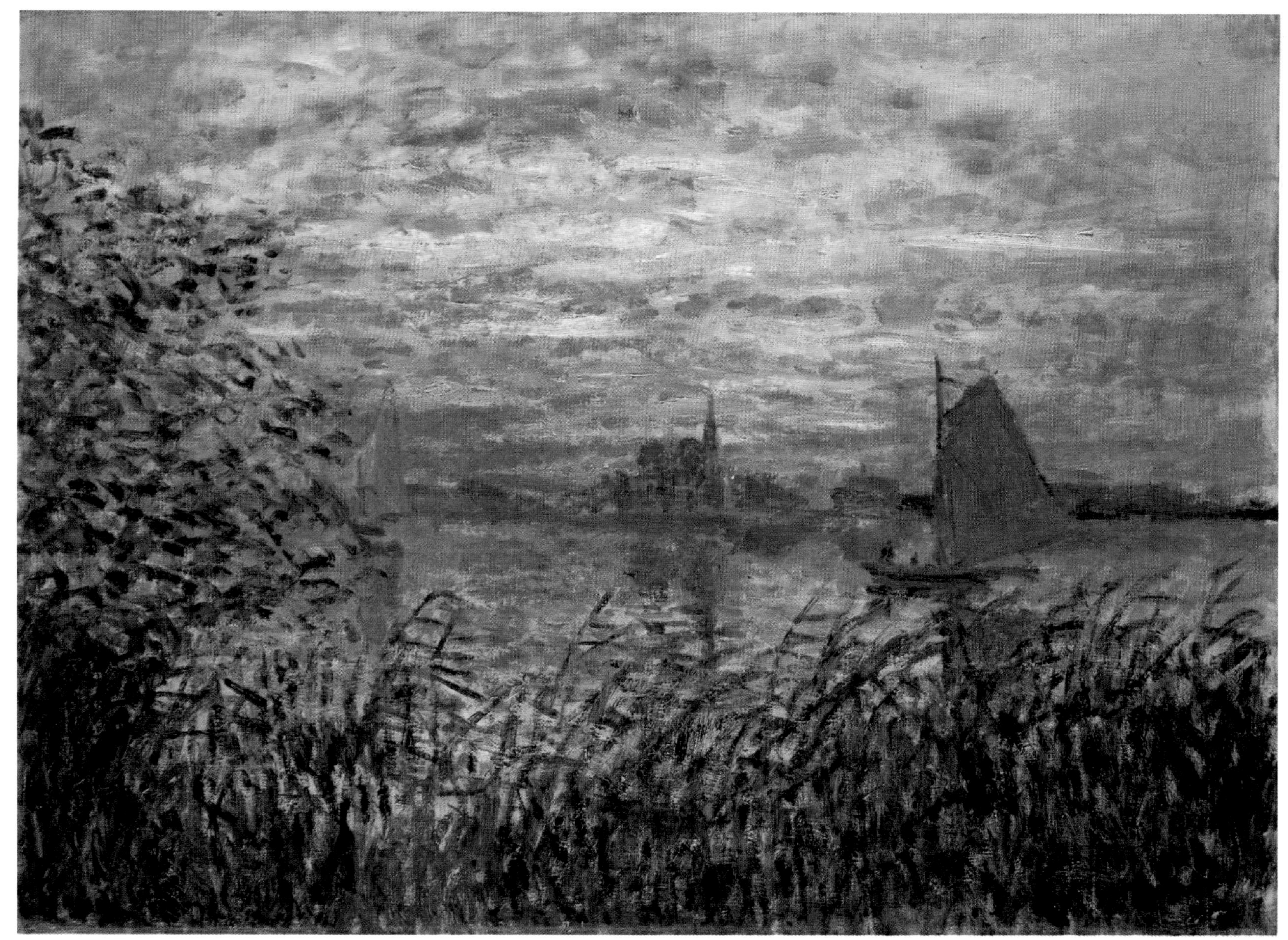

◆ Coucher du soleil sur la Seine, *environs d'Argenteuil, 1874 ; huile sur toile ; 50 x 65 cm ; signé ; Museum of Art, Philadelphie.*

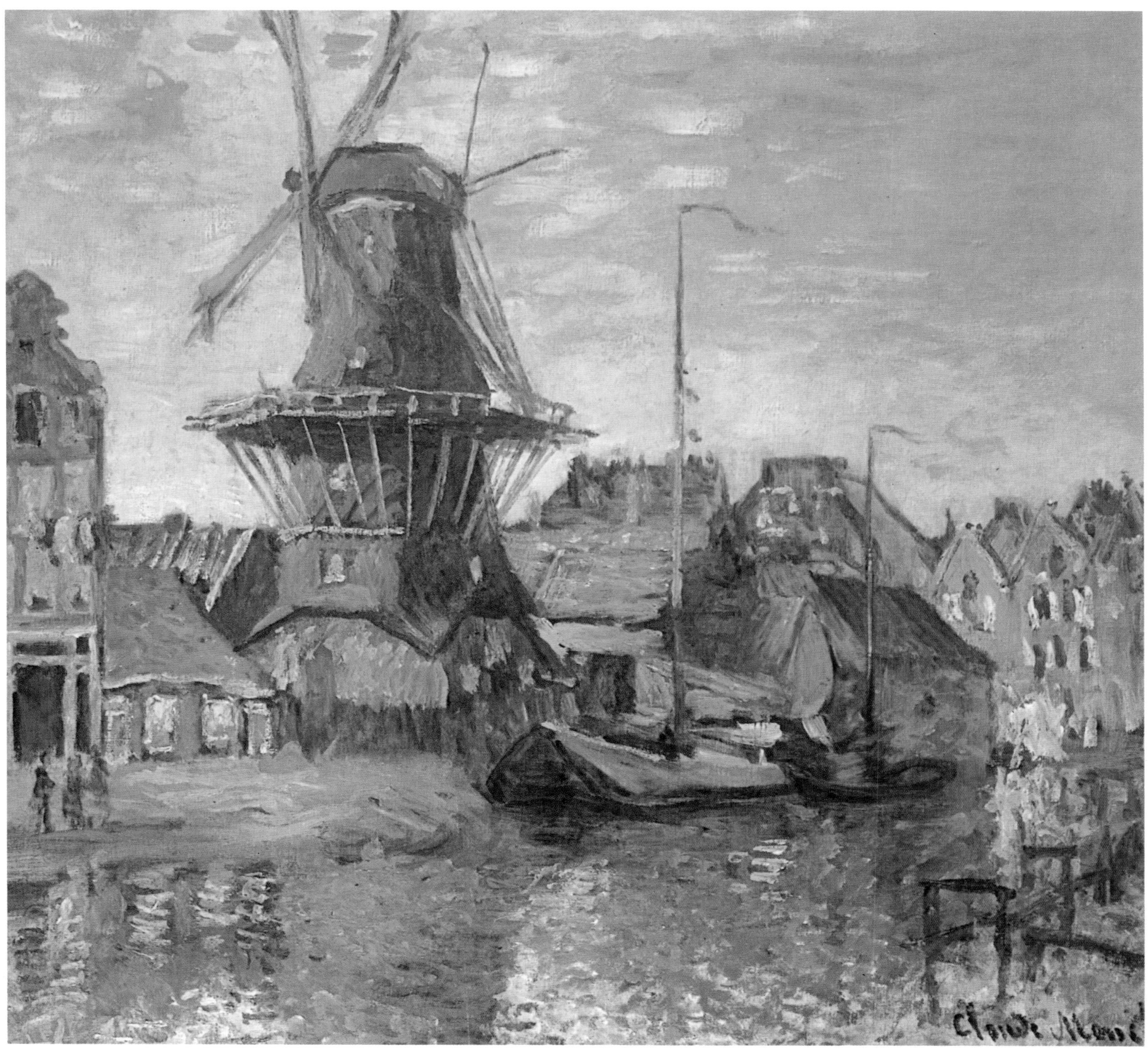

◆ Le Moulin de l'Onbekende Gracht, *Amsterdam, 1874 ; huile sur toile ; 56 × 65 cm ; signé ; collection particulière. Certains le datent (comme le suivant) de 1872.*

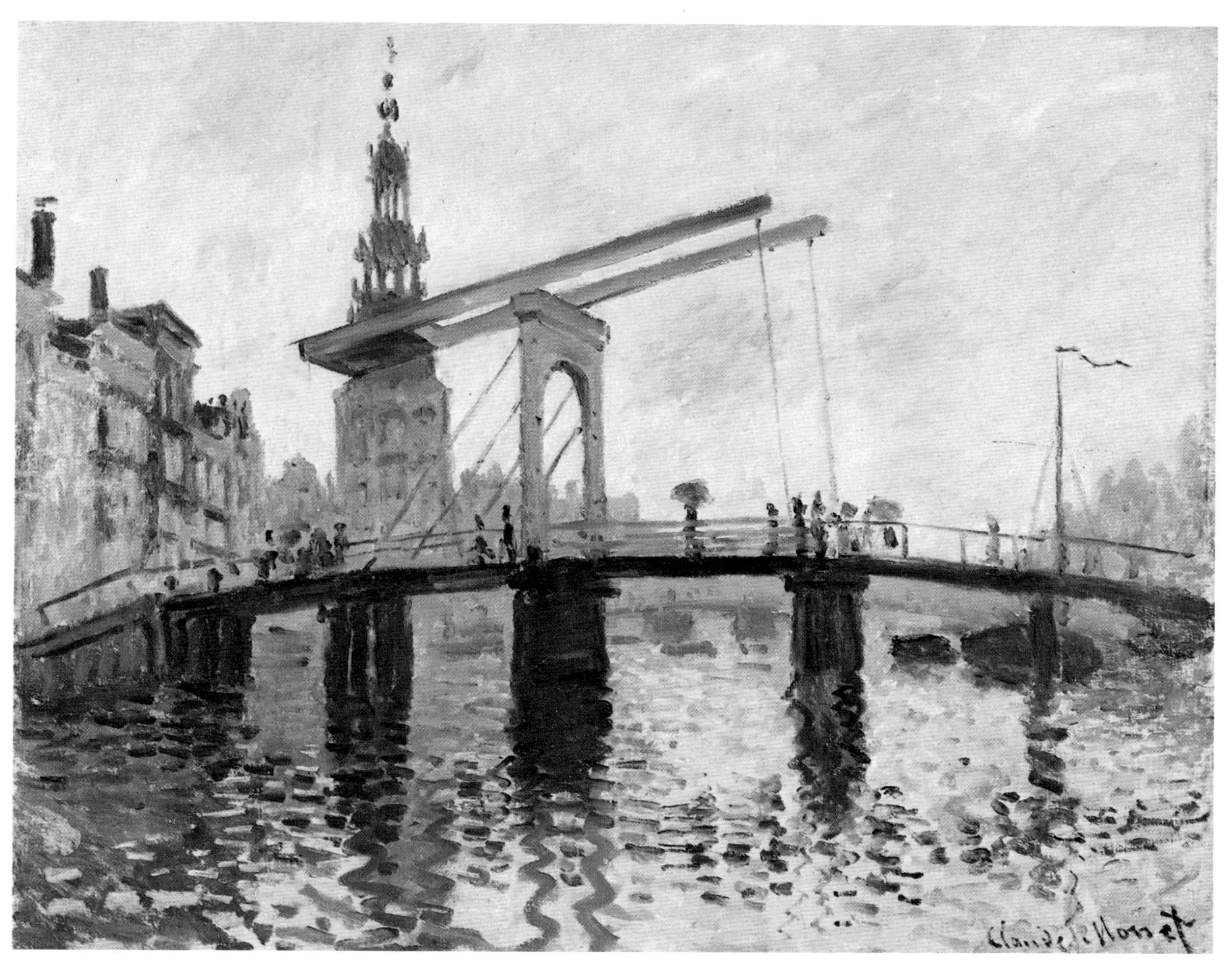

◆ Le Pont, Amsterdam, *Amsterdam, 1874 ; huile sur toile ; 53,5 x 63,5 cm ; signé, Shelburne Museum, Shelburne, Vermont.*

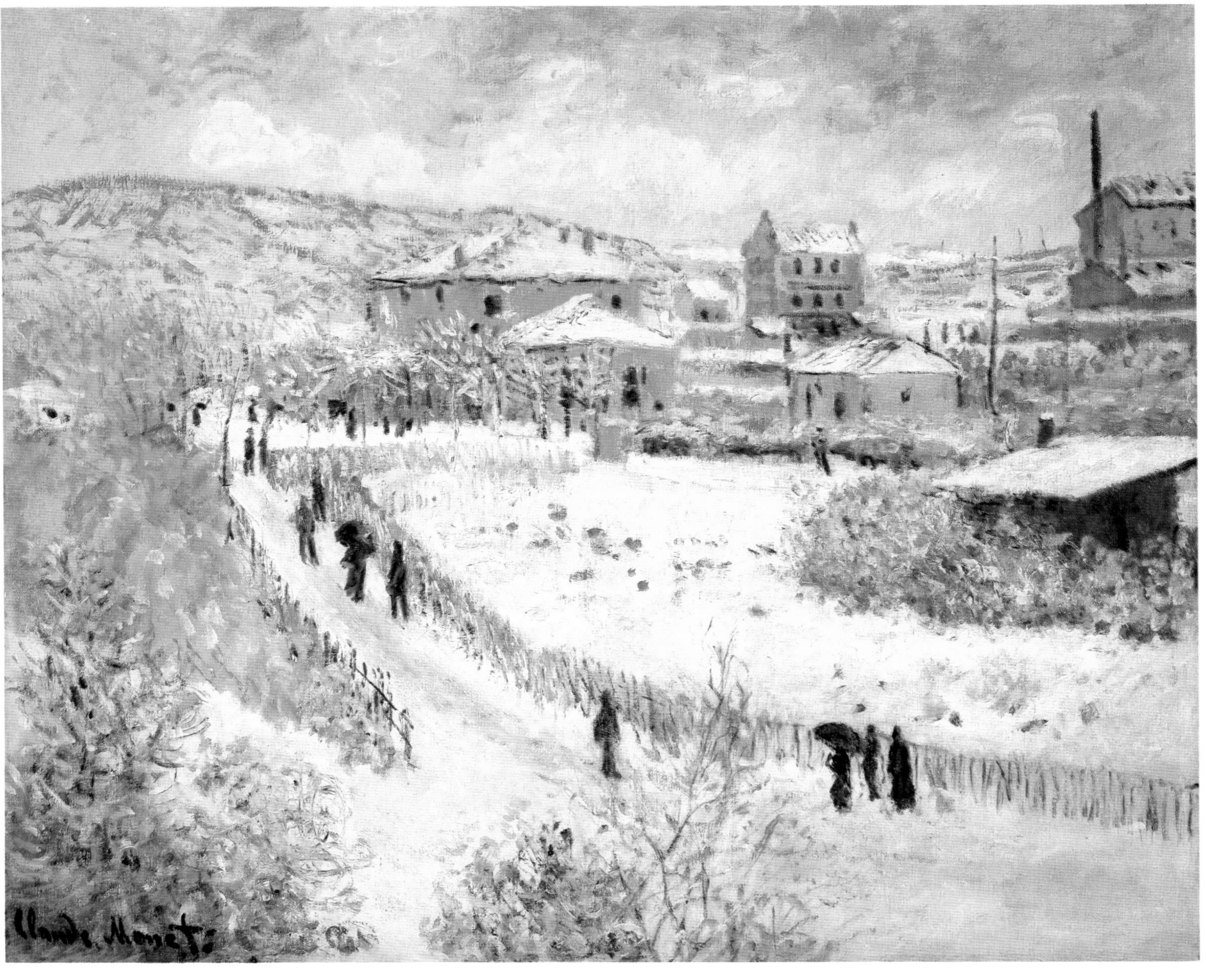

◆ Vue d'Argenteuil, neige, *Argenteuil, janvier ou février 1875 ; huile sur toile ; 54,5 × 65 cm ; signé ; Nelson-Atkins Museum of Art, Kansas City.*

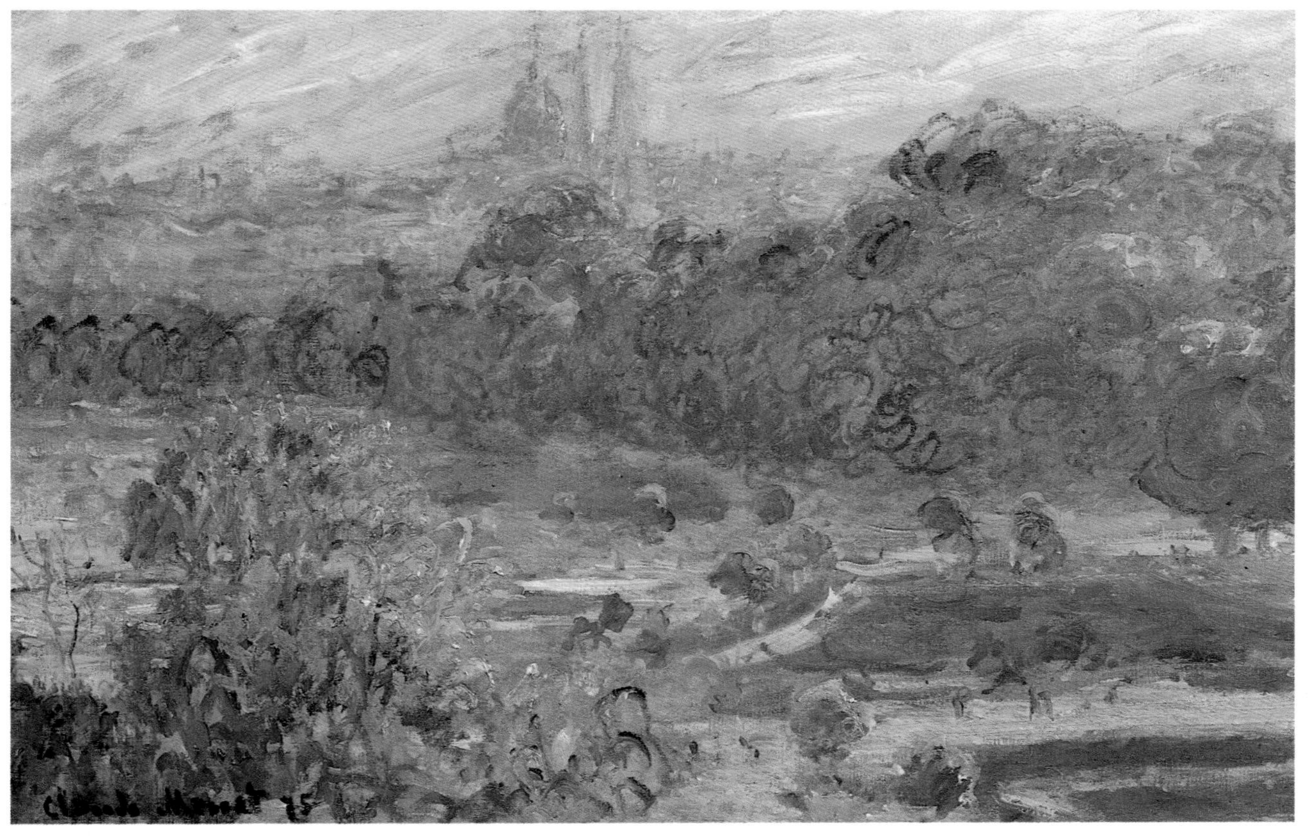

◆ Le Jardin des Tuileries, *Paris, 1875 ; huile sur toile ; 50 × 74 cm ; signé et daté ; musée d'Orsay, Paris.*

D'après certains auteurs, il s'agirait d'une première esquisse pour le tableau de la page 123.

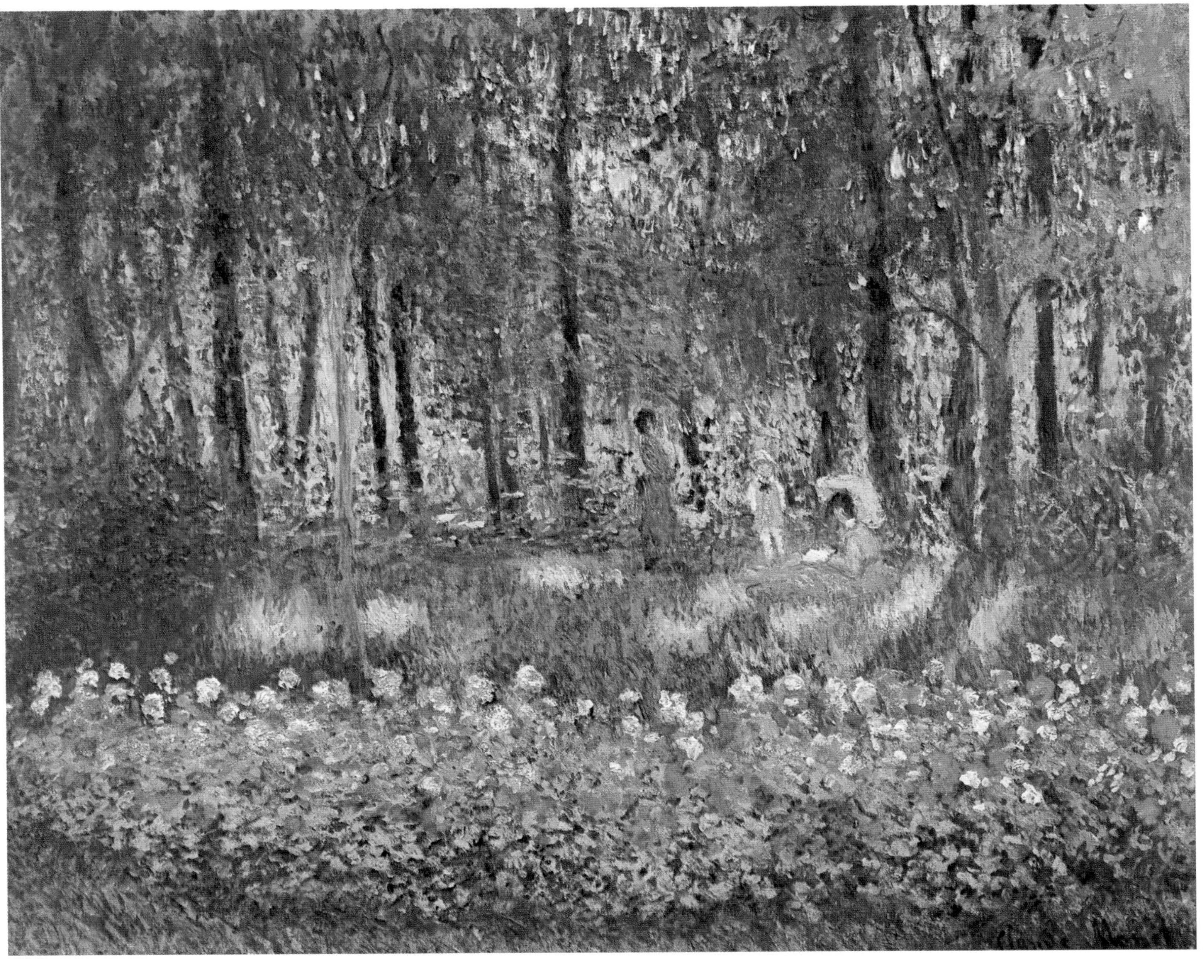

◆ Au jardin. La Famille de l'artiste, *Argenteuil, printemps*

1875 ; huile sur toile ; 61 × 80 cm ; signé ; collection particulière.

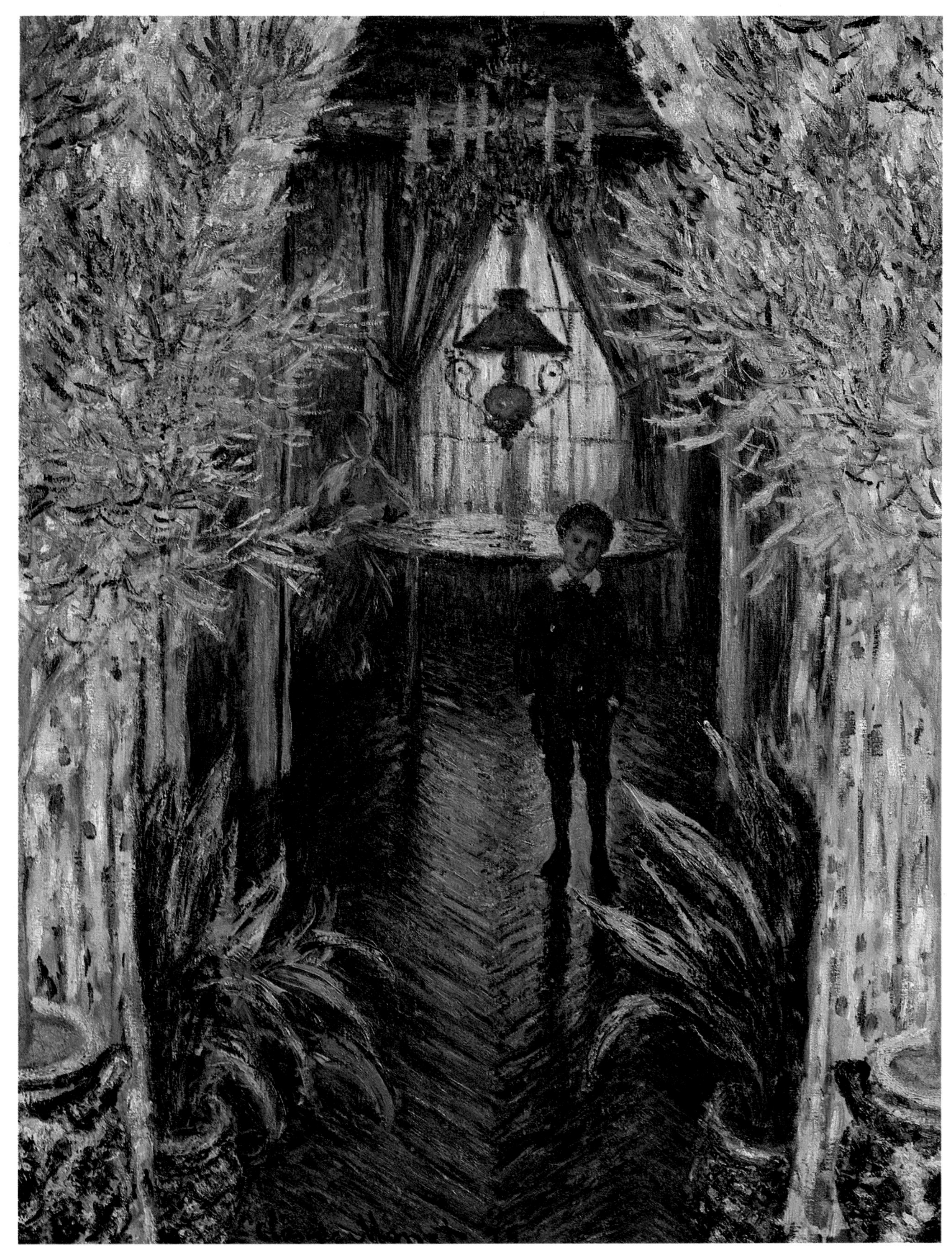

◆ Un Coin d'appartement, *Argenteuil, 1875 ; huile sur toile ; 80 x 60 cm ; signé et daté ; musée d'Orsay, Paris.*

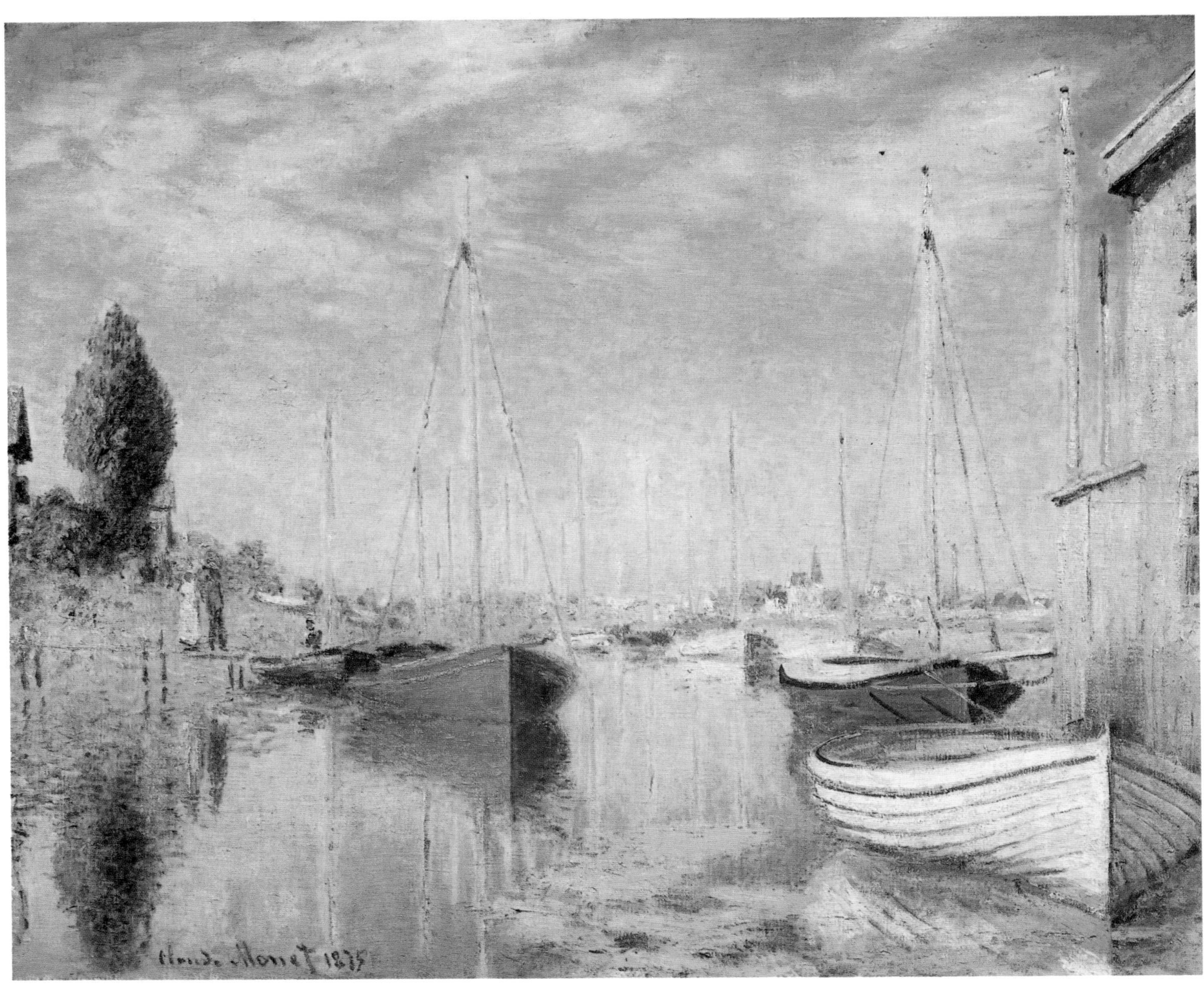

◆ Bateaux de plaisance à Argenteuil, *Argenteuil, automne 1875 ; huile sur toile ; 54 x 65 cm ; signé et daté ; collection particulière.*

*Il en existe deux autres versions (*Les Bateaux rouges*), avec un cadrage un peu décalé et des éléments — bateaux, nuages — légèrement différents.*

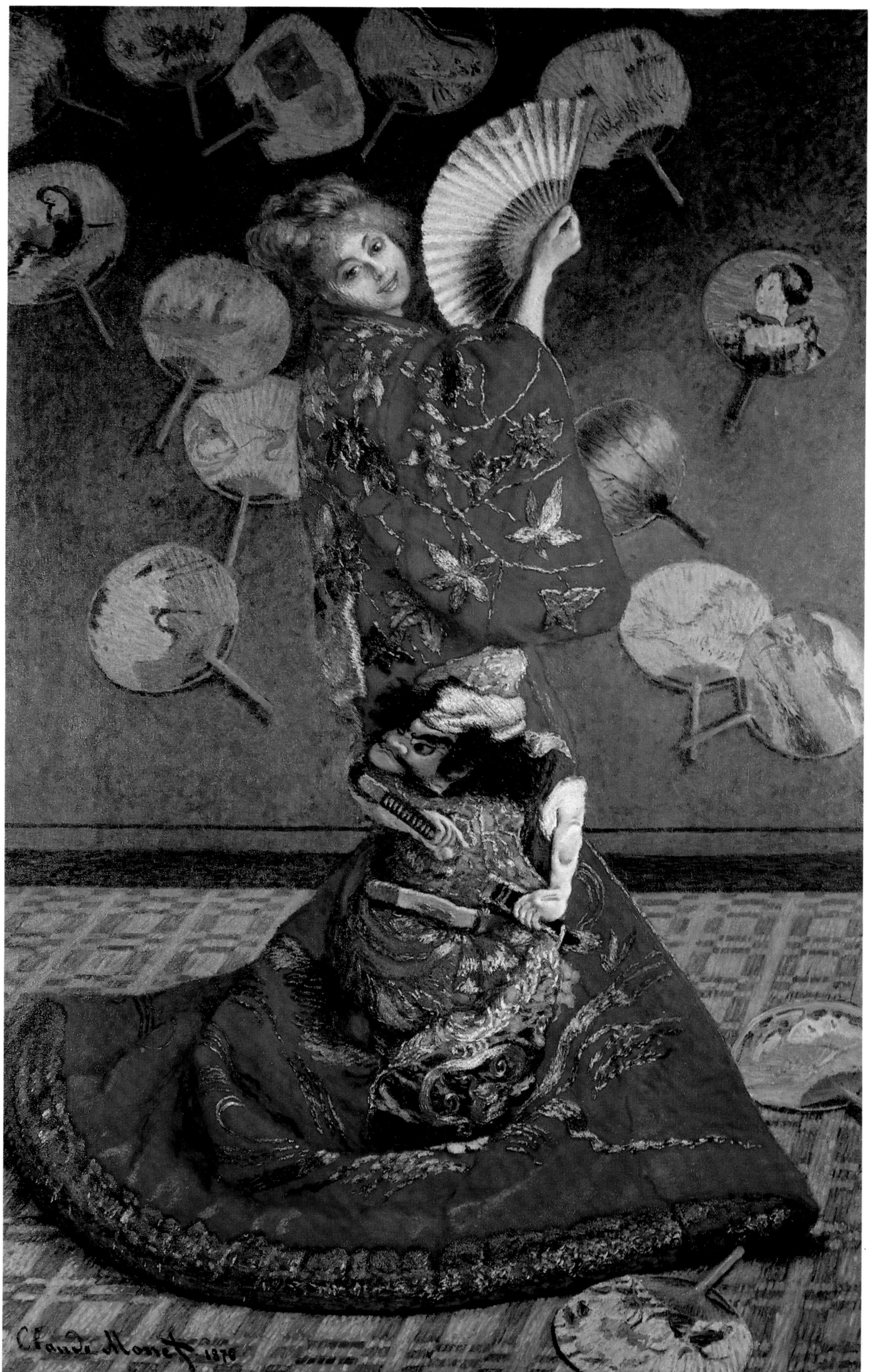
Claude Monet 1876

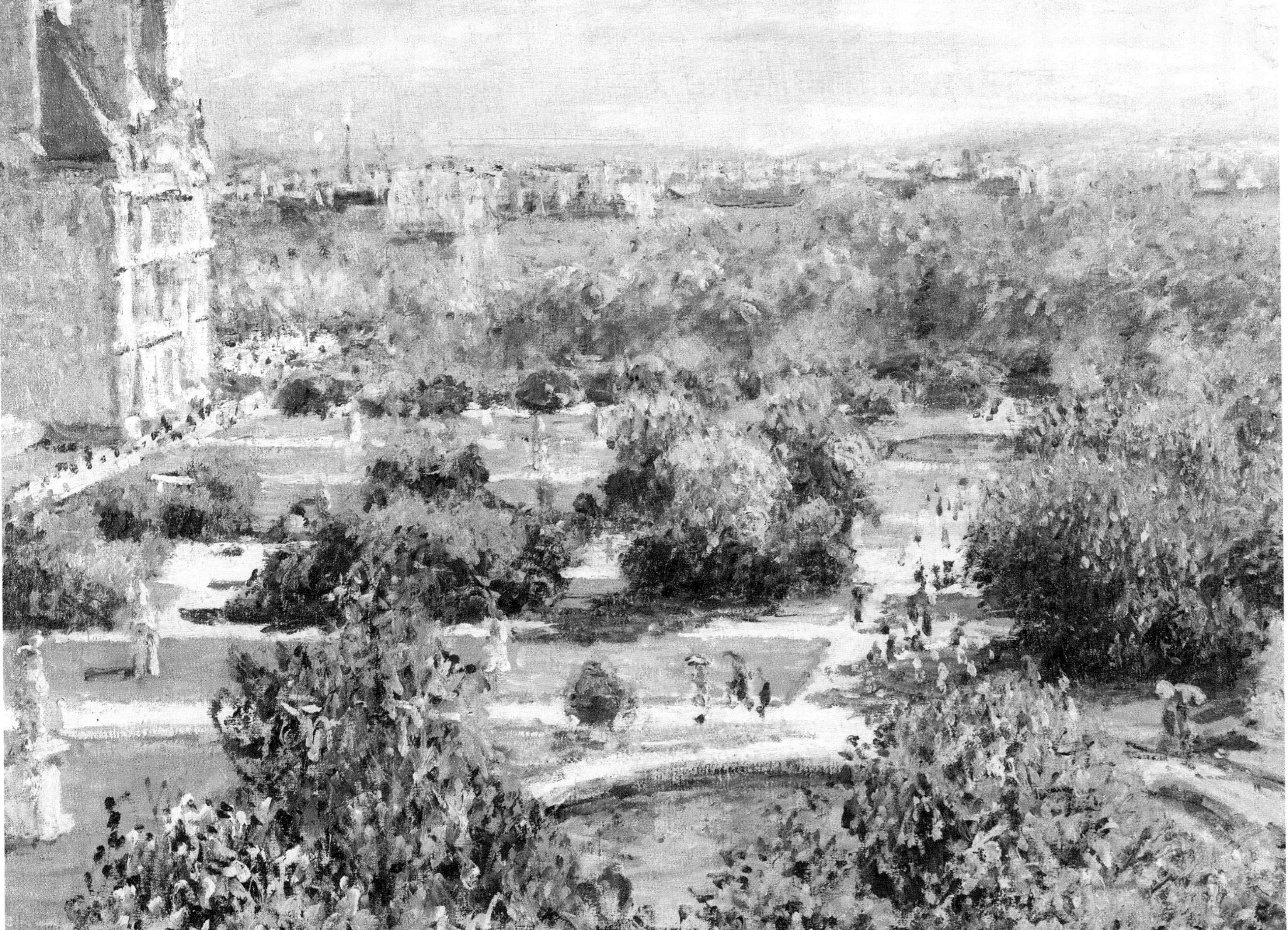

◆ La Japonaise *(Portrait de Madame Monet) (page ci-contre), Paris (?), 1876 ; huile sur toile ; 231 x 142 cm ; signé et daté (1876) ; Museum of Fine Arts, Boston. Il semble avoir été commencé en octobre 1875.*

◆ Les Tuileries, *Paris, printemps 1876 ; huile sur toile ; 54 x 72 cm ; signé et daté ; musée Marmottan, Paris. Malgré le contraste entre la petitesse du format et l'ampleur du champ visuel, il est douteux qu'il s'agisse d'une ébauche puisqu'il est daté et signé par l'artiste.*

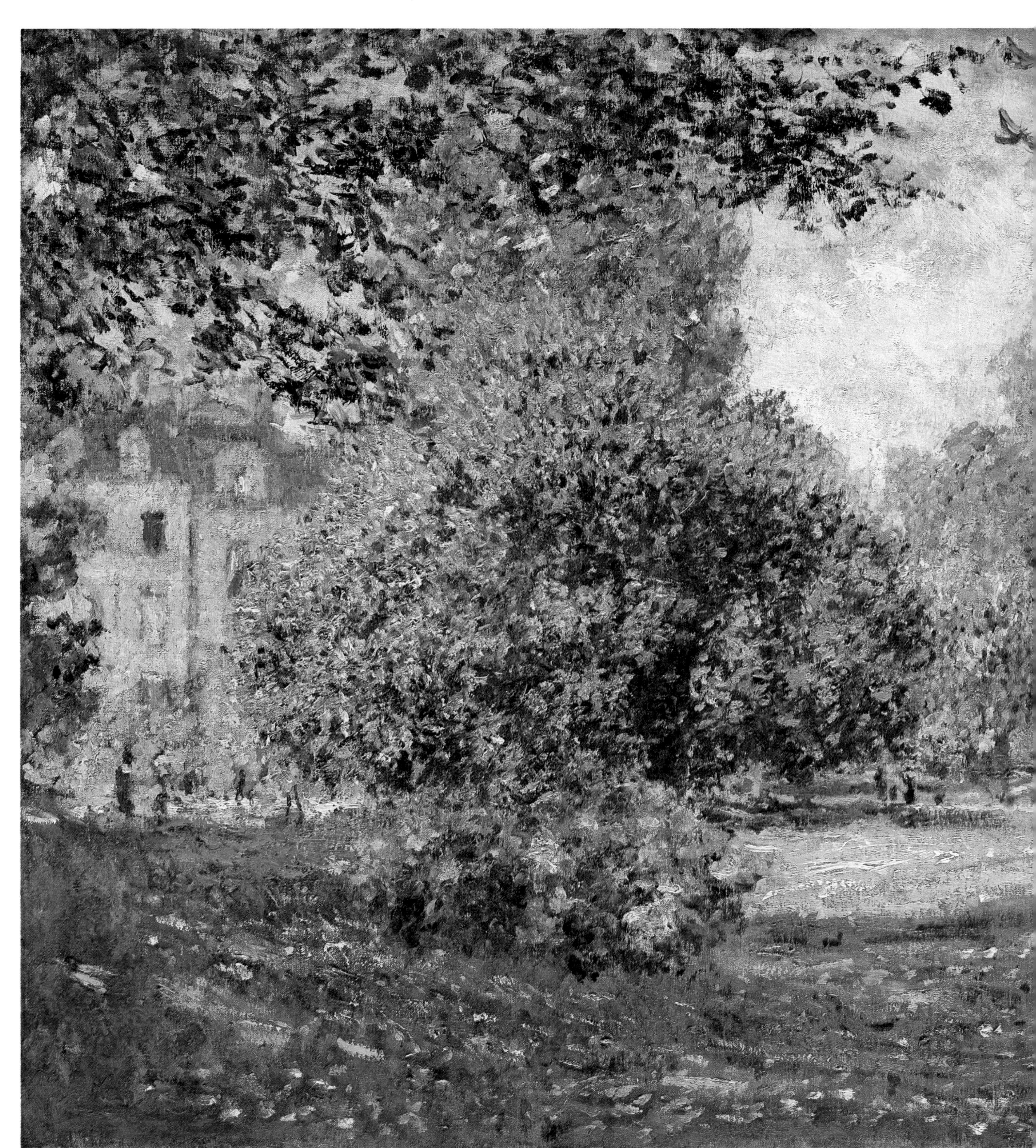

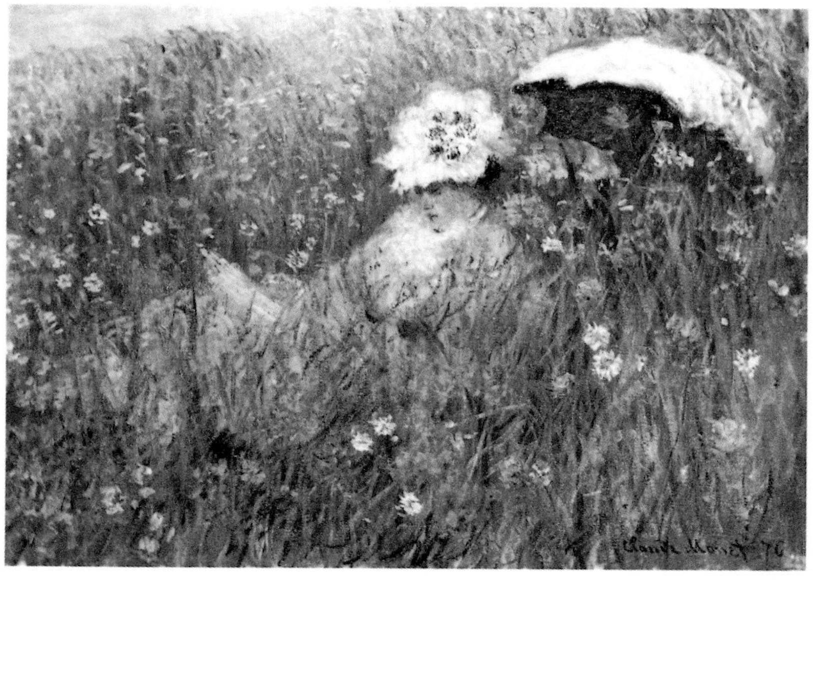

◆ Le Parc Monceau *(ci-contre), Paris, 1876 ; huile sur toile ; 60 x 81 cm ; signé et daté ; Metropolitan Museum of Art, New York. Le ruissellement de la lumière entre le vert des arbres crée un effet d'éloignement qui grise et surprend l'œil du spectateur. Monet est en quête de manières non conventionnelles — et donc troublantes — de « voir » le réel.*

◆ Dans la prairie *(ci-dessus), Argenteuil (?), printemps 1876 ; huile sur toile ; 60 x 82 cm ; signé et daté ; collection particulière.*

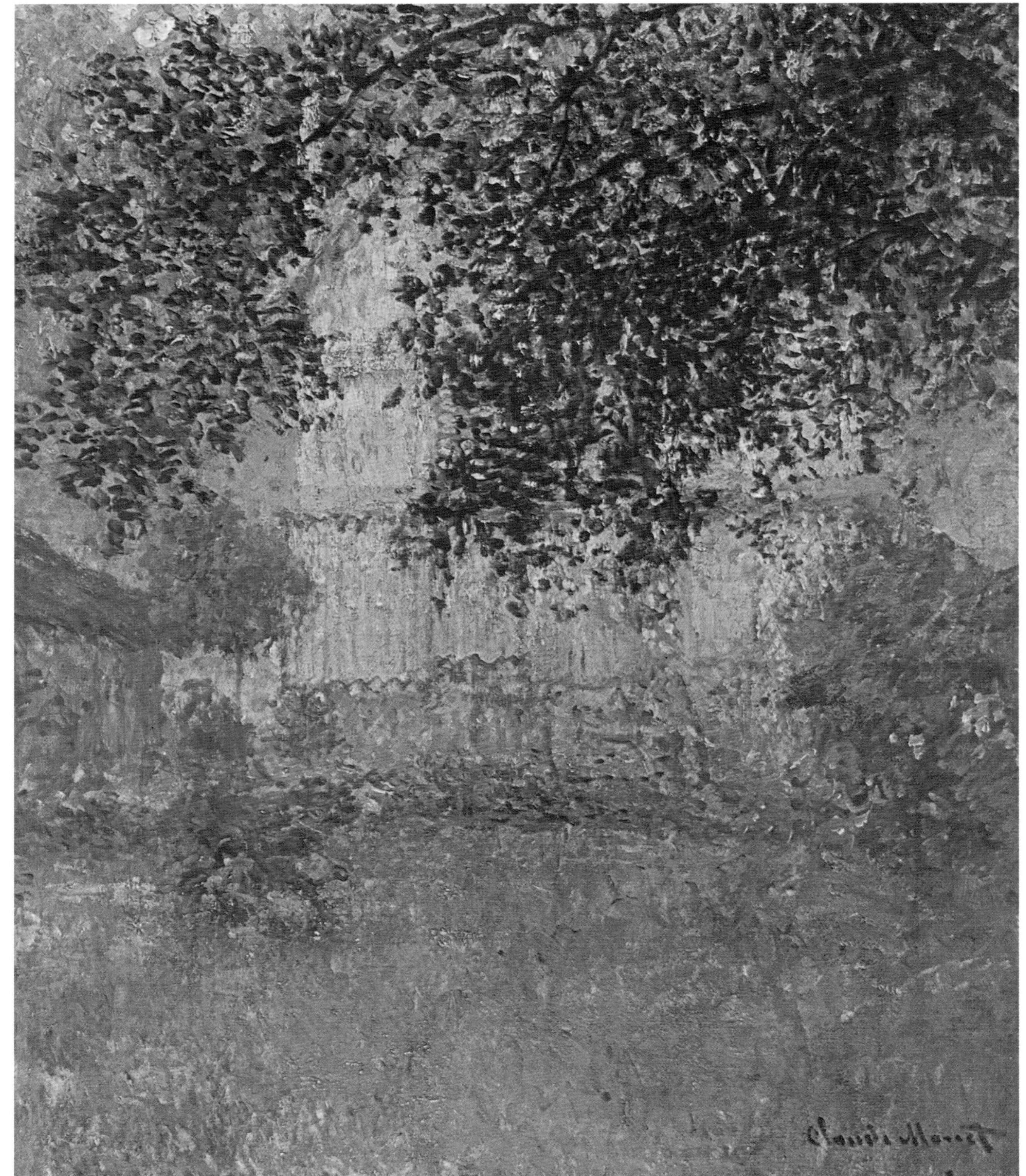

◆ La Maison de Monet à Argenteuil, *Argenteuil, 1876 ; huile sur toile ; 63 x 52 cm ; signé ; collection particulière.*

◆ Le Bateau-atelier *(page ci-contre en haut), Argenteuil, 1876 ; huile sur toile ; 54 x 65 cm ; signé ; musée d'Art et d'Histoire, Neuchâtel.*

◆ Les Dindons *(page ci-contre en bas), château de Montgeron, 1876-1877 ; huile sur toile ; 170 x 170 cm ; signé et daté (1877) ; musée d'Orsay, Paris. Certainement commencé à la fin de l'été 1876, lors du premier séjour du peintre chez les Hoschedé, il a probablement été terminé ou retouché en atelier l'année suivante, en tout cas avant la troisième exposition des impressionnistes d'avril 1877, où il figurait.*

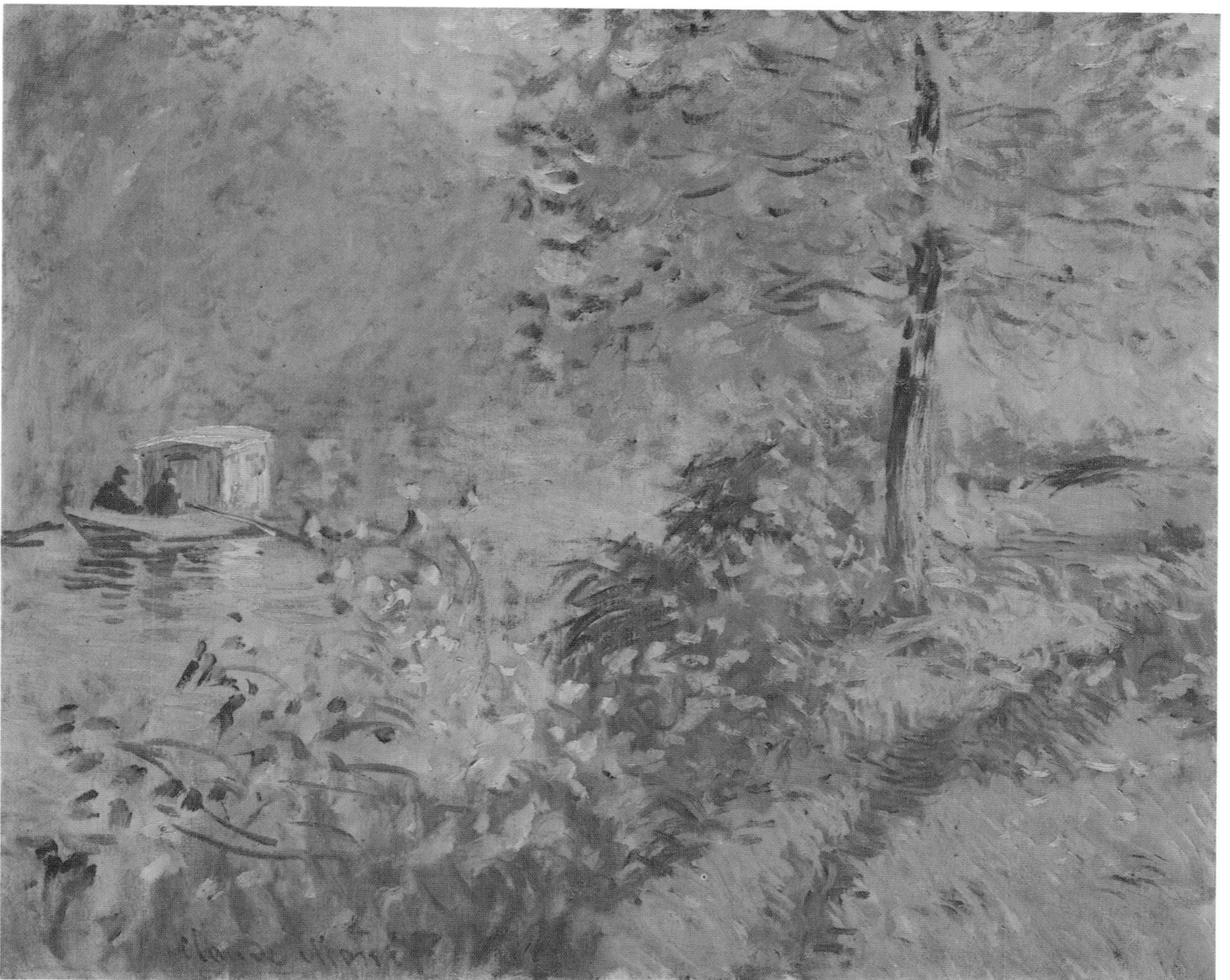

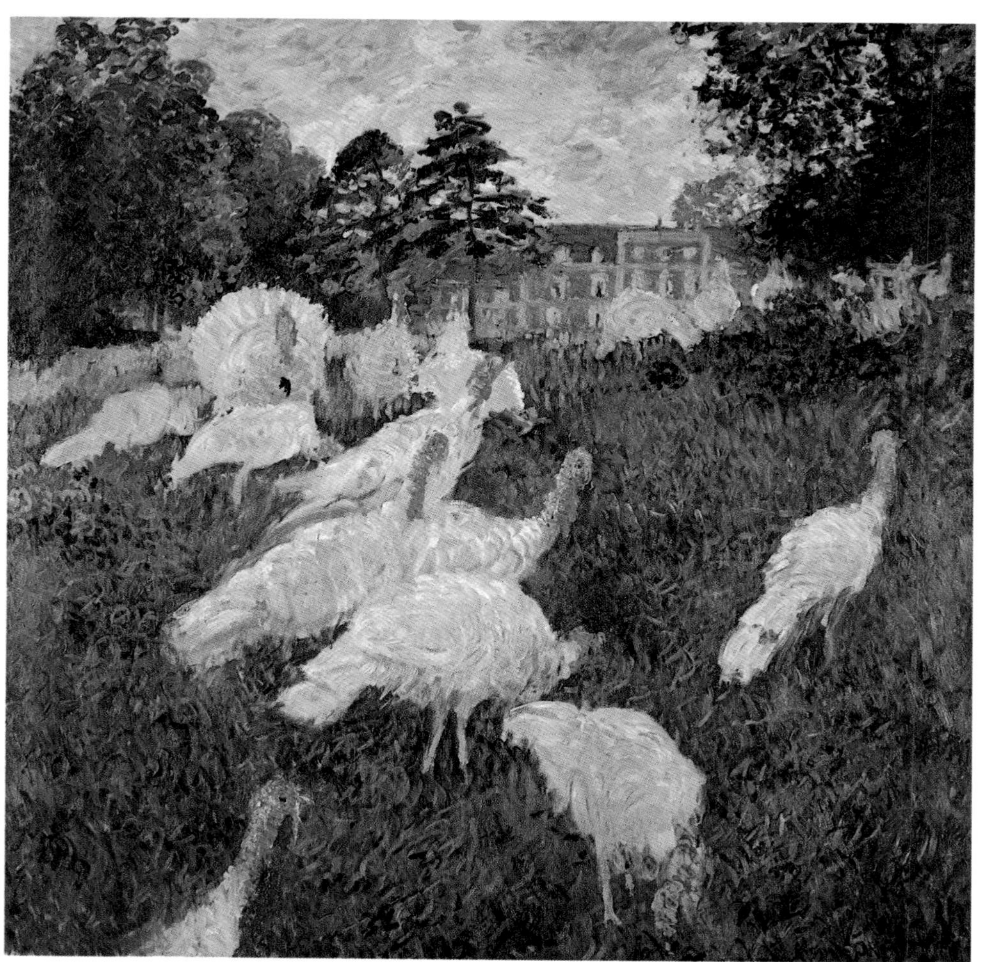

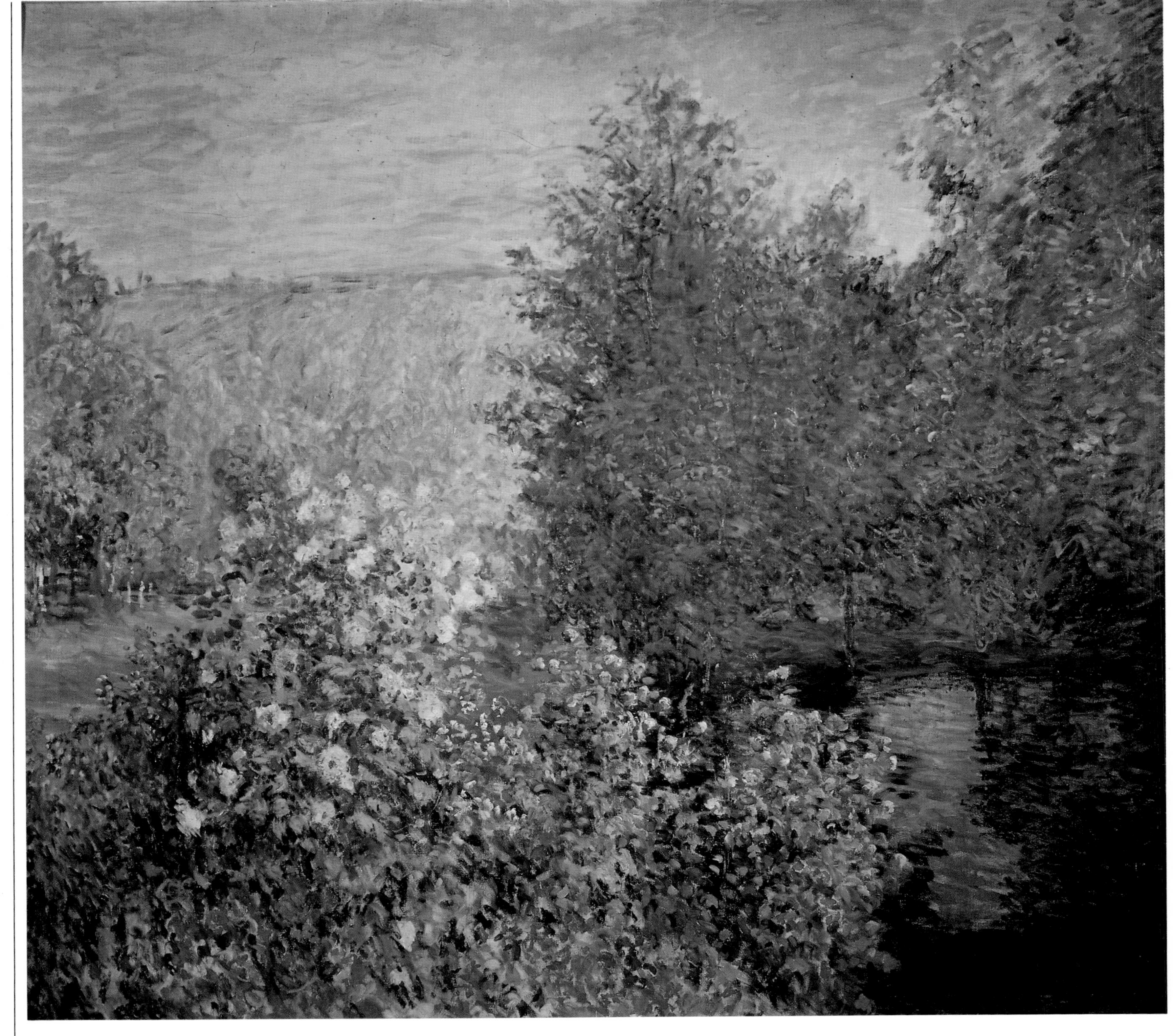

◆ Coin de jardin à Montgeron, *jardin des Hoschedé, été 1877 (?) ; huile sur toile ; 172 × 193 cm ; signé ; musée de l'Ermitage, Saint-Pétersbourg. Généralement attribuée à 1877, cette toile pourrait en fait remonter à l'été 1876.*

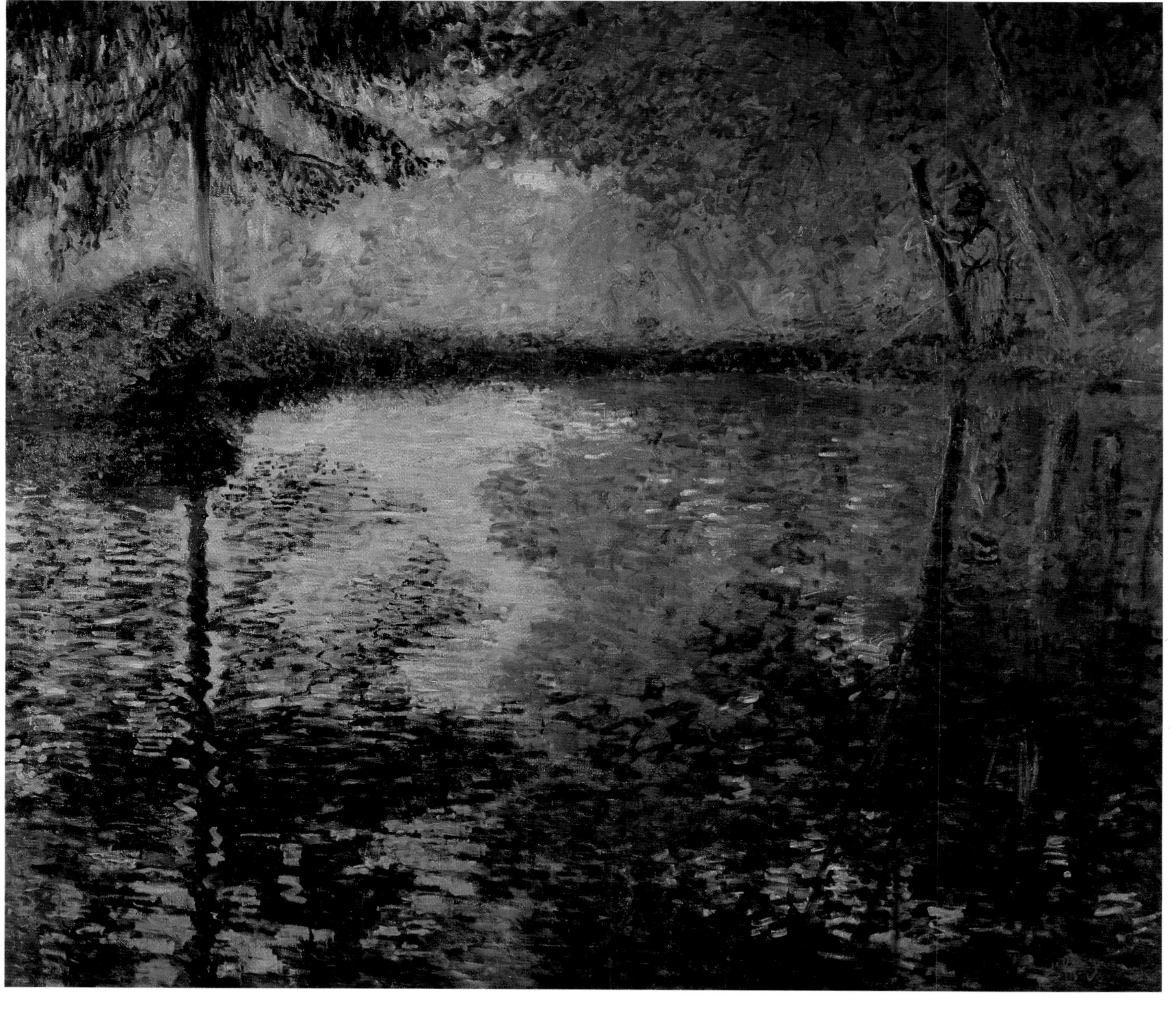

◆ L'Étang à Montgeron, *château de Montgeron, été 1877 (?) ; huile sur toile ; 172 x 193 cm ; signé ; musée de l'Ermitage ; Saint-Pétersbourg. Le plus souvent attribuée à 1877, cette toile pourrait, comme la précédente, remonter à l'été 1876.*

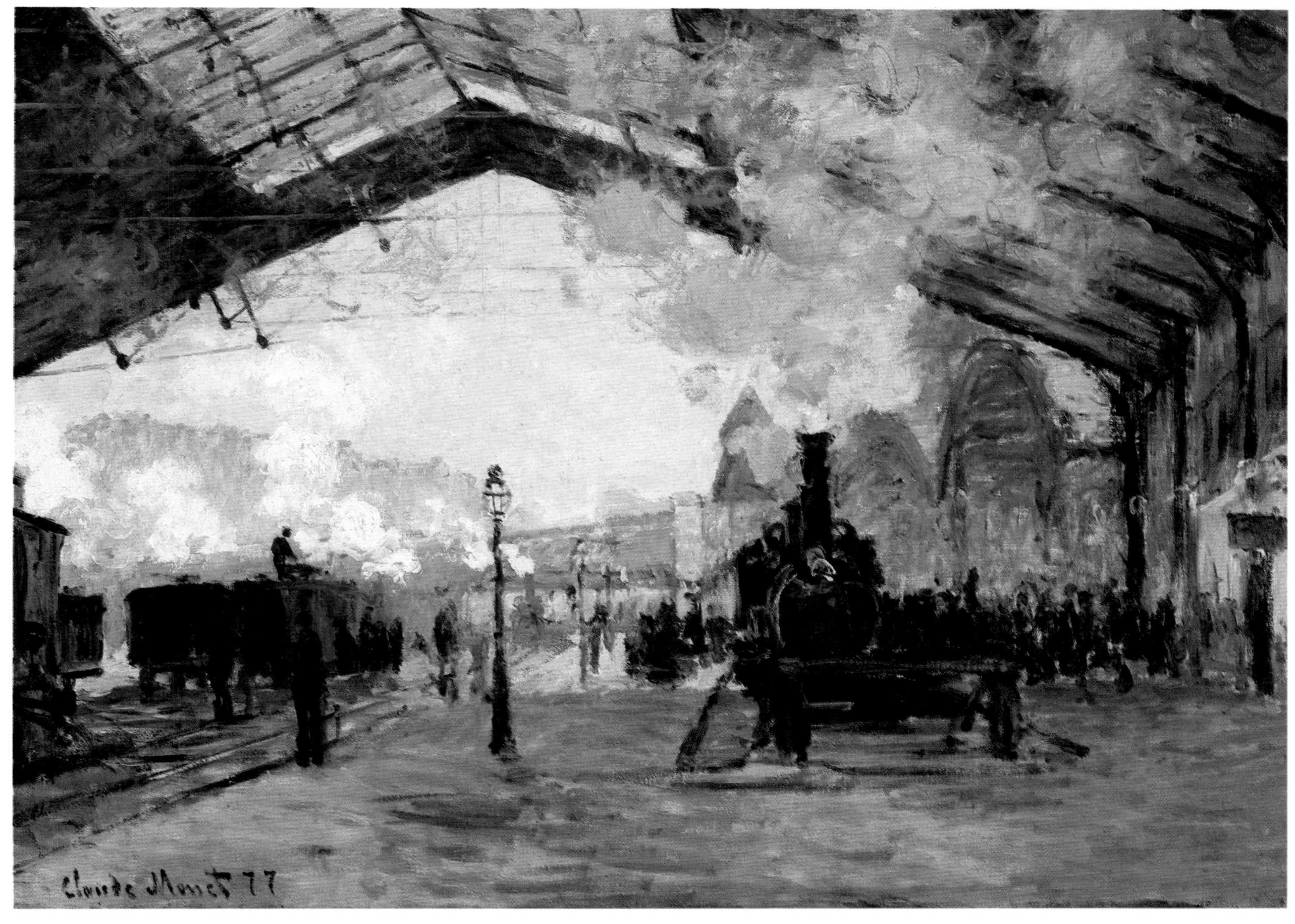

◆ La Gare Saint-Lazare, le train de Normandie, *Paris, hiver 1876-1877 ; huile sur toile ; 60 × 80 cm ; signé et daté (1877) ; Art Institute, Chicago.*

◆ Le Pont de l'Europe, gare Saint-Lazare *(page ci-contre en haut), Paris, hiver 1876-1877 ; huile sur toile ; 64 × 81 cm ; signé et daté (1877) ; musée Marmottan, Paris.*

◆ La Gare Saint-Lazare. Arrivée d'un train *(page ci-contre en bas), Paris, hiver 1876-1877 ; huile sur toile ; 82 × 101 cm ; signé et daté (1877) ; Fogg Art Museum, Cambridge, Massachusetts.*

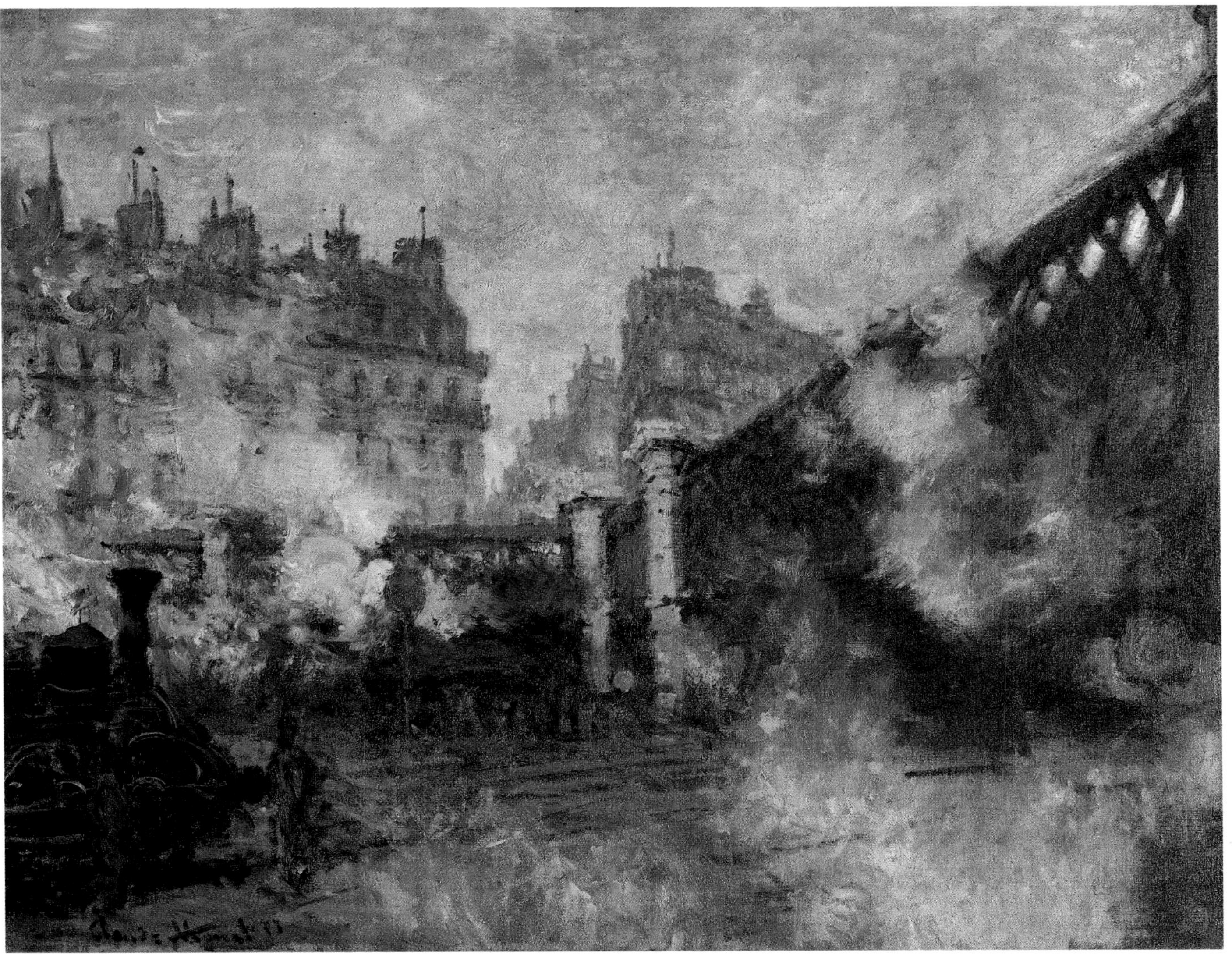

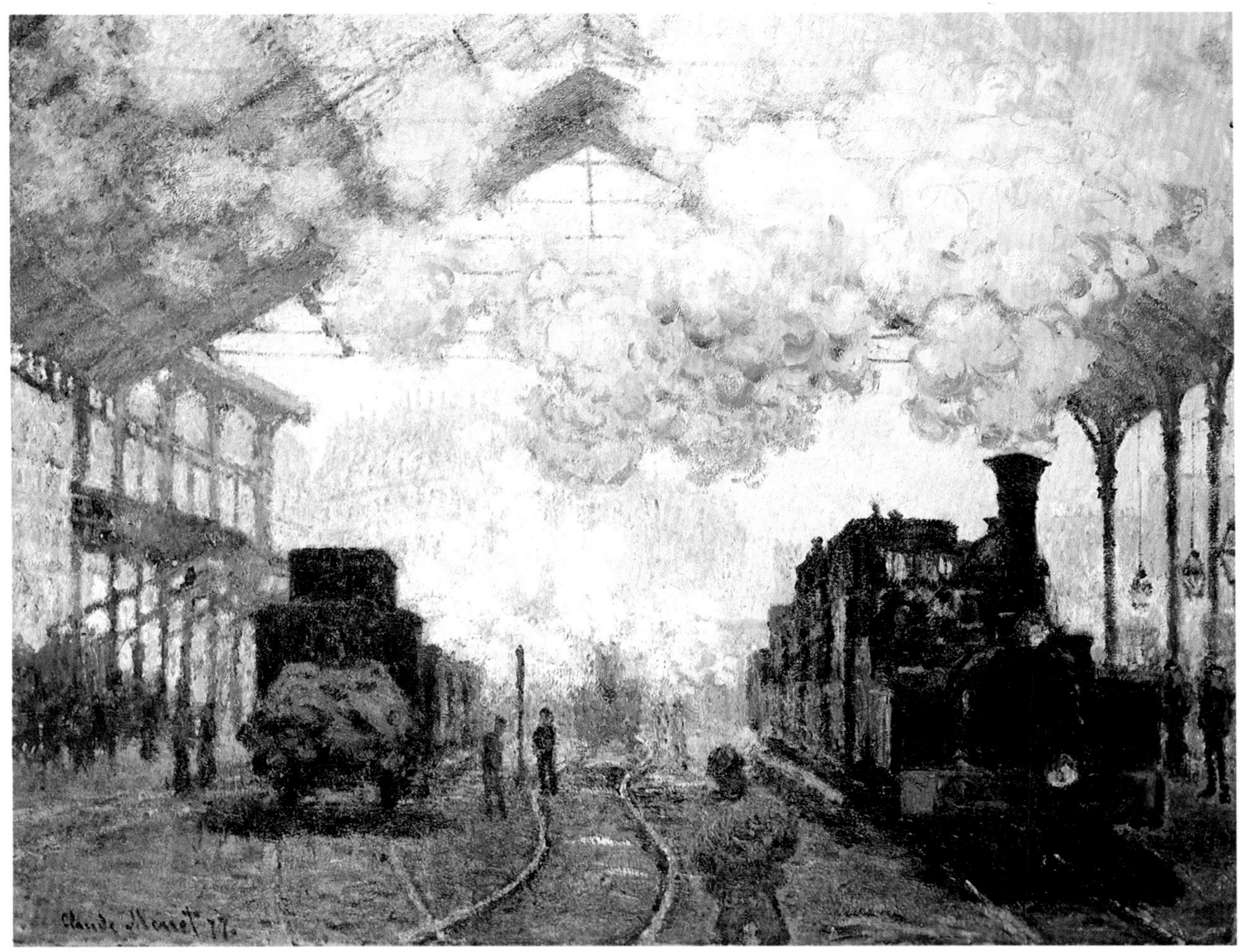

Matière et couleur

Les deux versions de rues pavoisées pour la fête du 30 juin (rue Montorgueil et rue Saint-Denis), qui se placent aussitôt après la significative expérience de la gare Saint-Lazare, attestent que Monet est bien décidé à décortiquer les potentialités picturales de sujets résolument retors, presque impossibles à représenter : là-bas la fumée pleine de bruit et le remue-ménage de la gare, ici le tumulte chromatique, l'effervescence d'une rue ornée de drapeaux pendant une fête. Monet devance là quelques attitudes typiques des fauves (on connaît les images de rues parisiennes peintes, peu après le début du siècle, par Marquet ou Dufy, eux aussi fascinés par l'animation des jours de fête) en introduisant toutefois une interprétation rigoureusement personnelle d'un thème qui va devenir une constante, un *leitmotiv* de son travail : le tableau est le lieu où se matérialisent les difficultés de la perception, les contradictions psychologiques et philosophiques de l'art, ne serait-ce que parce que la surface peinte ne peut se ramener que de manière problématique à la vision qui l'a engendrée. Dans le cas présent, ce paradoxe repose sur au moins trois éléments. Premièrement, les drapeaux sont à la fois un objet à voir et un obstacle au regard (puisqu'ils occultent l'horizon « normal » de la rue) ; deuxièmement, ils font allusion, comme je l'ai suggéré plus haut, à tout ce que les arts visuels ne sont pas en mesure de décrire : le vacarme de la fête, la musique, les odeurs de la rue ; enfin, ils sont eux-mêmes, à l'instar des éventails de *La Japonaise*, des éléments « picturaux », des tableaux dans le tableau, des toiles recouvertes de couleur. Ce dernier point justifie d'ailleurs la présence récurrente de ce motif dans la peinture moderne, jusqu'à l'Américain Jasper Johns et après. Au contact de la main de l'artiste, le drapeau se transforme instantanément en quelque chose d'implicitement linguistique : une métaphore de l'œuvre qui le contient ou (comme chez Johns) qui coïncide avec lui.

De même que la plupart des paysages urbains de Monet, les vues des rues Montorgueil et Saint-Denis sont prises d'un point de vue surélevé : « J'aimais beaucoup les drapeaux. La première fête nationale du 30 juin, je me promenais avec mes instruments de travail rue Montorgueil : la rue était très pavoisée, et un monde fou ; j'avise un balcon, je monte et je demande la permission de peindre » (cité in ROSSI BORTOLATTO). Il serait intéressant d'évaluer dans quelle mesure le besoin qu'éprouve Monet de « voir d'en haut » peut se rattacher aux conceptions élaborées par Degas en matière de cadrage de l'image car, vers 1878 justement, ce dernier accentue sa propre tendance à choisir des angles insolites, presque toujours de haut en bas, pour ses tableaux de danseuses et ses portraits. Mme Rossi Bortolatto rapporte par ailleurs un jugement de Seitz, pour qui, dans ces deux tableaux de rues pavoisées, « le motif comme le style sont projetés vers le futur : vers le *14 juillet* de Van Gogh, vers les rues si suggestives des fauves et des futuristes ; vers les rues de New York de John Marin et de Mark Tobey. Peu d'œuvres témoignent plus efficacement du dynamisme de l'impressionnisme » *(ibid).* On trouve un style plus graphique, visant une élégance inhérente au sujet traité, dans *Le Parc Monceau* (1878), qui rappelle les travaux contemporains de Degas ou de Renoir mais aussi, dans une direction différente, certains essais de la mouvance expressionniste vers 1915. Le *Champ de coquelicots près de Vétheuil* (1878) confirme en revanche la volonté de Monet d'envisager la surface du tableau comme une complexe symphonie de stimulis chromatiques : la vaste zone bicolore à fond vert taché de rouge qui donne son titre à l'œuvre est digne, à sa manière, de figurer auprès des expériences qu'entreprendront bientôt Seurat et les pointillistes. Encore plus hardie (et tout aussi « symphonique »), la présence du blanc dans *La Route à Vétheuil, l'hiver*, de 1879, où le pigment est étalé sur la toile en filaments d'une pâte dense et compacte, véritables gribouillis de couleur, semblables aux signes calligraphiques et préscripturaux d'un enfant réinventant l'alphabet. Pour apprécier pleinement la modernité de cette peinture surprenante, il suffirait d'isoler un détail de la « colline » de gauche : cela mettrait en évidence sa consistance artistique pure, en l'absence du renvoi figuratif qui subsiste dans l'ensemble et qui, par bien des côtés, nous égare. Je crois qu'apparaîtrait ainsi combien Monet est proche de la future sensibilité de l'*Action Painting*...

Mais pour en rester à son itinéraire personnel, relevons l'existence d'une contiguïté poétique flagrante (de longueur d'onde intérieure) entre le paysage que nous venons d'évoquer et le magnifique cycle réalisé entre Vétheuil et Lavacourt pendant l'hiver 1879-1880. Dans ce dernier, il faut signaler au moins quatre chefs-d'œuvre : *Vétheuil dans le brouillard*, bleuâtre et fantomatique, bâti, plus que sur des réalités concrètes, sur une succession de transparences, sur ces mirages aquatiques et ces mélancolies familières que seuls les êtres coutumiers des contresens visuels parfois créés par la brume en plein hiver, sur les rivières ou les lagunes, peuvent « reconnaître » ; *La Débâcle* (à Lavacourt), qui reprend un thème cher aux romantiques (songez au *Naufrage de l'Espérance — La Mer de Glace*, de Caspar David Friedrich) en s'attardant sur l'étonnante image de blocs blancs partant à la dérive le long du fleuve en crue — prodige déchiffré par Butor comme l'instant où « se déploie toute la métaphore de la peinture, (...) ce moment où l'épaisse surface du fleuve, sa croûte, se défait, pour faire apparaître par morceaux renversés les arbres de la rive » (BUTOR) ; puis *Le Givre*, aurore magique en rose, violet et bleu, tableau merveilleux, intensément spirituel et pourtant dans la droite ligne de la vocation laïque de son auteur : et enfin *Les Glaçons*, du musée d'Orsay, avec son superbe jeu de renvois entre un ciel qui s'éclaircit et une eau qui redevient fluide après la féroce morsure du froid et de l'hiver : on dirait un appel étouffé à l'espérance... N'oublions pas, en effet, le lien intime entre ces œuvres — vouées au silence, au gel, à l'aveuglement de l'œil et de la conscience — et la situation pyschologique particulière de Monet à un moment difficile de sa vie : il vient de perdre sa première femme, comme en témoigne aussi le tableau intitulé *Camille Monet sur son lit de mort* (1879), et ce drame l'a anéanti. Une fois de plus, son travail, qui prend dans ces tableaux sur le dégel des accents tragiques, nous convainc de la stupidité de cette lecture si répandue qui tient à faire de Monet un peintre « heureux » et « léger », enclin à offrir de l'art une interprétation mondaine, insouciante et banale.

Le paysage *Vétheuil en été*, conservé au Metropolitan Museum de New York, a été peint en 1880. À la différence de ce qu'on constatait dans les toiles de jeunesse, la Seine ne reflète plus ici, fidèle et brillante, le paysage au-dessus d'elle : elle semble plutôt n'en pouvoir retenir qu'une forme vague, s'apparentant à une mémoire larvaire, un suaire douloureux... Du reste, le village lui-même, les maisons, les arbres, l'église paraissent, jusque dans leur version « réelle » (non renversée dans le miroir du fleuve) secoués par le vent, délabrés, battus et hagards, brouillés peut-être, plongés dans une atmosphère immensément triste. *Lavacourt, soleil et neige* (1881) constitue quant à lui un retour à cette « poétique du froid » qui équivaut en peinture à une *poétique du blanc*. La toile comprend quatre grandes zones. Une vaste tache blanc-bleu dans la partie inférieure — sillonnée d'ondulations et de crevasses livides, de coups de pinceau bleu violacé — forme, au premier plan, le sol enneigé, légèrement convexe. Au-dessus, en un lieu quasiment spéculaire, le ciel est rendu par une étendue bleu-jaunâtre presque homogène, qui ne s'éclaire qu'à peine vers le bas : un ciel malade, chargé de neige, bilieux... Au centre, entre ces deux zones, on observe sur le côté gauche l'étrange tache rose — bordée de rouge, de violet et de brun — d'une colline baignée de soleil. À droite, enfin, se trouve la petite portion (la seule « travaillée », riche en détails) qui montre des maisons du village, vues en raccourci comme dans un des derniers tableaux de Jacopo Bassano. Composition « en collage », somme toute, mais irréprochable en matière d'efficacité émotionnelle et de cohérence. *L'Église de Varengeville, temps gris*, de 1882, se situe aux antipodes. Cette fois la vue, bien qu'également structurée par zones, est complètement monocorde : comme si une gaine atmosphérique uniforme avait enveloppé le paysage, transformant l'herbe, les buissons, les pins et la mer en une substance unie, opaque, résistante. Ce tableau inaugure un bref cycle de paysages marins peints sur la falaise de la côte de Varengeville. Parmi eux, il faut relever *La Maison du pêcheur à Varengeville* du musée Boymans — Van Beuningen de Rotterdam, œuvre à la luminosité presque irréelle, dont la mer est une « polyphonie » de changements de couleur, de reflets, d'éblouissements, et dont l'escarpement contient la palette la plus étendue qui soit tout en donnant l'impression d'une unique couleur aveuglante ! On songe à ces mots de Wittgenstein : « Les difficultés que nous rencontrons à réfléchir sur l'essence des couleurs (difficultés que Goethe voulait affronter dans son *Traité des couleurs*) sont renfermées déjà dans l'indétermination de notre concept d'identité de couleur », et imaginons « que quelqu'un indique un certain endroit de l'iris dans un œil à la Rembrandt et qu'il dise : « Je veux que les murs de ma chambre soient peints de cette couleur... »

D'un point de vue historique, cependant, l'œuvre la plus significative de 1882 est *Le Printemps* du musée des Beaux-Arts de Lyon. On voit d'abord un arbre fleuri, encore dépourvu de feuilles, qui occupe toute la moitié droite de la toile ; puis, en bas, l'herbe verte, jaune et blanche ; et plus loin, en une bande horizontale médiane, le brun de la plaine interrompu par un cours d'eau ; en haut enfin, on découvre un ciel violet et bleu, maculé par les taches blanches des nuages. F. Arcangeli — qui voit dans le motif de l'*arabesque* (les branches de l'arbre) le symptôme d'une « crise de l'impressionnisme » — juge cette œuvre importante pour l'évolution de la peinture de Van Gogh, qui recourt à une accentuation analogue du dessin et de l'élément graphique décoratif. D'après lui, Monet reprend donc ici à son compte, en anticipant partiellement sur elle, la nouvelle sensibilité liée à l'émergence du symbolisme : « Un tableau comme celui-ci dénote déjà une baisse de la confiance de Monet en la sensation (...) Il ne se détachera jamais de la sensation, mais commence presque, maintenant, à vouloir en modifier la notion et la pratique » (ARCANGELI). Et, dans un sens plus général : « Cézanne mis à part, il est le premier à amorcer une crise qui concernera tout le monde : elle concernera Van Gogh et Seurat, elle concernera les tendances de Renoir, Pissarro et Sisley ». Bref, une fois de plus « en avance sur son temps, mais pas seulement au sens chronologique, en avance créatrice, [Monet] ouvre la crise de la civilisation impressionniste » *(ibid).* La série des marines d'Étretat, qui constitue chez Monet l'expérience la plus intéressante des années quatre-vingts, comporte deux phases fondamentales. Celle qui nous concerne dans ce chapitre, la première, est de 1883 et comprend des toiles comme *Étretat, mer agitée, Plage d'Étretat, La Manneporte.* Ces œuvres révèlent une grande maturité stylistique et une sûreté d'exécution qui ne peut qu'étonner. Je voudrais insister sur le fait que la manière dont Monet traite la couleur (son « coup de pinceau — gribouillis », son signe fortement gestuel dans les vagues de *Mer agitée*, dans les détails des falaises de *La Manneporte* ou dans l'alignement des petites barques de la *Plage d'Étretat*, avec ces frisottements, ces rayures, ces coups de spatule charnels) n'a vraiment rien à envier, d'un point de vue extérieur en tout cas, à la technique de Van Gogh. S'il est moins dramatique dans ses choix expressifs, Monet est tout aussi fascinant sur le plan esthétique et formel ou, comme aurait dit Barthes, au niveau du « plaisir du texte ». *Mer agitée* laisse apparaître, sur une sorte d'harmonie ocre, le bastion de la célèbre « falaise d'Aval », architecture géologique faite d'infinis et minuscules traits horizontaux où alternent différentes teintes de la gamme du brun et du gris ; avec, plus bas, une mer crémeuse, blanche et sulfureuse, qui ne s'imprègne de bleu qu'aux abords d'une lointaine ligne d'horizon — mais il s'agit d'une bordure imperceptible, étouffée par un ciel de plomb... Songez que c'est la même mer que Monet rend, dans *La Manneporte*, avec un mélange de bleu de prusse et de noir, sous un rayon de soleil couchant qui, en traversant l'arc de rocher, le divise en deux zones bien distinctes, comme s'il était composé de deux matières différentes !

On rencontre aussi, dans la carrière de Monet, des phases moins brillantes, des moments de moindre inspiration. Nous avons même noté que son développement connaît des hauts et des bas, qu'il est marqué par des périodes de ressac et d'attente, précédant de peu l'explosion de nouveaux élans de vitalité créatrice. Ainsi, on ne peut sûrement pas dire que les toiles qu'il ramène de Ligurie, en 1884, possèdent l'équilibre lyrique et la beauté des tableaux d'Étretat. *Sous les citronniers*, caractérisé par une grouillante confusion de couleurs, mérite d'être cité, mais paraît pléthorique : à la fois excessif et trop modéré, il lui manque la dimension qui sauve habituellement Monet du risque — toujours imminent — de se révéler un artiste un peu négligent... Pourtant, même des œuvres comme celle-là, ou comme *Le Château de Dolceacqua* et *Vallée de Sasso*, sont dignes de respect, ne serait-ce que parce qu'elles répondent à une nécessité poético-mnémonique que Marcel Proust a identifiée avec précision en l'associant à ce « culte du lieu » que lui-même a pratiqué dans son activité littéraire, comme en témoigne le rôle joué par les lieux dans le premier volume de la *Recherche (Du côté de chez Swann)*, rédigé de 1908 à 1913. Or Proust note, entre autres, dans ses écrits critiques que les tableaux de Monet « nous montrent aussi la nourriture céleste que peut trouver notre imagination dans des choses moins déterminées, les rivières semées d'îles dans ces heures inertes de l'après-midi où la rivière est blanche et bleue des nuages et du ciel, et verte des arbres et des gazons, et rose des rayons déjà couchants sur les troncs des arbres, et dans la ténèbre éclairée de rouge des taillis de jardins où poussent les grands dahlias » (PROUST).

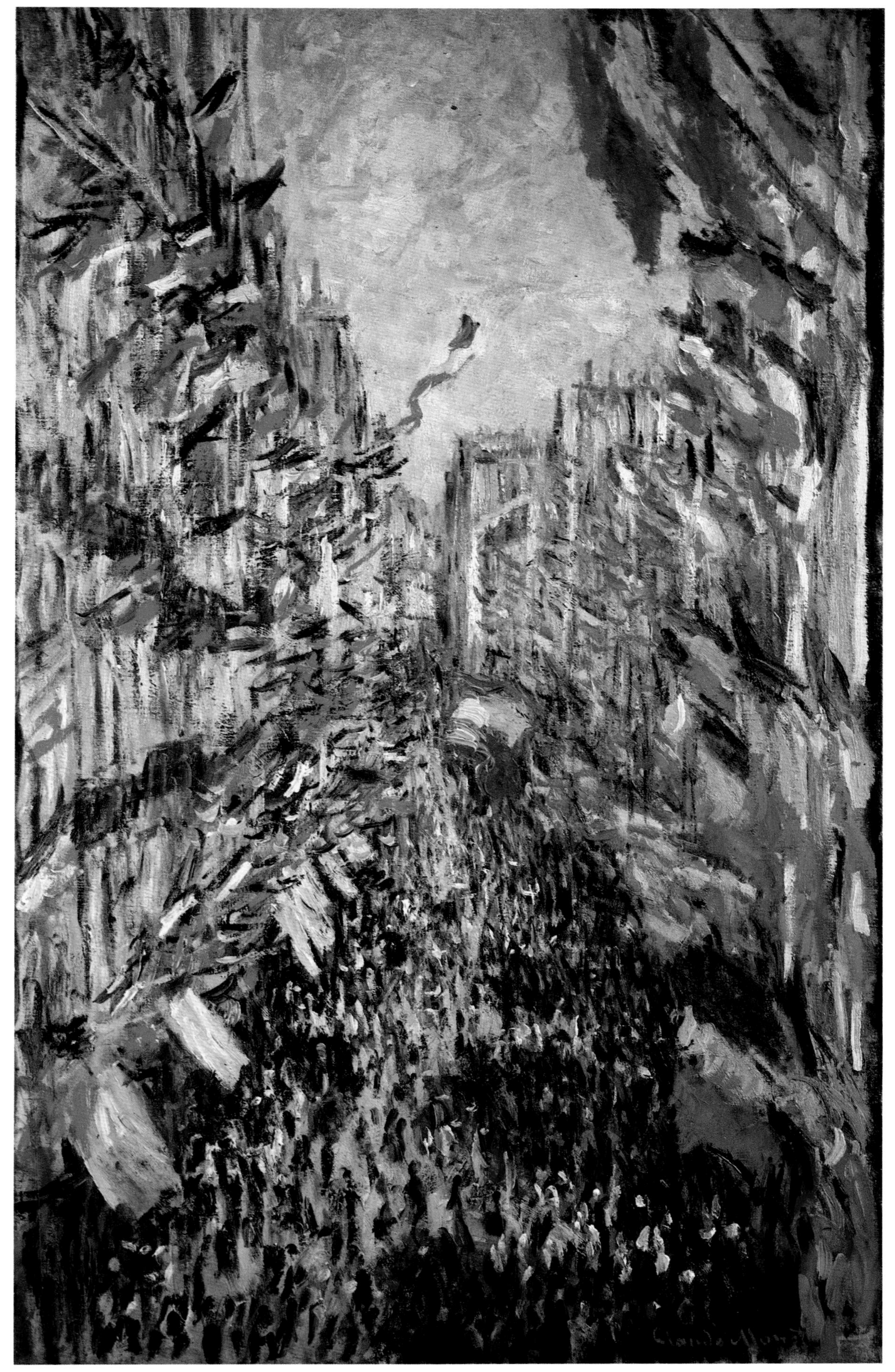

◆ La Rue Montorgueil, fête du 30 juin 1878, *Paris, juin 1878 ; huile sur toile ; 80 x 50 cm ; signé ; musée d'Orsay, Paris.*

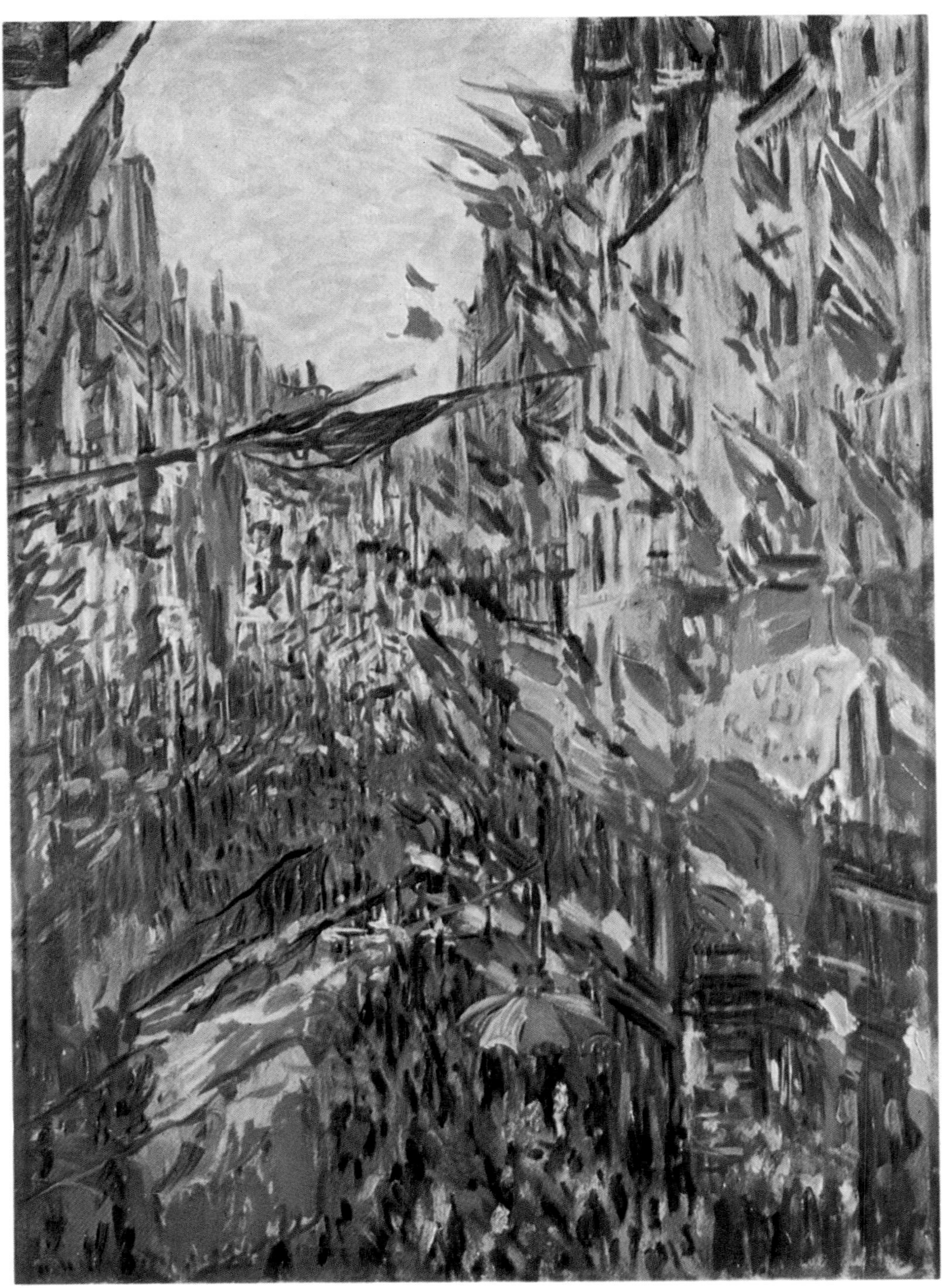

◆ La Rue Saint Denis, fête du 30 juin 1878, *Paris, 1878 ; huile sur toile ; 76 x 52 cm ; signé ; musée des Beaux-Arts, Rouen.*

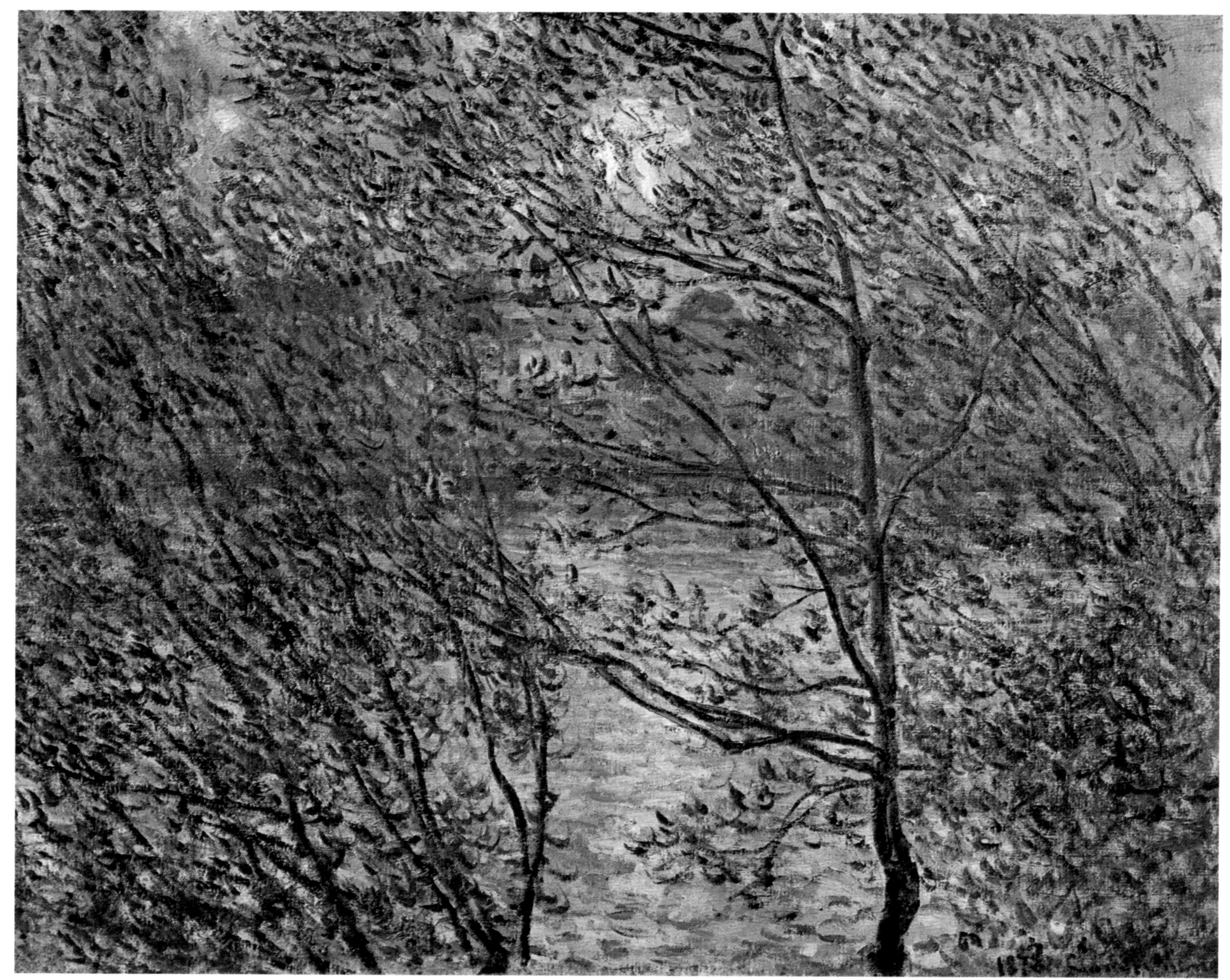

◆ Le Printemps, à travers les branches, *Courbevoie (vue de l'île de la Grande Jatte), été 1878 ; huile sur toile ; 52 x 63 cm ; signé et daté ; musée Marmottan, Paris.*

◆ Le parc Monceau *(page ci-contre), Paris, printemps 1878 ; huile sur toile ; 74 x 55 cm ; signé et daté ; Metropolitan Museum of Art, New York.*

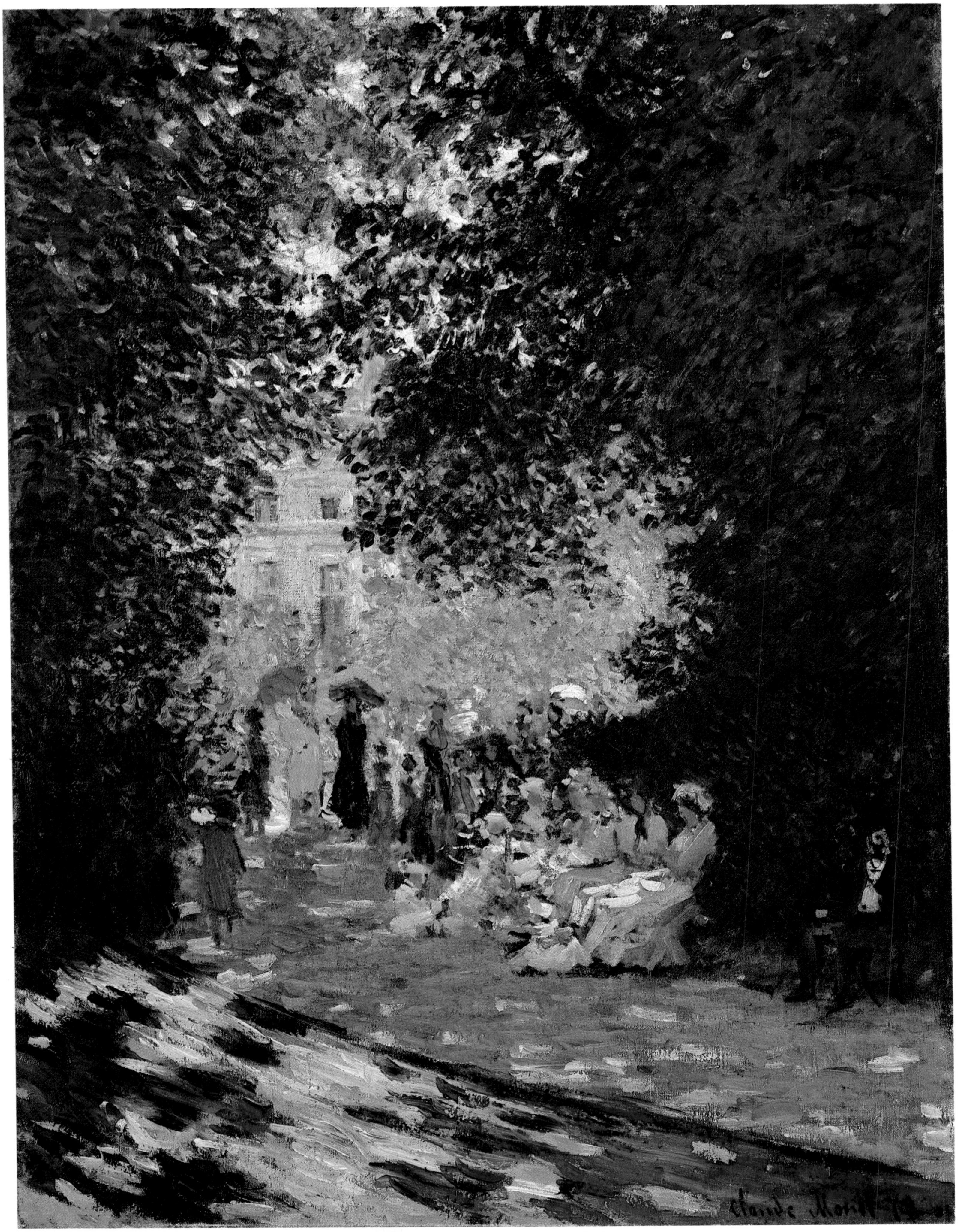

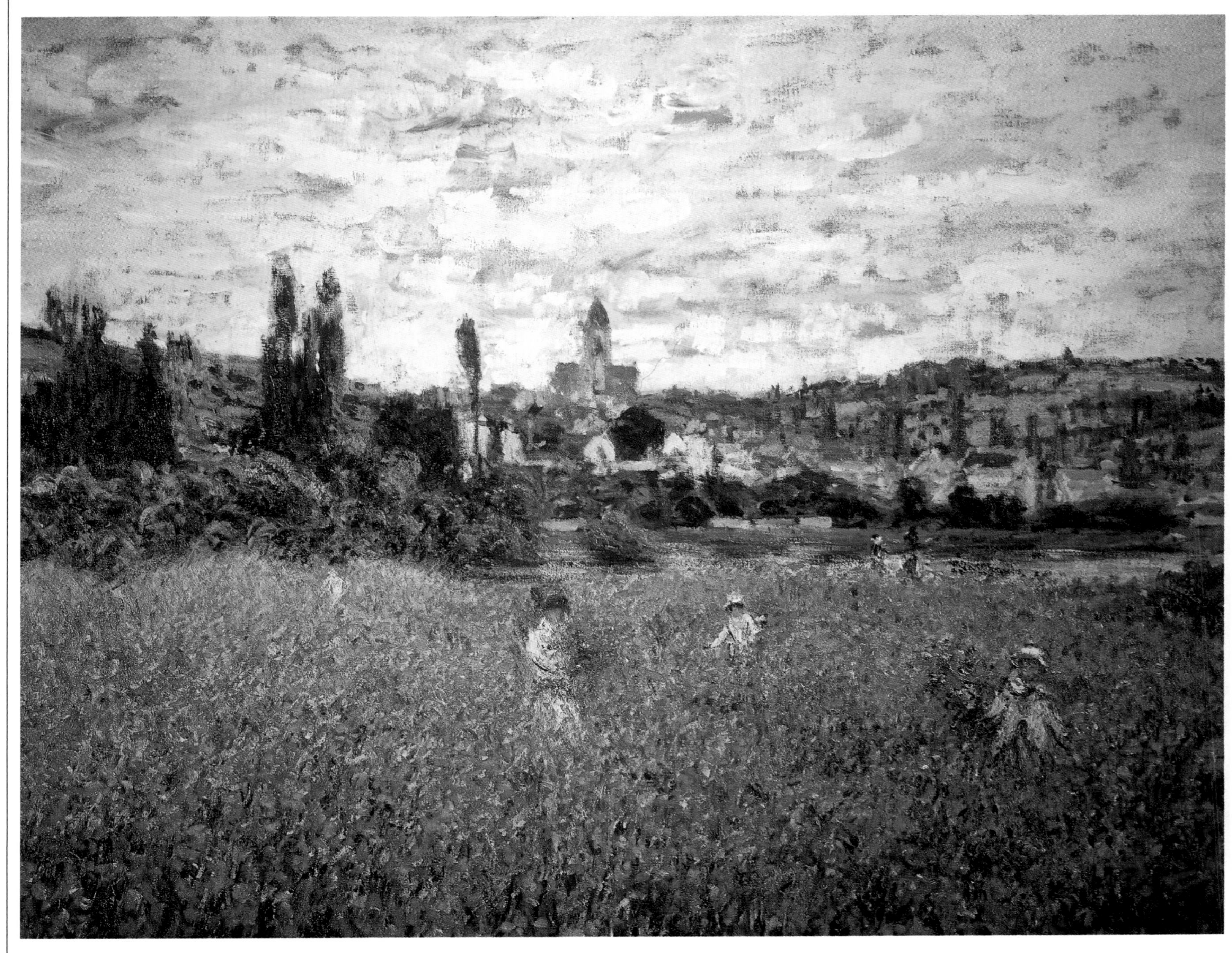

◆ Champ de coquelicots près de Vétheuil, *environs de Vétheuil, juin 1878 ; huile sur toile ; 70 × 90 cm ; signé ; collection Bührle, Zurich.*

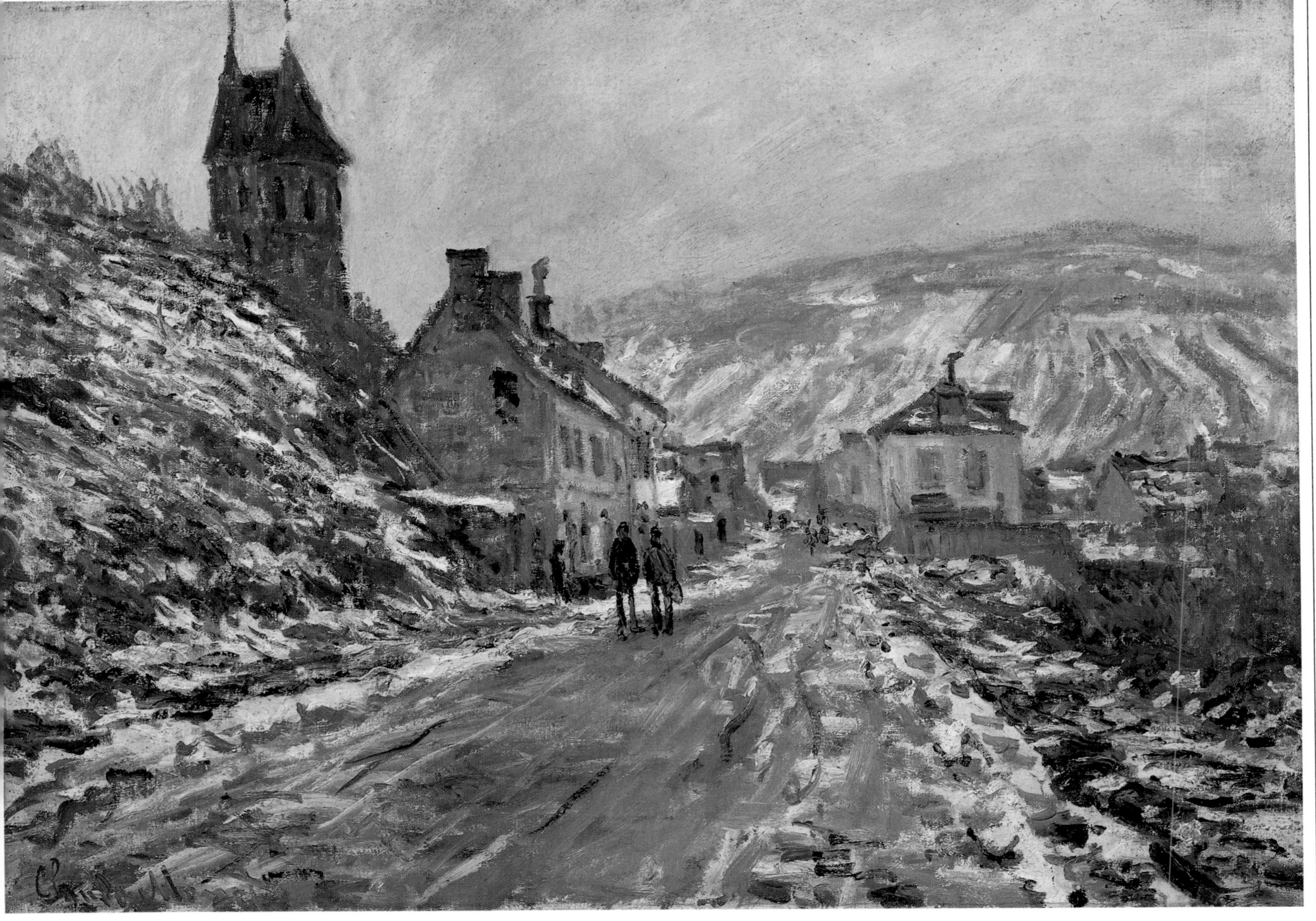

◆ La Route à Vétheuil, l'hiver, *Vétheuil, janvier ou février 1879 ; huile sur toile ; 53 × 72 cm ; signé ; Konstmuseum, Göteborg.*

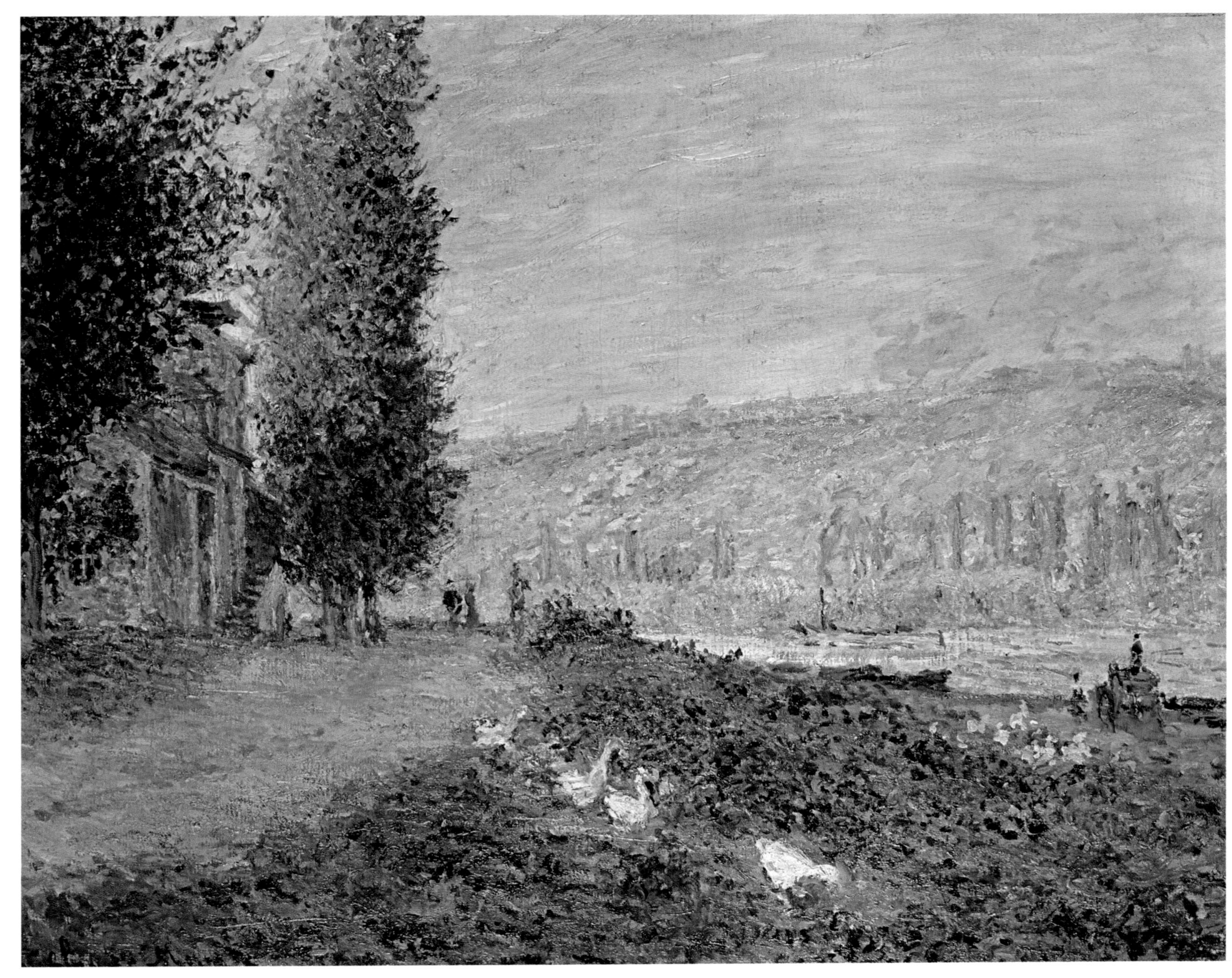

◆ La Berge à Lavacourt, *Lavacourt (environs de Vétheuil), 1879 ; huile sur toile ; 65 x 80 cm ; signé ; Gemäldegalerie, Dresde.*

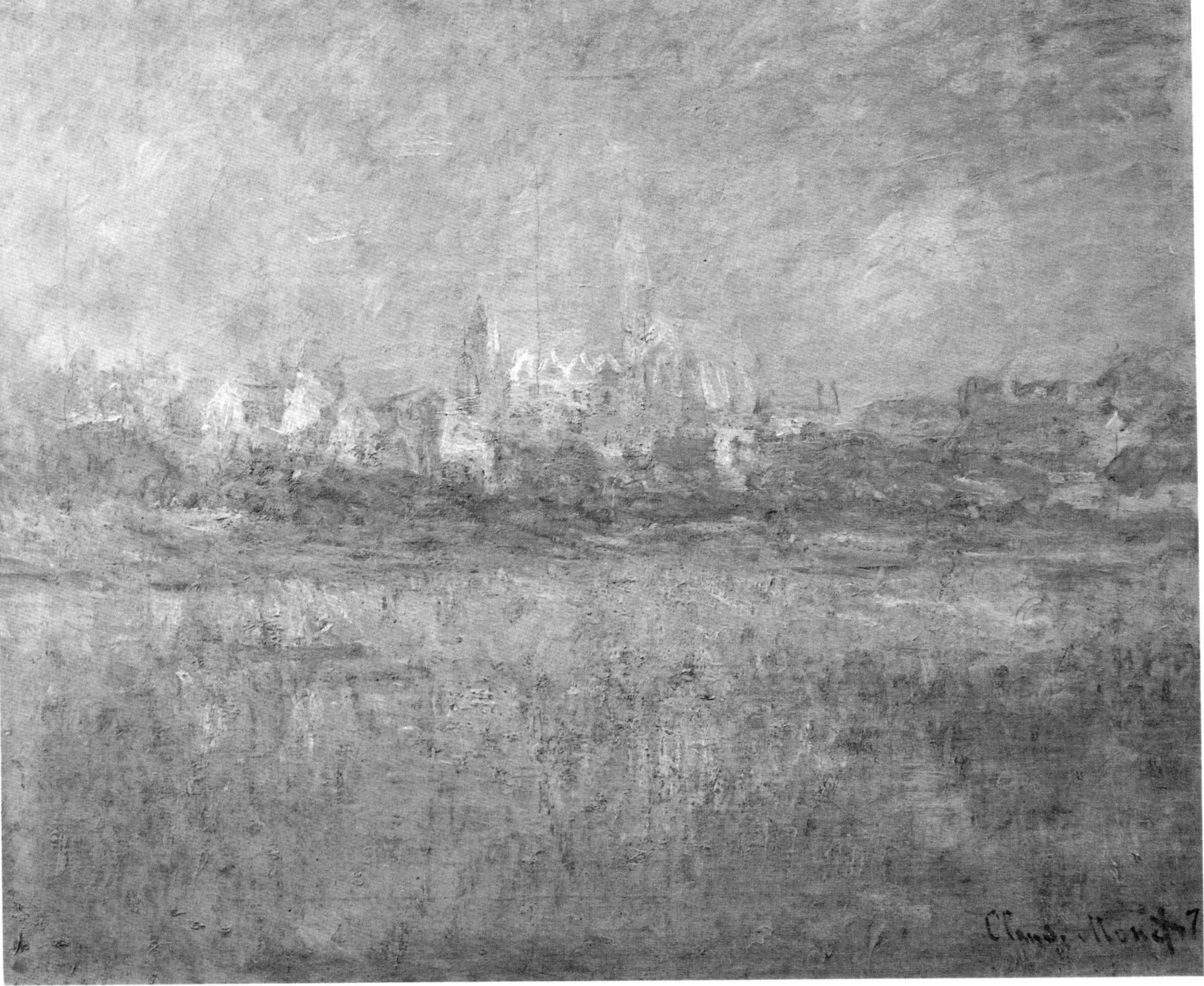

◆ Vétheuil dans le brouillard, *Vétheuil, 1879 ; huile sur toile ; 60 x 71 cm ; signé et daté ; musée Marmottan, Paris. Ce tableau porte la date « 1879 », mais il est difficile d'établir s'il fut réalisé pendant l'hiver 1878-1879, comme celui de la page 139, ou pendant l'hiver suivant, comme la série sur la « débâcle ».*

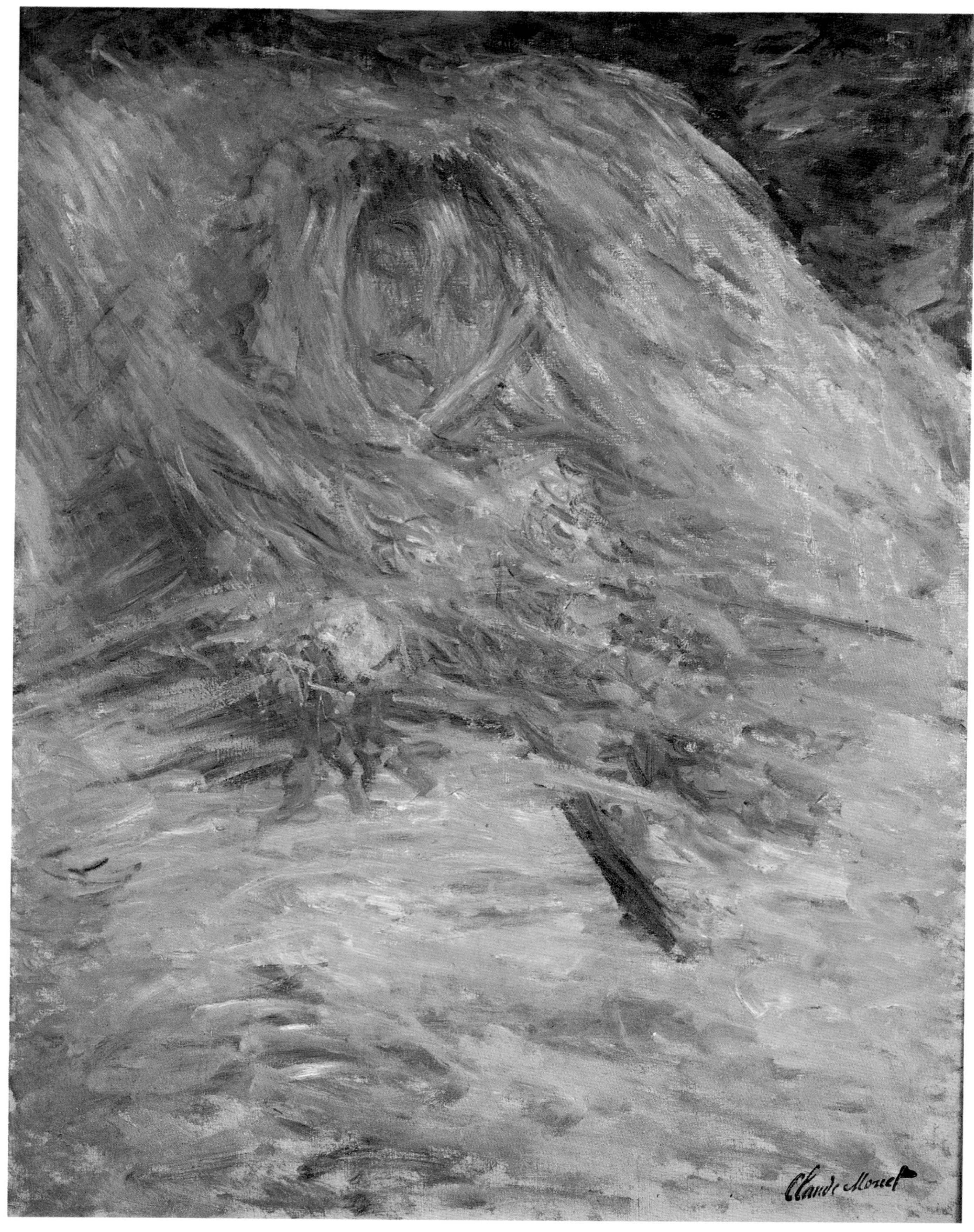

◆ Camille Monet sur son lit de mort, *Vétheuil, septembre 1879 ; huile sur toile ; 92 x 70 cm ; signé ; musée d'Orsay, Paris.*

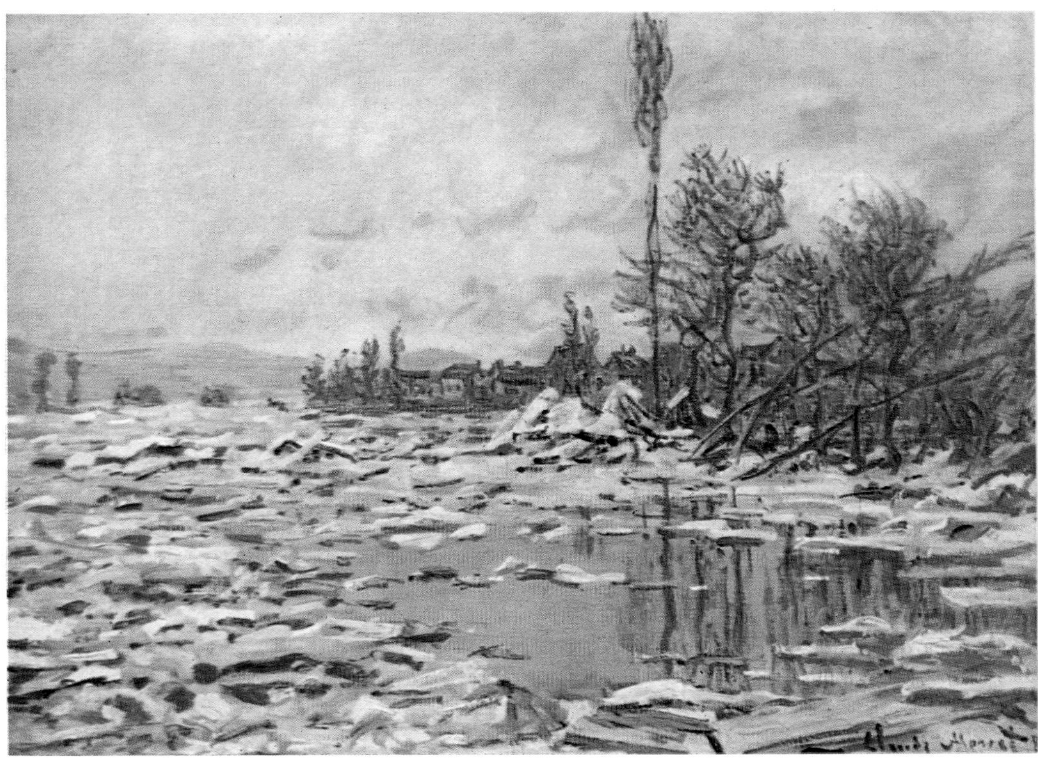

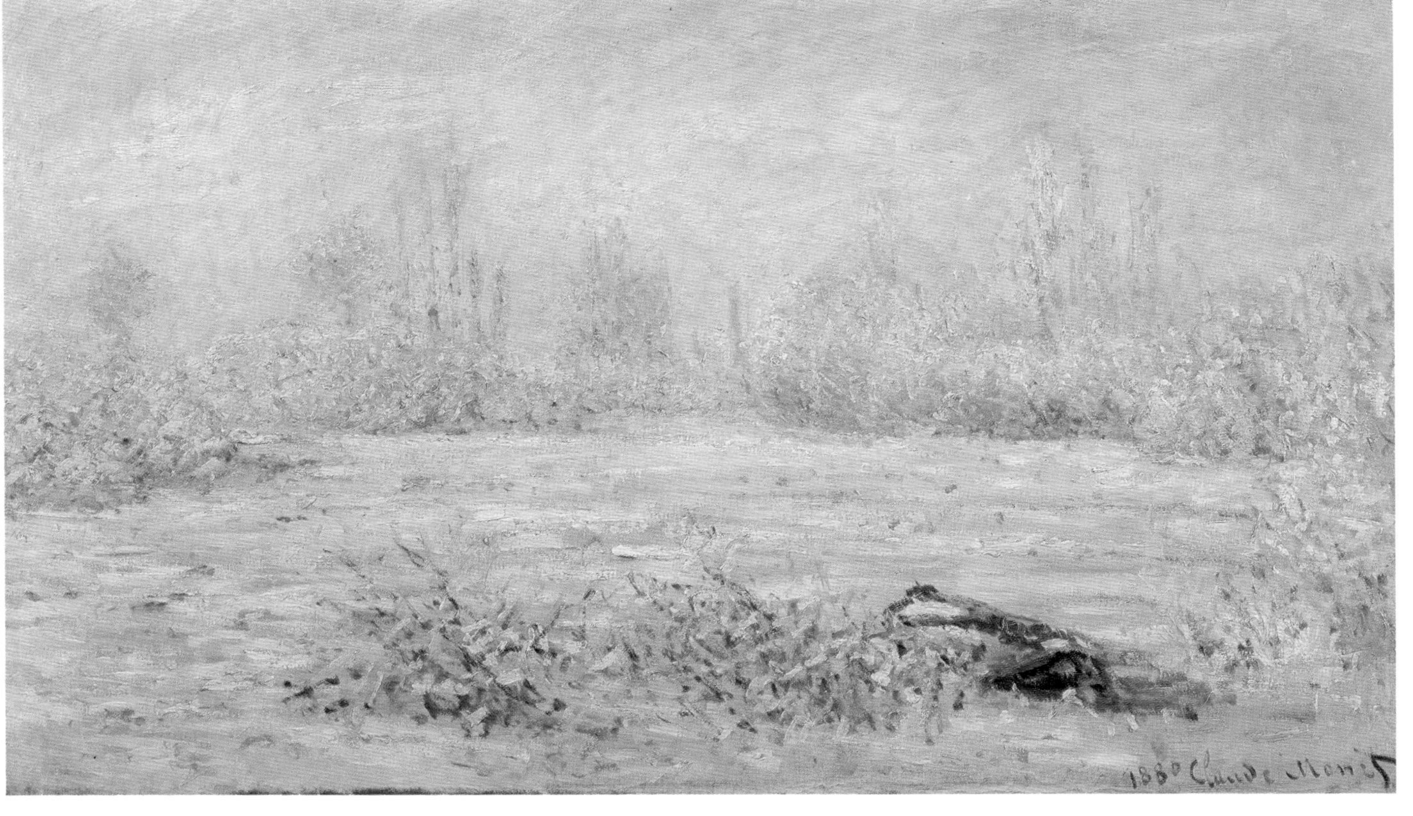

◆ La Débâcle, temps gris, *Lavacourt (environs de Vétheuil), janvier 1880 ; huile sur toile ; 68 × 90 cm ; signé et daté ; Museu Gulbenkian, Lisbonne.*

◆ Le Givre, *environs de Vétheuil, janvier ou février 1880 ; huile sur toile ; 61 × 100 cm ; signé et daté ; musée d'Orsay, Paris.*

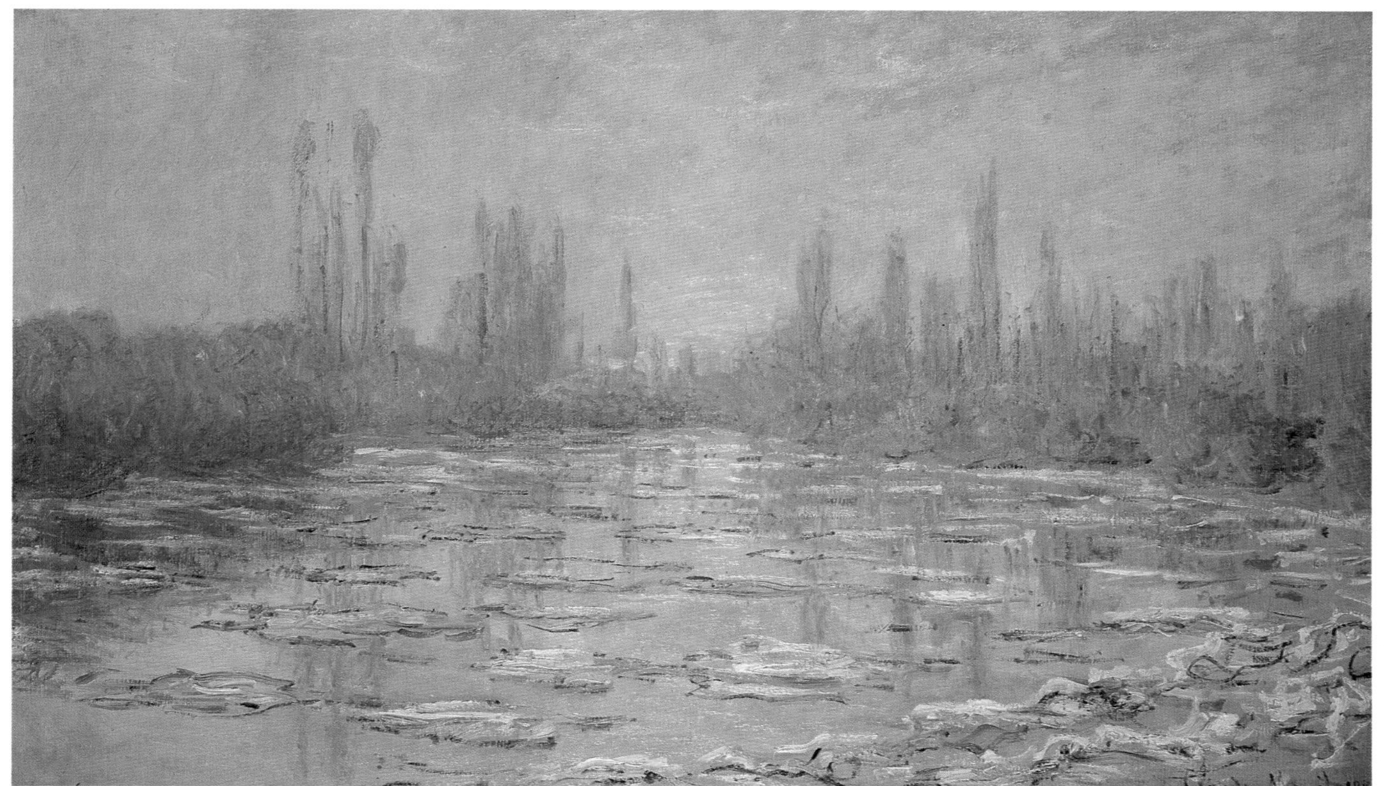

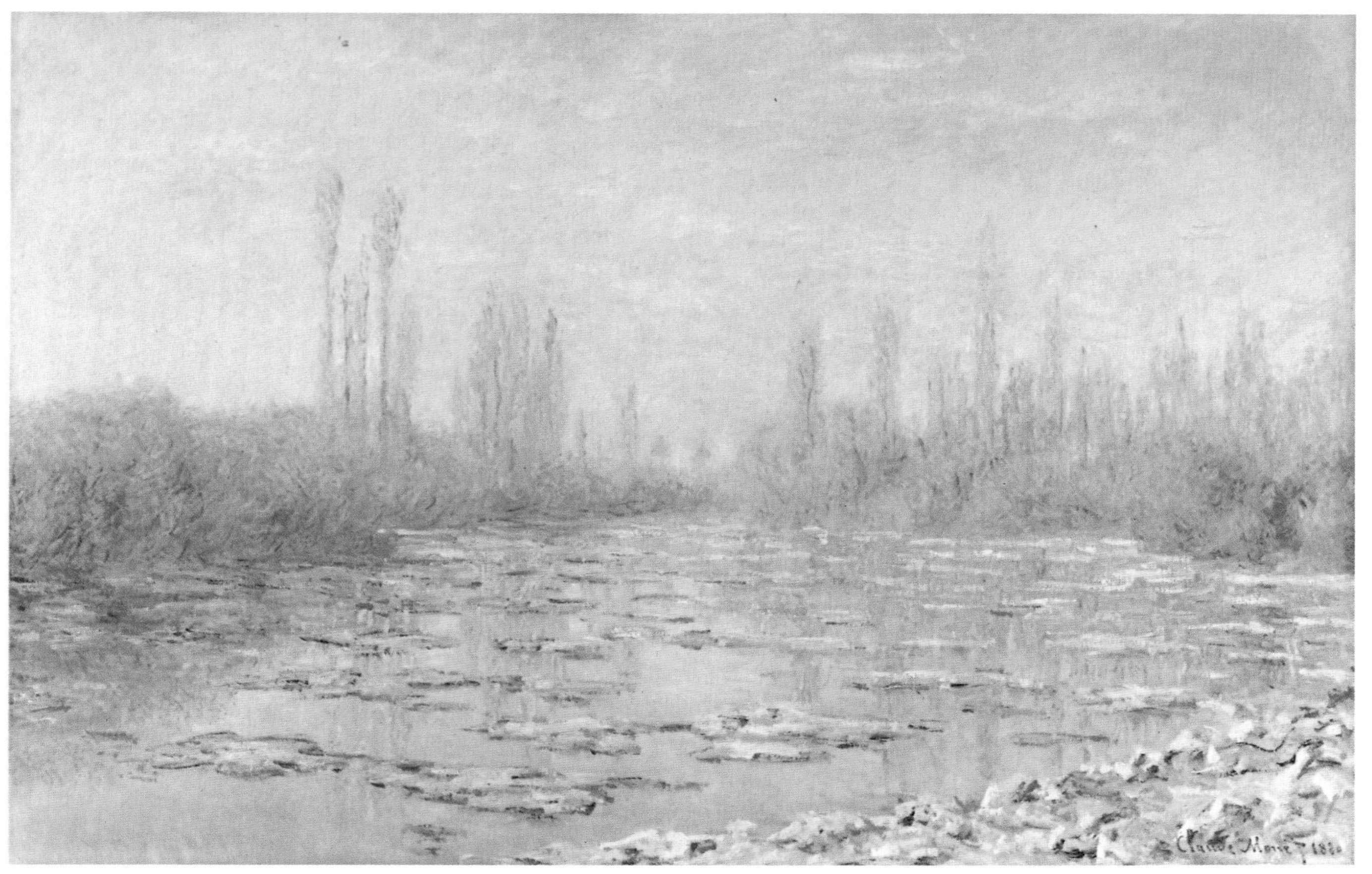

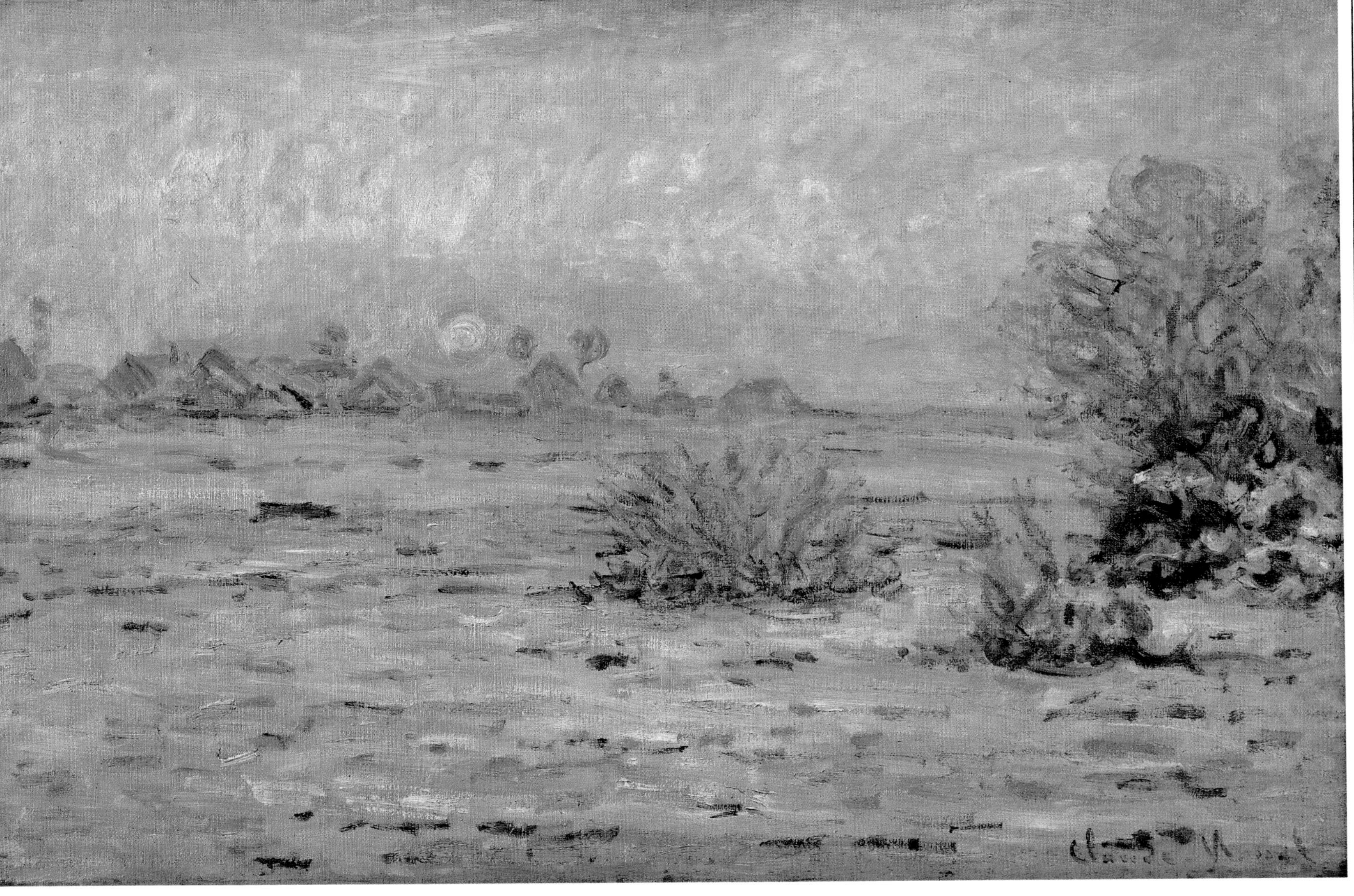

◆ Les Glaçons *(page ci-contre en haut), environs de Vétheuil, janvier 1880 ; huile sur toile ; 61 × 100 cm ; signé et daté ; musée d'Orsay, Paris.*

◆ Les Glaçons *(page ci-contre en bas), environs de Vétheuil, janvier 1880 ; huile sur toile ; 97 × 150,5 cm ; signé et daté ; Shelburne Museum, Shelburne, Vermont.*

◆ Soleil d'hiver, Lavacourt, *environs de Vétheuil, janvier ou février 1880 ; huile sur toile ; 55 × 81 cm ; signé ; musée des Beaux-Arts André Malraux, Le Havre.*

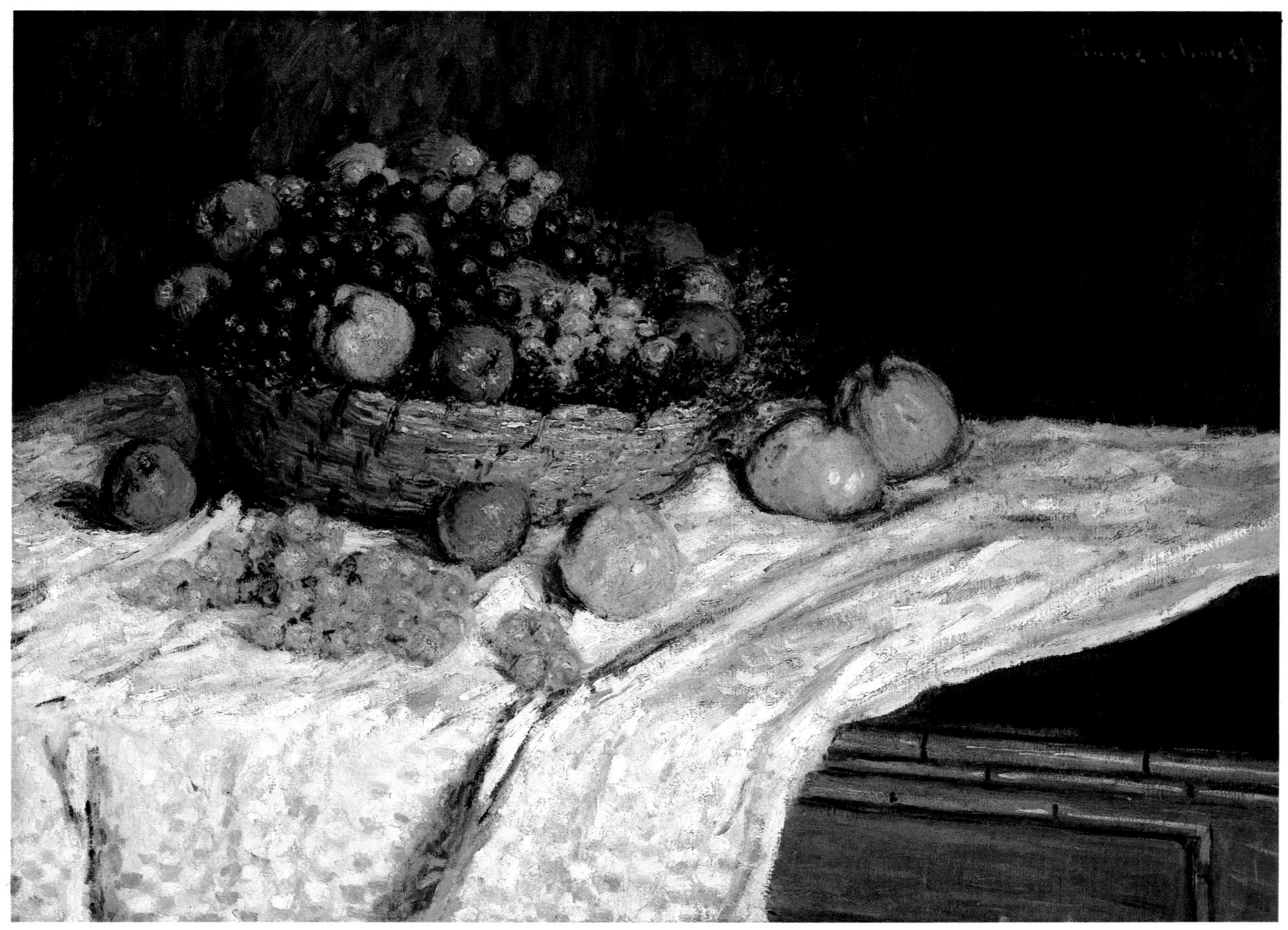

◆ Corbeille de fruits (pommes et raisins), *Vétheuil (?), 1880 ; huile sur toile ; 70 × 92 cm ; signé ; Metropolitan Museum of Art, New York.*

◆ Sentier dans les coquelicots, île Saint-Martin *(page ci-contre), environs de Vétheuil, 1880 ; huile sur toile ; 80 × 62 cm ; signé et daté ; Metropolitan Museum of Art, New York.*

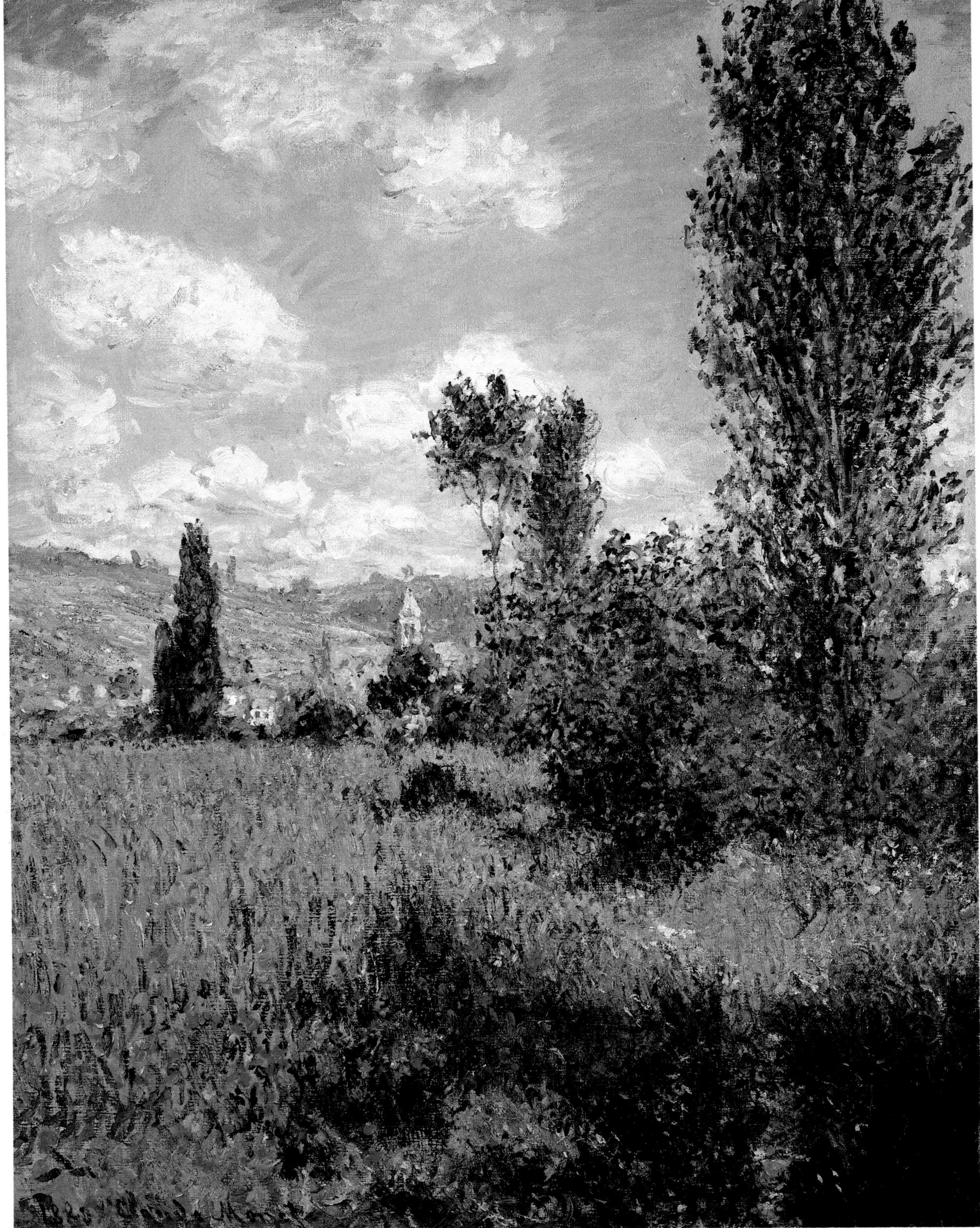

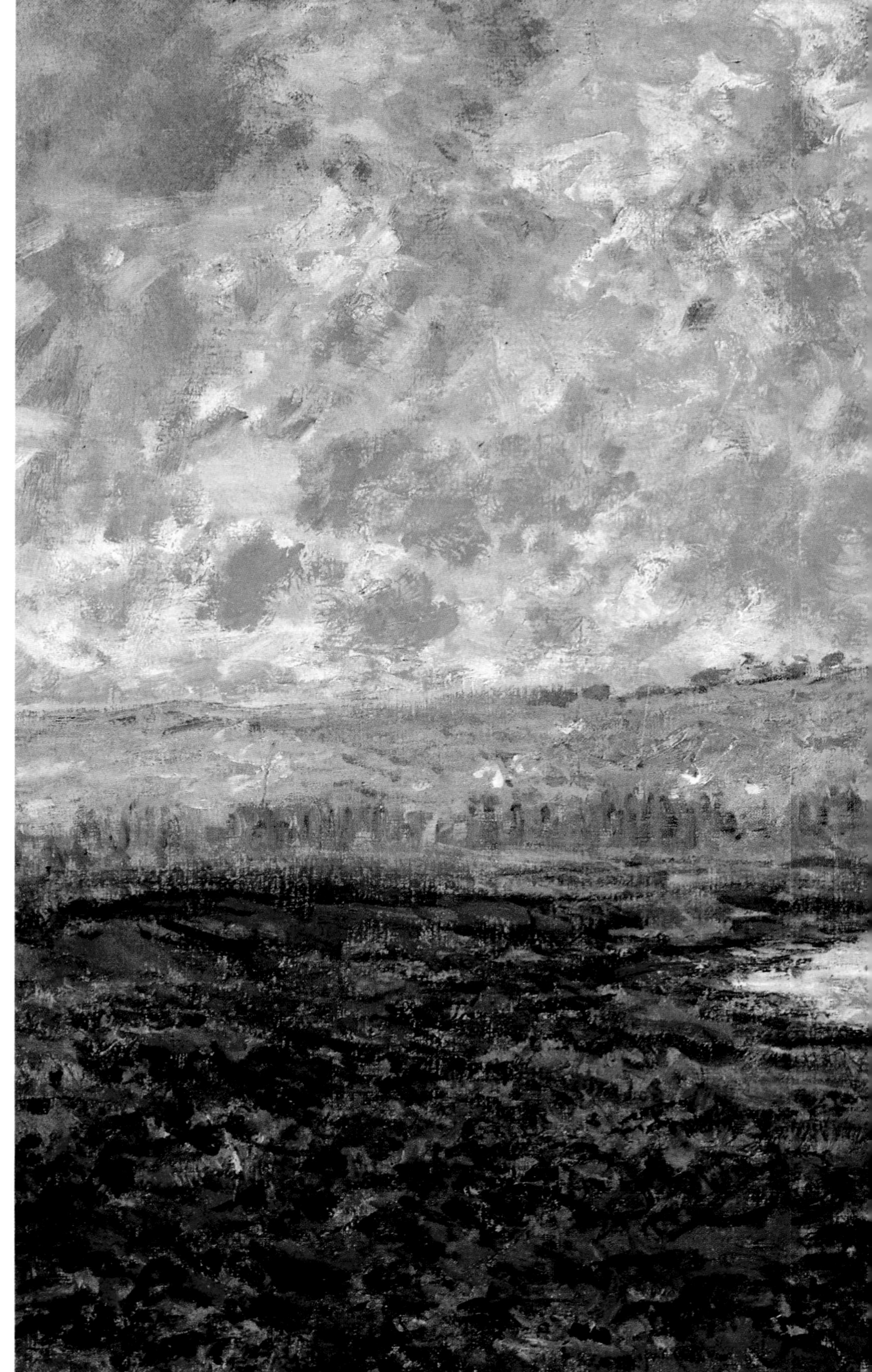

◆ La Seine à Vétheuil, *environs de Vétheuil, printemps 1880 ; huile sur toile ; 62 x 102 cm ; signé et daté ; Metropolitan Museum of Art, New York.*
Toute la période de Vétheuil est marquée par une profonde et émouvante mélancolie que souligne encore le contraste avec l'heureuse période précédente d'Argenteuil (1872-1876) : remarquable exemple, si la mort de Camille y est liée, de transposition du deuil sur le plan de la création artistique.

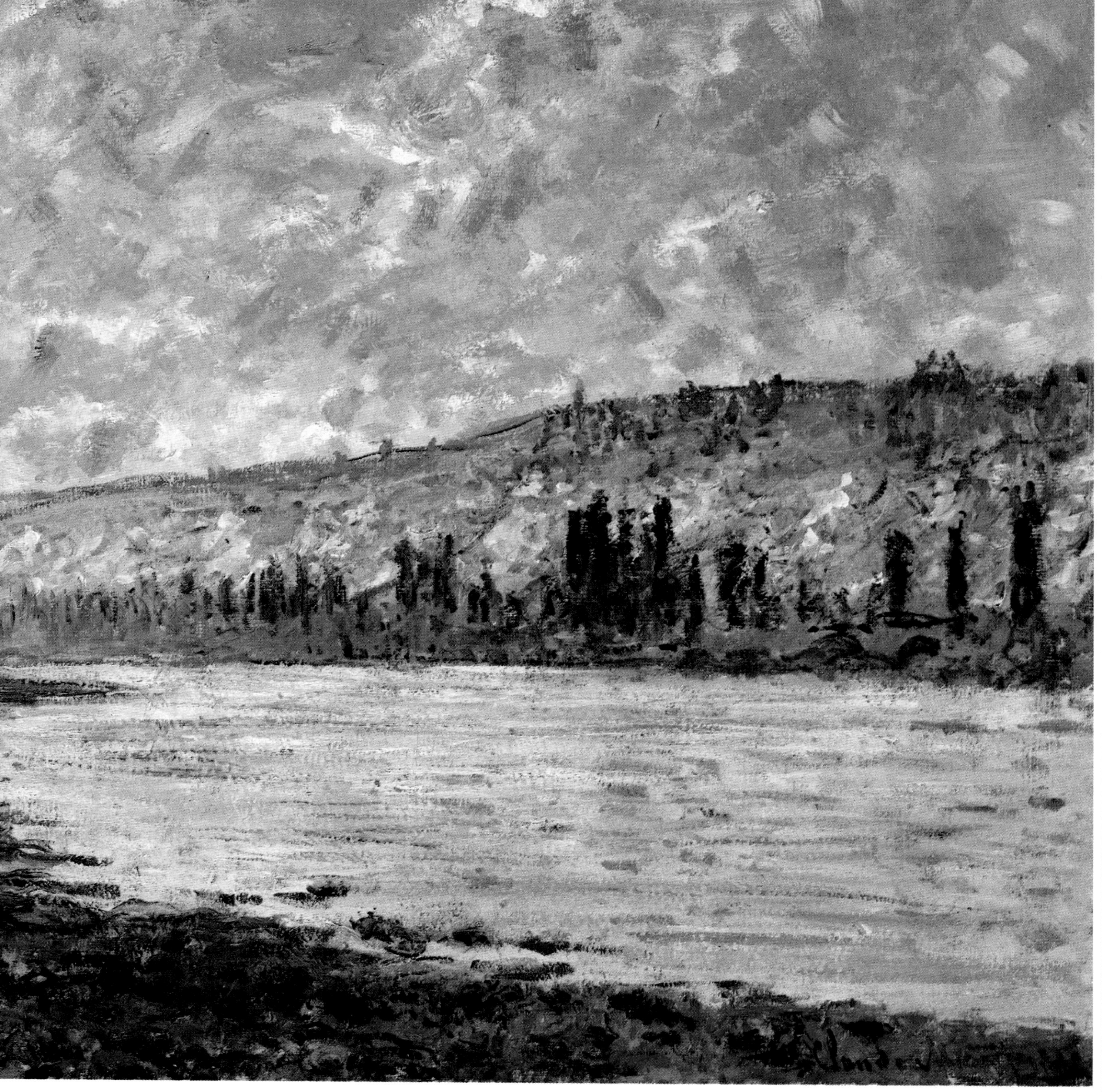

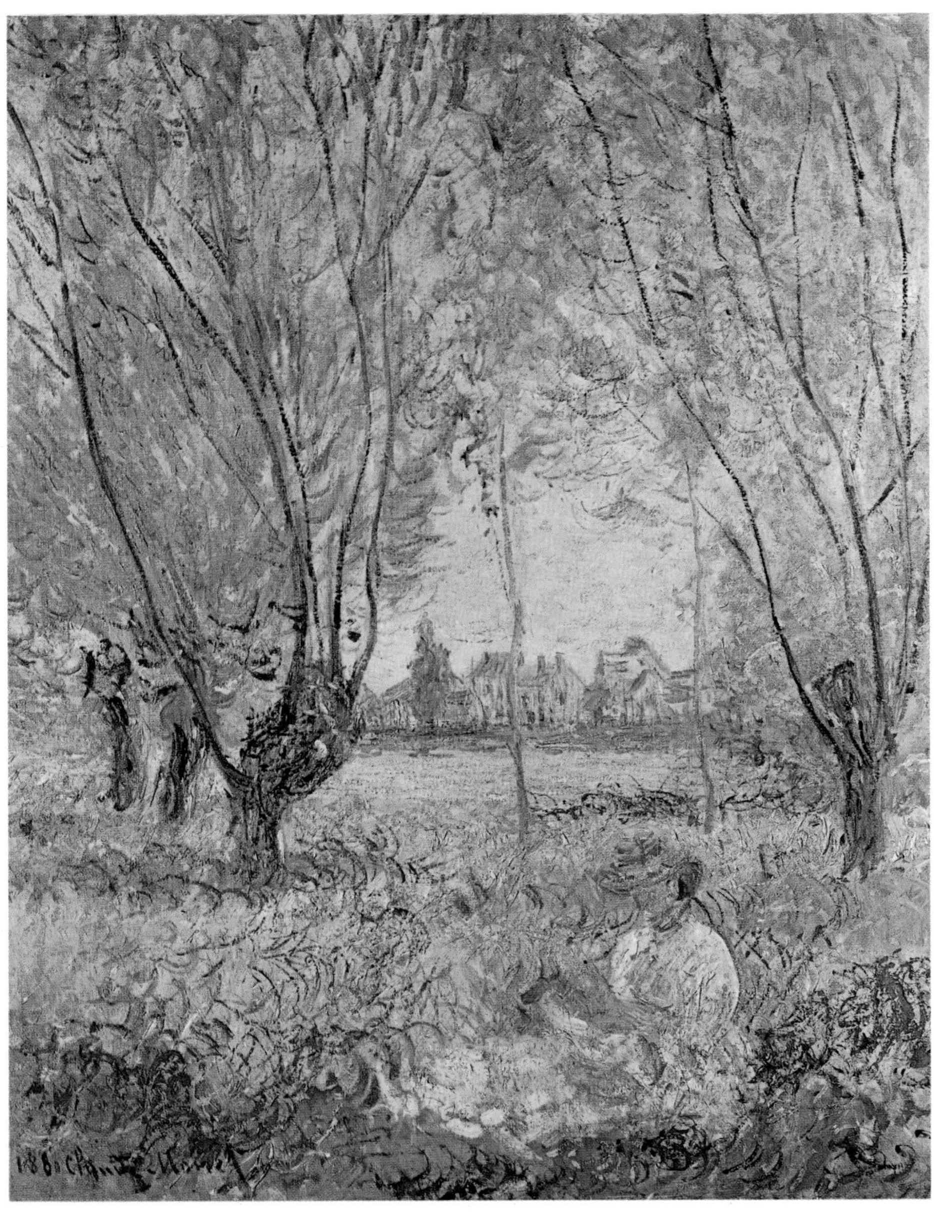

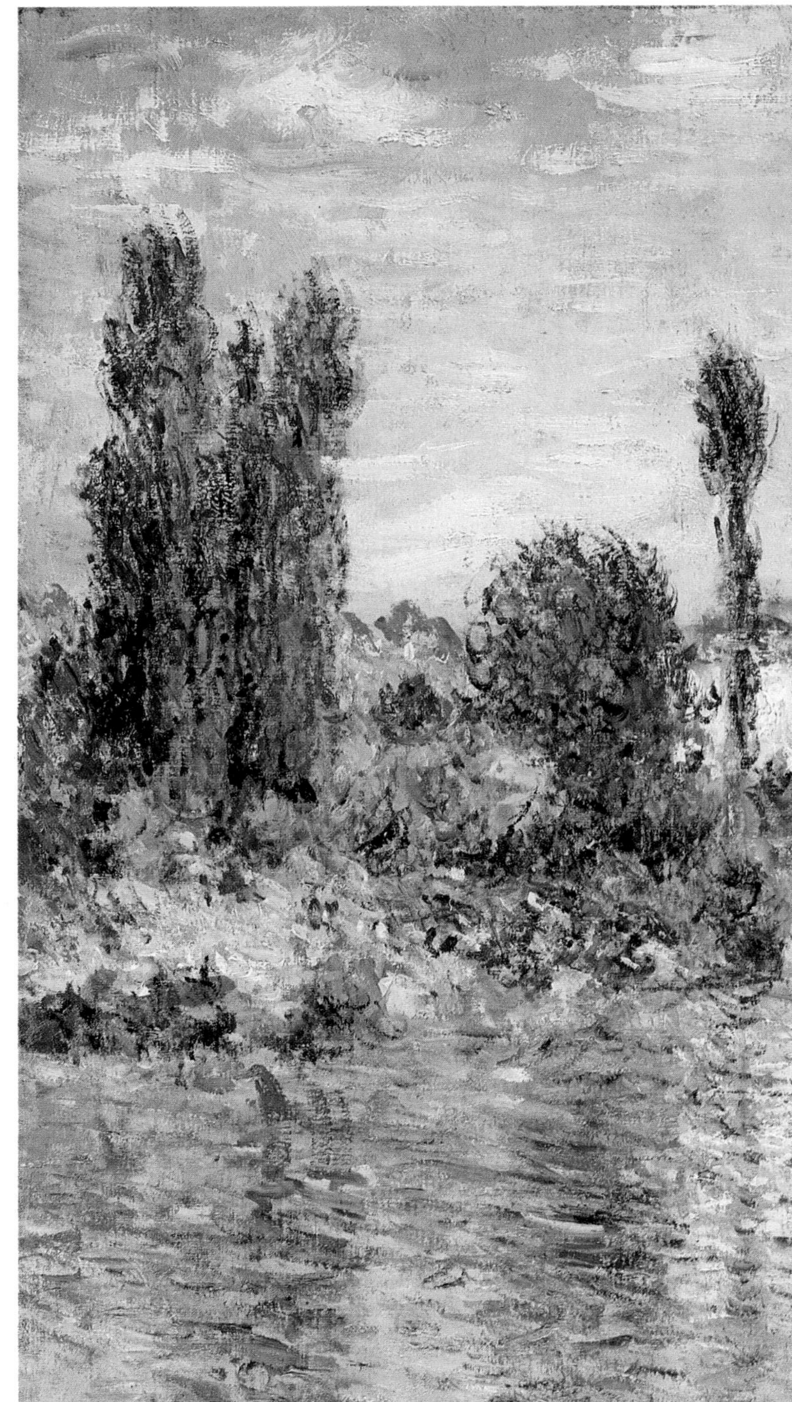

◆ Femme assise sous les saules *(ci-dessus), Vétheuil, été 1880 ; huile sur toile ; 81 x 60 cm ; signé et daté ; National Gallery of Art, Washington.*

Parfois intitulé Madame Monet sous les saules *mais, à cette époque, Camille était déjà morte depuis près d'un an.*

◆ Vétheuil en été *(ci-contre), Vétheuil, juin ou juillet 1880 ; huile sur toile ; 60 x 100 cm ; signé et daté ; Metropolitan Museum of Art, New York.*

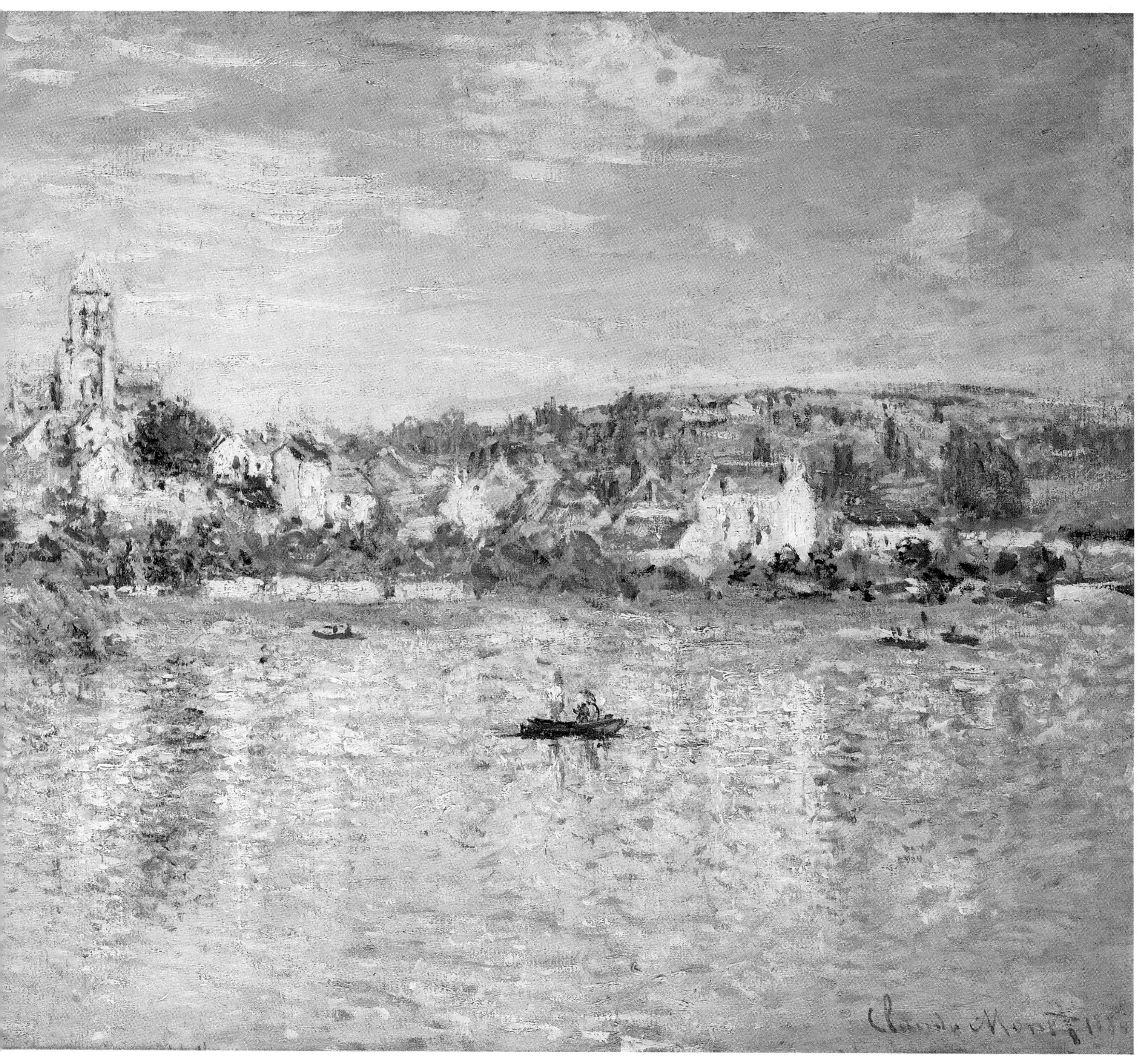

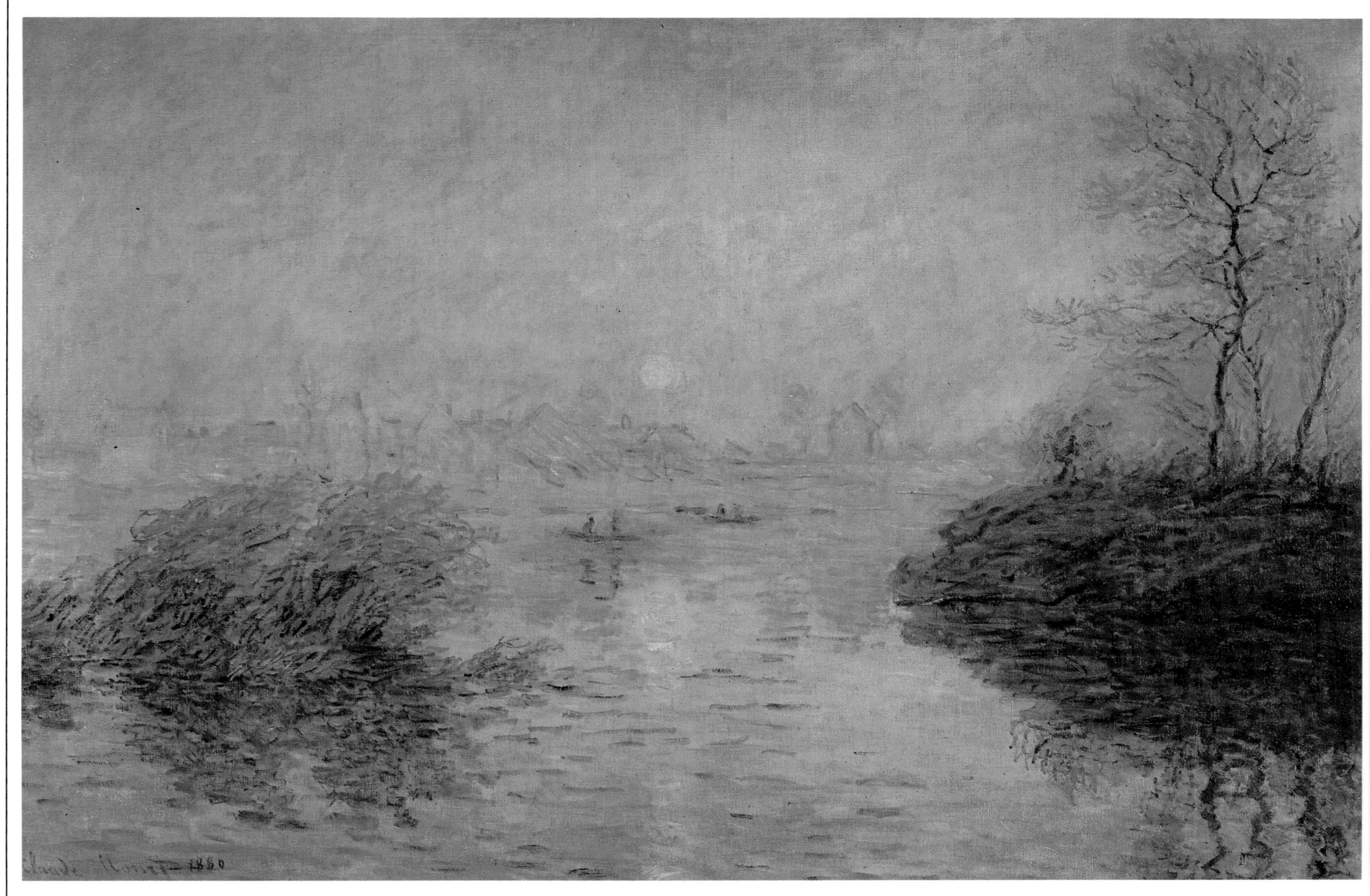

◆ Soleil couchant sur la Seine, effet d'hiver, *Lavacourt (environs de Vétheuil), automne 1880 ; huile sur toile ; 101 x 150 cm ; signé et daté ; musée du Petit Palais, Paris.*

◆ Lavacourt, soleil et neige *(page ci-contre) environs de Vétheuil, janvier ou février 1881 ; huile sur toile ; 59 x 81 cm ; signé et daté ; National Gallery, Londres.*

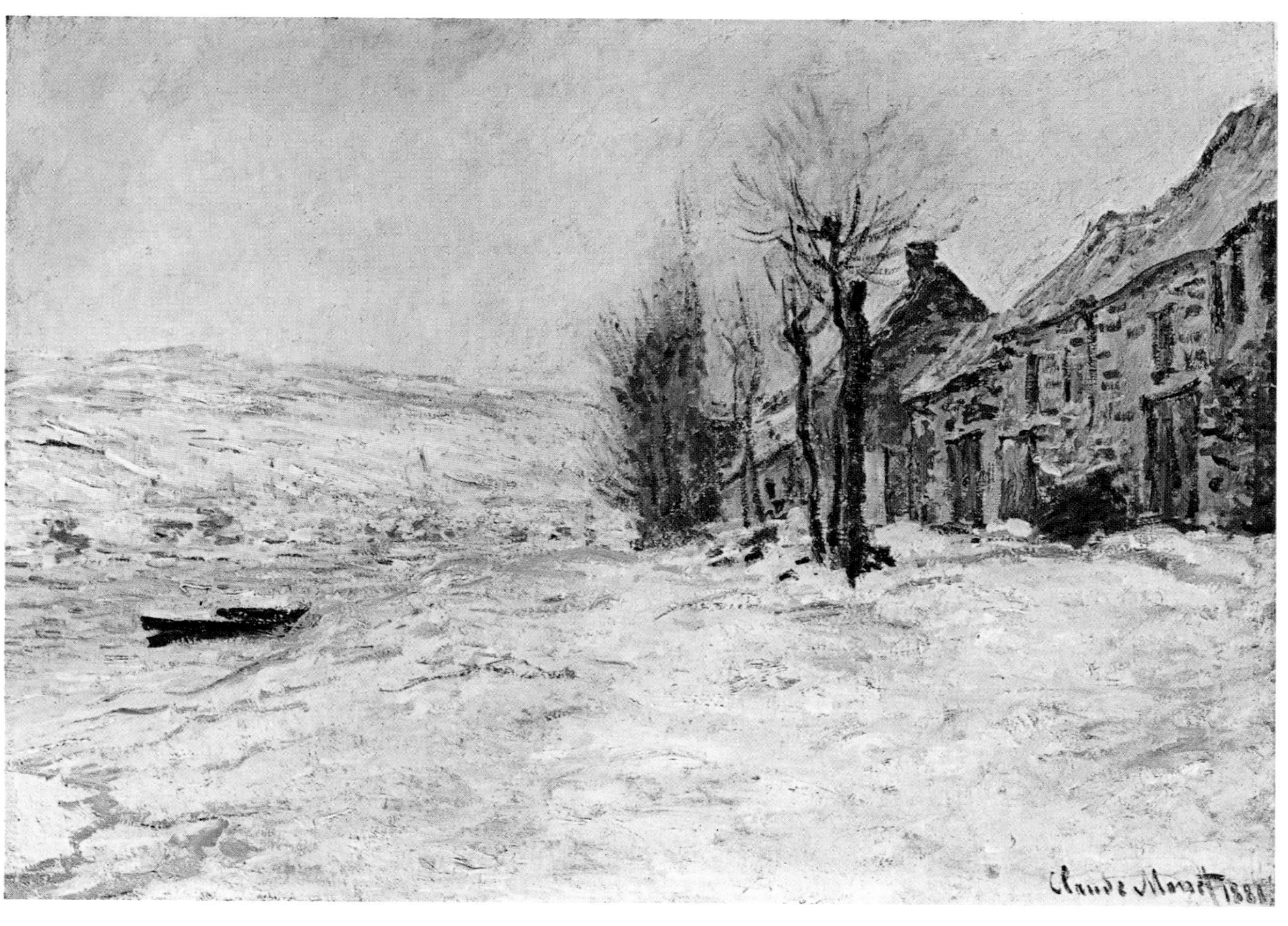

◆ Bouquet de soleils *(p. 154), Vétheuil (?), été 1881 ; huile sur toile ; 100 x 81 cm ; signé et daté ; Metropolitan Museum of Art, New York.*

◆ Chrysanthèmes *(p. 155), Paris, automne 1882 ; huile sur toile ; 102 x 84 cm ; signé et daté ; Metropolitan Museum of Art, New York.*

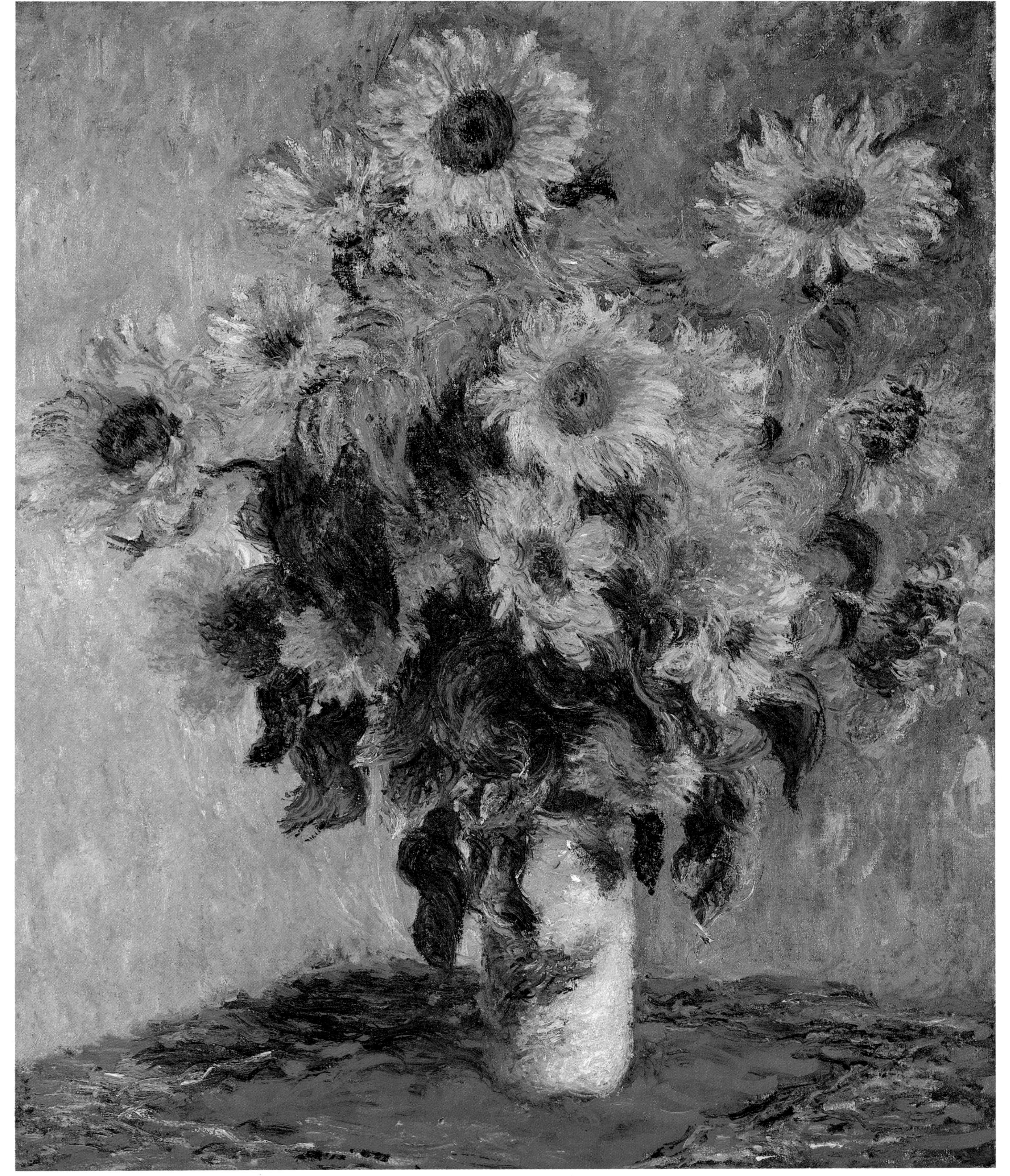

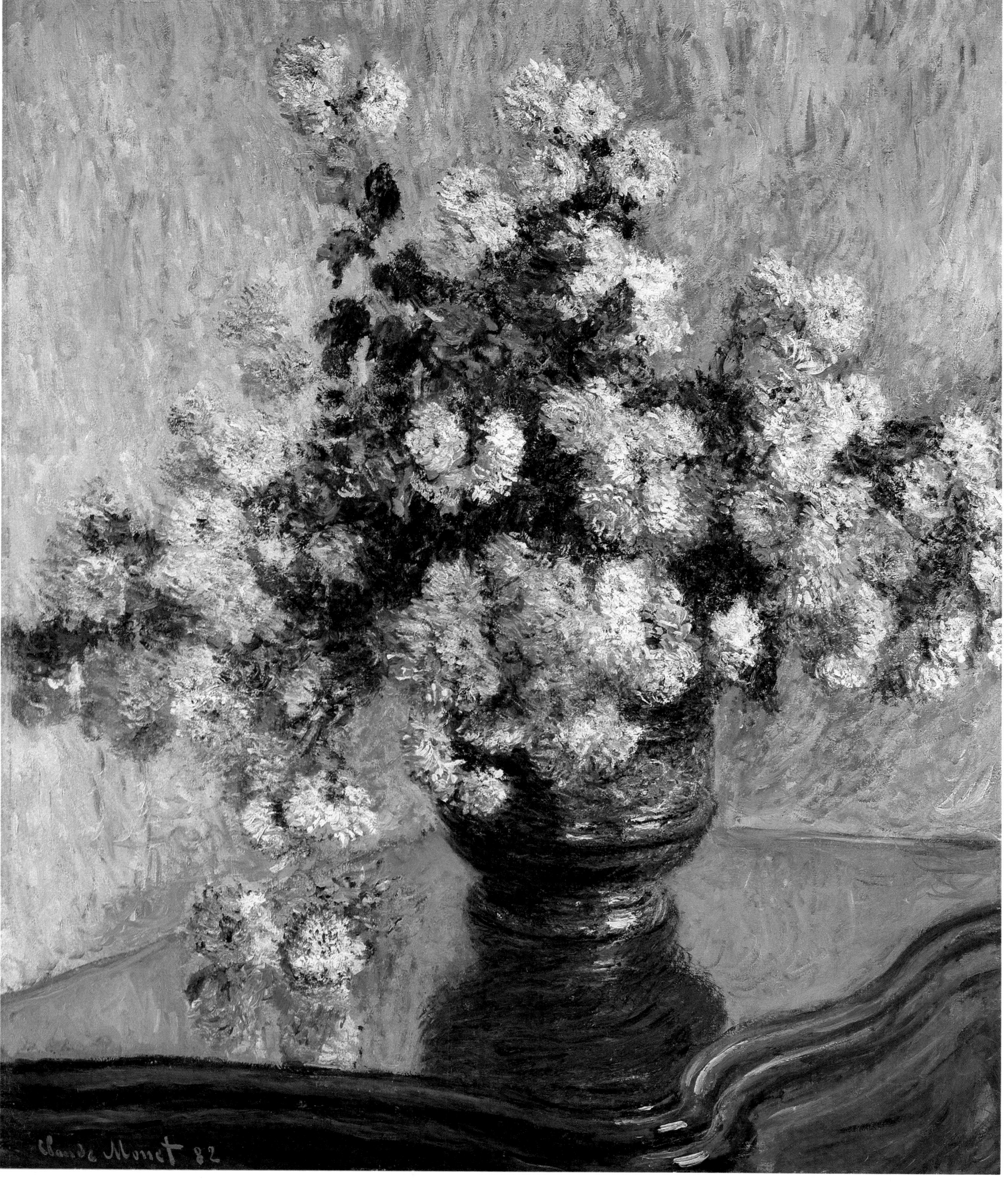
Claude Monet 82

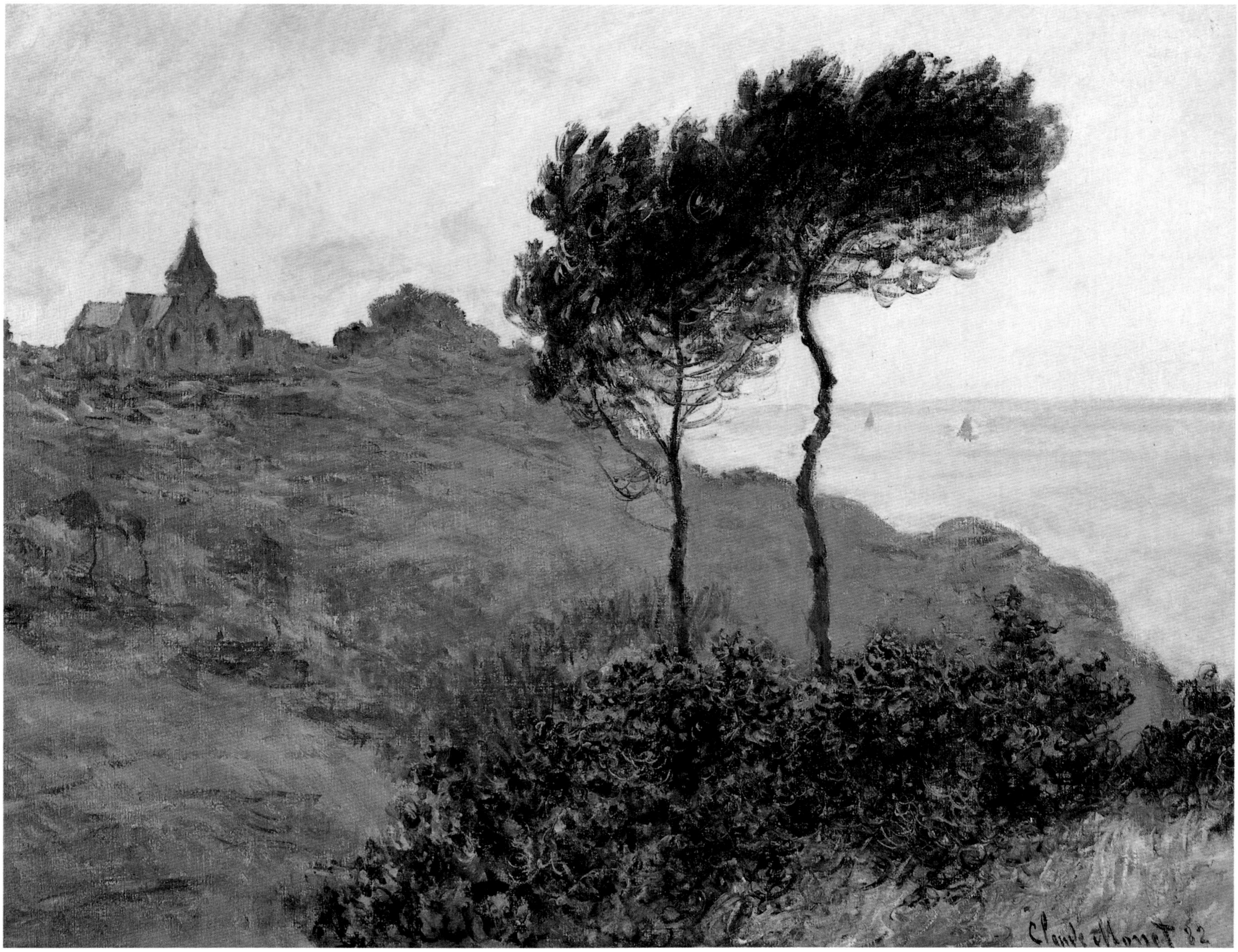

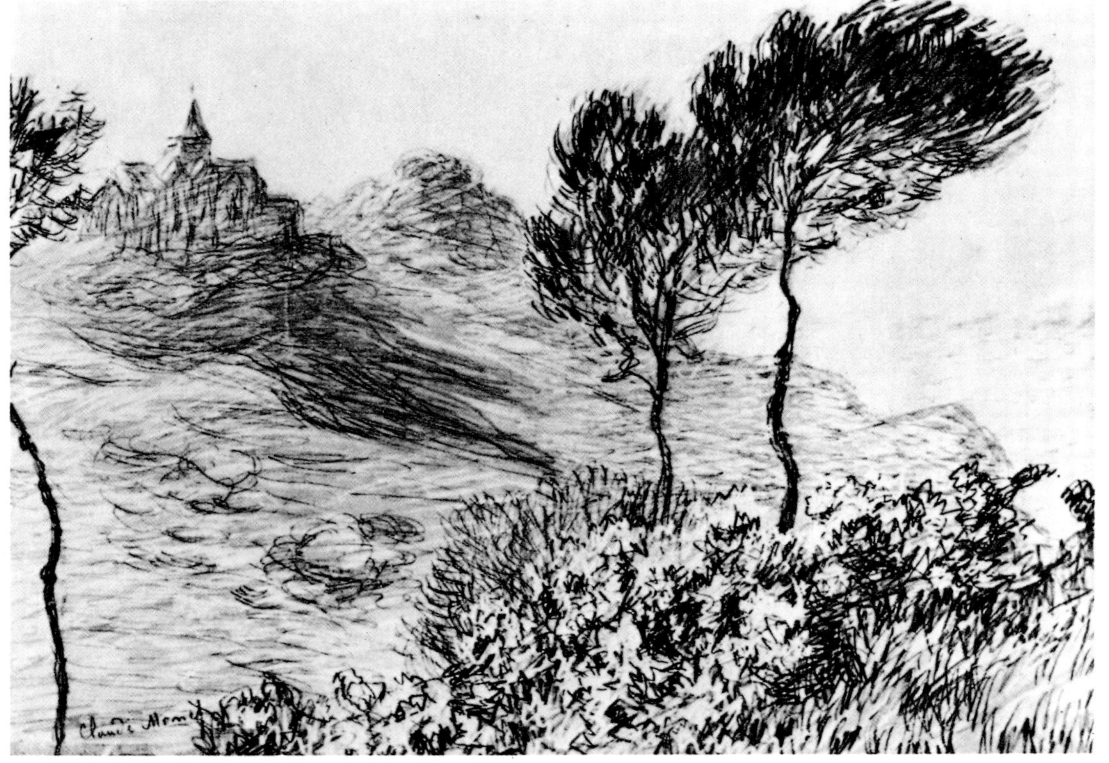

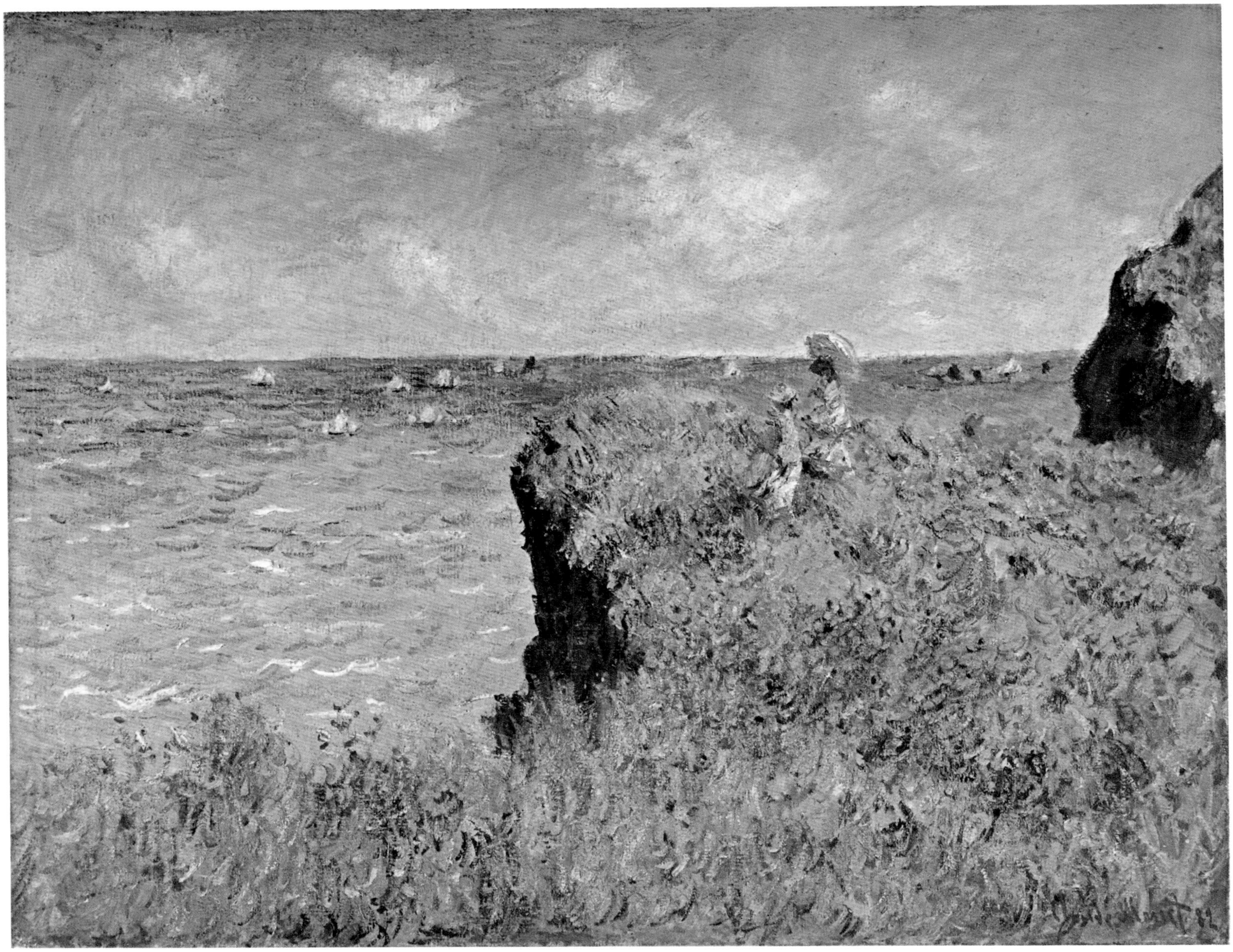

◆ L'Église de Varengeville, temps gris *(page ci-contre en haut), Varengeville, avril-mai 1882 ; huile sur toile ; 65 x 81 cm ; signé et daté ; Speed Art Museum, Louisville, Kentucky.*

◆ L'Église de Varengeville *(page ci-contre en bas), Varengeville, avril-mai 1882 ; crayon sur papier ; 32 x 42 cm ; signé ; collection particulière.*

◆ Promenade sur la falaise, Pourville, *environs de Varengeville, avril-mai 1882 ; huile sur toile ; 65 x 81 cm ; signé et daté ; Art Institute, Chicago.*

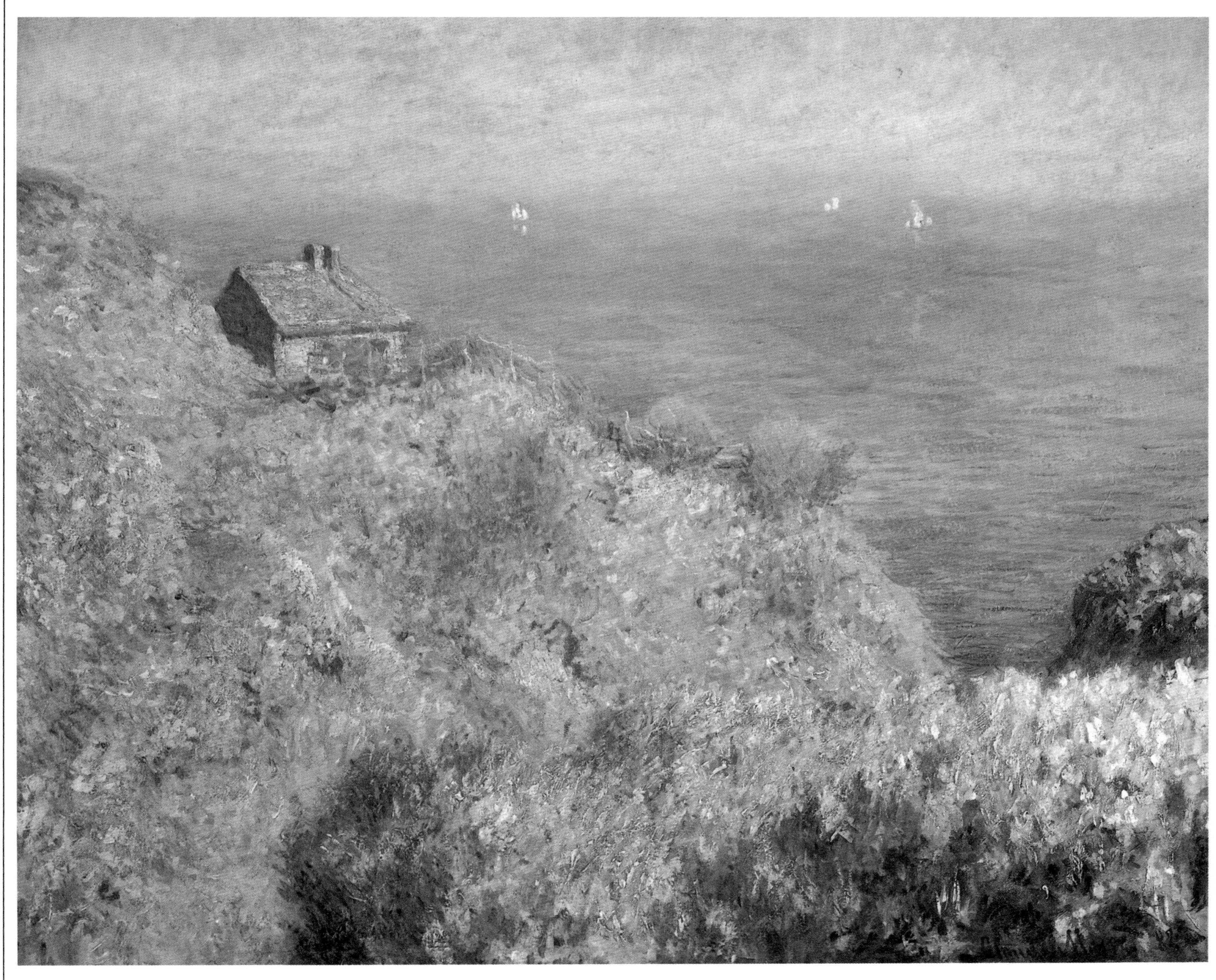

◆ La Maison du pêcheur à Varengeville, *Varengeville, avril-mai 1882 ; huile sur toile ; 60 x 78 cm ; signé et daté ; Museum Boymans-Van Beuningen, Rotterdam.*

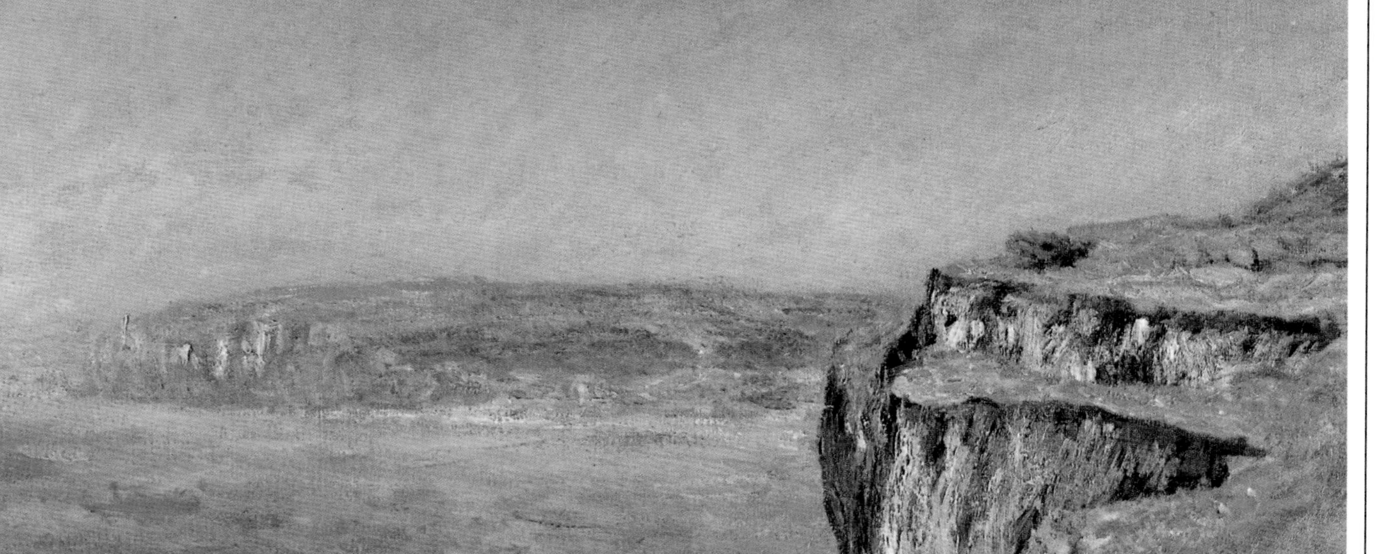

◆ Falaise à Varengeville, *environs de Varengeville, avril-mai 1882 ; huile sur toile ; 65 × 81 cm ; signé et daté ; collection particulière.*

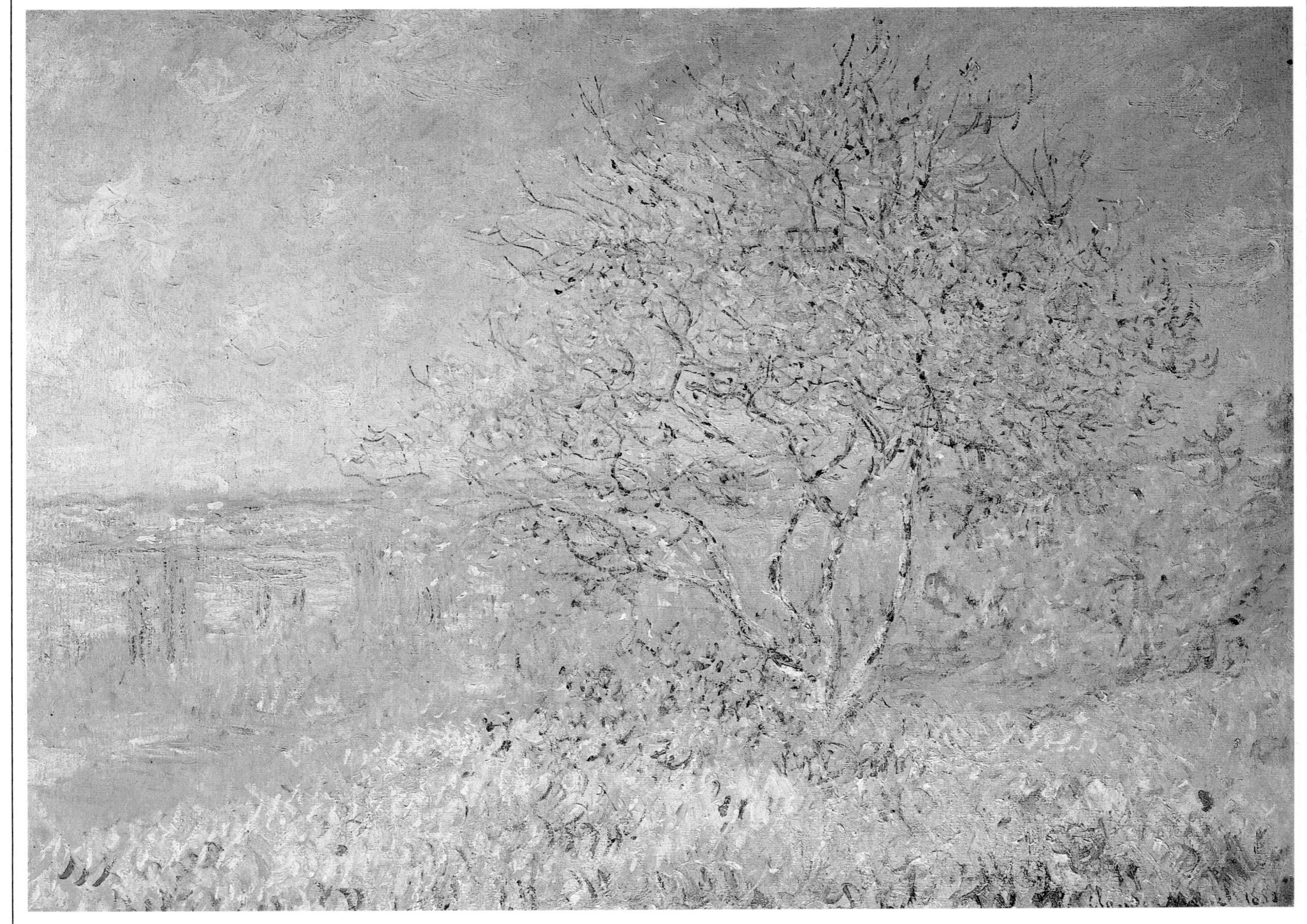

◆ Le Printemps, *Poissy (?), mai 1882 ; huile sur toile ; 60 x 81 cm ; signé et daté ; musée des Beaux-Arts, Lyon. En dépit de la date apposée sur la toile par l'artiste, plusieurs critiques, s'appuyant sur de vagues considérations stylistiques, voudraient qu'elle ait été exécutée à Vétheuil deux ans plus tôt.*

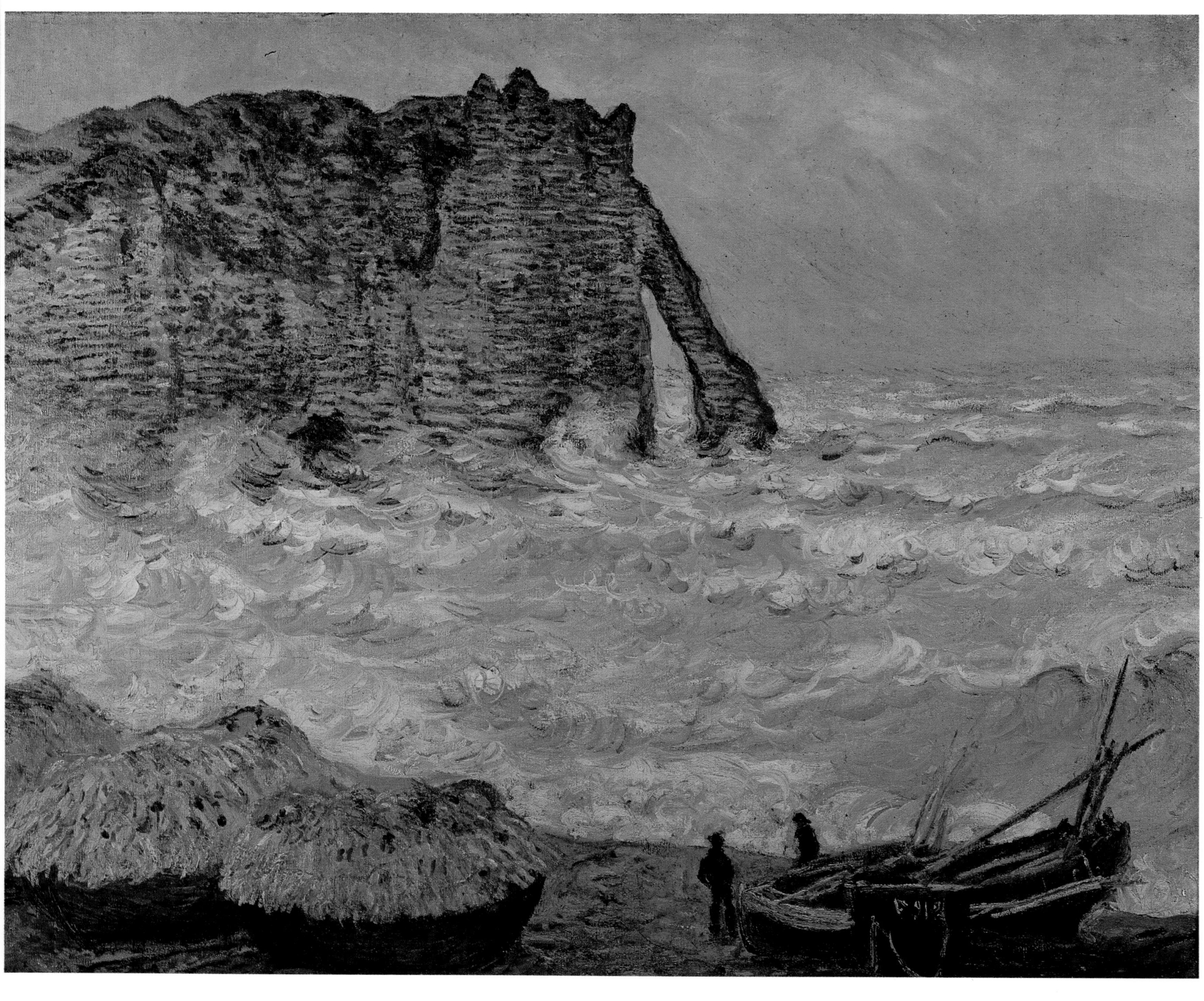

◆ Étretat, mer agitée, *Étretat, janvier-février 1883 ; huile sur toile ; 81 × 100 cm ; signé et daté ; musée des Beaux-Arts, Lyon.*

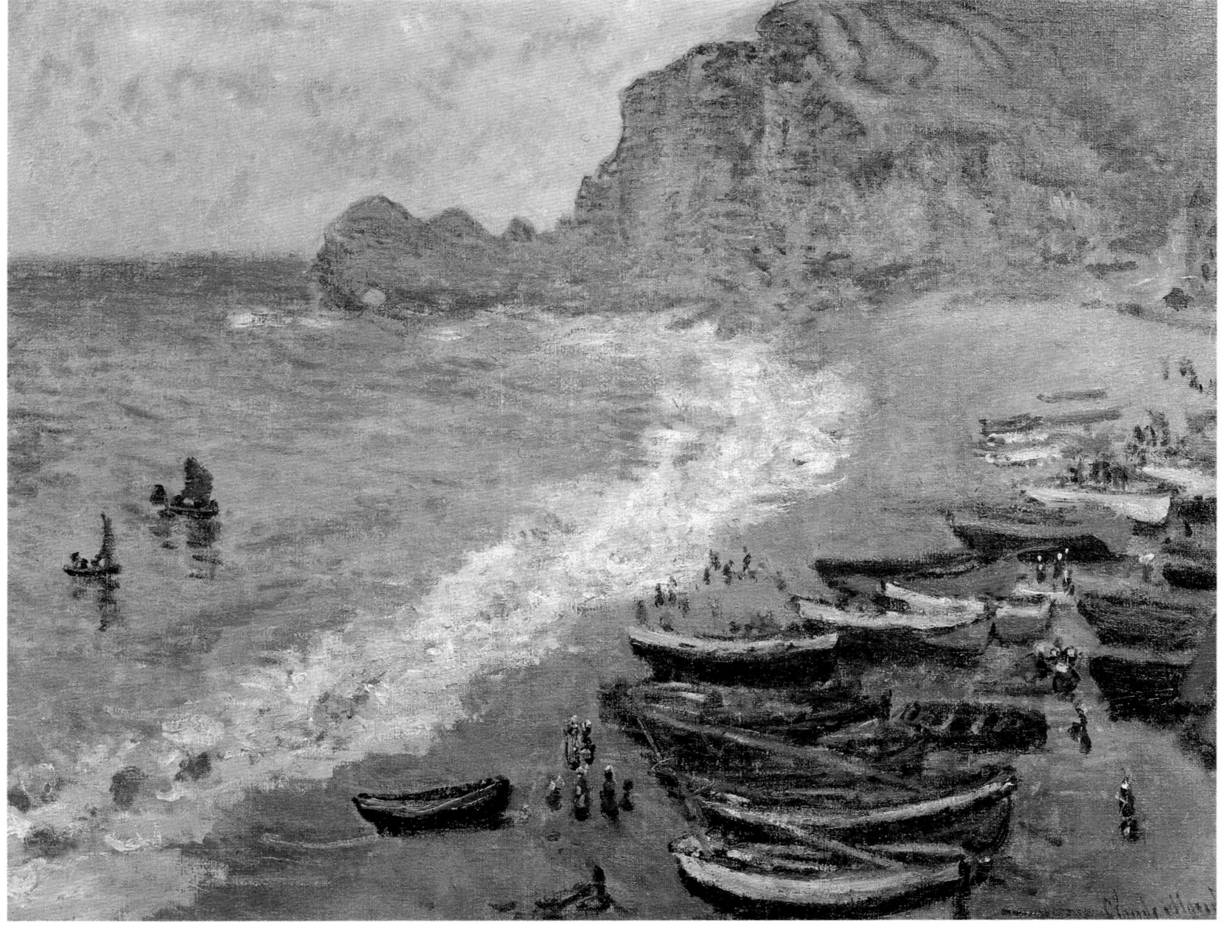

◆ Plage d'Étretat, *Étretat, janvier-février 1883 ; huile sur toile ; 65 x 81 cm ; signé et daté ; musée d'Orsay, Paris.*

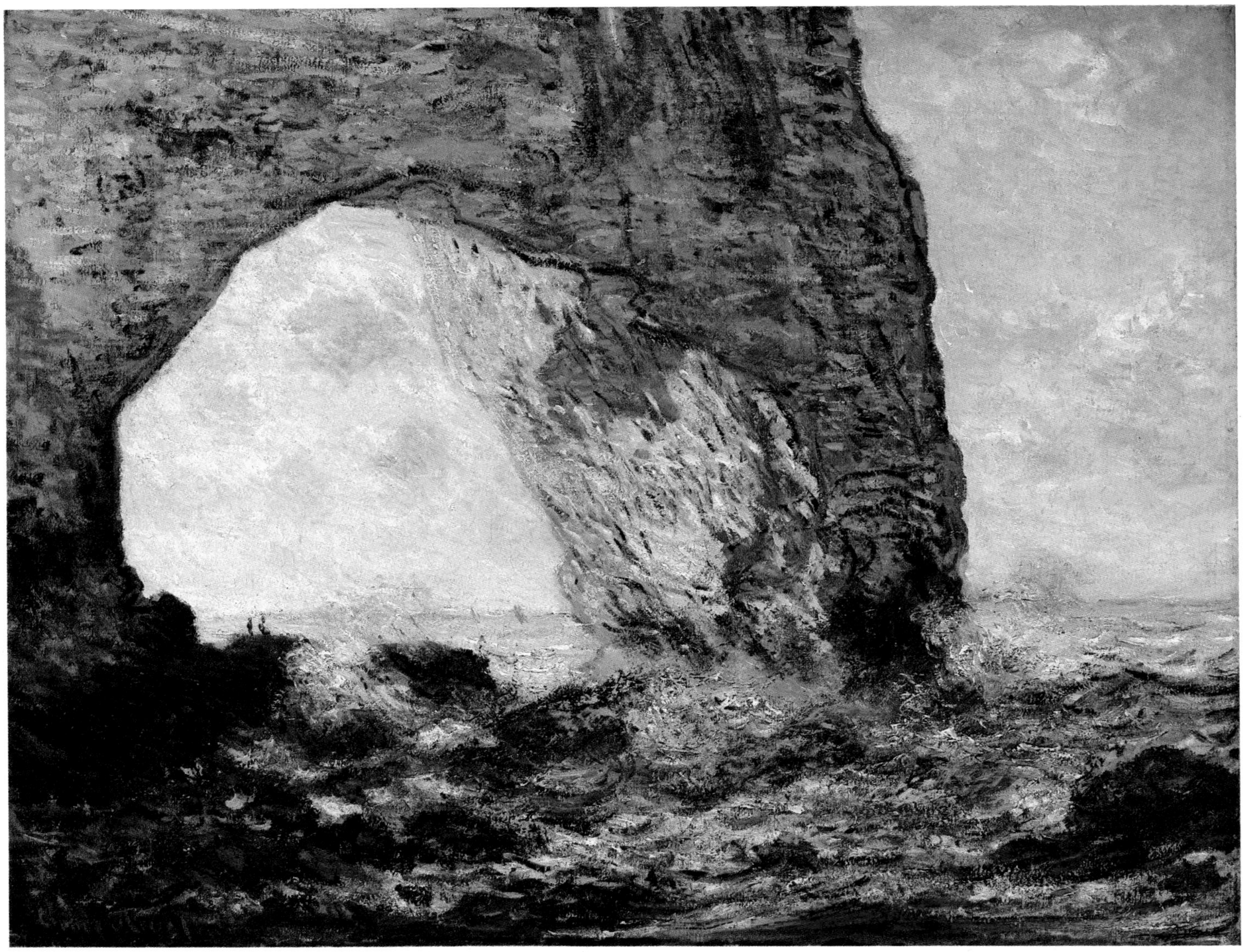

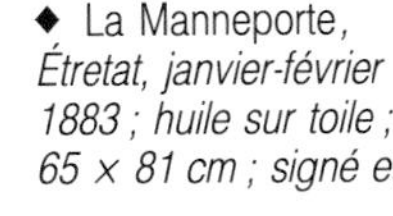

◆ La Manneporte, *Étretat, janvier-février 1883 ; huile sur toile ; 65 x 81 cm ; signé et daté ; Metropolitan Museum of Art, New York.*

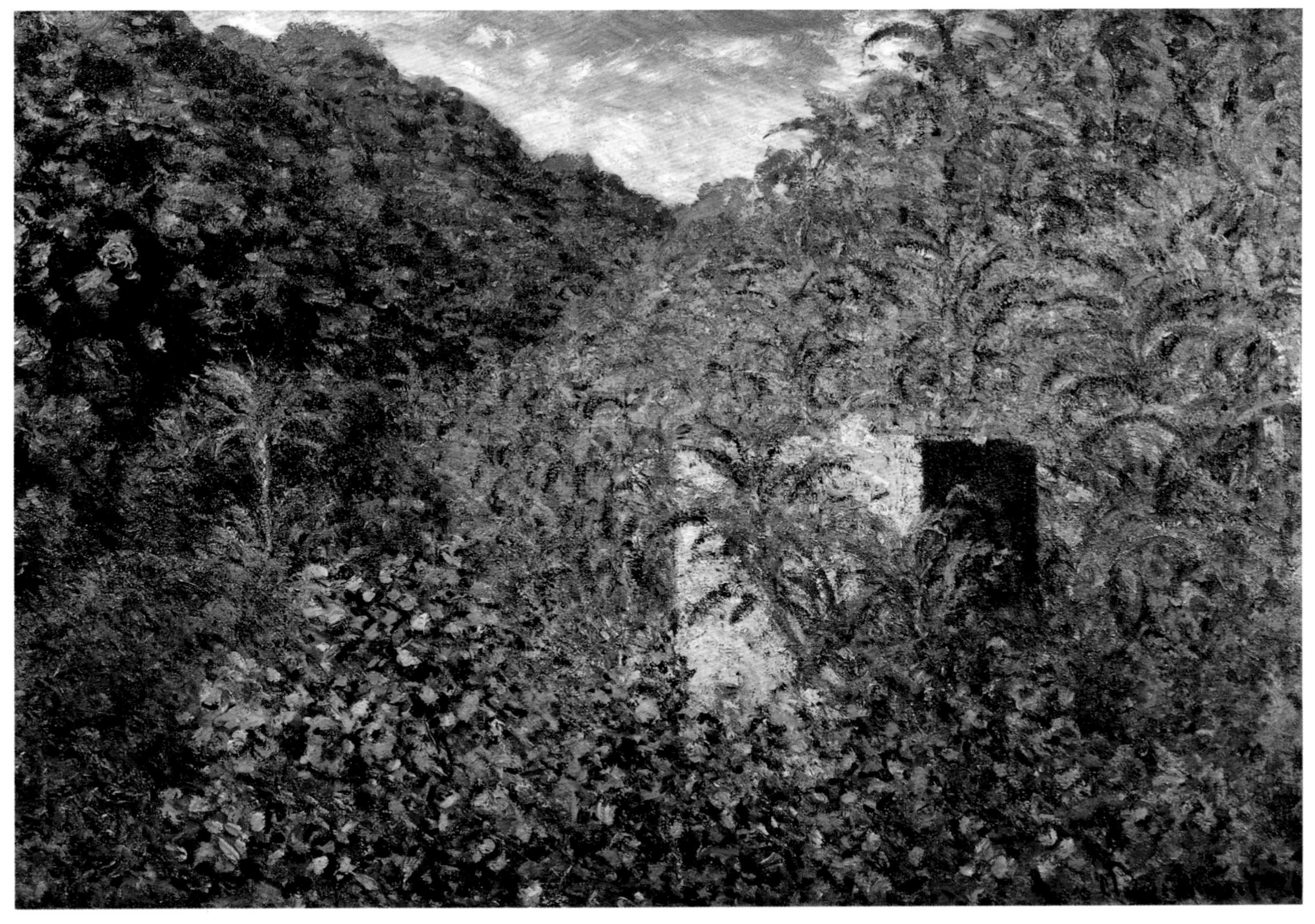

◆ Vallée de Sasso, effet bleu, *environs de Bordighera, février-avril 1884 ; huile sur toile ; 65 x 92 cm ; signé et daté ; collection particulière.*

◆ Sous les citronniers *(page ci-contre), Bordighera, février-avril 1884 ; huile sur toile ; 73 x 60 cm ; signé et daté ; Ny Carlsberg Glyptotek, Copenhague.*

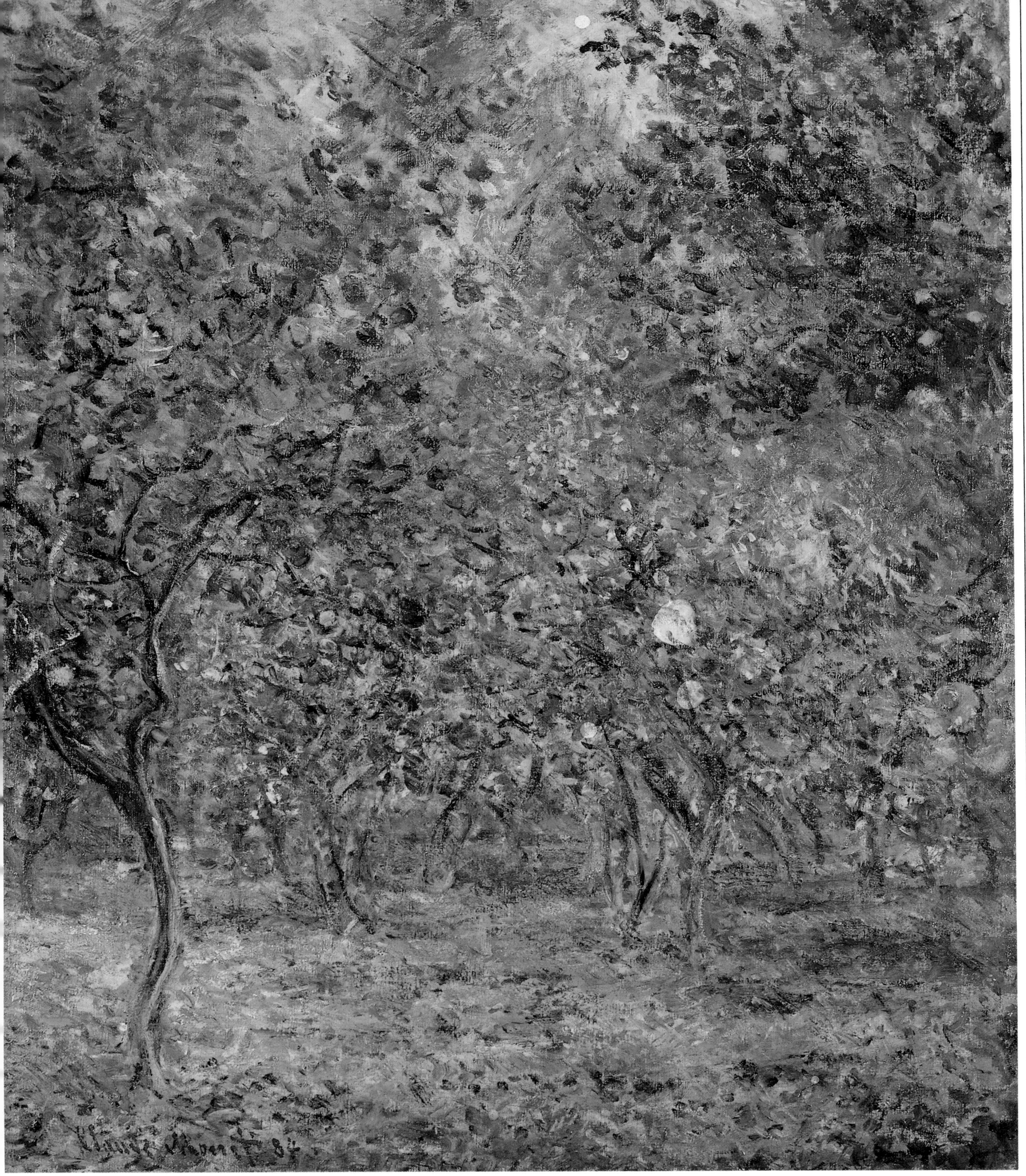

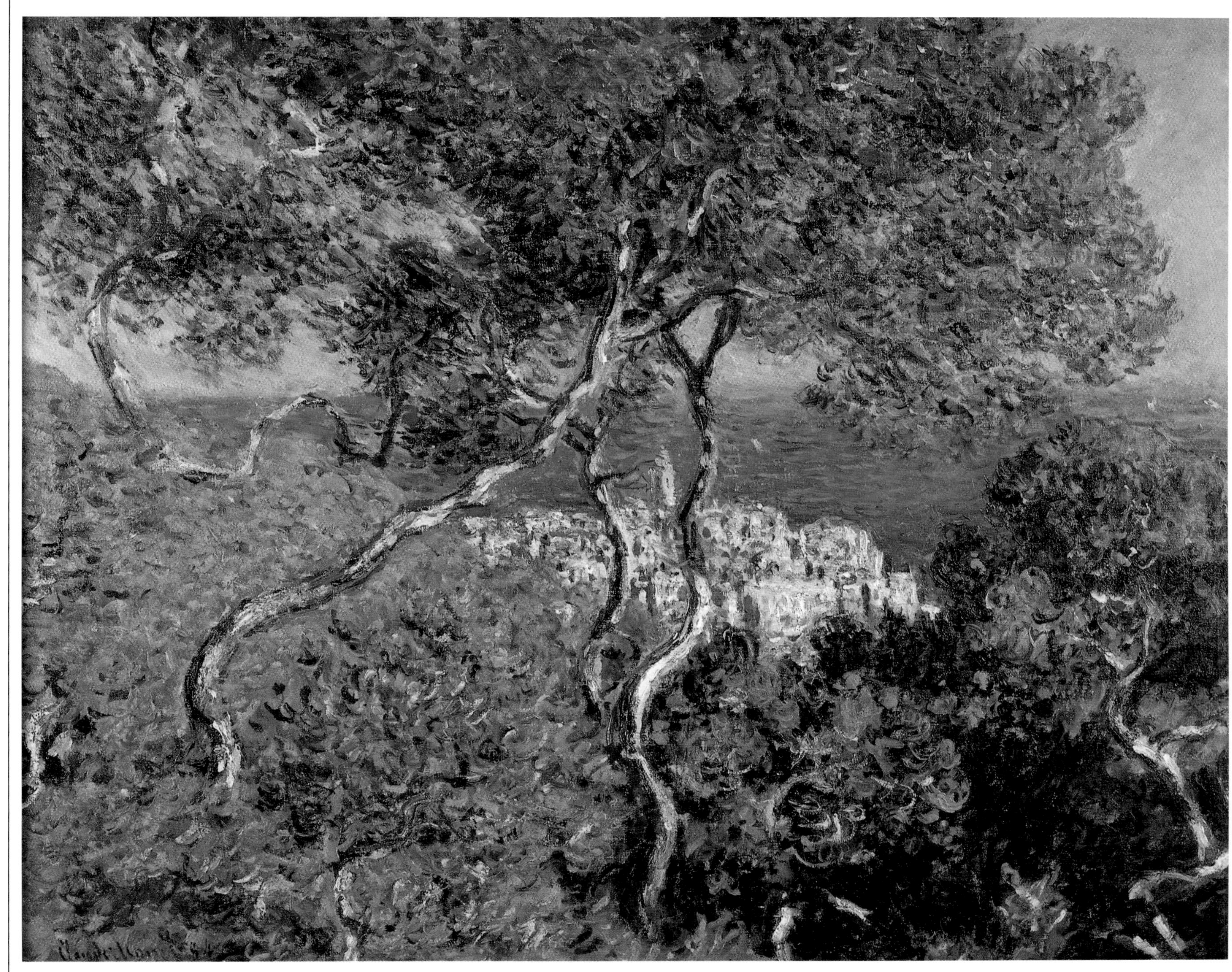

◆ Bordighera, *environs de Bordighera, février-avril 1884 ; huile sur toile ; 65 x 81 cm ; signé et daté ; Art Institute, Chicago.*

◆ Le Château de Dolceacqua *(page ci-contre), environs de Bordighera, février-avril 1884 ; huile sur toile ; 92 x 73 cm ; signé ; musée Marmottan, Paris.*

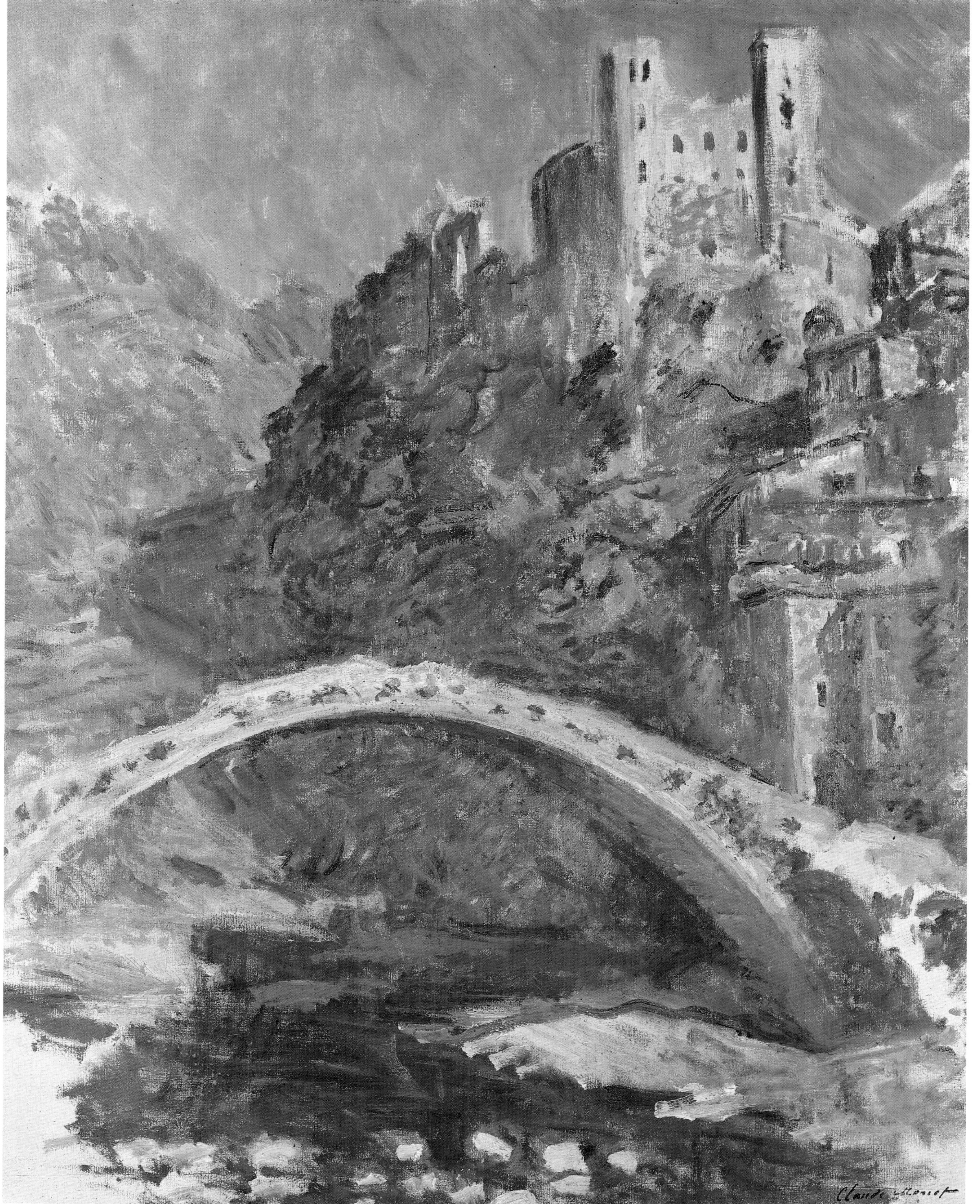
Claude Monet

Le luminisme tardif

Monet a peint la mer d'Étretat, sur la côte normande, à quatre moments différents : en 1868-1869, alors qu'il se trouvait dans la région invité par le collectionneur Gaudibert ; en janvier-février 1883, puis en décembre 1885 et, enfin, en avril 1886. Les œuvres réalisées pendant ces deux derniers séjours et en Bretagne, en septembre 1886, forment un ensemble très important qui constitue pratiquement la deuxième grande expérience de « série » du peintre, après la *Gare Saint-Lazare*. Il convient cependant de noter qu'il ne s'agit pas, cette fois, de variations iconiques et chromatiques à partir d'un même canevas, sans cesse repris (comme dans les *Gares* et comme ce sera presque toujours le cas pour les cycles ultérieurs — les *Meules*, les *Cathédrales*, la *Tamise*, etc.), mais de libres pérégrinations autour d'un thème, dont l'unité est davantage assurée par une cohérence stylistique que par une véritable tendance à la répétition. C'est donc avant tout le choix expressif homogène, la tonalité poétique uniforme, qui créent l'effet de série, et ce au-delà du fait que Monet a exécuté de nombreuses répliques, parfois textuelles, de certains motifs ou cadrages, comme *Les Pyramides de Port-Coton* (1886) ou *La Manneporte* (1885 et 1886). Pendant les années quatre-vingts, l'artiste se montre enclin à choisir ses sujets avec un soin maniaque. Loin de se laisser globalement fasciner par tout ce qui lui tombe sous les yeux (ce qu'avaient coutume de faire les réalistes, beaucoup d'impressionnistes et lui-même dans sa jeunesse), il adopte une attitude critique, qui n'a rien de neutre, à l'égard du problème de *ce qu'il faut* peindre. Si sa devise est, par certains côtés, contenue dans cette déclaration rapportée par F. Arcangeli : il faut « peindre comme on peut, tant qu'on peut, sans avoir peur de faire de mauvaise peinture », cela ne vaut, manifestement, que sur le registre du *comment*. Pour ce qui est du *quoi*, Monet devient de plus en plus sélectif à mesure que son expérience augmente, et ne s'occupe plus de tel ou tel paysage qu'en fonction de la valeur qu'il acquiert par rapport à l'ensemble de son œuvre. Le sujet se trouve ainsi inféodé à l'art, à l'objectif pictural que se donne l'artiste. Or cet objectif ne pourra jamais coïncider avec le fait de « bien » rendre (de manière convaincante, persuasive, surprenante ou lyrique) le sujet, car il s'agirait alors d'une tautologie, d'un cercle vicieux. Non, pour Monet, le but artistique est entièrement compris dans la dimension objectale de la toile ; il est le résultat produit par une surface couverte de couleur, l'ensemble des « faits linguistiques » qui s'en dégagent.

Si, pour aboutir à ce résultat, l'existence (préliminaire) d'un sujet réel, d'un panorama, d'un ensemble d'objets en trois dimensions, bref, d'une « vue », est nécessaire, Monet en vient, de manière très cohérente, à juger essentiel l'acte du *choix*. Un motif ne saurait en valoir un autre, puisque c'est du motif que dépend la qualité définitive du travail, l'ensemble des émotions produites. Ainsi, alors même que le tableau commence à se libérer de sa condition de miroir fidèle de la réalité, cette même réalité (qui se trouve « en amont » du tableau) cesse d'être indifférente et interchangeable. Ce paradoxe ne sera dénoué qu'au moment où la peinture aura atteint sa radicale et ultime autonomie, vers 1915, mais quoique pleinement actif à cette date, Monet ne pourra prendre part à ce processus que jusqu'à un certain point : ses attaches vers le XIXe siècle le bloqueront au stade d'une étrange relation entre l'œuvre et son modèle, qui conduit notamment à ce que ce dernier soit carrément « préfabriqué » (cultivé, en l'occurrence... comme on cultive un jardin aquatique) en fonction de l'œuvre à réaliser.

En regardant de près le cycle d'Étretat, on constate que *la Manneporte* de 1885 qui porte le sous-titre *Marée haute* témoigne d'une diminution de l'attention que Monet a jusqu'ici apportée aux effets de réalisme descriptif. Réaliste, la version déjà citée de 1883 (New York, Metropolitan Museum) ne l'était, en toute rigueur, pas davantage, mais deux ans plus tard, l'évolution du style de Monet l'a encore éloigné des règles de la tradition imitative. Ce phénomène devient flagrant dans une autre *Manneporte* (1886) conservée au Metropolitan Museum. La couleur y semble clivée, comme si ses composantes avaient été séparées par électrolyse : des plaquettes irrégulières (blanches, bleues et vertes) se juxtaposent pour former la surface de l'eau, qui se mue toutefois vers l'horizon en une bande compacte et verdâtre. D'autres touches d'épaisseur analogue produisent comme un « peignage » de la paroi rocheuse : terre de Sienne, gris argenté, violet, rouge sombre et brique, puis encore rouge vif (en une vaste tache chaotique) dans la partie supérieure de l'arche. Et il y a cette trouvaille de génie : le reflet des roches sur la mer, en bas au centre, que Monet interprète comme une osmose entre les deux blocs de peinture par laquelle chacun cède à l'autre une partie de ses teintes. Le ciel semble, quant à lui, plus « naturel », mais sa pellicule bleue porte des brûlures roses et orange, de savoureuses inflorescences de lumière vive qui évoquent les nuages et le coucher de soleil dans un langage neuf.

Des enchantements analogues émanaient déjà de certains essais de l'année précédente : du tableau du musée de Williamstown, par exemple, signé et daté de 1885, qui montre *L'Aiguille et la Falaise d'Aval*. Il s'agit d'une vue d'un autre point magique de la côte, que Monet a voulu ciseler contre l'atmosphère limpide d'une heure proche du soir. L'ombre engloutit la moitié de l'îlot rocheux, d'où irradient des lueurs bleu tendre et rougeâtres d'une éblouissante beauté. On a la sensation d'un curieux mélange d'invention chromatique et de vérité optique, presque photographique... Un principe de réalisme, en somme, qui semble encore plus évident lorsqu'on compare cette œuvre avec celle de 1886 intitulée *L'Aiguille à travers la porte d'Aval*. Le contraste est violent, car il fait intervenir deux registres bien séparés. On constate tout d'abord un *renversement du paysage*, une inversion iconographique : dans le tableau de 1885, l'aiguille se dresse à gauche de la falaise et de son arc rocheux, dit « porte d'Aval », qu'on entrevoit seulement ; dans l'œuvre de 1886, en revanche, la falaise est à gauche et l'aiguille est vue à travers la « porte », qui forme autour d'elle, par une illusion de perspective, une sorte d'écrin, de mandorle, où elle s'emboîte parfaitement. (Signalons au passage que l'artiste semble avoir cherché là, et/ou découvert, une relation d'appartenance réciproque, analogue à un mécanisme générateur, entre le « vide » de l'arche et le « plein » du rocher, rapport du même ordre que celui qui existe, par exemple, entre la grande saillie orientale du Brésil et le golfe occidental de l'Afrique.) On observe par ailleurs, dans un deuxième temps, un *renversement stylistique et expressif*, qui oppose à la vision immobile de 1885 (solennelle, cristalline, sereine) le frémissement surréel et convulsif de la toile de 1886, d'une instabilité pathologique, d'une précarité visuelle effrayante. On croirait assister au surgissement de terres de l'océan ou à l'instant qui précède, dans de jaunes réverbérations de soufre, une éruption volcanique, juste avant que ne sombrent, d'un coup et pour toujours, l'aiguille, la falaise et même la ville d'Étretat.

La forme « réthorique » de ces tableaux, à cheval entre *narration* et *peinture pure*, met à profit les nouvelles capacités techniques que Monet vient d'acquérir et qu'il continuera à perfectionner, avec de légers ajustements, jusqu'aux sommets de la décennie suivante. On ne saurait du reste comprendre la poésie et la puissance expressive qui imprègnent tout ce cycle côtier sans une juste évaluation de ces progrès linguistiques. À propos de *Rochers à Belle-Île*, Francesco Arcangeli analyse ces innovations formelles comme les conséquences d'un changement de psychologie de l'image, lié au dépassement de l'impressionnisme : « Cette perception, cette impression est devenue une chose sur laquelle le peintre médite profondément (...) l'expression d'un état puissamment dramatique » et le « concept d'impression, de sensation, s'approfondit en lui, finissant par embrasser quelque chose d'universel. »

Sur la portée « universelle » des paysages de falaises et de rochers aux parois inaccessibles, contre lesquels les vagues se jettent avec la force d'un cataclysme et se brisent en une pluie de reflets opaques, d'éclats chromatiques et de lames effilées, on ne peut que tomber d'accord : ne serait-ce que parce qu'ils représentent les « corrélats objectifs » de déchirements spirituels qui ne pourraient s'exprimer autrement. *Tempête, côtes de Belle-Île* (1886, musée d'Orsay) est une œuvre d'une intensité dramatique rare, jouant sur une transfiguration onirique de la mer en un liquide laiteux, brun et rosé, qui s'harmonise parfaitement avec la couleur des écueils. C'est en se référant à de telles visions, mais aussi à un tableau de 1887 ou 1890, *En canot sur l'Epte*, que Michel Butor peut souligner « le surgissement de gouttes, d'écumes, de vapeurs, tous phénomènes qui s'accompagnent par des odeurs et par des bruits dont les souvenirs nous reviendront dans la mesure justement où le peintre aura réussi à conserver à ces surfaces épaisses leur dynamisme ».

En canot sur l'Epte, portrait de deux jeunes filles se livrant aux joies du canotage, propose un cadrage époustouflant : l'embarcation est, en effet, en train de sortir de l'espace virtuel de l'œuvre, à droite, et la toile n'est — en ce sens — qu'une petite portion de rivière (d'algues, d'eau, de feuilles), un « tout » vert sombre, fluide crinière de touches ondoyantes sans début ni fin, sans fond ni surface, masse continue dont se détachent uniquement le rose des vêtements et l'ocre de la coque. Peut-être s'agit-il de la prophétie la plus claire de cet *espace sans dimensions* où fleuriront les *Nymphéas*. Monet écrit d'ailleurs : « J'ai repris encore des choses impossibles à faire : de l'eau avec de l'herbe qui ondule dans le fond » (cité in ROSSI BORTOLATTO), lamentation touchante, qui illustre bien l'inconfort de la position, utopiste par définition, où mène une authentique vocation de poète. D'autres travaux de cette période — *En norvégienne, Antibes vue de la Salis, La Méditerranée, Juan-les-Pins* — peut-être moins « impossibles », apparaissent néanmoins déjà passablement délicats. On sent en eux l'exigence de se mesurer avec l'irreprésentabilité de ces émotions instantanées qui — dira Proust — sont terribles à décrire mais psychologiquement « absolues ».

Dans les paysages peints en 1888 sur la côte d'Azur, on peut en outre observer les développements de ce style tributaire de divisionnisme auquel Monet a souvent eu recours avec d'excellents résultats. La magnifique vue de *Juan-les-Pins*, notamment, avec son cachet indubitablement fauve, me semble tout à fait capable de rivaliser avec certaines inventions ultérieures (de 1900 à 1907) de Bonnard, Derain, Vlaminck ou Braque.

Pourtant, même cette période si riche en nouveautés, en découvertes géniales, nous réserve quelques chutes de tension. Perceptibles, par exemple, dans les deux célèbres tableaux du musée d'Orsay intitulés *Essai de figure en plein air*, qui reprennent un motif vieux de dix ans (*La Promenade. La Femme à l'ombrelle*) en le réélaborant avec une fidélité excessive. On dirait que Monet éprouve, de temps à autre, le besoin de revenir en arrière, de répéter — dans la limite du possible — les expériences de sa jeunesse. Par contre, la série consacrée à la *Creuse* et la *Petite Creuse*, qui se rejoignent dans les montagnes de Fresselines où Monet se rend, en 1889, sur l'invitation de Maurice Rollinat, s'inscrit parfaitement dans la ligne de la modernité de l'artiste. Ces images frappent par la dureté de leur composition, qui repose sur quelques blocs de matière aux tons tantôt sombres, tantôt presque trop brillants. On est également surpris par l'écart d'une version à l'autre, par cette succession de virages de couleur jusqu'aux hallucinations de la *Creuse, soleil couchant* du musée de Colmar. Voyez, alors, dans ce rose et cet orange si « pop » — qui forment respectivement la rivière et le ciel — ce que Monet est capable de faire de la nature, sans tomber pour autant dans le trivial ou le gratuit.

Dans la longue séquelle des *Meules* (1889-1891), on retrouve cette même capacité de traitement des variations de la couleur en fonction de la lumière (qui ne constitue toutefois, elle aussi, qu'un prétexte à l'explosion des rouges, des violets, des roses...). À ceci près qu'ici, Monet utilise pour la première fois de façon systématique la notation temporelle : son langage commence à tenir compte des conditions météorologiques et de l'heure solaire, non plus en tant que simples caractéristiques accidentelles du modèle, fussent-elles déterminantes, mais en tant que pivots de l'œuvre, se suffisant à elles-mêmes. Autrement dit, le vrai sujet n'est pas la meule — avec le champ qui l'entoure et la colline qui lui sert de fond — mais *l'heure et la saison* où elle a été peinte. Rien d'étonnant, dès lors, à ce que Monet relève scrupuleusement ces données chronométéorologiques et les intègre aux titres de ses tableaux.

La notion de série retrouve ainsi son sens plein, qui la distingue de la simple répétition d'un sujet aimé. La série vient implicitement remplacer la singularité du rectangle visuel par un principe nouveau, celui de l'« œuvre globale », étalée, tel un polyptyque, sur une *pluralité de représentations*. Les toiles montrant ces tas de paille appellent en effet une jouissance multiple : il faudrait les regarder toutes ensemble, en un acte de perception simultanée, pour saisir leur qualité dominante (qui en fait de très grands chefs-d'œuvres de l'art moderne) : l'élément « différentiel » sur lequel repose leur signification. Car c'est bien une « différence » que Monet veut nous faire appréhender et, derrière l'*espace ouvert* de la différence, le potentiel expressif illimité de la couleur. Ce n'est pas un hasard si l'attention que portera Kandinsky à l'une des *Meules* (celle qui était en 1895 dans la collection Mosorov de Moscou et se trouve aujourd'hui au musée Pouchkine) sera pour lui décisive : il « comprit que les possibilités de la couleur sont relativement immenses, ce qui lui servit de point de départ pour cette libération de sa sensibilité qui le conduisit ensuite à devenir le père de l'art abstrait » (ARCANGELI).

Par rapport à la série des *Meules*, celle des *Peupliers*, achevée en 1891, témoigne d'une tendance plus marquée à la construction « architecturale », caractéristique qui la rapproche considérablement de l'esthétique de Mondrian. On y trouve, comme chez ce dernier, une superbe désinvolture dans l'interprétation — et donc la mise en valeur — du sujet, au-delà de ce qu'il *est* dans le monde réel. On est ainsi stupéfait par les multiples perspectives (convergentes, divergentes, spéculaires, parallèles, croisées) à partir desquelles les rangées de peupliers se trouvent « ordonnées », comme s'il s'agissait de modèles que l'artiste fait poser. Et l'on s'émerveille aussi de l'importance que prennent, dans ces séquences rituelles, les masses de feuillage, « croisées » à leur tour avec un système de variations lumineuses qui semblent vouloir donner lieu à une prolifération mécanique et potentiellement infinie d'éventualités créatrices, une sorte d'*ars combinatoria* rudimentaire, mais absolument nouvelle en peinture.

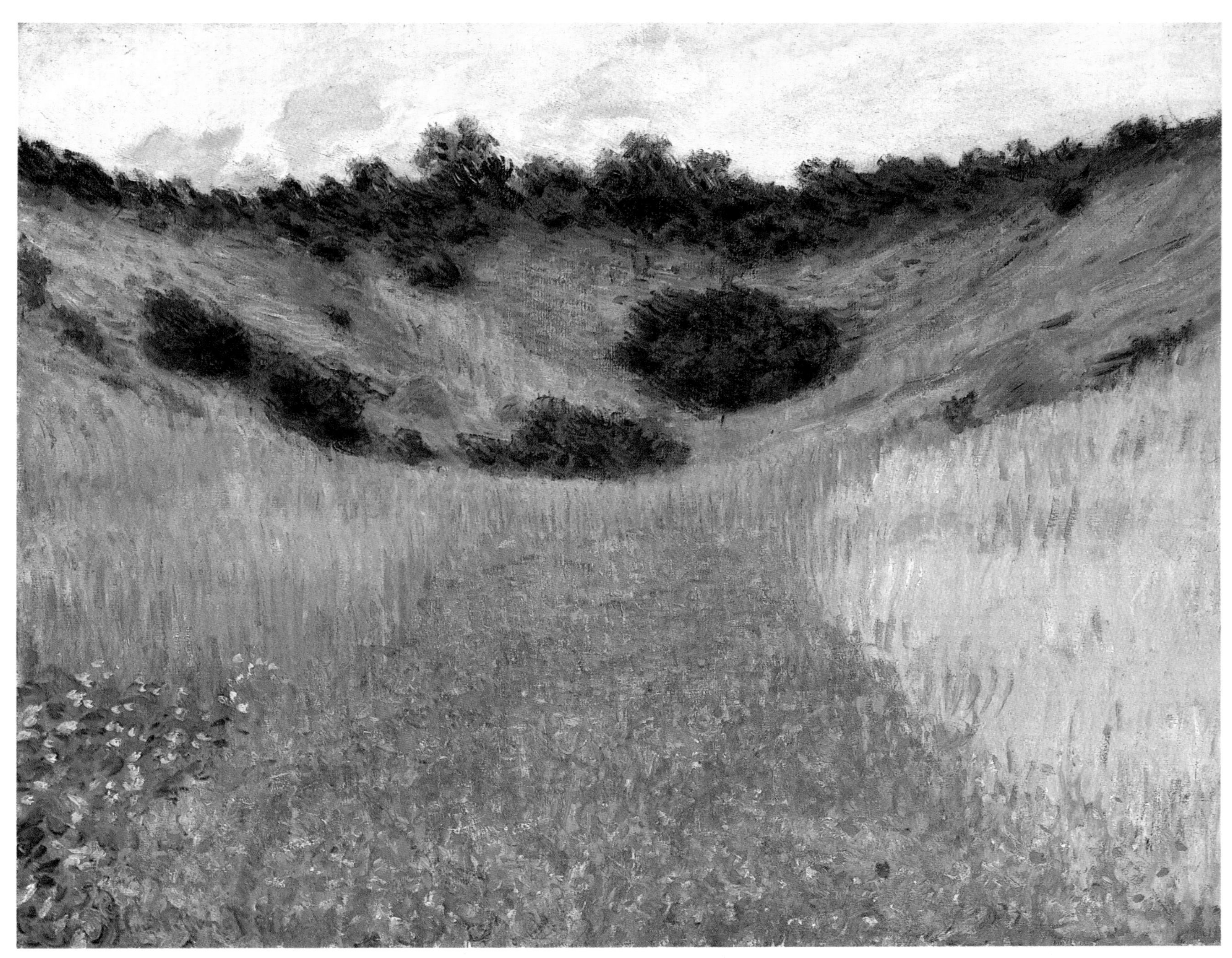

◆ Champ de coquelicots, environs de Giverny, *juin 1885 ; huile sur toile ; 67 x 83 cm ; signé et daté ; Museum of Fine Arts, Boston.*

◆ La Manneporte, marée haute *(page ci-contre en haut), Étretat, décembre 1885 ; huile sur toile ; 65 x 81 cm ; signé et daté ; collection particulière.*

◆ Bateaux sur la plage à Étretat *(page ci-contre en bas), Étretat, décembre 1885 ; huile sur toile ; 65 x 81 cm ; signé ; Art Institute, Chicago.*

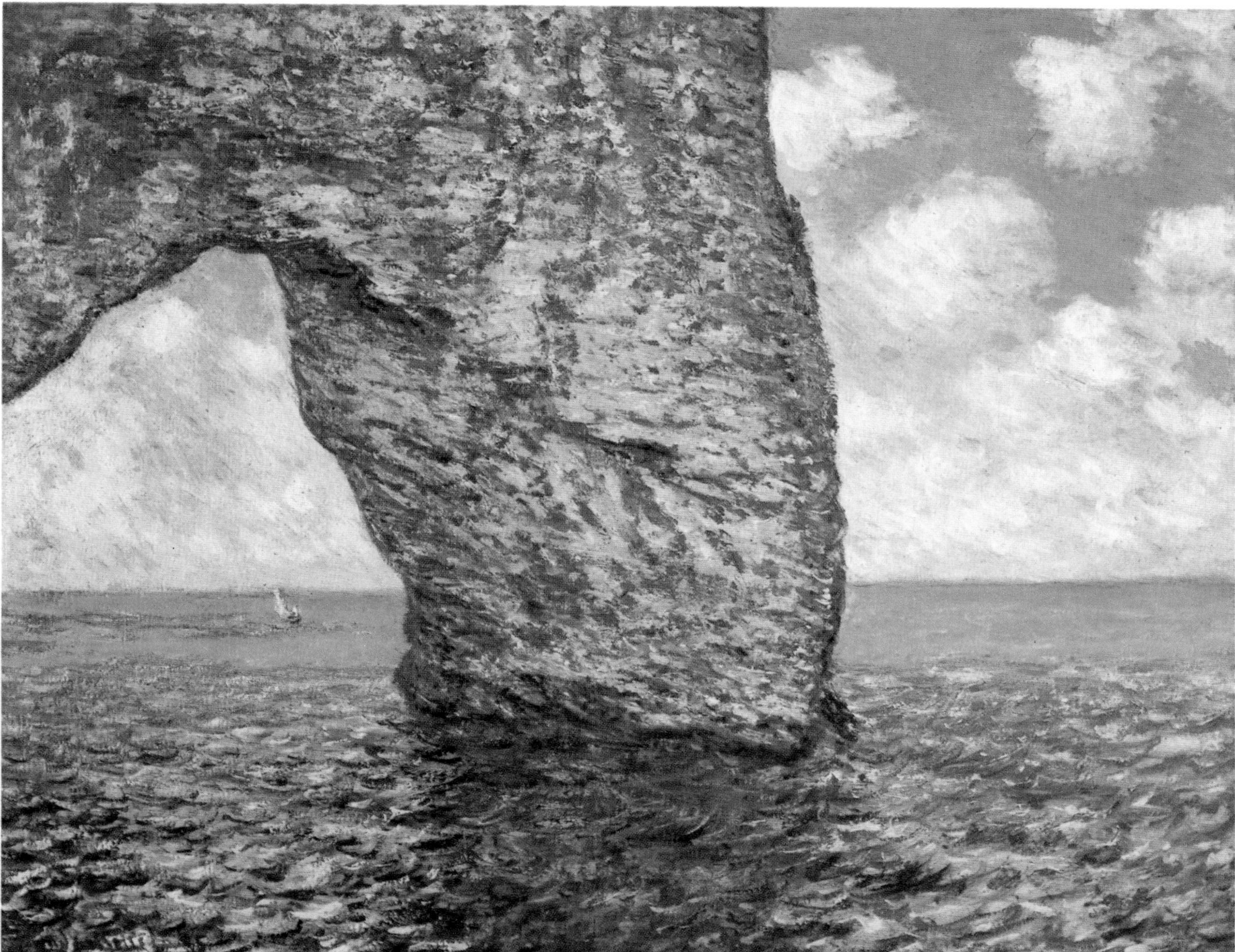

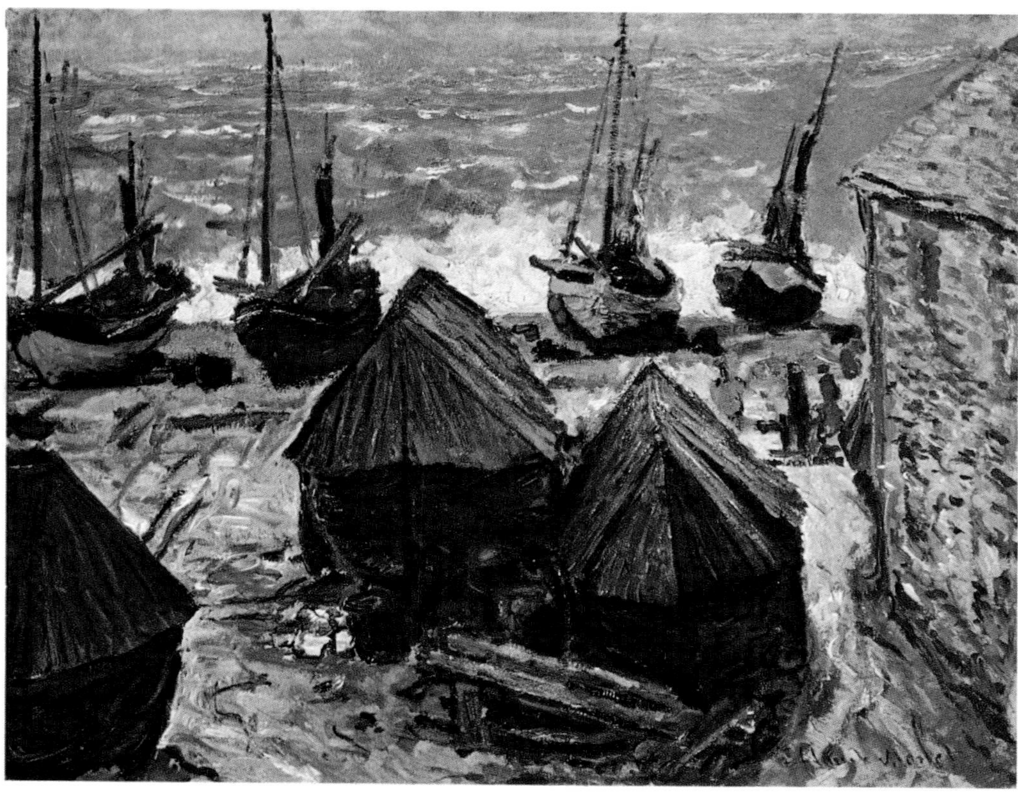

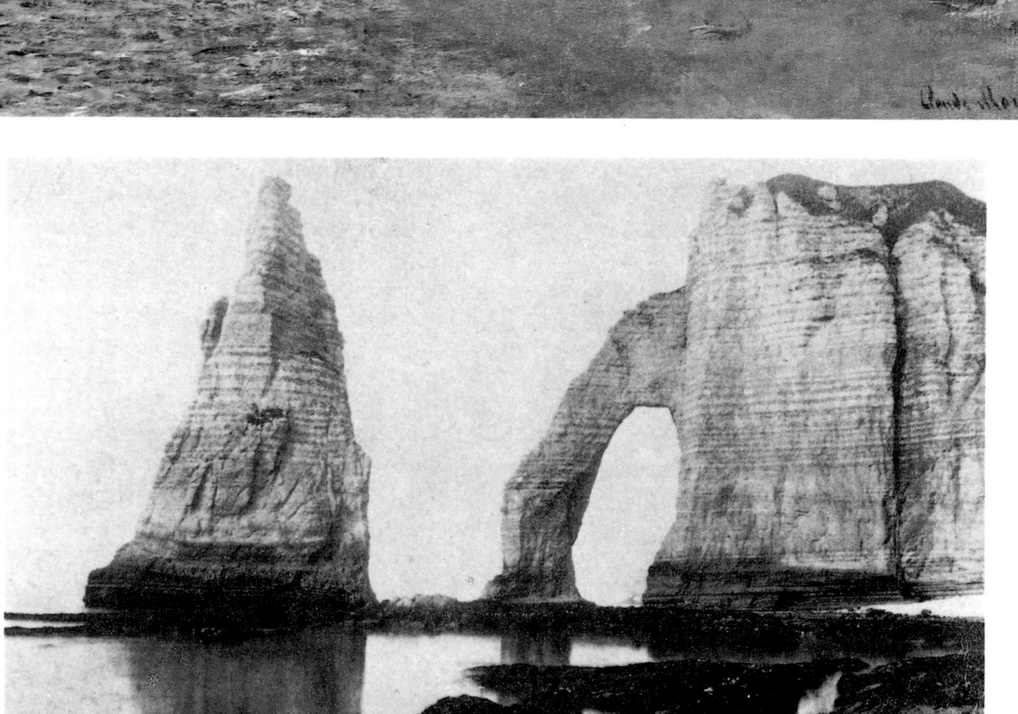

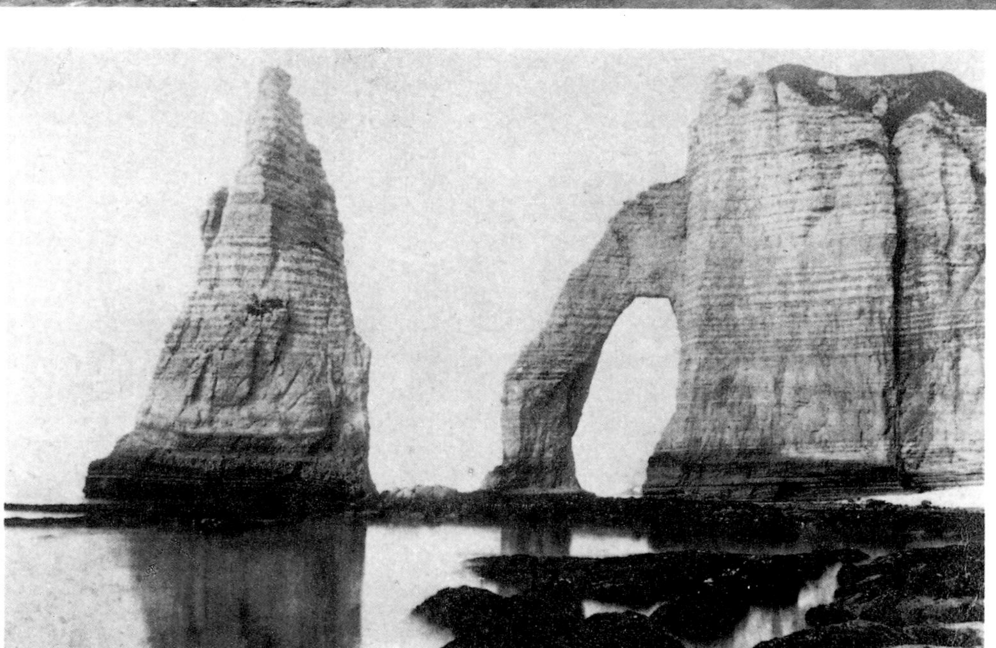

◆ L'Aiguille et la Falaise d'Aval *(en haut), environs d'Étretat, décembre 1885 ; huile sur toile ; 65 x 81 cm ; signé et daté ; Sterling and Francine Clark Art Institute, Williamstown, Massachusetts. Photo d'époque de l'endroit (en bas), v. 1900, prise du même point de vue.*

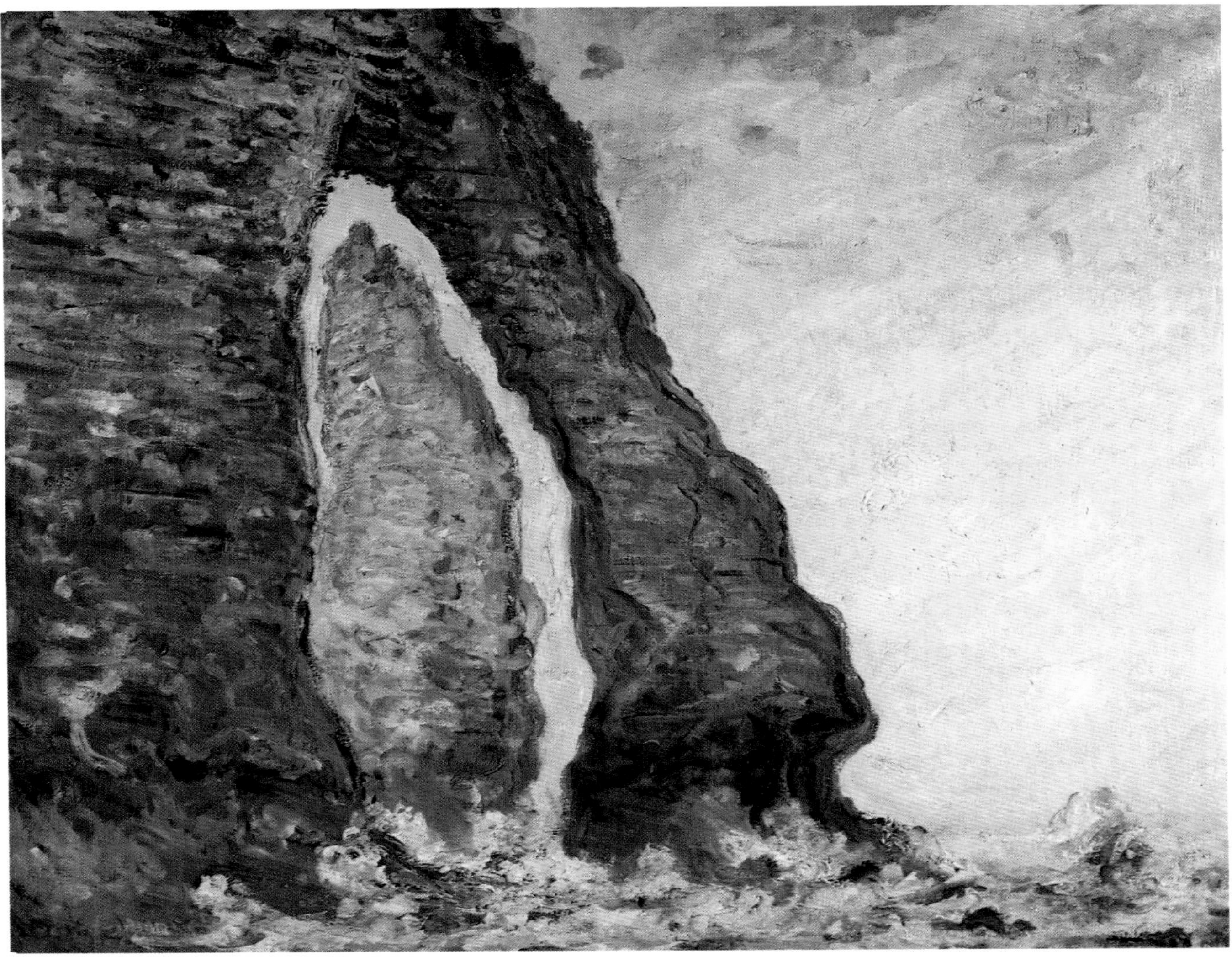

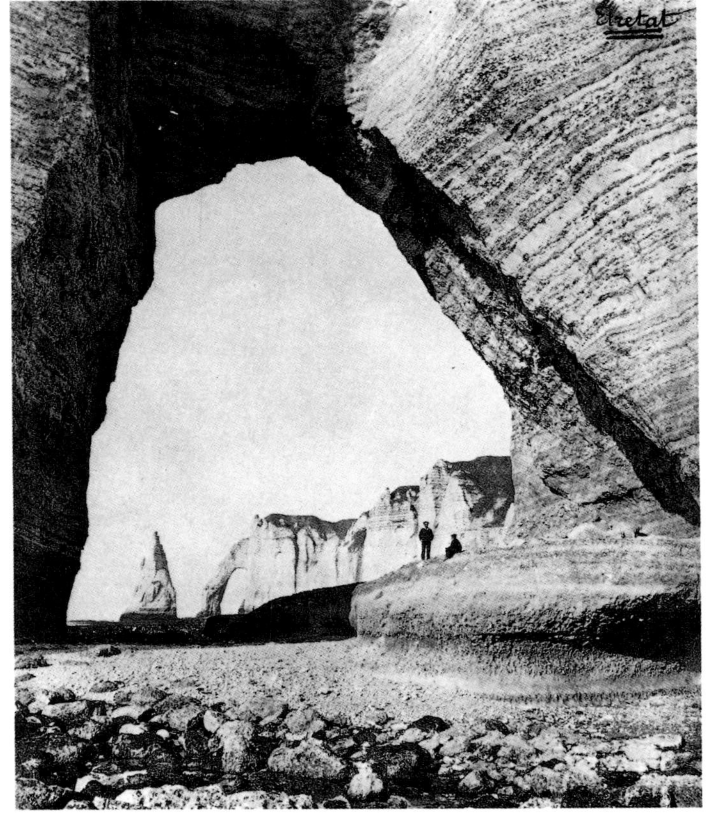

◆ L'Aiguille à travers la porte d'Aval *(en haut)*, environs *d'Étretat, février 1886 ; huile sur toile ; 73 x 92 cm ; signé ; collection particulière. Une vieille photo de 1900 environ (en bas) montre la « porte d'Aval » et « l'aiguille d'Étretat » encadrées par l'arc de la « Manneporte », qui se trouve quelques kilomètres plus loin.*

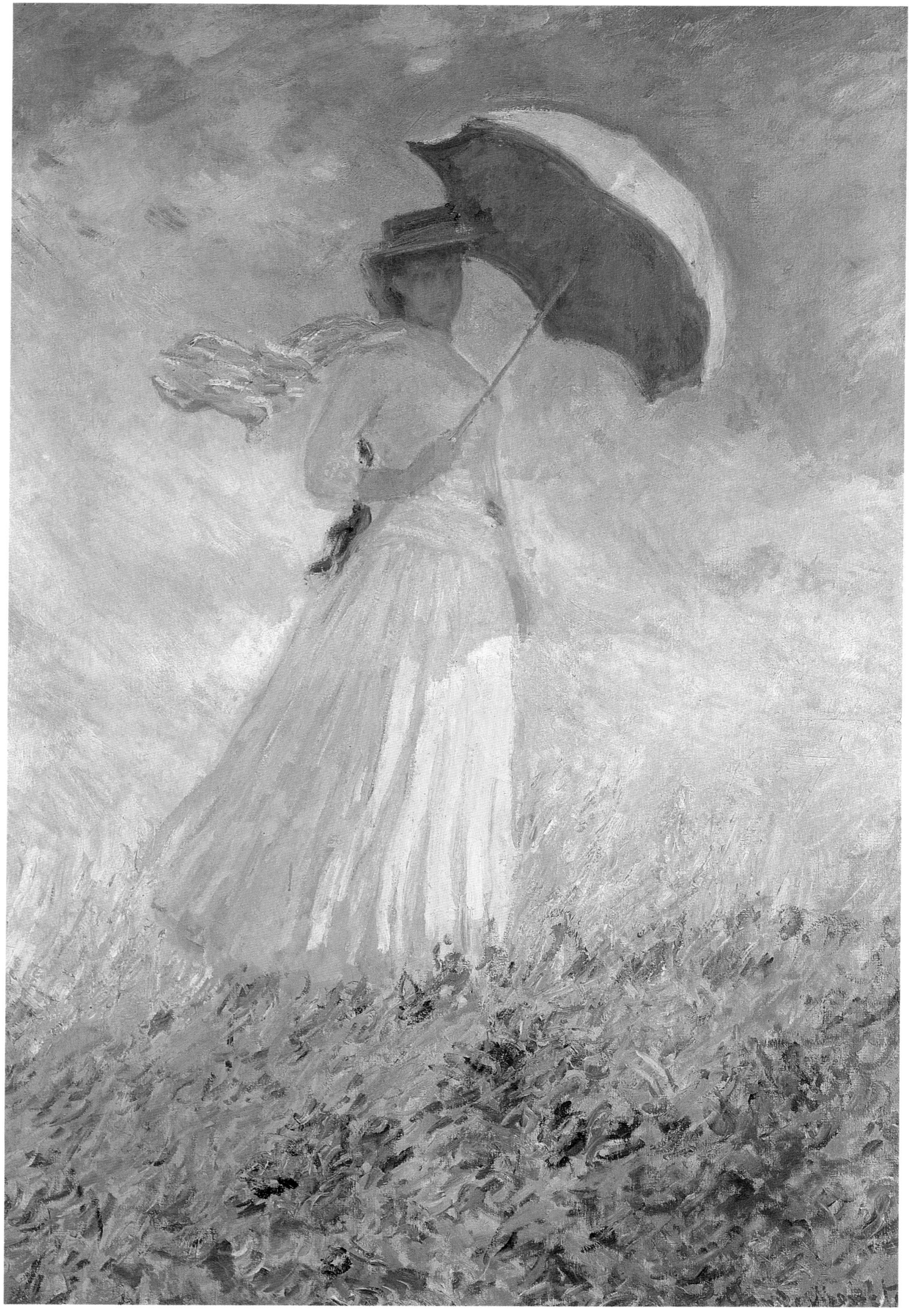

◆ Essai de figure en plein air (vers la droite) *; environs d'Étretat, février 1886 ; huile sur toile ; 131 x 88 cm ; signé et daté ; musée d'Orsay, Paris.*

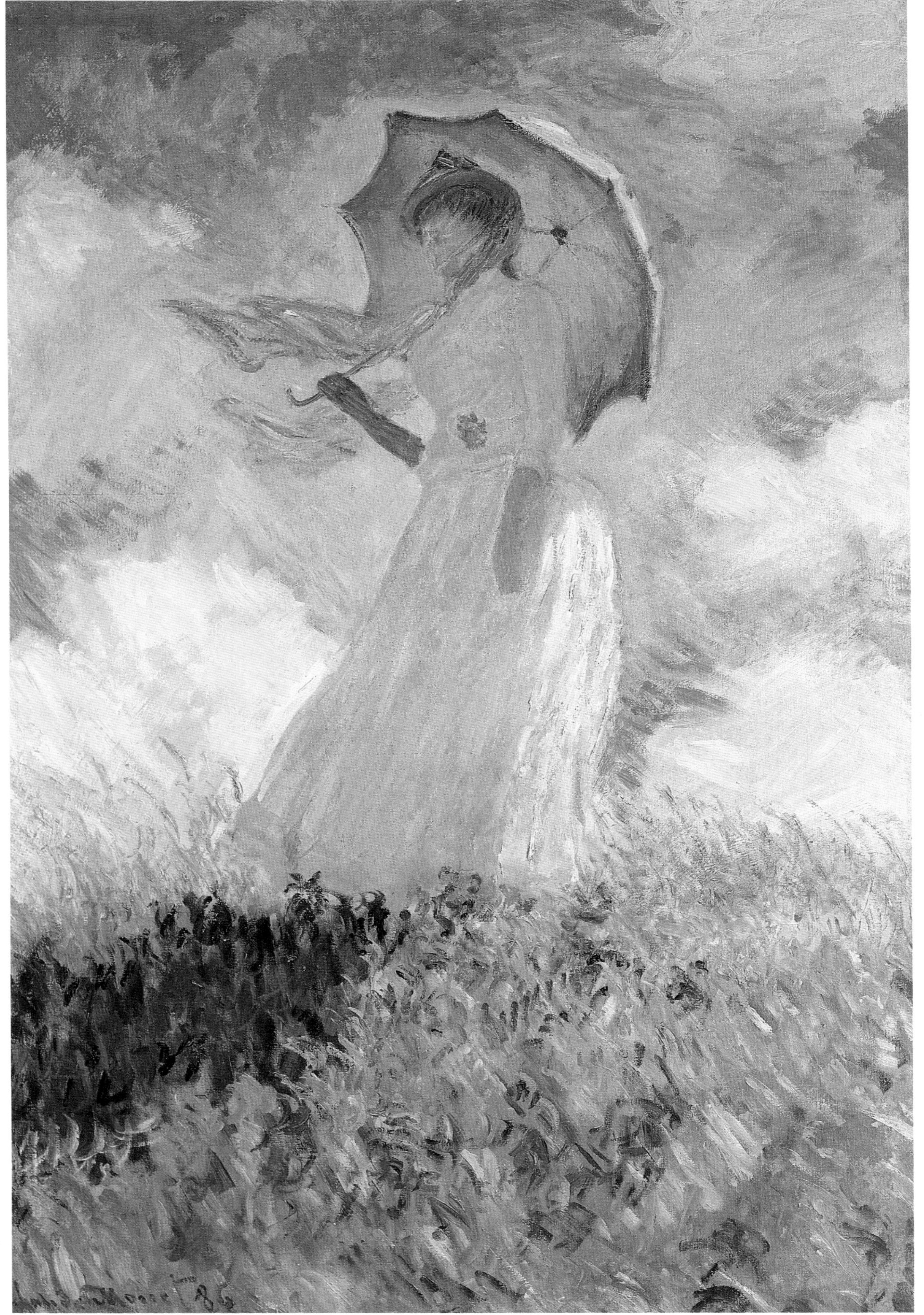

◆ Essai de figure en plein air (vers la gauche) *; environs d'Étretat, février 1886 ; huile sur toile ; 131 x 88 cm ; signé et daté ; musée d'Orsay, Paris.*

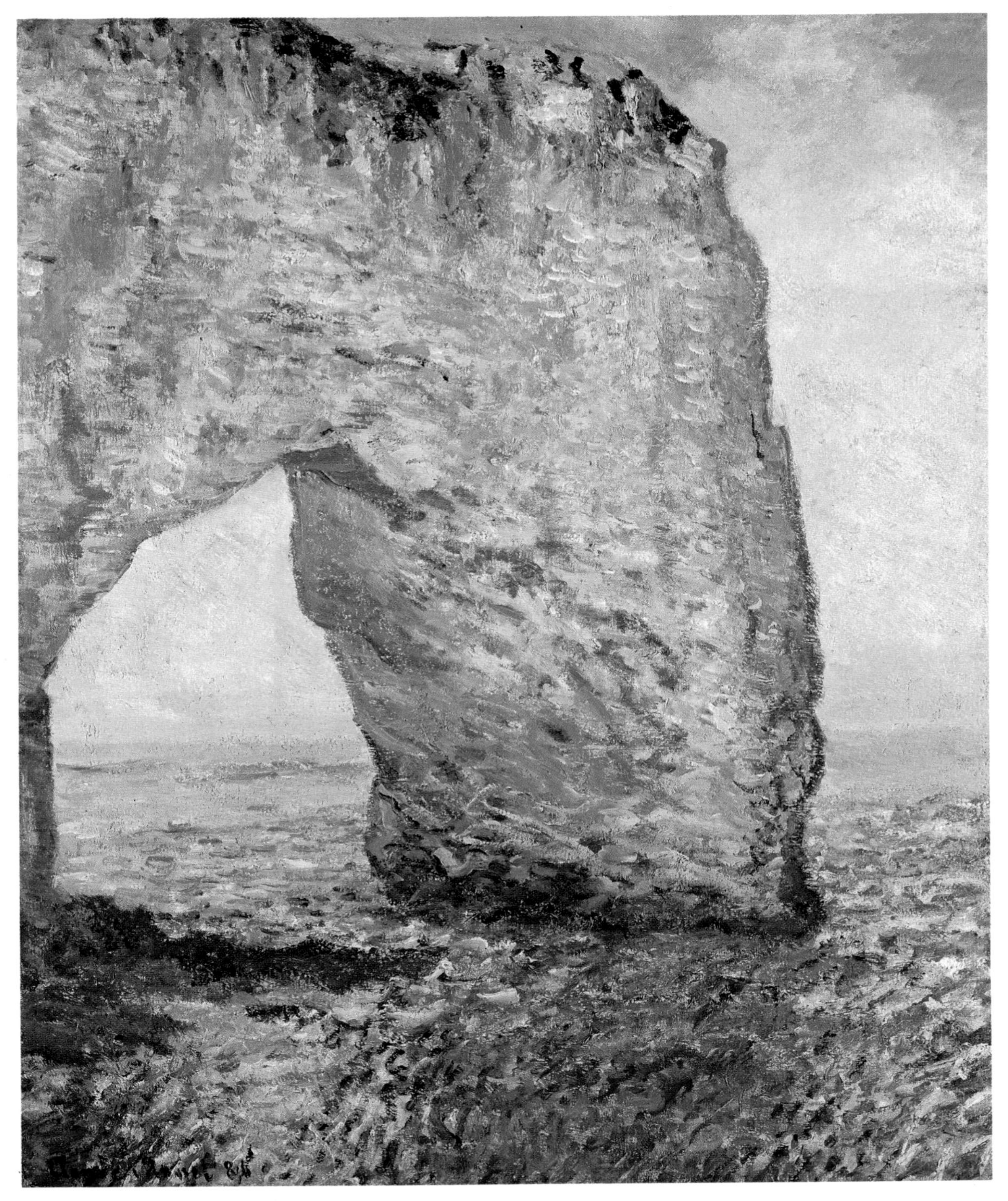

◆ La Manneporte près d'Étretat, *Étretat, février 1886 ; huile sur toile ; 81 × 65 cm ; signé et daté ; Metropolitan Museum of Art, New York.*

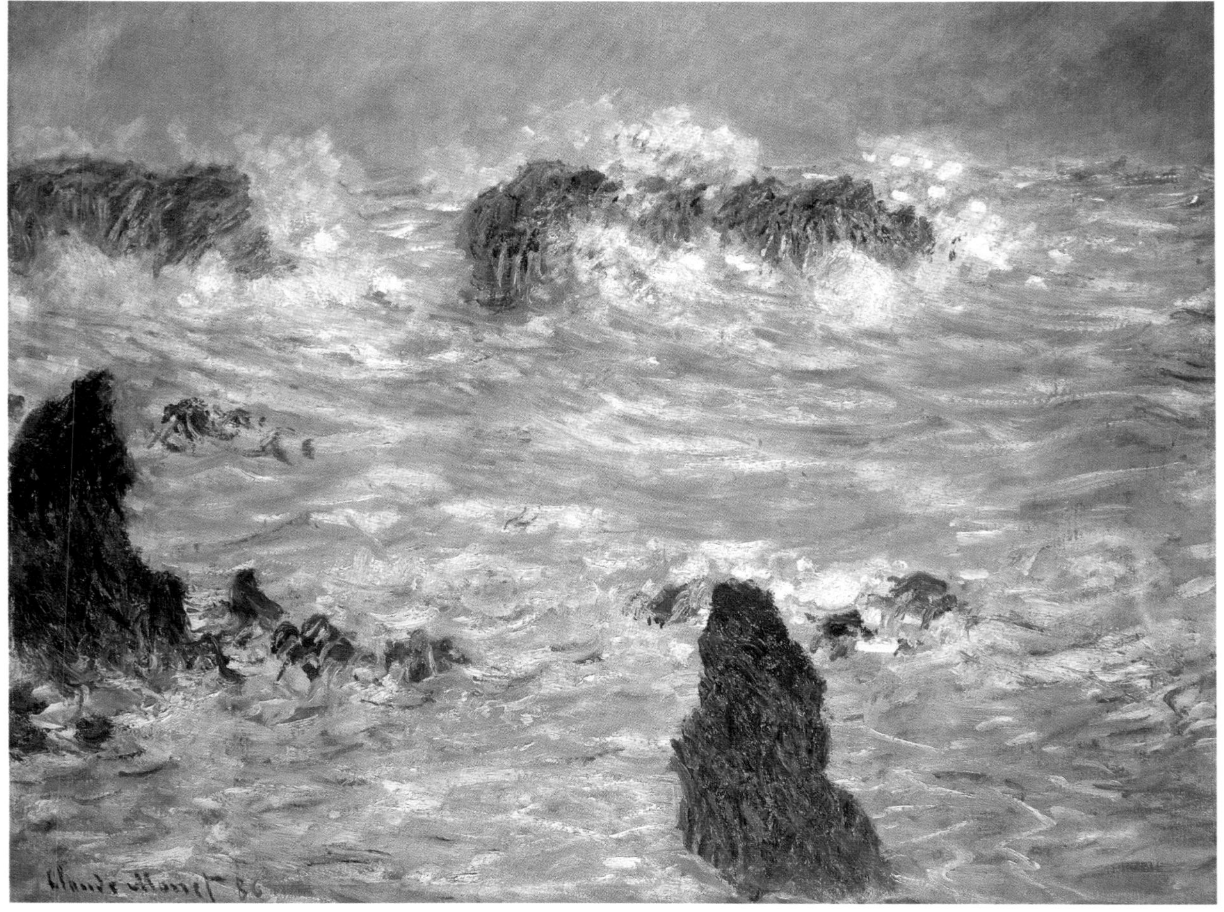

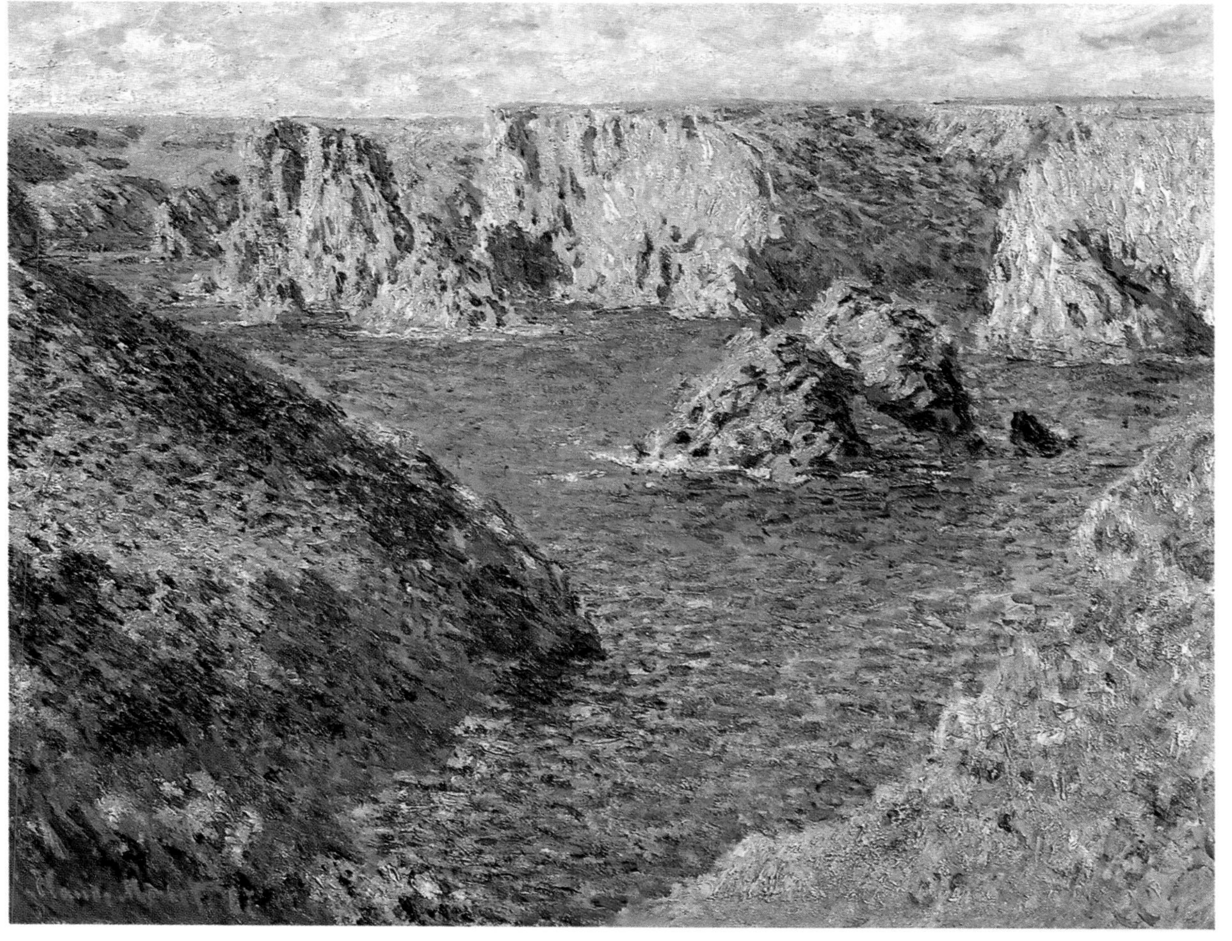

◆ Tempête, côtes de Belle-Île *(en haut)*, *côte sauvage, septembre 1886 ; huile sur toile ; 65 × 81 cm ; signé et daté ; musée d'Orsay, Paris.*

◆ Port Domois *(en bas), côte sauvage, septembre 1886 ; huile sur toile ; 65 × 81 cm ; signé et daté (1887) ; musée de Saint-Denis, Reims.*

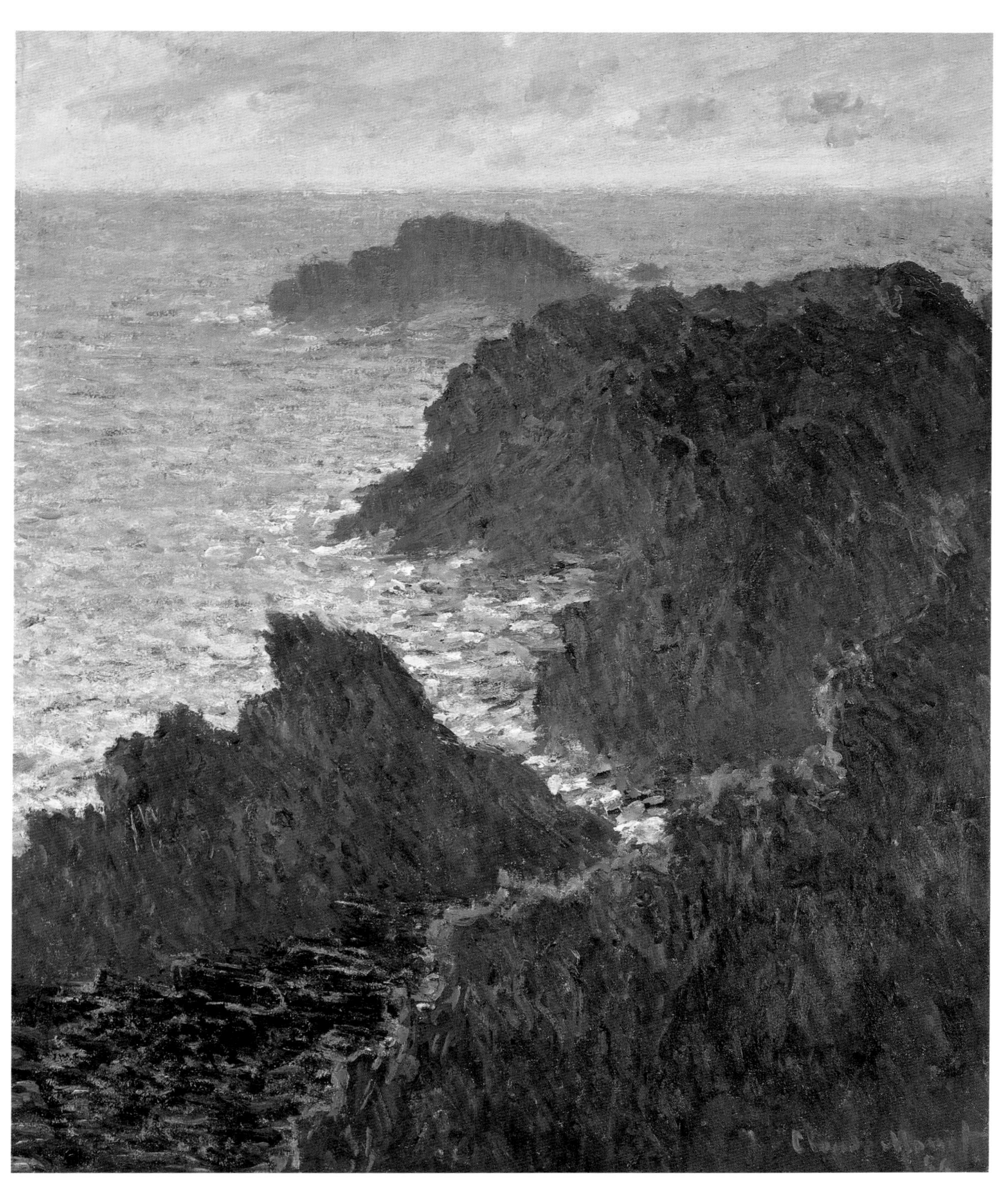

◆ Rochers à Belle-Île, Port Domois, *côte sauvage, septembre 1886 ; huile sur toile ; 81 x 65 cm ; signé et daté ; musée d'Orsay, Paris.*

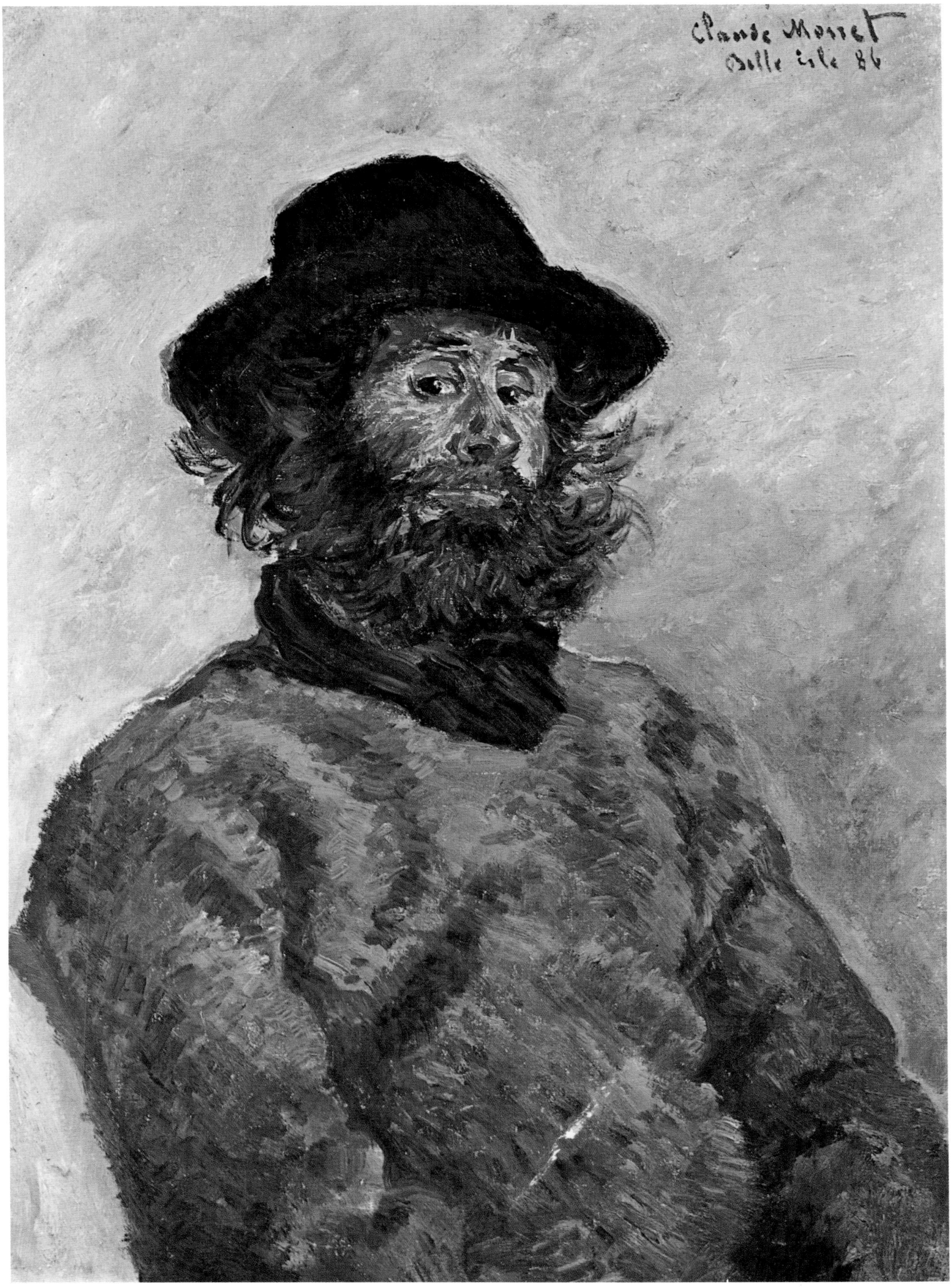

◆ Portrait de Poly, *côte sauvage, septembre 1886 ; huile sur toile ; 74 x 53 cm ; signé et daté ; musée Marmottan, Paris.*

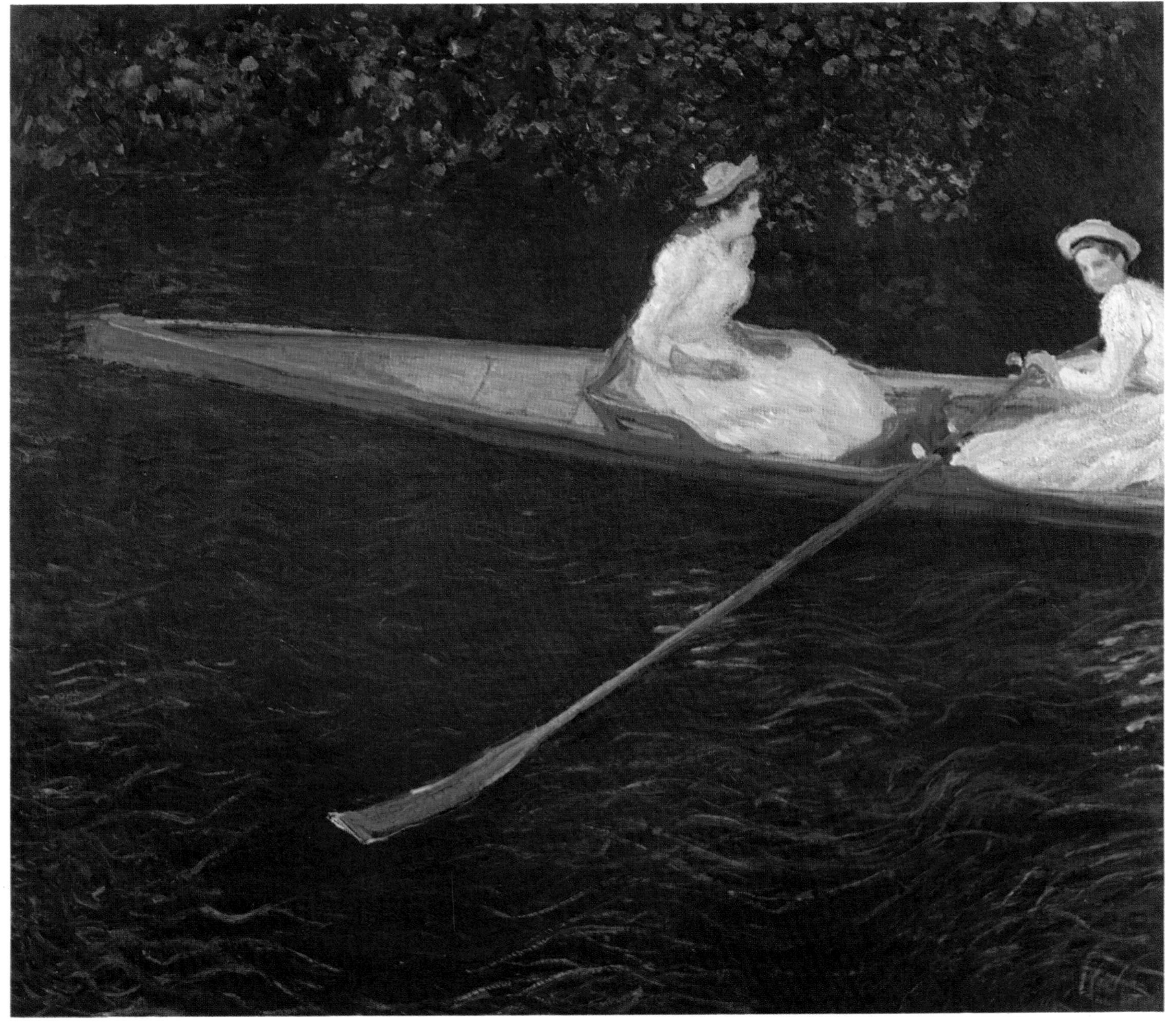

◆ En canot sur l'Epte, *environs de Giverny, été 1887 ; huile sur toile ; 133 × 145 cm ; Museu de Arte, Sao Paulo. Aussi attribué à 1890.*

◆ En norvégienne, *(page ci-contre en haut), environs de Giverny, été 1887 ; huile sur toile ; 98 × 131 cm, signé ; musée d'Orsay, Paris.*

◆ La Barque bleue *(page ci-contre en bas), environs de Giverny, été 1887 ; huile sur toile ; 109 × 129 cm ; collection Thyssen-Bornemisza, Lugano.*

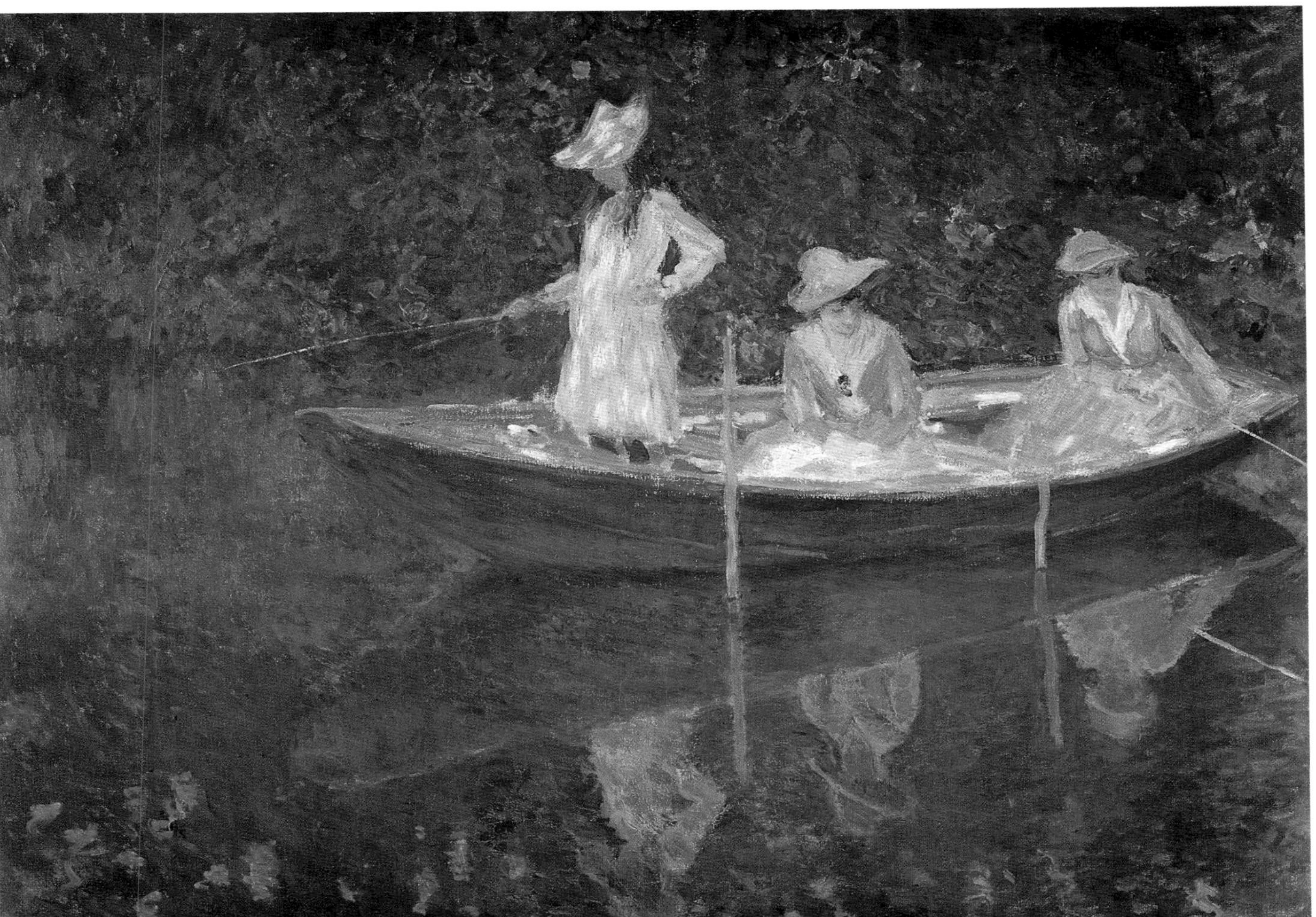

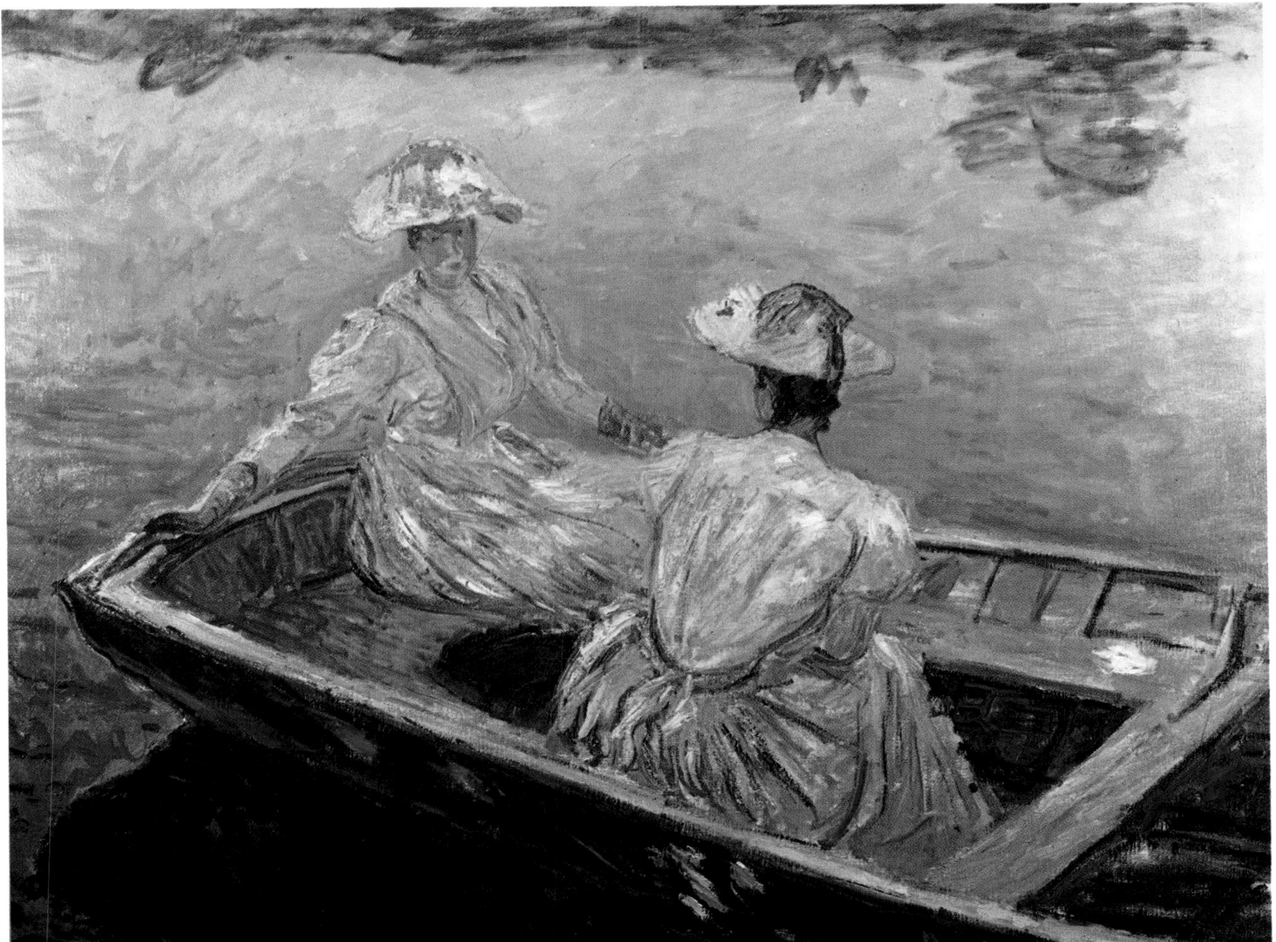

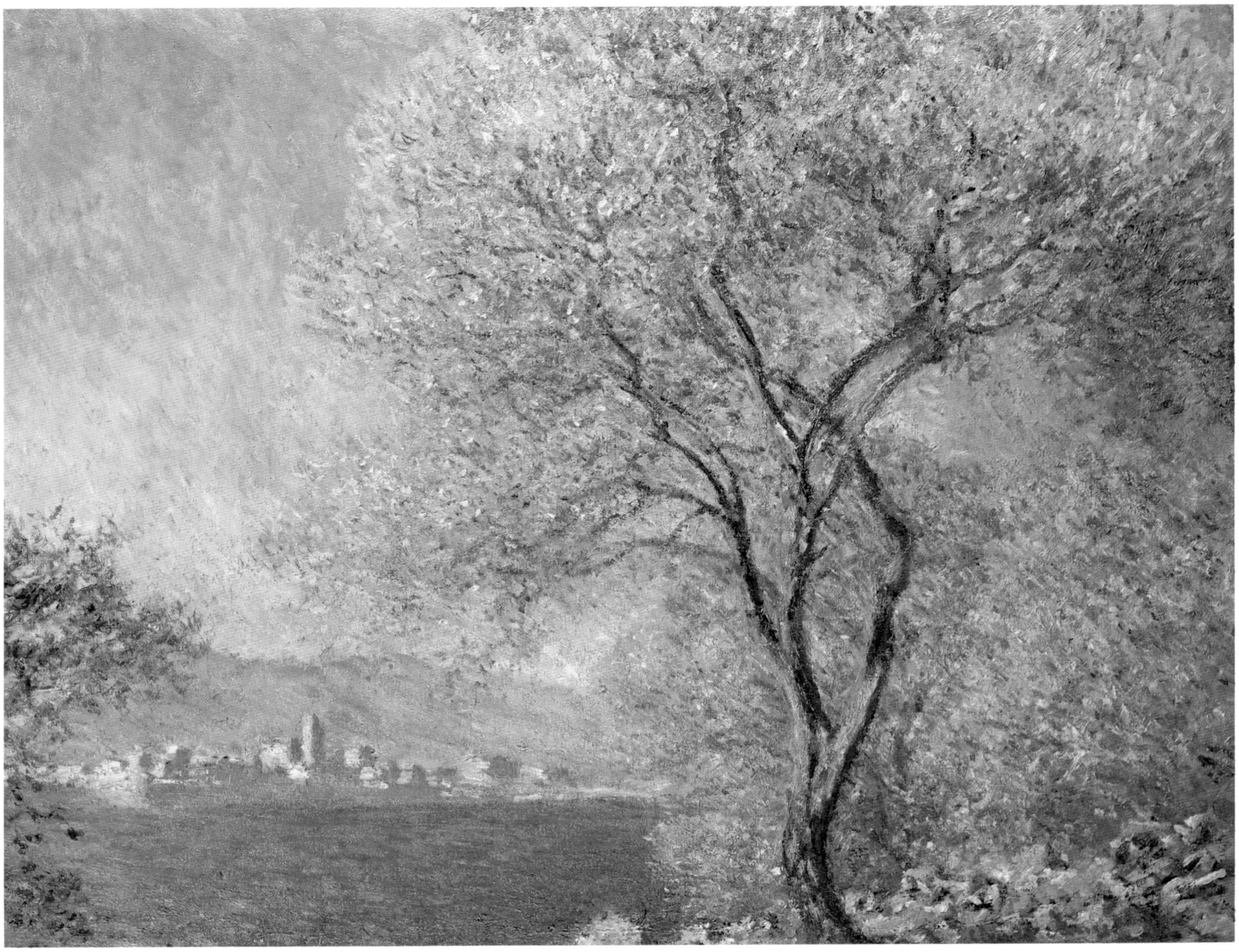

◆ Antibes vue de la Salis, *Antibes, janvier-avril 1888 ; huile sur toile ; 65 × 92 cm ; signé et daté ; Museum of Art, Toledo, Ohio.*

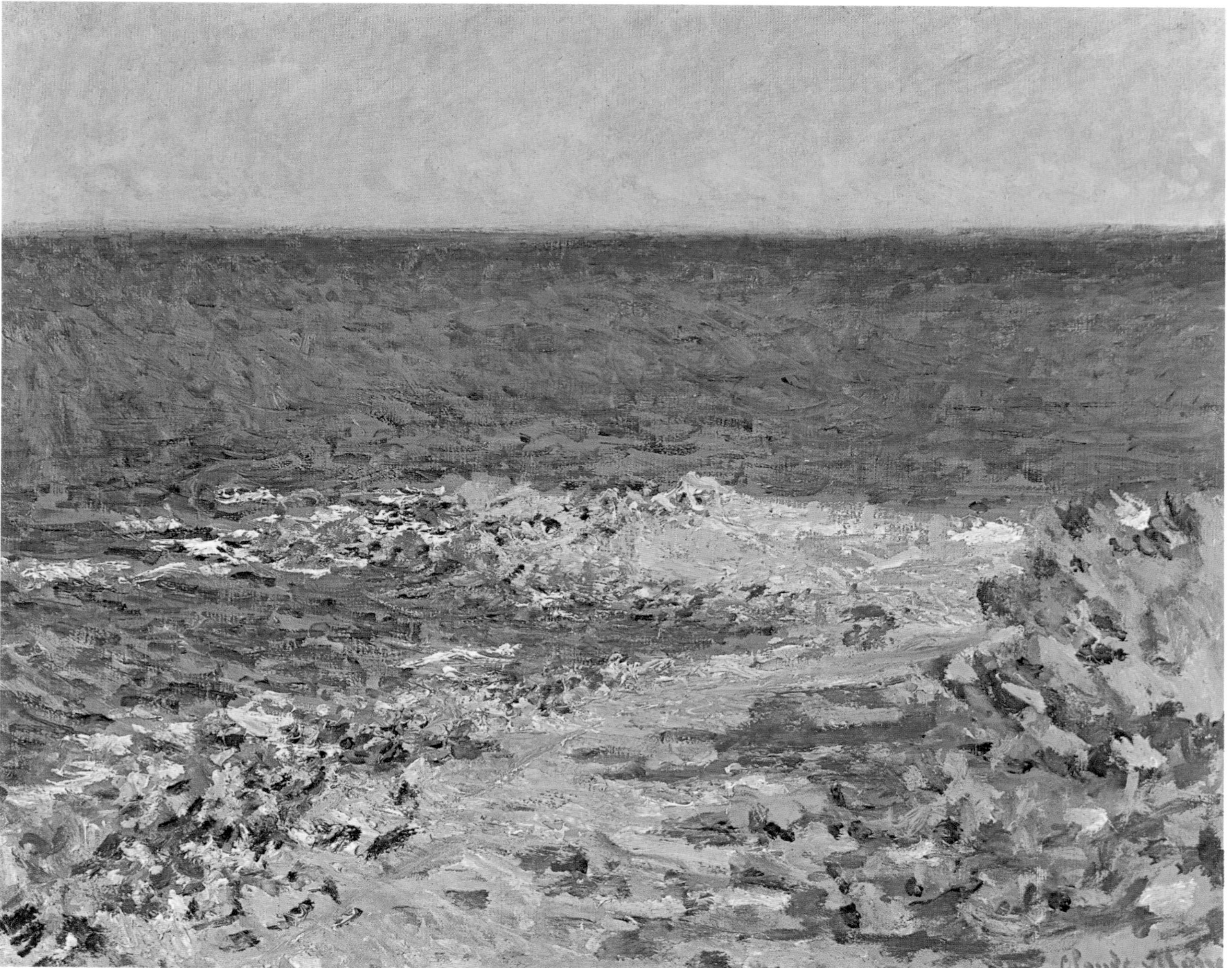

◆ La Méditerranée, *environs d'Antibes, janvier-avril 1888 ; huile sur toile ; 60 × 70 cm ; signé ; collection particulière .*

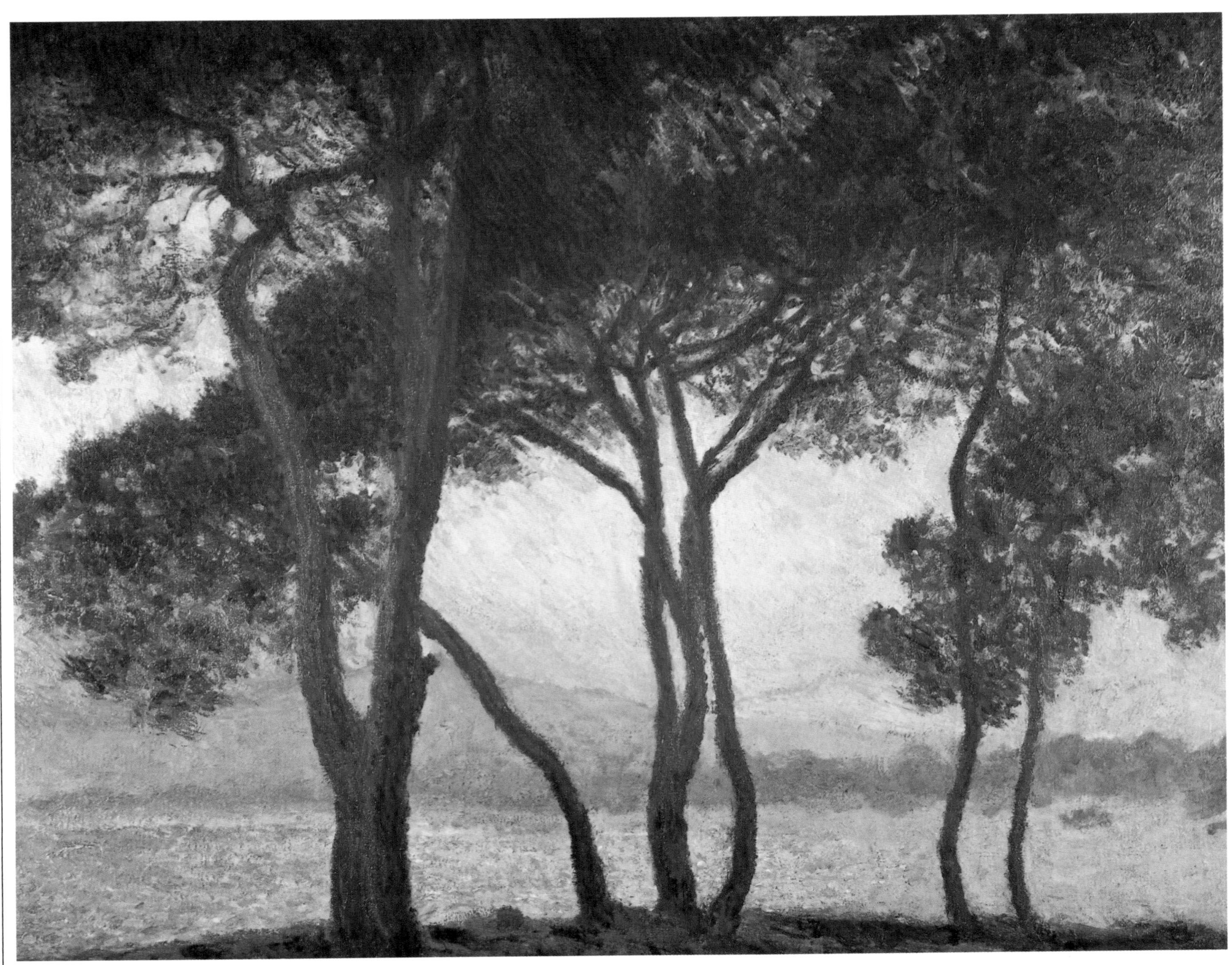

◆ Juan-les-Pins, *environs d'Antibes, janvier-avril 1888 ; huile sur toile ; 73 x 92 cm ; collection particulière.*

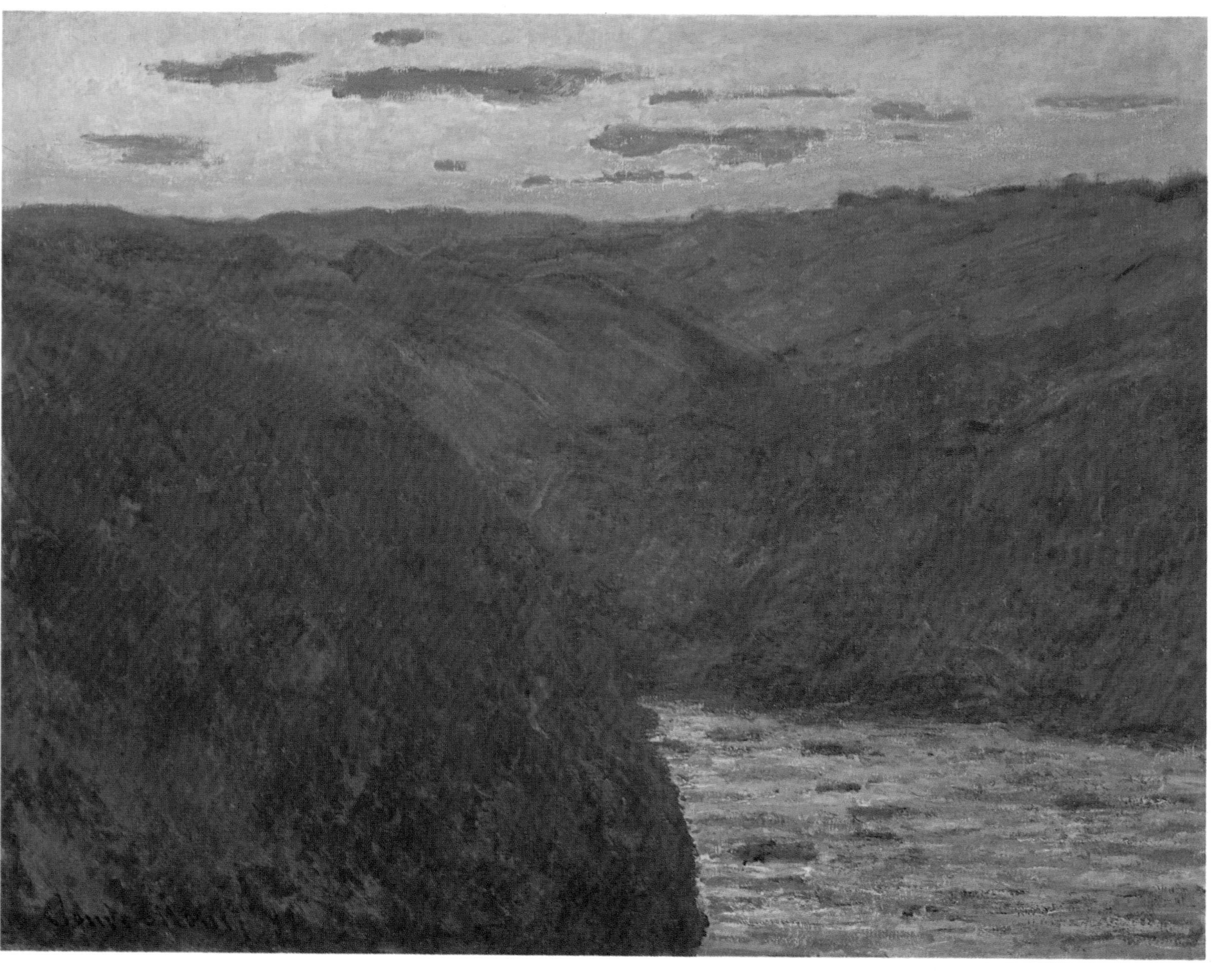

◆ La Vallée de la Creuse, effet d'après-midi, *Fresselines, mars-avril 1889 ; huile sur toile ; 73 x 93 cm ; signé et daté ; collection particulière.*

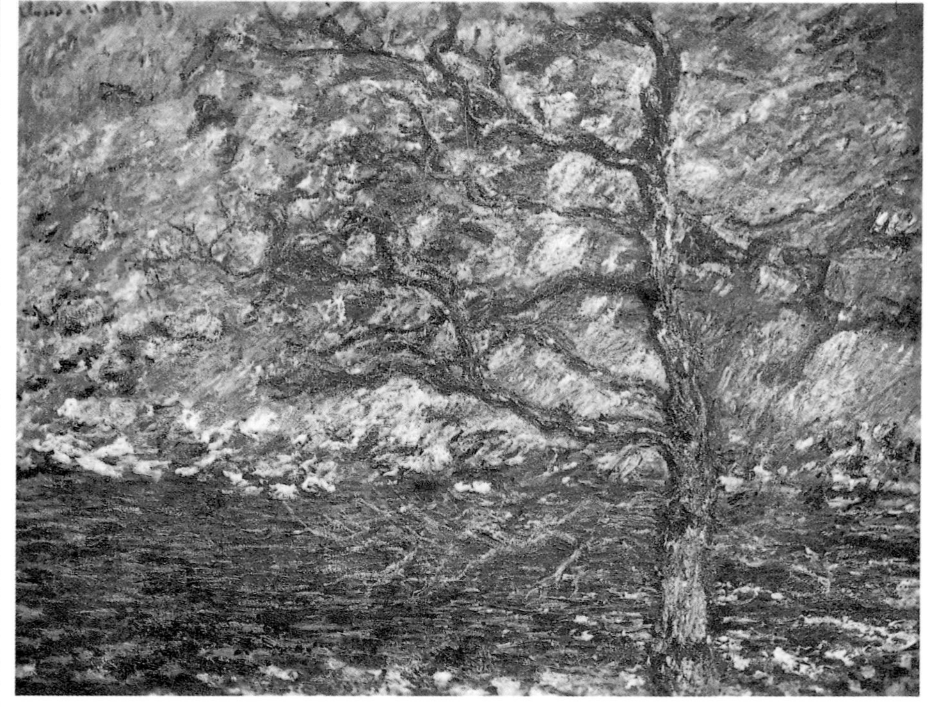

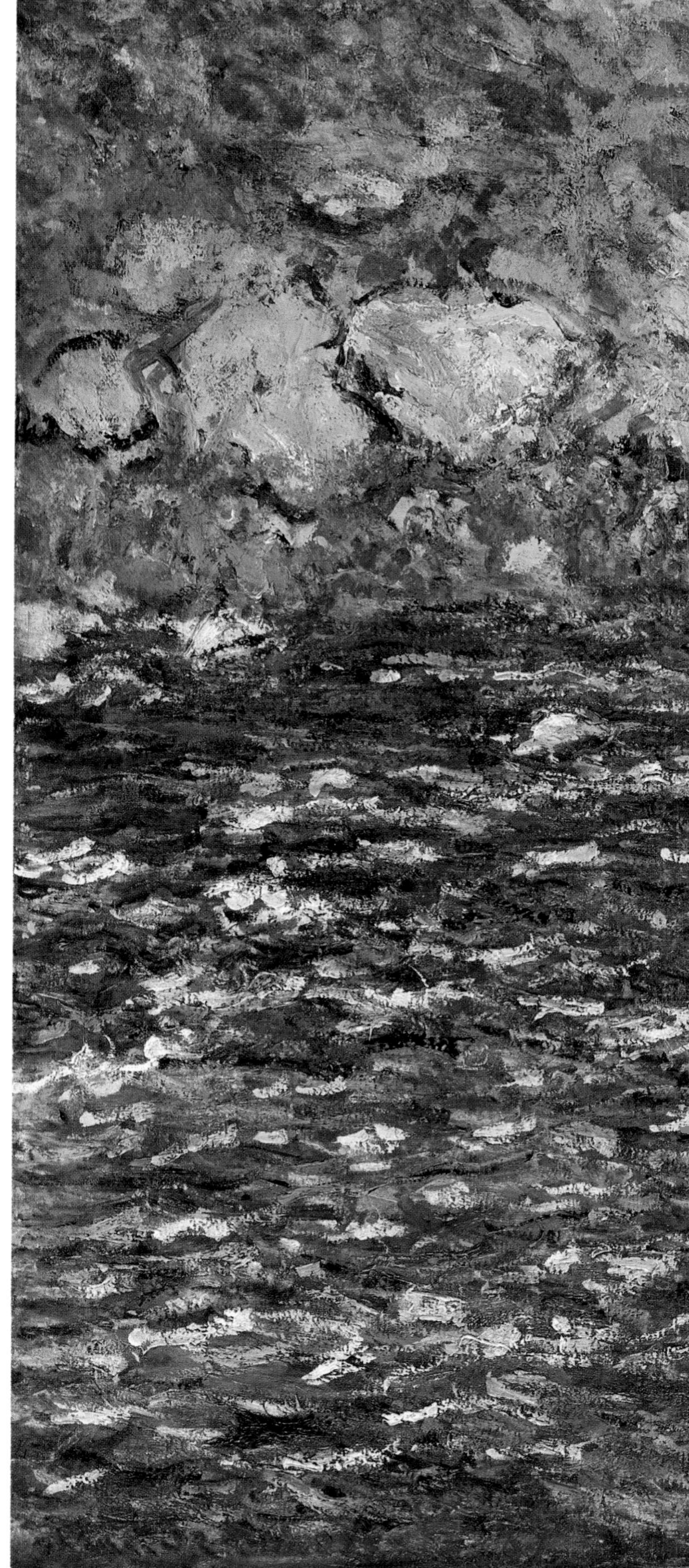

◆ Le Vieil Arbre à Fresselines *(ci-dessus), Fresselines, mars-avril 1889 ; huile sur toile ; 81 x 100 cm ; signé et daté ; disparu lors de la deuxième guerre mondiale.*

◆ Torrent de la petite Creuse à Fresselines *(ci-contre), Fresselines, mars-avril 1889 ; huile sur toile ; 65 x 92 cm ; signé et daté ; Metropolitan Museum of Art, New York.*

Le torrent de la petite Creuse, avec ses escarpements et ses vallons désolés, avait fasciné Monet lors de sa visite au musicien Maurice Rollinat, début 1889. Quelques semaines plus tard, il retourne à Fresselines et s'installe dans le proche bourg de « Vervit » pour peindre tout son saoûl la vallée de la Creuse.

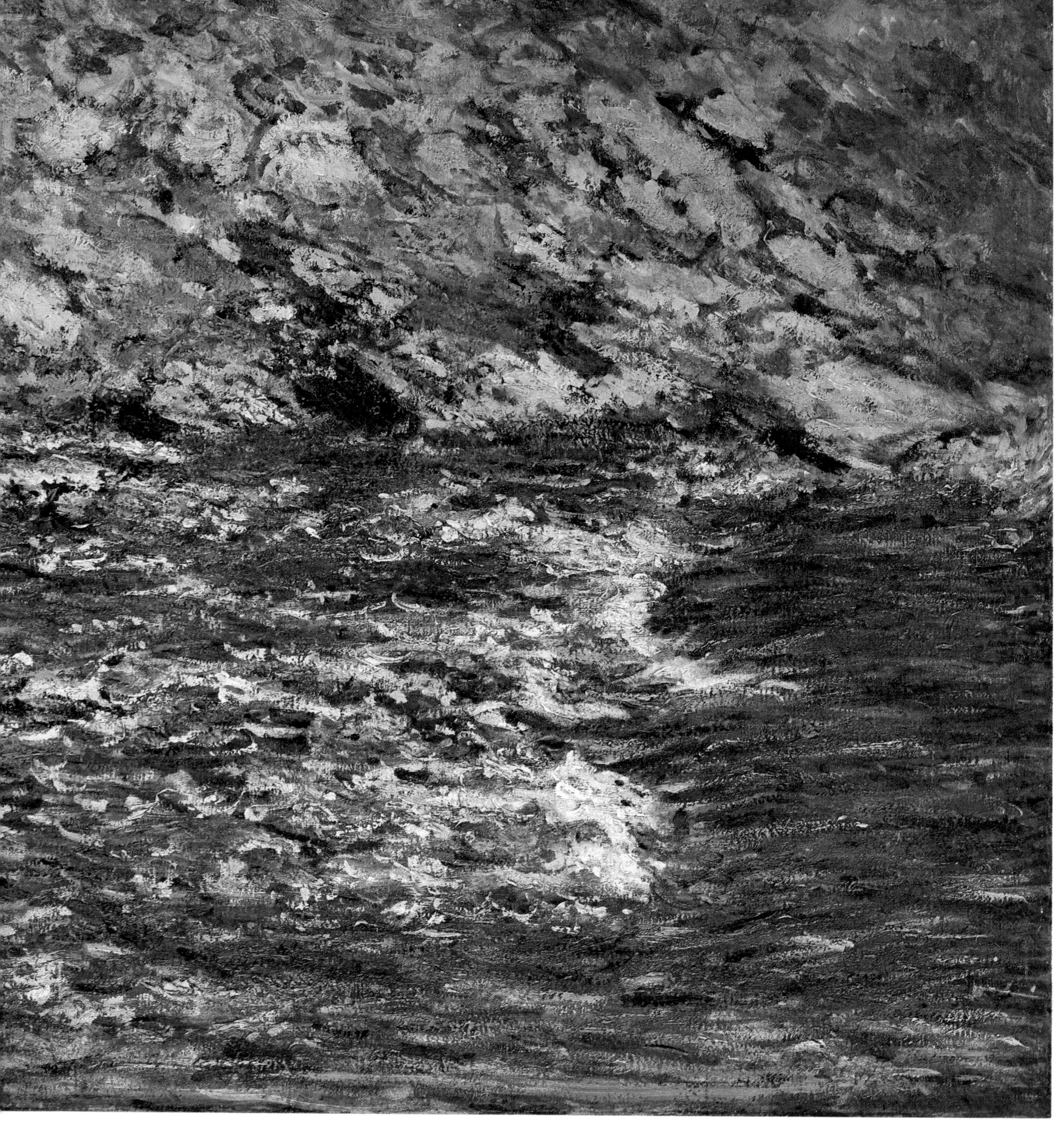

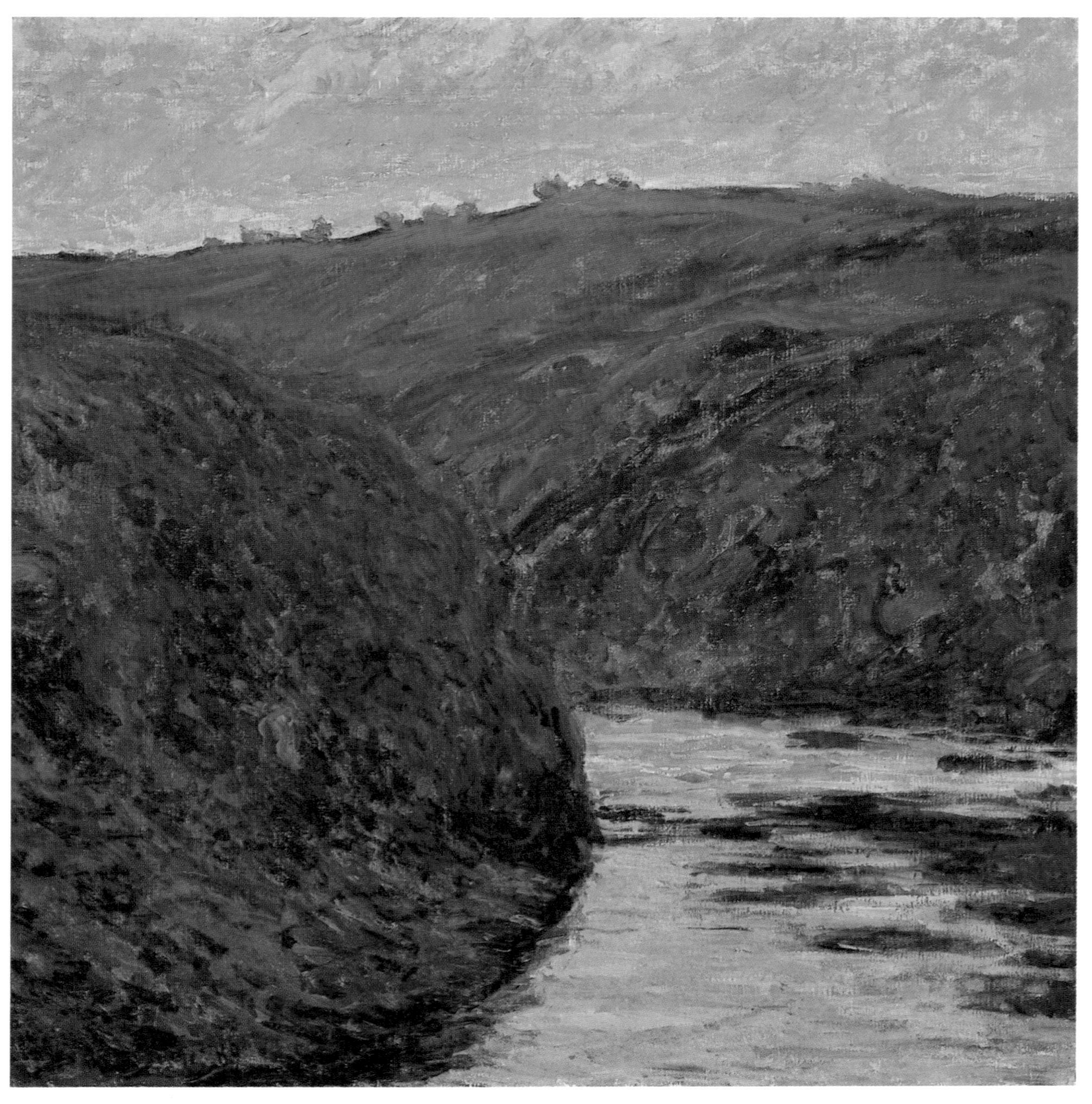

◆ Creuse, soleil couchant, *Fresselines, mars-avril 1889 ; huile sur toile ; 73 x 70 cm ; signé et daté ; musée d'Unterlinden, Colmar.*

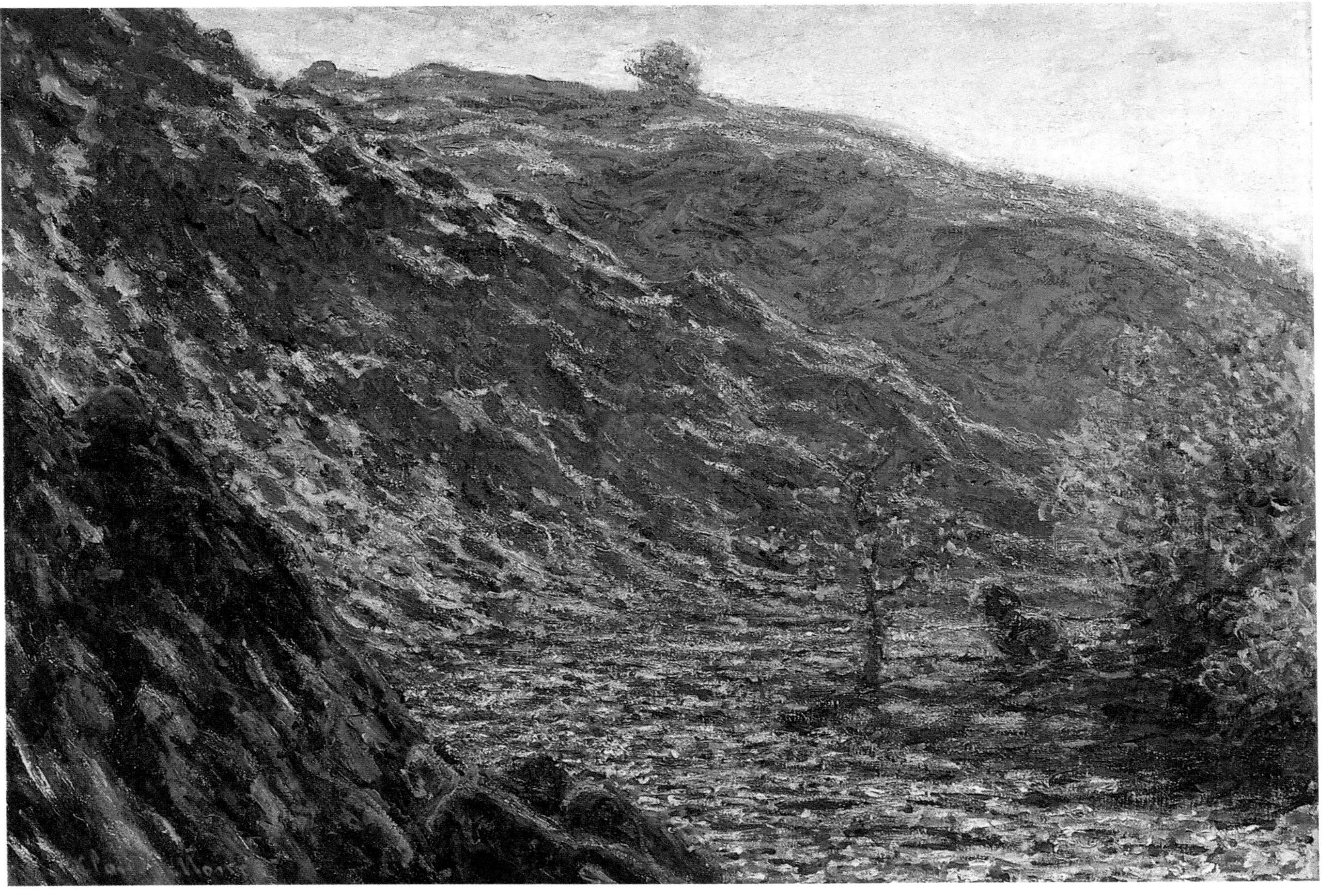

◆ Le Vieil Arbre au confluent, *Fresselines, mars-avril 1889 ; huile sur toile ; 65 x 92 cm ; signé ; Art Institute, Chicago.*

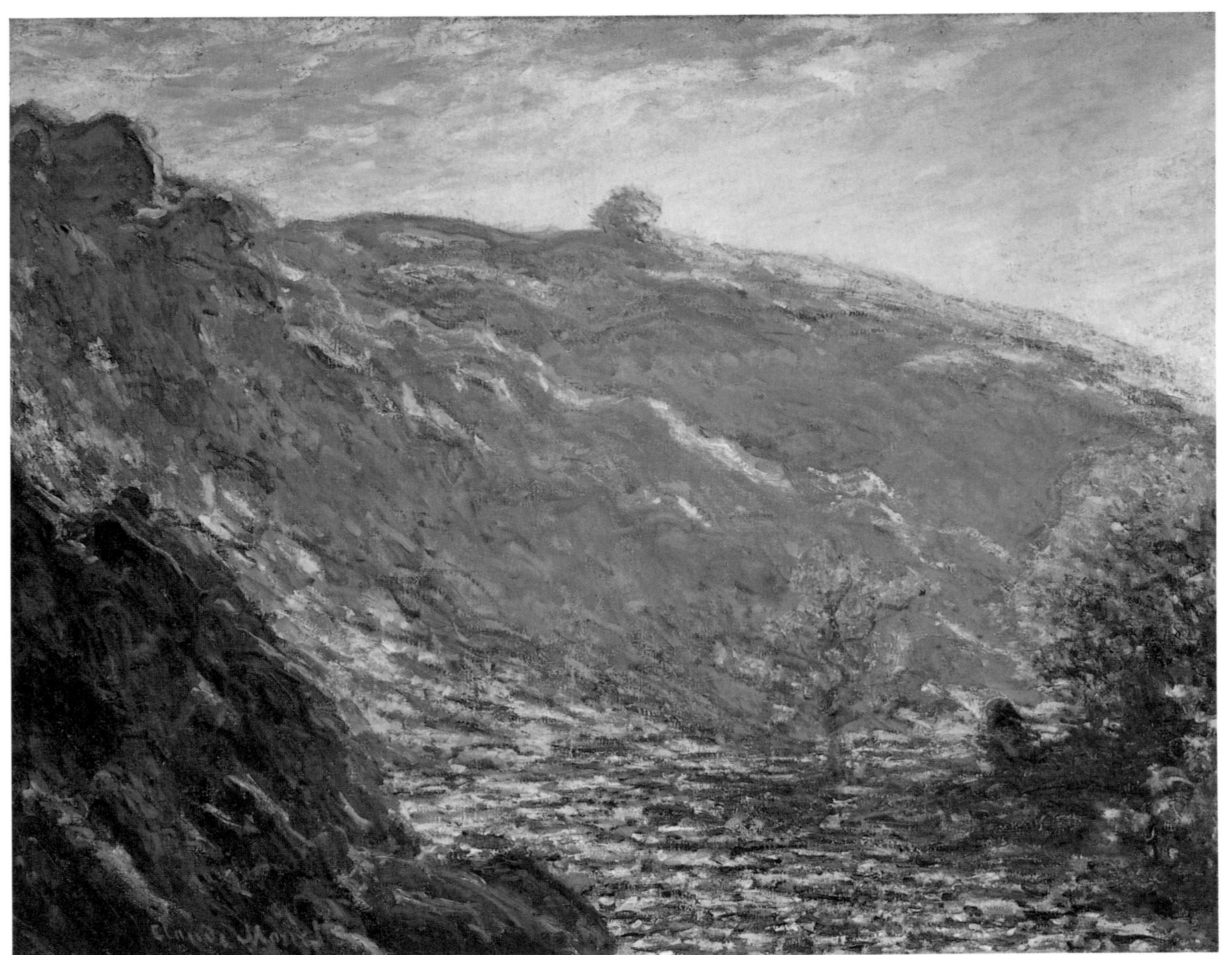

◆ Soleil sur la petite Creuse, *Fresselines, mars-avril 1889 ; huile sur toile ; 73 x 92 cm ; signé ; collection particulière.*

◆ Le Bloc *(page ci-contre), Fresselines, mars-avril 1889 ; huile sur toile ; 72 x 91 cm ; signé et daté ; collections royales britanniques, Londres.*

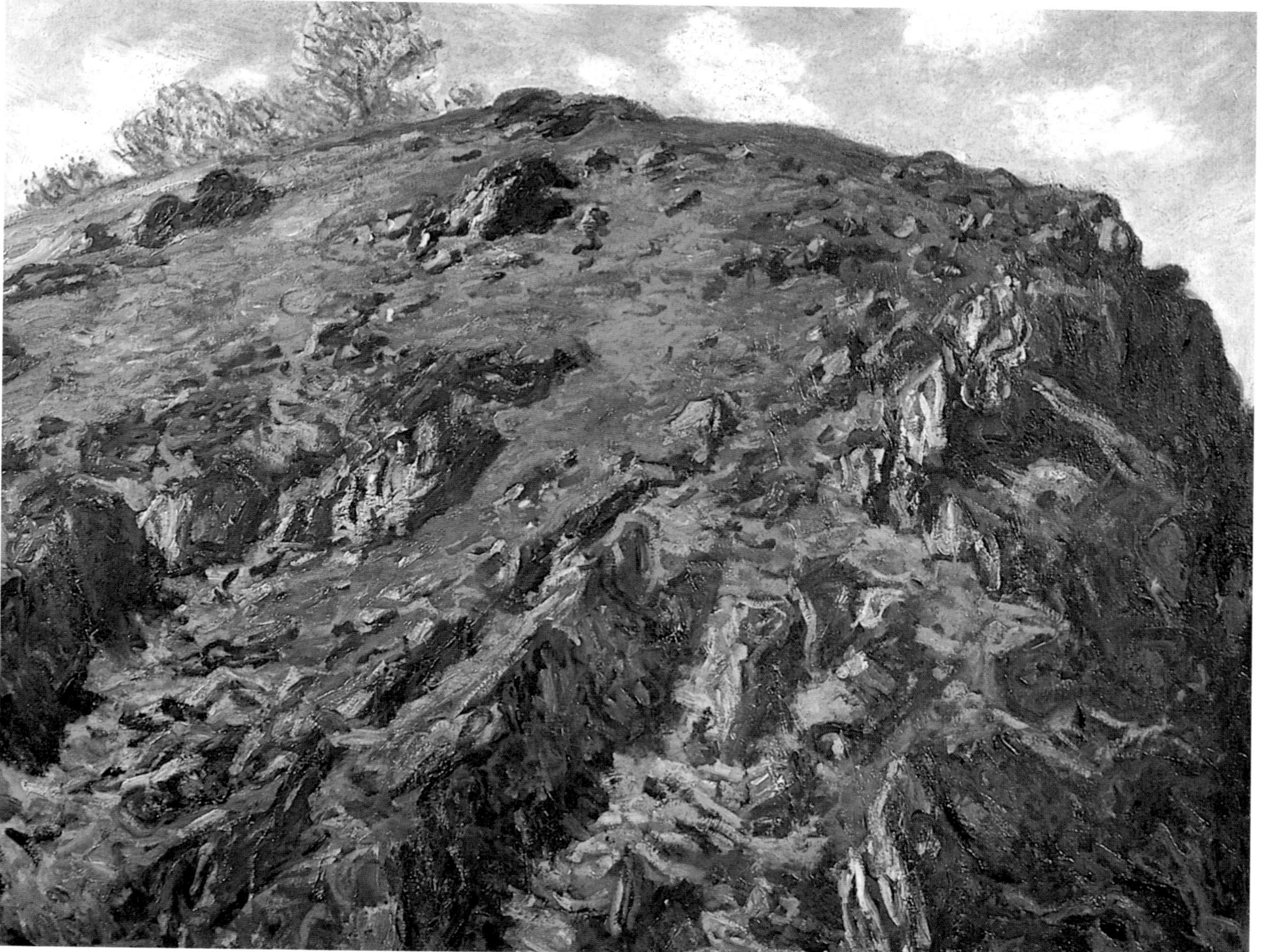

◆ Les Meules, Giverny, effet du matin *(p. 192 en haut), environs de Giverny, 1889 ; huile sur toile ; 65 × 92 cm ; signé et daté ; collection particulière.*

◆ Meules, fin de l'été, effet du soir *(p. 192 en bas), environs de Giverny, 1890-1891 ; huile sur toile ; 60 × 100 cm ; signé et daté (1891) ; Art Institute, Chicago. Probablement commencé en septembre 1890.*

◆ Deux Meules, déclin du jour ; automne *(p. 193 en haut), environs de Giverny, 1890-1891 ; huile sur toile ; 65 × 100 cm ; signé et daté (1891) ; Art Institute, Chicago. Probablement commencé en octobre ou novembre 1890.*

◆ Meules, effet de neige, soleil couchant *(p. 193 en bas), environs de Giverny, 1890-1891 ; huile sur toile ; 65 × 100 cm ; signé et daté (1891) ; Art Institute, Chicago. Probablement commencé en novembre ou décembre 1890.*

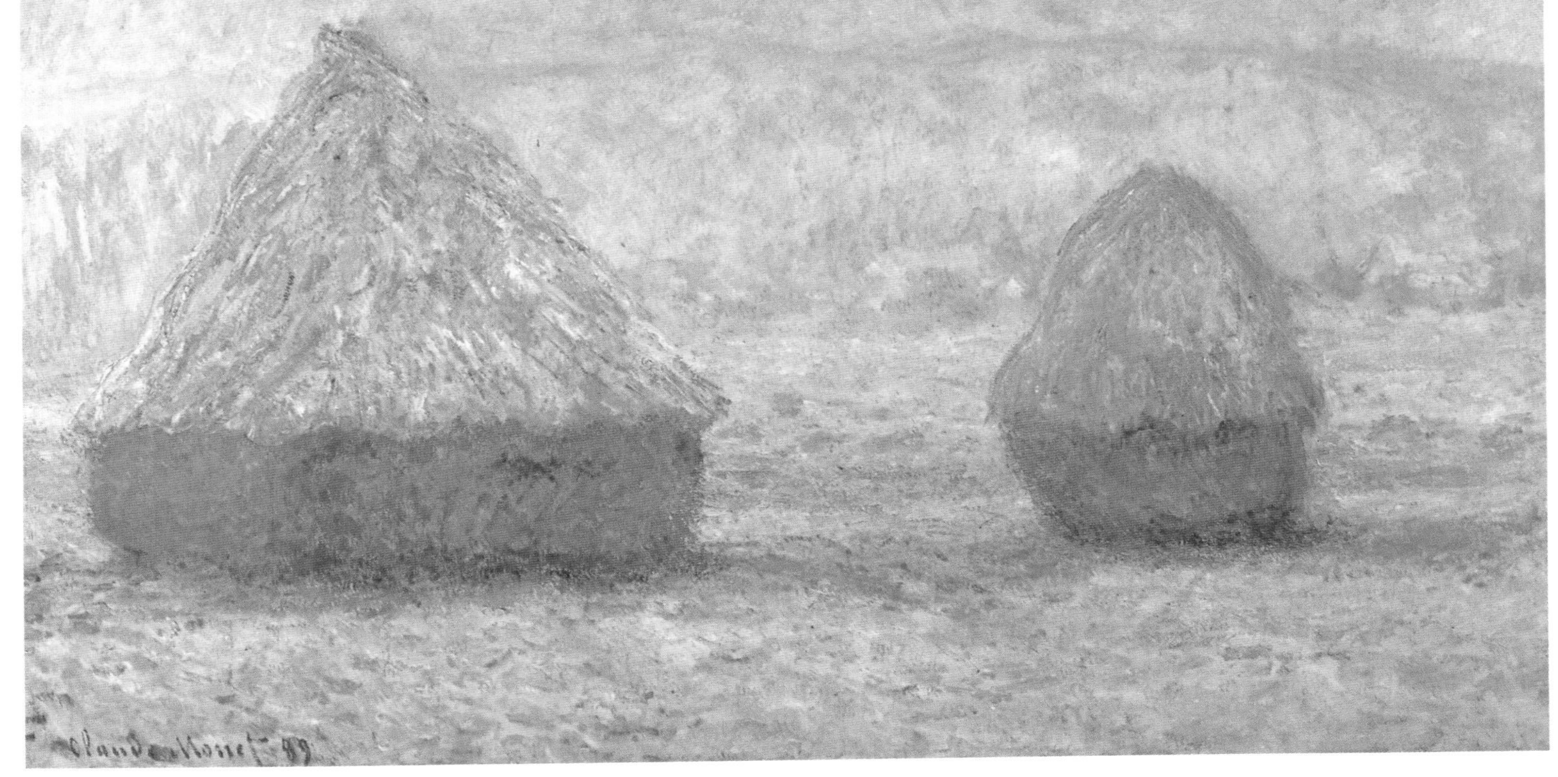

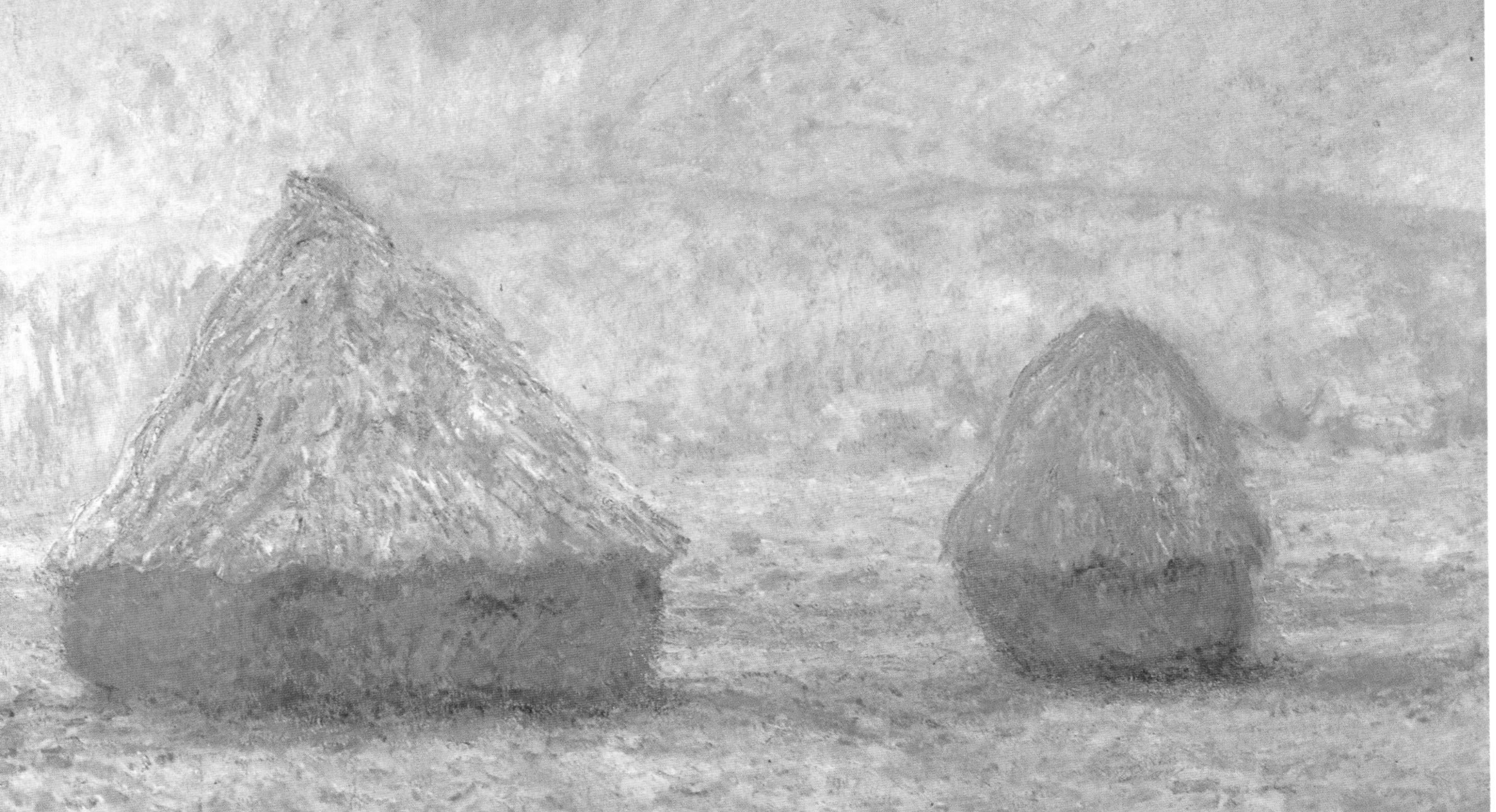

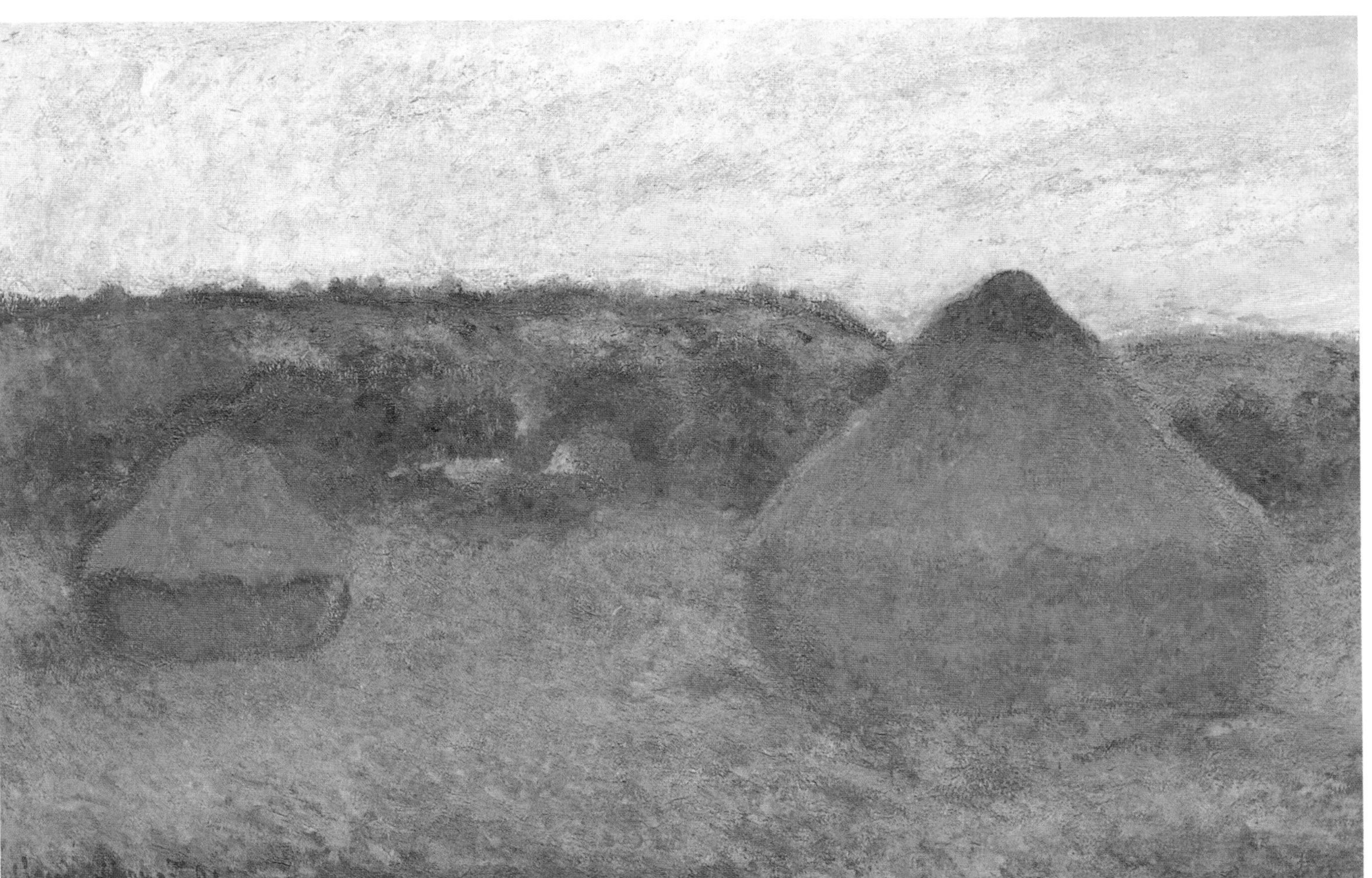

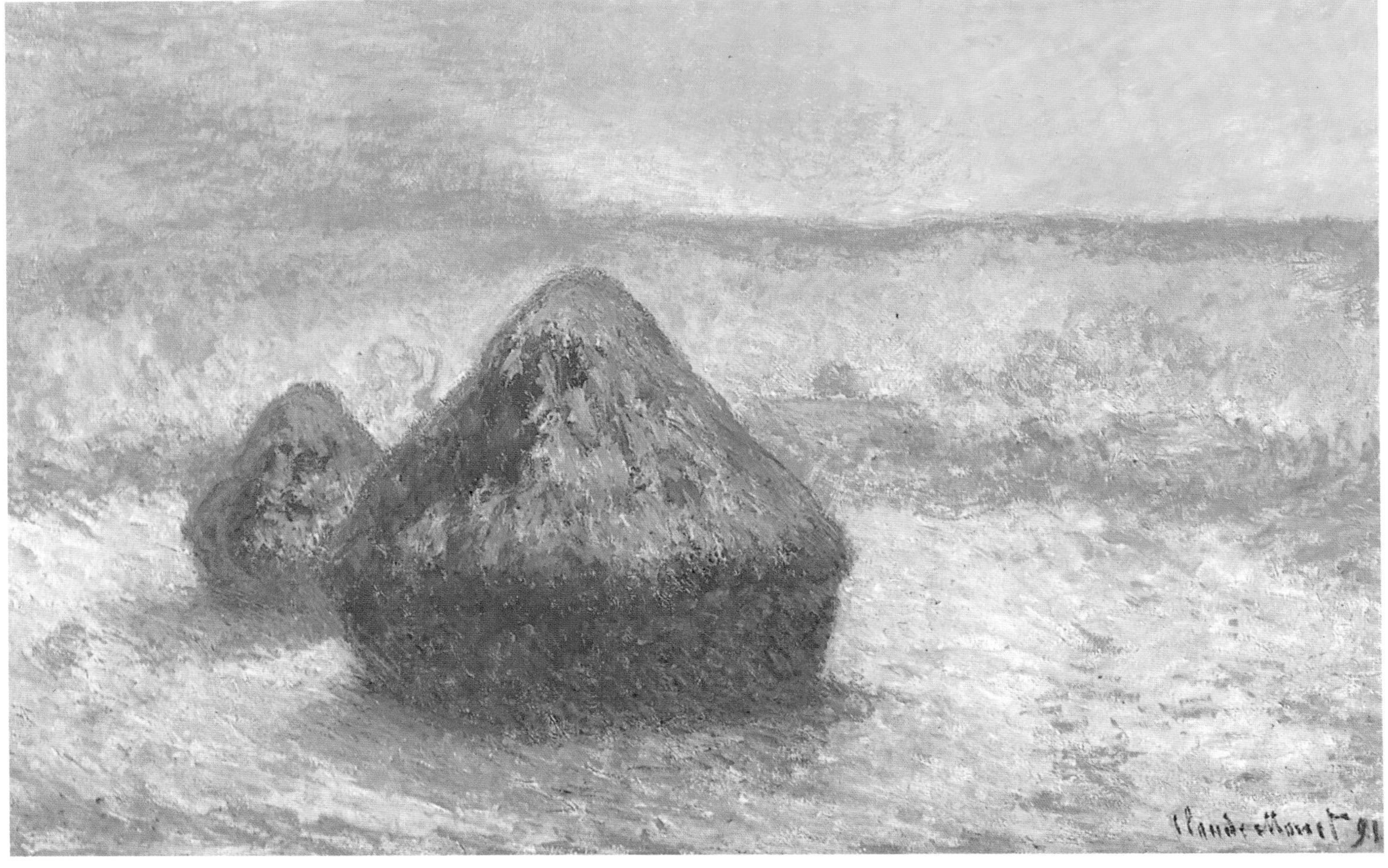

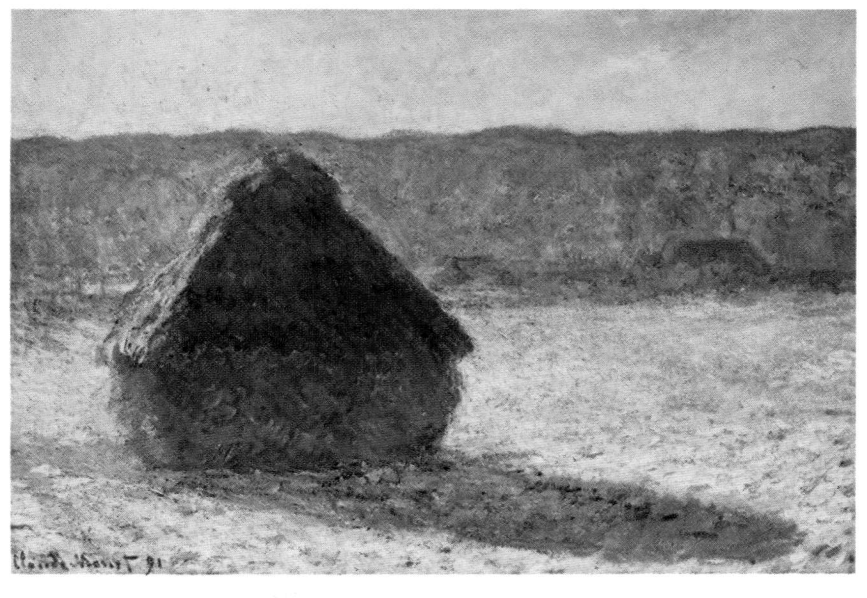

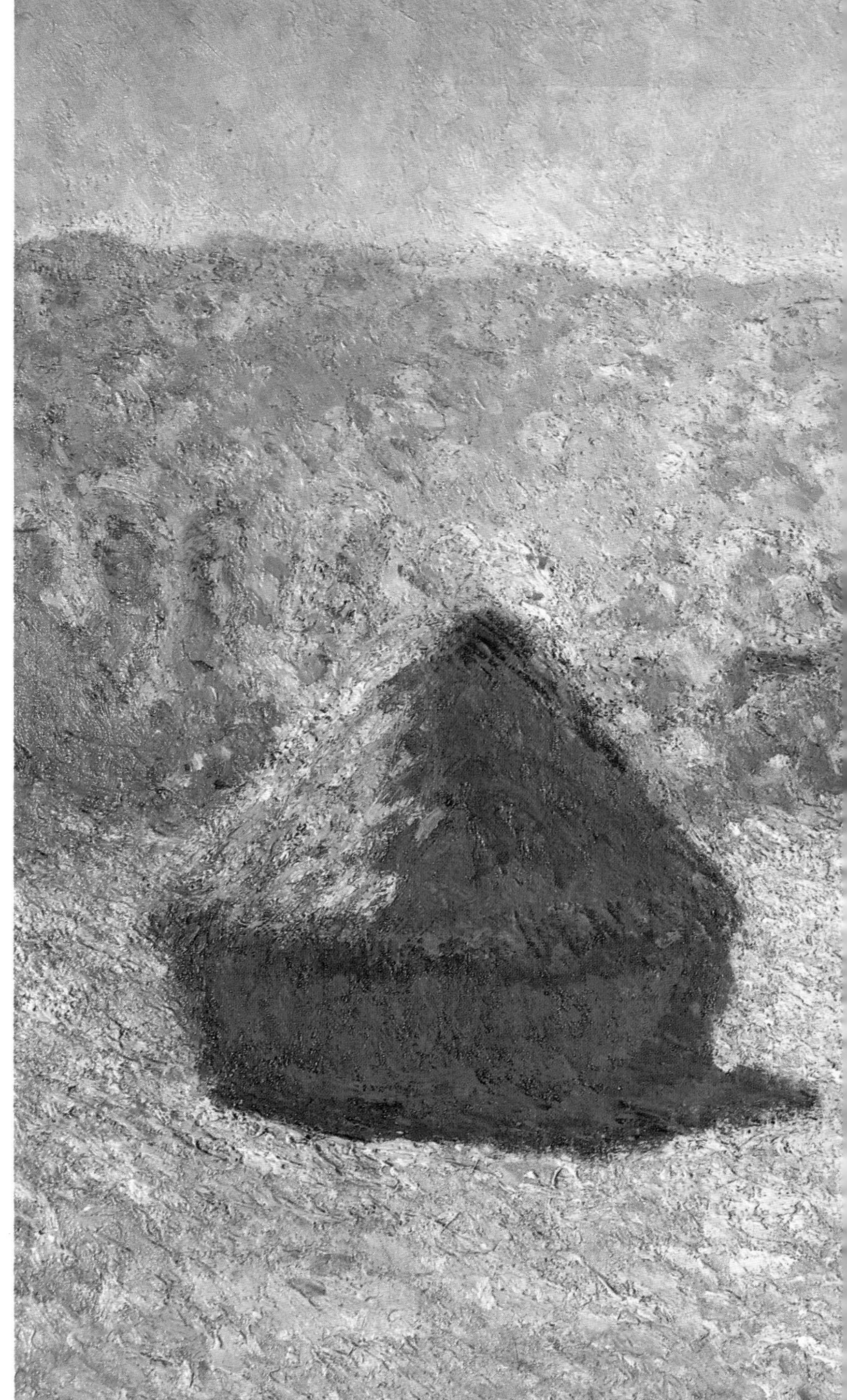

◆ Meule, effet de neige, le matin *(ci-dessus), environs de Giverny, 1890-1891 ; huile sur toile ; 65 x 92 cm ; signé et daté (1891) ; Museum of Fine Art, Boston.*

◆ Meules, fin de l'été, effet du matin *(ci-contre), environs de Giverny, 1890-1891 ; huile sur toile ; 60 x 100 cm ; signé et daté (1891) ; musée d'Orsay, Paris. Probablement commencé en septembre 1890. Les raisons qui ont amené Monet à terminer presque toutes ses « meules » de nombreux mois après les avoir mises en chantier restent obscures. Quoi qu'il en soit, la période de l'année où il a commencé chaque œuvre est toujours spécifiée, comme en légende, dans les titres qu'il leur a donnés.*

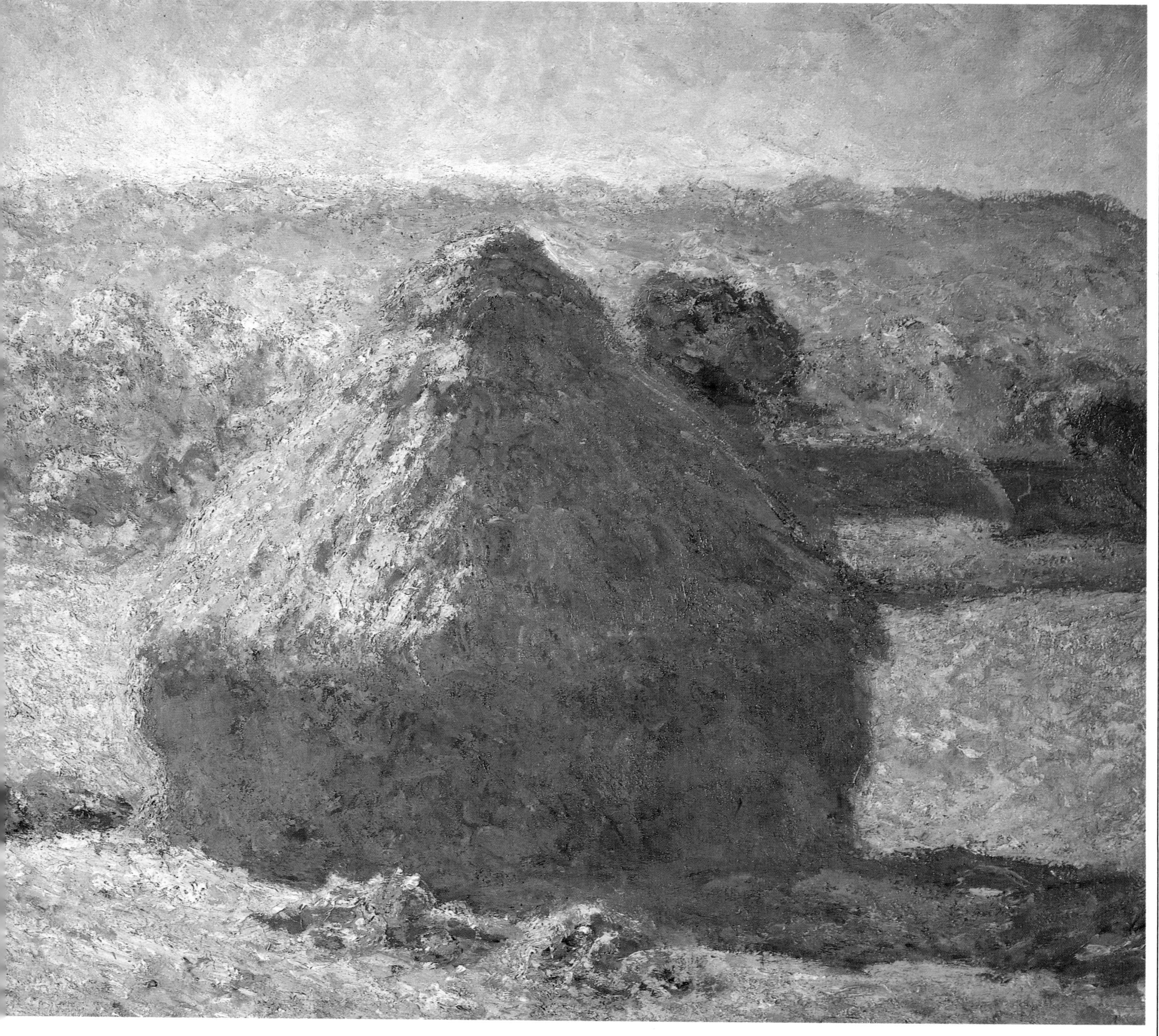

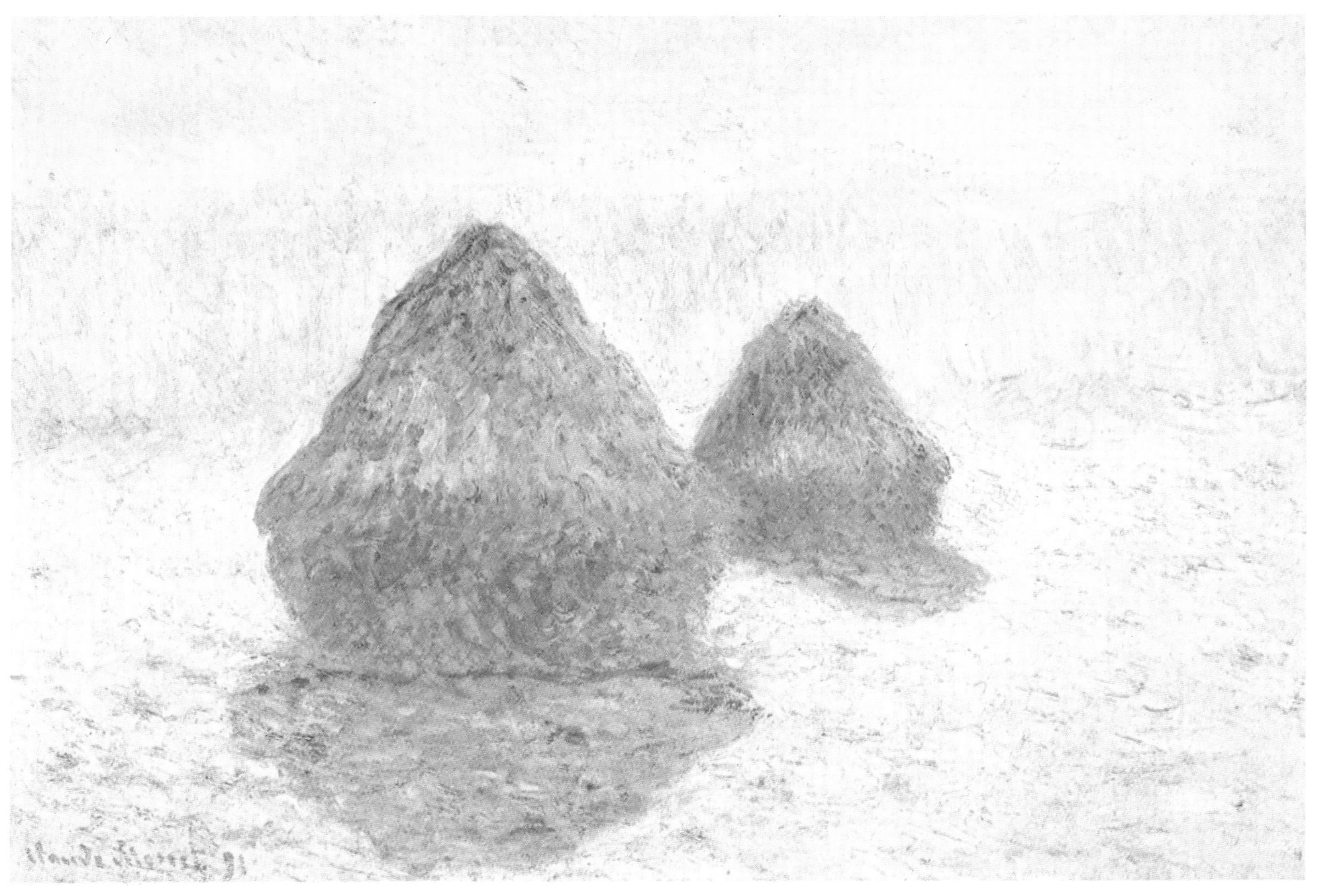

◆ Meules, effet d'hiver, *environs de Giverny, hiver 1890-1891 ; huile sur toile ; 65 x 92 cm ; signé et daté (1891) ; Metropolitan Museum of Art, New York.*

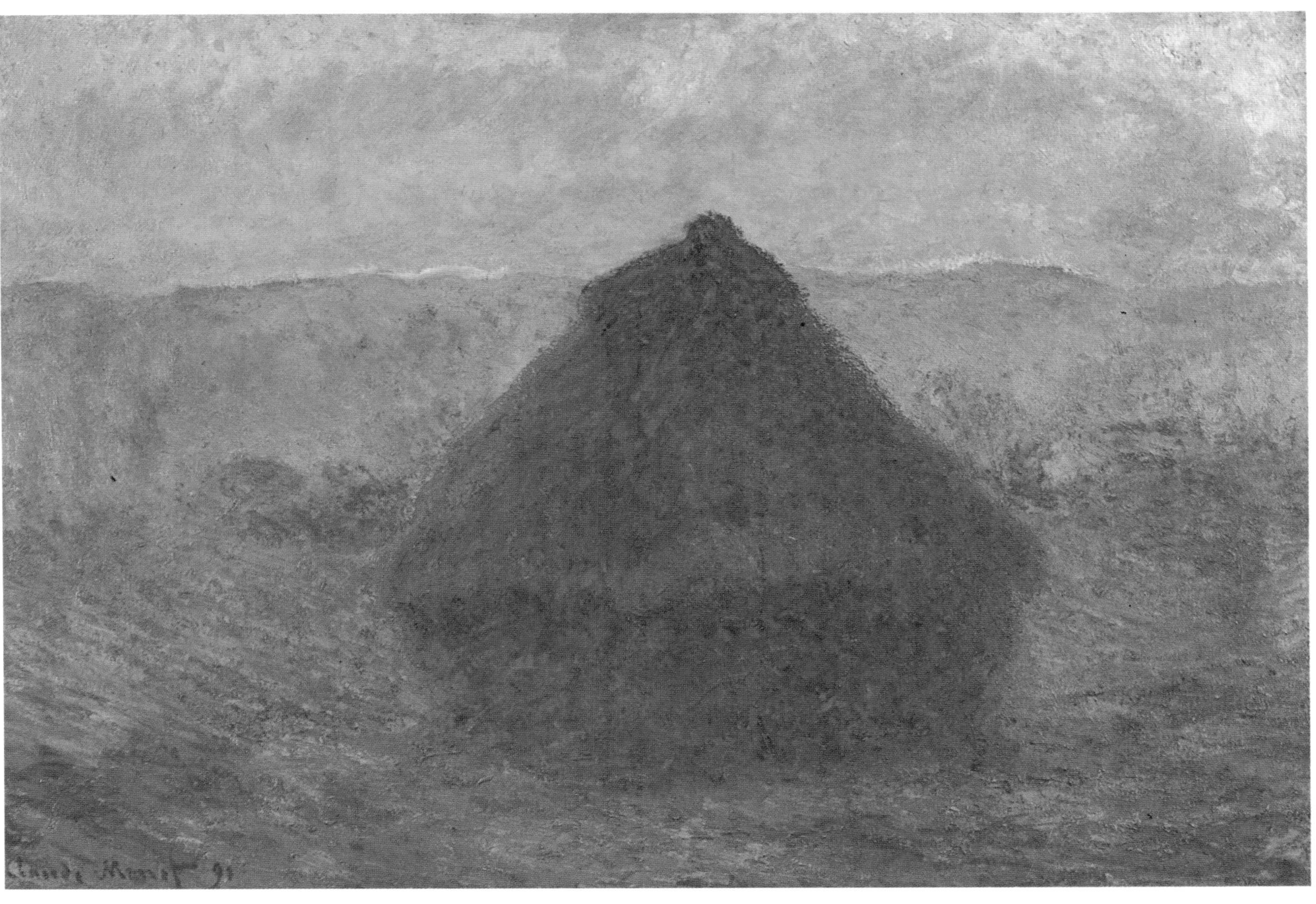

◆ La Meule, *environs de Giverny, 1890-1891 ; huile sur toile ; 65 × 92 cm ; signé et daté (1891) ; collection particulière, Paris. Probablement commencé en automne 1890.*

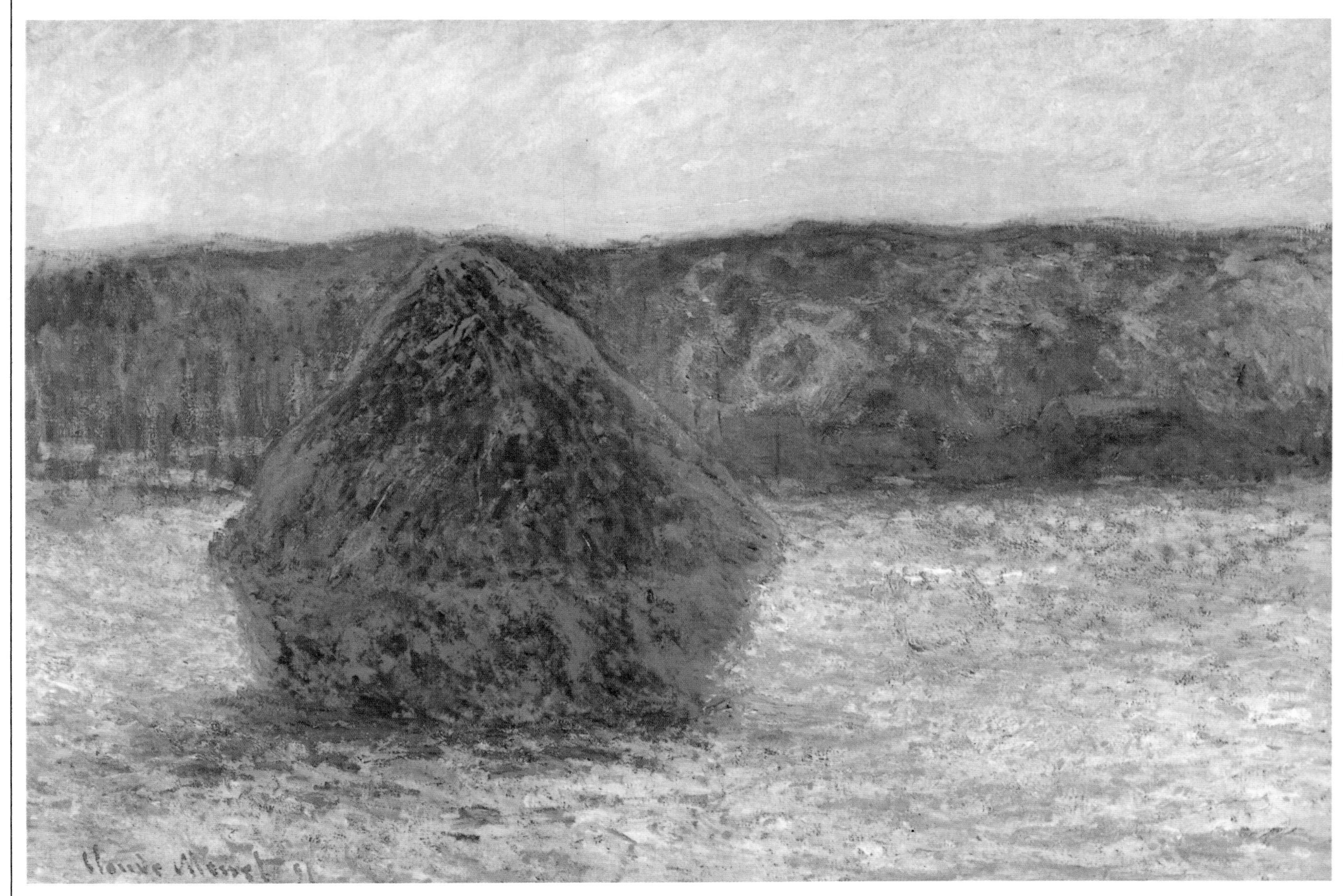

◆ La Meule, dégel, soleil couchant, *environs de Giverny, hiver 1890-1891 ; huile sur toile ; 65 x 92 cm ; signé et daté (1891) ; Art Institute, Chicago.*

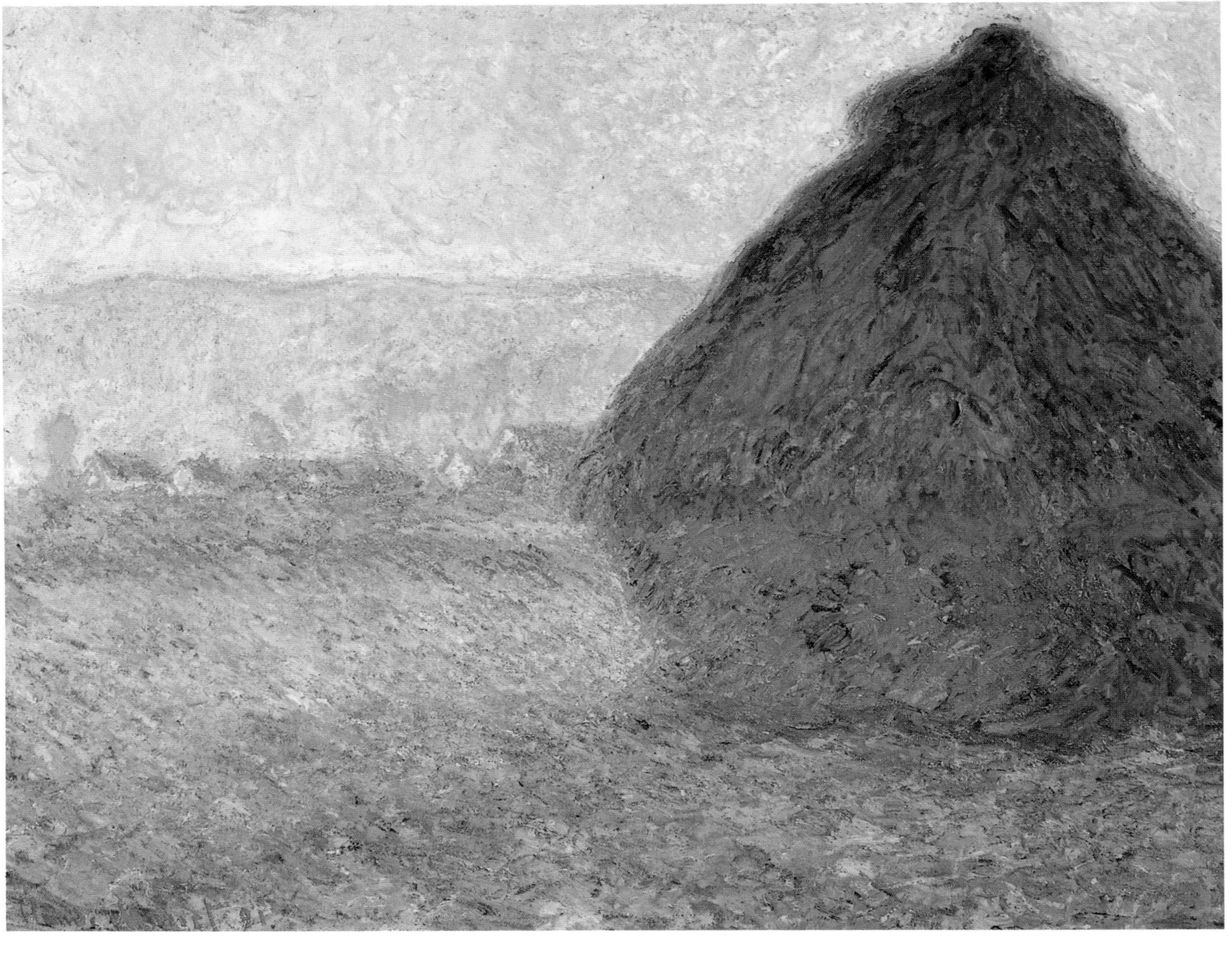

◆ Meule, soleil couchant, *environs de Giverny, 1890-1891 ; huile sur toile ; 73 x 92 cm ; signé et daté (1891) ; Museum of Fine Arts, Boston. Probablement commencé en automne 1890.*

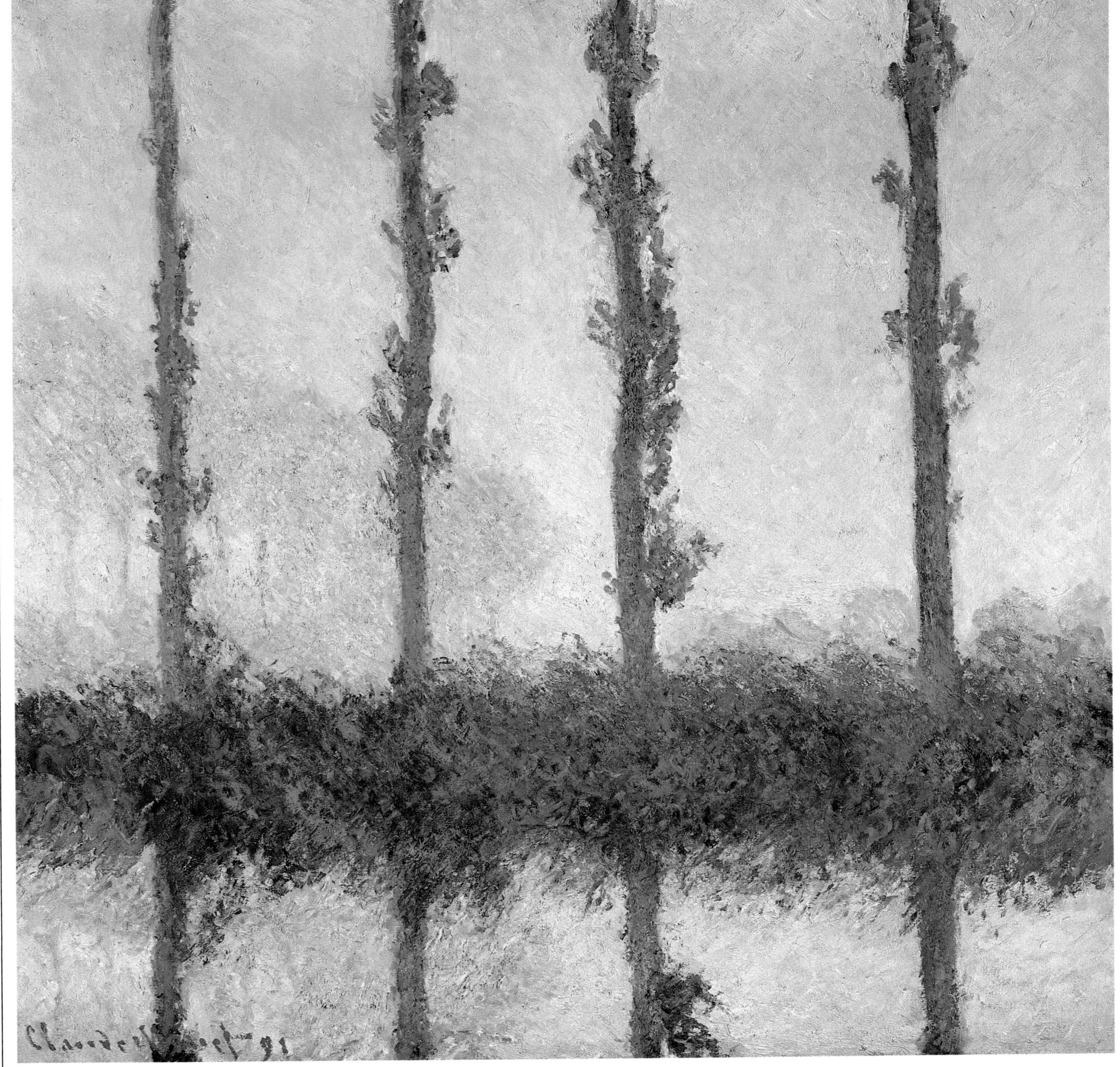

◆ Les Quatre Arbres, *environs de Giverny, 1891 ; huile sur toile ; 82 × 82 cm ; signé et daté ; Metropolitan Museum of Art, New York.*

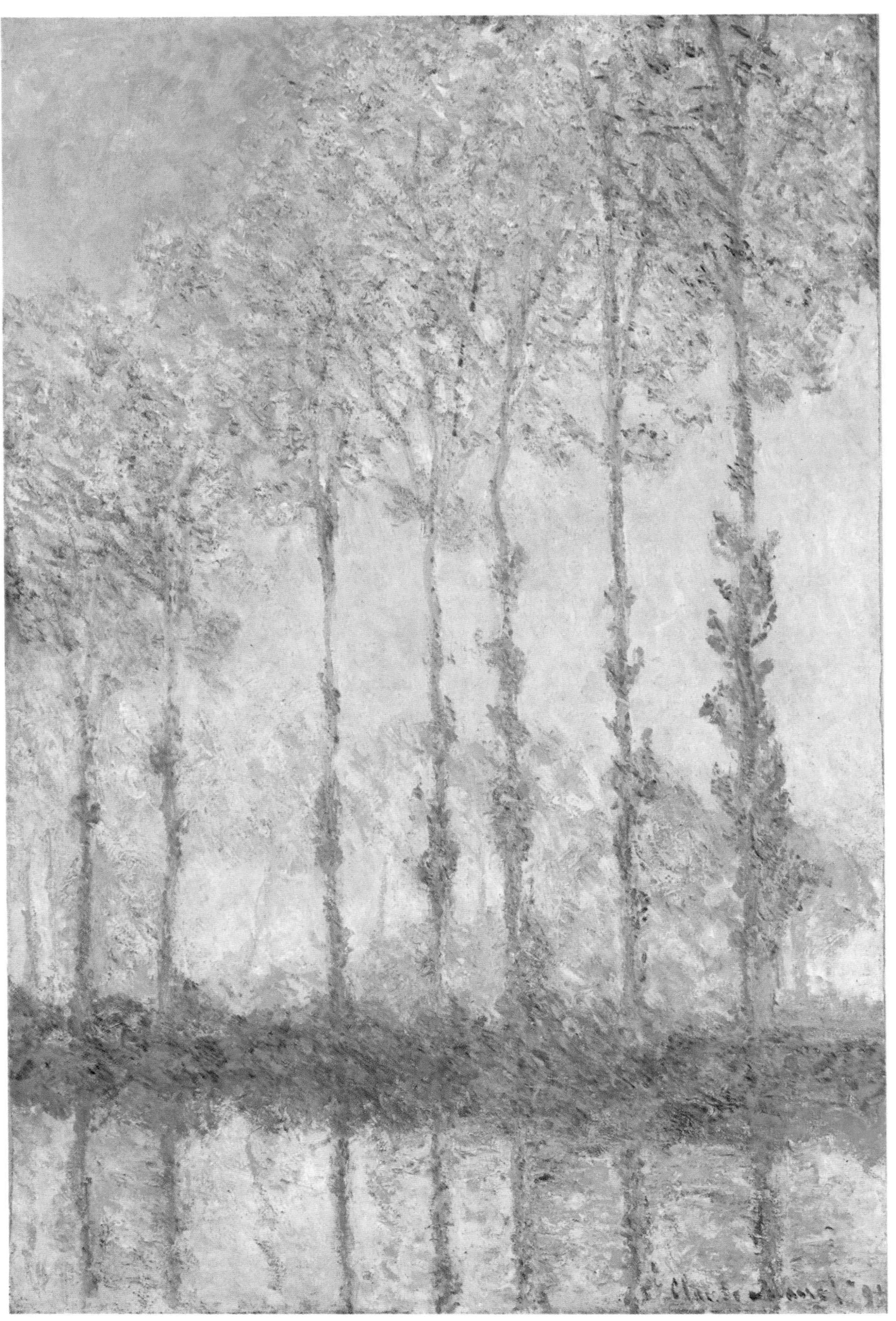

◆ Les Peupliers, effet blanc et jaune, *environs de Giverny, 1891 ; huile sur toile ; 100 x 65 cm ; signé et daté ; Museum of Art, Philadelphie.*

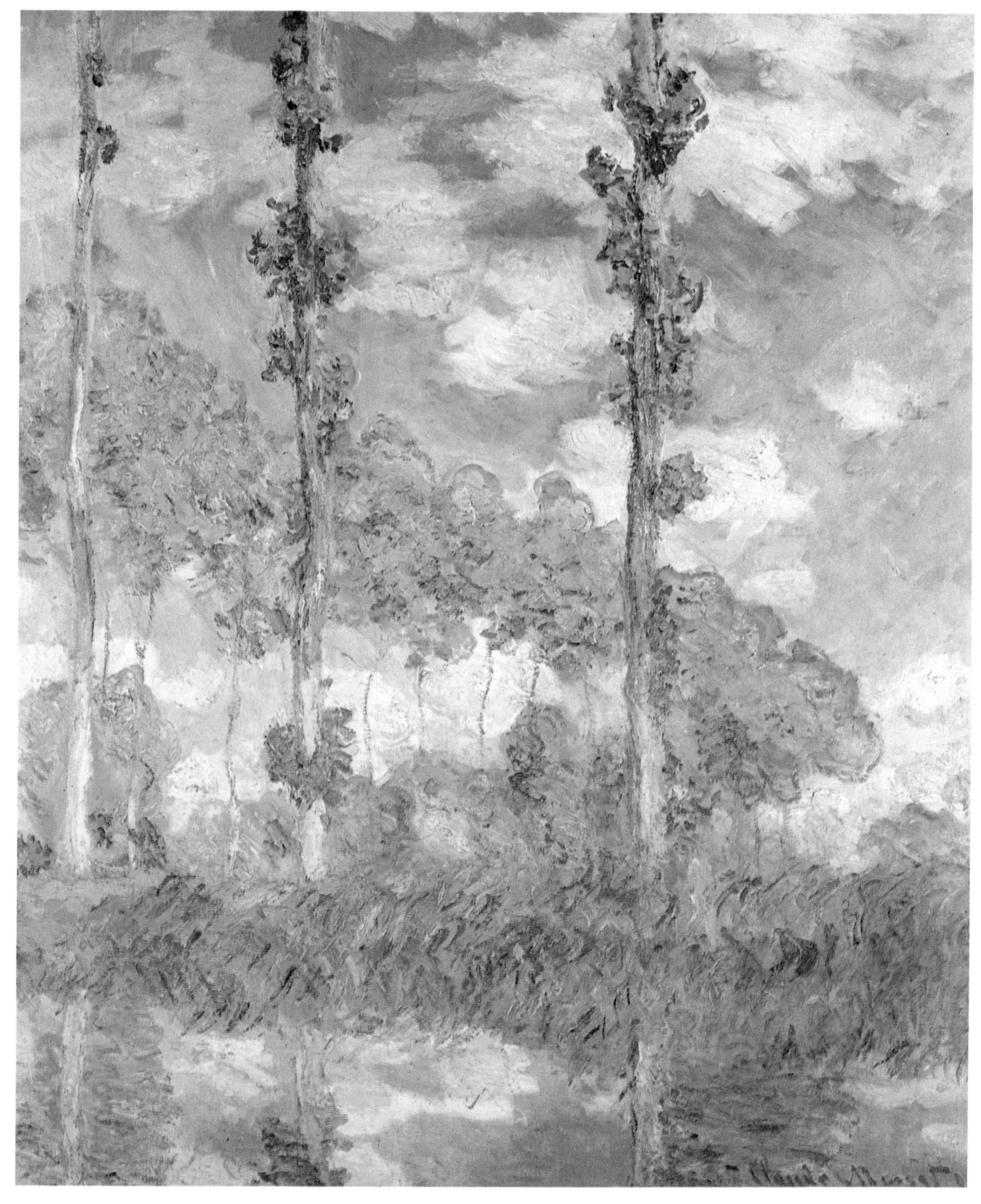

◆ Les Trois Arbres, été, *environs de Giverny, 1881 ; huile sur toile ; 92 × 73 cm ; signé et daté ; musée national d'art occidental, Tokyo.*

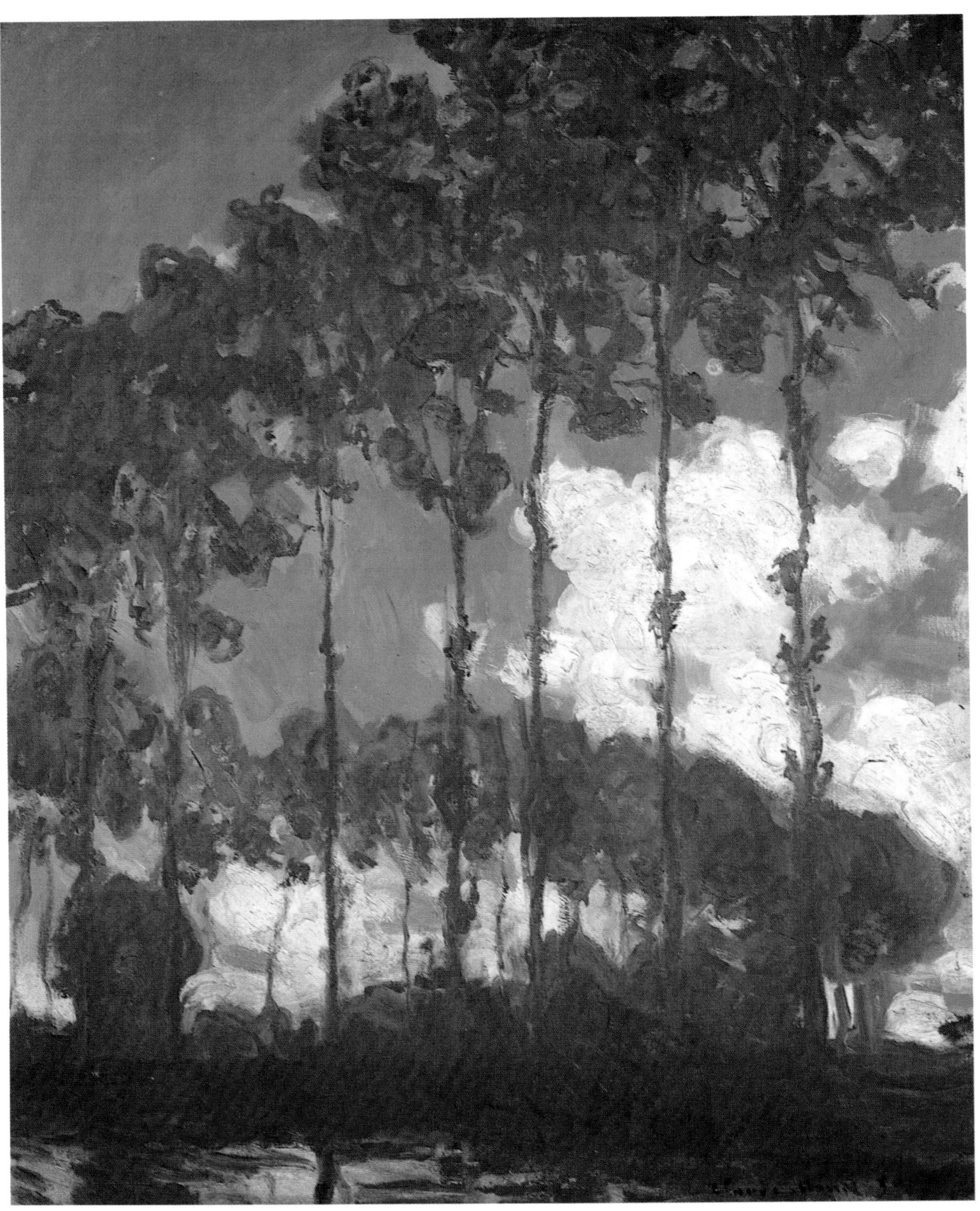

◆ Les Peupliers au bord de l'Epte, *environs de Giverny, 1891 ; huile sur toile ; 92 × 73 cm ; signé et daté (1890) ; Tate Gallery, Londres. Monet a probablement marqué la date 1890 par erreur.*

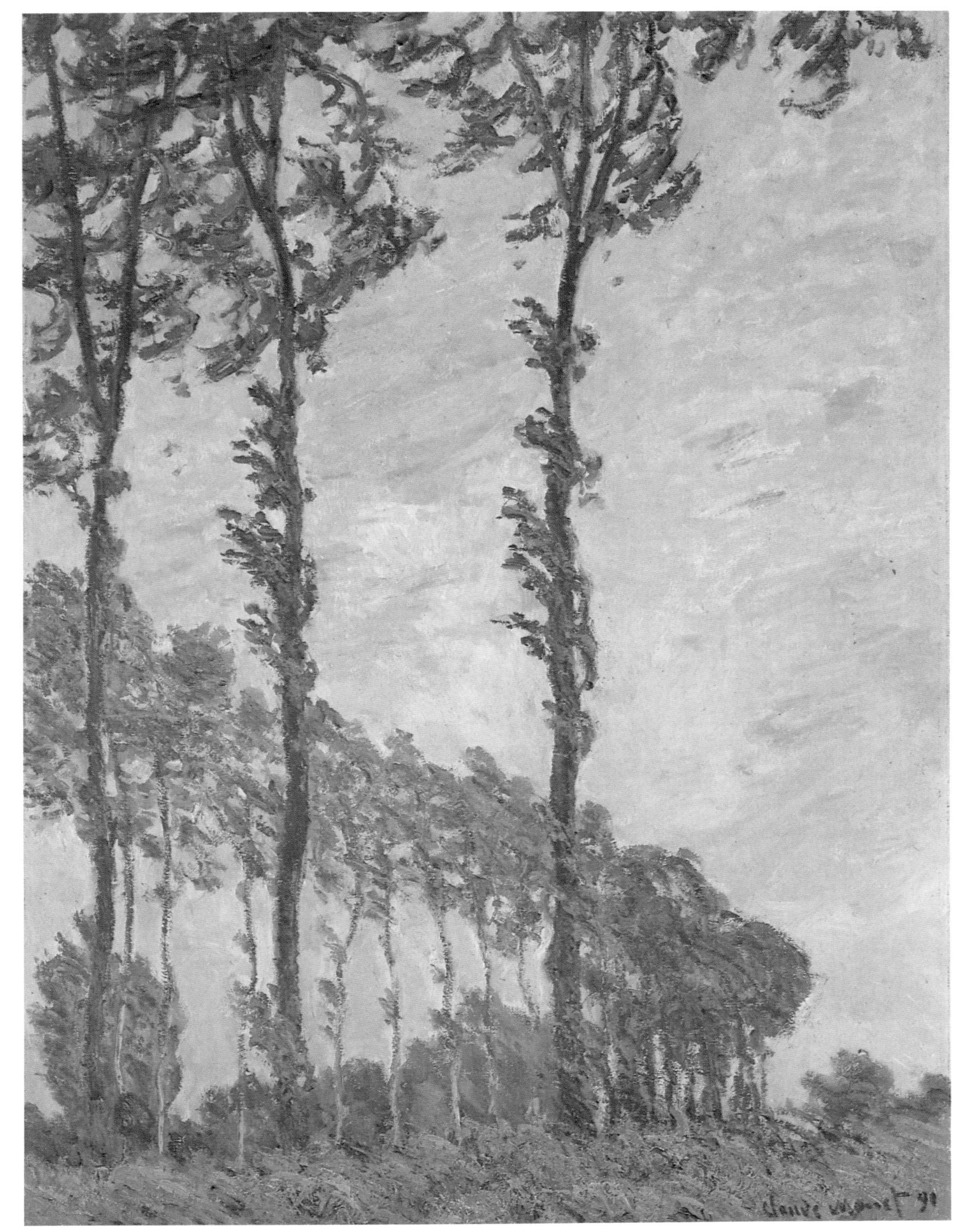

◆ Effet de vent, série des peupliers, *environs de Giverny, 1891 ; huile sur toile ; 100 × 73 cm ; signé et daté ; collection particulière, Paris.*

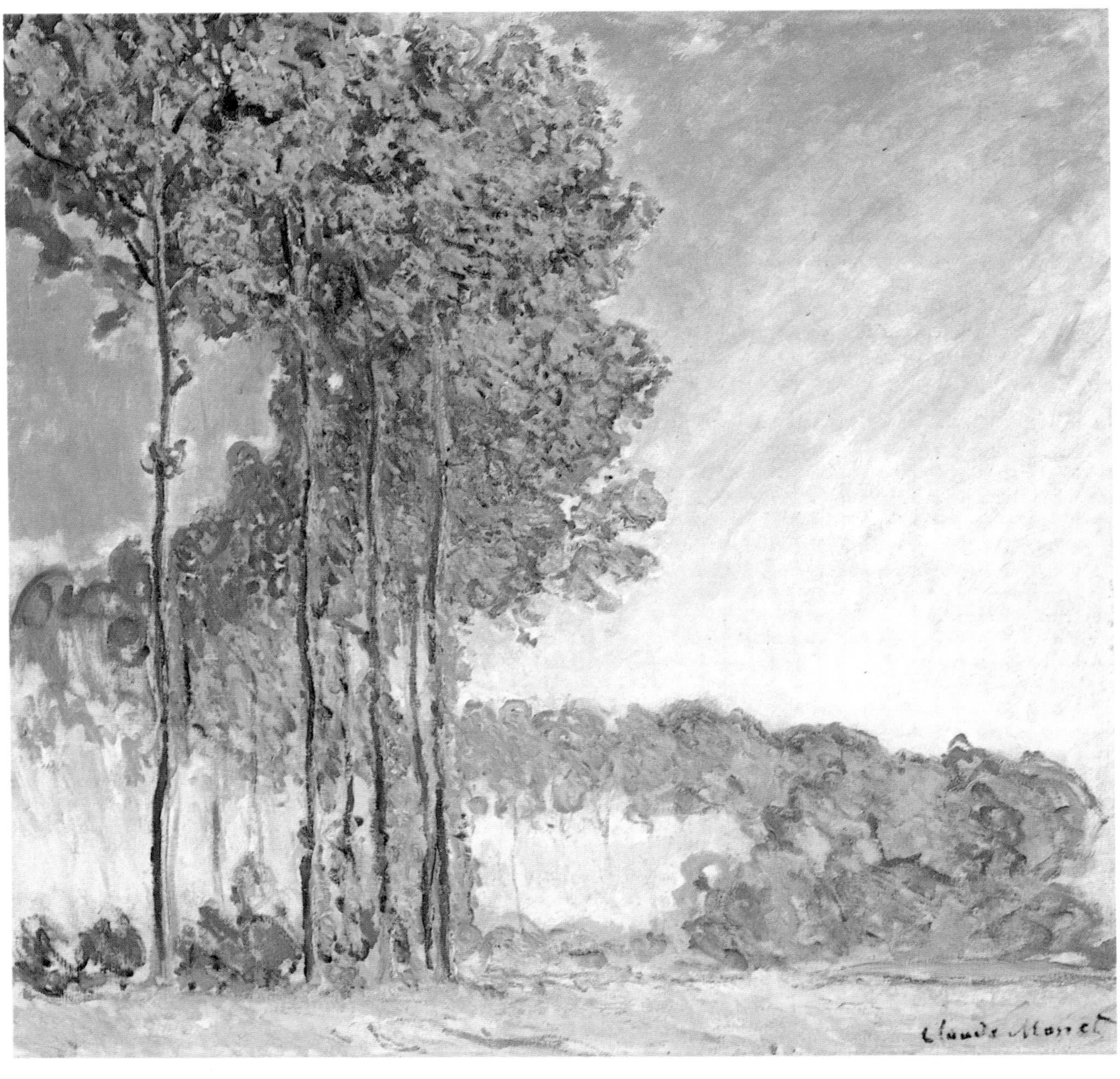

◆ Peupliers, *environs de Giverny, 1891 ; huile sur toile ; 89 x 90 cm ; signé ; Fitzwilliam Museum, Cambridge, Grande-Bretagne.*

L'obsession du sujet

Avec le cycle de la *Cathédrale de Rouen*, entamé en 1892 et achevé en 1894, un autre aspect du travail de Monet se précise : sa tendance à postuler qu'on doit avoir du tableau une jouissance dynamique. Mais n'anticipons pas...

L'acte de la répétition, implicite dans la pratique des « séries », finit, en multipliant les *versions picturales* du sujet, par le dissoudre sur le plan de la réalité. Une telle variété de lectures, inconciliables entre elles, correspond en effet maintenant (dans le cadre de l'œuvre) à un même lieu réel, que ce motif perd, en tant que tel, toute portée linguistique. Par conséquent, si Monet veille, d'un côté, à choisir avec soin le sujet qu'il va traiter (ou, en tout cas, ne l'estime pas sans incidence sur le but visé), il ne se borne pas pour autant à en offrir une description, à le *reproposer* en peinture : il s'en sert comme d'un « prétexte », d'une chose qui, en se transformant en image, renonce nécessairement à son identité initiale d'objet concret. Il y a, entre deux vues de la *Cathédrale de Rouen* comme d'une *Meule* à l'autre, une distance si flagrante, une telle différence de résultat expressif, qu'on hésite parfois à parler de série. Le thème cesse de coïncider avec la réalité spatio-phénoménale dont le tableau est issu (la « cathédrale ») pour se rapprocher de plus en plus de l'*hic et nunc* de la sensation, chronologiquement déterminée (« effet du matin », « soleil couchant »...), que le peintre prend bien soin de préciser dans le titre.

Nous n'apprécions pas la réalité en soi — semble dire Monet — mais l'instant particulier et unique de sa descente en nous par l'intermédiaire des sens. Et chaque approche, chaque moment d'intériorisation du réel à travers son image, engendre une réalité « autre », un rapport différent entre le « moi » et le monde. Si ce rapport doit ensuite être reformulé en une représentation artistique, il serait absurde d'exiger du tableau une fidélité à quoi que ce soit de plus stable que l'instant fugitif de la perception. La cathédrale, la meule, la rivière, la falaise, n'existent pas. Seules existent les infinies répercussions du fait qu'elles nous tombent sous les yeux : chaque fois d'une manière particulière, dans une certaine lumière, à partir d'une certaine émotion. Or cela implique déjà une première forme de *dynamisme*, en faisant de l'œuvre quelque chose qui fluctue et se recompose au fil de notre expérience, telle une hypothèse invérifiable sur laquelle il faudrait constamment revenir.

Rien d'étonnant, dès lors, à ce que Monet en soit venu à abolir le « point de vue » unique. Les travaux de la fin de sa vie — à partir de la *Cathédrale de Rouen* — ne reconnaissent plus aucune valeur à la méthode perspective et cessent de la supposer indispensable à la lisibilité du tableau. Non contentes de ne pas indiquer — et donc exiger — de point d'observation précis, les vues de la cathédrale de Rouen invitent le spectateur à se déplacer : à se rapprocher et à s'éloigner. Elles lui demandent de faire la somme de plusieurs interprétations, à des distances différentes, pour « reconstruire » l'image de manière subjective, en fonction d'une *synthèse des perceptions*. De cette façon, la cathédrale apparaît et disparaît, se fait lumière et pierre, puis trou dans la pierre, obscurité de l'intérieur, puis forme vague dans le brouillard, puis profil, spectre, ombre, puis rien.

Monet réalise ainsi son vieil idéal de peinture comme plongée, comme immersion, parvenant à transformer la lecture de ses œuvres en une descente psychologique dans l'espace fluctuant de la surface. La toile a finalement rejeté le principe d'immobilité, la *contemplation* au sens classique et Renaissance du terme. Naguère facile convention, le regard s'est mué en une activité de connaissance problématique et complexe, un « défi » que l'esprit engage avec le visible, pour tenter de se l'approprier. Ce défi (l'utopie d'une pénétration par l'œil) se brise ou se complique dans les miroirs aquatiques hallucinés des *Glaçons* à Bennecourt (1893-1894), reprises variées — et beaucoup plus évoluées — de la série déjà fort intéressante sur la *Débâcle* de 1880. Le miroir est indubitablement une métaphore fondatrice dans le (et du) travail de Monet. On peut même dire que l'eau a représenté pour lui, dès la fin des années soixante, la possibilité d'introduire dans le tableau un élément réfléchissant, un regard qui rebondit pour retourner, vaincu, à son point de départ. On sait, du reste, le rôle qu'a joué l'idée de miroir dans toute l'histoire de l'art, à partir de Van Eyck. « Ce n'est pas un hasard, par exemple — écrit Maurice Merleau-Ponty — si souvent dans la peinture hollandaise (et dans beaucoup d'autres), un intérieur désert est « digéré » par « l'œil rond du miroir ». Ce regard préhumain est l'emblème de celui du peintre » car le miroir a lui aussi « surgi sur le circuit ouvert du corps voyant au corps visible ».

Le *regard du peintre* n'est pas, pour Monet, la vision normale que les hommes portent sur le monde : il oscille plutôt entre une crise de l'œil et un désir d'immersion, deux exigences qui mettent en lumière la présence de l'utopie. Or il faut souligner la complémentarité de ces pôles de « tension vers l'impossible » : à mesure que la crise de l'œil progresse — que la difficulté de concevoir le tableau comme une lecture du réel apparaît de plus en plus clairement — l'épaisseur de la toile augmente.

On le sent bien dans la *Cathédrale de Rouen* ; dans ses versions, par exemple, du musée de Boston et de celui de Cardiff. Le spectre du visible (une place banale, la façade solaire d'un édifice gothique) s'y mue en un baroque conglomérat de coulées de lave, un processus de formation géologique, une trame de stalagmites et de stalagtites, évoquant la genèse du monde ! Cette crise de la vision se manifeste également dans les « fausses vues » du *Mont Kolsaas en Norvège* (1895), où l'effigie sombre et compacte de la montagne obstrue l'espace virtuel, bloque la toile sur des masses de pigments blancs, gris et noirs qui la divisent en larges zones, lui imposent une épaisseur, instaurent des renvois internes à la surface, mais n'arrivent fondamentalement plus à la connecter avec l'objet évoqué par le titre.

Ces conditions de lumière et d'atmosphère qui ne semblaient promettre, au début de la carrière de Monet, que de grandes conquêtes optiques, concourent désormais à entraver la perception de la nature. Voyez la tragique uniformité de substance, la muraille de couleur muette engendrée par les intempéries dans *La Pluie, Pourville* de 1896. Un aveuglement similaire revient dans les répliques de 1896-1897 de la *Cabane de douaniers à Varengeville* (aussi appelée « maison du pêcheur »), si incroyablement éloignées des vues de 1882. Le cadrage est identique — l'artiste s'est certainement placé sur le même éperon rocheux — mais l'on croirait voir d'un côté des photographies du motif, de l'autre ses radiographies. Le tableau du Metropolitan Museum a viré au vert et au violet, celui de Cambridge au rose-cyclamen. Dans les deux — quoique surtout dans le deuxième — des blocs de couleur homogène prédominent, originellement associés à des « idées » de lumière qui se sont ensuite « éteintes » pour ne laisser que leur empreinte, c'est-à-dire des groupes clair-obscuraux autonomes et abstraits.

Un pas notable en direction d'une conceptualisation de la peinture s'opère avec la série des *Bras de Seine près de Giverny* et des *Matins sur la Seine* de 1896-1898. Comme souvent chez Monet à cette période, les chapitres de ce cycle vont de solutions quasi miraculeuses de persuasion descriptive (la version de 1896-1897 de Boston) à de véritables créations informelles (celle de Tokyo, 1898) en passant par de subtils jeux d'équilibre et des dissolutions partielles de l'image (celle de Raleigh, 1897). L'eau continue, en tant que miroir, à jouer un rôle important, se présentant alternativement comme un limpide mécanisme de duplication du dessin — élément de fascination qui mobilise, de fait, les vertus rhétoriques du tableau — ou comme un tourbillon confus d'implosion de matière. Dans la version de Boston de 1896-1897, l'horizon du fleuve coupe la toile en deux parties égales, la divisant à peu près en « réalité réelle » (représentée) en haut, et « réalité fictive » (reflétée) en bas. Si l'on pouvait retourner ce tableau, on s'apercevrait qu'il est bien difficile de différencier ses deux moitiés, la seconde n'étant qu'un peu plus « agitée » (légèrement plus floue) que la première. Cela montre combien la tendance de l'observateur à « expliquer » les données visuelles (à interpréter la signification du miroir, en l'occurrence) prime sur toute ambiguïté de la surface. L'œil ne voit pas sans que l'intellect corrige.

Le Pont de Waterloo (1900) du musée de Santa Barbara parvient, en profitant de l'incendie jaune qu'un rayon de soleil fait éclater sur les eaux de la Tamise, à fondre en une unique vision les exquises apparences violacées de la *Seine* de Raleigh et le prodigieux fourmillement de touches de celle de Tokyo. Monet file ses métaphores en zigzag, estompant les masses des figures ou les exaltant et les torturant au moyen de signes vivaces. Dans les multiples versions du *Bassin aux nymphéas, le pont japonais* exécutées de 1899 à 1900, cette lèpre de la couleur prend le dessus. Elle éclate en une myriade de teintes aux contrastes violents, où les fioritures de pétales, de lianes, de feuilles, d'herbes, de reflets compliqués dans les interstices liquides de l'image sont prétexte à de fébriles coups de brosse et de spatule. Le chaos de la perception redevient chaos de la nature, mais d'une nature spéciale, conçue tout exprès par l'artiste-jardinier qui a laissé pousser dans l'étang et sur ses berges un monceau de « sensations picturales ». Là encore, Monet confirme son besoin d'un modèle, son incapacité à s'en passer, fût-ce en vue d'une opération langagière qui, par vocation intime, tend à l'annulation du rapport entre le tableau et le monde. Et, une fois de plus, l'artifice de la variation — désormais indépendante des sources lumineuses elles-mêmes — contribue à la disparition de la vérité présumée du sujet en faveur d'une « vérité du tableau » de plus en plus palpable.

Du vert généralisé (monochrome informel) de l'exemplaire de Londres au creuset de rouges, de lilas, de jaunes et de violets de la toile de Boston, une ardente fantasmagorie élève l'œuvre au rang de machine capable de recréer le monde. Dans *Le Jardin de Monet, les iris* (1900), la transfiguration chromatique est si flagrante qu'elle rend le titre ambigu : le « jardin de Monet » est-il ce lieu terrestre où l'artiste s'occupe de fleurs et de plantes, ou bien le lieu-même de sa créativité, le « jardin » de ses tableaux... et, à plus forte raison, la toile qui porte ce titre ?

Les *Vues de la Tamise* de 1904 sont bien plus suggestives, pour ne pas dire féeriques. Signalons entre toutes un *Parlement, coucher de soleil* qui se trouve dans une collection particulière : hagard et incandescent, il atteint, dans l'écaillement de sa couleur — pour les deux taches rouges du ciel et du fleuve surtout — la force d'un des derniers chefs-d'œuvre du Titien (*Le Supplice de Marsyas* de Kromeriz ou l'*Annonciation* de San Salvatore à Venise, par exemple). Vus de près, ces vastes foyers semblent relater un événement sanguinaire, mythique ou métaphysique : une tragique blessure de lumière au cœur d'une lugubre journée. Comme dans les autres toiles du cycle, les édifices du fond sont indiqués par une ombre aux contours en dent de scie (la crénelure gothique des *Houses of Parliament*), ensemble ténébreux devant lequel, par contraste, les réverbérations du soleil s'illuminent parfois de jaune.

En contrepoint au brouillard londonien, on trouve en 1908 les clairs panoramas de Venise. Mais à bien y regarder, ils ont quelque chose de malade, de malheureux ; même les vues du *Palais Contarini*, où prédomine une tonalité violette qui communique instantanément l'atmosphère de deuil dans laquelle baigne la cité. Et les images du *Grand Canal et de l'église de la Salute*, pourtant veinées de pâles éclats roses sur de délicates harmonies bleues, ne sont pas moins mélancoliques. Il s'agit, naturellement, de superbes essais... mais ils esquissent tout de même une involution, une phase de repli par rapport au chemin parcouru pendant les vingt années précédentes, car ils renient, en partie au moins, ce dépassement de la figuration qui fait de Monet un véritable artiste du XXe siècle.

Une comparaison aidera à mieux comprendre la nature du problème : dans la petite série de *Nymphéas, paysages d'eau* de 1907 apparaissent en effet très clairement les nouvelles caractéristiques que le peintre impose à l'image. Quoique jouant — comme toujours — sur les singularités du sujet, Monet y manifeste sa volonté de concevoir la toile comme un simple support au déploiement de formes et de couleurs, une libre géographie dont les régions internes, plus ou moins compactes ou effrangées, ne font qu'indirectement allusion aux feuilles et aux corolles des nymphéas, à l'eau, aux plantes. Pire, on ne s'aperçoit qu'à grand peine, et seulement après quelques minutes d'observation, que les grandes taches du fond (brun-rougeâtre dans une version, vert-bleu dans une autre) sont des reflets sur l'étang et ont donc — probablement ! — leur origine dans les frondaisons des arbres alentour. La portion d'eau qui redouble le ciel est, en revanche, jaune sur les deux toiles (de deux jaunes différents, bien sûr). On s'y retrouve difficilement... car Monet a employé pour la première fois l'*escamotage*, qu'il n'abandonnera plus et qui lui permet de ramener la surface picturale à un miroir miraculeux où se reflète non plus la nature, mais la pure « intelligence formelle » de l'artiste, son besoin de ménager de l'espace à l'espace, de tracer des frontières, de fermer ou d'ouvrir des zones, de séparer et de réunir. Il a, en pratique, aboli la ligne d'horizon : un axe optique orienté de haut en bas relève l'étang de manière à faire « sombrer » la vision à l'intérieur de ses limites. On ne voit que de l'eau ou, si vous préférez, que ce qui dans l'eau vit, croît, prolifère et se reflète. La force de cette solution (à la fois de forme et de fond) est telle que Monet n'aura désormais plus ni raison ni désir d'en changer. Jusqu'à la fin, il n'y aura plus, pour lui et son pinceau, qu'un étang, des reflets et des nymphéas.

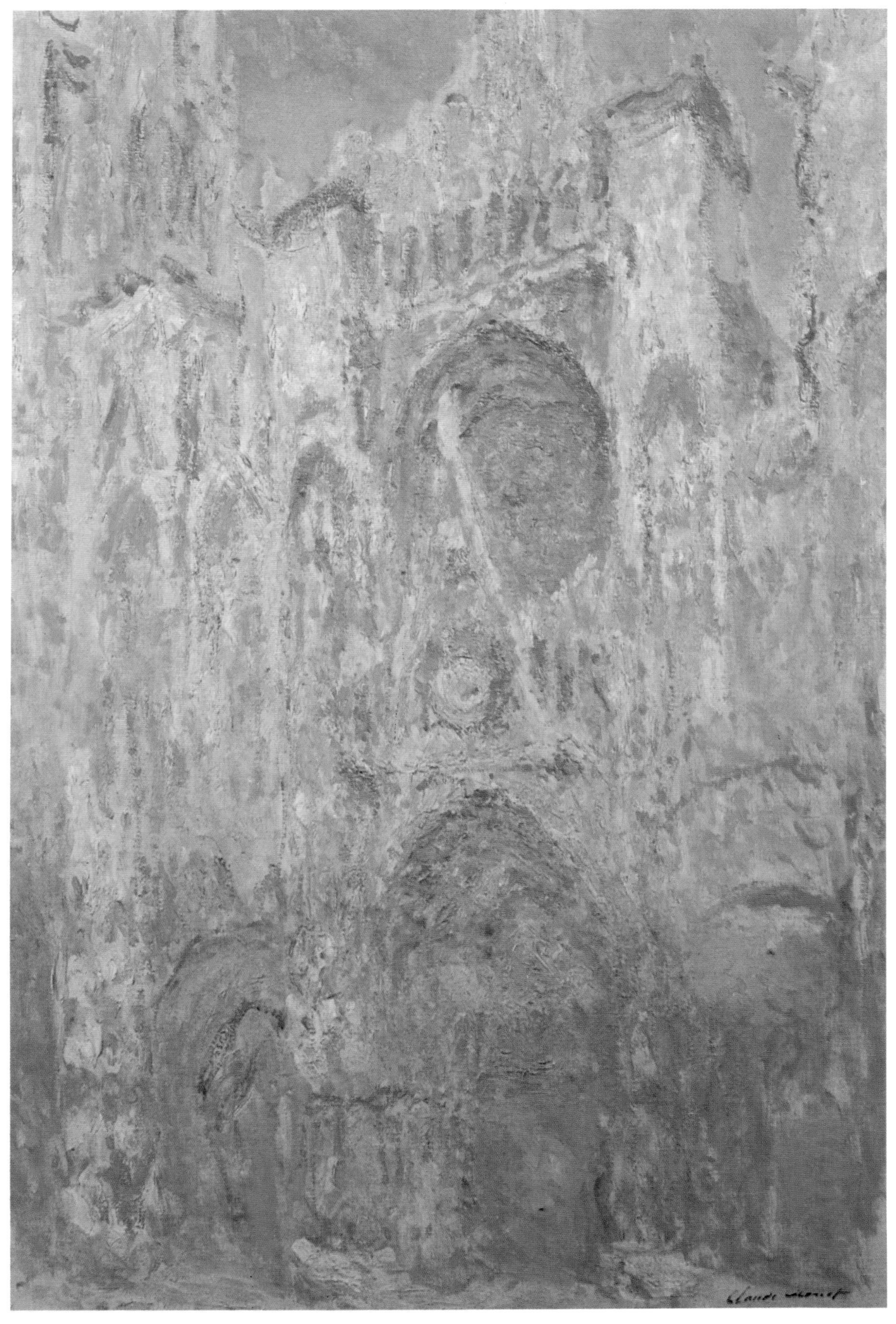

◆ Cathédrale de Rouen ; effet du soleil, fin de journée, *Rouen, 1892-1894 ; huile sur toile ; 100 x 65 cm ; signé ; musée Marmottan, Paris.*

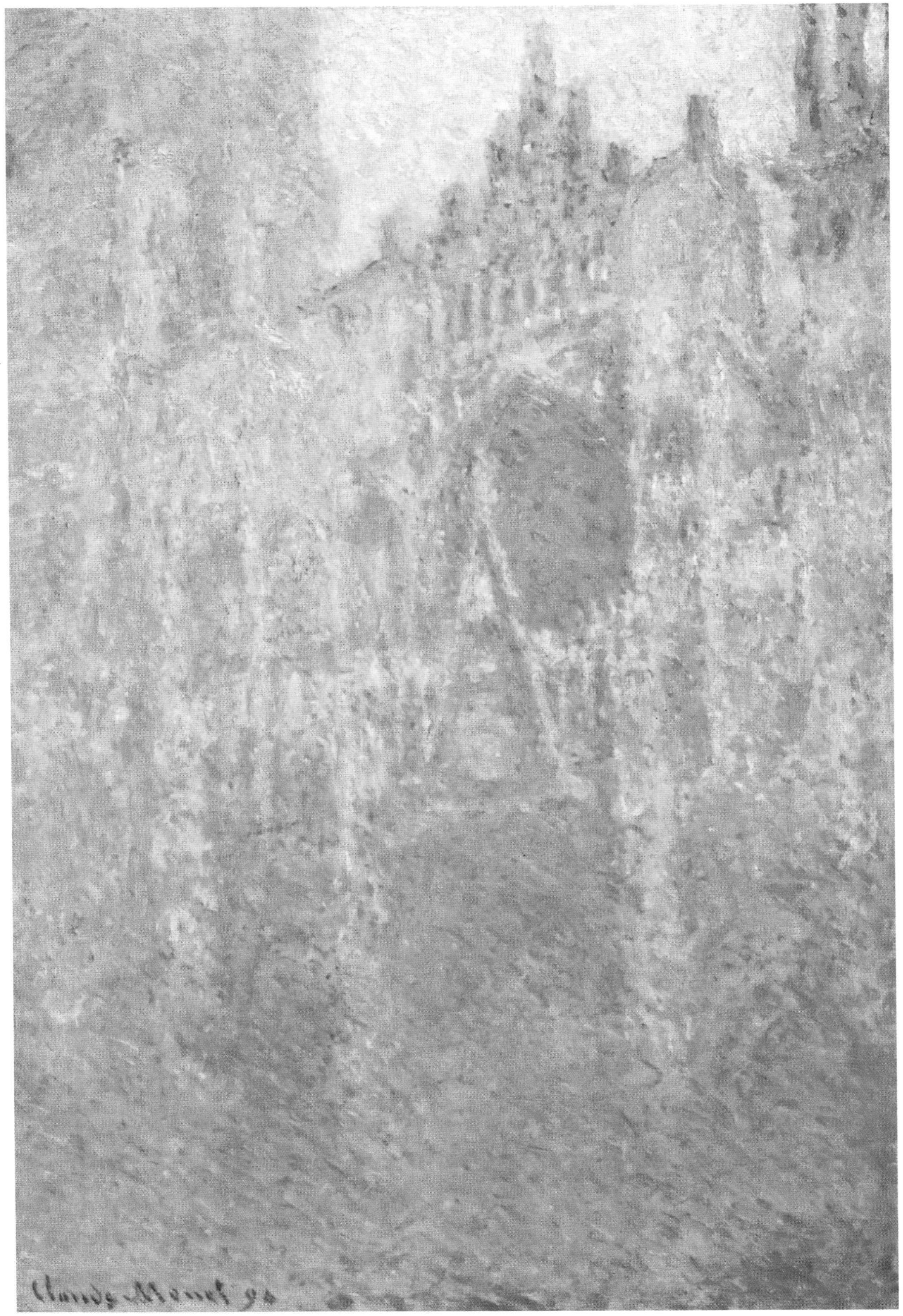

◆ Cathédrale de Rouen ; le portail, brouillard matinal, *Rouen, 1892-1894 ; huile sur toile ; 100 x 65 cm ; signé et daté (1894) ; Museum Folkwang, Essen.*

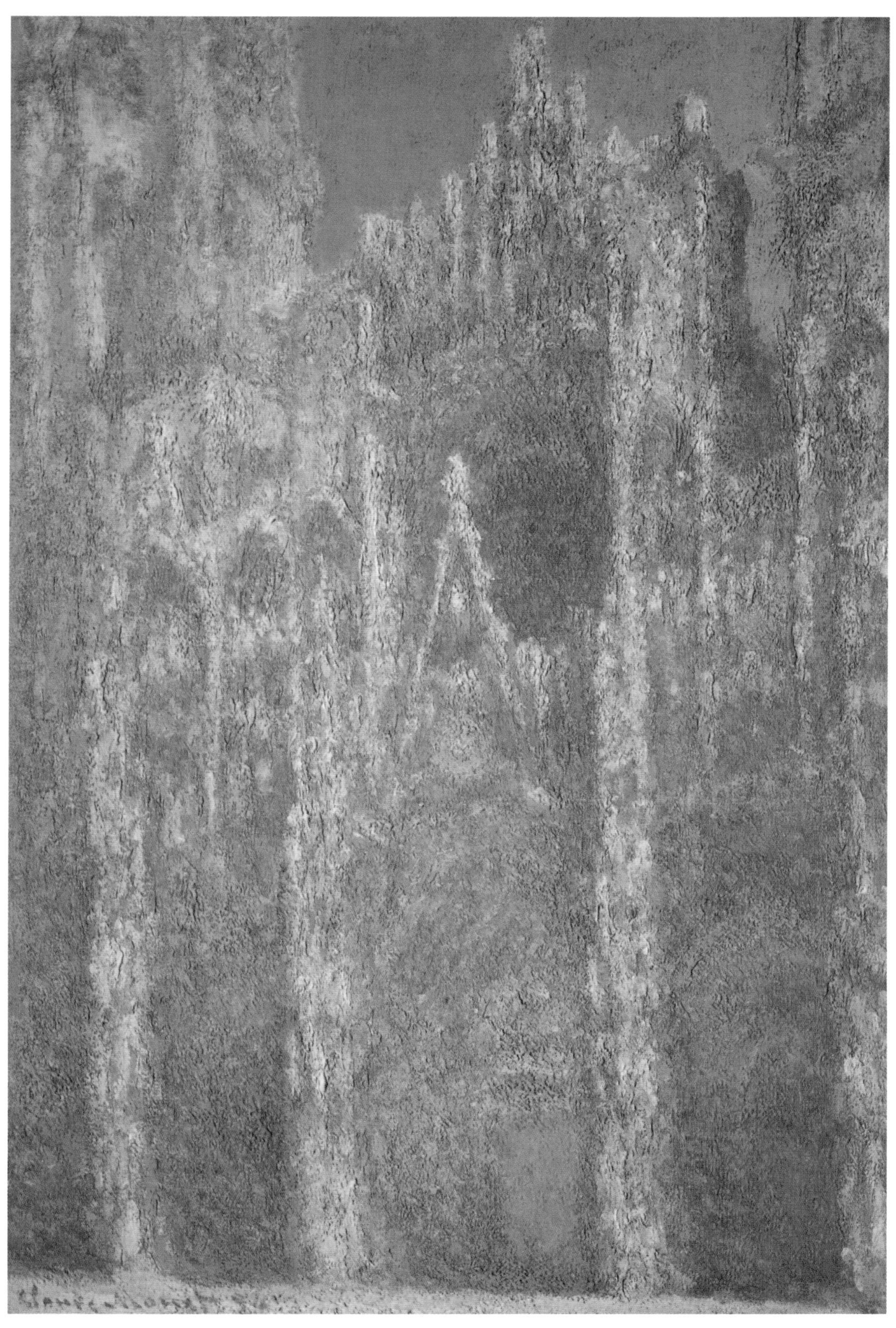

◆ Cathédrale de Rouen ; effet de soleil *(ci-dessus et détail ci-contre), Rouen, 1892-1894 ; huile sur toile ; 100 x 65 cm ; signé et daté (1894) ; Museum of Fine Arts, Boston.*

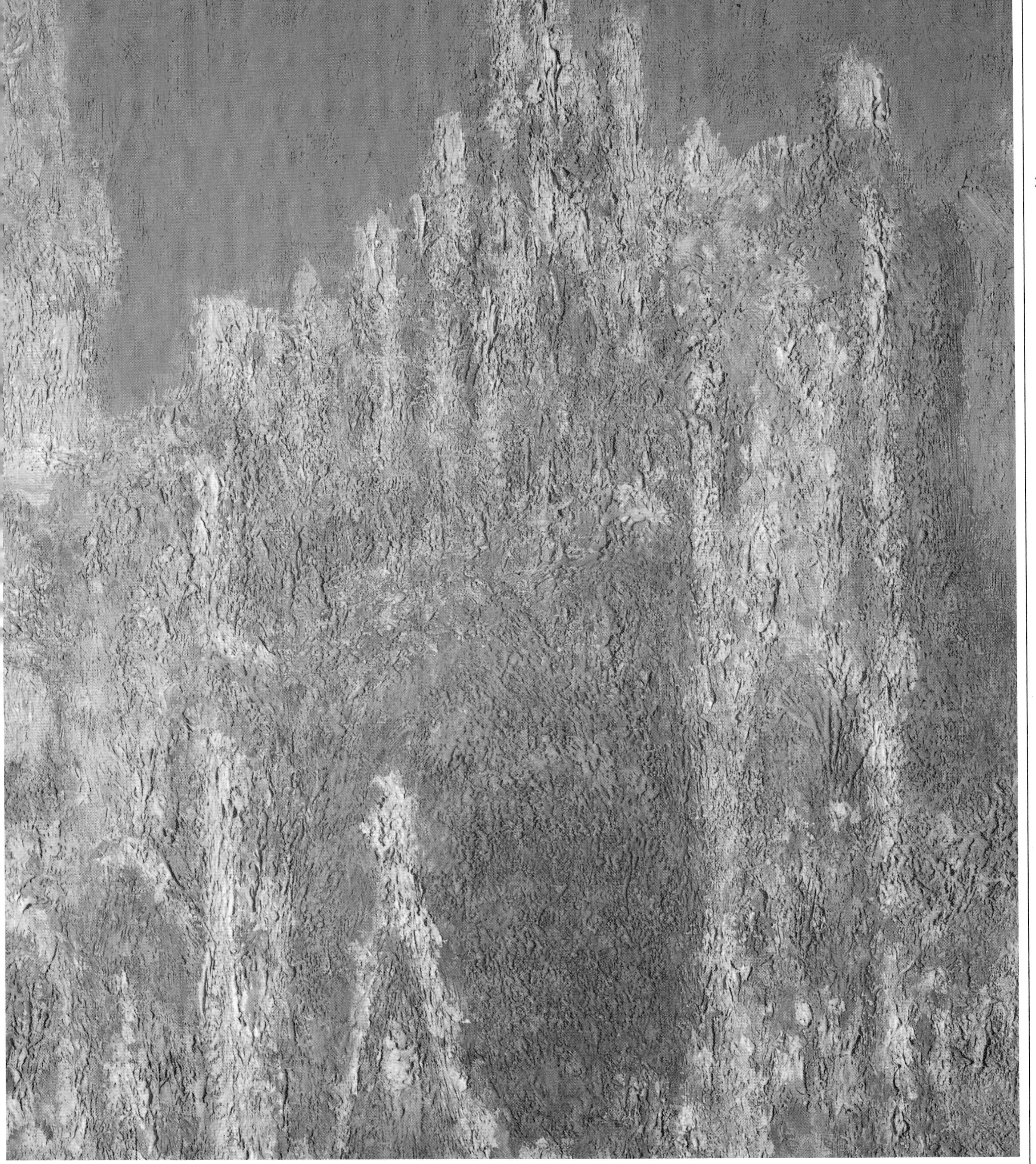

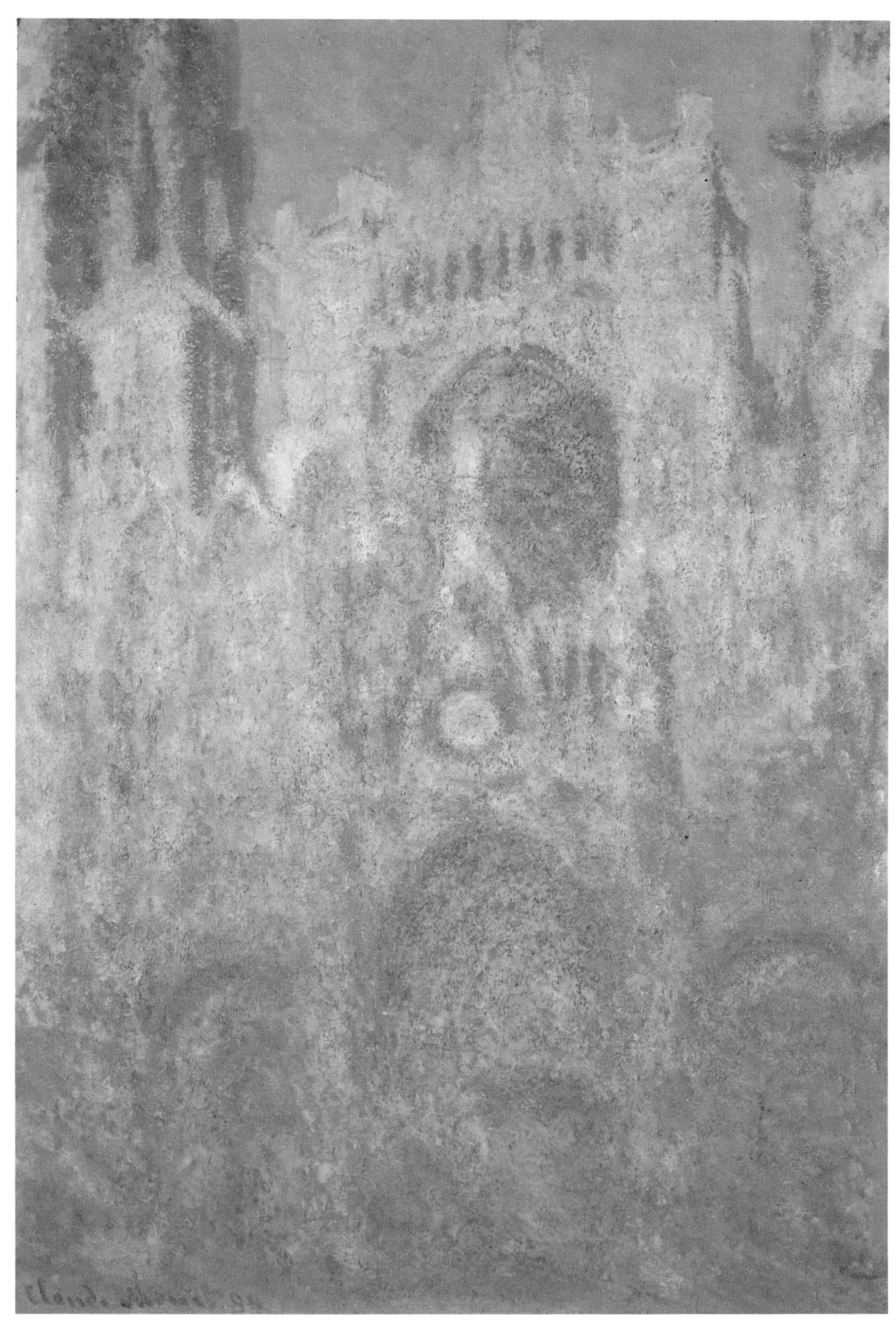

◆ Cathédrale de Rouen ; symphonie en gris et rose, *Rouen, 1892-1894 ; huile sur toile ; 100 x 65 cm ; signé et daté (1894) ; National Gallery of Wales, Cardiff.*

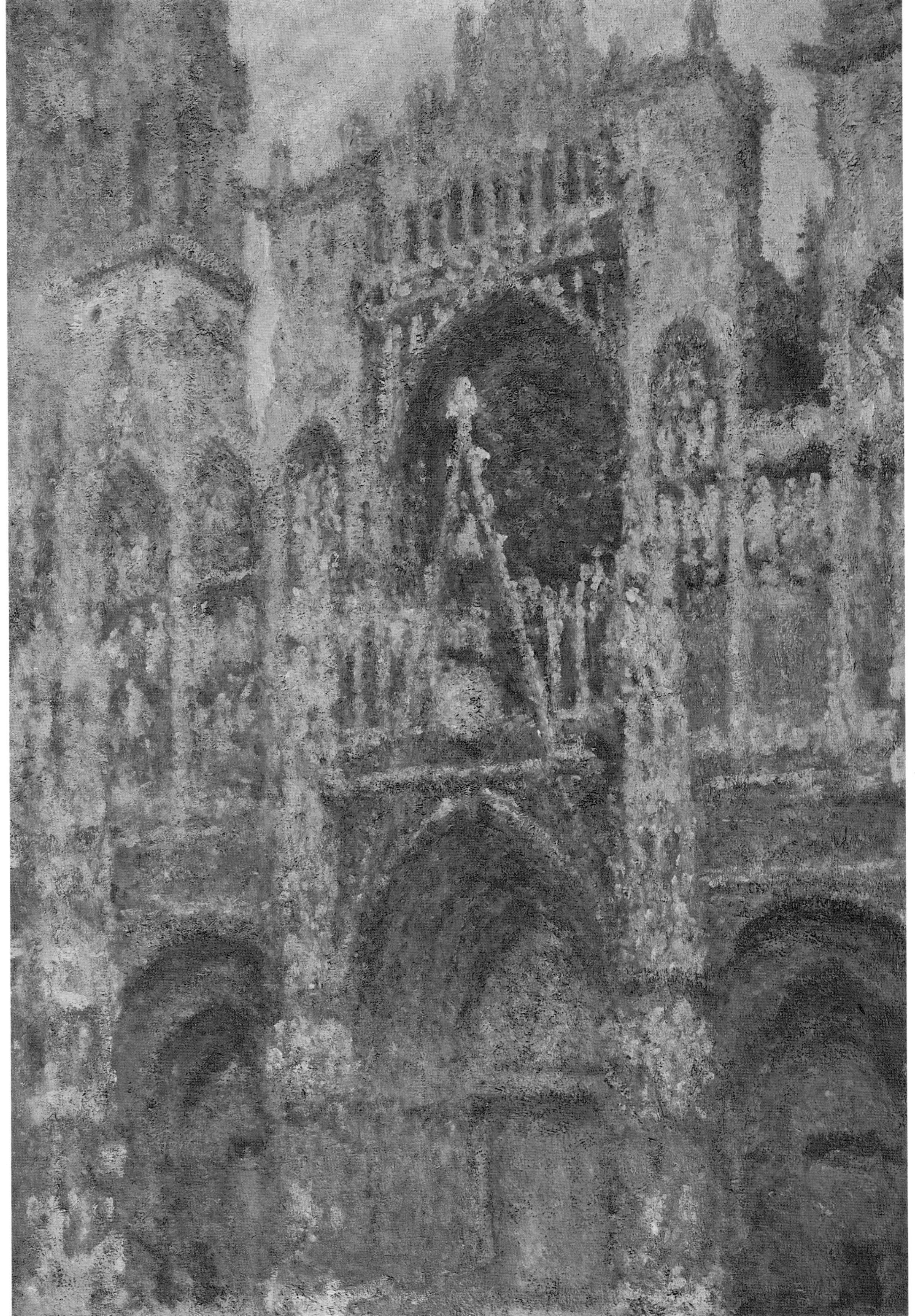

◆ Cathédrale de Rouen ; le portail, temps gris, *Rouen, 1892-1894 ; huile sur toile ; 100 × 65 cm ; signé et daté (1894) ; musée d'Orsay, Paris.*

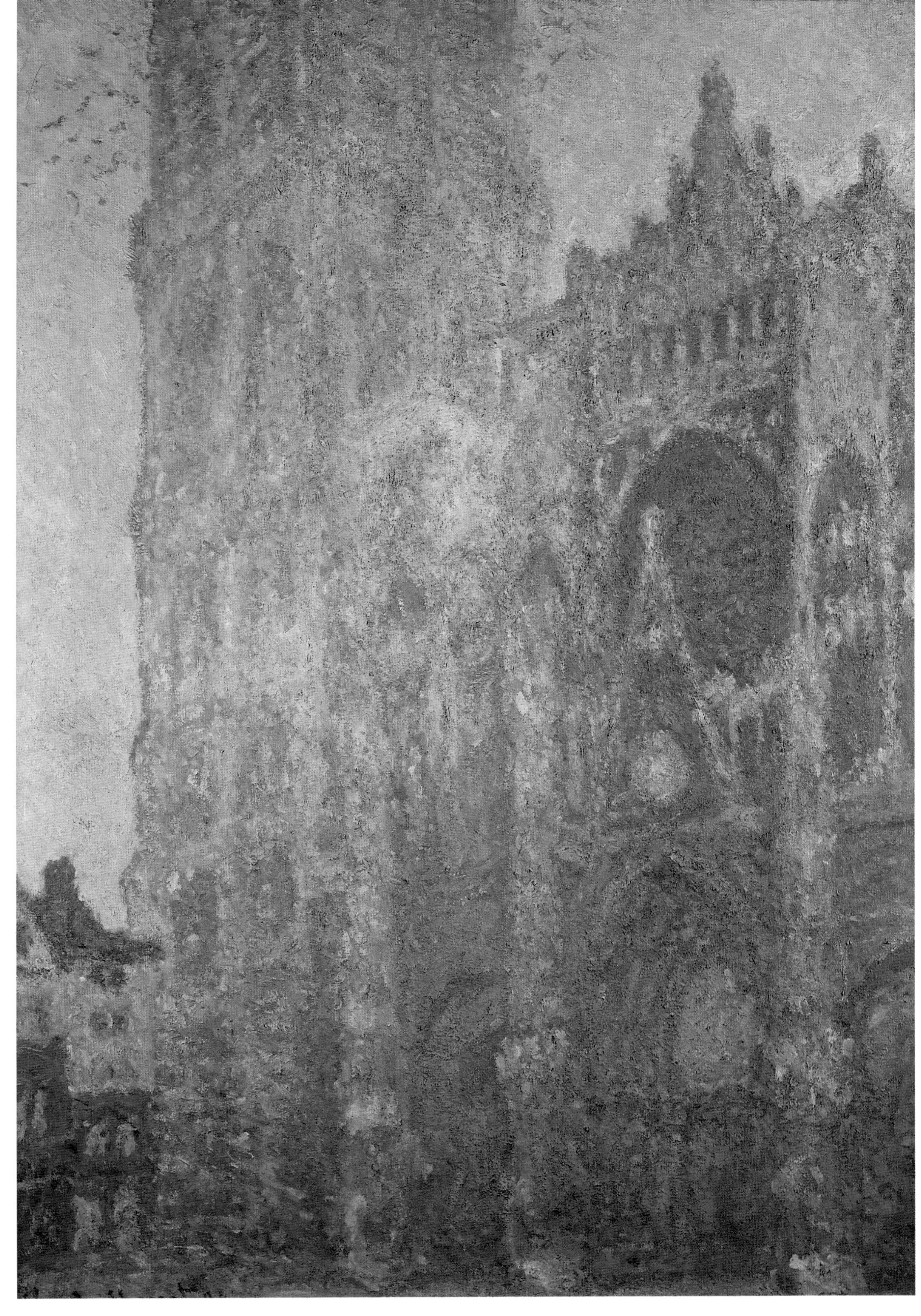

◆ Cathédrale de Rouen ; le portail et la tour Saint-Romain, effet du matin, *Rouen, 1892-1894 ; huile sur toile ; 106 × 70 cm ; signé et daté (1894) ; musée d'Orsay, Paris.*

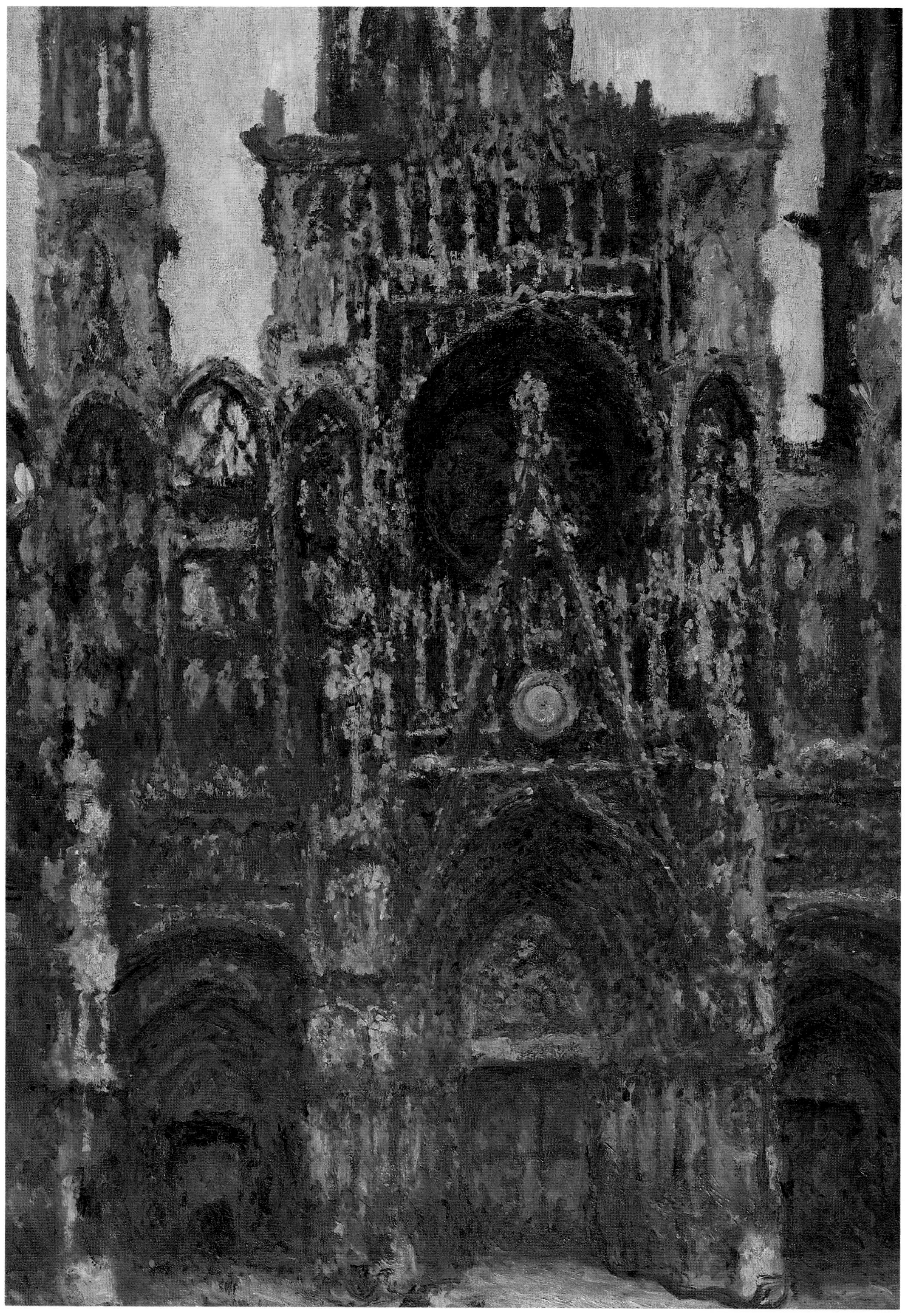

◆ Cathédrale de Rouen ; le portail vu de face, harmonie brune, *Rouen, 1892-1894 ; huile sur toile ; 107 x 73 cm ; signé et daté (1894) ; musée d'Orsay, Paris.*

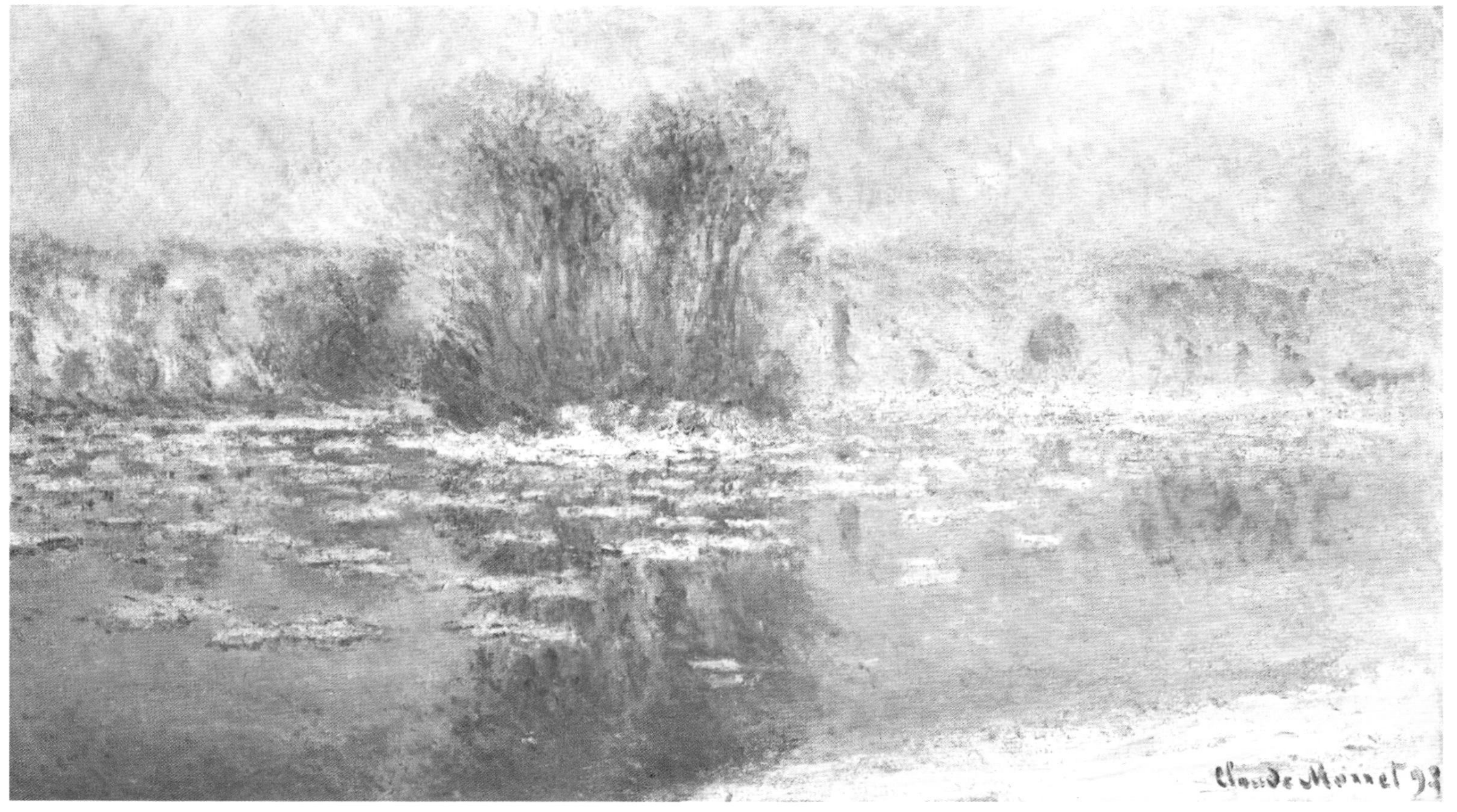

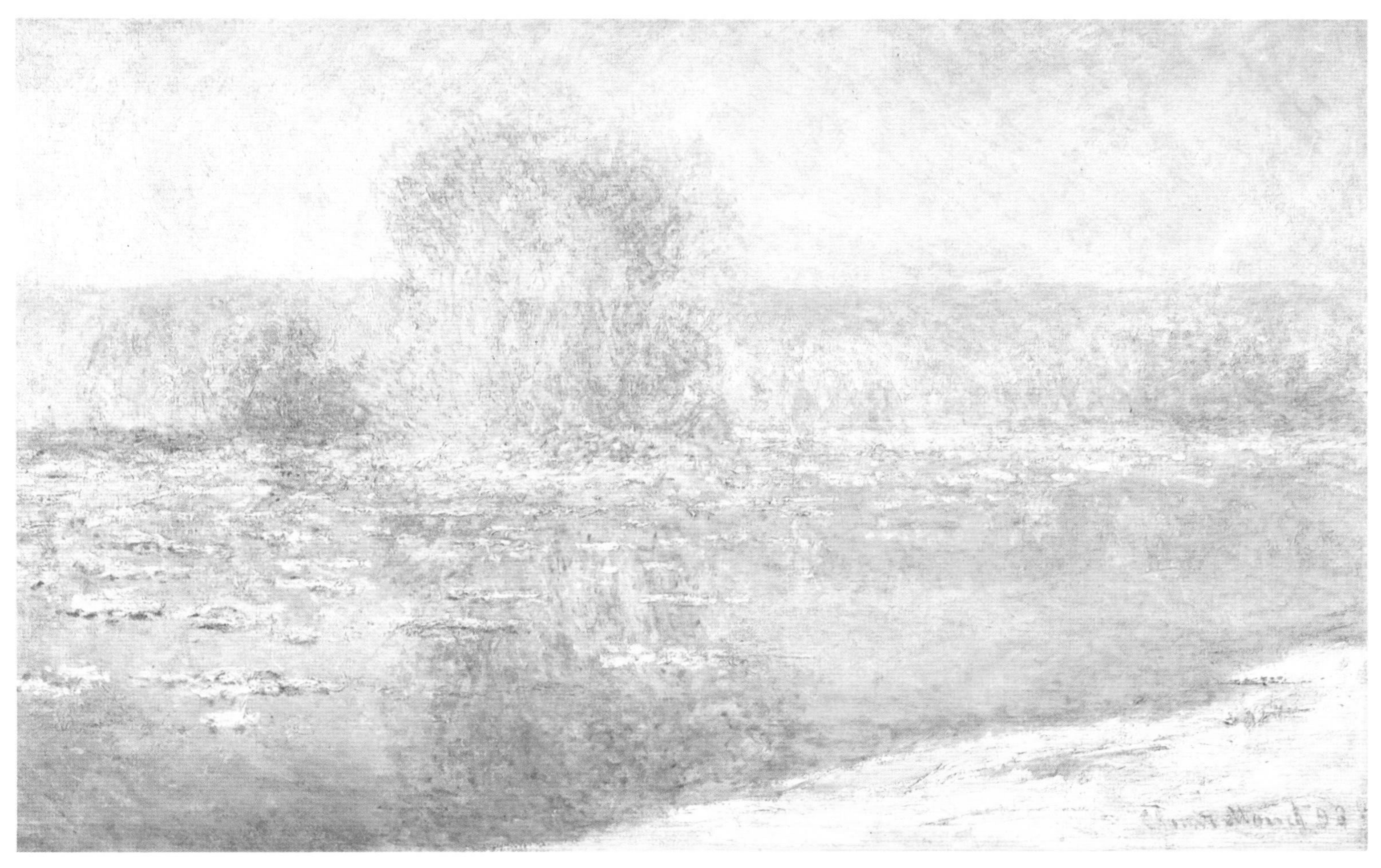

◆ Glaçons à Bennecourt *(en haut)*, *environs de Giverny, février 1893 ; huile sur toile ; 60 x 100 cm ; signé et daté ; collection particulière.*

◆ Les Glaçons, Bennecourt, *(en bas), environs de Giverny, février 1893 ; huile sur toile ; 65 x 100 cm ; signé et daté ; collection particulière.*

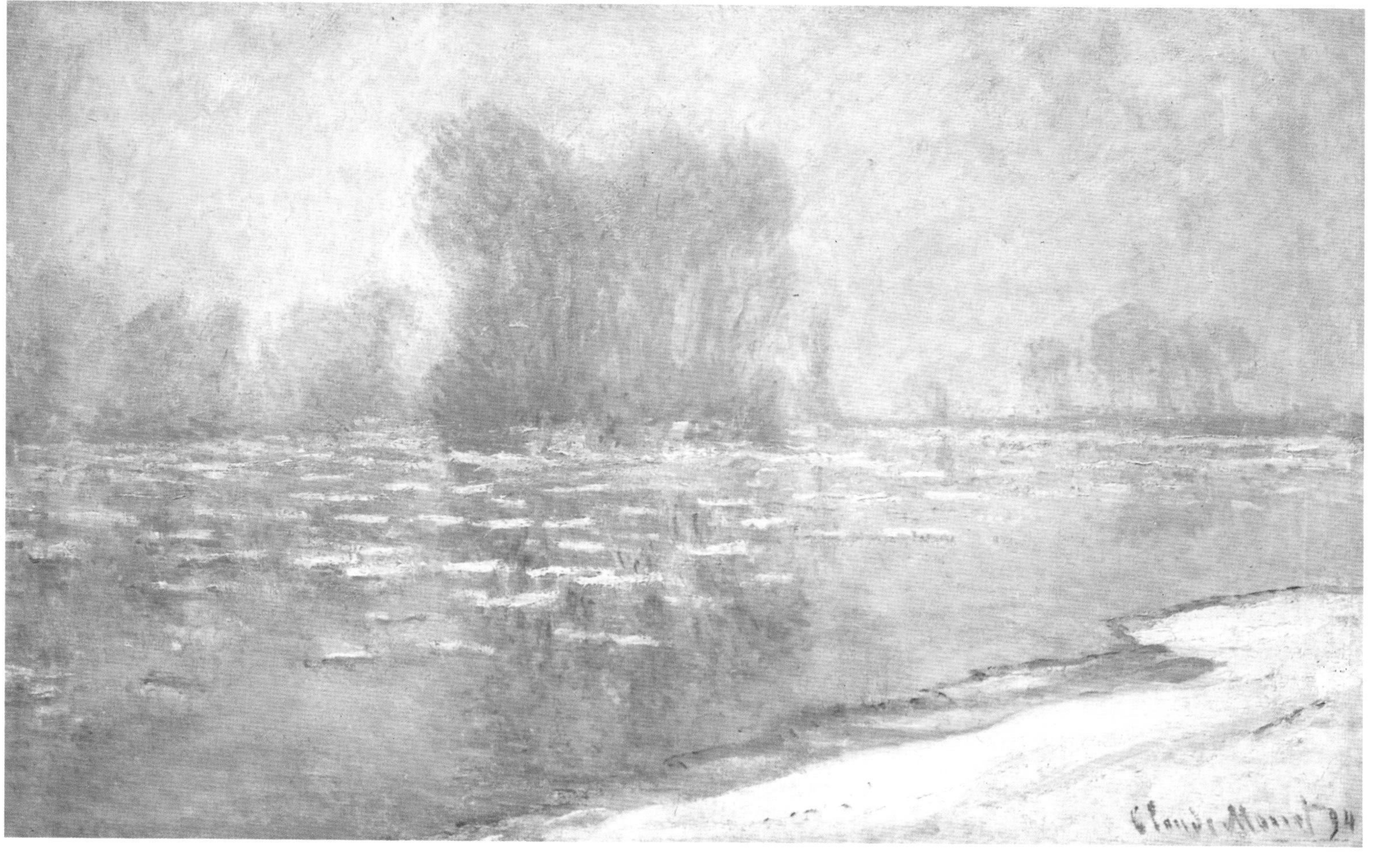

◆ Matin brumeux, débâcle, *Bennecourt, février 1893 ; huile sur toile ; 65 x 100 cm ; signé et daté (1894) ; Museum of Art, Philadelphie. Monet a probablement noté la date 1894 par erreur.*

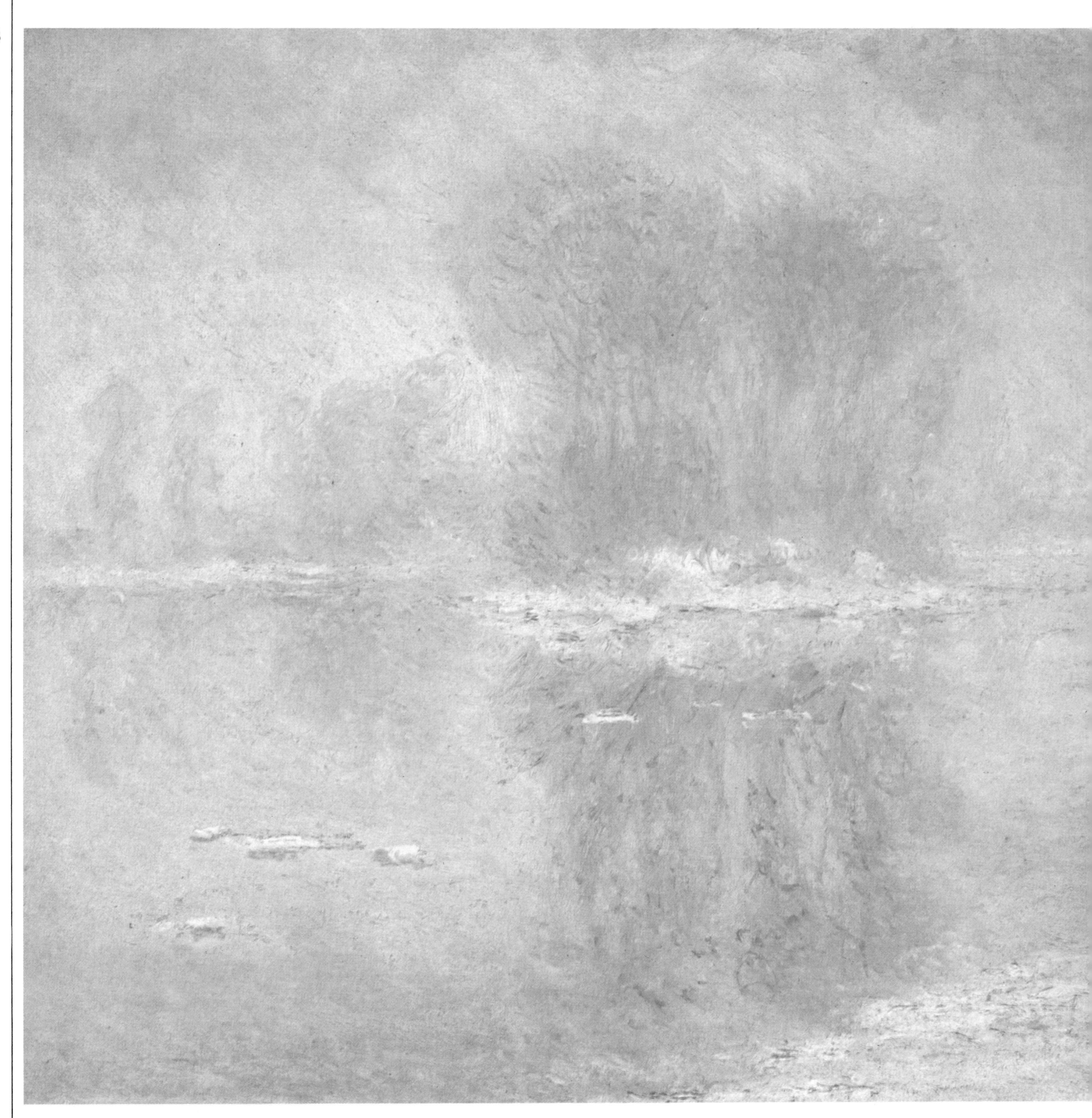

◆ Les Glaçons, *Bennecourt, février 1893 ; huile sur toile ; 65 x 100 cm ; signé et daté ; Metropolitan Museum of Art, New York.*
La brève série de Bennecourt reprend un thème abordé pendant l'hiver 1879-1880 et cher à Monet, y compris pour des raisons d'ordre symbolique. La débâcle lui permet en effet d'évoquer, après le gel, le pouvoir réfléchissant de l'eau (réapparition de l'image !) et le retour du fleuve à l'état liquide, mouvant, qui est un retour à la vie après la stagnation absolue et surréelle de la « mort blanche ».

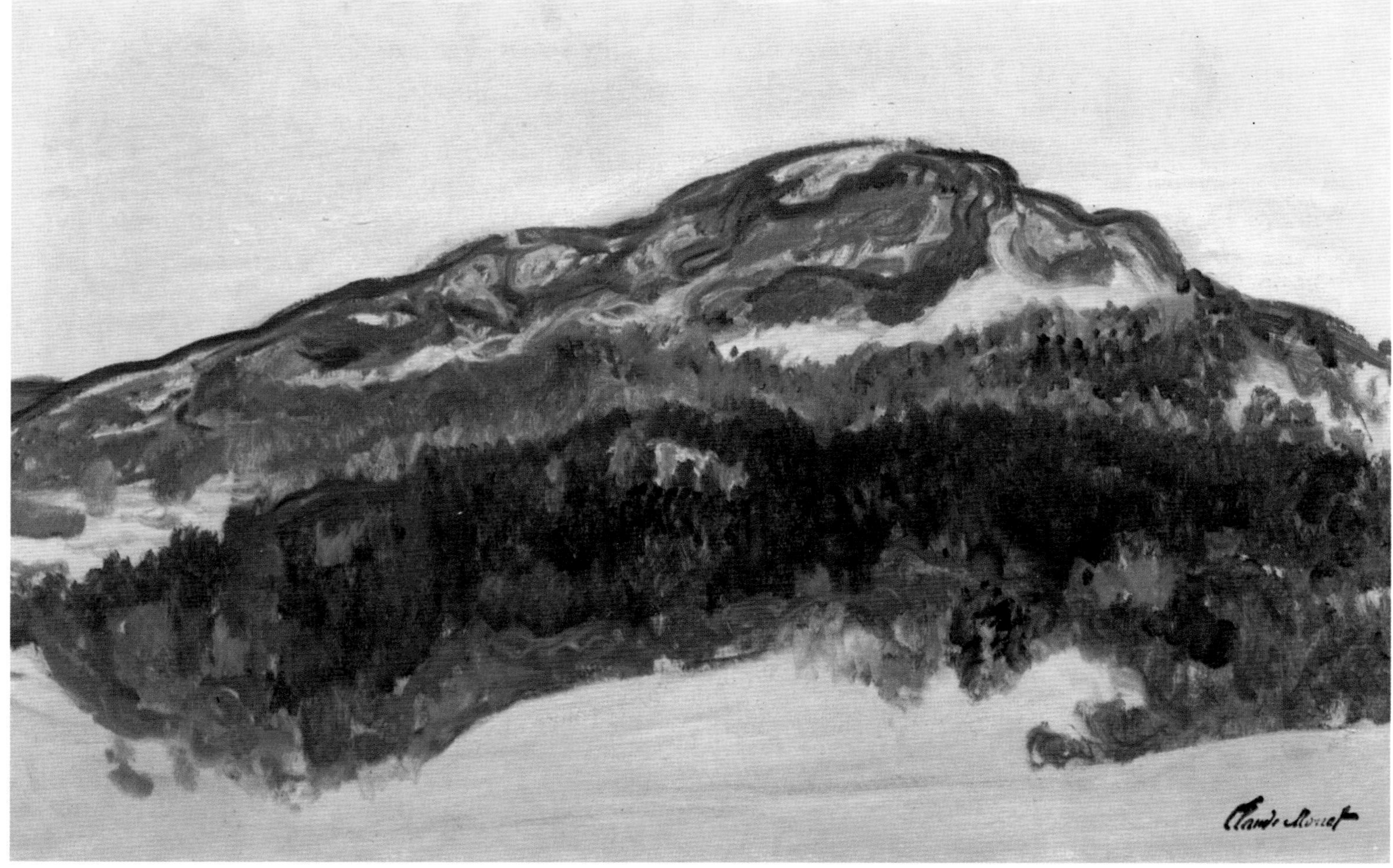
Claude Monet

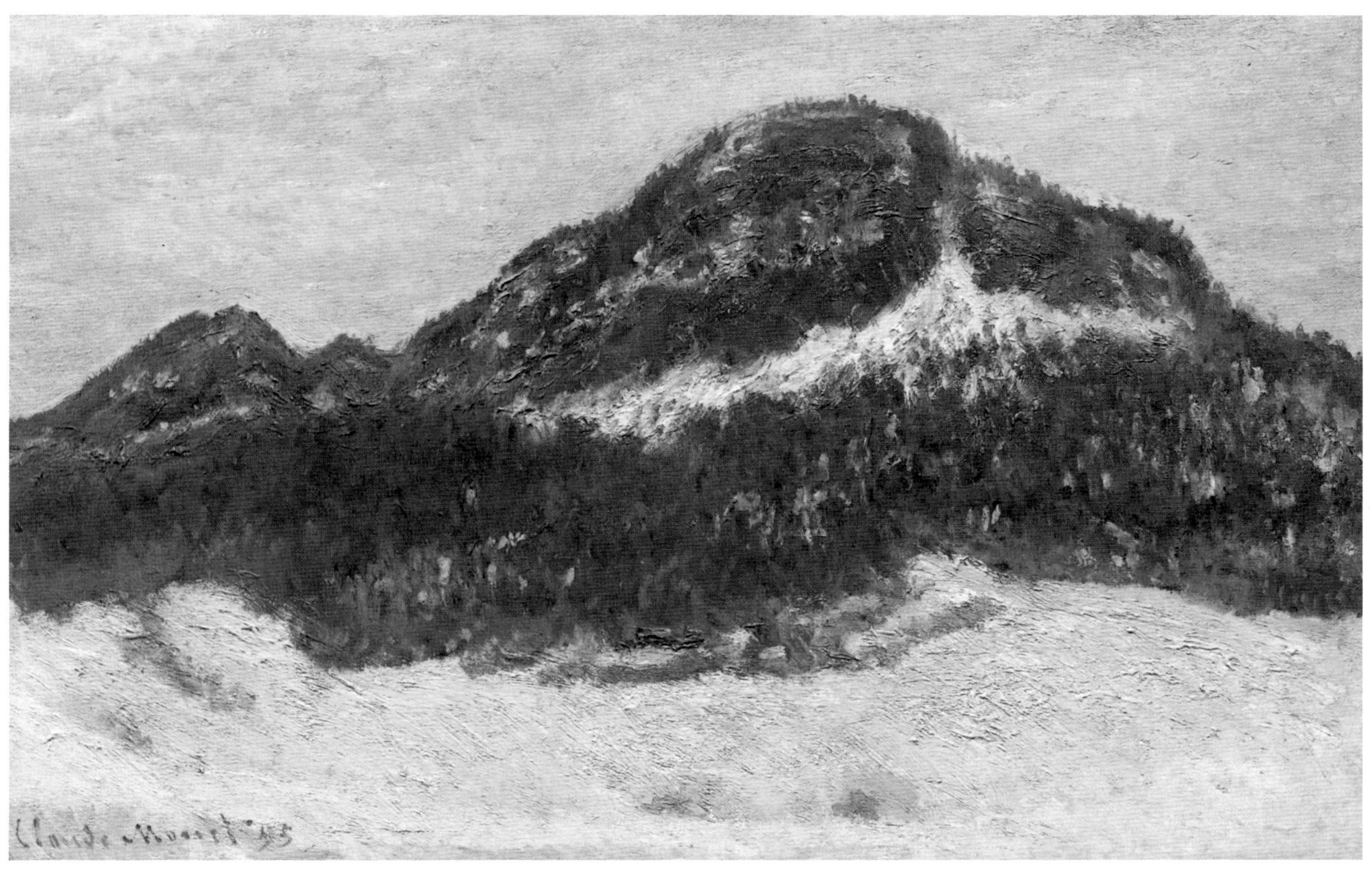
Claude Monet 95

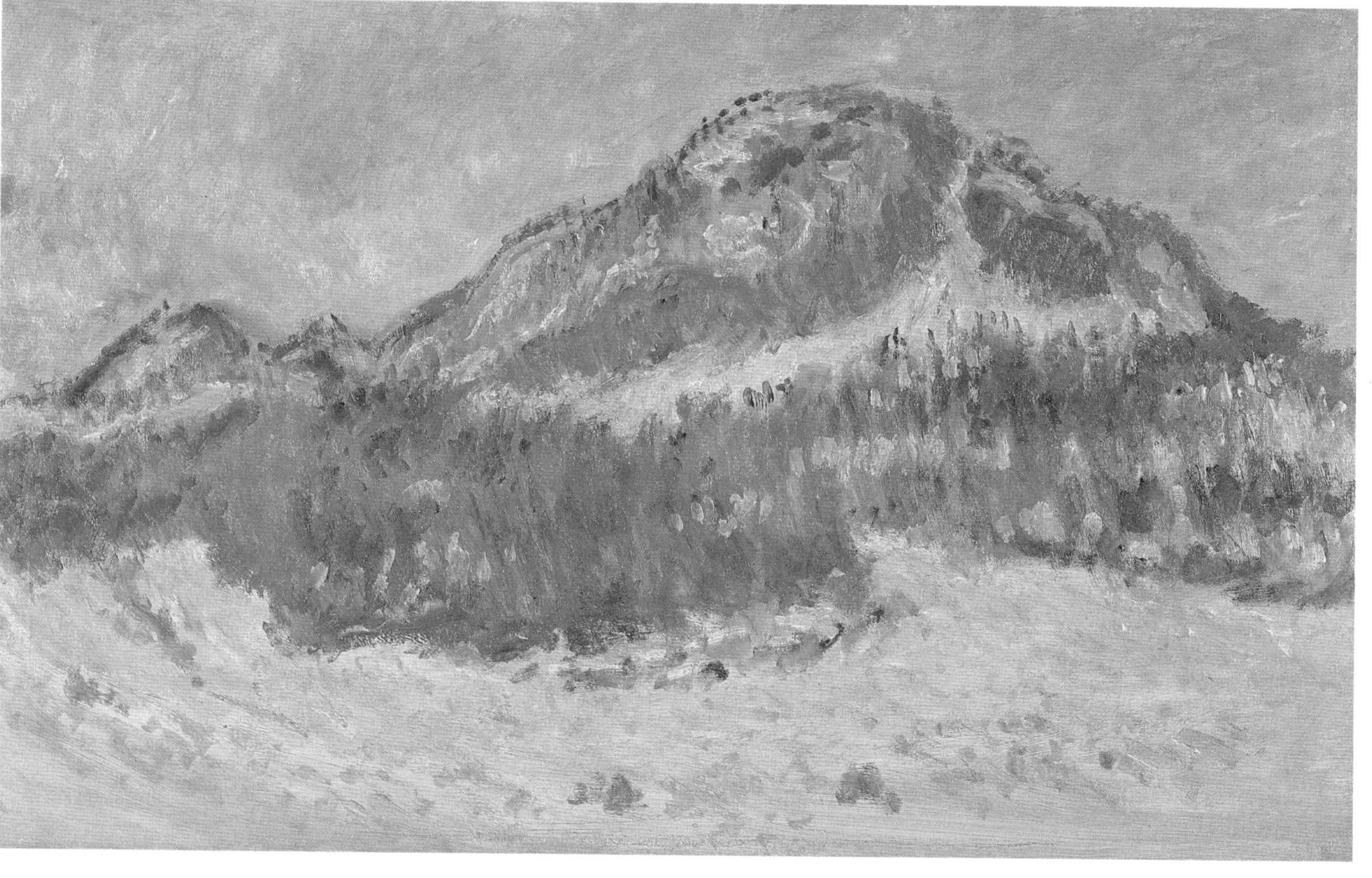

◆ Le Mont Kolsaas en Norvège, *(page ci-contre en haut), Sandviken (environs d'Oslo), février-mars 1895 ; huile sur toile ; 65 x 100 cm ; signé ; musée Marmottan, Paris.*

◆ Le Mont Kolsaas *(page ci-contre en bas), Sandviken (environs d'Oslo), février-mars 1895, huile sur toile ; 65 x 100 cm ; signé et daté ; collection particulière.*

◆ Le Mont Kolsaas, reflets roses, *Sandviken (environs d'Oslo), février-avril 1895 ; huile sur toile ; 65 x 100 cm ; musée d'Orsay, Paris.*

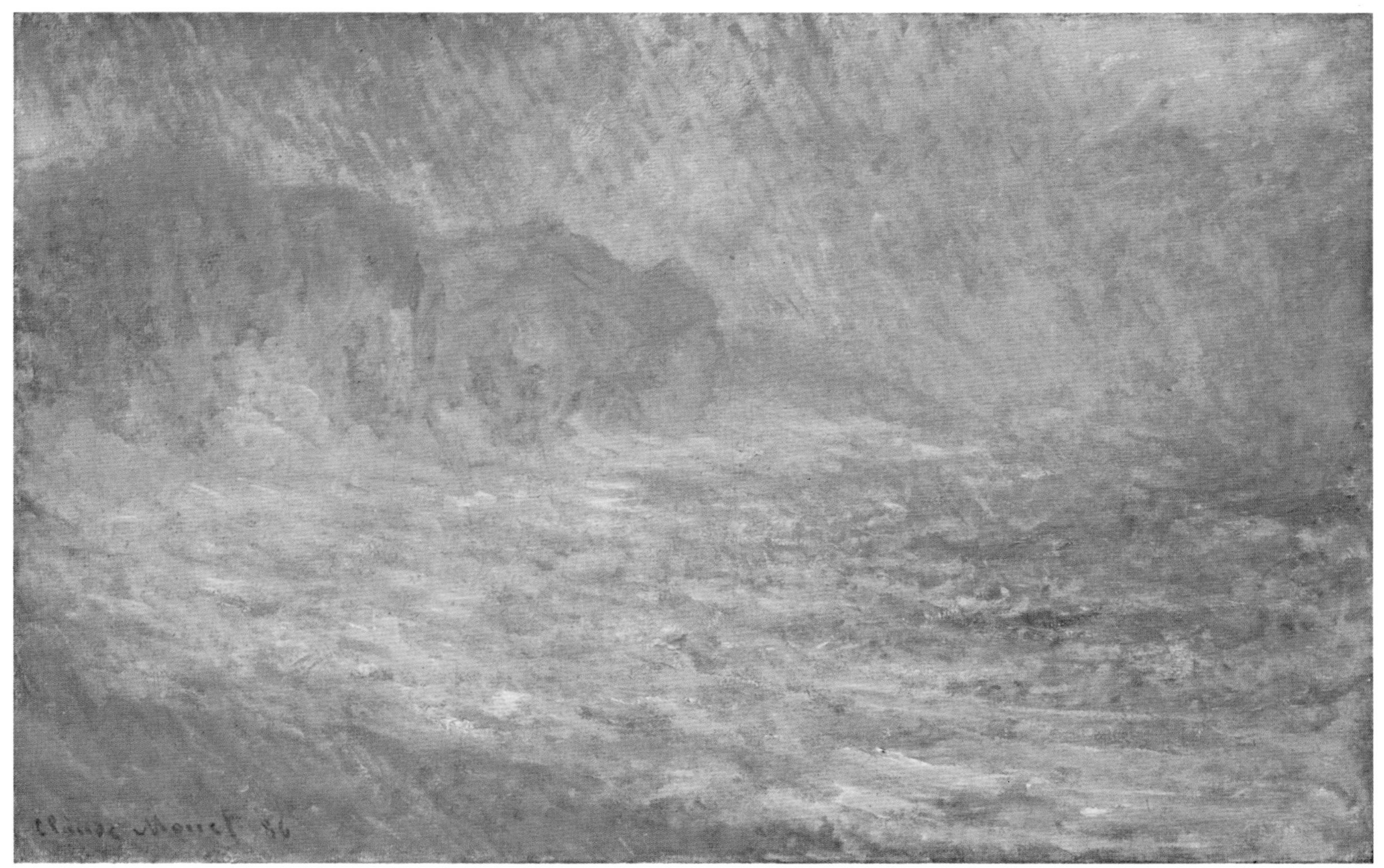

◆ La Pluie, Pourville, *Pourville, printemps 1896 ; huile sur toile ; 65 × 100 cm ; signé et daté (1886) ; collection particulière. La date apposée par l'artiste est sans doute l'effet d'une distraction.*

◆ Falaises de Pourville, le matin *(page ci-contre en haut) ; Pourville, 1896-1897 ; huile sur toile ; 65 × 100 cm ; signé et daté (1897) ; collection particulière. Certainement commencé au printemps 1896.*

◆ Falaise de Pourville, le matin *(page ci-contre en bas), Pourville, 1896-1897 ; huile sur toile ; 65 × 100 cm ; signé et daté (1897) ; musée des Beaux-Arts, Montréal. Certainement commencé au printemps 1896.*

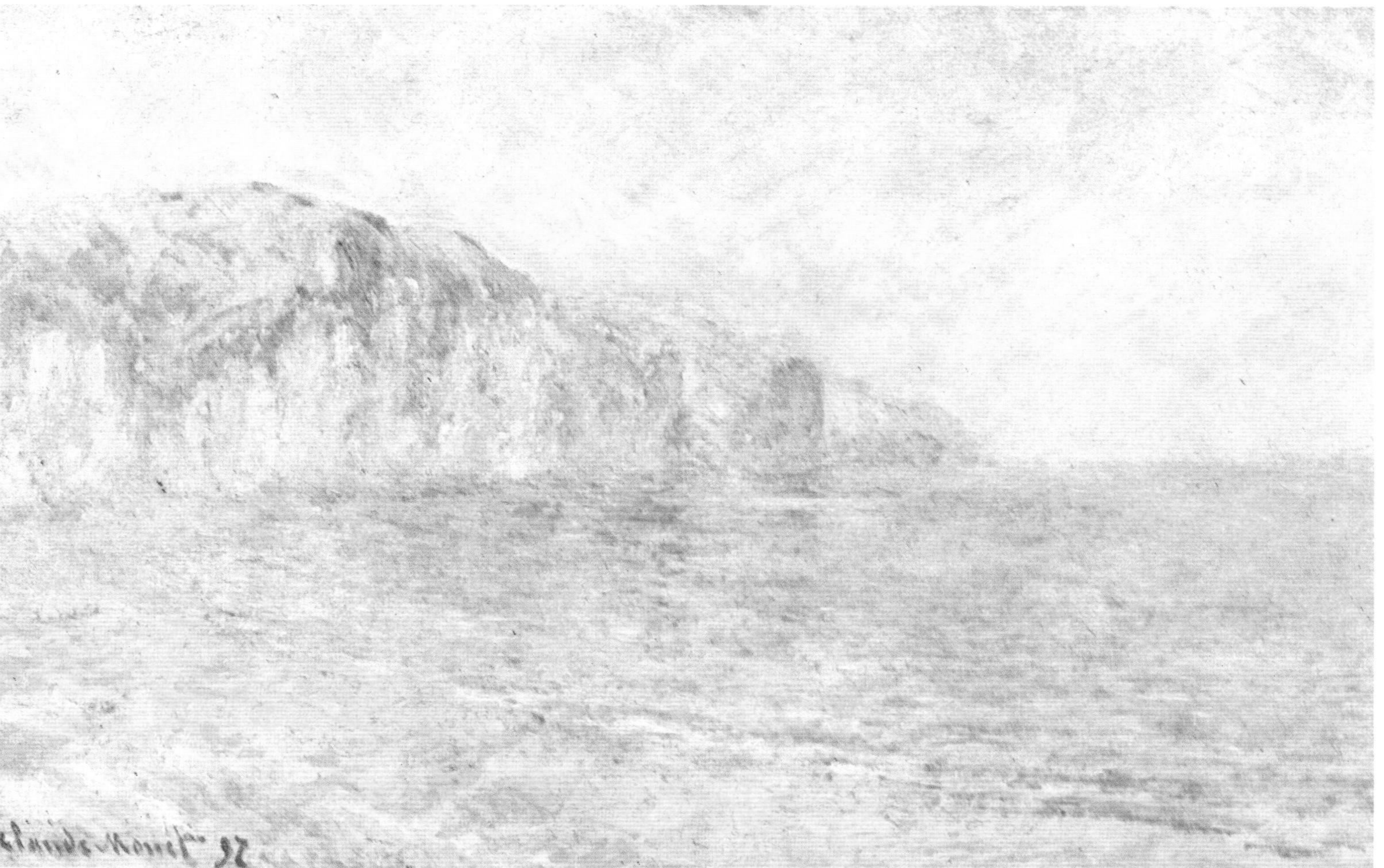
Claude Monet 97

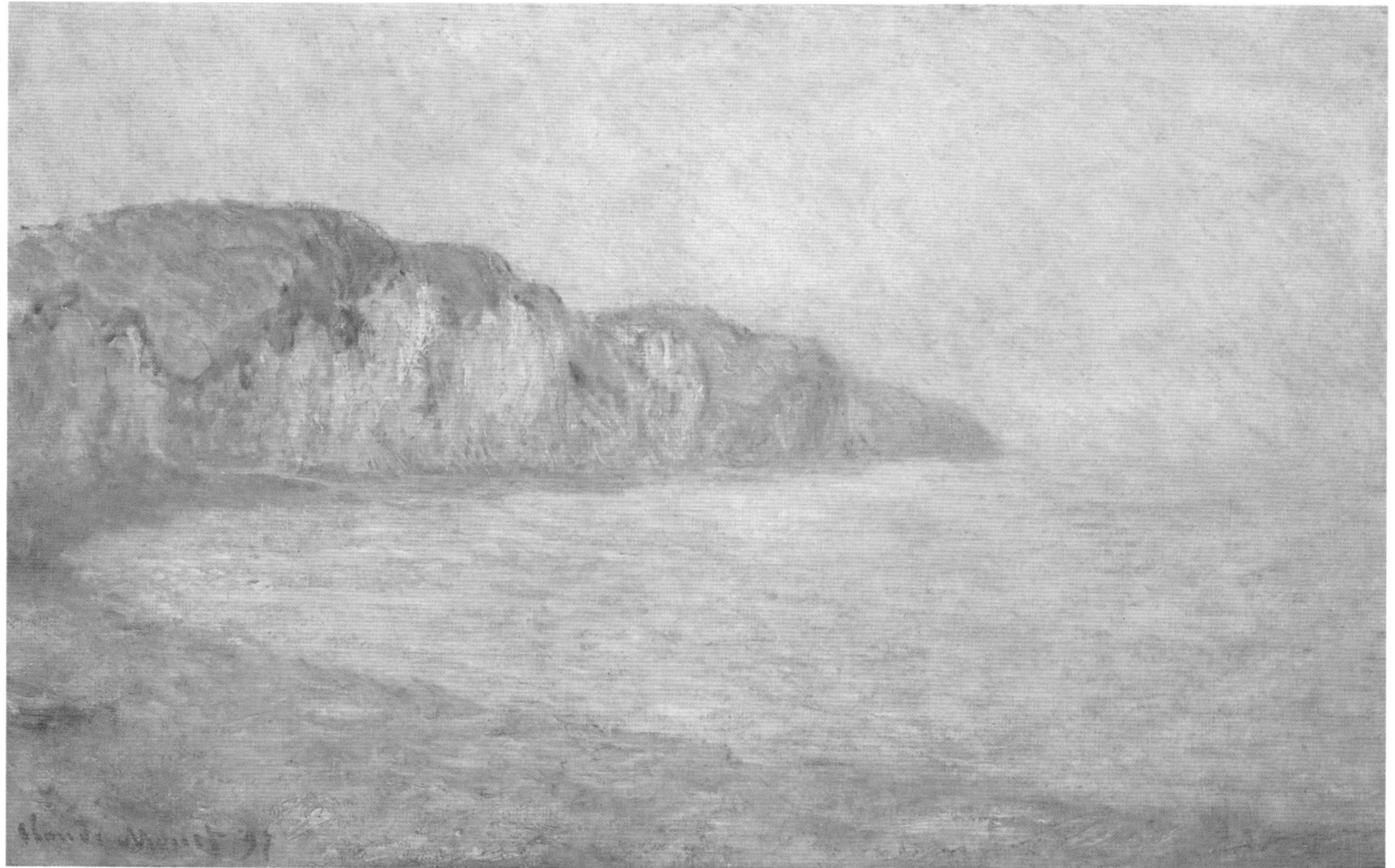

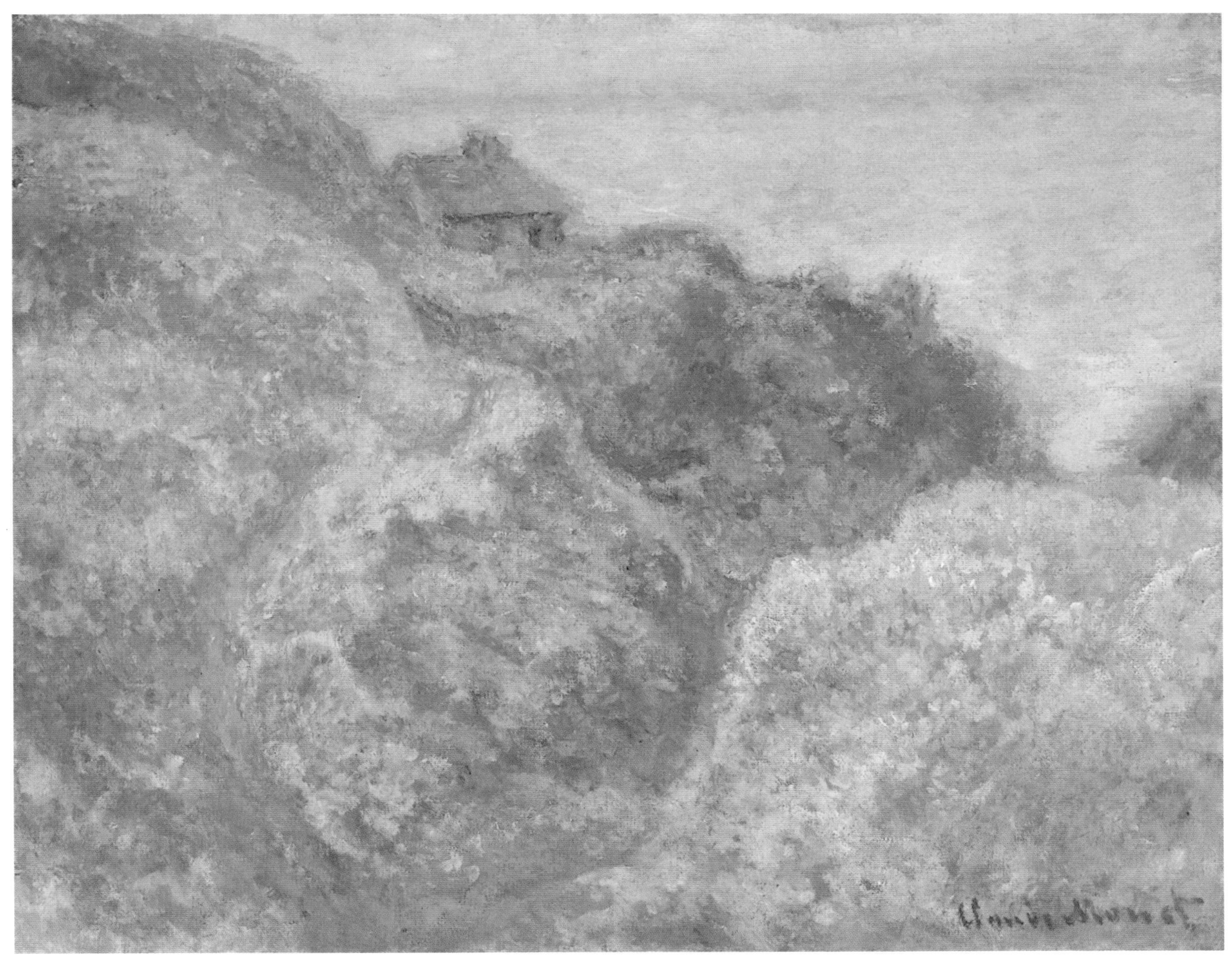

◆ Cabane des douaniers à Varengeville, *Varengeville, printemps 1896 ; huile sur toile ; 65 x 81 cm ; signé ; Metropolitan Museum of Art, New York.*

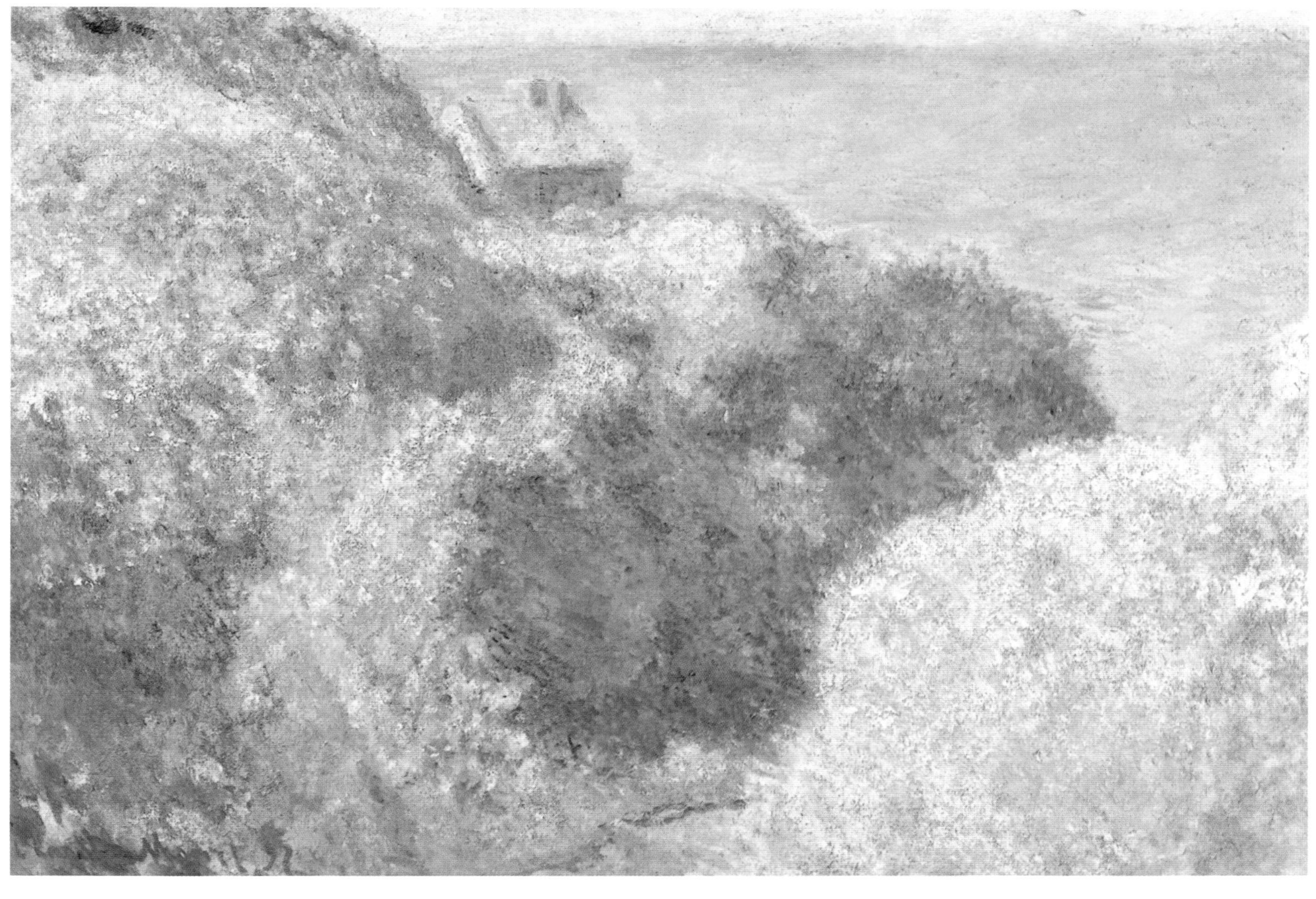

◆ La Gorge de Varengeville, fin d'après-midi, *Varengeville, 1896-1897 ; huile sur toile ; 65 × 92 cm ; signé et daté (1897) ; Fogg Art Museum, Cambridge, Massachusetts. Commencé au printemps 1896.*

◆ Bras de Seine, près de Giverny, *environs de Giverny, 1896 ; huile sur toile ; 74 x 93 cm ; signé et daté ; Museum of Fine Arts, Boston.*

◆ Bras de Seine près de Giverny, brouillard, *environs de Giverny, 1896-1897 ; huile sur toile ; 89 × 92 cm ; signé et daté (1897) ; The North Carolina Museum of Art, Raleigh.*

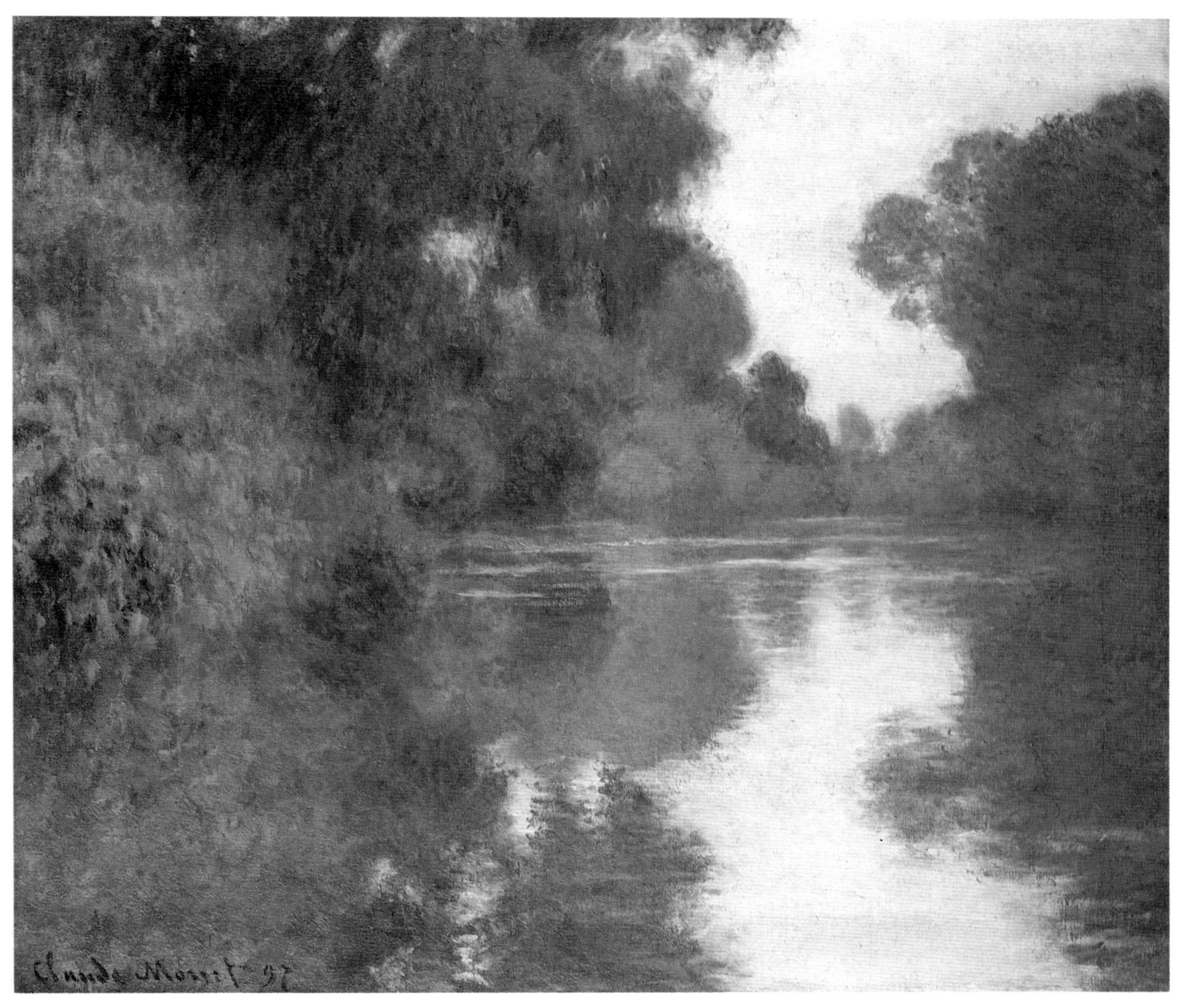

◆ Bras de Seine près de Giverny, *environs de Giverny, 1897 ; huile sur toile ; 81 x 92 cm ; signé et daté ; Museum of Fine Arts, Boston.*

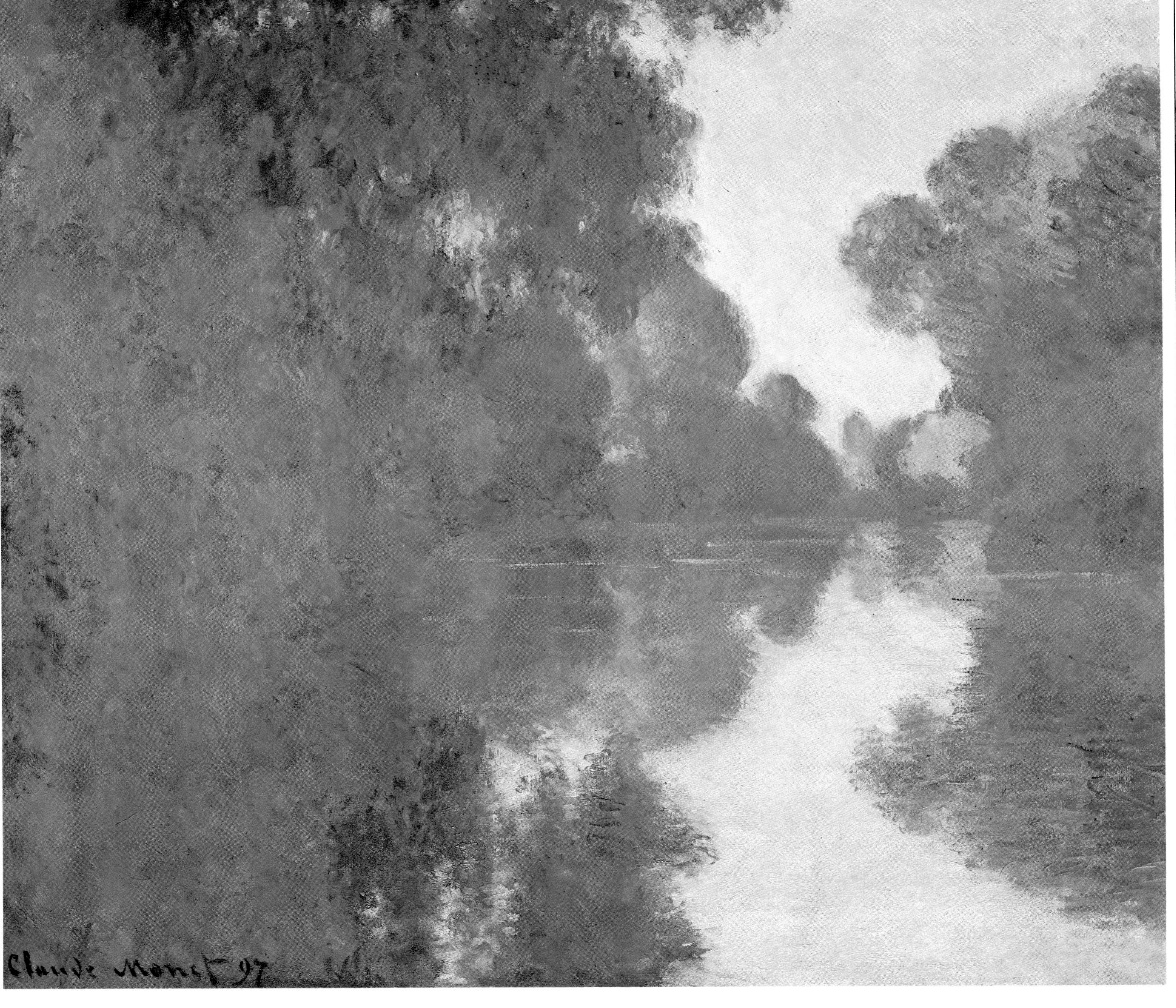

◆ Le Matin sur la Seine, temps net, *environs de Giverny, 1897 ; huile sur toile ; 80 x 91 cm ; signé et daté ; Metropolitan Museum of Art, New York.*

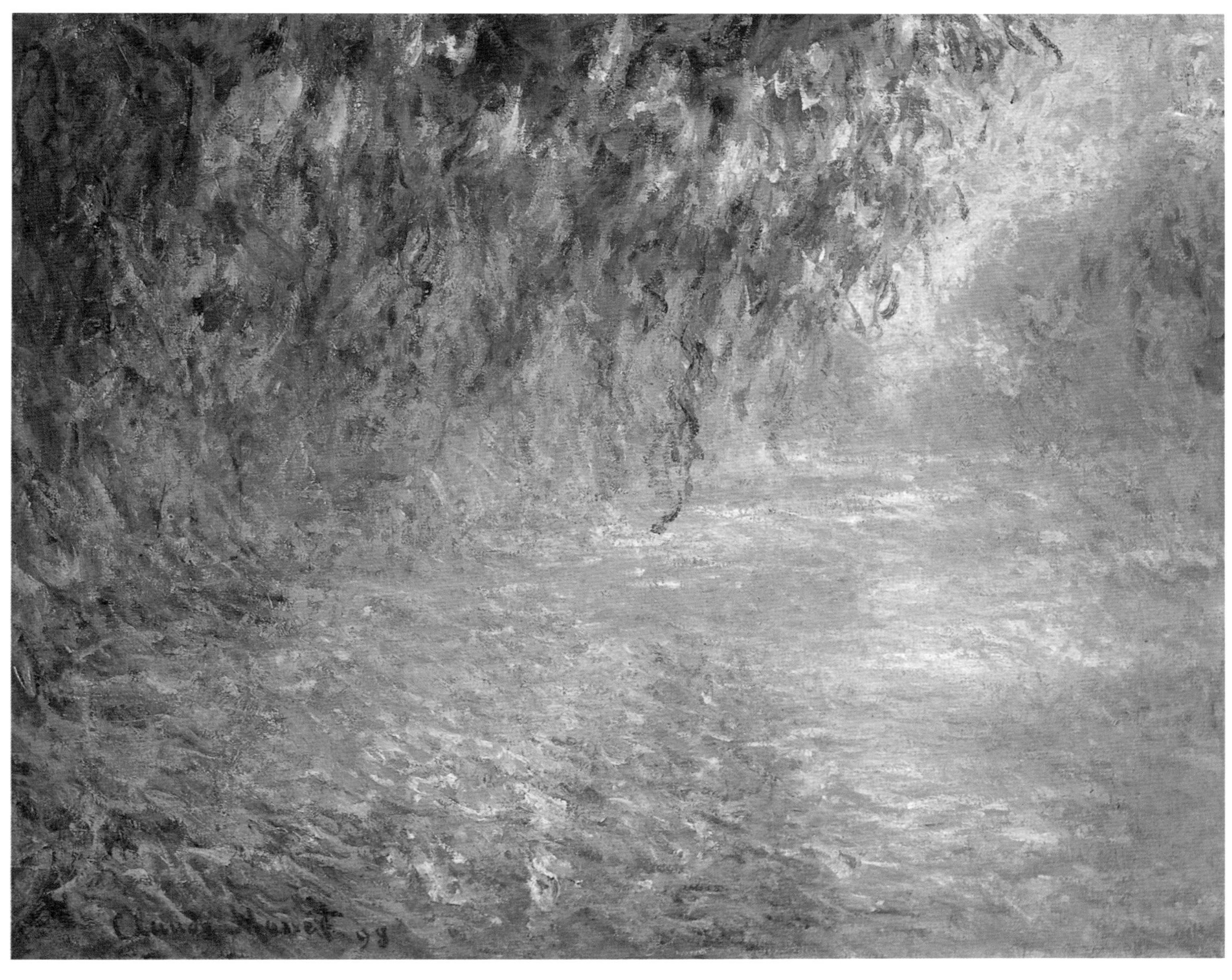

◆ Matinée sur la Seine, temps de pluie, *environs de Giverny, 1898 ; huile sur toile ; 73 x 92 cm ; signé et daté ; musée national d'Art Occidental, Tokyo.*

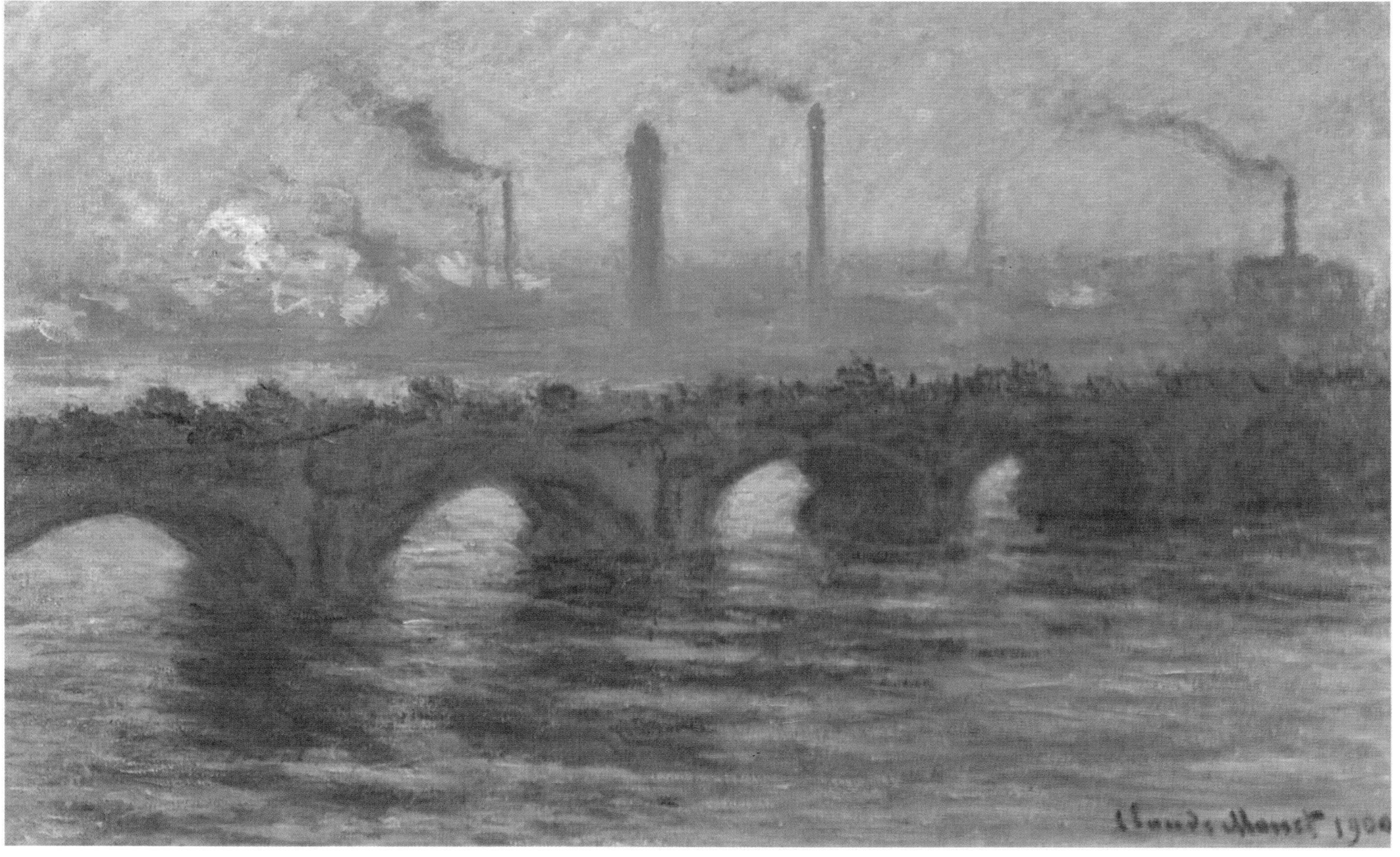

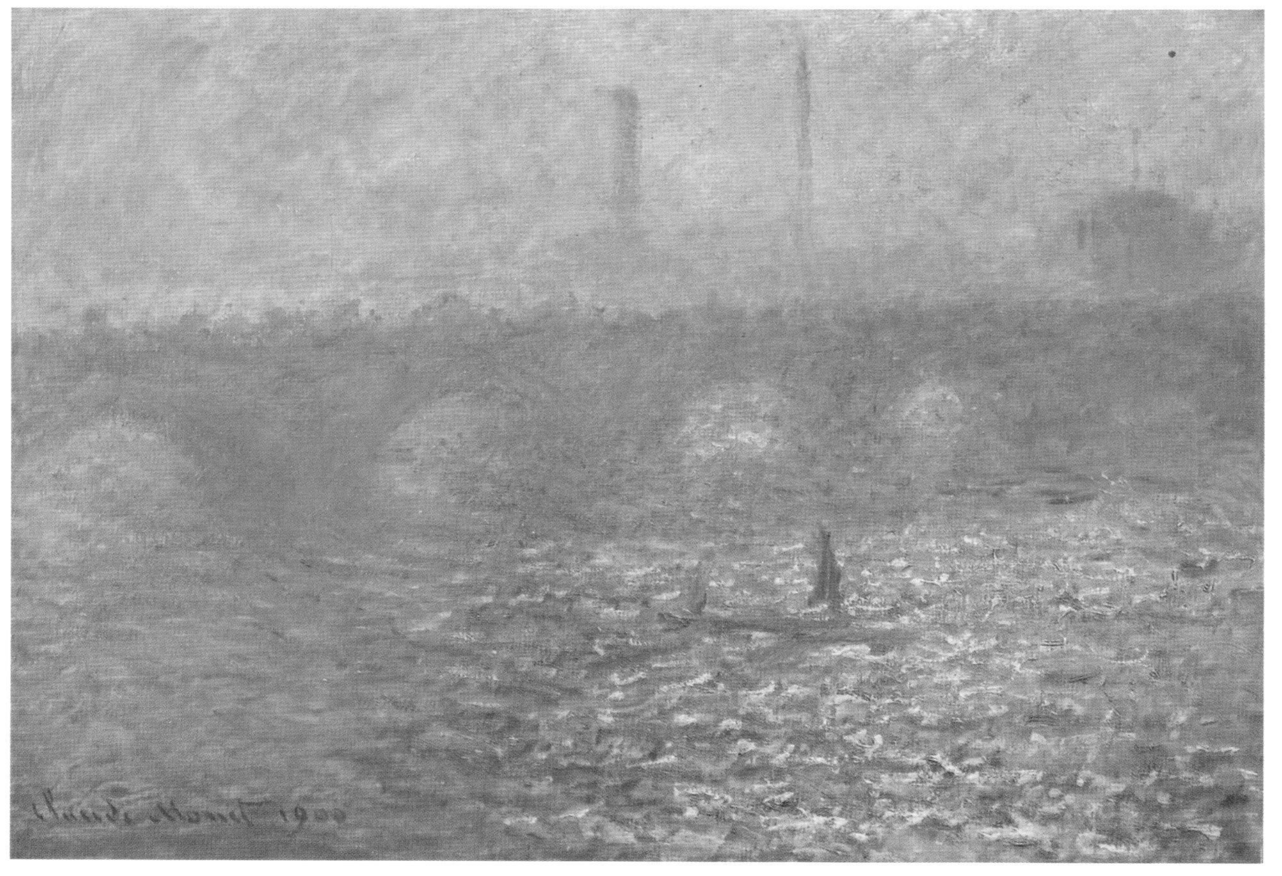

◆ Le Pont de Waterloo ; temps couvert *(en haut), Londres, hiver 1899-1900 ; huile sur toile ; 64 × 93 cm ; signé et daté (1900) ; The Hugh Lane Municipal Gallery of Modern Art, Dublin.*

◆ Londres, le pont de Waterloo *(en bas), Londres, hiver 1899-1900 ; huile sur toile ; 65 × 92 cm ; signé et daté (1900) ; Museum of Art, Santa Barbara.*

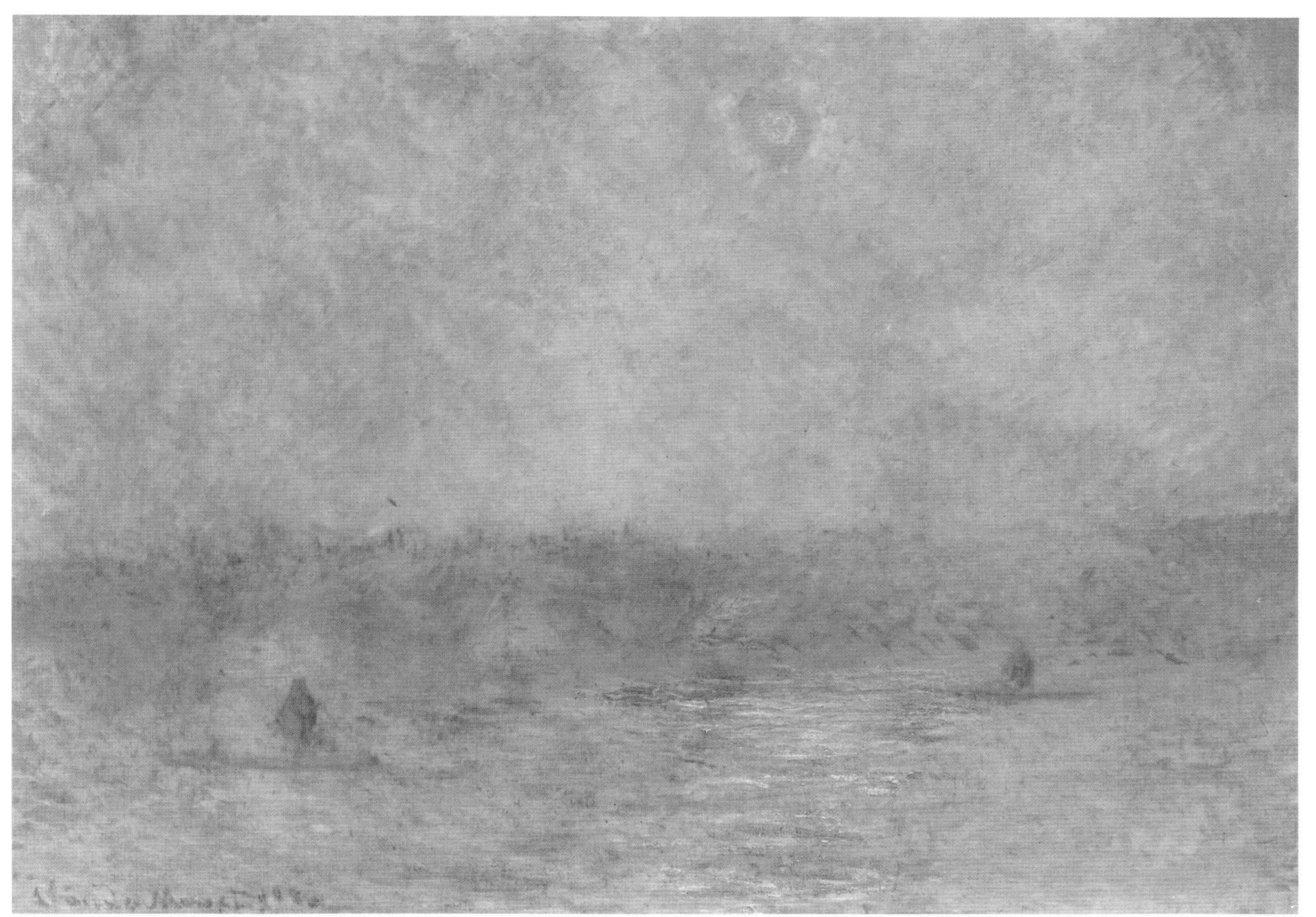

◆ Le Pont de Waterloo, soleil dans le brouillard, *Londres, hiver 1903-1904 ; huile sur toile ; 73 x 100 cm ; signé et daté (1903) ; National Gallery of Canada, Ottawa.*

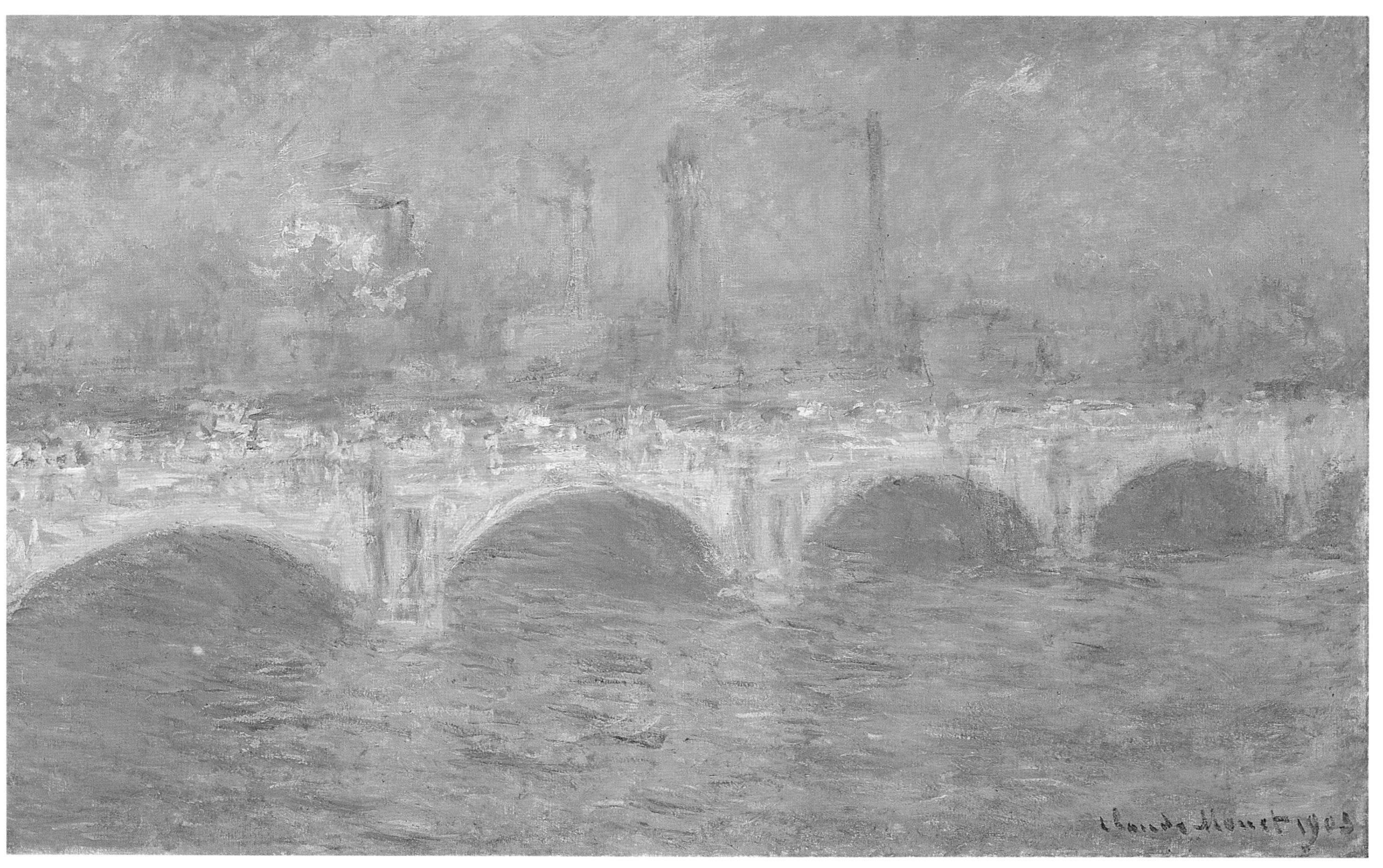

◆ Le Pont de Waterloo, effet de soleil, *Londres, hiver 1903-1904 ; huile sur toile ; 65 × 100 cm ; signé et daté (1903) ; Carnegie Museum of Art, Pittsburgh.*

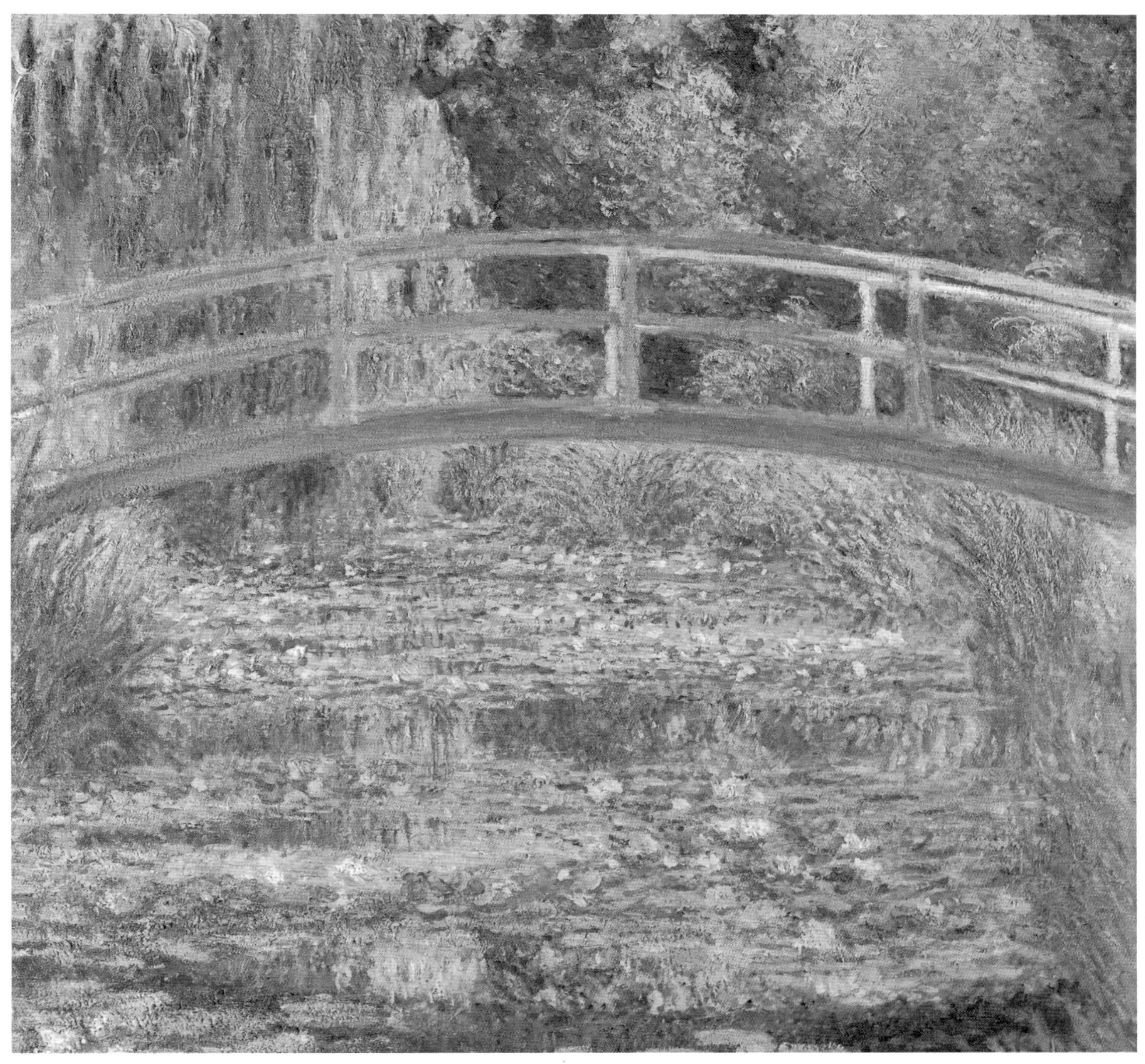

◆ Le Bassin aux nymphéas, *Giverny, automne 1899 ; huile sur toile ; 89 x 92 cm ; signé et daté ; National Gallery, Londres.*

◆ Le Bassin aux nymphéas *(page ci-contre), Giverny, automne 1899 ; huile sur toile ; 93 x 74 cm ; signé et daté ; Metropolitan Museum of Art, New York.*

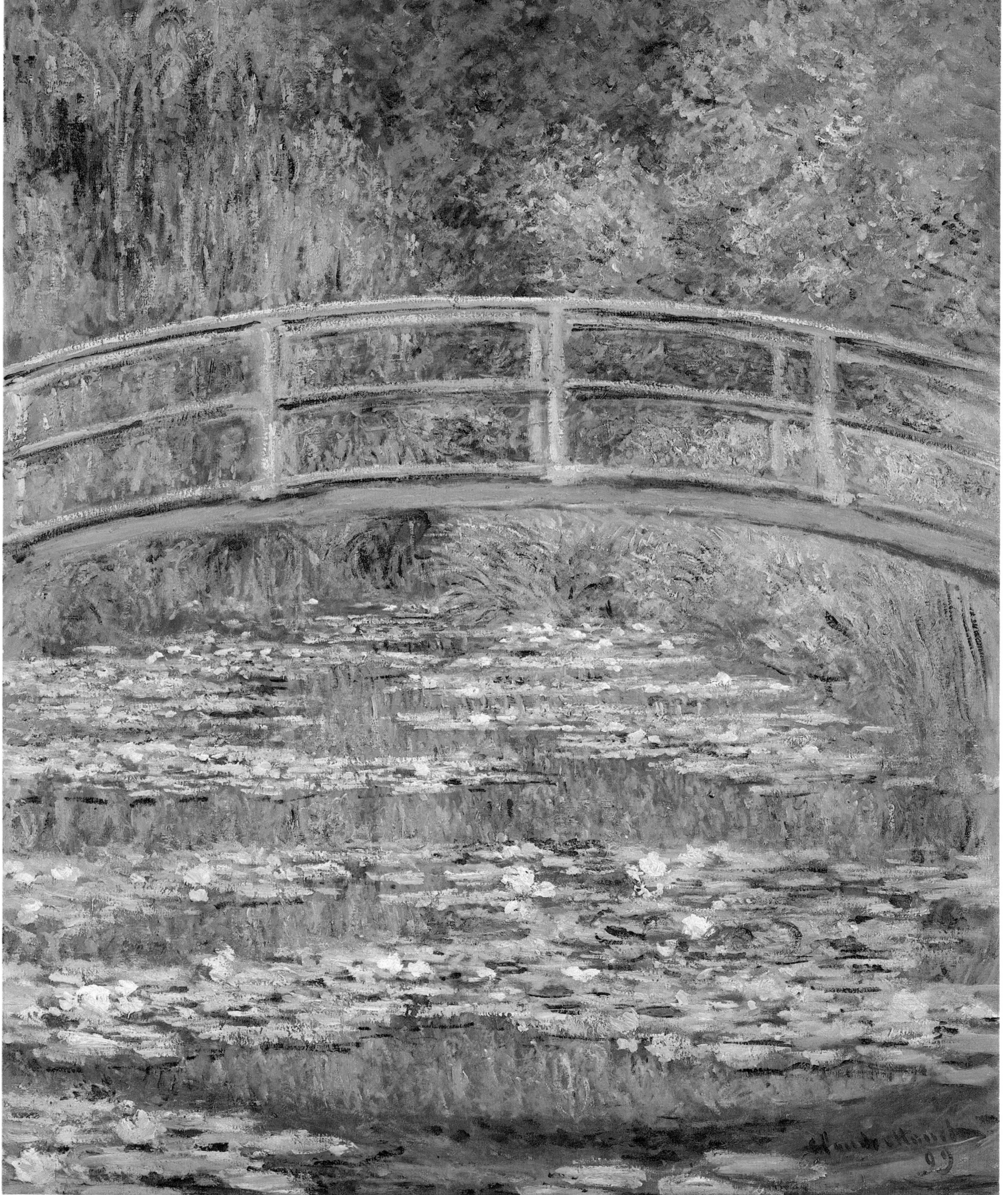

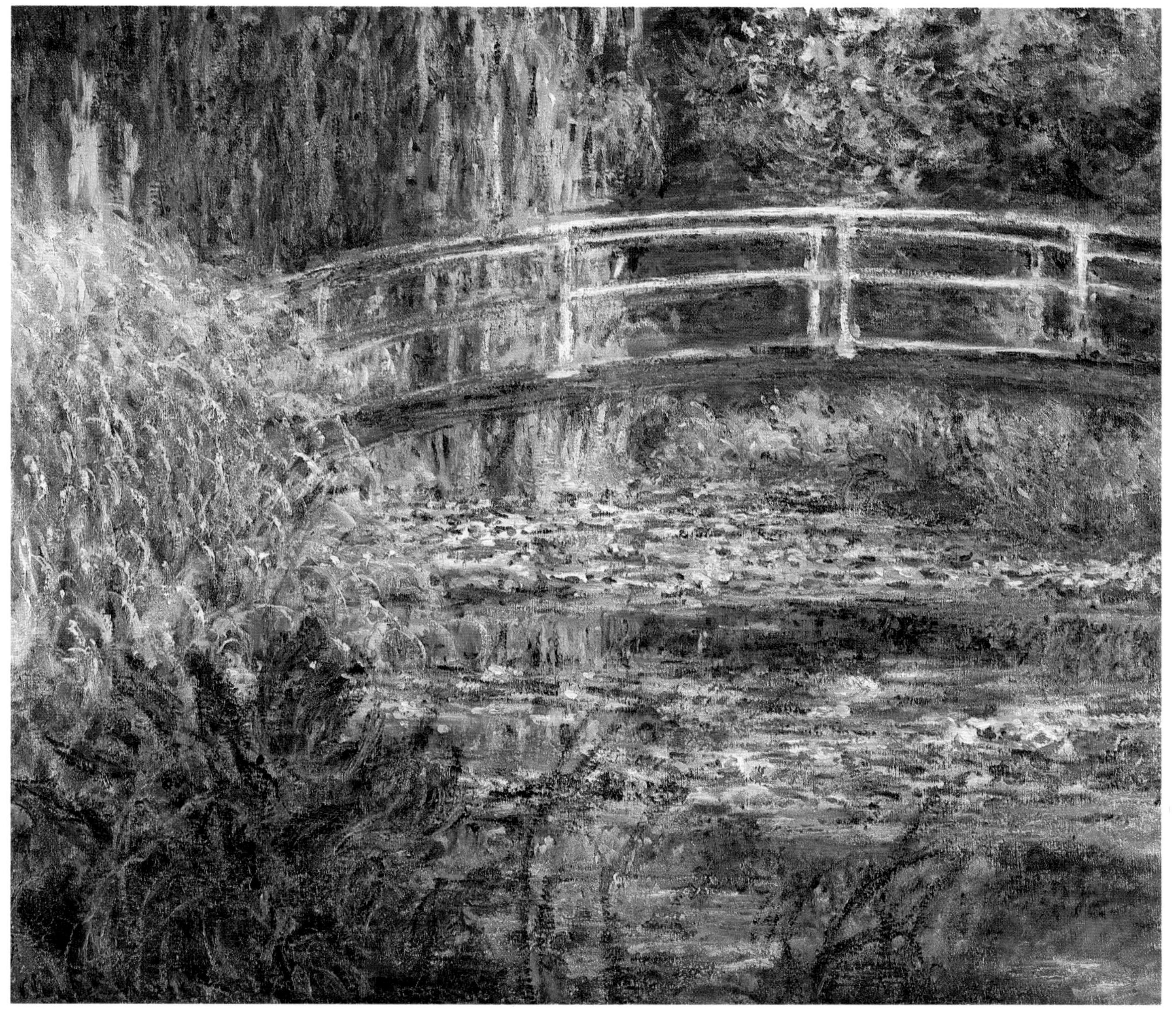

◆ Le Bassin aux nymphéas, harmonie rose, *Giverny, printemps-été 1900 ; huile sur toile ; 90 x 100 cm ; signé et daté ; musée d'Orsay, Paris.*

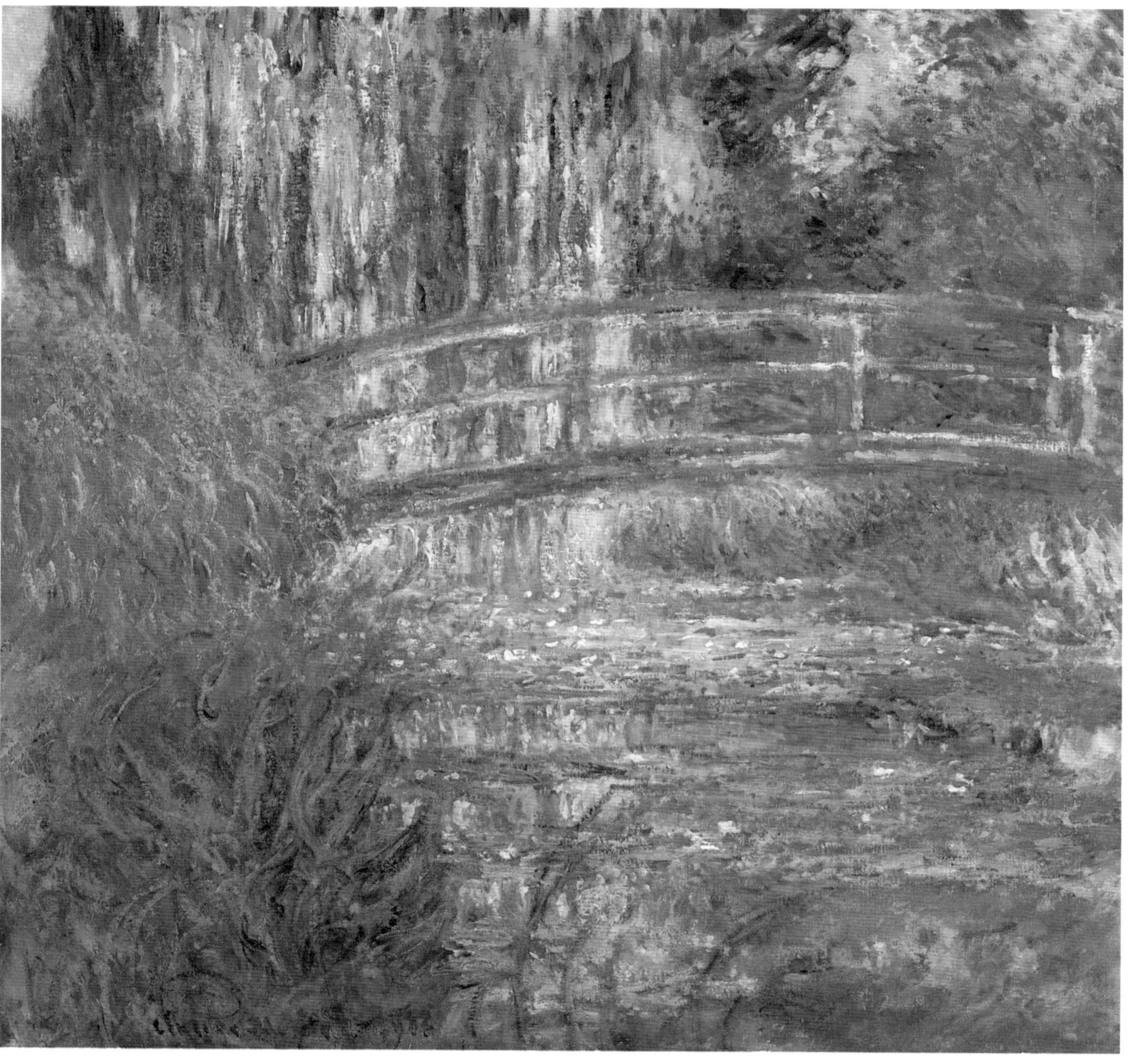

◆ Le Bassin aux nymphéas, *Giverny, printemps-été 1900 ; huile sur toile ; 89 x 93 cm ; signé et daté ; Museum of Fine Arts, Boston.*

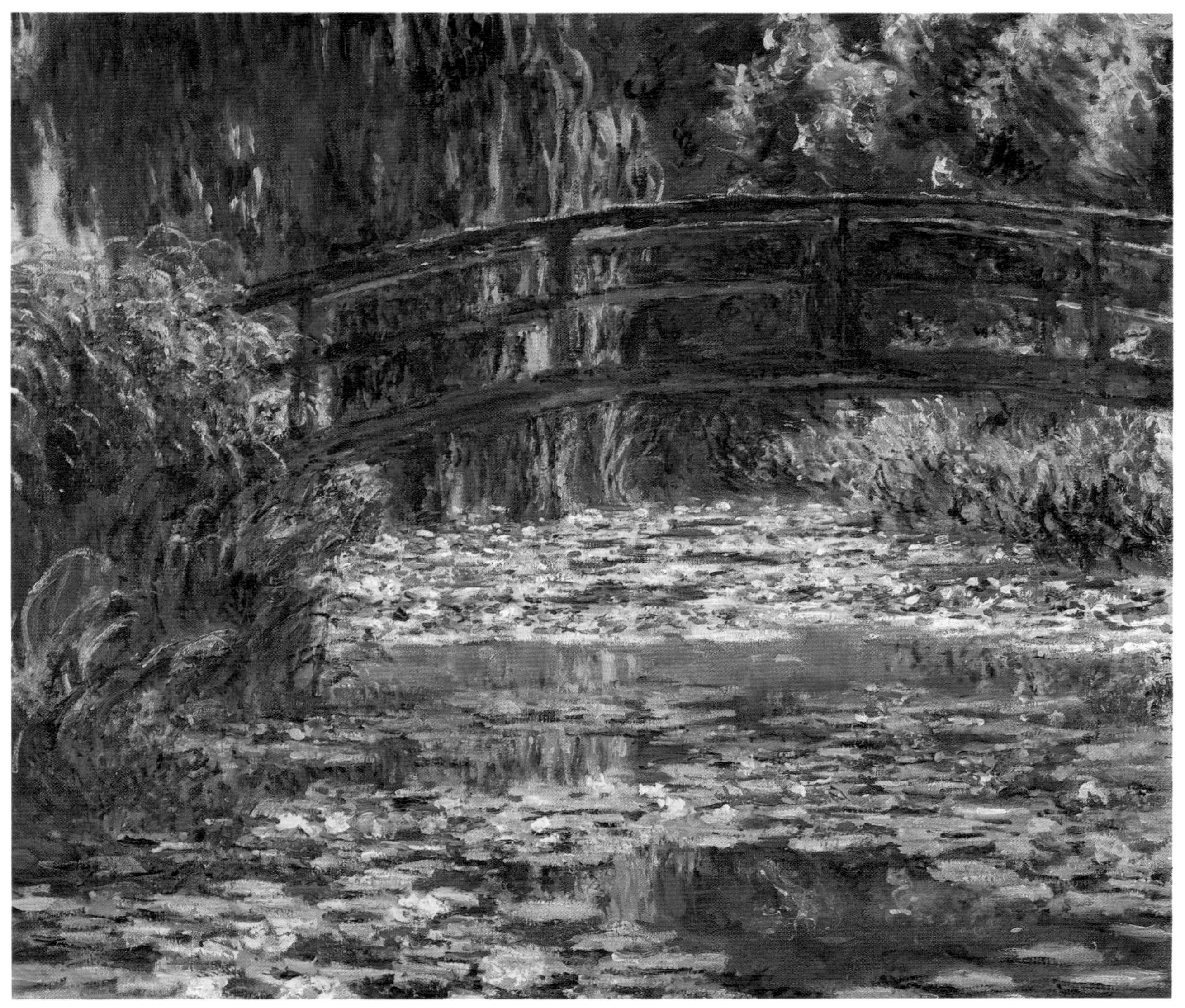

◆ Le Pont sur le bassin aux nymphéas, Giverny, *Giverny, printemps-été 1900 ; huile sur toile ; 90 x 99 cm ; signé et daté ; Art Institute, Chicago.*

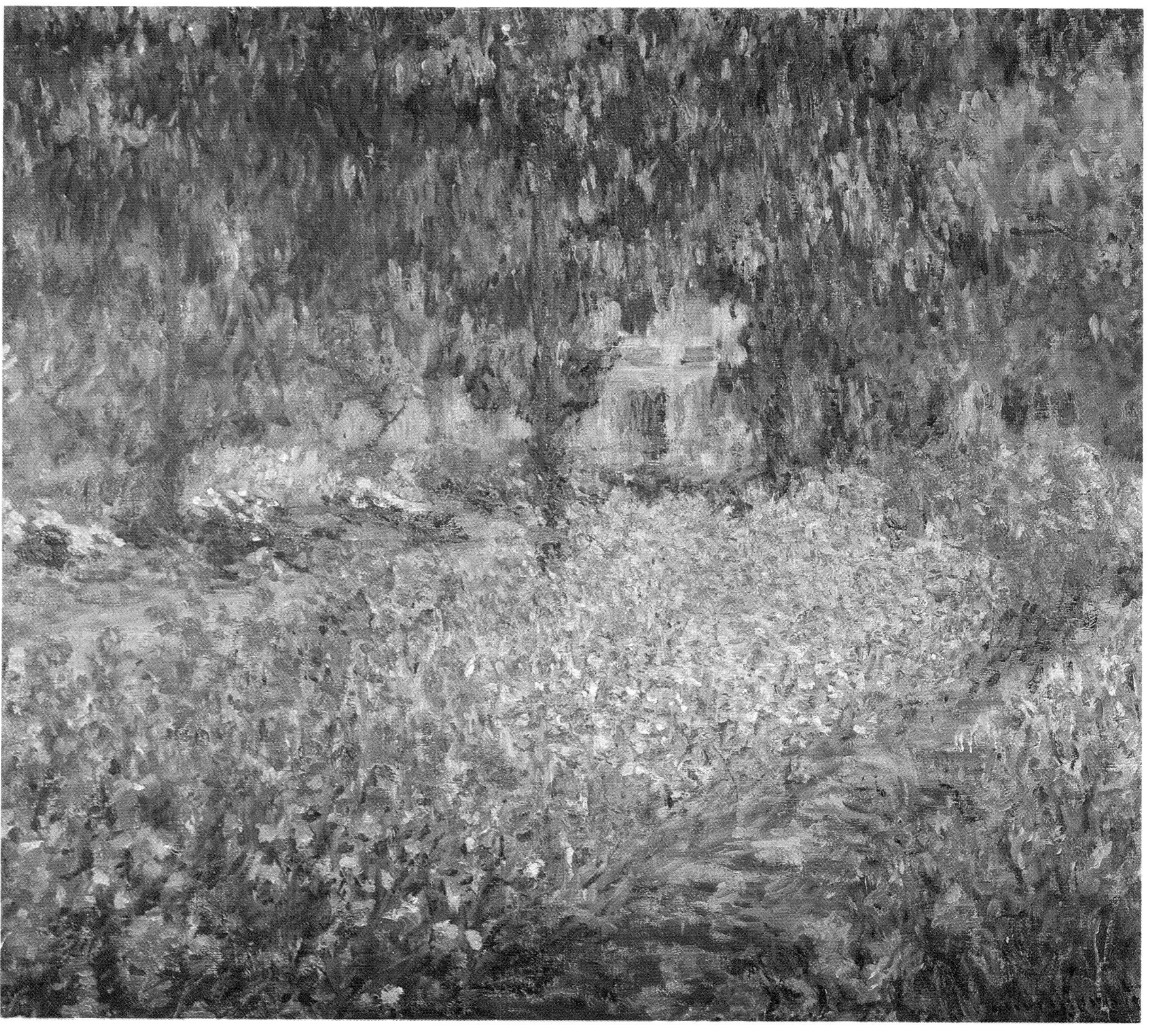

◆ Le Jardin de Monet, les iris, *Giverny, été 1900 ; huile sur toile ; 81 x 92 cm ; signé et daté ; musée d'Orsay, Paris.*

◆ Le Parlement, trouée de soleil dans le brouillard, *Londres, janvier ou février 1904 ; huile sur toile ; 81 × 92 cm ; signé et daté ; musée d'Orsay, Paris.*

◆ Londres, le Parlement, effet de soleil dans le brouillard *(page ci-contre en haut), Londres, janvier ou février 1904 ; huile sur toile ; 81 × 92 cm ; signé et daté ; collection particulière.*

◆ Le Parlement, coucher de soleil *(page ci-contre en bas), Londres, janvier ou février 1904 ; huile sur toile ; 81 × 92 cm ; signé et daté ; collection particulière.*

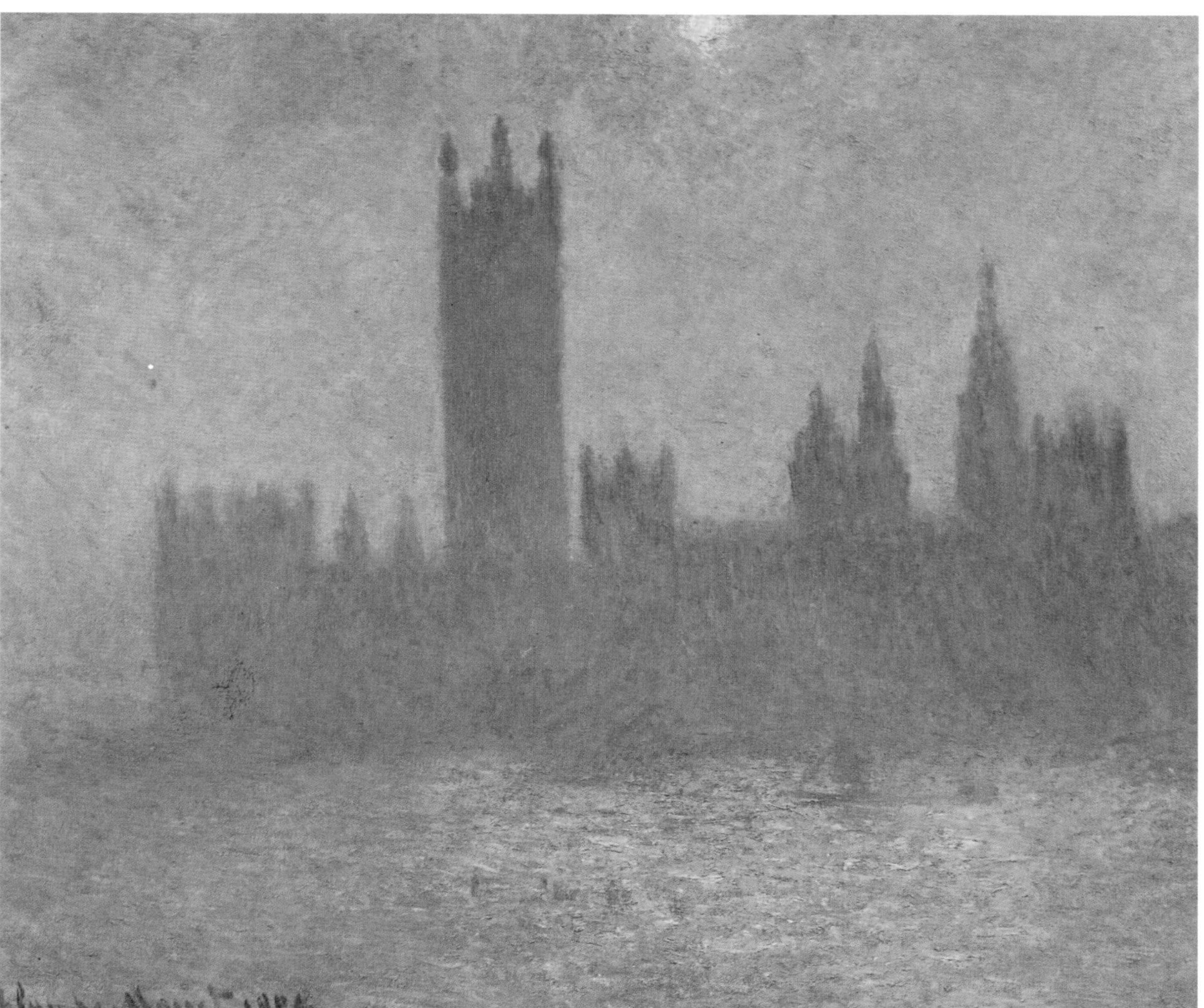

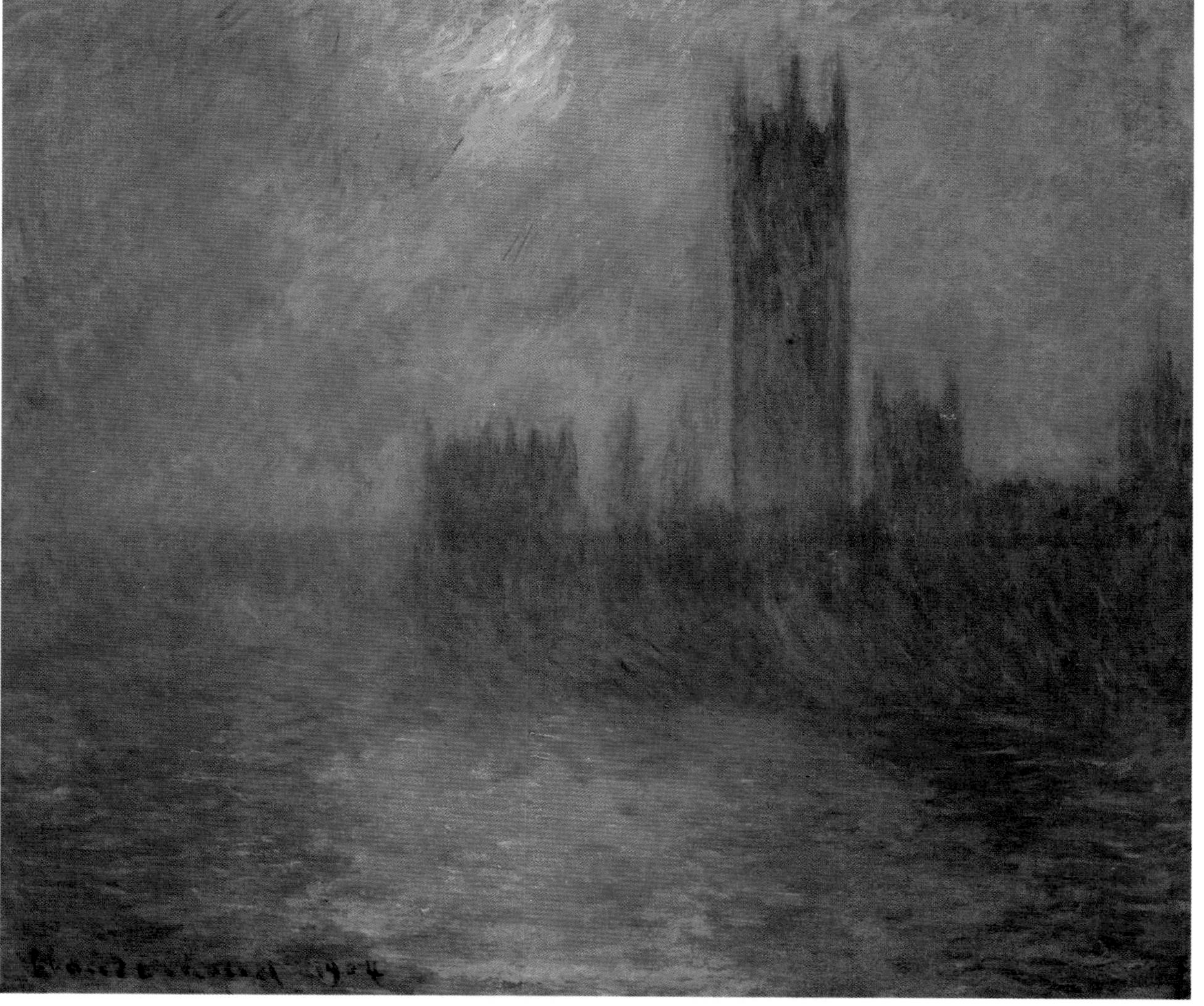

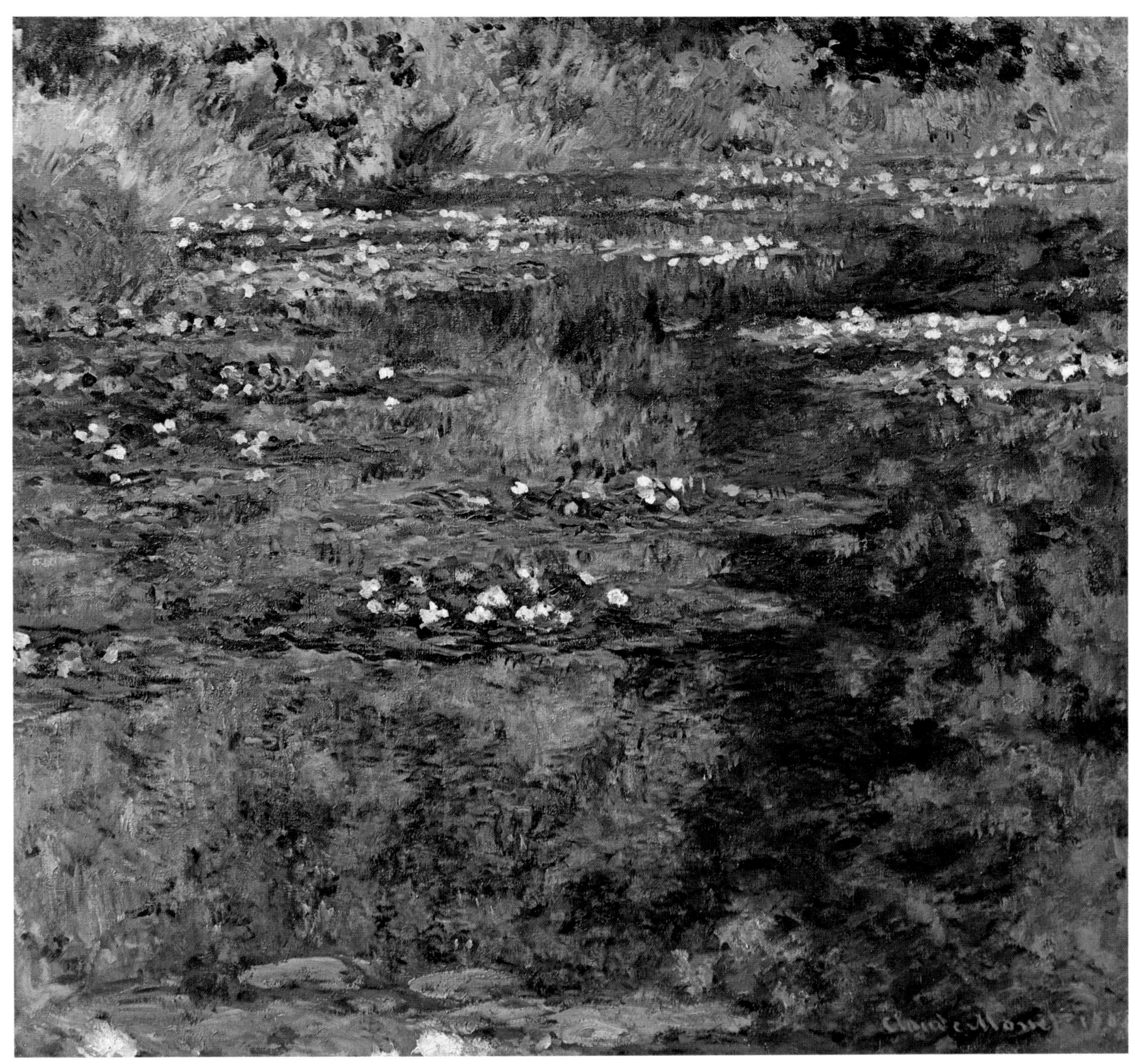

◆ Nymphéas, *Giverny, printemps 1904 ; huile sur toile ; 90 x 92 cm ; signé et daté ; musée d'Orsay, Paris.*

◆ Nymphéas *(page ci-contre), Giverny, 1905 ; huile sur toile ; 90 x 100 cm ; signé et daté ; Museum of Fine Arts, Boston.*

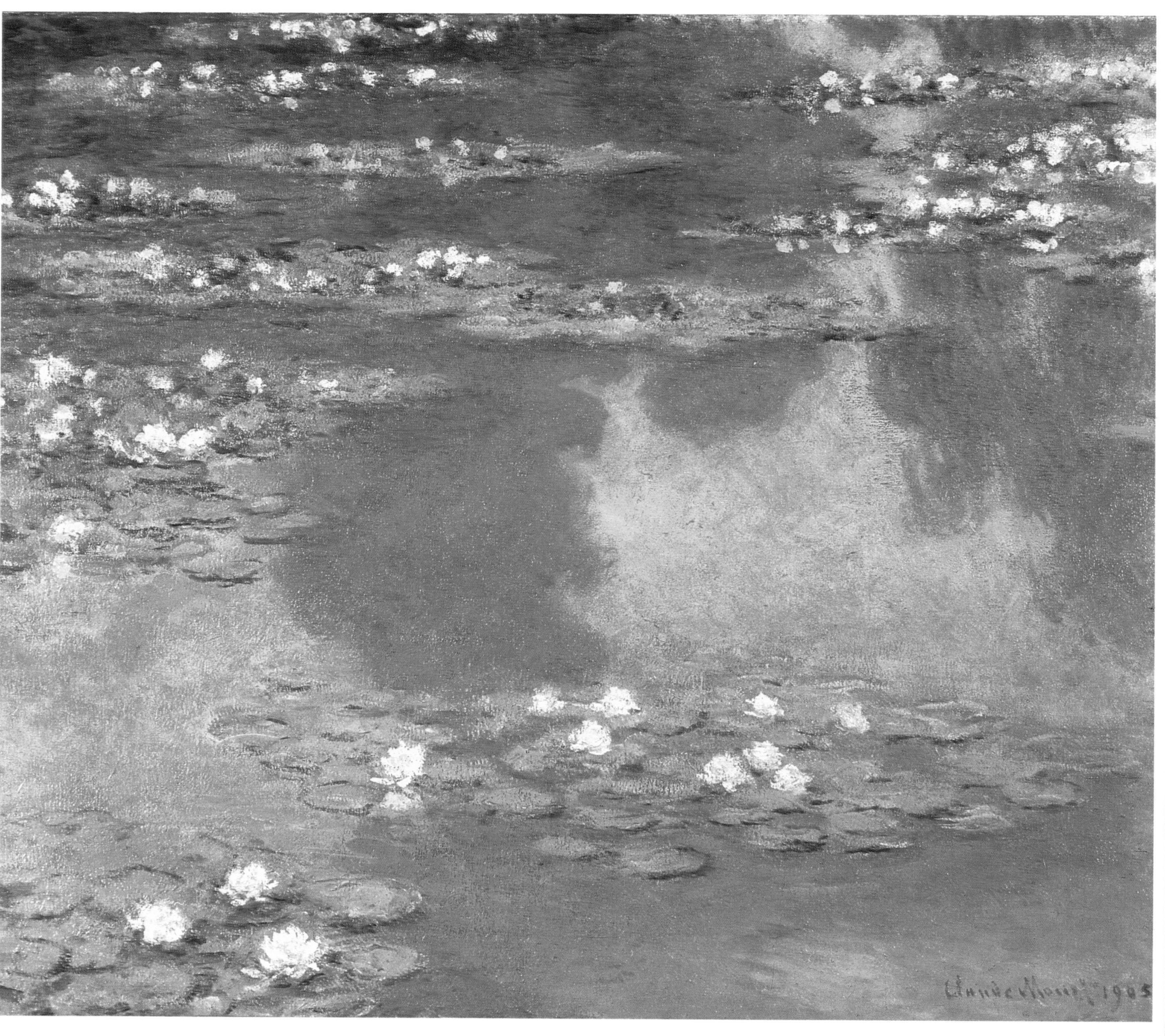
Claude Monet 1905

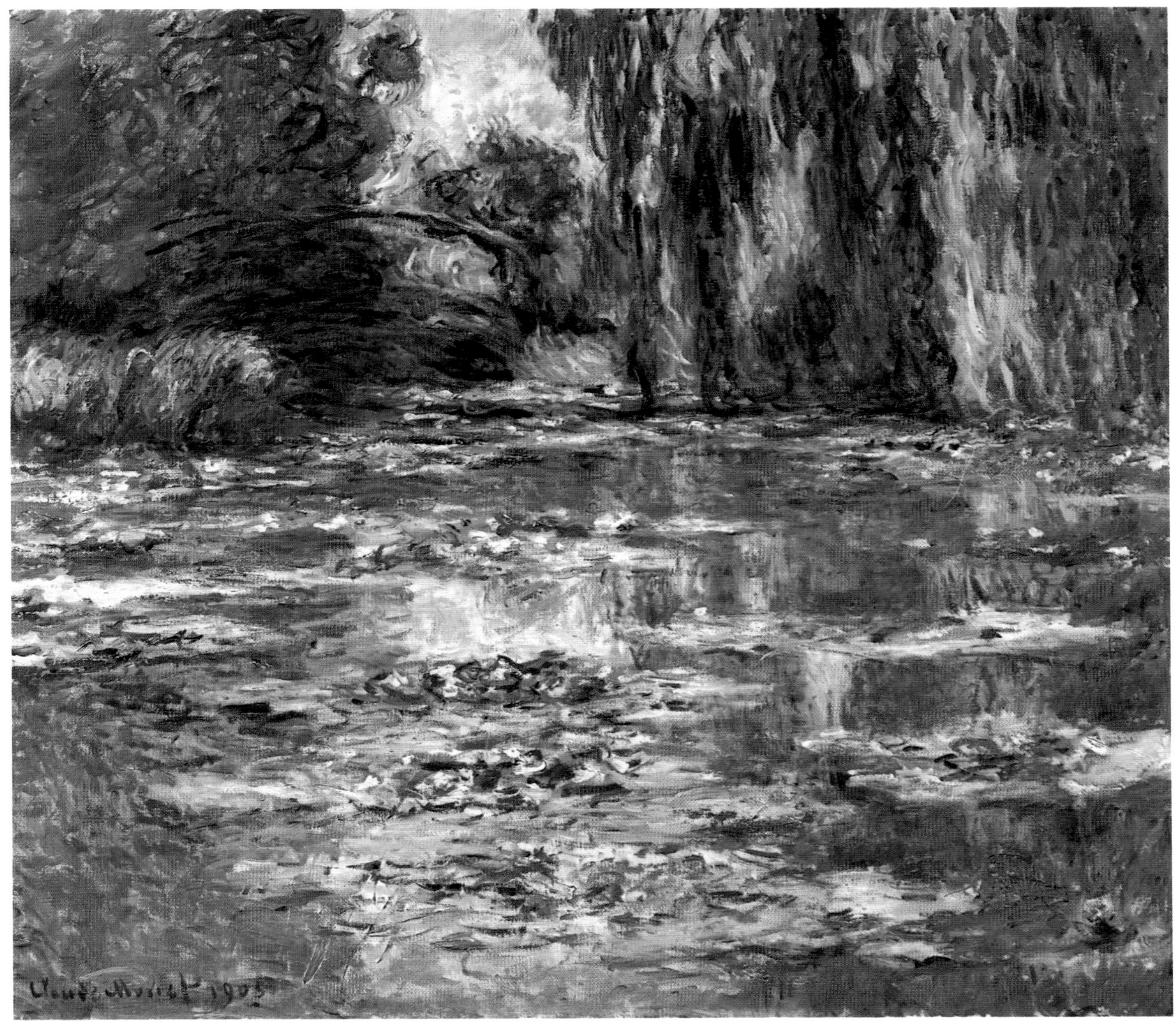

◆ Bassin aux nymphéas, le pont, *Giverny, 1905 ; huile sur toile ; 90 × 100 cm ; signé et daté ; collection particulière.*

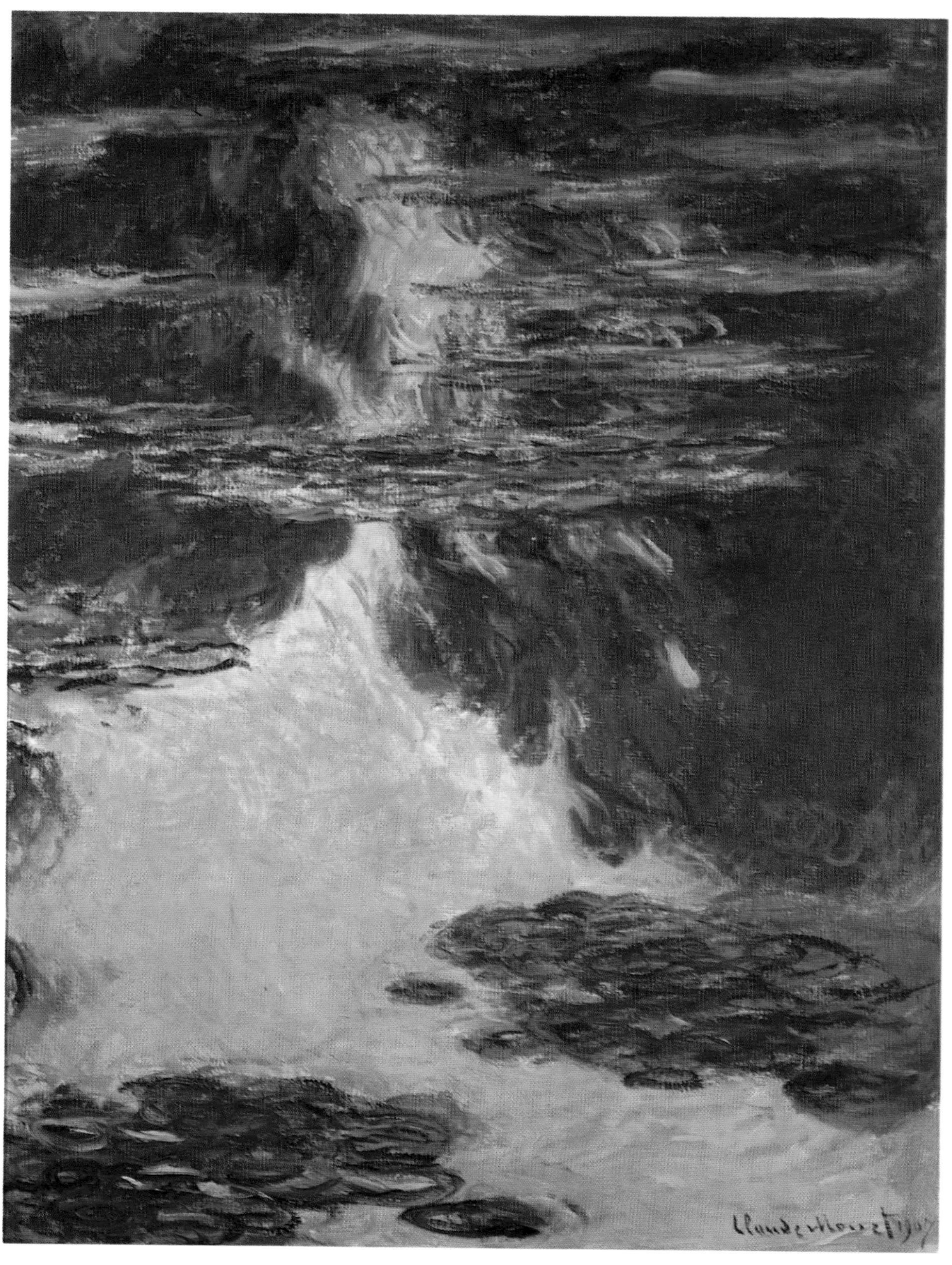

◆ Nymphéas (le soir), *Giverny, 1907 ; huile sur toile ; 100 × 73 cm ; signé et daté ; musée Marmottan, Paris. Il appartient à la série* Nymphéas ; paysage d'eau *de la même année.*

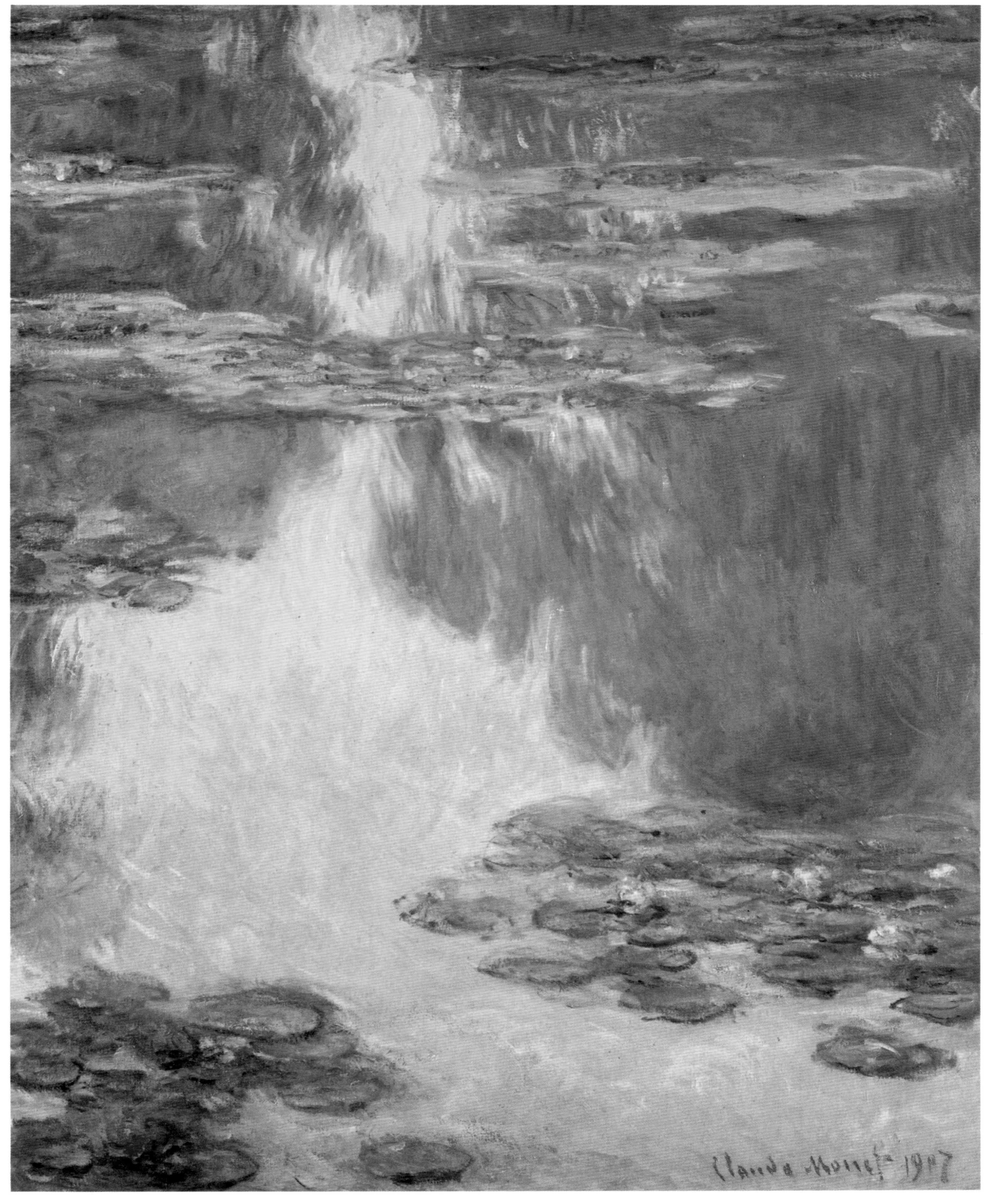

◆ Nymphéas, paysage d'eau, *Giverny, 1907 ; huile sur toile ; 92 x 73 cm ; signé et daté ; collection particulière.*

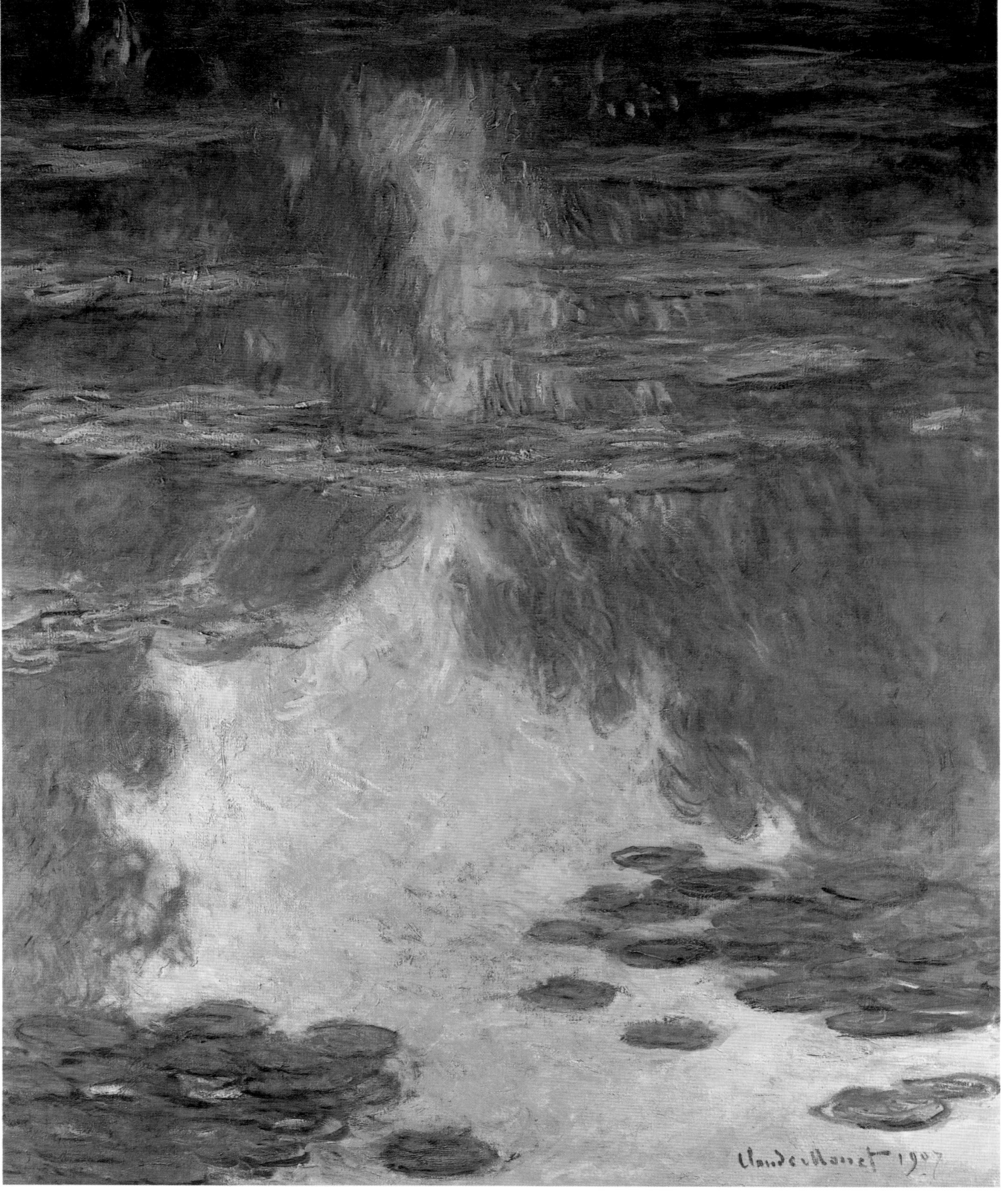

◆ Nymphéas ; paysage d'eau, *Giverny, 1907 ; huile sur toile ; 100 x 81 cm ; signé et daté ; collection particulière.*

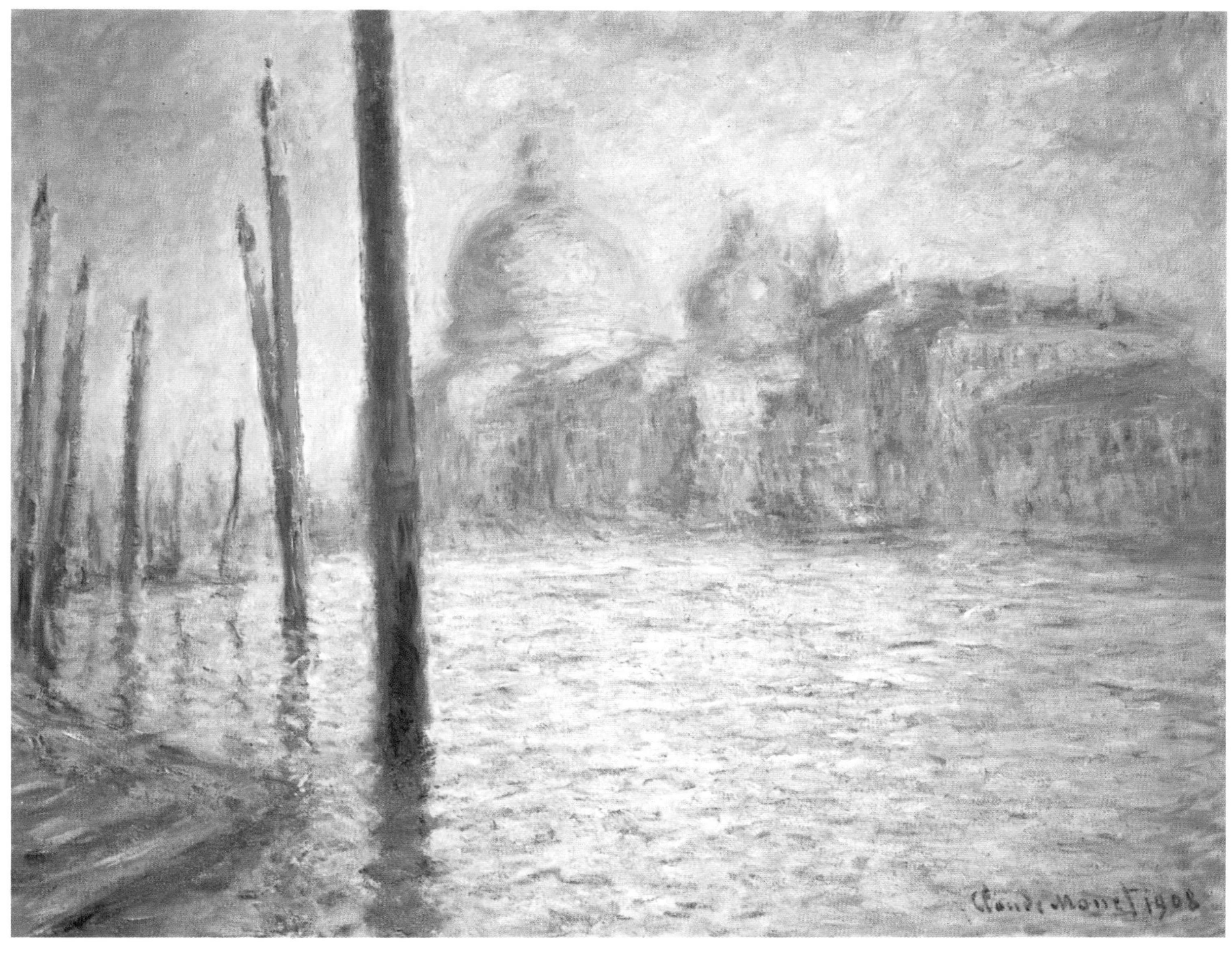

◆ Le Grand Canal et l'Église de la Salute, *Venise, septembre-octobre 1908 ; huile sur toile ; 73 x 92 cm ; signé et daté ; collection particulière.*

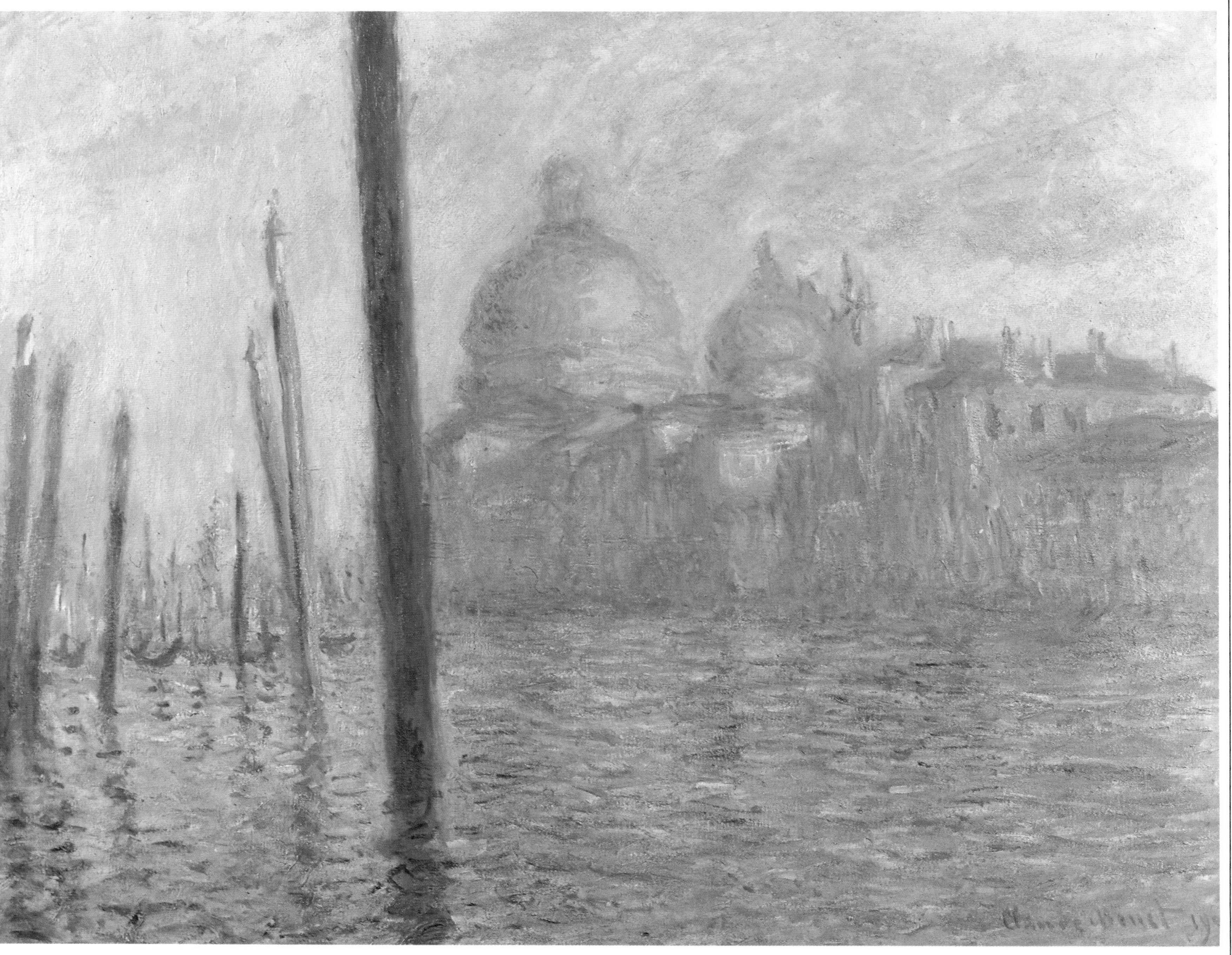

◆ Le Grand Canal et l'Église de la Salute, *Venise, septembre-octobre 1908 ; huile sur toile ; 73 x 92 cm ; signé et daté ; Museum of Fine Arts, Boston.*

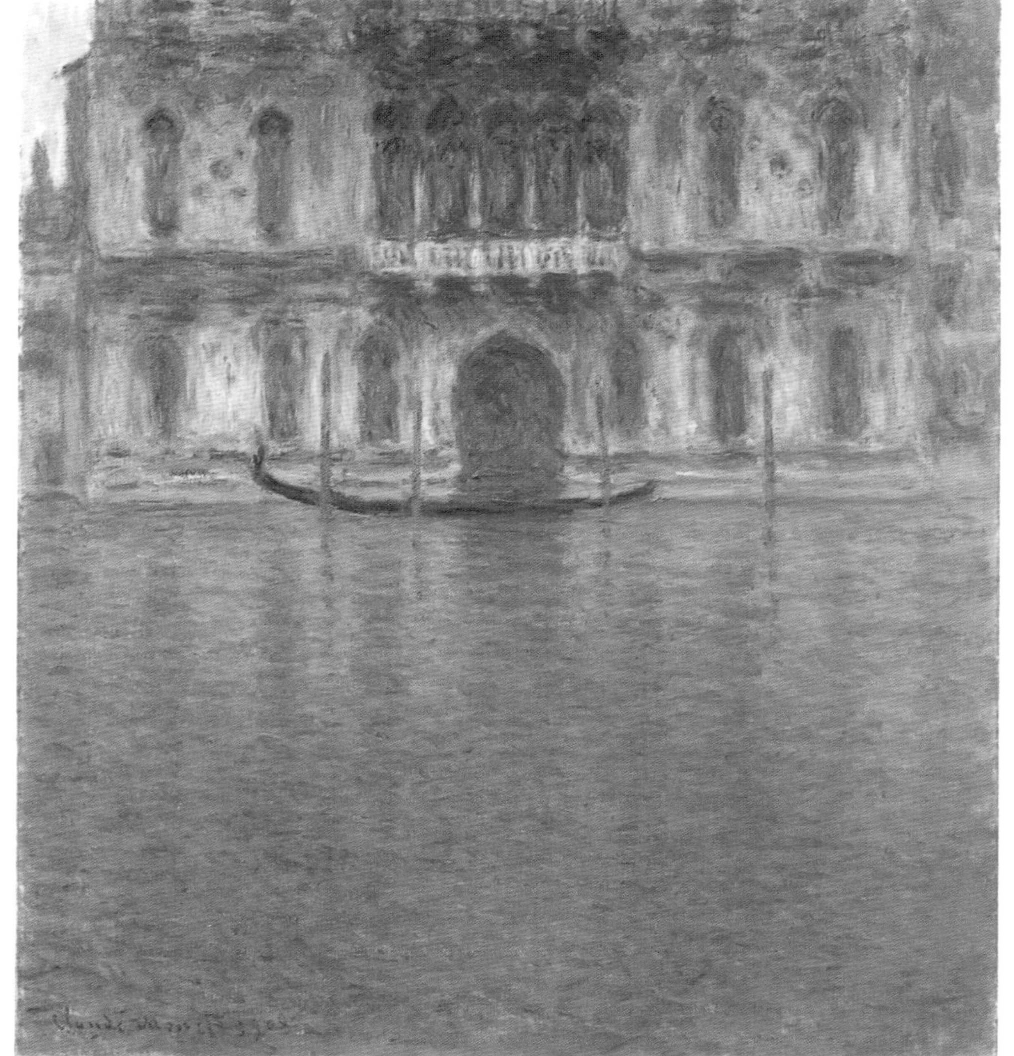

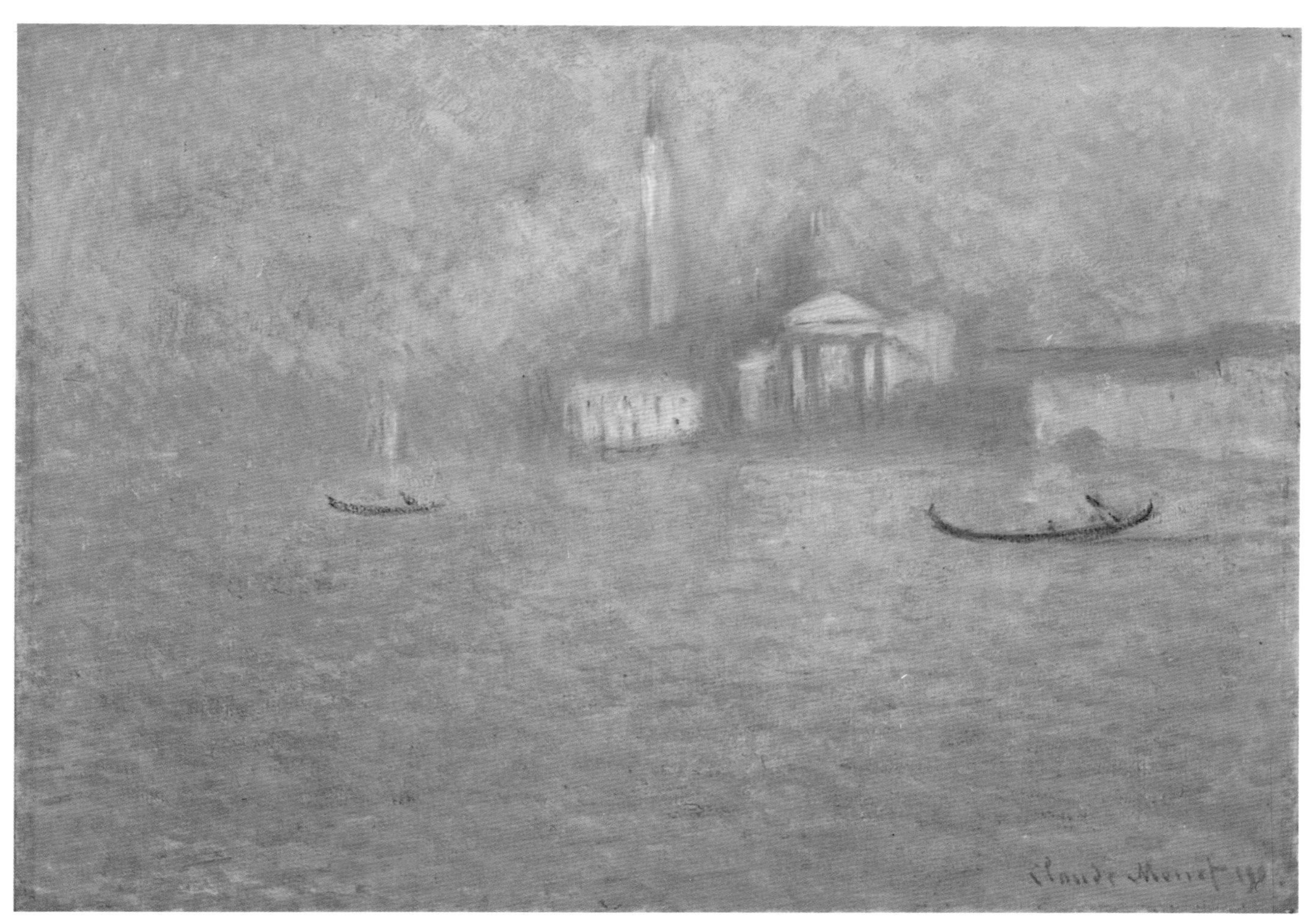

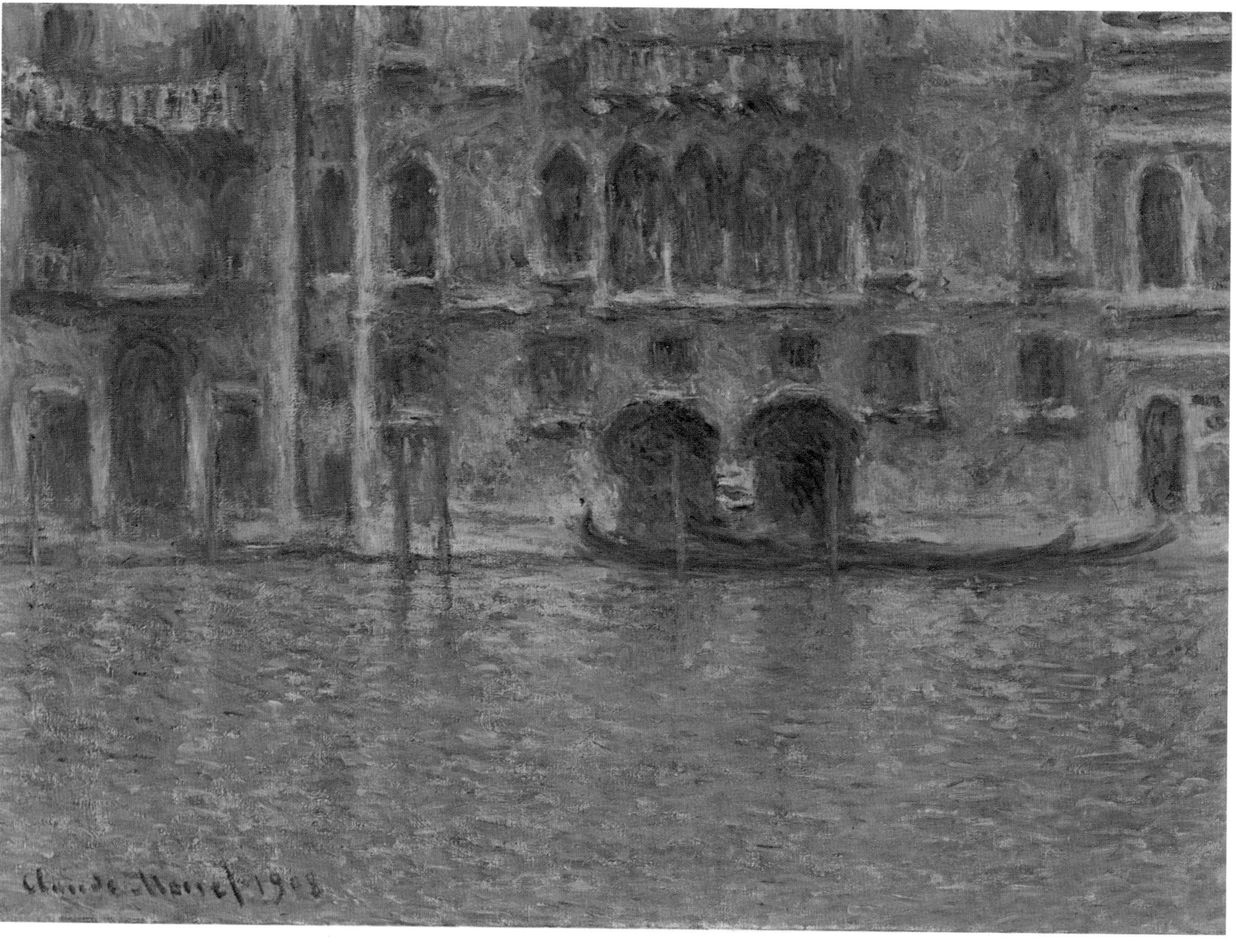

◆ Le Palais Contarini *(page ci-contre en haut), Venise, septembre-octobre 1908 ; huile sur toile ; 92 × 81 cm ; signé et daté ; Kunstmuseum, Saint-Gall.*

◆ Saint-Georges Majeur *(page ci-contre en bas), Venise, septembre-octobre 1908 ; huile sur toile ; 60 × 80 cm ; signé et daté ; National Gallery of Wales, Cardiff.*

◆ Le Palais da Mula, *Venise, septembre-octobre 1908 ; huile sur toile ; 62 × 81 cm ; signé et daté ; National Gallery of Art, Washington.*

Les derniers nymphéas

Nous avons vu comment les œuvres de vieillesse de Monet demandent au spectateur de se placer en une pluralité de lieux d'observation. Il s'agit moins, pour être exact, de localisations particulières bien repérables que d'une droite continue, d'une hypothétique perpendiculaire à la surface du tableau, nécessairement limitée par les dimensions de l'espace architectural qui abrite ce dernier. Le point de vue prédéterminé qui découle habituellement de la construction perspective se trouve remplacé par la possibilité — ou plutôt l'impérieuse exigence — d'un déplacement le long de l'axe de la vision (que les anciens théoriciens nommaient « rayon centrique »). Ce mouvement est censé permettre une immersion progressive dans la peinture : une compréhension de l'image qui s'amorce à l'endroit où apparaît sa signification globale, à une « certaine distance », mais ne s'accomplit ensuite qu'à travers un processus de rapprochement et de perte progressive de l'image. Le regard est appelé à une *lecture excessive* ; il lui faut plonger au-delà de ses capacités de synthèse, et donc perdre le sens figuré de l'œuvre pour en conquérir la *valeur picturale* cachée. On ne rencontre pas au musée Marmottan de visiteur avisé qui, face à un Monet postérieur à 1890, ne soit tenté de se rapprocher jusqu'au point où la vision se brouille. En général, on ne se déplace devant un tableau que pour trouver la position idéale, le point d'où « l'on voit mieux ». Et peu importe si chacun croit ainsi opérer un choix personnel : en réalité, l'artiste a prévu d'avance cette position pour nous, et elle nous attend de toute éternité (depuis la conception du tableau en tout cas) précisément là où le système perspectif nous *oblige* à aller. Mais voici que devant un Monet, l'amateur se déplace avec un tout autre objectif : ensorcelé par les changements que l'image subit sous ses yeux, fasciné et surpris par la multiplication des « sens » qui se forment et se dissolvent en sa présence. Balançant inlassablement entre un minimum et un maximum de visibilité de la peinture, l'œuvre est prête à se transformer à chacun de ses pas. Et c'est justement pour la voir changer qu'il avance ou recule, pour accroître le nombre des tableaux inclus dans ce rectangle de toile qui se trouve matériellement là, près de lui. Il voudrait coller son œil à la surface, s'ouvrir un passage à travers la touche, s'enfoncer dans la peinture... puis s'éloigner de manière à ne plus reconnaître la matière chromatique et à la voir s'estomper sous l'effet du retour de l'élément figuratif. Le paradigme de l'étang, que Monet introduit vers 1907, permet de redoubler l'idée de plongée, d'immersion, sur le plan des contenus comme sur le plan symbolique. Notons, tout d'abord, qu'il ne se manifeste vraiment que lorsque l'horizon disparaît de l'espace représenté, et donc quand l'axe visuel s'oriente de haut en bas. C'est pourquoi, aussi belles et « aquatiques » soient-elles, les vues du *Bassin aux nymphéas, le pont japonais* de 1899-1900, qui reposent sur un regard parallèle au sol, ne constituent en réalité qu'une anticipation partielle de ce thème. Il faut que le tableau coïncide entièrement avec la masse d'eau, que celle-ci devienne « totalitaire », pour que l'artifice rhétorico-linguistique se déploie. Ce phénomène est rigoureusement présent dans les versions de *Nymphéas, paysage d'eau* de 1907 et dans tous les tableaux analogues réalisés par la suite. Citons juste *Le Bassin aux nymphéas avec iris*, du Kunsthaus de Zurich ; *Nymphéas*, 1915, du musée Marmottan ; les *Bassin aux nymphéas, Giverny* de 1919 et *Nymphéas*, 1920-1921, du Carnegie Museum de Pittsburgh. Rien ne subsiste en eux qui ne trouve sa cause dans un « principe aquatique » et le monde n'y devient « visible » que dans la mesure où il se reflète dans l'étang. Il faut, à vrai dire, signaler une exception de taille : le cycle grandiose des *Nymphéas de l'Orangerie*, commencé en 1914, terminé en 1918, puis repris et remanié de 1920 à 1926. Les immenses panneaux avec lesquels Monet s'est efforcé de créer une sorte de « milieu pictural absolu » (tel une réplique de divers aspects du petit plan d'eau de Giverny) montrent parfois quelque chose de plus vaste que la surface de l'eau. Dans la première salle (*Matin, les Nuages, Reflets verts, Soleil couchant*) les éléments extérieurs — les « nuages » de la deuxième œuvre, par exemple — ne figurent que sous forme de reflets, mais dans les toiles de l'autre salle (*Le Matin clair aux saules*, etc.) des arbres apparaissent sur les côtés et au-dessus du bassin, bien que cela ne s'accompagne pas d'une réelle élévation du regard. On ne peut en outre négliger le fait que dans la dernière période de sa vie, Monet s'est aussi attelé à des œuvres où la nature terrestre demeure, même si c'est au sein d'un enchevêtrement d'apparences. C'est le cas des séries *Saule pleureur* (1918-1919), *Glycines* (1919-1920), *Le Pont japonais* (1922-1924), *L'Allée de rosiers* et *La Maison à travers les roses* (1920-1925). Dans les *Nymphéas* de l'Orangerie en tout cas, l'étang s'érige en horizon exclusif de l'œuvre, en lieu allégorique primordial de la naissance de la vision, en miroir global de la création et de sa connaissance, en obscur recoin d'où le langage prend vie, entre des lambeaux de réalité et des fantasmes perceptifs. Le premier motif qu'il dessine est lié à la présence d'un espace fermé, qui fait correspondre au plan de la toile une paroi continue et homogène (négation de la profondeur) : un écran opaque où le regard ne peut que s'arrêter. Le caractère compact de cet écran, qui n'est qu'apparemment nié par les vertus réfléchissantes de l'eau, impose de renoncer à une ouverture de la peinture sur de véritables facultés descriptives, réalistes. De sorte que le refus de l'horizon constitue aussi, en pratique, une répudiation de ces « paysages terrestres » — le vaste monde riche en phénomènes — que Monet a jusqu'ici le plus souvent fréquenté. On découvre à leur place la dimension pullulante mais secrète de l'étang, complète en soi — un microcosme d'événements bizarres : floraison, naissance, rencontre, éclosion, mort, putréfaction. Il s'agit, bien entendu, d'une invitation à la plongée, à la pénétration dans un autre vaste univers, doté d'une autonomie absolue. Mais l'étang ne se limite pas à cela. Sa surface reflète : elle porte donc en elle le souvenir du monde extérieur, et fait constamment allusion au ciel, aux branches des saules, aux iris, aux agapanthes, aux vertes rives, au lierre, aux glycines, aux nuages... Ces souvenirs, nous pouvons les deviner, en saisir les indices dans les couleurs de l'eau. Mais ce sont, justement, des reflets... des allusions. L'eau ne décrit pas, n'énumère pas. Elle se borne à sous-entendre. De même, la peinture de Monet n'exprime plus, ne raconte plus. Elle devient exclusivement allusive. Il faudrait se demander ce qu'est réellement l'étang. Et, plus encore, ce qu'il reflète. Une tentative de réponse à cette question a été proposée par F. Arcangeli : « Monet avait choisi le bassin aux nymphéas (...) pour que ces strates horizontales soient suspendues en une sorte de dérive et en lutte mystérieuse, presque, avec les parties où, au contraire, l'eau reflète la végétation au-dessus d'elle. (Il) veut donner l'idée d'un espace continu, infini, où se produit une lutte, une alternance » (ARCANGELI). Une lutte, donc ; différents types de réalité en conflit entre eux ; l'impossibilité de distinguer ce qui est en haut de ce qui est en bas (ou à l'intérieur), la perte de tout repère spatial clair. Et Merleau-Ponty, commentant la pensée de Descartes, affirme que le miroir est une métaphore de la peinture parce qu'il démontre combien le rapport entre signe iconique et objet décrit est problématique : « Pourquoi rêver maintenant sur les reflets, sur les miroirs ? (...) La ressemblance de la chose et de son image spéculaire n'est pour elle qu'une dénomination extérieure, elle appartient à la pensée. (...) Il n'y a plus de puissance des icônes. Si vivement qu'elle « nous représente » les forêts, les villes, les hommes, les batailles, les tempêtes, la taille-douce ne leur ressemble pas : ce n'est qu'un peu d'encre posée çà et là sur le papier. À peine retient-elle des choses leur figure, une figure aplatie sur un seul plan, déformée, et qui *doit* être déformée (...) *pour* représenter l'objet. Elle n'en est l'« image » qu'à condition de « ne lui pas ressembler ». Si ce n'est par ressemblance, comment agit-elle ? Elle « excite notre pensée » à « concevoir », comme font les signes et les paroles « qui ne ressemblent en aucune façon aux choses qu'elles signifient ».

Le miroir est en somme la preuve de l'illusion optique sur laquelle tout langage artistique repose. Or dans le cas d'un miroir délibérément trompeur comme celui de l'étang de Giverny, il ne fait aucun doute que sa surface (plus opaque que luisante, liquide et solide en même temps) reflète en premier lieu l'*impasse* dont Monet a appris à tenir compte : la difficulté de voir. Ce qui « se voit » est un reflet, mais c'est aussi le fond, la surface, le mur d'eau. Et c'est le mur de peinture ! Si l'immersion est possible, c'est moins parce que l'étang montre quelque chose que parce que, justement, ce qu'il montre est difficile à appréhender. Trois niveaux d'« apparence » coexistent : la substance de l'eau, qui coule entre les nymphéas et les autres plantes ; les êtres botaniques qui vivent dans cette eau (à la surface et au fond, ce qui constitue un dédoublement de niveau supplémentaire) ; et enfin les choses qui dans l'eau se reflètent. Un examen attentif des salles de l'Orangerie oblige à conclure qu'il est pratiquement impossible d'établir ce qu'elles donnent à voir (ou, plutôt, se refusent à montrer). Comme pour la série des *Gare Saint-Lazare*, Monet aurait pu se réjouir du fait « qu'on ne distingue presque plus rien. C'est un enchantement, une vraie fantasmagorie », car l'étang a pour fonction de mêler les trois niveaux, et donc d'instaurer une confusion entre la réalité incluse, la réalité reflétée et l'écran de réflexion. À mesure que l'eau se dérobe à sa tâche — restituer l'image de ce qui la surplombe, faire fleurir ce qui vit en elle, se laisser pénétrer pour rendre son épaisseur manifeste — un mécanisme qui récupère un autre type d'épaisseur (celle de la toile et de la matière physique qui la recouvre) s'amorce et se renforce. Le mouvement d'avancée et de recul de l'observateur devant le tableau, que nous évoquions au début de ce chapitre, prend donc un sens supplémentaire : en tant que conséquence du combat à mener pour interpréter l'œuvre, il correspond, sur le plan extérieur, au conflit interne entre les différents éléments (les signes linguistiques) qui composent le tableau. Si la jouissance devient *dynamique*, c'est précisément parce qu'aucun emplacement ne la satisfait entièrement, parce qu'il n'existe aucune position d'où l'œuvre semble « claire » et enfin apaisée.

On comprend ainsi également la valeur de l'emplacement qu'obtint le plus important des cycles de *Nymphéas* quand l'État français rendit hommage à Monet en lui proposant le prestigieux pavillon de l'Orangerie du Louvre, qui domine la place de la Concorde du haut du vert terre-plein des Tuileries. Dans cet édifice, remanié tout exprès sous la direction du peintre, les deux salles ovales ont été repensées pour créer, comme je l'ai souligné, un milieu total et ininterrompu : un espace homogène où la peinture, disposée sur de longs panneaux incurvés, peut « envelopper » le visiteur, l'assaillir de tous côtés à la fois. Cela permet à Monet d'accomplir un saut qualitatif supplémentaire, y compris à un niveau personnel, en sortant de son atelier et d'une « routine » artistique vieille de soixante ans. Après 1918, il reprend des travaux en partie classés, en partie restés sans solution, pour les transformer tous, par quelques modifications peu nombreuses mais essentielles, en un ensemble décoratif, une vaste séquence de toiles organiquement liées entre elles. La finalité de cet ensemble est toutefois loin d'être purement ornementale, puisqu'il représente l'aboutissement d'une poétique longtemps cultivée — celle qui voit en l'artifice pictural une implication et une persuasion définitives, une capacité de promouvoir une fusion entre l'espace, le sujet, l'œuvre et l'observateur. La vitalité propre aux *Nymphéas,* « une vitalité située entre le végétal et l'animal, quelque chose de vital et de profondément organique » (ARCANGELI), provient de cette parfaite fusion. Il faut d'ailleurs bien dire, en considérant l'impératif qui a conduit Monet à organiser le travail de la fin de sa vie en cycles, que le résultat n'apparaît jamais aussi convaincant que dans les tableaux de l'Orangerie. Au fond, ceux-ci ne forment pas une série au sens strict, mais plutôt une seule et même œuvre.

Il n'est, du reste, pas difficile de comprendre que le thème de l'étang portait déjà en lui le potentiel symbolique susceptible d'engendrer de tels résultats. « Tous mes efforts sont simplement dirigés vers la réalisation du plus grand nombre possible d'images intimement liées à des réalités inconnues » (cité in ARCANGELI). Ce sont les paroles de Monet, tout comme celles-ci, que l'on dirait inconciliables avec les précédentes : « Je n'ai que le mérite d'avoir peint directement, devant la nature, en cherchant à rendre mes impressions devant les effets les plus fugitifs » (cité in REWALD). En réalité, la contradiction n'est qu'apparente, pour peu qu'on songe au motif qui engendre ces effets ; c'est néanmoins sa « vérité » qui constitue une formidable abstraction. À l'époque d'*En canot sur l'Epte* (1887-1890), l'issue « naturelle » semblait fort mystérieuse et inconnue (« J'ai repris encore des choses impossibles à faire : de l'eau avec de l'herbe qui ondule dans le fond »). Or dans la grandiose saga des *Nymphéas*, le sujet devient, en soi, une chose à découvrir... Selon Butor, dans les tableaux de l'Orangerie, « l'étang réel n'est plus là comme modèle (ou comme alibi), mais comme *maître* ». Et il souligne plus loin la prégnance des concepts que Monet a introduits, et qui sont à l'origine de sa singulière « abstraction » : la plongée, le miroir... « Le relèvement de l'horizon, déjà si sensible autrefois, est maintenant absolu, le ciel ou le lointain n'apparaissent plus que dans leur renversement, et la surface de l'eau se redresse vers la verticale tout autour de nous, ce qui provoque un rêve de vol ou de plongée. (...) Il y a déjà quelque chose qui définit la toile comme un épais miroir germinatif et florissant, parce qu'il y a les nymphéas à partir desquels tout devient lisible » (*ibid*).

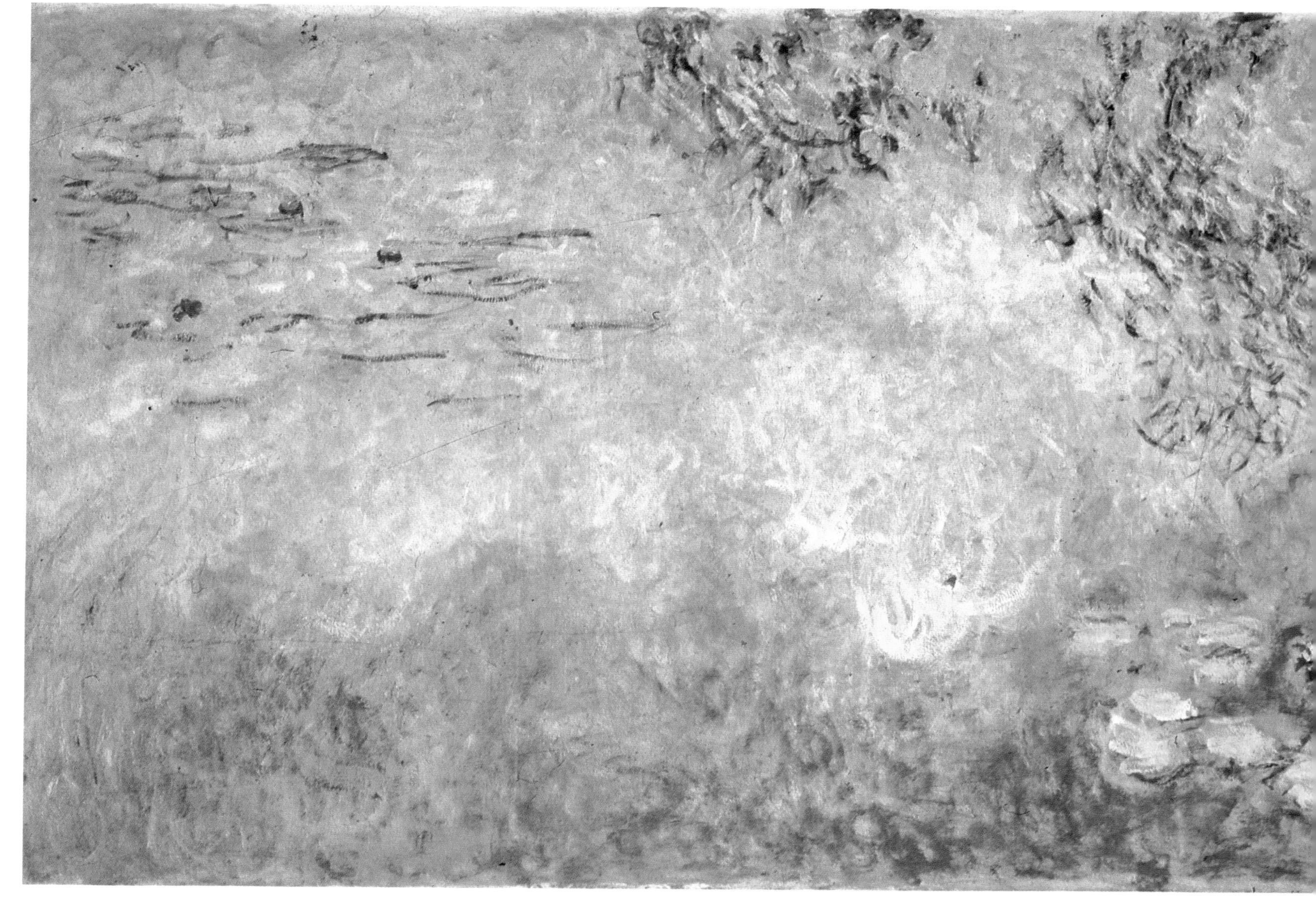

◆ Le Bassin aux nymphéas, avec iris, *Giverny, v. 1910-1915 ; huile sur toile ; 220 × 600 cm ; Kunsthaus, Zurich. Diversement attribué, suivant les critiques, à l'année 1910 (Rossi-Bortolatto, 1981, qui intitule toutefois ce tableau* Nymphéas au crépuscule, *le confondant peut-être avec une autre œuvre du musée de Zurich), ou bien à la période 1916-1926 (Gordon-Forge, 1984), comme s'il s'agissait d'un des panneaux préparés pour l'Orangerie, ou encore à 1915, sans justification particulière. Le problème, presque insoluble, des dates se pose au demeurant pour toute la dernière phase du travail de Monet, l'artiste ne s'étant pas soucié — contrairement à ce qu'il avait fait par le passé — de noter l'année d'exécution sur les toiles. De plus, les nymphéas, tous peints sur le même motif et donc très ressemblants entre eux, sont plus homogènes du point de vue stylistique (plus constants au fil des saisons) que tous les autres cycles ou périodes d'activité de Monet.*

◆ Nymphéas *(page ci-contre en bas), Giverny, 1915 ; huile sur toile ; 150 × 200 cm ; signé ; musée Marmottan, Paris.*

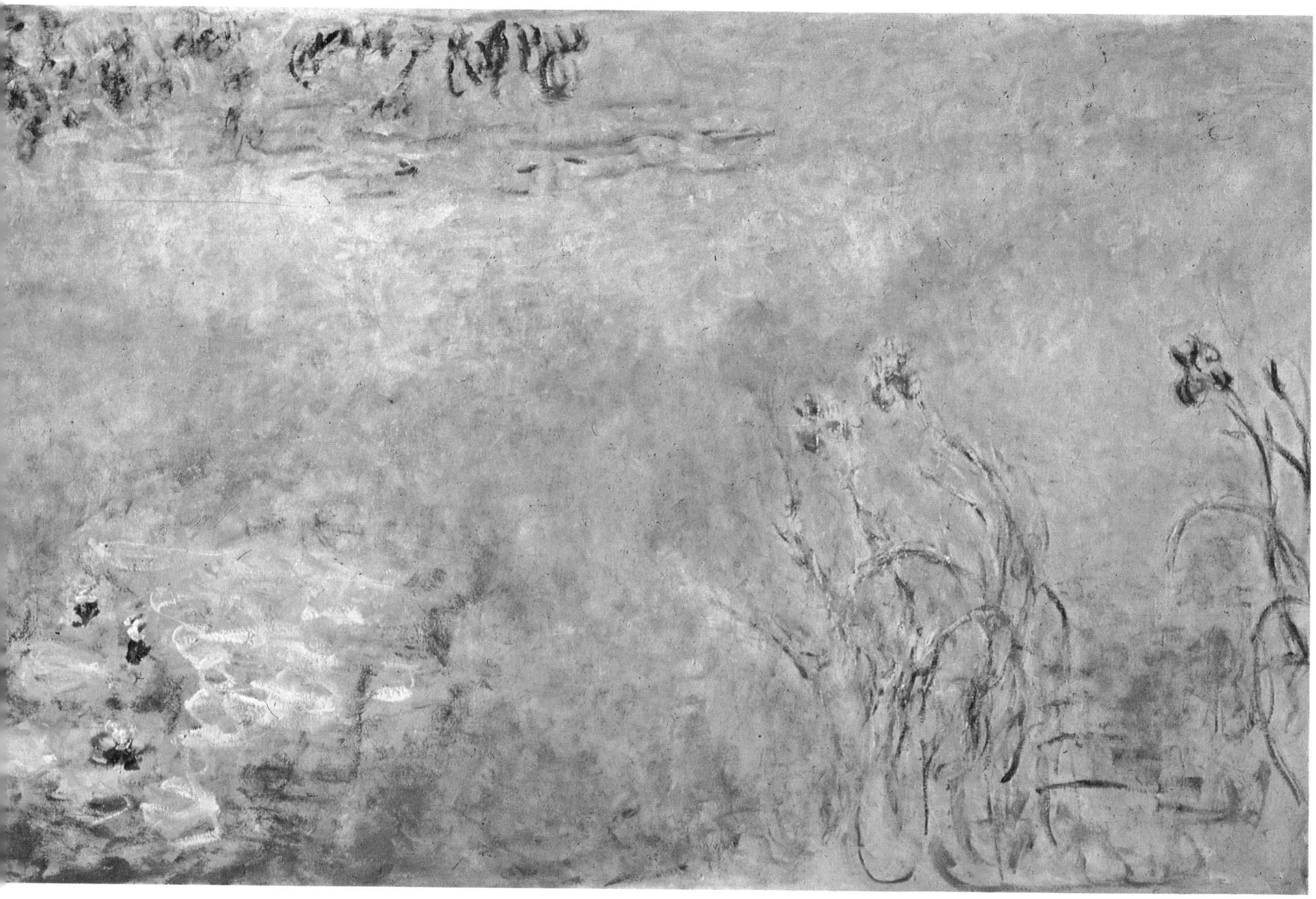

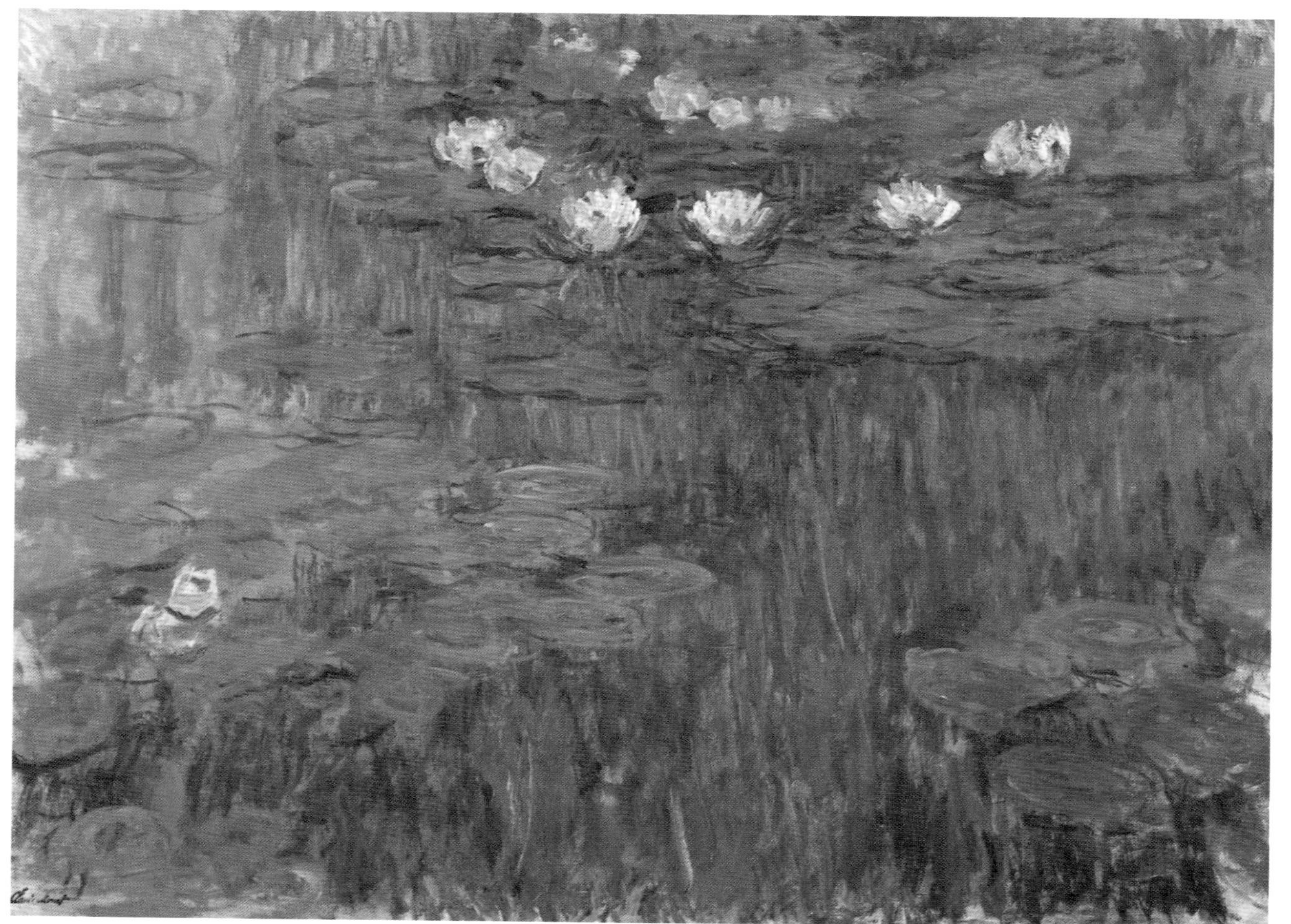

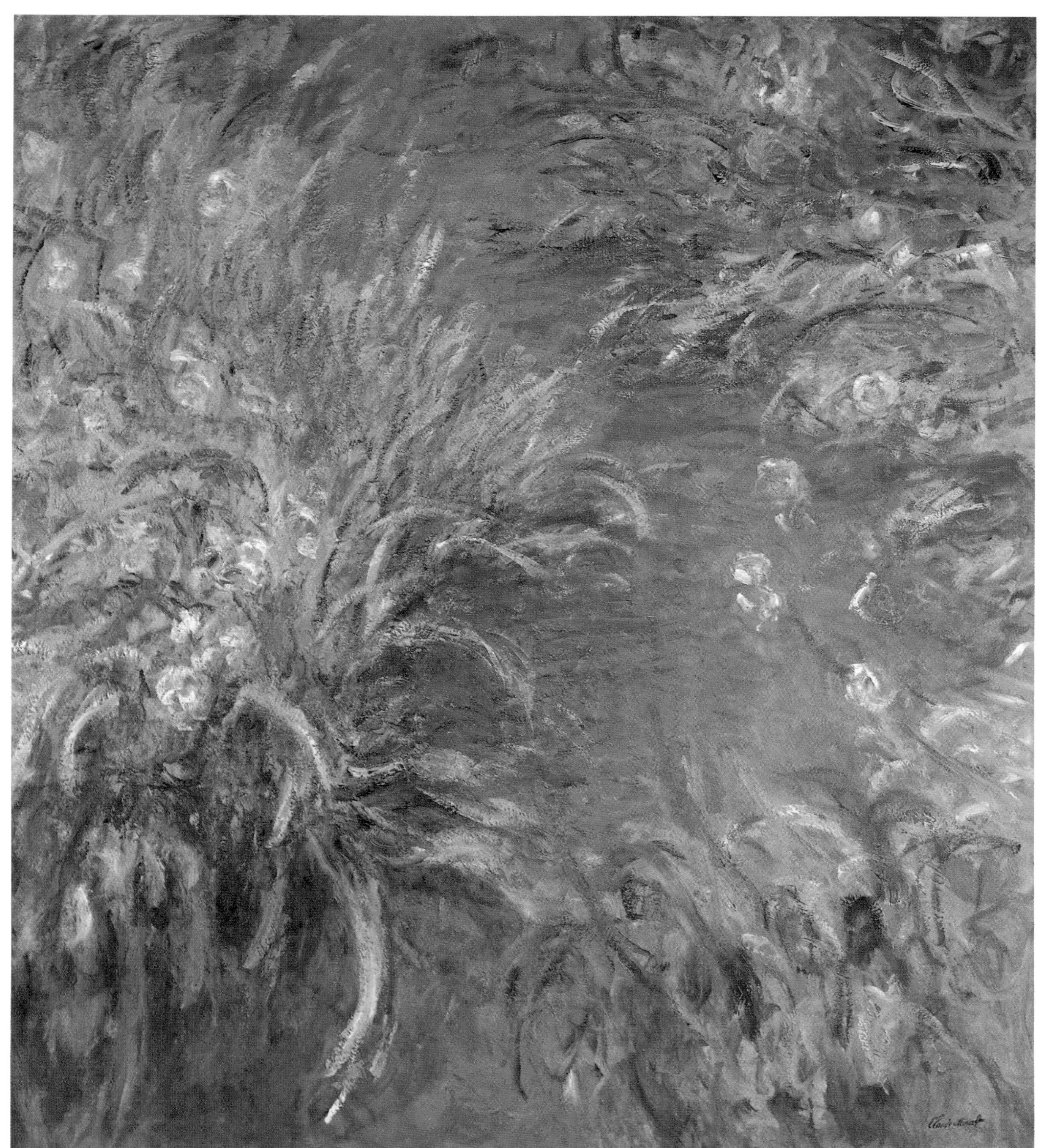

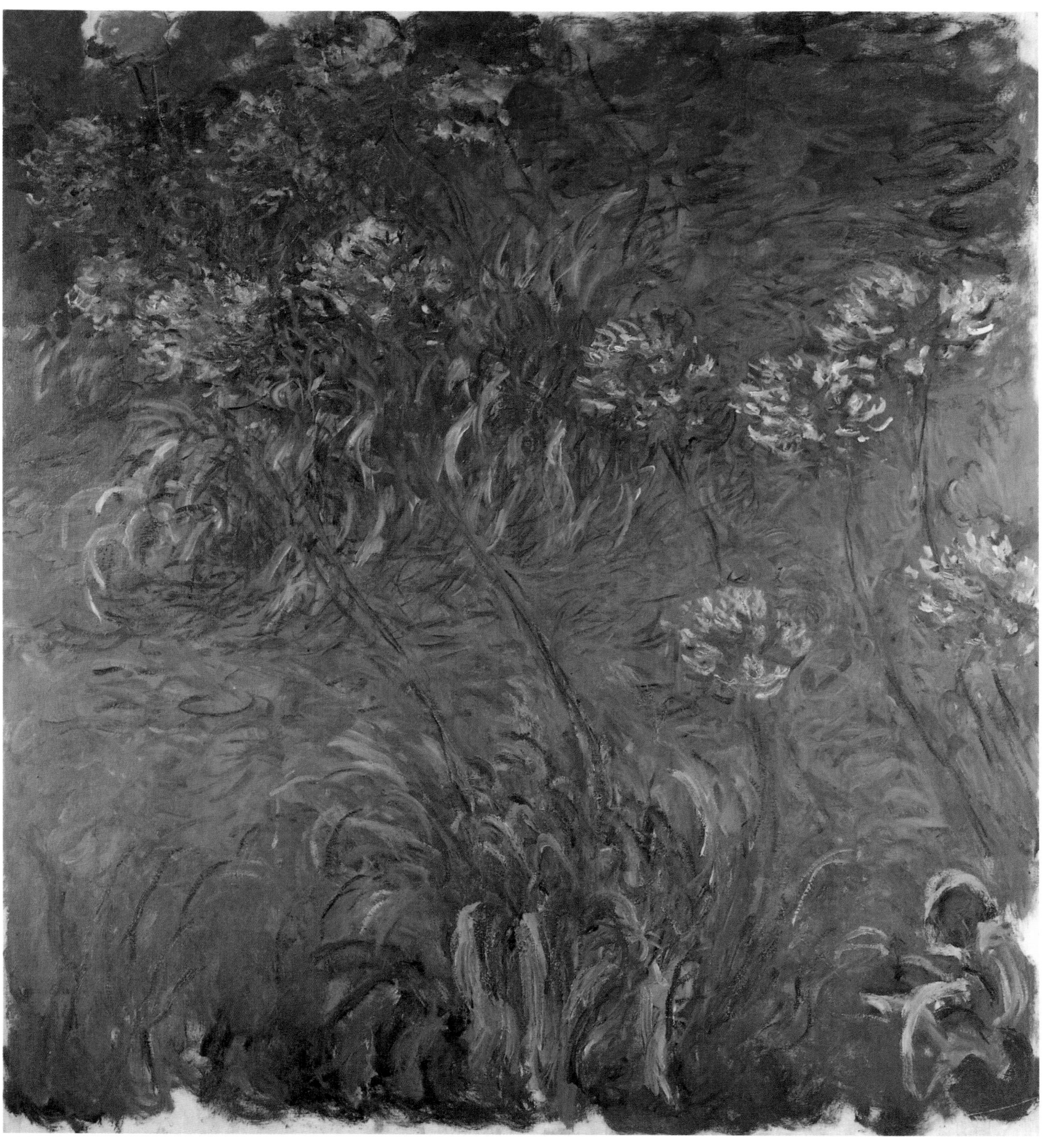

◆ Le Chemin au milieu des iris *(page ci-contre). Giverny, 1916-1917 ; huile sur toile ; 200 × 180 cm ; signé ; collection particulière.*

◆ Agapanthes, *Giverny, 1916-1917 ; huile sur toile ; 200 × 180 cm ; collection particulière.*

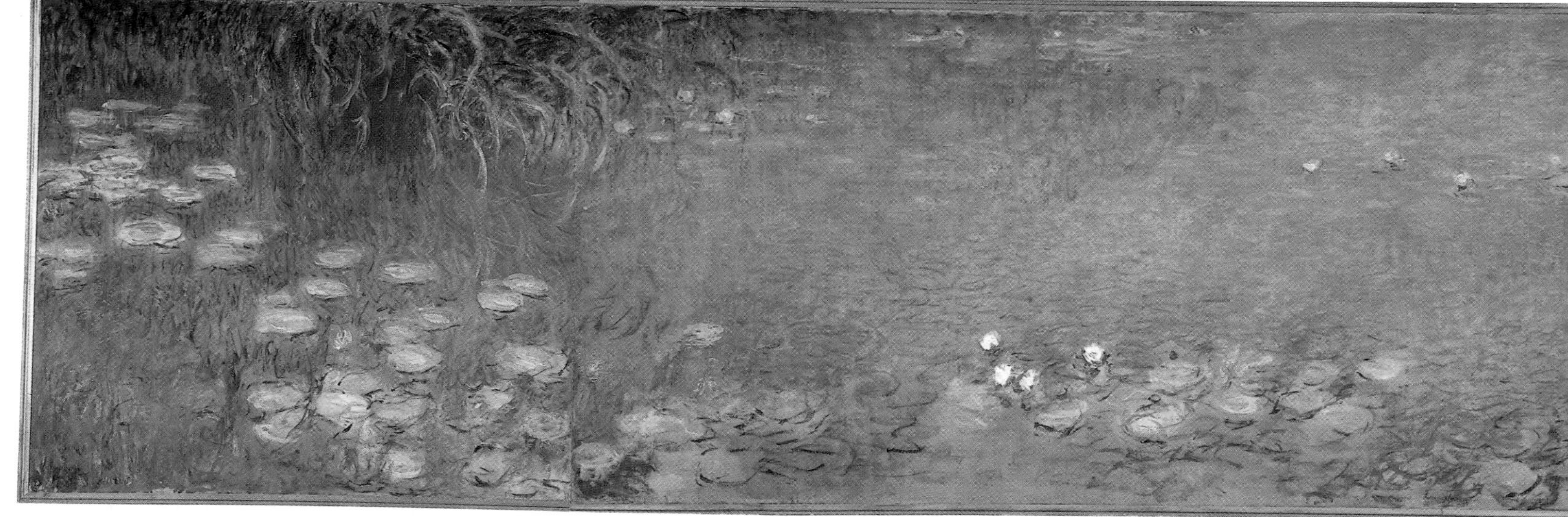

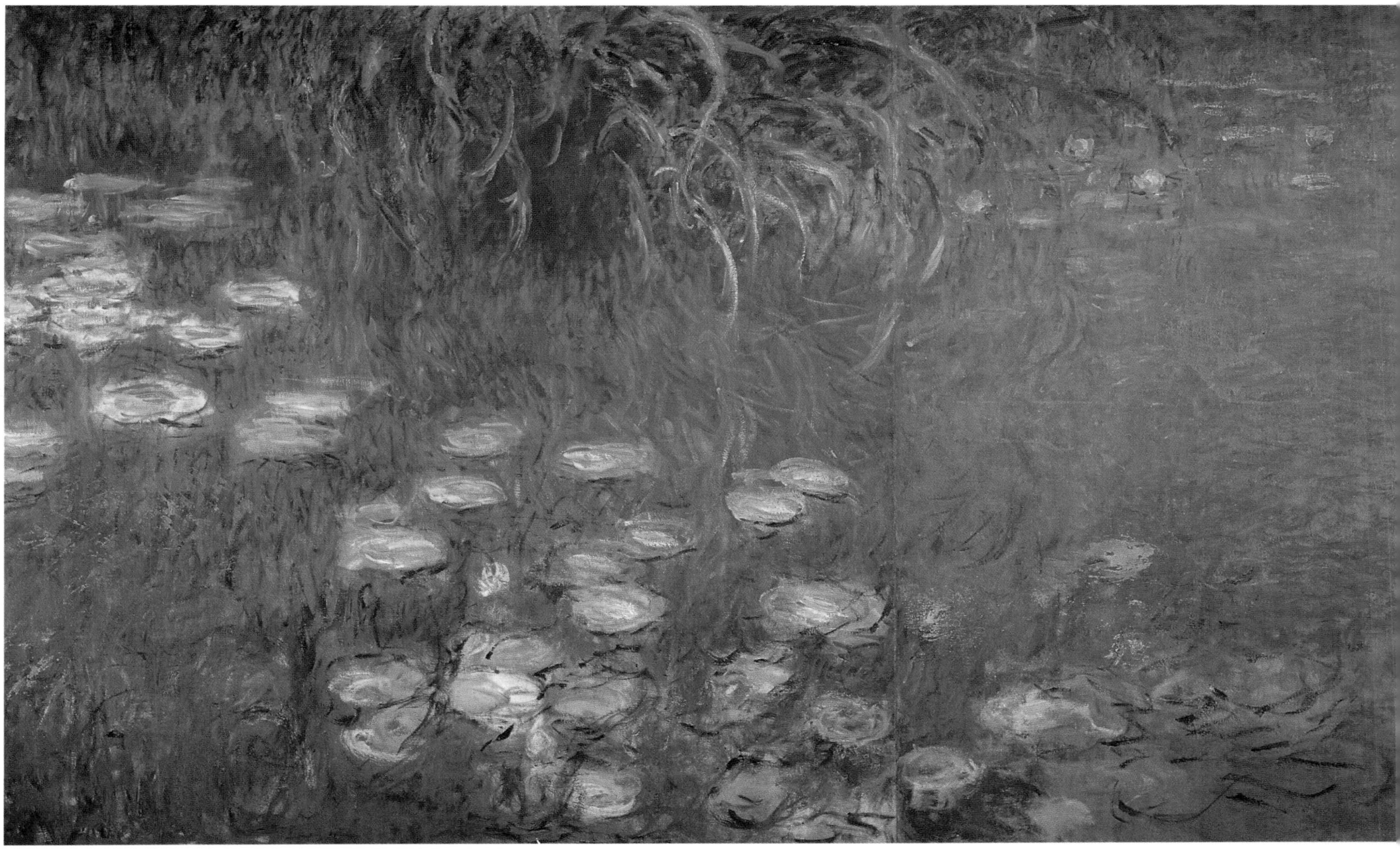

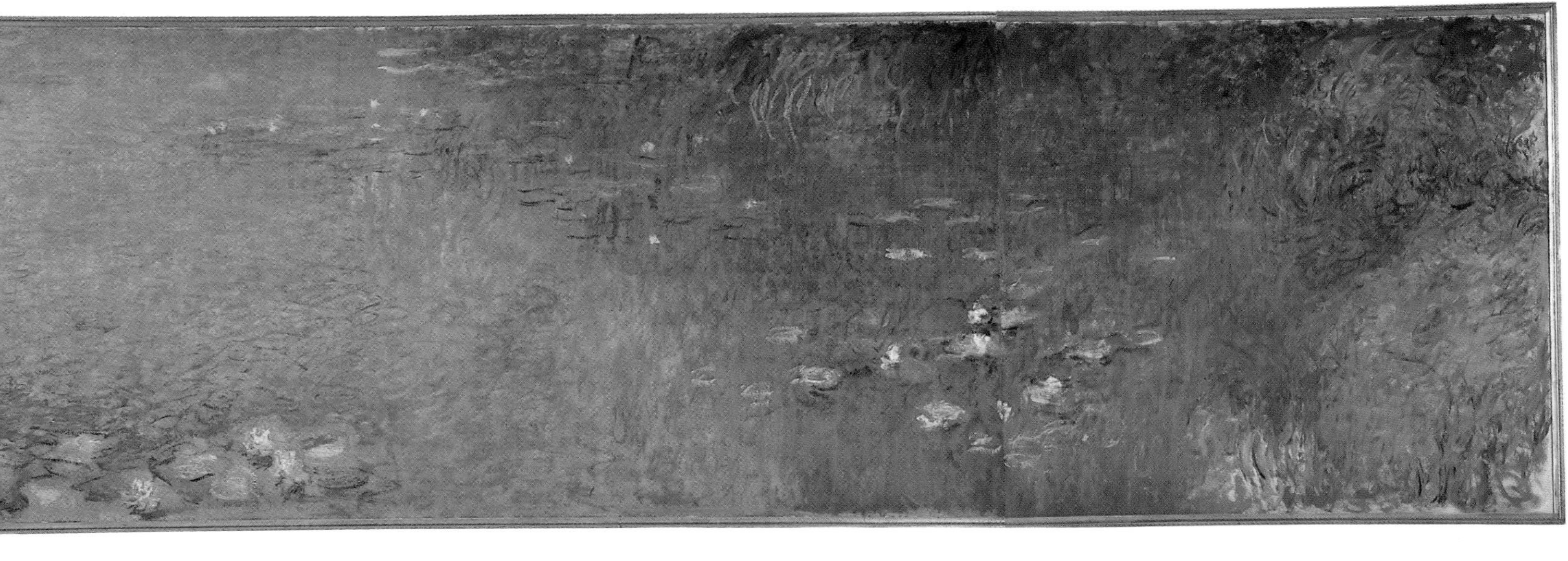

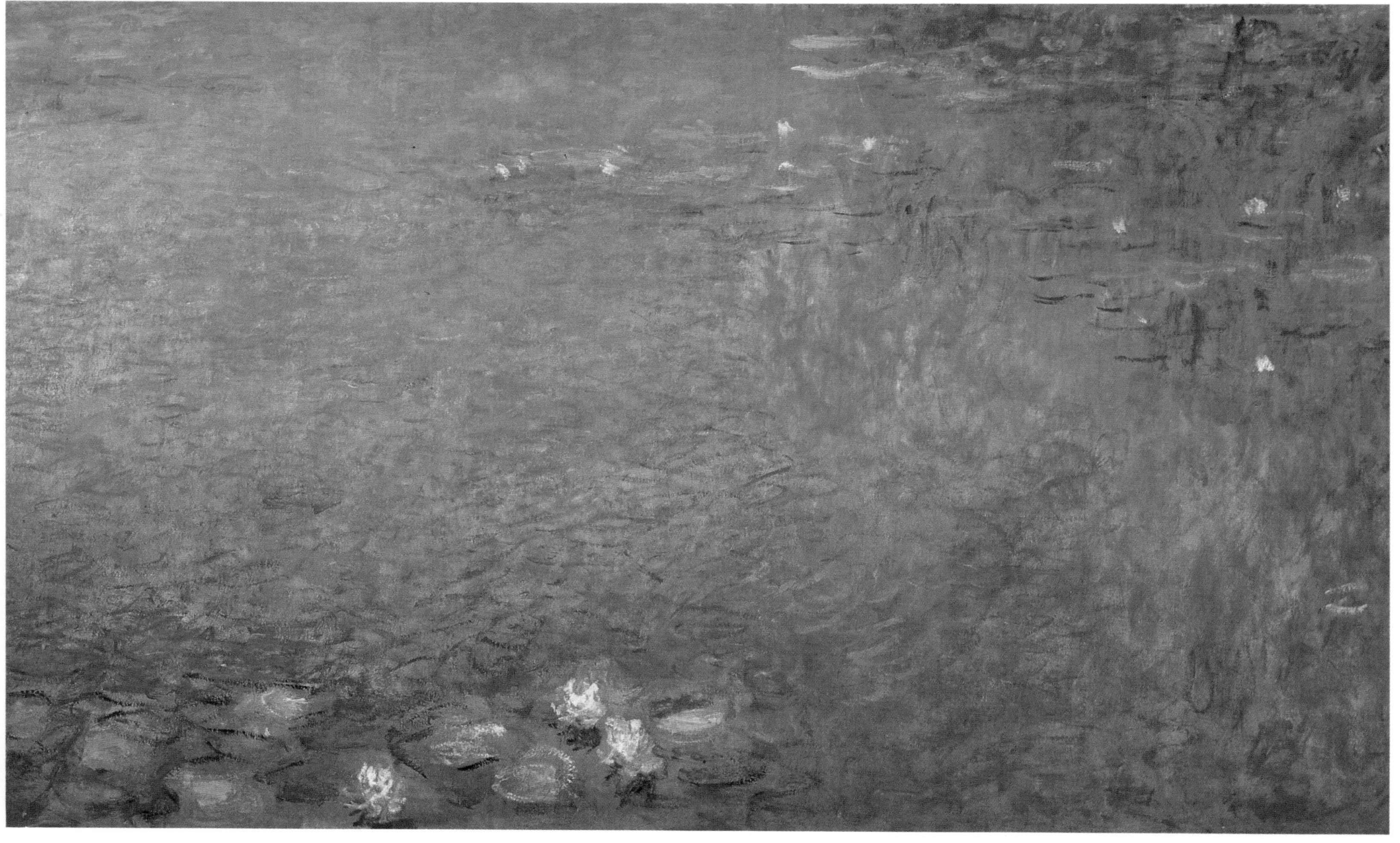

◆ Nymphéas de l'Orangerie : Matin *(ensemble et deux détails), Giverny-Paris, 1914-1926 ; huile sur bois ; quatre panneaux de 200 × 212 cm, 200 × 425 cm, 200 × 425 cm et 200 × 212 cm respectivement ; musée de l'Orangerie, Paris.*
Là encore, il est assez difficile de donner des indications fiables sur la chronologie d'exécution. On sait que Monet avait dans son atelier la majeure partie des panneaux de l'Orangerie dès 1918, mais aussi qu'il travailla énergiquement à leur achèvement pendant les années suivantes et jusqu'à sa mort.

260

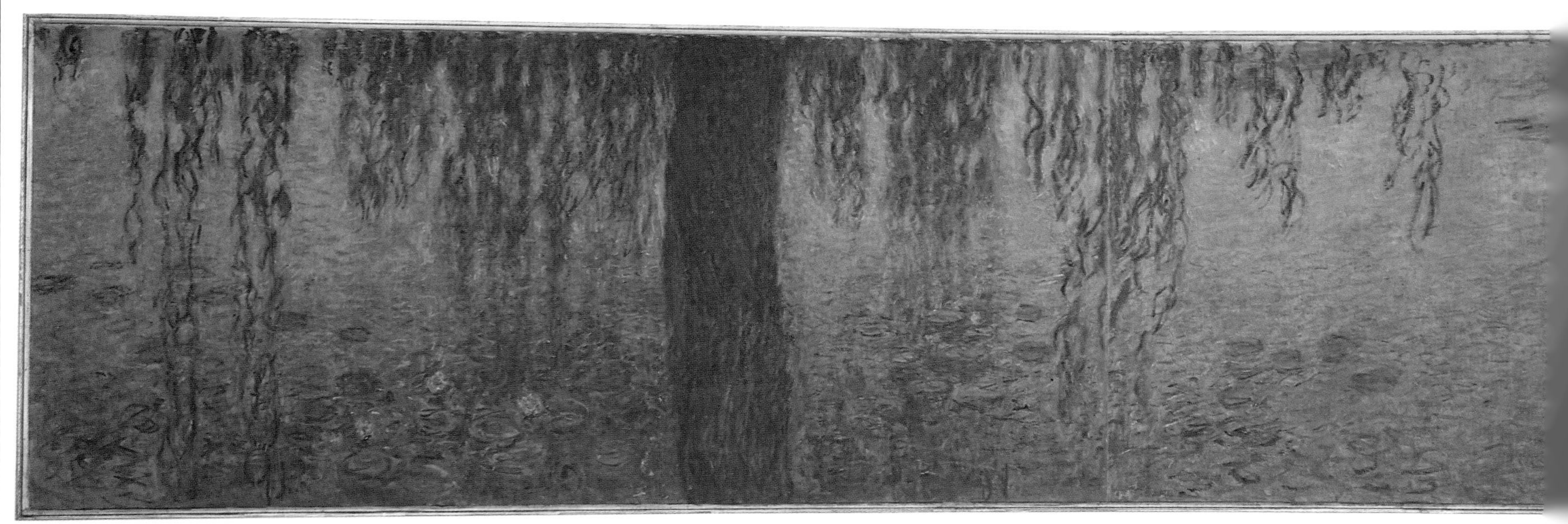

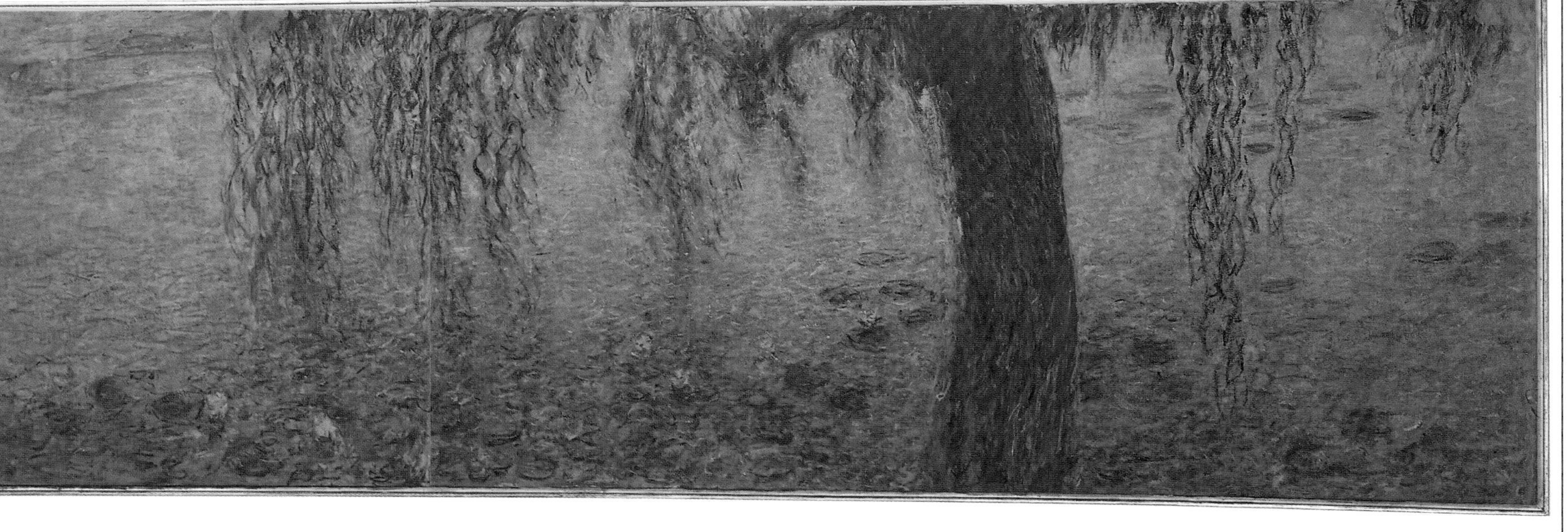

◆ Nymphéas de l'Orangerie : les nuages *(en haut), Giverny-Paris, 1914-1926 ; huile sur bois ; triptyque : 200 × 425 cm pour chacun des trois panneaux ; musée de l'Orangerie, Paris.*

◆ Nymphéas de l'Orangerie : Le matin clair aux saules *(en bas), Giverny-Paris, 1914-1926 ; huile sur bois ; triptyque : 200 × 425 cm pour chacun des panneaux ; musée de l'Orangerie, Paris.*

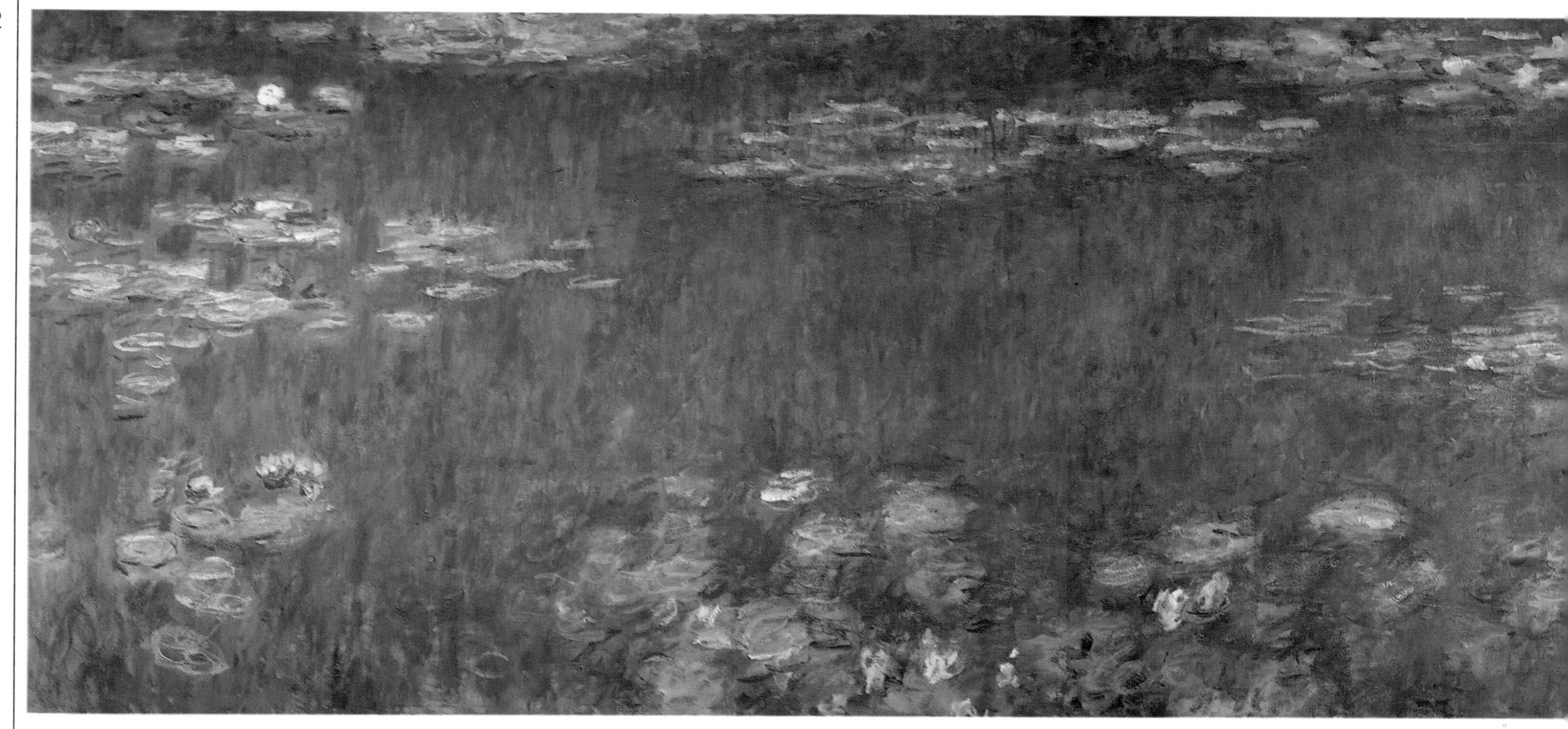

◆ Nymphéas de l'Orangerie : Reflets verts *(ensemble et un détail), Giverny-Paris, 1914-1926 ; huile sur bois ; diptyque : 200 × 425 cm pour chacun des deux panneaux ; musée de l'Orangerie, Paris.*

Il fallut découper toutes ces vues en deux, trois ou quatre panneaux pour pouvoir les placer, sous la supervision de Monet, sur les parois incurvées du pavillon de l'Orangerie, dans le jardin des Tuileries.

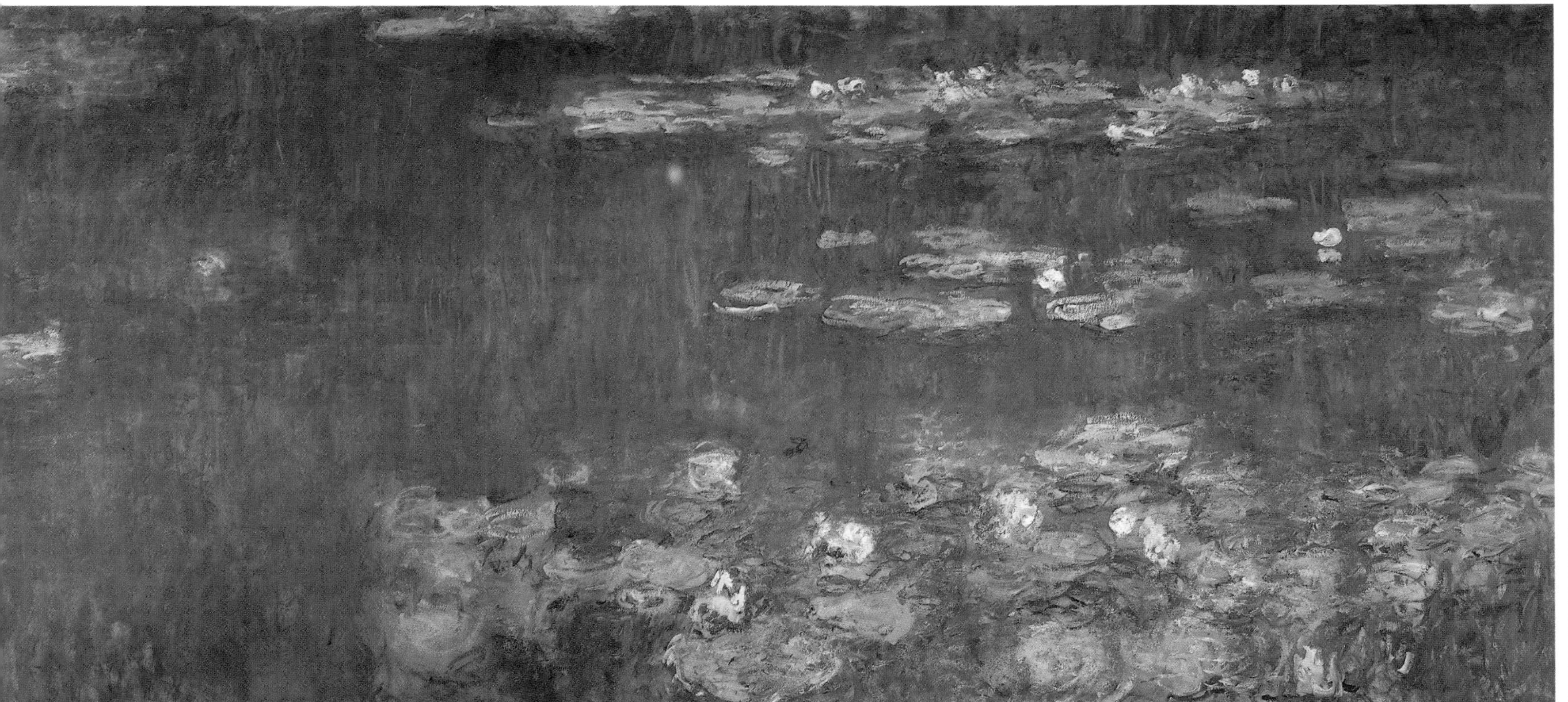

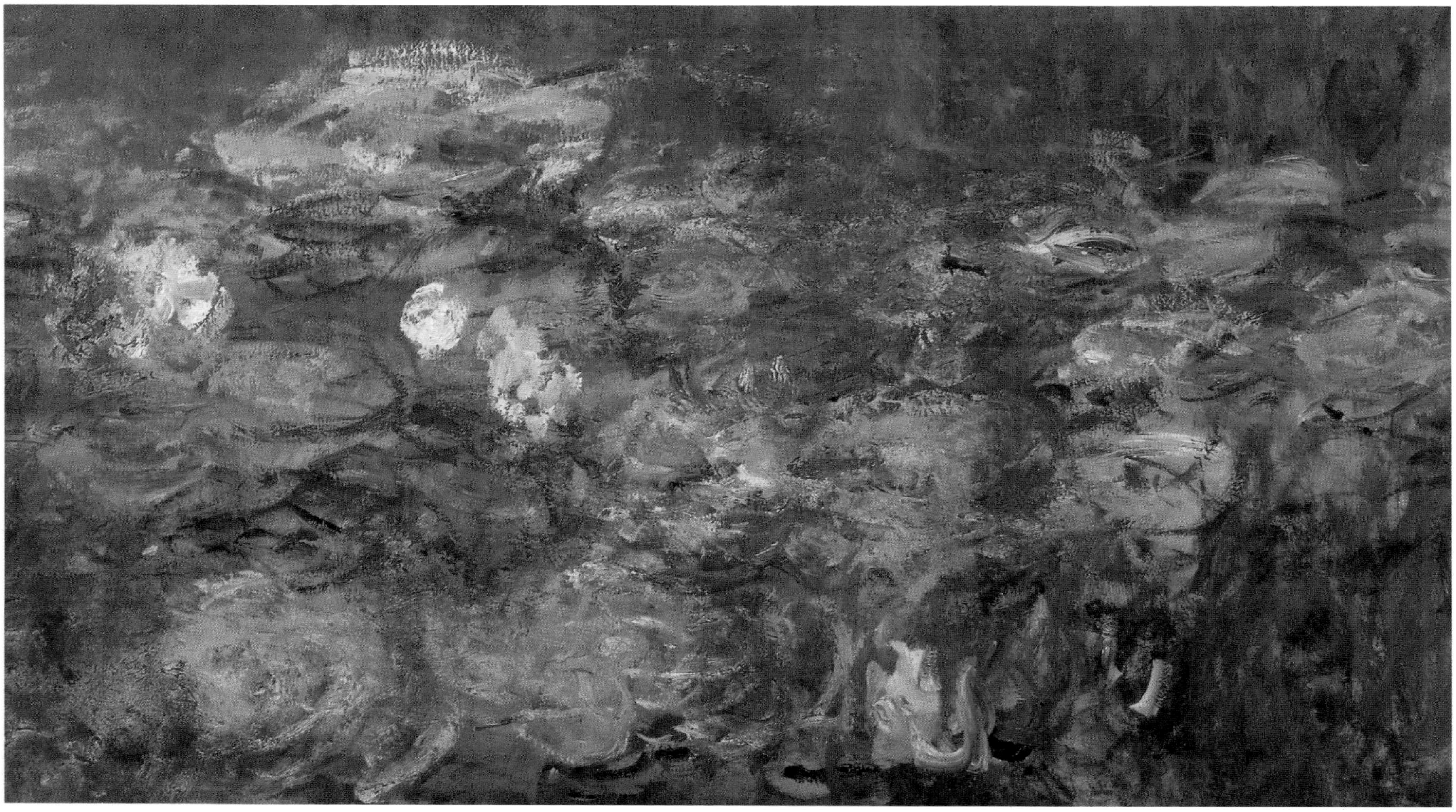

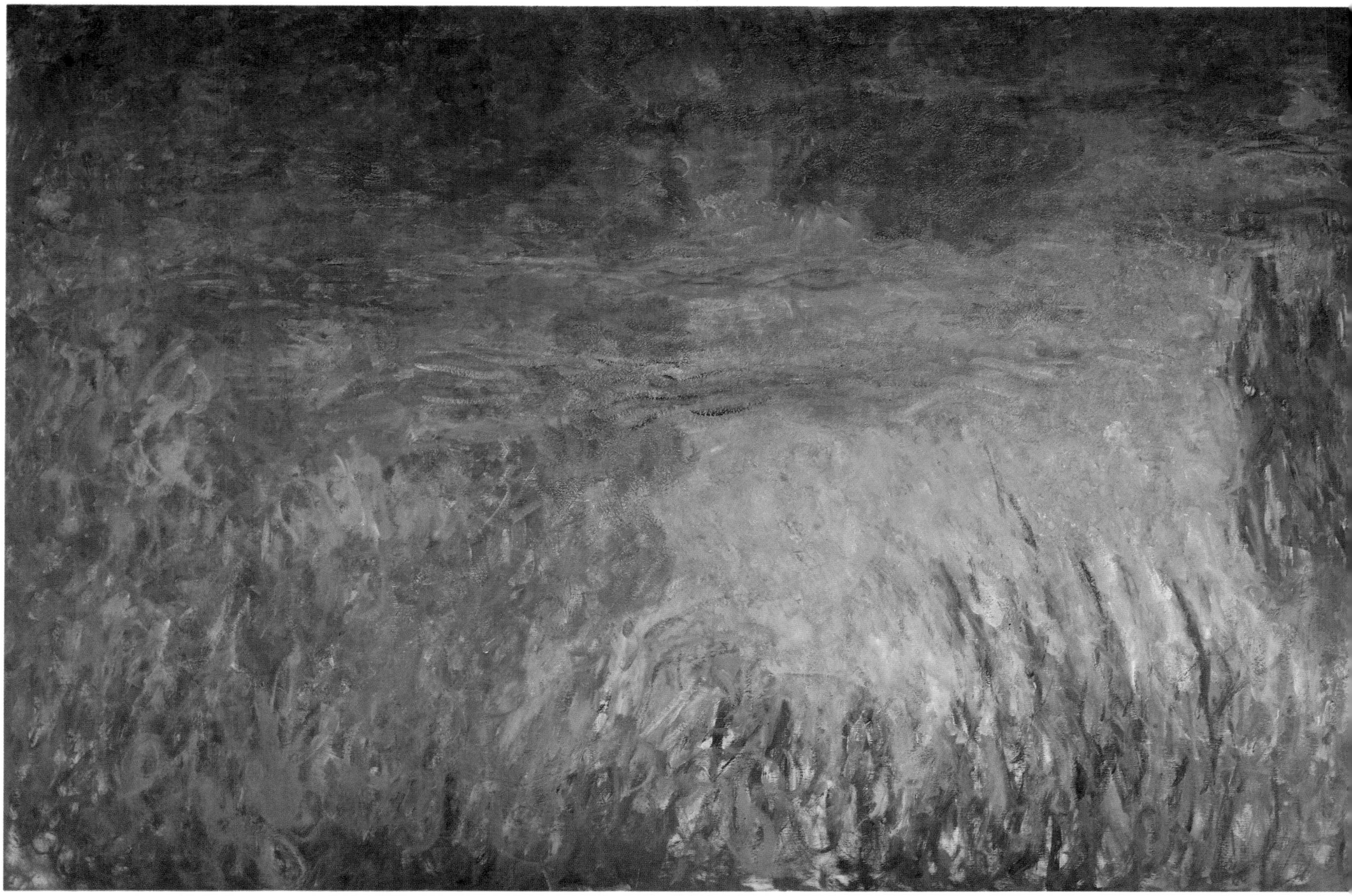

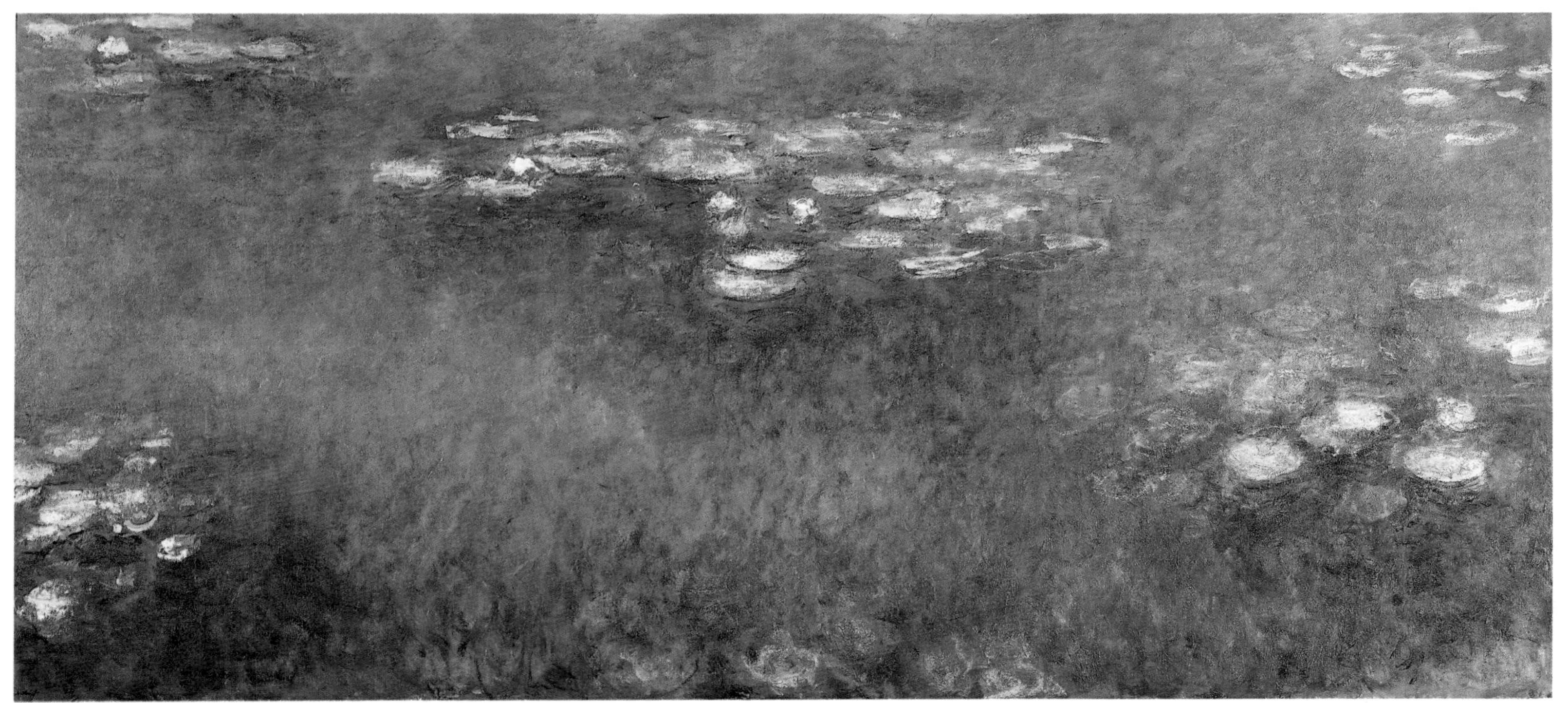

◆ Nymphéas de l'Orangerie : Soleil couchant *(en haut), Giverny-Paris, 1914-1926 ; huile sur bois ; diptyque : 200 x 300 cm pour chacun des deux panneaux ; musée de l'Orangerie, Paris.*

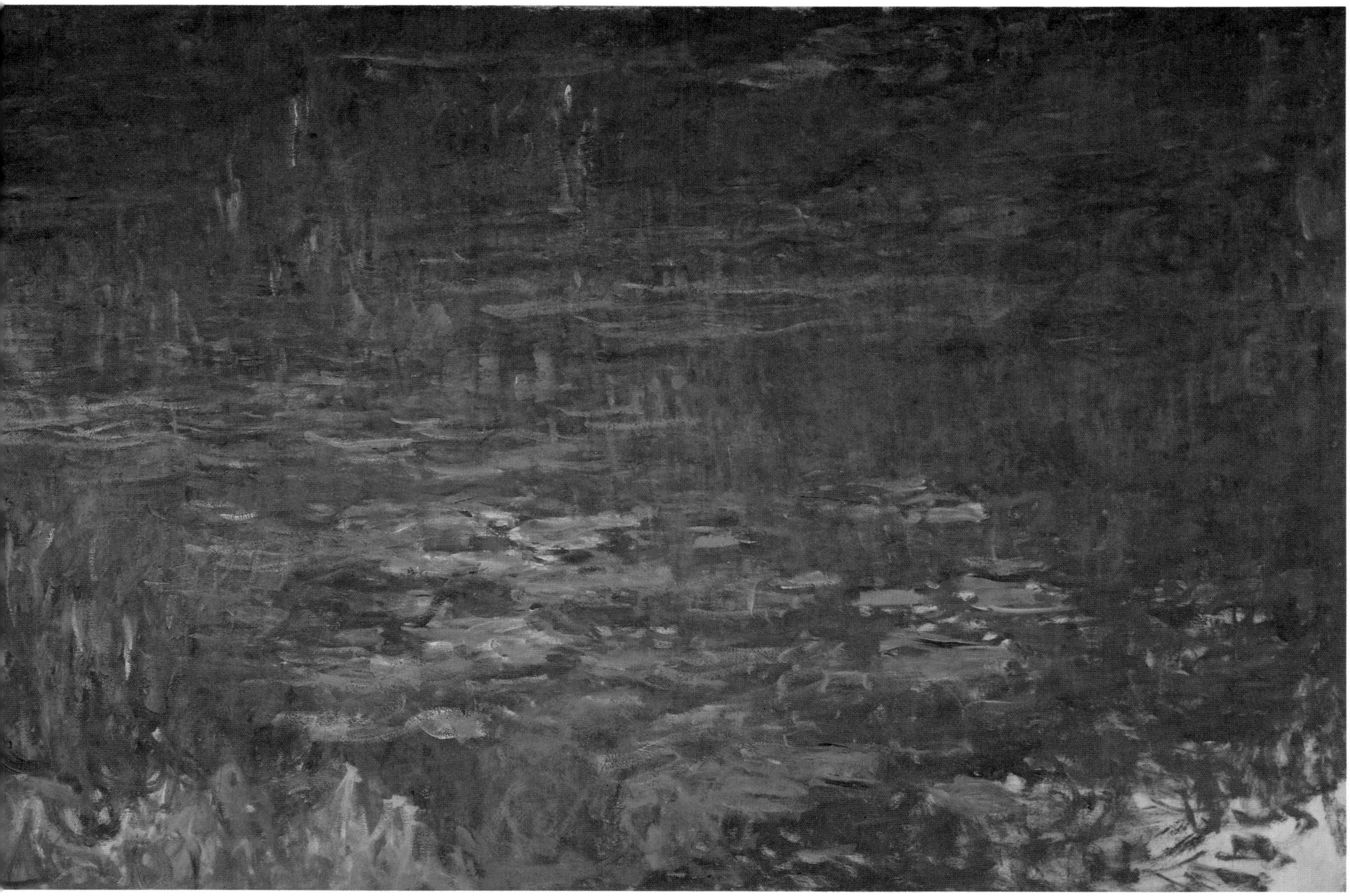

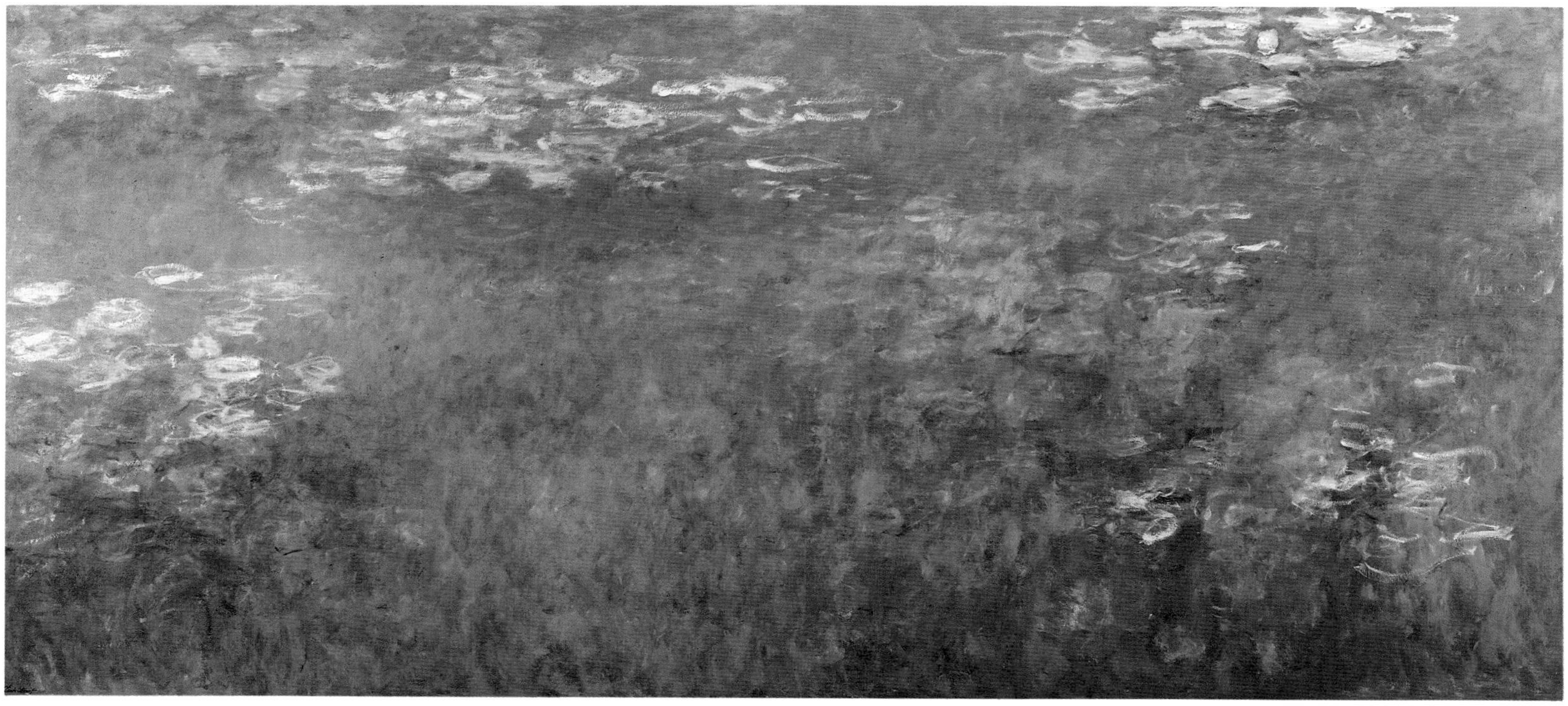

◆ Nymphéas *anciennement :* L'Agapanthe *(en bas), Giverny-Paris, 1914-1926 ; huile sur bois ; triptyque : 200 × 425 cm ; 200 × 425 cm ; 200 × 425 cm ; chacun des trois panneaux est conservé dans un musée différent : Museum of Art, Cleveland ; Art Museum, Saint Louis ; Nelson-Atkins Museum, Kansas City. Sont ici reproduits les panneaux de Saint-Louis (à gauche) et Kansas City (à droite).*

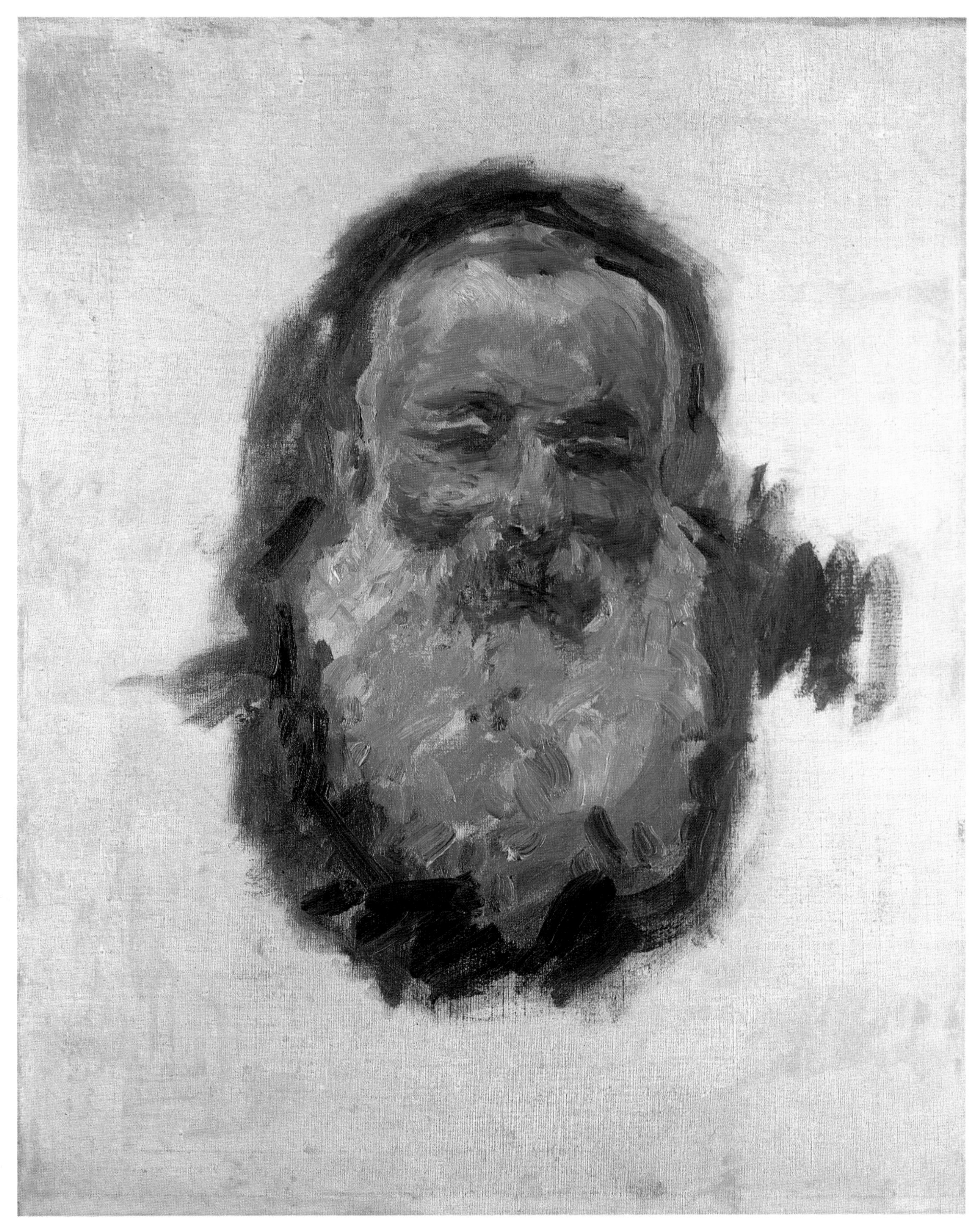

◆ Coin de l'étang à Giverny *(page ci-contre), Giverny, 1917 ; huile sur toile ; 117 x 83 ; signé ; musée des Beaux-Arts, Grenoble.*

◆ Autoportrait, *Giverny, 1917 ; huile sur toile ; 70 x 55 cm ; musée d'Orsay, Paris.*

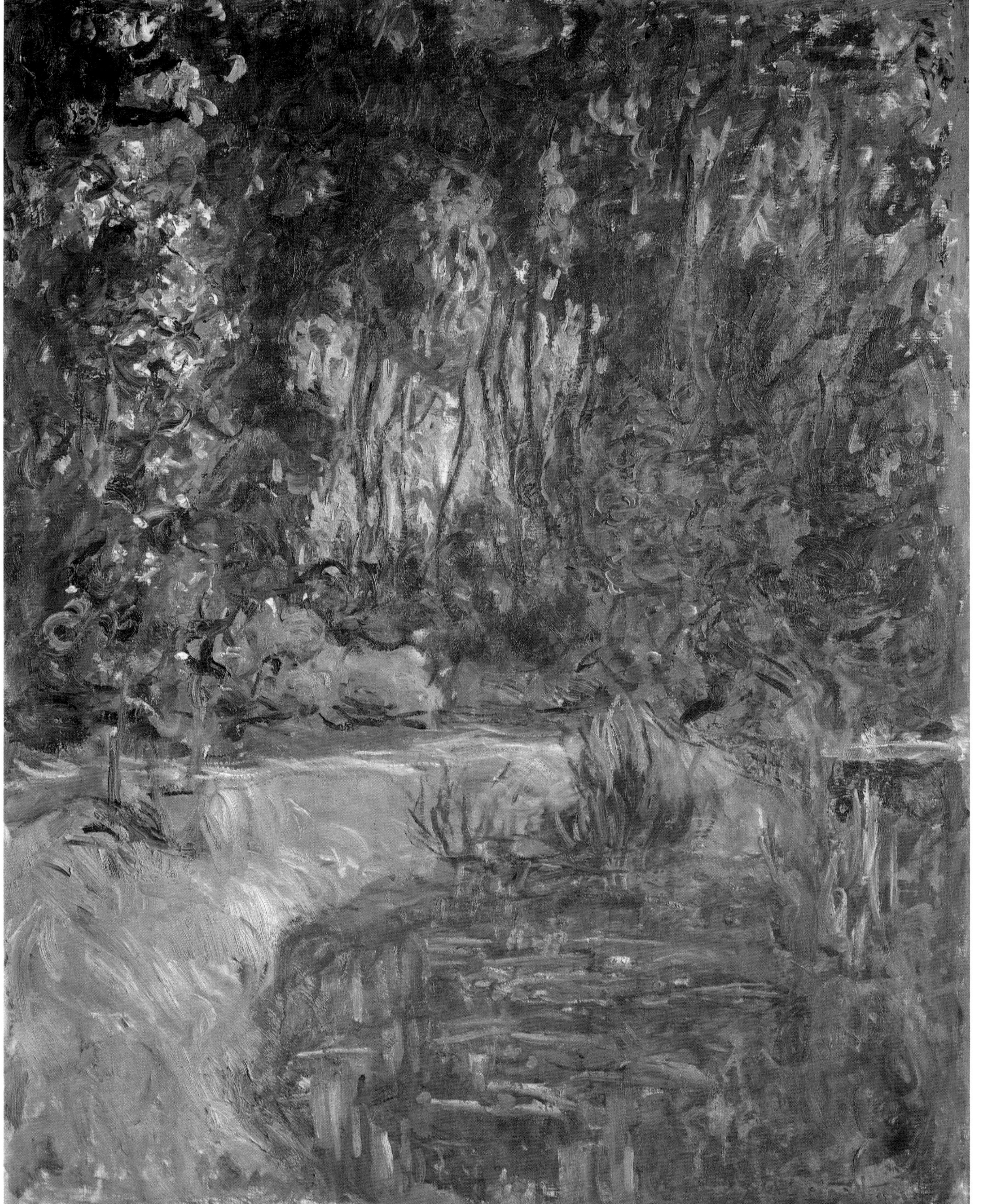

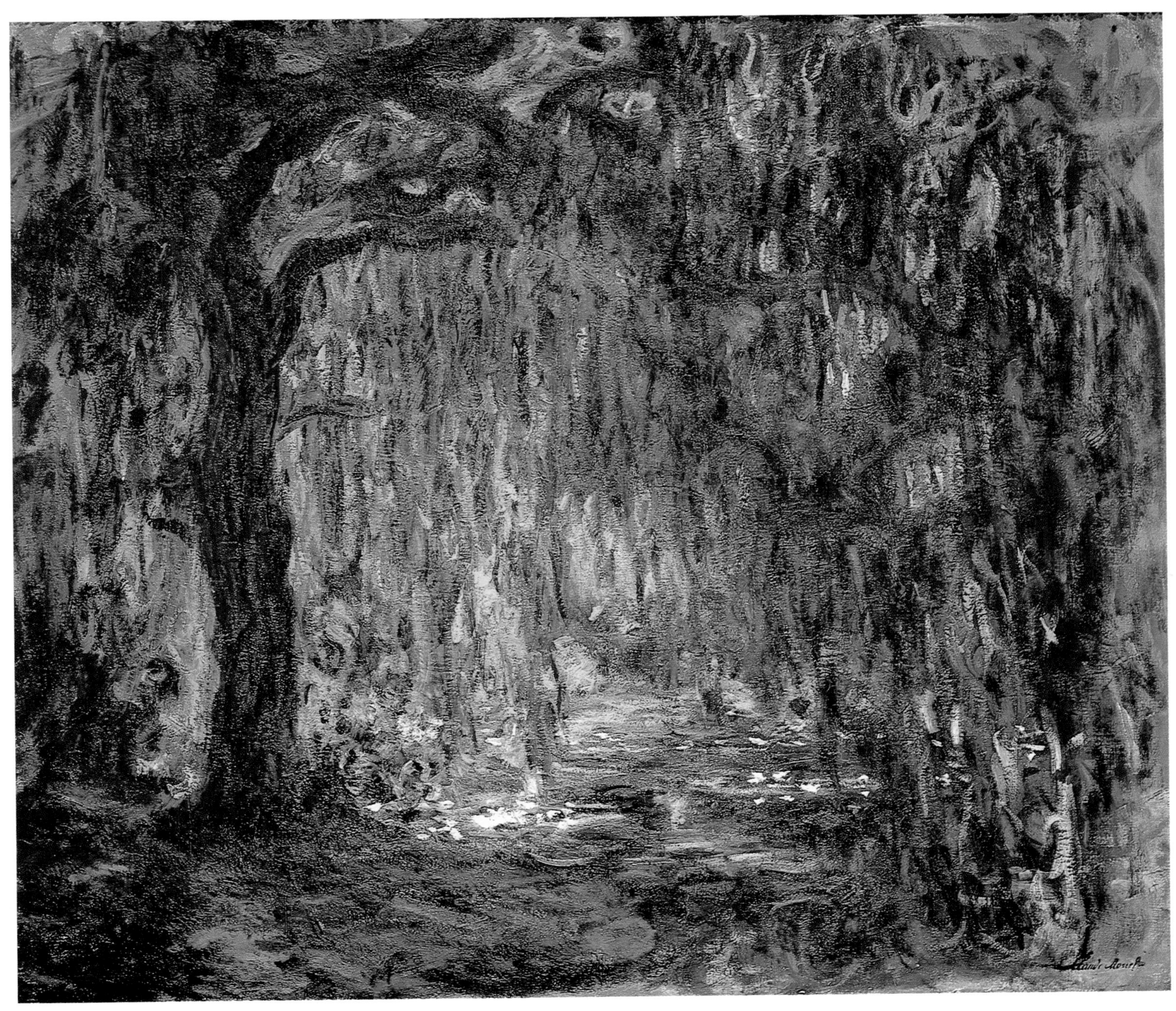

◆ Saule pleureur, *Giverny, 1918 ; huile sur toile ; 127,5 × 152,5 cm ; signé ; collection particulière.*

◆ Paysage, saule pleureur *(page ci-contre), Giverny, 1918 ; huile sur toile ; 130 × 110 cm ; signé et daté ; collection particulière.*

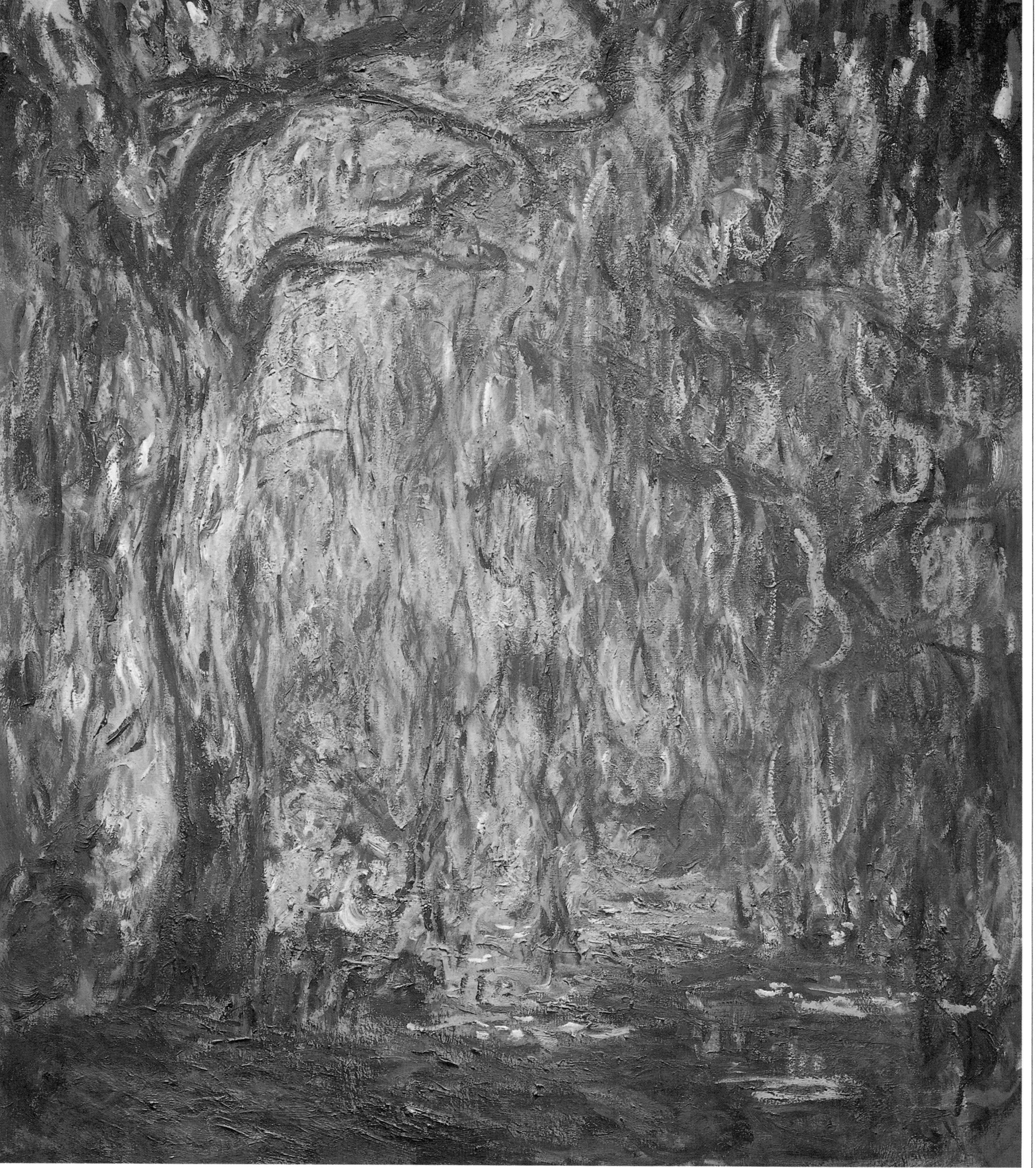

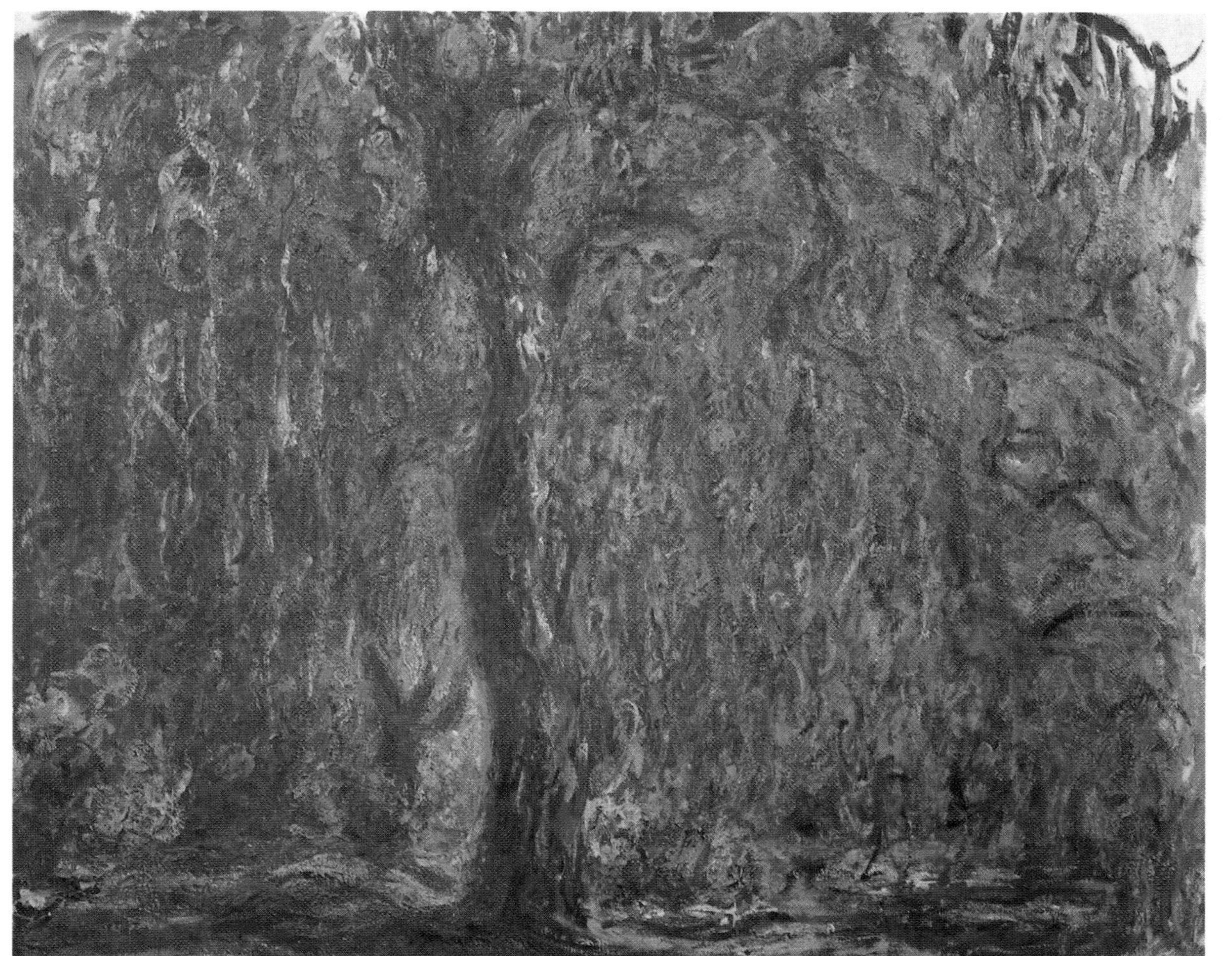

◆ Saule pleureur, *Giverny, 1919 ; huile sur toile ; 100 × 120 cm ; musée Marmottan, Paris.*

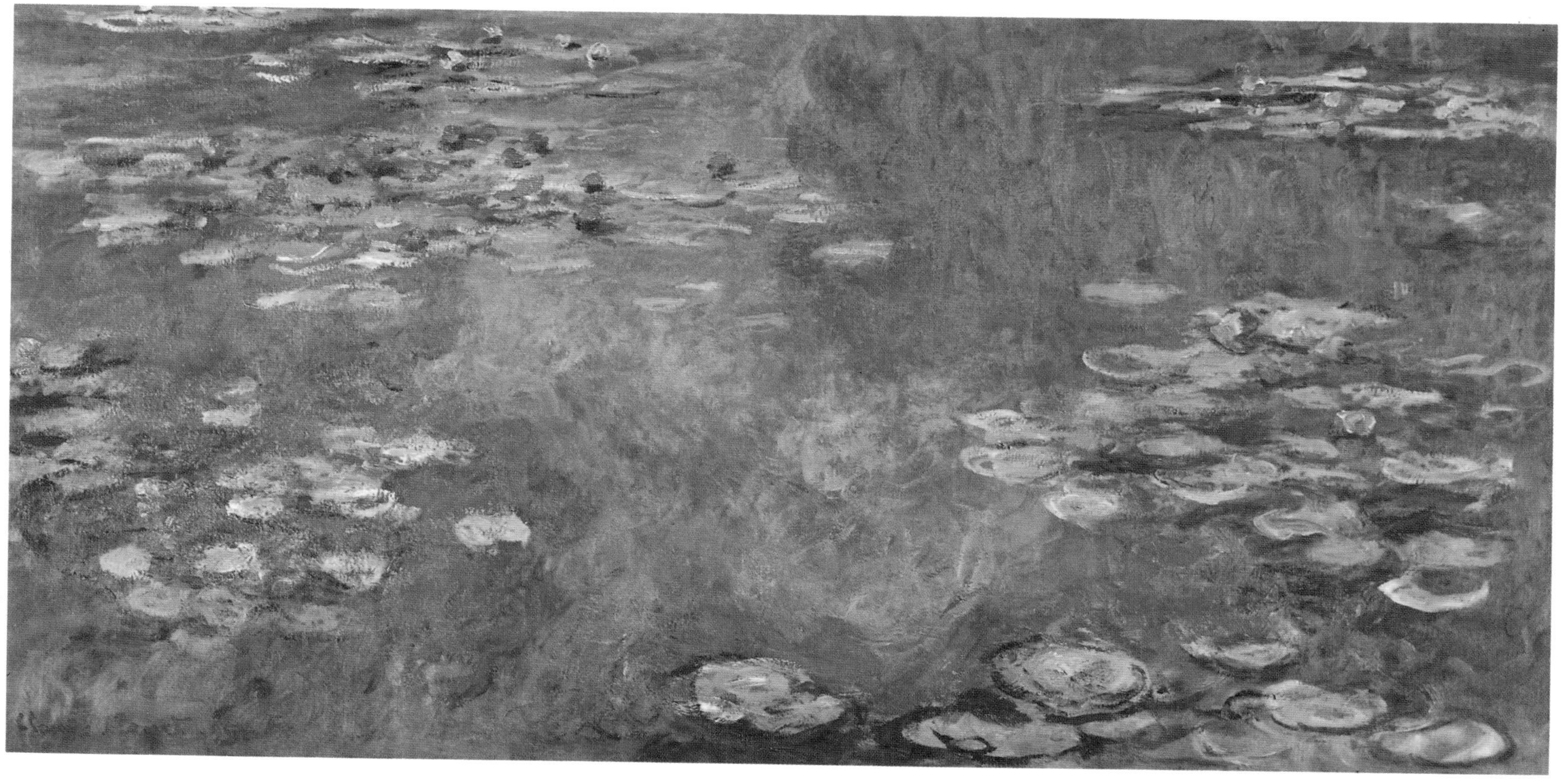

◆ Le Bassin aux nymphéas, Giverny, *Giverny, printemps-été 1919 ; huile sur toile ; 100 × 200 cm ; signé et daté ; collection particulière.*

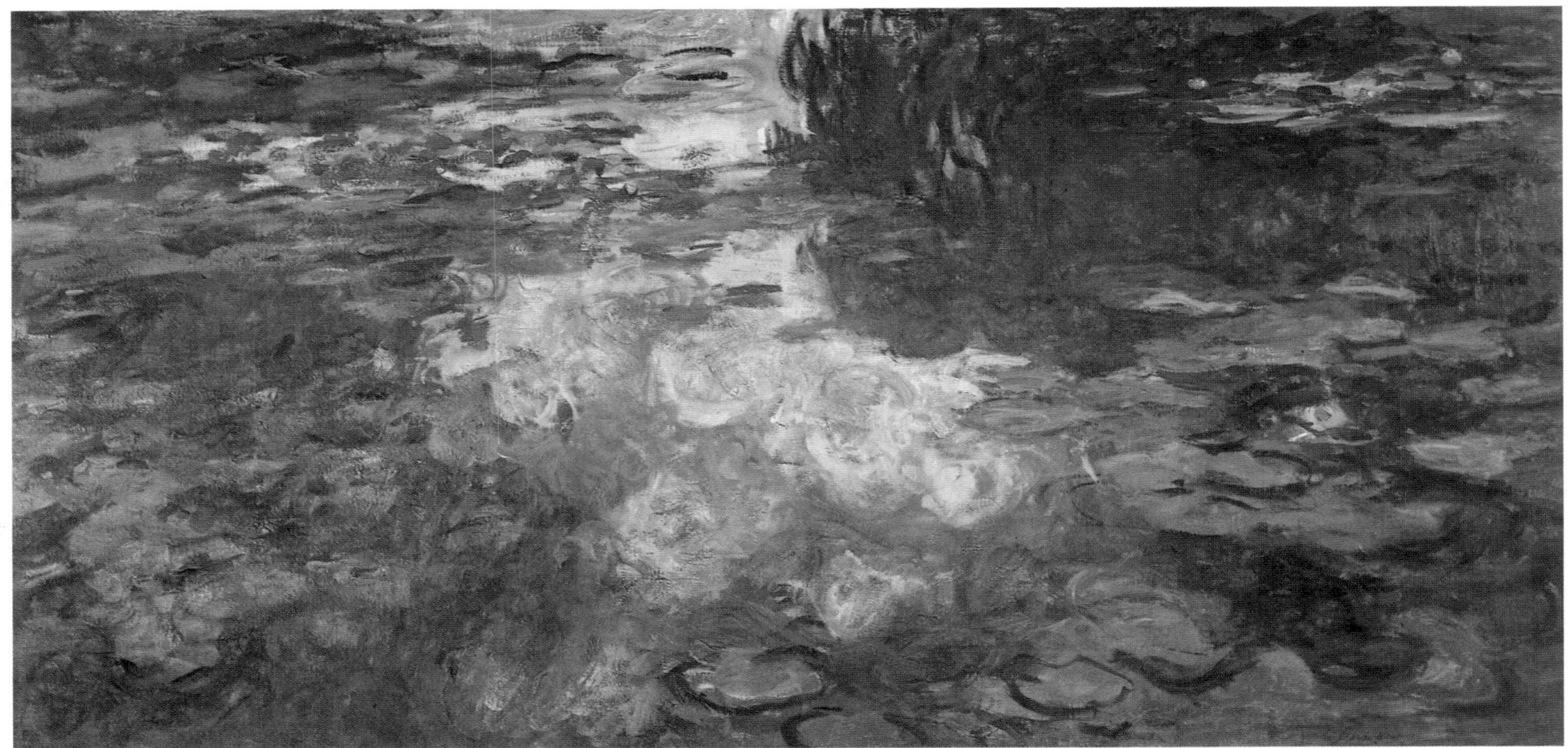

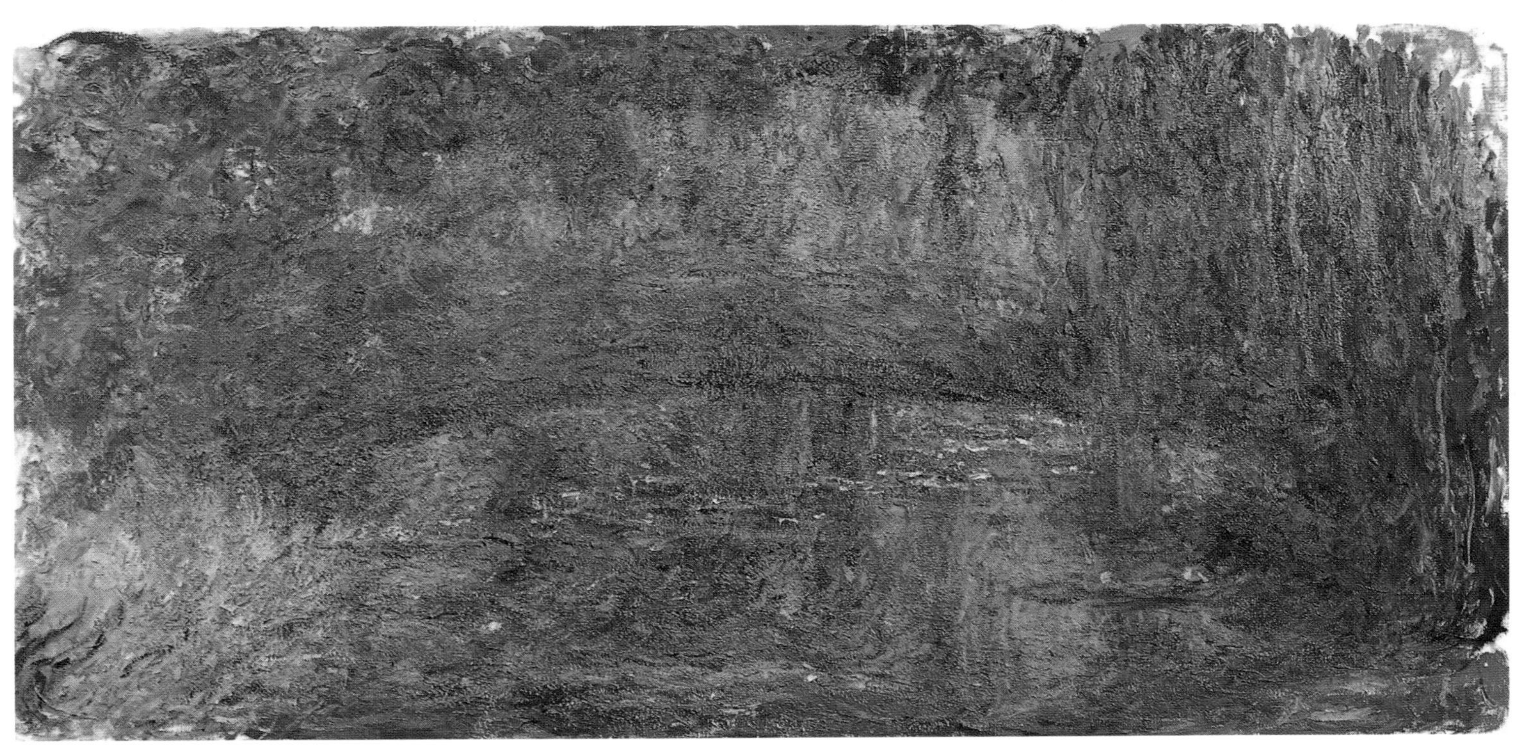

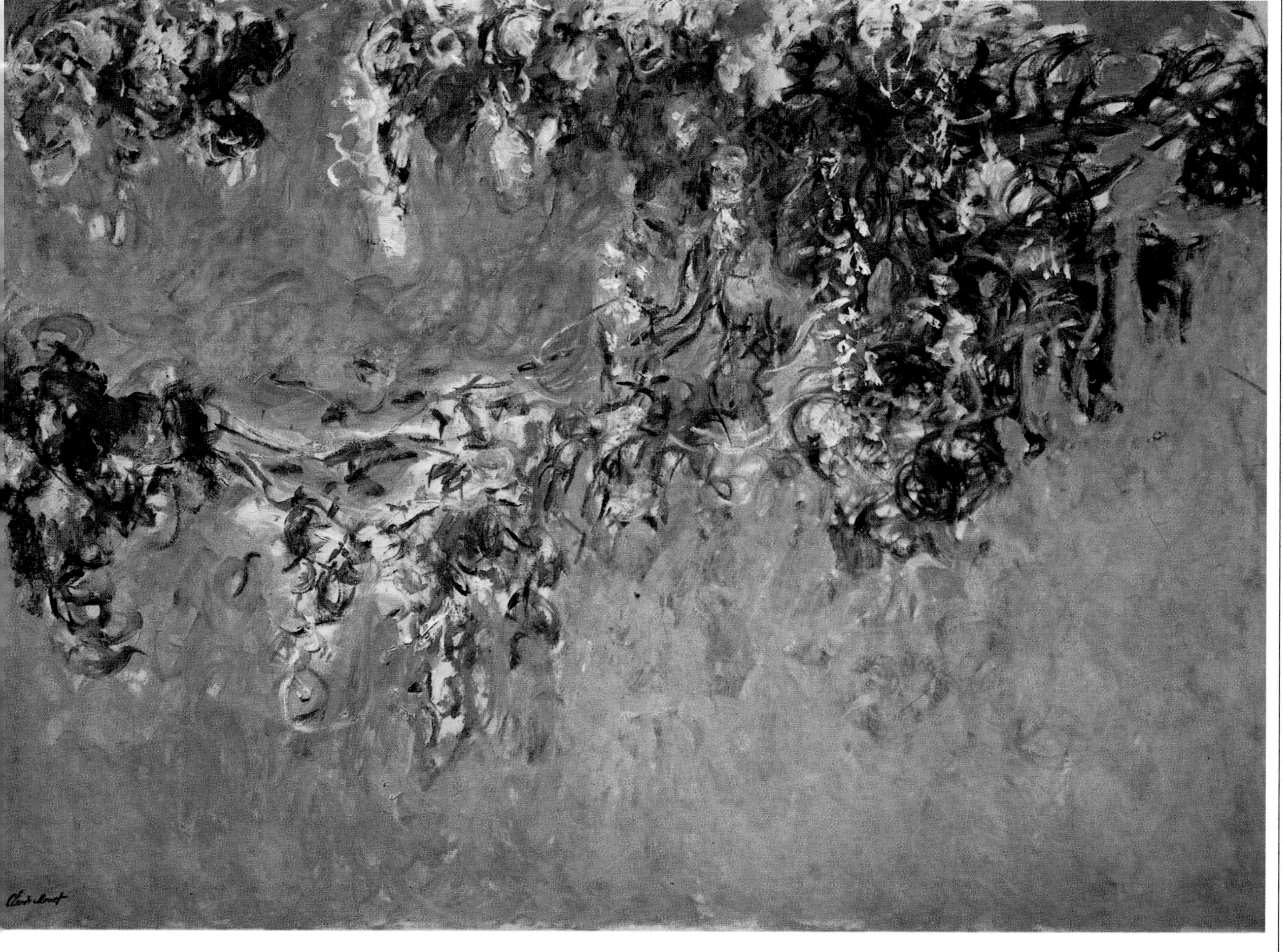

◆ Le Bassin aux nymphéas *(page ci-contre en haut), Giverny, printemps-été 1919 ; huile sur toile ; 100 × 200 cm ; signé ; collection particulière.*

◆ Le Pont japonais *(page ci-contre en bas), Giverny, printemps-été 1919 ; huile sur toile ; 100 × 200 cm ; musée Marmottan, Paris.*

◆ Glycines, *Giverny, 1919-1920 ; huile sur toile ; 148 × 197 cm ; signé ; Allen Memorial Art Museum, Oberlin, Ohio.*

◆ Glycines, *Giverny, 1919-1920 ; huile sur toile ; 150 x 200 cm ; signé ; collection particulière. Il forme un diptyque avec le tableau* *p. 275.*

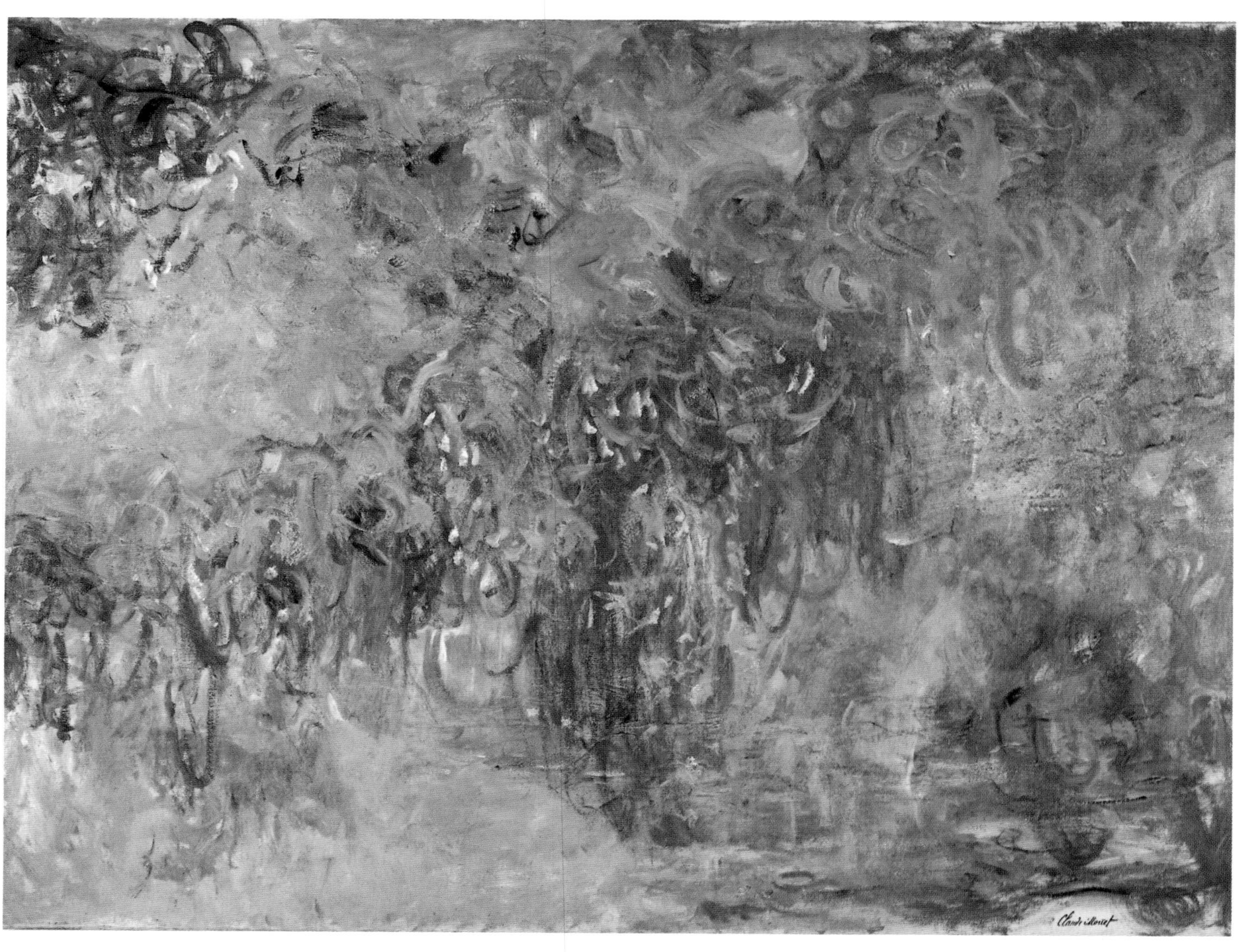

◆ Glycines, *Giverny, 1919-1920 ; huile sur toile ; 150 × 200 cm ; signé ; collection particulière. Il forme un diptyque avec le tableau* *p. 274.*

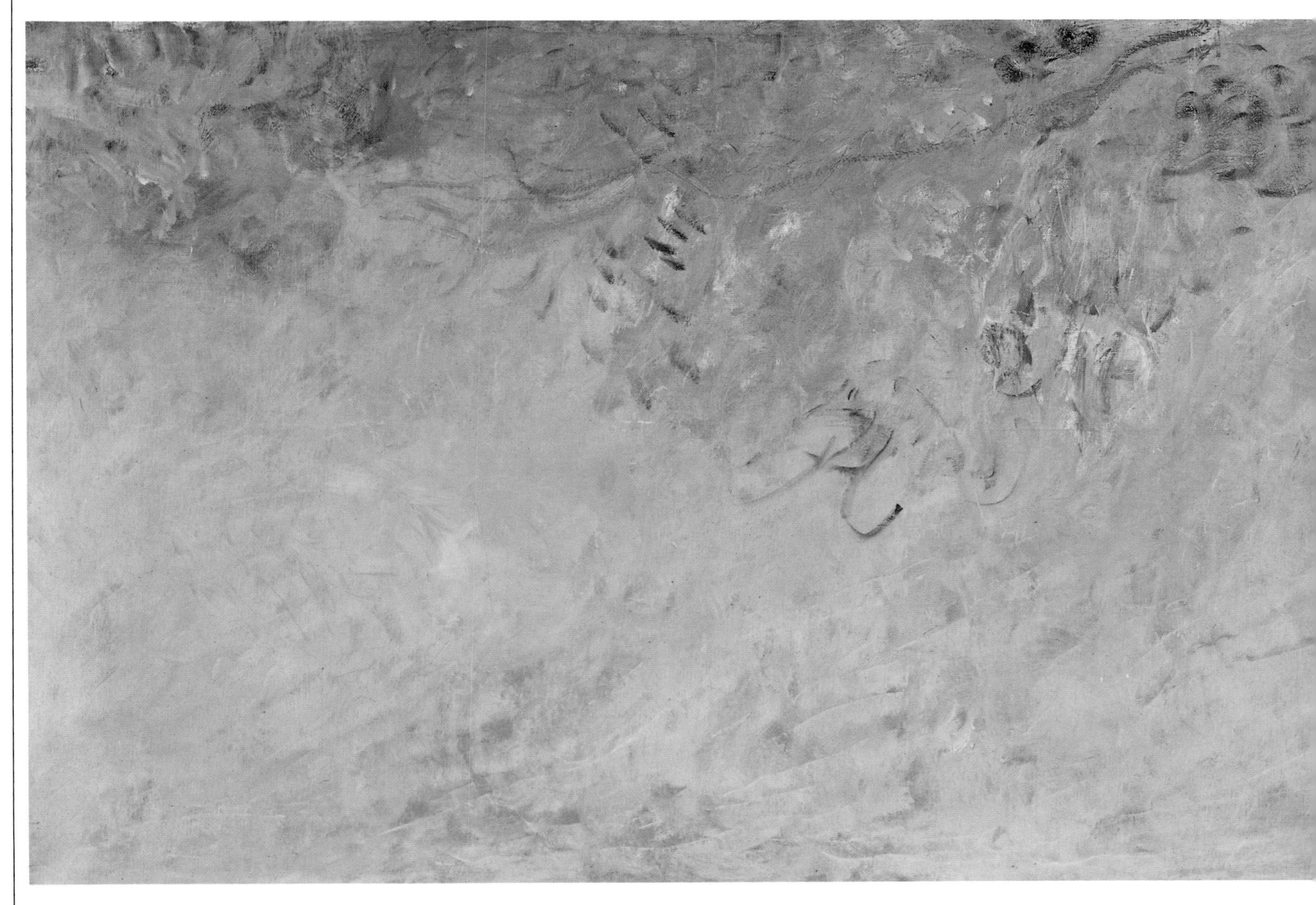

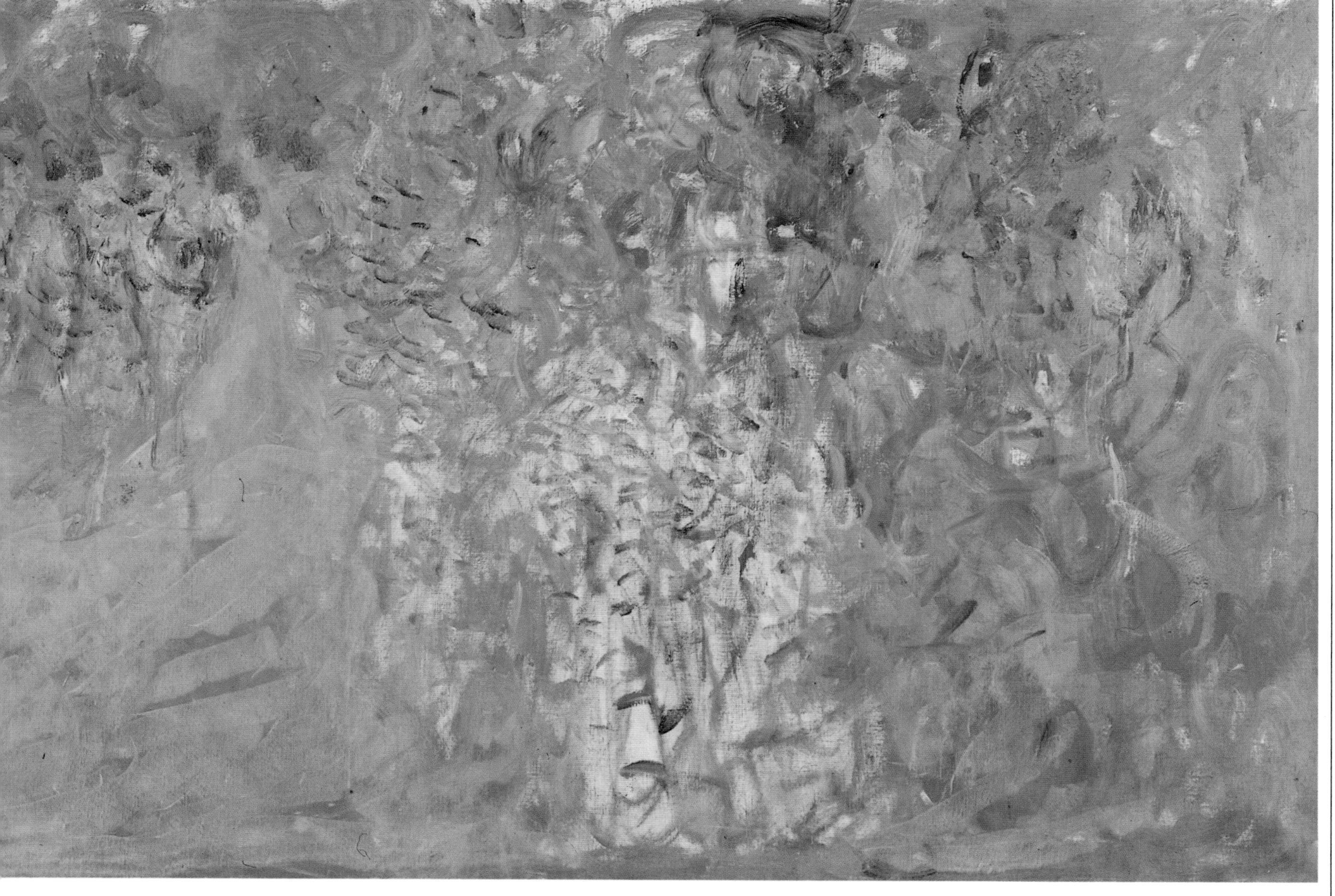

◆ Glycines, *Giverny, 1919-1920 ; huile sur toile ; 100 x 300 cm ; musée Marmottan, Paris.*
Le charme des tableaux du jardin de Giverny provient d'une transposition sur des motifs terrestres (glycines, saules, rosiers...) des découvertes techniques et stylistiques qui ont germé dans le bassin aux nymphéas.

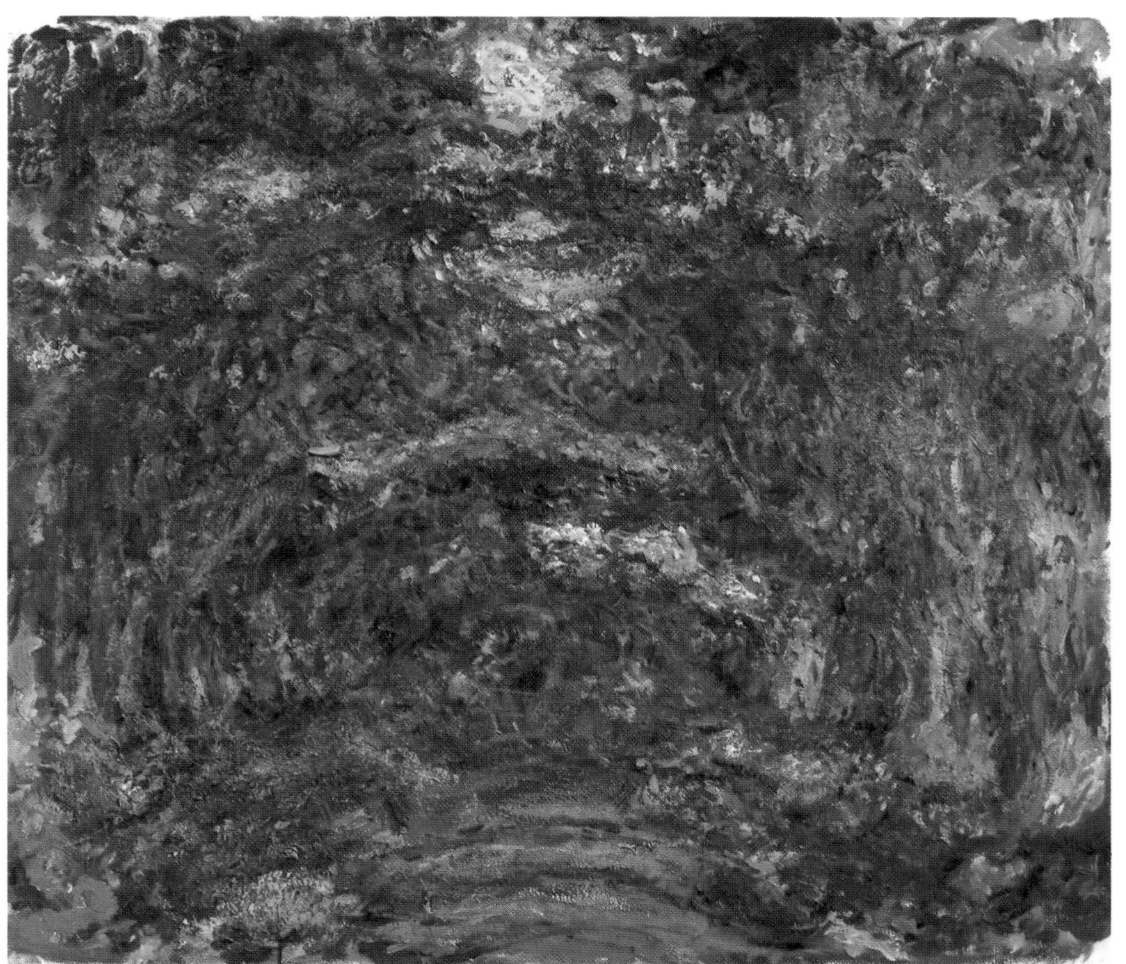

◆ L'Allée des rosiers, Giverny, *Giverny, 1920-1922 ; huile sur toile ; 89 × 100 cm ; musée Marmottan, Paris.*

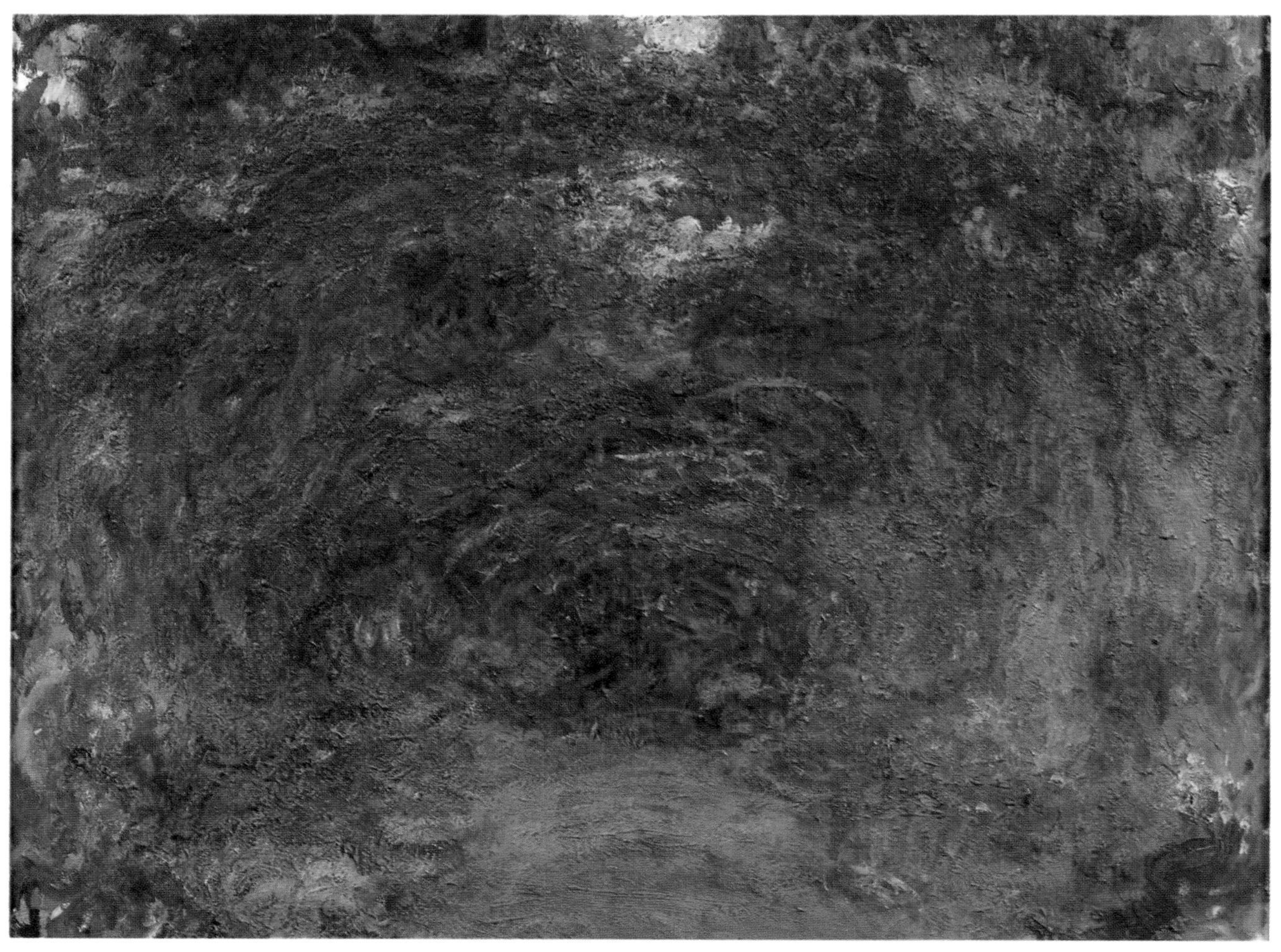

◆ L'Allée de rosiers, *Giverny, 1920-1922 ; huile sur toile ; 81 × 100 cm ; musée Marmottan, Paris.*

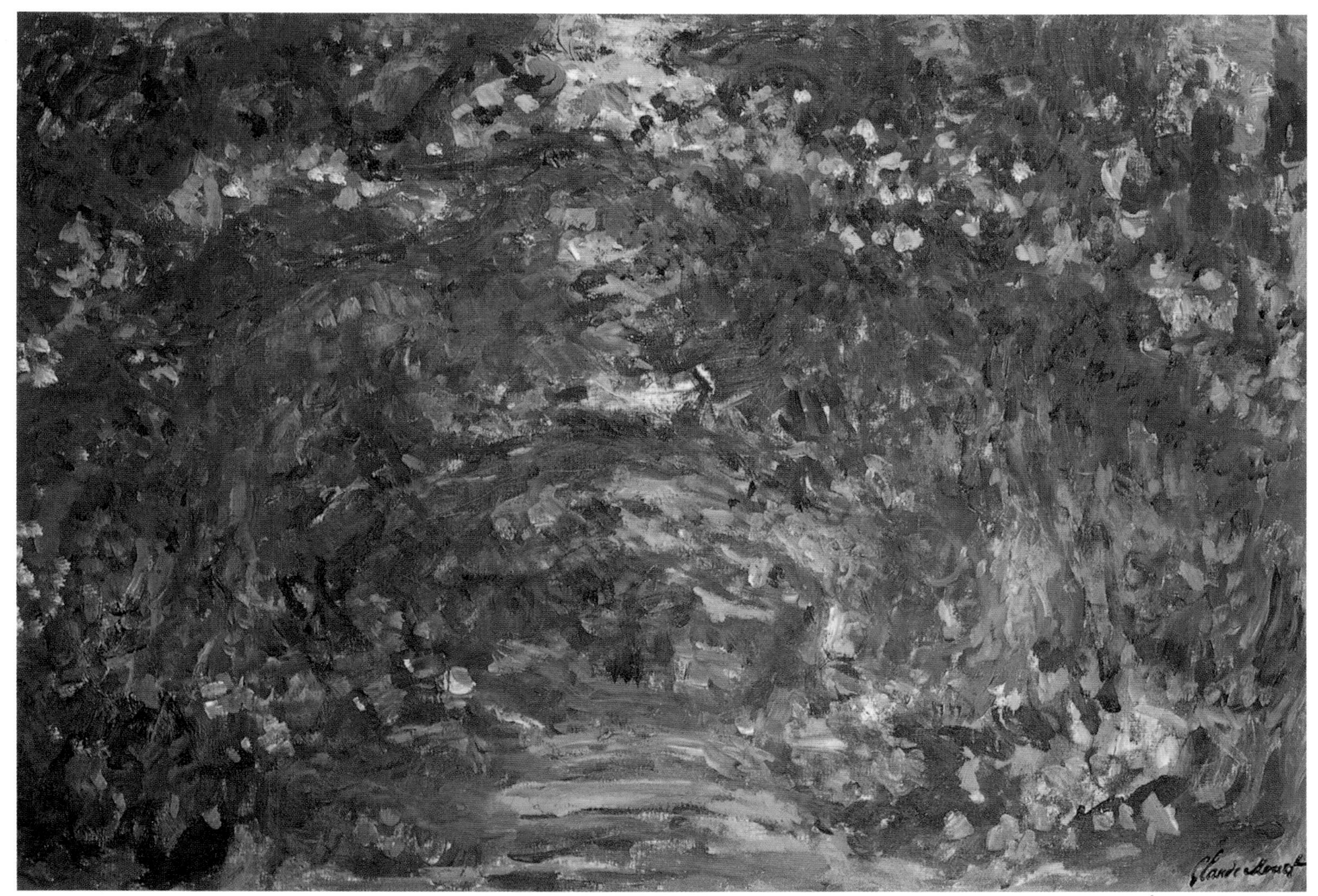

◆ L'Allée de Rosiers, *Giverny, 1920-1922 ; huile sur toile ; 73 x 105 cm ; signé ; collection particulière.*

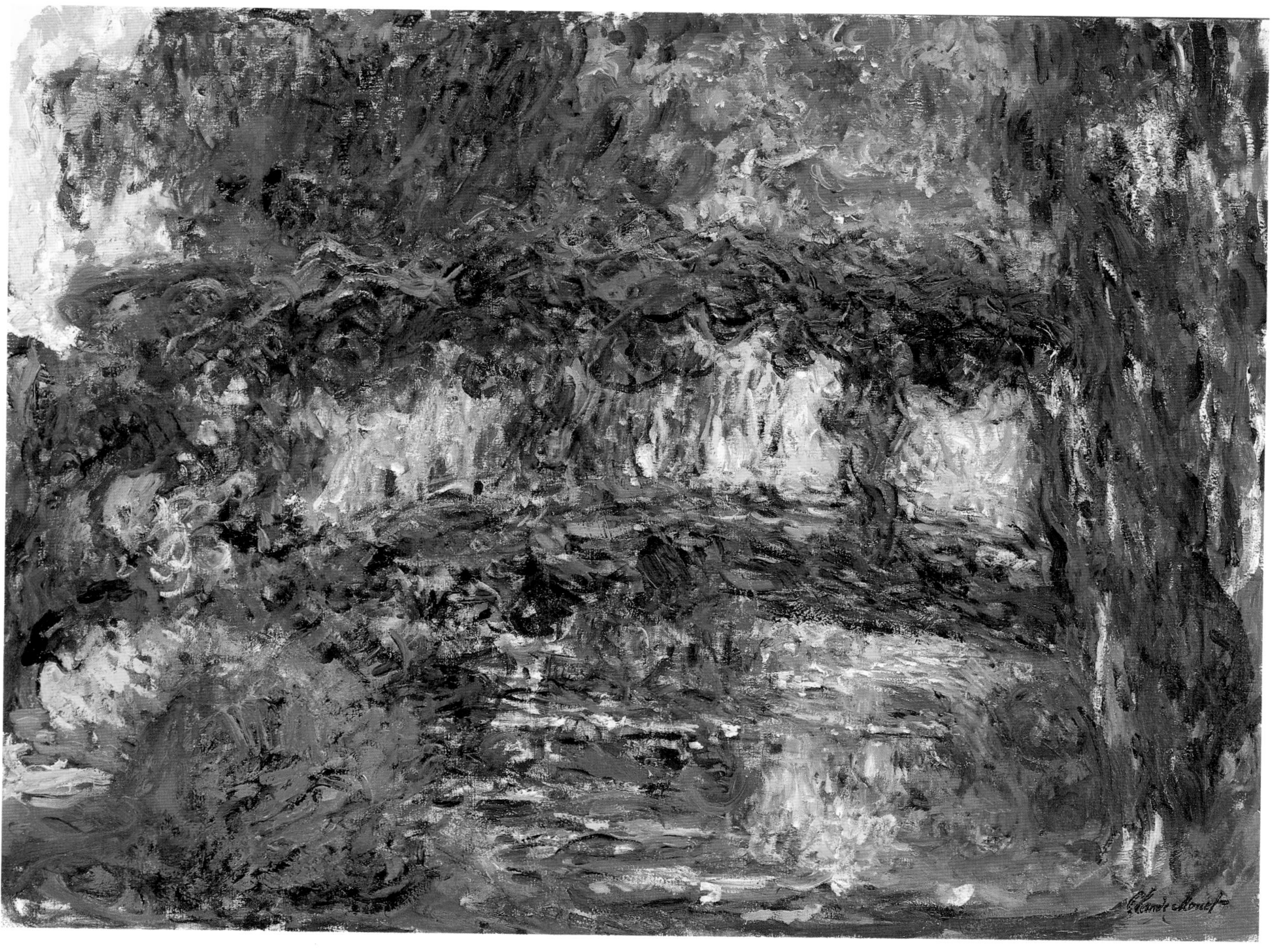

◆ Le Pont japonais, *Giverny, 1922-1924 ; huile sur toile ; 89 x 116 cm ; Institute of Art, Minneapolis.*

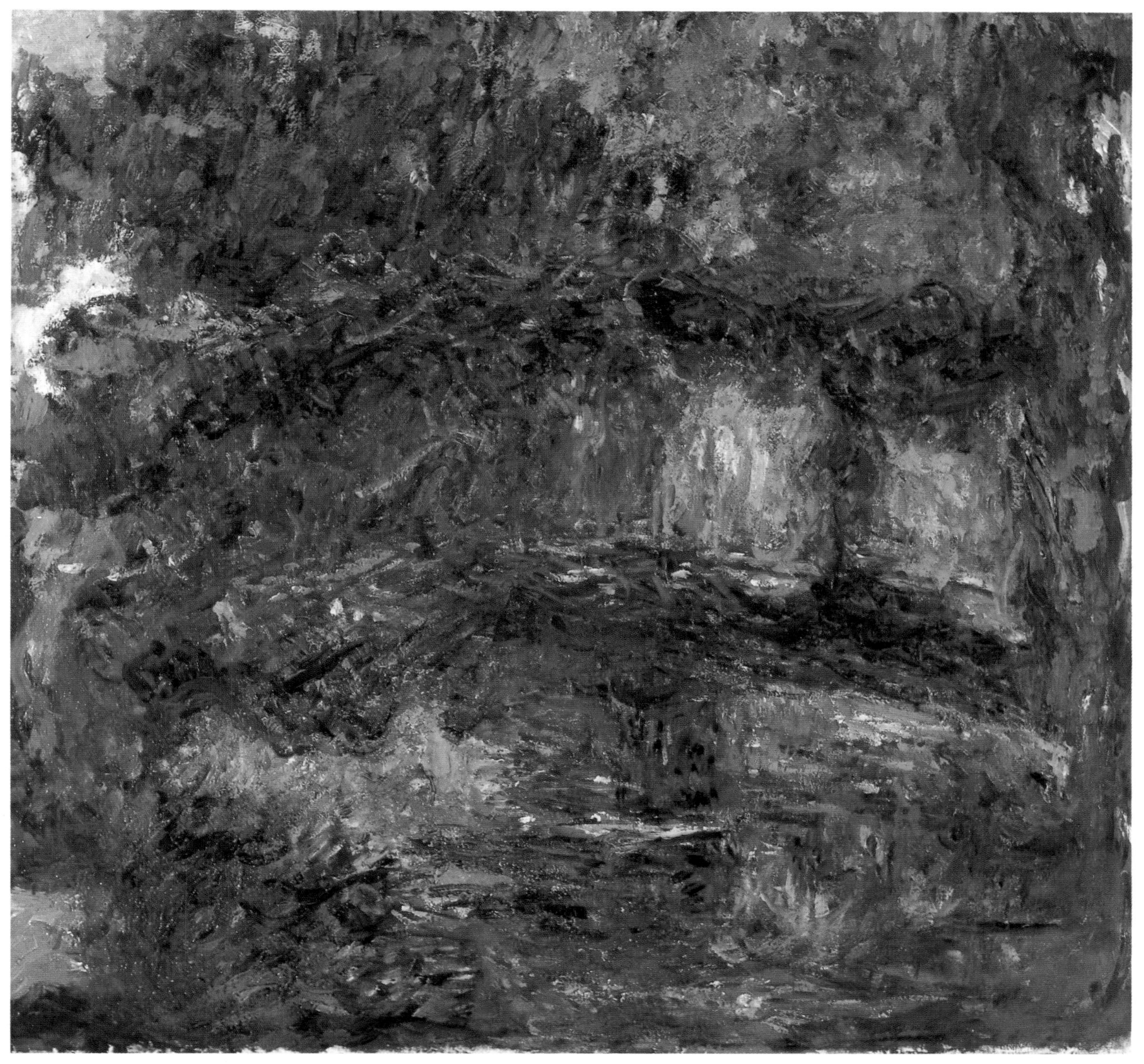

◆ Le Pont japonais, *Giverny, 1922-1924 ; huile sur toile ; 89 x 93 cm ; Museum of Fine Arts, Houston.*

◆ Le Pont japonais, *Giverny, 1922-1924 ; huile sur toile ; 87 x 90 cm ; Museu de Arte, São Paulo.*

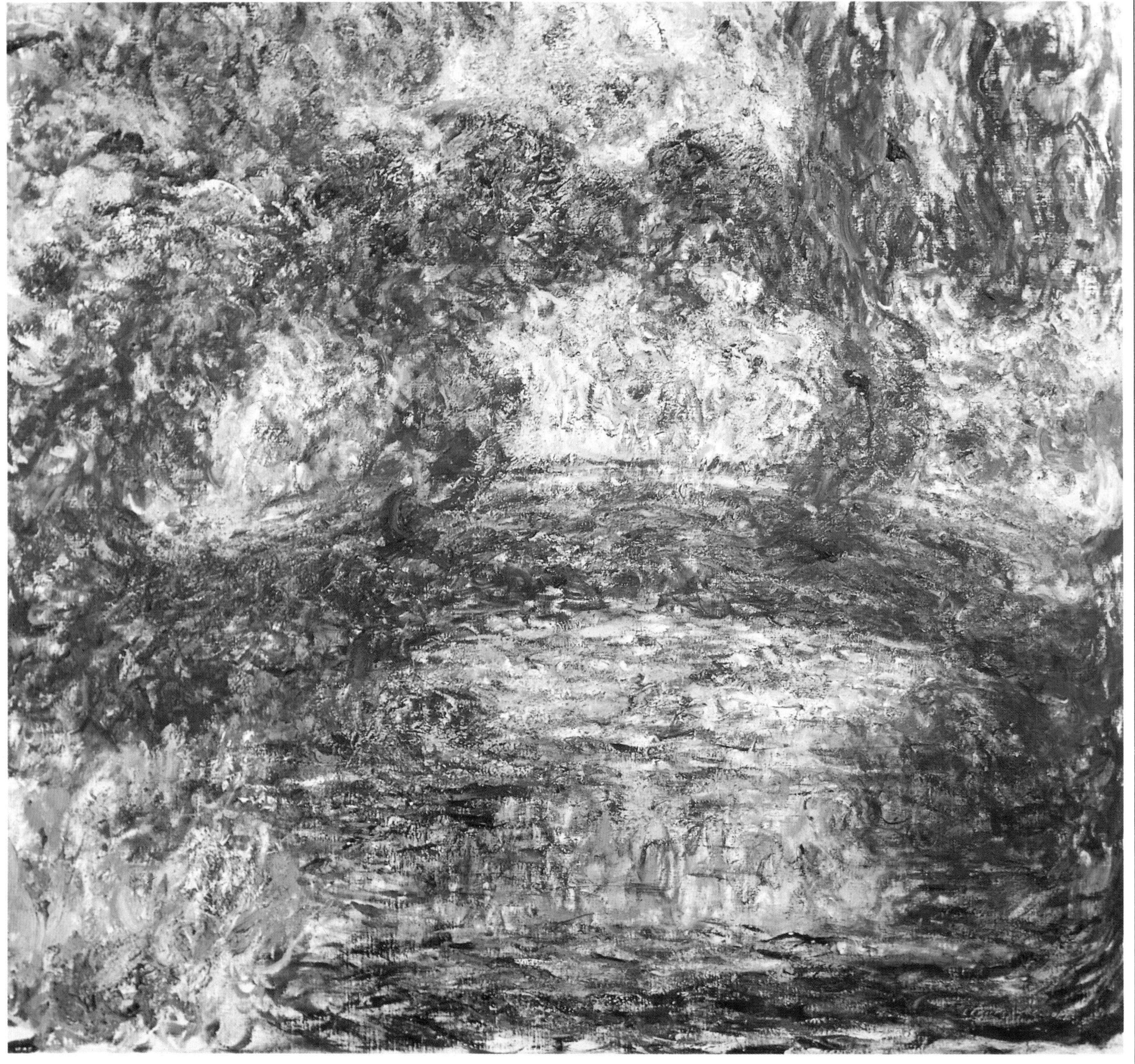

BIBLIOGRAPHIE

CHAMPFLEURY, *Le Réalisme*, Paris 1857 (Slatkine reprints 1967).

BAUDELAIRE Charles, « Salon de 1846 », « Exposition Universelle de 1855 », « Le peintre de la vie moderne » (1863) dans *Curiosités esthétiques*, Lévy, Paris 1868 (réédition critique mise à jour ; classiques Garnier, Paris 1986 ; voir aussi *Œuvres complètes*, vol. 2, Bibliothèque de la Pléiade, Gallimard 1975-1976.

ZOLA Émile, « Salons », *L'Événement*, 11 mai 1866, *L'Événement illustré*, 24 mai 1868 (cf. E. Zola, *Le Bon Combat, de Courbet aux impressionnistes*, édition critique, Hermann, Paris 1974).

DURANTY Edmond, *La Nouvelle Peinture*, Paris 1876.

TABOUREUX E., « Claude Monet », *La Vie Moderne*, 12 juin 1880.

HUYSMANS Joris-Karl, *L'Art moderne*, Paris 1883 (nouvelle édition UGE, 1976).

THIEBAULT-SISSON François, « Claude Monet, les années d'épreuves », *Le Temps*, 26 novembre 1900.

GEFFROY Gustave, *Claude Monet, sa vie, son temps, son œuvre*, Paris 1922 (réédition critique : Macula, Paris 1980).

GIMPEL René, *Journal d'un collectionneur*, Paris 1923 (Calmann-Lévy 1963).

MIRBEAU Octave, *Des Artistes*, Paris 1922-1924 (réédition UGE 1986).

ELDER Marc, *Chez Claude Monet à Giverny*, Paris 1924.

DELACROIX Eugène, *Journal (1822-1863)*, Plon, Paris 1931-1932 (réédition avec nouvelle préface 1980).

CLEMENCEAU Georges, *Claude Monet, les nymphéas*, Plon, Paris 1928 (réédition Le Terrain Vague 1990).

DE FELS Marthe, *La Vie de Claude Monet*, Gallimard, Paris 1929.

POULAIN G., *Bazille et ses amis*, Paris 1932.

VENTURI Lionello, *Les Archives de l'impressionnisme*, Paris-New York, 1939-2 vol.

ARTAUD Antonin, *Van Gogh, le suicidé de la société*, Paris 1947.

MERLEAU-PONTY Maurice, *Sens et Non-sens*, Gallimard, Paris 1948.

RAYMOND Marcel, *De Baudelaire au surréalisme*, Corti, Paris 1948 (7e édition 1985).

FRANCASTEL Pierre, *Peinture et société. Naissance et destruction d'un espace plastique de la Renaissance au cubisme*, Audin, Paris-Lyon 1951.

ARCANGELI Francesco, « Claude Monet », *Paragone* n° 31, juillet 1952 (Italie).

BACHELARD Gaston, « Les nymphéas ou les surprises d'une aube d'été », *Verve*, nos 27 et 28, 1952.

DAULTE François, *Frédéric Bazille et son temps*, Genève 1952.

PROUST Marcel, *Contre Sainte-Beuve — Pastiches et mélanges — essais et artistes*, Bibliothèque de la Pléiade, Gallimard, Paris 1954.

GONCOURT Jules et Edmond de, *Journal de la vie littéraire (1851-1896)*, Fasquelle et Flammarion, Paris 1956 (réédition Laffont, Bouquins).

LEYMARIE Jean, *L'Impressionnisme*, Skira, Genève 1959.

HOSCHEDÉ Jean-Pierre, *Claude Monet, ce mal connu*, Genève 1960.

SEITZ William C., *Monet*, New York 1960.

REWALD John, *Le Post-impressionnisme*, Albin Michel, Paris 1961 (édition poche Pluriel 1988).

HOFMANN Werner, *Arte nel XIX secolo*, Il Saggiatore, Milan 1962.

POGGIOLI Renato, *Teoria dell'arte d'avanguardia*, Il Mulino, Bologne 1962.

MERLEAU-PONTY Maurice, *L'Œil et l'esprit*, Gallimard, Paris 1964 (édité en Folio Essais).

BARTHES Roland, *Critique et Vérité*, Seuil, Paris 1966.

DE MICHELI Mario, *Le Avanguardie Artistiche del novecento*, Feltrinelli, Milan 1966.

BARILLI Renato, *L'Arte moderna : il simbolismo*, Fabbri, Milan 1967.

DERRIDA Jacques, *L'Écriture de la différence*, Seuil, Paris 1967 (Points littérature 1979).

BUTOR Michel, *Répertoire III*, Minuit, Paris 1968.

BLUNDEN M. et G., DAVAL J.-L., *Journal de l'impressionnisme*, Skira, Genève 1970.

PERNIOLA Mario, *L'alienazione artistica*, Mursia, Milan 1971.

BARTHES Roland, *Le Degré zéro de l'écriture suivi de Nouveaux essais critiques*, Seuil, Paris 1953 et 1972.

MACCHIA Giovanni, *Il paradiso della ragione. L'ordine et l'aventura nella tradizione letteraria francese*, Einaudi, Turin 1972 (1960).

ISAACSON Joel, *Monet, le déjeuner sur l'herbe*, londres 1972.

KLINGENDER F. et D., *Arte e rivoluzione industriale*, Einaudi, Turin 1972.

KUBLER George, *Formes du temps : remarques sur l'histoire des choses*, Lebovici 1973.

LYOTARD Jean-François, *Dérive à partir de Marx et de Freud*, UGE, Paris 1973.

GAUGUIN Paul, *Oviri. Écrits d'un sauvage*, Gallimard, Paris 1974 (Folio Essais 1983).

ARCANGELI Francesco, *Dal romanticismo all'informale*, vol. 1, Einaudi, Turin 1977.

ISAACSON Joel, *Claude Monet, observation et réflexion*, Ides et calendes, Neuchâtel 1978.

DE MICHELI Mario, *David, Delacroix, Courbet, Cézanne, Van Gogh, Picasso : le poetiche*, Feltrinelli, Milan 1978.

NOCHLIN Linda, *Realismo. La pittura in Europa nel secolo XIX*, Einaudi, Turin 1979.

SCHARF Aaron, *Arte e fotografia*, Einaudi, Turin 1979.

SPROCCATI Sandro, « Matisse. Espressione e decorazione », *Rivista di Estetica*, n° 3, 1979.

LÉVÊQUE Jean-Jacques, *Monet*, Paris 1980.

ROSSI BORTOLATTO Luigina, *Monet 1870-1889*, collection « Tout l'œuvre peint », Flammarion, mise à jour Janine BAILLY-HERZBERG, Paris 1981.

BENJAMIN Walter, *L'Œuvre d'art à l'ère de sa reproductibilité technique* (texte de 1936), dans *Essais 2*, Denoël, Paris 1971-1983.

SPROCCATI Sandro, « Malevic : il corpo delle pittura », *Rivista di Estetica*, n° 10, 1982.

FLORENSKI Pavel, *La Prospettiva rovesciata e altri scritti* (textes de 1918-1922), Casa del Libro, Rome 1983.

WITTGENSTEIN Ludwig, *Remarques sur les couleurs* (1950-1951), traduction française T.E.R. 1983.

GORDON Robert — FORGE Andrew, *Monet*, Flammarion, Paris 1984.

CALABRESE Omar, *Il Linguaggio dell'arte*, Bompiani, Milan 1985.

JOYES Claire, *Claude Monet et Giverny*, Chêne, Paris 1985.

HOUSE John, *Monet, nature into art*, Yale University Press, New Haven-Londres 1986.

PIGUET Philippe, *Monet et Venise*, Herscher, Paris 1986.

REWALD John, *Histoire de l'impressionnisme* (nouvelle édition refondue, revue et augmentée) Albin Michel, Paris 1986.

WALTER Rodolphe, *Le Médecin de Claude Monet, Jean Rebière*, La Bibliothèque des Arts, Paris 1986.

BANDINI Mirella, *La Vertigine del moderno*, Officina, Rome 1987.

MONNERET Sophie, *L'Impressionnisme et son époque : dictionnaire international*, Laffont (Bouquins), Paris 1987.

TAILLANDIER Yvon, *Monet*, Flammarion, Paris 1987.

GEELHAAR Christian, *Claude Monet, les nymphéas* (Zurich 1986), trad. française Edipresse-Livres Lausanne, diff. Seghers 1988.

GAUGUIN Paul, *Noa Noa*, Compagnie Jean-Jacques Pauvert, Paris 1988.

SKEGGS Douglas, *Claude Monet et la Seine*, Albin Michel, Paris 1988.

ARCANGELI Francesco, *Monet*, Nuova Alfa, Bologne 1989 (conférences de 1962).

BENJAMIN Walter, *Paris, capitale du XIXe siècle. Le livre des passages*, Cerf, Paris 1989.

KENDALL Richard, *Claude Monet par lui-même*, Groupe Guilde Éditions Atlas sa., Paris 1989.

PASINI Roberto, *L'Informe nell'arte contemporanea*, Mursia, Milan 1989.

STUCKEY Charles F., *Monet. Les Nymphéas*, Herscher, Paris 1989.

HAYES TUCKER Paul, *Monet. Le Triomphe de la lumière*, Flammarion, Paris 1990.

HAYES TUCKER Paul, *Monet à Argenteuil*, Éditions du Valhermeil, Paris 1990.

PISSARRO Joachim, *Les Cathédrales de Monet. Rouen 1892-1894*, Anthèse, Arcueil 1990.

ROUART Denis, *Monet*, Nathan, Paris 1990.

PATIN Sylvie, *Monet un œil mais bon Dieu quel œil !* Gallimard, Paris 1991.

CATALOGUES D'EXPOSITION

COGNIAT R., DAULTE F., RICHEBÉ C., catalogue de l'exposition *Monet et ses amis*, musée Marmottan, Paris 1971.

WILDENSTEIN Daniel, *Monet, vie et œuvre - Biographie et catalogue raisonné. Peinture*, T. 1 1840-1881, T. II 1882-1886, T. III 1887-1898, T. IV 1899-1926, Bibliothèque des Arts, Lausanne-Paris 1974-1985.

Centenaire de l'impressionnisme, Grand Palais, Paris, 1974.

Naissance de l'impressionnisme, galerie des Beaux-Arts, Paris, 1974.

ADHEMAR H., DISTEL A., GACHE S., HOOG M., catalogue de l'exposition *Hommage à Claude Monet*, Grand Palais, Paris, 1980.

BALLO Guido, catalogue de l'exposition *Origini dell'astrattismo*, Milan, 1980.

GUILLAUD Jacqueline et Maurice, *Claude Monet au temps de Giverny*, Centre culturel du Marais, Paris, 1983.

HOOG Michel, *Les Nymphéas de Claude Monet* au musée de l'Orangerie, Réunion des musées nationaux, Paris, 1984.

L'Impressionnisme et le paysage français, Los Angeles — Country Museum of Art, Chicago — The Art instituTe, Paris — Grand Palais, 1984-1985.

INDEX

Les nombres en romain renvoient au texte,
ceux en italique aux légendes

RÉFÉRENCES DES TEXTES

ALBIN MICHEL : John Rewald, *Histoire de l'impressionisme,* Paris, 1986, cité p. 15, 20, 22, 24, 26, 30, 36, 37, 63, 253
FLAMMARION : Rossi Bartolotto, *Tout l'œuvre peint de Monet,* Paris, 1981, cité p. 19-20, 24, 28, 29, 30, 31, 37, 132, 169, 254
GALLIMARD : Maurice Merleau-Ponty, *L'œil et l'esprit*, Paris, 1964, cité p. 206, 253.
Marcel Proust, « Essais et articles » in *Contre Sainte-Beuve*, Paris, 1971, cité p. 133
BERNARD GRASSET : Goncourt, *Journal*, Paris, 1956, cité p. 12, 14
MINUIT : Michel Butor, « Claude Monet ou le monde renversé », *Répertoire III*, Paris, 1968, cité p. 23, 25, 28, 62, 93, 132, 169, 253
TRANS-EUROP REPRESS : Ludwig Wittgenstein, *Remarques sur la couleur*, Mauvezin, 1983, cité p. 133

RÉFÉRENCES PHOTOGRAPHIQUES

Les éditeurs tiennent à remercier :
— Archivio Fabbri, Milan : 160, 161, 165, 243, 249, 254-255, 269
— Artephot/Bridgeman, Paris : 42a, 81, 83, 87
— Artephot/Faillet, Paris : 167, 260-1 a, 260-1 b
— Artephot/Helt, Paris : 276-277
— Centro Documentazione Mondadori, Milan : 27 b, 31 c, 49 d, 98 b, 194.
— Fratelli Alinari/Giraudou, Florence : 48, 50 b, 55, 102, 122, 131 a, 145, 152, 166, 258-259, 262-263, 264-265 a, 283.
— Haags Gemeentemuseum, La Haye : 54
— Hubert Josse, Paris : 194-195
— Kunsthaus, Zurich : 44
— Scala, Florence : 50 a, 66-67, 96, 105, 128, 267.

Toutes les autres œuvres reproduites dans cet ouvrage proviennent des archives Mondadori.

La provenance d'œuvres appartenant à des musées, à des collections publiques ou privées est indiquée dans chaque légende de l'ouvrage.

Les éditeurs s'excusent pour des erreurs éventuelles ou omissions — concernant les provenances — qui pourraient figurer dans cet ouvrage, malgré tous les soins apportés.